二千年 비결집

命理易書
명 리 역 서

국립중앙도서관 출판예정도서목록(CIP)

명리역서 : 二千年 비결집 / 지은이: 김영태. — 서울 : 상
원문화사, 2019
      p. ;   cm

한자표제: 命理易書
ISBN 979-11-85179-28-5 03180 : ₩58000

사주 명리학[四柱命理學]

188.5-KDC6
133.3-DDC23   CIP2019001903

二千年 비결집

命理易書

명 리 역 서

谷川 金 永 泰 著

祥元文化社

본 비결집(秘訣集)은 고금(古今)의 대가(大家) 명인(名人)들의 문헌(文獻)을 참고하여 그 예지의 뜻을 살리면서 타의반 자의반으로 재변하게 된 점 고견(高見)의 구애(求愛)로서 공감해 주시면 감사하겠다.

본 비결집(秘訣集)은 비법의 박물관 전집에 기초한 통변 원천을 모르고서는 길흉 판단과 운명의 정답을 푸는 데 감점이 되는 것이다. 필자는 이에 대한 해법을 수집하여 독자가 독서하는데 환멸을 피하고 새롭게 담는 방식으로 제시하였다. 이 비법을 암기 숙지하시면 아무리 어렵게 나오는 사주라도 고객 앞에서 자신 있게 입문이 열린다. 고객에게 70%의 정확성을 인정받는다면 그 고을에서 소문이 자자할 것이다. 육십갑자 돌파이식 수준급에 급급하기 때문에 운명학이 미신으로 취급받고 불신을 당하는 것이다. 운명은 첨단 문명에서도 해답을 못찾고 있는 것이 산 자의 고통이다. 흉살과 흉운은 미리 알고 조심해서 주의하면 불행을 피할 수 있고 막을 수 있다. 흉살이 너무 막히면 뚫을 수가 없어 어렵지만 그래도 조심과 예방을 하는 것이 지혜이다. 지혜롭게 대처하고 슬기롭게 살아가는 것이 안녕을 지키는 길이다.

아무리 재능이 뛰어나고 노력으로 대응해도 흉운을 범할 때는 그 재능과 노력으로 극복할 수 없는 것이 안타까운 일이다. 명운은 산 자의 고통을 덜어주고 안녕을 채워주는 선행의 예보인 바, 운명학의 정보학업이다. 공부하는 책은 대다수 어휘술이 어려운 해설로 꾸며져 있다. 고로 독자들이 수십 년 경력이 있다 해도 묘(苗)는 완전 완벽하기 어려운 점을 필자가 알기 쉽게 제시하였다. 본 비결용어는 수백 개, 수십 개를 가설하는데 혼잡을 피하기 위하여 요식으로 개성 있게 기술하였으니 이 점 유의하시기 바란다. 또 비전학을 독서하다 보면 중복된 것이 많이 편차되었으니 이 점 또한 양지하시기 바란다.

실례로 비전용어 인수성이 충파형되면 고소사건, 해약문서 발생 등이 비결집을 구입하기 전에 오행상극, 상생법과 육친, 육신의 응용과 형충파해(刑冲破害), 공망, 각종 신살 길성 등의 제반 사주학상 초법적 기초를 어느 정도 숙지하신 다음에 필자가 제시한 통변 비결 역서를 구입하시어 비전학을 어느 정도 숙지하면 사주팔자를 놓고 말이 달변되듯 입과 말이 자연 터지게 된다. 혹시 독자께서 비결용어 자체가 너무 간편하고 요식으로 되어 있는 점이 문득 이해가 안 될지 모르지만 수백, 수십 개의 비결에 토를 달아 제휴가 많다 보면 몇 십 권을 요구하게 되어 책 1권으로 만족시켰다. 독자들의 학습과 이 글의 이해관계를 높이고 머릿속에 입력을 신속히 하는데 최선을 다했다.

암기하는 문집은 간편해야 저장이 잘 될 것이며 반대로 소설집처럼 문구가 길면 혼돈되어 뇌 속을 피곤하게 만든다. 다시 말해 싫증으로 포기하게 되는 것이다. 본 비결서는 백약을 집중했으니 인내와 최선을 다해 주시면 감사하겠다. 여기 사주학의 모자(母子) 비법을 실무 실습으로 엮어 놓은 것도 무심(無心) 경계를 풀고 독자분께 이 글이 베스트셀러가 됐으면 좋겠다. 독자님께서 혹시 다른 책에서 발견하지 못한 정보는 이 책에서 필자가 신개념으로 정리하여 정말 똑똑하게 엮었다.

이 책을 애호하시는 독자께서는 한평생 벗 삼아 살아가시면 마음도 정화되고 청정되며 생각하는 힘이 길러진다. 새로운 비법은 사주 상화상담에서 발견하여 제공해 주고 있다. 특히 고령화사회가 되면서 세월이 늙어가고 몸이 무거워지면서 조용한 일자리를 갖게 되고 상화 상담하는 시간은 결코 고립에서 벗어나 활력이 넘칠 것이다. 사회활동을 졸업하고 다시 제 몫을 소유한다면 다시 진화하여 몸과 마음은 젊은 시절로 기억될 것이다.

이 역서는 명리학(❶), 대정수六효학(❷), 구성기학(초점)(❸), 성명학(❹), 당사주학(❺)으로 집대한 五역을 친손으로 알기 쉽게 이해하는데 정성을 다했으니 독자 여러분께서는 십 수년의 소비를 단축시켜 2, 3년이면 손님 앞에서 구변술이 달변되게 될 것이다. 먼저 명리학을 전수하시고 대정수육효학 순으로 하시기 바란다.

끝으로 이 수기(手記)가 책으로 나오기까지 물심양면(物心兩面)으로 도움을 주시고 원고 정리에 힘써 출판을 기꺼이 맡아 주신 문해성 사장님께 감사드린다.

己亥年에
谷川 김 영 태 배상

目次 목차

01 용신론

○ 女명은 용신을 남편으로 표시한다. 그러므로 이 용신의 강약을 보고 용신이 沖破刑害되거나 공망, 원진살에 해당 또는 合이 되어 없어지면 부부운을 가로막아 변화성을 예고한다. 따라서 官성, 財성의 용신 동태를 볼 것이며 日주와 時주 간의 오행상 길신, 흉신 작용에 따라 흥쇠가 좌우된다. 그러므로 타궁보다 日주, 時주는 부부, 가정과 자녀의 장래성을 알리는 곳이다. 용신이 어느 궁에 차지하고 있는지 확인. 時주 자녀궁에 길신, 용신이 있어 충실하면 자손과 가정이 모두 영화가 있는 것이다.

● 女명 신왕에 용신은 午火 財성과 관성, 식상이 용신이다. 一차 財가 용신이 되어 남편덕이 후한 것 같지만 아니다. 용신 財에 絶이 임하고 원진살과 時주에 劫재, 정관이 같이 있어 부부 이별은 초년〔時주는 초년〕부터 암시. 추가하여

月지 申金은 함지살이다. 즉 남자는 첩과 동거, 여자는 간부와 동침, 바람살이다. 남편은 첩과 동거하며 살아간다. 관살이 형충, 원진되면 부친 형제가 객사한다. 관살이 형충되면 타부모 타가생활 해본다. 또 못사는 형제도 있다.

○ 남은 용신을 자녀로 표시한다. 용신이 충실하면 자녀의 장래가 밝다. 따라서 官성의 후원자인 財성의 성쇠와 자식궁인 時주의 오행이 용신 역할을 하는지 흉신 작용을 하는지도 필히 참작하고 혹시 타주의 官이 쇠약해도 時주에 길신 용신이 있어 生旺하면 자손과 처의 내조도 좋고 아신도 성취, 자손도 성공한다. 혹시 오행상 휴수되어도 12운의 生旺帶祿養이 있거나, 時주의 간지 중 日간과 合이 되면 개화된 걸로 본다.

○ 용신이 月주나 年주에 있으면 직업 또는 사회〔年주〕운이 길할 것이며, 년주에서 日지 또는 時주와 合생이 되어 日주 또는 時주로 모여 들면 선조의 유산과 부모의 財력을 이어 받는다. 月주에 용신이 청명(淸命)하면 부모, 형제, 아신 직업운이 길창하고 가정과 부모 형제 운이 좋을 것이며 부모 형제 우애하고 협력과 도움으로 입지가 좋아진다.

○ 힘의 강약은 먼저 月주에 기둥이 일순위되며 용신 또는 길성〔12운성 등〕이 月주에 있으면 그 힘도 두 배다. 日간이 사주 천간과 合이 되거나 지지에서〔암장〕日간과 合이 되는지 필히 확인한다. 合이 되어 방해를 받지 않으면 돈 버는 일자리 운이 투명하다는 것을 알 수 있다.

◉ 편인이 식신을 보고 편인운을 만나면 좌절

편인이 식신을 보면 편인의 심성은 도둑의 마음으로 변질, 식신의 밥통인 목줄과 위를 완전 포식하여 중환자나 다름없이 만든다. 술 중독으로 소화계통인 위에 병을 주고 정신착란증을 일으킨다. 그리고 색정으로 파산, 재산 분탈, 부부관계 격리, 이별, 생가 파산, 침몰.

편인이 식신을 보면 부정적인 마음이 외계로부터 유혹을 받아 자아판단의 오판으로 일생을 망칠 수 있다. 기신 편인은 영특한 자는 남을 이용 잘하고 검은 거래짓을 해도 하자 없이 손색이 없지만 어리석은 자는 검은 거래짓을 하고도 뒷감당을 못하여 좌절한다. 사람은 즉석 판단력이 좋아야 성공도 빠르고 실패도 없다.

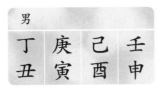

- 日지 편재 父성이 絶이 되고 병원 출입살이 중중. 부친은 알코올중독〔丑寅은 탕화살〕으로 병자의 몸이다. 劫재 酉는 寅木이 天덕귀인으로 寅酉 원진살을 받지 않는다 했다. 申록이 寅과 충이 되어 대패살로 변하여 人敗財敗다. 寅 중 丙火 관살이 酉 중 辛과〔겁재〕 合, 본명은 입지가 성공적이다.

- 年月주에 劫재 상관 동주는 부모 형제 쑥대밭 침몰. 年주 상관이 타주 劫 재와 合이 되어 상관오행이 나오면 역시 부모 형제 침몰. 日時에 劫재 상 관 동림은 가정운과 人敗財敗로 침몰. 合이 되면 실패 후 조용해지면서 재 기희망성이 있다.

- 흉신 기신이 墓〔辰戌丑未〕지에 들면 수장되어 상대를 극하지 못하니 안심 이다.

02 유년감정

○時주 年주는 20세 전의 가정 소유 환경이다. 고로 이 자리가 형충, 원진에 기신으로 장애를 받으면 부모 가정 환경에 불행 소지가 있고, 희신 복신이 日간과 유정하고 정하면 20세 전 부귀 가정 행운아 출신이다. 만약 시주, 년주의 오행이 반흉반길이면 가운이 발전하다가 정체 또는 어떤 연고 발생.

○財가 長生 또는 天乙二덕이면 의식주가 풍족하고 財운이 만당.

○夏절에 태어난 자는 時주 말년운이 조후운이면 자식 덕을 보고 三冬月에 태어난 자는 사주 자식자리에 조후가 구비되면 역시 자식 덕을 본다.

○남명 劫財가 편재와 合이 되면 본처는 남이 되고, 후처와 인연을 맺는다. 편재가 合이 되어 길신이 나오면 후처로 인하여 운세가 좋아진다.

○女子 식신이 정관과〔암장도 해당됨〕 合이 되어 희신이 나오면 자손 관직인이다.

○기신 공망이 공망운을 만나면 흉한 일이 발생.

○신약사주에 비겁운이나 인수운이 오면 형제, 친구, 윗사람으로 원조.

○사주오행이 원진살이면 자손이 속을 썩이고 官성에 원진살이면 남편이 속

을 썩이며 서로 쟁론한다. 財성이 원진살, 충이면 교통사고, 몸수술, 손재이다.

◎출행(出行)에 무서운 것은 공망살 日진이다. 공망日에 출행하면 무서운 일이 발생.

◎戌이 용신이면 성공적, 흉신이면 성공 후 실패.

◎甲日에 丙을 보면 丙은 허공 辛과 암합하여 반드시 부귀를 누린다.

◎亡신살은 七살 자리에 앉아 있으므로 그 자체가 劫살과 편관 작용을 당하는 이치다. 예 寅이 亡신살이라면 寅申충으로 격돌되어 寅과 申이 자연 부딪치며 劫살과 亡신살의 액을 당한다.

◎祿이 되는 日간이 合이 되면 부귀공명이다. 또한 祿이 合이 되어도 벼슬관이다.

◎刑沖破나 극이 되면 合이 되어야 흉변화길되며, 기신 또는 해신(害申)은 무조건 합이 되어야 시정된다.

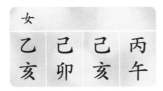

• 亥卯합으로 木국 七살이 넘친다. 殺이 많은 자는 비겁운에 상해되거나 필패. 인성운이나 식상운에 발전.

◎신왕에 官고가 있고 충파형이면 직업운이 길. 신약은 신왕운에 보직.

◎合처 봉충은 시작은 좋으나 끝에 가서 실패.

◎財가 印성을 파하면 가옥문서, 투자문서, 채권문제, 삼각관계 발생.

◔남명 비견 劫재가 극충되면 며느리 혼인 파기.

◔女명 官살이 충파되거나 원진살 또는 墓궁에 처하면 며느리 혼인 파기.

◔습도 되고 충도 되면 갈라지는 형국이다.

◔女명 官살이 入墓되거나 고과살이면 시가의 형제 중 독신 생활이다.

◔甲乙생이 卯月에 출생하고 庚金이 있으면 부귀격이다.

◔상관이 印을 보면 官성은 안보가 된다.

◔官살이 충극되거나 墓에 들면 부친이 조사.

◔女자 신왕에 七살이 劫재와 합이 되면 실력자 남자와 결혼.

◔時주의 財성이 天乙三 덕신이면 자손들이 부자 관록이다.

- 月주 甲寅 상관이 편관 丑未와 합이 되는 것은 상관, 편관 흉 작용이 시정되어 상대를 극하지 않는다.

◔印수가 浴살이면 부친이 풍류객, 작은 엄마 암시다.

◔月의 편재가 死絕이면 부모의 유산이 없거나 부가 병약.

◔月의 편재가 공망이면 부모의 음덕이 박약.

◔사주에 편인이 많으면 부친이 다처한다. 고로 편母가 있다.

◔편인은 12운이 길이고 印수늬 12운이 흉이면 친모 밑에서 살면 성공이 어렵다. 조기에 부모 곁을 떠나거나 외국 이민생활해야 성공.

◔비인살〔羊刃살을 충시킨 오행이 비인살〕이 있으면 그 오행의 피해가 막심.

 ● 甲日의 羊刃은 卯다. 羊刃 卯를 충하는 오행 酉
가 비인살이다. 酉에 대한 육친이 피해, 즉 官성이
면 남편이 손상. 時주에 있으면 자손이 실패. 酉는
도화살, 재물 실패. 酉는 震궁 卯를 허충하여 관액송사이다. 특히 비인살과 羊
刃살이 부딪치는 운에 人敗財敗다.

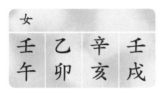

● 인수성이 3개 이상은 편인 작용을 한다. 편인 작용으로 친母는 재혼했다. 나
는 집을 나와 현주소 없이 살았다. 인수는 2개 있는 것은 가하나 3개 이상은
인수 파격이다. 女명에 인수성이 3개 이상이면 官의 설기가 태심하여 남편이
도망간다. 乙辛충은 초혼 남편 이별이요, 부친도 이별이다. 식신 午가 午戌合
이 되어 식신 자손이 새로 생겼으니 재혼 남편에서 낳은 아들이다.

○상하가 상극된 오행〔예 庚午, 甲辰, 己卯〕이 있는 궁의 자리는 치고 받는 활
극전이 되어 일몰하는 현상이다. 上이 下를 극하는 것보다 下가 上을 극하
는 것이 무섭다.

○戊寅日생 남녀는 寅이 청명하면서 양호하면 신분이 높거나 부호의 명이
다. 만약 寅 七살이 사주 劫재와 합이 되면 위풍당당한 신분이다. 女는 명
가집 남편과 결혼. 박근혜 여왕 日주가 戊寅 日주다.

○日지 寅은 月지 酉의 天덕신이요. 丙寅日은 酉가 天乙귀인이다. 원진살을
받지 않는다. 즉, 원진살 오행이 三德신이면 원진살이 소멸된다.

◦정인수(正印綬)가 合이 되어 길신 財가 나오면 집세 받는다.

◦女子 상관이 財되는 天乙귀인과 合이 되면 훌륭한 남편과 결혼.

```
女
癸 甲 庚 壬
酉 寅 戌 午
```

● 癸卯 대운에서 자식자리 時지 酉를 卯酉충시켜 환란을 당했다. 지지가 충이
되면 그 천간 癸 인수도 충의 작용을 받는다. 위의 사주 甲日의 羊刃은 卯다.
羊刃 卯를 충하는 酉가 비인살이다. 羊刃 卯 대운에서 비인살 酉를 충거하여
큰아들〔寅은 큰아들〕이 송사재판〔酉는 寅酉 원진살, 관액살〕으로 집문서, 재
산문서〔酉는 재물〕, 사업문서〔酉는 정관사업〕 모두 몰수당했다.

◦甲寅, 乙卯 같은 一색으로 된 日지는 같은 음양으로, 여자는 같은 여성을
거느리고 남자는 같은 남성을 거느리는 격이 되니, 즉 물과 기름의 비유다.
본집 아닌 다른 곳에 인연이 있다는 뜻이다.

03 合과 沖刑의 유형

- 지지에 충, 파, 형, 해, 원진, 공망, 神살 등 각종 살이 붙으면 그 천간도 살의 작용을 받는다는 것을 명심한다.
- 지지가 合이 되면 그 天간도 같이 合이 되고, 天간이 合이 되면 그 지지도 같이 연대하여 合이 된다는 것을 염두하시라. 다만 合도 되고 沖도 되면 合과 헤어지는 경우도 있고 소멸되는 경우도 있다.
- 행운에서나 사주에서 흉신이 12운의 길성이면 흉조가 반길로 변하고 12운이 흉이면 흉성이 증가. 다만, 12운의 길성이 충, 파, 원진이 되면 길이 감소된다.
- 12신살은 길흉 오행에 따라 조화가 구별된다.

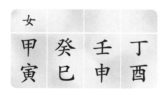

- 月주 劫財, 壬형제, 申 인수가 死에 해당, 친모 형제가 사이별, 결혼문서도

〔申〕죽었다. 日지 巳가 공망되면 그 天간도 공망살을 받는다. 남편이 멀리 떠났다. 時주의 甲寅은 백호대살로 남편 劫살에 흉사했다.

- 辰子, 戌子, 午亥, 乙戊, 寅未는 서로 간에 합이 된다. 이유는 辰 中 戊와 子中 癸와 戊癸合이 되어 그러하고 乙과 戊는 음양으로 친절. 寅 中 甲이 未中 己와 합이 되어 그러하다. 또 庚은 양이요 未는 음이다. 음양관계는 서로 상대가 되어 정이 쏠린다.

- 女子 劫財 상관 봉은 남편과 생사 이별, 또한 人패財패다.

- 남자 日지 偏財는 그대로 처로 보고 日지 외 편재는 첩이다.

- 女명 상관이 劫살이면 하류계 여자, 음부병, 개방 여자다.

- 年주 甲寅 상관에 白虎 劫살은 조상이 망조되고, 부모운이 불의하고, 부모 신병.

- 年지가 午戌생은 대개 부모 덕이 없거나 인연이 없다.

- 신약사주 月주 상관은 본인, 형제 총명.

- 甲庚충에 丙이 庚 옆에 바짝 붙어 있으면 甲庚충이 아니 된다.

- 乙庚合 옆에 丙이 있으면 庚을 노하게 하여 합이 아니 된다.

- 時주의 死는 어린 시절 부모 형제와 사별 또는 가운이 쇠망.

- 비겁에 養은 형제 중 결혼 실패. 또 이복형제 있다.

- 평소에 손님의 문점 목적은 손님의 年지나 日주를 주동해서 12겁살하여 六해살 육친의 뜻에 관한 질문이 대부분이다. 이때 卯가 六살이라면 卯는 큰 아들, 印이면 집문제, 이사문제.

- 명식에 寅申巳亥가 완비되고 조직이 양호하면 고위직에 오른다. 단, 장구하지 못한다.

● 여자 용신을 남편으로 보라 했으니 용신의 강약에서 남편운이 좌우된다. 신약 사주로서 酉 인수가 一차 용신이 되고 뒤에 조후용신〔一月生 丙火〕을 취한다. 酉金 용신이 정인으로서 관인상생하여 격을 갖추었지만 年柱 甲辰 대패살의 록이 되는 寅이 日月에 투출되었고, 寅酉 원진살로 대패살이 가중되어 사업으로 대실패.

◉ 害살년, 神살년은 신액 교통사고. 정·인수〔例 甲子日〕가 浴살이면 두 어머니 꼴이다. 친모는 푸대접을 받아 울고 있는 상이다.

◉ 女, 역마지살〔寅申巳亥〕은 외관남자다. 즉 편관성으로 일견 보시라.

◉ 子午卯酉는 도화살로 애정, 사랑, 돈, 재산, 관액으로도 봄. 그러므로 도화살이 형충, 浴살에 받쳐 있으면 애정문제, 돈문제, 관액송사문제, 신액문제가 발생한다. 子卯는 刑살도 되고 생합도 된다. 그러므로 도화살 작용이 십배 이상 작용. 집안 중 색정이 깊은 육친이 꼭 있다.

● 재성이 태과하면 일차 용신은 金이다. 다음 보조 용신은 水木이다. 辰戌은

관액이 되는 囚옥살이다. 전과자가 되거나 죄인을 감금하는 검찰, 사법경찰이다. 특수격이 이루어지는지 볼 때는 원국 또는 지장간에서 劫財와 편관이 合이 되는지를 확인. 劫財 乙과 편관 庚이 乙庚合이 되어 거물급이다. 즉 검찰, 검사직이다.

- ◎女子 용신이 合이 되어 용신이 나오면 남편은 희하다.
- ◎공망법은 時주를 기준해서 보기도 한다.
- ◎男女 편재를 애인으로 봄.
- ◎女명 편재가 용신이면 둘 중 하나 애인이 있다.
- ◎官이 용신이면 관청과 인연이 있고 관청의 협조를 받는다.
- ◎六살은 귀신이다. 신의 세계다. 흉 작용하면 신경성, 정신병〔집안 중에〕, 파산선고.
- ◎명조가 子午卯酉로 구성되고 조화가 되면 부귀공명이요. 천격이면 방랑객이다.
- ◎상관이 劫財 羊刃 봉은 파산선고, 변사, 인패재패다.
- ◎巳酉는 결혼의 별이다. 死가 임하거나 형파되면 결혼생활 말썽.
- ◎偏印이 合도 되고 형이나 충이 되면 비리행위 또는 형사처벌이다.
- ◎기신 편인에 劫財가 동주하면 친척의 꾀임에 빠져 거액을 날린다. 기신 편인 劫財 동주는 폭거, 도적이다.

女
| 乙 | 己 | 甲 | 癸 |
| 丑 | 丑 | 子 | 丑 |

- 化格 사주로 귀격 사주다. 남편이 공직에서 근무. 三冬月 사주에 火가 없어 꽁꽁 얼고 있다. 비견 土가 차단되어 土에 대한 병이다. 즉, 피부 알레르기 병이다.

○ 재직자가 상관이 官성을 보면 귀향을 가거나 형책이 있을 것이다.
○ 劫財가 天乙귀인이면 편관과 劫財와 합이 되는 이치로 좋은 암시〔天乙귀인은 편관으로 봄〕.
○ 남자 사주 官살이 충이 되거나 고신살이 있으면 늦은 결혼.
○ 日지 공망 미혼자는 만혼. 아신, 형제도 결혼 실패.

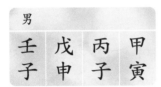

- 명식에 水 財성이 많으면 예술문화에 종사, 즉 영화 창작 사업이다. 사주에 財성이 국을 이루니 여자가 많다. 여자와 즐기는 사업은 무대 영화다. 항상 관객을 즐겁게 토해주니 만인의 인기다.

- 하절에 태어나서 천지사방에 불바다로 辛金 印성이 불에 녹아내리는 형이다. 女명은 용신 辛金 인수성을 남편으로 보라 했으니 남편 辛金이 불에 녹아 내리고 있으니 남편이 병자의 몸이다. 남편은 평생 수술과 약으로 세상을

살아 가지만 다행스럽게 용신 辛金은 日지 오아시스 샘천이 물 土를 적셔 辛金을 열심히 土生金으로 생조, 원천의 힘이 되고 있다. 多財에 辰고가 있어 구진득위격으로 財복이 많다.

- 女명 편관, 정관이 섞여 있으면 남편 비리, 검은 행동으로 심하면 파면, 1/3 인생.
- 남자는 비견 劫재를 며느리성으로 본다. 본 사주에서 극, 파, 원진살이 되면 며느리는 혼인을 파기할 수 있고, 며느리는 신병으로 약을 복용함. 하자 발생.
- 女는 官성을 며느리성으로 본다. 官성이 극파되면 혼인에 말썽이 생겨 이별 징조. 또한 병액으로 약복용, 재산 손해.
- 운명학에서 天살을 형충하면 조상신이 노여움이나 탈을 자초, 뜻하지 않은 돌발 사고나 집안에 액운. 특히 금전손해, 사업파산, 신액 ,상패, 관액.
- 月주에 편관이 있으면 부모덕이 없다.
- 정財가 墓이면 처와 이별수 발생.

- 月지는 모친궁이요, 月간은 아버지 위치다. 日지와 月지가 子午충이 되어서 月 午火는 쌍충을 받아 모친이 조별, 年주 초년기에서 극충을 받아 20세 이전 나이에 사별했다.

- 상관 乙卯 木이 왕하여 일간이 설기태심할 때는 巳財로 가용하여 중화를 이루게 한다.

- 月지 辰土는 水의 창고로 壬水에 연대되어 辰土를 水로 간주, 고로 득령한 결로 보고 신왕으로 처리한다.

○ 年간은 일차 아버지 위치로 본다. 년간이 용신이면 아버지가 현명.

○ 명식에 음음, 양양 일색으로 접하면 대충이 된다. 즉, 申申으로 되었다면 申申 대충으로 감평한다. 申은 坤이요, 어머니성과 가정궁이다. 또한 부동산, 일자리다.

○ 月의 정관은 財성으로 감평하여 사업투자 운이다.

- 辰土는 水의 창고다. 壬癸 水를 껴안고 있을 때는 辰土를 水로 간주한다. 고로 신강사주로 본다. 그러므로 辰은 財와 이중역할을 하여 희하다.

◉女자 편관이 日극 또는 충극시키면 남편 마음씨가 나쁘다. 뒷문 출입, 여자 치마 속에 숨어 있다. 官살이 극충되면 칠액살로 부모액, 형제액, 부부액, 자손액, 실물(재산)액, 관액, 건강액을 꼭 당한다.

◉女자 관살이 3개 이상이면 남자친구가 많고, 남자는 財성이 많으면 여자들에게 인기 집중.

◉合이 되어 인성이 또 생기면 아버지의 첩이다.

◉女명 合이 식상이 되어 새로 나오면 타성의 자식꼴을 본다.

◉역마지살은 편관으로 봄. 편관은 부친, 남편, 자손으로 봄. 충이면 부친, 자손, 이동 문제 발생.

◉양 일주는 劫재 편관이 合이 되면 자리가 중중, 부호의 명이다. 행운에서도 劫재 편관이 合을 이루면 경사 발생〔지장끼리 또는 지장간과의 合도 인정함〕. 신약사주는 劫재가 편관과 合이 되어 劫재가 없어지면 희신이 없어지므로 손해.

◉음 일주는 劫재와 財성이 合이 되면 대권을 잡거나 유명인사가 된다.

◉사주에 火국이 되거나 三合 火국이 되면 직계에 정신이상 또는 신방(神房)을 꾸민다. 귀문관살〔신약〕이 있거나 六살이 있으면 부부 중 하나 또는 직계에 정신병, 신방을 꾸민 경력이 있다.

◉공망 자리가 12운성의 건록, 제왕, 장생, 관대, 養의 길성이 받쳐 있으면 반공망.

◉六살은 도화살로 되어 있기 때문에 색정, 비리, 손재, 질액, 관액이다.

◉공망된 방위는 주거지 또는 업소 방위도 크게 작용. 가령 寅卯가 공망이 되면 동방에서 무엇을 하던 성사가 어렵고 헛수고가 많다.

◉자손궁〔時〕에 劫살이 있으면 자손이 실패.

◉ 공망이 두드러지게 작용하는 것은 日지와 時지다.

◉ 년주 공망은 부모 덕이 없다. 조상 묘지가 파묘.

◉ 사주가 전부 공망이면 그 집안 대대로 가정운의 조화가 없었다는 징조다.

◉ **고란살.** 甲寅日, 乙巳日, 丁巳日, 戊申日, 辛亥日 고란살은 남녀 모두 독수 공방, 이혼했거나 사별. 이 고란살이 사주에 있으면 건강상으로 생식기에 〔방광병〕 질병이 생기고 女는 임신이 불발. 일명 홀아비 과부살이다. 이 고 란살을 파괴하는 운이 들어오면 오히려 전화위복이 된다.

남자 고란살이 日주에 있으면 성교시 2분도 채 못하고 배설, 바로 내려온 다. 흥분된 여성은 쾌감은커녕 성에 대한 노골적 불만을 사게 되어 뒷거 래, 심하면 이별이다. 이 고란살이 충파 또는 합, 공망되면 고란살 작용이 반감된다. 남자 日지 고란살은 성기능이 약하다는 것도 유념.

• 이 사주는 丁巳日로서 고란살이다. 日지 고란살은 日月에 고란살이 되어 부 모 때부터 고란살의 영향을 받아 부부운이 변하여 사이별.

• 甲寅 日주는 고란살로 부부 생사 이별.

◉홍염살이 있으면 남성은 외도가 심하며 첩을 응하고, 女는 화류계, 연예계 종사. 남녀 허영심이 강하고 주색잡기를 좋아한다. 이 살이 충파 공망되면 전화위복이 되어 좋게 된다.

◉**평두.** 甲子日, 甲辰日, 甲寅日, 丙寅日, 丙辰日, 丙戌日. 평두가 日主에 있으면 혼담에 장애가 있어 말썽이 생기어 한쪽에서 반대. 결혼생활에 장애, 이별수.

◉태세 병부살이 원진살이면 병원출입을 하지 않으면 병적이 되는 일을 교체한다.

● 년간과 月간이 戊癸合으로 조상 때부터 끼가 다분한 집안이었고 방탕생활.

◉子卯형은 음란살이요, 관재구설이다.

◉정財가 함지 속에 장축되면 처가 호색가다.

◉남자 신약사주에 정財가 용신 印을 극하면 처로부터 홀대를 받는다.

◉편재가 편인과 함께 있거나 편재가 대패살이 되면 부친은 파산선고.

◉壬子 日주는 음적이어서 풍류를 좋아한다〔부부 중 둘 중 하나〕.

◉편財의 근본은 여러 사람의 財이므로 소비 지출도 심하고 사치성도 예민.

◉오행은 근원이 있어야 고갈이 되지 않는다.

◉年주의 帶는 부귀격이지만 재혼 암시. 日時의 帶는 부부 이별수.

◉年의 祿은 말년에 발달. 年주 제왕은 계급의 집안.

◉ 日時 死는 어린 시절 부모 실패.

◉ 酉酉刑살에 寅 대운을 만나면 허리, 다리, 대수술. 병부살이다.

◉ 행운에서 병부살이 들어오면 집안 중 병원 출입.

- 년지 巳財 중의 庚이 상관 乙卯를 생습, 상관 상진으로 거부의 집안 출신이다. 乙卯 상관이 死絕이 되어 상관 작용이 무력해지고 財에 설기되니 희하다. 日지에 고신, 亡신살이 있으면 인패재패를 당하는데 습으로 희신이 나와 소멸, 壬申日은 대패살로 습과 희했다. 상관이 財를 보면 거부가 된다는 것을 명심. 甲戌 대운은 月간 己土와 甲己습으로 일자리가 좋아졌고, 戌은 卯와 습, 財성이 형성. 財에 대한 경사다.

- 財가 많고 편관 七살이 습세 되니 대수술 한번 해본다. 丑 대운에서 酉 七살과 습刑을 이루어 병을 얻었다. 寅 대운에 寅酉 원진살로 병부살이 접목, 허리 대수술. 寅은 조상 산소다. 산소 일을 한 후 득병했다. 寅酉 원진살 해는 山소 일 금지.

◉ 신이 약할 때는 비견 겁재가 보약이 되지만, 신이 왕할 때는 비겁이 劫財

로 돌변, 기신 劫재는 편관 七살로 변신, 양쪽 살을 받는다.

- 女자 甲木日은 팔통사주라 하여 팔자가 세다. 甲木은 오행 중에서도 우두머리, 두령격이다.

- 편재, 편관 동거는 부친과 인연이 없고, 호색으로 財산 탕진.

- 女자 日지 辰戌은 첩 사주다.

- 財성에〔도화살도 해당함〕六살, 囚옥살이 걸치면 재산 가지고 활극, 척을 잡는다.

- 인성이 충, 공망, 원진살이면 공부 때문에 집을 떠나 해외 유학이다.

- 행운에서 사주 伏馬 戊寅 또는 戊申日 오행을 충극시키면 엎드린 말이 기동 출전, 소원성취다.

- 時주 상관이 官성과 동거되면 성공한 자식 실패다.

- 土는 여자 자궁, 남자는 성기를 표시. 모든 만물을 창조, 생존하는 곳이 土다. 土가 入墓나 수장〔辰에 入墓된 것〕, 극, 파, 형되면 女자는 주인 없는 자궁이 되고 남자는 불량품 성기가 된다. 따라서 남자는 성기능이 좋으면 좋고 나쁘면 쇠약.

- 絶이 되는 午가 日지 丑과 생습이 되고 다시 원진살로 이별했다. 딸 상관 甲木도 絶의 一색이 되어 딸도 파혼. 月주 壬申은 자체 대패살이요, 申은 死다. 대패살과 死의 작용을 받아 부모 형제가 인패재패, 몰사당했다. 형제는 불에 타서 온 가족이 몰사하고 부모는 강물에 투신, 자살하였다. 時주 자식 자리

壬戌은 壬은 劫財, 戌은 정관으로 劫財와 정관이 같이 있으면 부부 이별은 필연. 딸자식도 혼인파기. 日時 관살, 유년 타향객, 타가생활.

乙 壬 甲 辛
巳 辰 午 巳

● 편재 巳가 絶이 되어 부친은 조기에 세상과 단절. 時주 자손 자리 결혼의 별인 巳가 絶이 되어 딸자식이 결혼 실패. 時간 乙 상관 딸이 年간 정·인수 辛金에 乙辛충으로 딸과 사위가 상충되어 헤어지는 상이다. 絶은 바람살로도 본다. 편재성은 남편으로 본다. 絶이 되어 남편이 첩과 동거 생활. 부부 운명은 같은 운명으로 살아가니 女자 사주 日간 壬을 남편 사주 日간으로 가정하여 살펴 보는 것도 일조가 된다. 남편 사주로 가정해 보면, 사주에 財성이 태과하니 남자 입장에서 볼때 여자가 많고 財복이 많다. 또한 수술병 환자다.

◉사주감정시 비전조견표〔별첨참조〕를 필히 참조하면서 감평하시라.

◉괴강살은 편관 七살로 본다. 고로 괴강日생이 천간 또는 지지와 合이 되면 유명인사직이다.

◉財성 墓는 부모 덕과 財복이 있다.

◉사주에 흉신을 파괴하면 오히려 좋은 현상. 흉신을 제 三자가 와서 파해줌으로써 가만히 있어도 사주가 잘 풀리는 것이 된다. 그러나 길신을 파하면 방해를 받게 된다. 만약 길신이 강하면 염려할 것이 아니지만 미약할 때는 약자가 피해.

◉편인과 식신의 세력이 대동소이하면 식신의 큰 피해는 없는 걸로 본다.

◉ 官귀학관이 日간 또는 劫재, 인성과 생슴이 되면 거물급이다.

◉ 劫재가 偏財를 극하면 돈 잃고 정신병.

◉ 용신 희신이 개입〔지장간을 말함〕되지 않는 병은 충개해도 무방하다. 이 병을 제거하는 운에 발신.

◉ 正官은 부모 유산이다. 충파 또는 공망 기신 편인과 같이 있으면 부모 유산 파멸.

◉ 財성이 天乙귀인이면 재복이 있고, 官성이 天乙귀인이면 官이 높다.

◉ 庫고가 체신〔기신〕이면 충개하여 흉하게 되고, 용신이면 충개하여 길조.

◉ 식신 상관은 육축으로 본다. 양식, 양계, 양육, 동물원, 양돈, 화원 등

◉ 寅 白虎대살은 부모, 자손, 조상이 불의의 사고로 객사나 횡사, 악질병. 높은 언덕에서 떨어지거나 부상. 백호대살이 사주에 여러 개 있고 길신이면 귀한 작용.

◉ 살성도 격국이 흉이면 살의 작용력이 곱배로 강해진다는 것을 염두.

◉ 고신, 과숙살은 그 지장간 육친도 해당함.

◉ 女자 사주가 음으로 구성된 명은 상대적으로 양의 기가 쇠퇴하게 되므로 남자의 기가 꺾이게 되어 남편덕이 없다.

◉ 남녀 명조에 官이 공망되면 부부 이별 징조.

◉ 신약에 남녀 비견 겁재가 슴이 되어 없어지면 배우자 마음 변화성 예고.

◉ 日주 時주는 부부지간에 일하는 애정궁 자리다. 고로 이곳이 파살이나 공망, 원진살이 되면 부부 잠자리 냉냉. 子, 申, 寅이 원진살 또는 흉신이면 그러하다.

◦결혼별인 巳酉가 공망이면 과부 육친이 있다.

◦고신, 과숙, 亡신살은 人敗財敗의 가혹한 파패살이다. 時주에 있으면 초년 나이 때 부모가 실패. 日지 有는 본인 실패. 年月주는 부모 형제 실패.

◦三夏月에 출생한 자는 원국 또는 행운에서 조후역할이 되는 金水운에 친숙해지고, 三冬月의 一月 사주는 원국 또는 행운에서 조후되는 木火운을 만나야 이제까지 막혔던 운이 열린다. 병자는 회복기세다.

◦女명 壬戌, 癸丑日에 관살이 충파되면 부부 이별 징조.

◦日지 辰戌충은 부부 이별 징조다. 辰은 女자요, 戌은 남자다.

◦신왕사주에 비견이 국을 이루면 비견도 劫財성으로 봄.

◦음日간의 건祿격은 외家가 몰락한다. 처자와도 인연이 희박.

◦丑土는 흙의 기운이 金으로 화하여 금 기운이 강하다. 고로 壬癸 日주에 丑土는 官印상생하는 격이다.

◦劫財가 편관과 合이 되어 기신이 나오면 친구, 친척한테 피해.

◦天乙귀인 정하는 법은 사주 日간과 年간으로 정한다.

◦**궁合** : 남자 日지를 주동하여 女자 日지가 공망되면 이별, 병난.

◦지장간의 암合은 비밀리 행동하는 일 빈번.

◦七살에 도화가 있으면 음란 색정파가. 女는 기생, 미아리촌 비유.

◦상관 未가 정관 子를 보면 극이 되는데 이때 甲寅 木이 있으면 寅 중 甲이 未 중 己土와 甲己合이 되어 子水를 극함을 잊어버린다.

◦天乙귀인은 사주에 辰戌이 모이면 귀인이 아니다. 행운의 귀인 작용도 불허한다.

◦편관이 劫財와 合이 되면 실력자의 후원을 받아 출세한다.

◦사주에 寅申巳亥가 모이면 음란병이다.

◉편관이 長生이면 실력자의 후원을 받는다.

◉가상관격은 어머니가 둘이다. 가상관격은 부부운이 불길.

◉신주가 왕하고 설기하는 식상이 자체 墓에 해당되면 설기구가 정체되어 흉.

◉가상관은 印수운에 파하고, 진상관은 진상관운에 파한다.

◉편재가 편인을 대동하면 부친 또는 집안 중에 삼각관계.

◉傷관성이 財가 부족하면 선부후빈, 상관성에 財가 왕상되면 걱정할 것이 없다.

◉기신 三災년은 水액, 火액, 財액, 관액, 신액.

◉女명 財성 天乙귀인이 日간과 슴이 되면 남편 재관이 슴이 되는 이치로 출가 후 남편이 좋은 일자리를 취득하게 된다.

◉沖은 남녀가 인연을 맺는 것도 되고 충돌도 된다. 처녀총각은 결혼성사다. 기혼자는 바람피우는 부정.

◉偏자는 성격이 편파적이고 다친다.

◉祿이 식상운을 만나면 권세가 있다. 태세 祿이 충파되면 이주 발생.

◉괴강日이 용신 財官운을 만나면 의식주 풍부. 단, 신액이 따른다. 財官이 絕이 되는 운에서 발복.

◉祿이 長生을 보고 인수가 있으면 귀관이 된다.

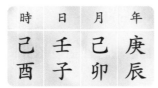

• 月지 지장간 卯 중 甲이 천간 己土 정관과 甲己슴으로 상관상진격으로 격이 맑아졌다.

時	日	月	年
甲	癸	乙	辛
辰	酉	卯	丑

- 日주 상관 甲에 卯는 羊刃을 겸하여 강력한 상관 작용이다.

○ 상관이 왕하면 혼담에 애로가 많고, 만약 이것이 공망되면 무사하다.

○ 신이 쇠약한 사주는 호운에도 발전이 더디고, 약간의 신왕사주는 신왕운이 올 때 발복.

○ 月주 財가 養이면 득기한 걸로 본다.

○ 時주를 주동해서 12신살하여 당년지가 역마지살이나 刑살이 되면 자손 군입대. 당년 태세가 사주 日간과 合이 되거나 편관년에 자손 군입대.

時	日	月	年
戊	庚	辛	乙
子	辰	亥	丑

- 金水상관은 金水가 냉하므로 관성인 火를 필요로 하고, 만약 火가 無하면 총명함을 잃고 곡절이 심하다. 土金상관격은 재주 총명, 영리하다. 水木상관, 木火상관, 火土상관격은 배합이 위반되면 기능을 잃어 구실을 못한다.

○ 合은 비행으로만 보지 말라. 생합은 도움을 주었다는 것, 받았다는 해설. 合이 왕하면 도움의 양이 많고, 미약하면〔원거리 合〕 도움이 적다.

○ **반생 반극이란?** 사주 어느 한 개의 오행을 지나치게 도와주면〔3개 이상으로 도와주는 경우〕 과식이 되어 배가 터지는 형국. 병이 나서 병자 몸이나

다름없다. 병자는 상대를 생조할 수도 없고 극할 수 없다. 즉, 식물인간이나 똑같다.

● 多木이 午火를 생조하지만 午火는 불이 꺼져 연기만 나는 현상이다. 그러므로 庚金을 대적 못하여 자손들은 성공적으로 출세했다. 이 운명은 天上三氣로 자손들이 성공한 걸로 본다. 戊土도 죽고 庚金도 죽고 午火 용신 모두 살아 있는 시체와 같다. 이런 경우는 백수 인생이다.

◉三刑이 12운성 死絶이면 옳은 것을 그르다고 한다. 즉, 누명죄나 애민죄로 탈을 입어 실패작이다.

04 재변통변학(당년 신수법에서 활용)

○ 재변통변학의 통변술은 현재 살고 있는 대운 지지를 〔천간은 불용〕 사주 日
간으로 가정하여, 태세〔당년〕 간지 오행을 대결시켜 육친성을 갈음하여 그
육친을 본사주 日간에 희신, 기신을 판정한다. 그 오행 간의 생극관계와
태세 간지 오행이〔12운성 길성도 참고〕 사주와 合이 되어 合이 된 오행을 현
대운 지지〔사주 日간 지지〕 오행과의 육친관계를 분석, 희신과 기신을 논한
다. 合이 안 될 시는 그대로 놓고 점한다.

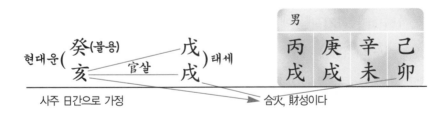

● 현재 살고 있는 癸亥 대운의 천간 癸는 불용하고 지지 亥를 사주 日간으로
가정하고, 태세 戊戌년은 亥와 대조시키면 태세 戊戌 土가 亥를 土극水하여
편관 작용을 하고 있다. 편관은 이 사주의 丙火성이다. 신왕이므로 득이 되

지만 未月生으로 조후위반이 되어 고통운이다. 또한 태세 戌이 사주 財되는 卯와 卯戌合으로 火성 오행이 나왔다. 이 火성을 대운 亥〔사주 日간 가정〕와 대결하면 水극火함으로 財성이 된다. 財성은 길신으로 복이 되지만 그 財성은 다시 戌〔관살〕에 설기가 되어 돈줄이 도망〔관살은 소비, 도망〕가는 형이 되어 투자처가 발생 또는 돈의 고통이 된다.

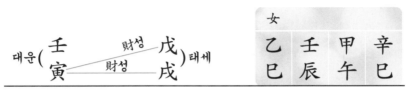

사주 日간 가정

- 대운 壬寅의 천간 壬은 불용하고 지지 寅을 사주 日간으로 가정한다. 태세 戌戌년 간지 오행을 대결시키면 寅은 木임으로 木은 戌戌 土성을 木극土 극제하여 財성이다. 이 財성은 이 사주의 火성 기신 작용으로 금전상 문제가 발생. 寅은 사주 午와 合 火국이 되는데 火는 대운 寅木과 대조하면 木생火 설기되어 식상국이 다시 財를 생조, 財국 기신 노릇한다. 신약사주 財국은 돈에 문제가 생겨 거액을 날렸다. 또한 財국은 수술 병부살로 염려. 또한 財는 인수를 극하기 때문에 이사, 이동수. 태세 지지와 사주와의 合류관계는 생략해도 되지만 추가분으로 참고한다.

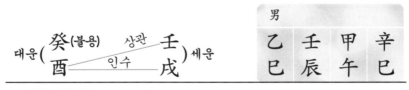

사주 日간 가정

- 癸酉 대운에서 세운 壬戌년을 대결하면 대운 천간 癸는 불용하고 지지 酉를

사주 日간으로 가정하고 세운 壬戌을 육친성하면 보기와 같이 대운 지지 酉가 세운 천간 壬水는 金생水하여 상관 작용으로 이 사주의 길신 상관 午 작용을 한다. 다시 酉는 세운 지지 戌과 土생金하여 酉金의 인수성이다. 인수성은 이 사주의 亥子를 뜻한다. 즉, 길신 상관 午火가 인성 亥子 水에 극을 받아 용신 午火가 꺼지는 격이 되어 침몰하는 상이다. 이 운에서 사람 실패, 재산 실패 당했다. 세운 白虎 壬戌은 戌은 사주와의 寅午戌 三合국 火국이다. 火국은 酉金에 편관 七살이다. 七살과 상관과 〔火一金〕 피를 보는 대항전이 되고 있다.

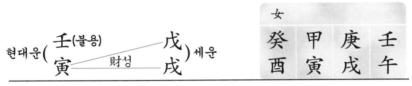

사주 日간으로 가정

- 태세 戊戌년 운세를 검진하면 현대운 壬寅을 기준하여 천간 壬은 불용하고 지지 寅을 사주 日간으로 가정하여 세운 戊戌 土를 대조시키면 대운 지지 寅木이 木극土하여 財국이 된다. 신약사주에 財국은 인수를 극하여 명도 문제, 이사 문제 발생. 또는 財국은 官살에 설기되어 돈 나가는 일이 발생, 돈에 고충. 또한 건강에도 황색 신호다. 태세 戌은 이 사주와 三合 火국으로 그 火를 대운 寅木에 처하면 木생火하여 식상국 火국이다. 火국은 다시 세운 戊戌 土에 설기되어 財국이 팽창되는 형, 가난뱅이 노릇. 그러므로 채무 관계 발생.

◉ 時주가 용신이면 官食이 무력해도 자녀의 덕이 후한데 반해서 時주가 퇴

신이면 자녀운이 박하고 기대하기 어렵다. 예 寅午 合국을 申이 충하면 寅午合이 깨지고, 寅午合 국을 子가 충하면 寅午合 국이 더욱 왕해진다. 이유는 子는 午를 치지 않고 寅에 생습이 되어 다시 寅木을 생조하기 때문이다.

- 合이 되어 희신이 나와야 그 의미가 길하게 된다. 반대면 내용이 불길. 충으로서 해소.
- 日지 기신을 공망시키면 흉성을 물리치니 구제 역할. 그러나 체 안에 12운성 길성이 받쳐 있으면 반쪽은 액이고 반쪽은 구제된다.

- 月지 辰은 壬水의 물의 창고다. 그러므로 신왕으로 본다.

- 木火 상관격은 官이 왕해야 하고 金水 상관격은 火가 조후해 주면 부귀. 金水 상관격, 木火 상관격, 水木 상관격은 官성을 꺼리지 않는다 했다. 官성이 없으면 오히려 불길하여 관운이 불복한다. 다만 상관과 관성이 제각각 있어야 함.
- 흥하고 망하는 것은 대운에서 갈음한다.
- 日지 기신은 부부이기는 하나 마음은 제각각이다
- 未申은 타신으로 되어 있어도 처, 여자, 母, 조모, 장모로도 본다〔구성학 참조〕.
- 月간은 兄이요, 月지는 동생. 月간은 남성, 月지는 女성. 月간은 부친이요, 月지는 모친 자리다. 月주에 기신이 있으면 형제, 부모 무정. 月상에 용신

이 있으면 부모, 형제 유능하고 평생 우애. 年간은 아버지다. 年간에 용신이면 아버지가 현명, 유능. 부친의 덕망 有. ⓔ 여름 태생에 火 日간이 년상에 水성이 있으면 아버지의 자랑이다.

- 年주의 간지는 부모의 집이다. 년지에 용신이 있으면 어머니의 사랑과 덕망, 반대는 빈한 출신으로 올바른 양육을 받을 수 없다.

- 육신상 官을 아버지 또는 자손, 형제로 본다. 고로 官이 용신이면 아버지가 훌륭하게 부양, 年간에 傷관이 있으면 아버지의 별인 官성을 극하여 부친이 온전치 못하고 사별하거나, 부친이 실패하지만 년상의 상관이 용신이 되거나 조후가 되면 아버지 유능, 다정.

- 상관이 편인과 合이 되면 합법적으로 시정되어서 군자로 다시 태어난다. 즉, 상관은 식신으로 化하고 편인은 인수로 화한다.

- 食신이 용신이면 무엇이든 뜻대로 소원성취하는 별이다. 食신은 母의 젖줄이다.

- 편인이 식신을 보면 도심이 발동, 즉 부정 비리, 검은 거래, 재난, 병, 술중독, 위장병. 기신 편인이 財성과 같이 있으면 편인이 억제되어 편인의 사나운 작용이 감소 위안. 편인이 식신을 보면 찬밥, 눈칫밥을 먹음으로써 소화기능이 허약, 위장병 체질로 약해진다. 따라서 정신력도 부족, 우울증, 건망증, 알코올중독, 대마초 복용.

- 女명 正官과 劫재를 같이 보면 필히 남편과 이별. 단, 천간에서 日合되면 무시.

- 용신의 12운이 약해도 근원이 생해 주면 힘을 얻는다.

- 官성이 주류가 되고 인성이 교화시키면 官성은 심복이 된다.

- 편관은 저돌적, 혁명적으로 주색을 즐기며 투쟁을 좋아한다. 강자를 누르

고 약자는 애호.

○기신 편관에 財성이 생관하면 두성이 날뛰어 편관의 악성이 맹호로 변함.

○순양순음으로 구성된 사주는 한 집안에 동성끼리 만나서 사는 격이다. 애정
  이 발생할 수 없다. 서로 외면하고 무정한 사이다. 뒤로 빠져 숨기는 탈선.

○상관은 흑백을 분명히 가리는 성격, 앙심과 보복심이 차 있다. 상관은 印
  수를 보면 꼼짝 움츠려 고양이 앞에 쥐, 즉 무능해진다. 이렇게 되면 상관
  이 식신으로 바꾸어진다.

○亡신살이 있는 명조는 외계의 유혹에 간섭되면 무능한 짓을 저질러 실패작.

○신약사주가 신왕운으로 진행하면 사주 기신이 모두 희신으로 도리어 용신
  이 된다. 호기를 맞이함.

○대소운에서 劫재와 合이 되어 희신이 나오면 경사 발생.

○女명 劫재가 있으면 첩이 남편을 빼앗는 일이 있고 남의 남편을 제 가정으
  로 여겨 이보다 더 큰 罪는 없다.

○劫재가 용신이면 도적이 도리어 생명과 財산을 지켜준다. 방패막이가 되
  어 만인이 도와주고 상부상조.

○女자는 비견 겁재가 많으면 같은 여자가 많은 격, 남편에게 다른 여자를
  붙여주는 꼴, 즉 남편의 첩들이다.

○신왕에 비견 겁재가 많으면 나를 빼앗고 죽이려는 배신자, 바로 도적들이다.

○신왕사주에 劫재가 時주에 있으면 먼저 실패 후 나중에 이룬다.

○형제가 많으면서 年주 劫재는 젊어서 돈 벌고 늙어서 빈손된다.

○官운은 日주가 무력한 지지에 앉아 있으면 오래가지 못한다.

○羊刃은 색정, 도박이다.

○時祿, 月祿이 財官과 유기하면 부귀격이다.

⊙시주 식신 상관이 태세와 형충되면 손자 출산 준비.

⊙정관이 浴살이면 관직에서 배임죄, 정관이 편인과 같이 있으면 배임죄.

⊙月령 羊刃은 아버지가 실패했고, 合으로 길 작용하면 회복.

⊙羊刃이 왕하면 아버지의 뜻을 이루지 못하고, 왕한 劫재도 해당함.

⊙日주가 약하면 時지에 있는 羊刃 劫재도 도움이 된다.

⊙女명 도화살에 天乙귀이이면 연예계 진출. 天乙귀인은 편관으로 봄.

⊙흉신이 12운성의 길성에 받쳐 있거나 天덕 3신이 되면 절처봉생이다.

⊙정인이 年주에 있고 충실하면 부귀 가정 출신.

⊙년주, 시주에 록이 있으면 부모 운세가 좋았다.

⊙편인은 억제되거나 合이 되어야 흉조를 줄임. 日지 浴살은 형제 중 불륜 소행.

⊙비겁을 배우자신으로 봄. 비겁이 官財와 合이 되면 배우자 직업이 우수하다.

⊙印수 태과는 비견 劫재를 보아야 길조. 만약 비겁을 불견하면 인수에 대한 손실, 즉 가옥, 부동산에 대한 손실.

⊙女명 時支의 편재가 絶이면 딸이 거금을 날렸다.

⊙지장간 육친은 본 사주의 피조물이다. 필히 확인, 해답이 나온다.

⊙時상에 正印, 正官이 통근되면 평생 정직, 공정. 판단력이 뛰어나고 유력 자의 후원을 받는다.

⊙관살이 日간과 극충되면 금슬이 깨지고 건강에 이상. 한 재산을 날린다.

⊙기신 편인은 음천하고 감춘다. 두 개의 合이 하나가 충되면 合이 성립된다.

⊙天乙귀인은 선비, 편관으로 본다.

⊙年간에 편인, 상관, 七살이 있으면 대개 가정환경 흉.

◉인성이 死궁이면 죽은 결혼 문서다. 고로 혼인 실패. 또한 부모 생가 침몰.

◉女 日時 편인은 자식과 남편을 극한다.

◉편재는 재물을 지키기 어렵지만 정재는 재물이 증가.

◉月주의 정財가 年月주 정관과 합배되면 부잣집 출생.

◉財성이 길신 印과 합하여 기신 財가 나오면 印을 파하여 명도 발생.

◉日간이 합이 되고 그 지지가 충파, 원진살이면 합과 이별곡이다.

◉편관이 극충되면 혼인에 말성.

◉日 白虎나 괴강살이 형충, 죽을 때 험하게 흉사, 곱게 죽지 않는다.

◉용신 食신격은 편인운을 만나면 재산을 탕진하거나 몸으로 실패.

◉길신 正 편관이 기신 편인과 같이 있으면 10년 적공이 동파된다.

◉사주에 병원출입살인 甲庚충, 乙庚합 등이 日간과 합이 되는 경우는 병원과 인연이 되므로 의사직이다.

◉비겁이 多면 入墓운에 득재.

◉고신, 과숙살의 12운이 길이면 이별하지는 않으나 부부 풍파.

◉庚戌 庚辰日 男은 정의를 주장하며, 주체의식이 강한 사람. 리더십이 있다.

◉乙亥日생은 인정이 많다. 丙子日생은 예의 바르고 양심적인 사람. 언변이 뛰어남.

◉神살은 부정행각, 편인과 식신이 같이 있으면 정신분열증.

◉木극土는 상극하나 배합이 되어 木은 土가 없으면 뿌리를 박을 수 없어 상극하면서도 도움이 있다. 흉한 듯하면서도 길운이 내포되어 있어 소흉이다.

◉土 財성이 木에 극파되었다면 土가 상하지만〔처가 상하지만〕 이별이란 조건은 극한단계는 아니다.

◉時주 酉 편관이 형충파되면 딸이 외국생활이다.

◦자형살은 辰辰, 午午, 酉酉, 亥亥인데 개별체로 辰, 午, 酉, 亥도 자형살로 본다. 자형살은 자포자기, 자살, 불목, 불화, 관액, 재화, 신액. 時주에 있으면 자손과 불복, 관액, 재액, 신액을 당한다.

◦식신의 帶를 놓고 양쪽 편인이 두들겨 극제시키면 두 번 실패, 두 번 결혼이다.

• 未月의 未土는 불의 창고다. 불의 창고 未土는 남편 자리. 酉金을 생조하는 것이 아니고 酉金을 용접불로 달구는 현상이다.

• 女 인성이 태과, 관성이 설기태심, 부부이별. 時주는 자식을 생산, 애정궁이다. 편인이 자손을 극, 애기 낳고 이별 문서다.

◦天乙귀인은 사주구성이 좋으면 재앙을 잘 피할 수 있고, 높은 자리 추앙을 받는다. 흉변화길, 즉 천우신조가 있어 일생 무해.

◦印星이 天乙귀인이면 부모덕이 있거나 직업운이 길. 살고 있는 주택이 고급주택. 寅이 天乙귀인이 되어도 고급주택이다.

◦남녀 劫財가 정관을 보면 부부이별이다. 時주에 임하면 자손도 이별이다.

- 火 공망은 火열이 대기권으로 상승하니 실패수가 적고, 木 공망은 木이 꺾이니 중도좌절, 土 공망은 암반이 무너지니 압사, 공사판 사고, 지하터널 사고, 金 공망은 쇠를 두들겨 소리가 남으로 명성을 떨치고, 水 공망은 흘러버리므로 길하다.

- 12운성 12신살이 운명 작용을 많이 점하고 있으니 집중하시라.

- 囚옥살이 흉신이면 〔예 子가 囚옥살이면〕 남쪽방향 사람과 쟁투, 원수 맺는 일이 발생. 囚옥살이 길신이면 민주인사지만, 흉신이면 공산당 만행이다. 필시 코 다치는 일이 허다하다. 午가 六살이면 子 방향 사람과 원수 맺는 일. 六살도 囚옥살로 본다. 예 子가 囚옥살이면 또는 六살로 되었다면 子는 도화살이요, 재물, 돈이다. 즉, 사랑과 돈 때문에 혹은 불의 때문에 척을 짓고 원수 짓는 일 발생.

◉財성의 관帶, 養

```
女
丙 乙 壬 辛
子 未 辰 巳
養 帶
```

- 女子 財성의 관帶가 養과 같이 있으면 타성남자 딸과 같은 종업원들이 술집 또는 여관업으로 거금을 모이게 해준다. 이유는 관帶는 자궁과 하는 밀실거래, 財養은 타성꼴을 보면서 불로소득.

- 모든 五星의 별은 12운성 , 생왕, 쇠약, 강약에 따라 운기와 길흉이 달라진다는 것을 명심. 만약 기신에 해당되어도 12운의 길성이 받쳐주면 생기가 있어 12운의 길성 혜택을 받게 된다는 것을 명심.

◉寅이 길성 길조가 되면[예 록이나 長生, 암록이 받쳐 있으면], 높은 자리 위치.

◉매년 지지가 사주와 가출살이 접목되면 가내에 가출인이 발생하거나 원행수, 가출 현상이 자자하다. 예 寅사주 寅의 가출살은 申이다.

◉女 日지 財성이 나오면 필히 간부와 내연관계.

◉슴이 되어 인성이 또 나오면 부모님 하나. 부정 슴은 부정이다.

◉申申은 어머니가 둘이다.

◉女명 식상 亡신살은 자궁, 유방, 수술.

◉日지 長生은 배우자 덕이 없는 걸로 봄. 단, 戊寅은 제외.

◉天乙귀인, 天덕귀인, 天月덕이 月에 있으면 직업운이 길.

◉羊刃이 있고 인수가 있으면 골육에 병이 있다.

◉辰土는 火土 두 성으로 본다

◉명식에 정인, 편인 양방으로 있거나 정인수에 浴살이 있으면 두 어머니 꼴이다.

◉未申이 원진살, 神살 제휴는 귀문관이 발동. 우울증 환자 있다.

◉辰은 辰 중 乙癸戊가 여기, 중기에서 戊癸슴으로 火가 나왔으니 사주 또는 六효 당사주에서 辰이 투간될 때는 辰土와 火성 양분으로 구분, 희신과 흉신 판단함.

◉天살이 天乙貴人이면 공직생활.

◉木火 통명격은 의사, 침술. 木火 통명격은 끝에 가서 성공.

◉土多 刑살이면 내과의사. 木多면 신경외과 의사.

◉식상多면 산부인과 의사. 戊亥 刑살이면 외과. 羊刃 刑살이면 외과의사.

○水多 피부과, 비뇨기과. 金多 이비인후과.

○사주에 劫살, 羊刃살, 亡신살, 원진살, 고신, 과숙살을 보면 부모 실패.

○亡신이 건祿과 같이 있으면 관리, 벼슬.

○日지 劫재가 合이 되면 부부 다정〔신왕〕.

○死운은 물질 실패, 사람 실패. 그러나 회복운이라 했다.

○子午충, 卯酉충 득지하면 제왕가 명이다.

○七살이 편인을 보면 타향객이 있고, 가족 중 혼인 파기, 거금을 날린다.

○時주에 편관 酉가 형충파, 원진살이면 딸〔酉는 딸〕이 외국생활.

○신왕 劫재는 財를 분탈하고 살성과 병을 준다. 하지만 劫재가 七살과 合이

되면 과거에 급제하여 유명인사가 된다. 또한 이 劫재가 財

성과 合이 되면 과거에 급제하여 유명인사가 된다. 또한

이 劫재가 財성과 合이 되면 일확천金을 모아 財복이 풍

만, 부를 쌓아 올린다. 또한 이 劫재가 天乙귀인과 같이 있

으면 처음은 곤고하나 후일에 부자가 된다.

甲 日
卯　　戌
合

○日간 체가 간합되고 그 지지는 쟁합, 刑合이면 浴패살이다.

○편인이 식상을 극충하는 운에는 자손이 주택 관리를 허술하게 하여 집을
날리니 주의요망.

○年주 長生이 암록이면 입지 계승, 집안 문호가 열린다.

○申未는 취업 자리, 집문서, 땅문서로 본다. 형충파, 合이 되는 해에 주거변
동, 명도 발생.

○년月에 희신이 처하였으나 그 희신이 日간과 合이 되고 그 地支가 日간과
쟁합되면서 刑合으로 난잡되면, 사주 전체와 희신이 문란되어 희신이 흉신
으로 변하여 욕패의 살을 받아 망하게 된다.

❶번 사주는 丁壬合에 午 중 丁이 壬과 쟁합되면서 巳申 刑合으로 투합, 결국 돈버는 丁壬合. 정규직이 아닌 일용직으로 살아가고 있다.

❷번 甲己合에 卯 중 土와 투하고 있으면서 子卯 형합으로 요직에서 퇴출. 첩과 내통, 재산 탕진에 불치병까지 얻어 패신이 되었다.

◉사주에 화개살이 많으면 바람 피는 가족이 있다.

◉종財 사주 財墓가 되는 운에 재물이 몰려와 부귀하게 살아간다.

◉비겁이 태왕하면 아침에 번 돈 오후에 다 나간다.

◉합이 되어 비겁이 새로 나오면 이복형제 있다. 다른 신이 합이 되어 새로 생기면 부정적 육친, 육신이다. 〔예〕 합이 되어 財가 새로 나오면 남자는 여자가 새로 생길 것이고, 암거래로 부정 돈을 보게 된다.

◉탕화살〔丑寅午〕을 대동하고 刑살이 되면 화재, 화상, 음독자살. 탕화살이 충파刑해, 원진살, 死절이 되면 불에 화상, 총탄, 화약, 폭팔물, 흉기, 알코올중독, 대마초 복용, 전쟁, 전투에서 사망.

◉戊子, 丙申, 庚戌日 女는 재취 사주다. 단, 화격 사주는 무시.

◉운행 卯酉충은 좋을 때는 재복과 입지가 훌륭하지만 나쁠 때는 卯酉충의 살을 받는다. 관액, 신액, 교통사고, 손재.

◉태세가 日간과 합이 되고 그 지지는 편인이면 옛것은 버리고 새로운 창업.

◉행운에서 관귀학관이 日간과 접목되면 새로운 일자리 지원받는다.

◦財성이 印성을 극제시키면 혼인을 파한다.

◦女子 행운의 정관이 사주 劫財를〔신왕〕 충파시키면 남편이 他女와 삼각관계, 밀애 현상이다.

◦신경성 병은 사주에 木이 태과하거나 官살 또는 財국이 만주되거나 식상이 태과 또는 日時에 귀문관살〔神살〕이 접하면 신경성 불면증, 우울증, 정신병, 치매. 특히 日간이 木火 己日생이 상기 살을 받는다.

◦운은 대운도 중시하지만 당년 매월 매일 운수도 대단히 중요하다.

◦時주가 공망이면 자손 가출, 실패 또는 결혼 실패.

◦사주에 土가 많으면 농업, 土건업, 식당.

◦刑破害가 있어도 공망 또는 合이 되면 파해 등이 없어진다.

◦남녀 편관은 윗사람, 부친, 남편 또는 타남, 자식으로 본다. 흠이 생기면 이 육친과 死 발생.

◦의사, 약업, 자형살, 寅申巳亥, 刑살, 卯酉戌, 戌亥.

◦편인에 12운이 길성이면 계모의 덕을 본다. 또 부친의 애호를 받는다.

◦壬戌, 壬辰日은 불 조심, 물 조심.

◦午未月생에 火기가 가득하면 화재 조심.

◦女子 日지 희신이 合이 되어 기신이 나오면 남편 마음이 변했다.

◦女子 日지 용신이 원진, 해살, 神살이 얽히면 남편 마음이 변했다.

◦병원출입살에 刑충살이 접목되면 오장육부 수술병이다.

◦편관이 合이 되면 정결한 사람. 神살은 부부의 마음이 변화성.

◦사주 감정시는 일차 사주팔자 작성이요, 두 번째는 六효법식으로 정리, 세 번째는 당사주 말년 운을 점검. 이 세 가지 법식으로 총체운명 판단하시면 백발백중이다. 좀 어렵지만 노력하시면 가능함.

⊙時주에 정관 정인이 있으면 자손들 탈선과 바람을 피우지 않는다.

⊙女명 부부금슬이 불길한 명조는 행운에서 日간과 슴이 되거나 인수 또는 상관운을 만날 때 남편과 암투, 이별 싸움이 벌어진다.

⊙편인이 용신이 되거나 편인이 조후용신이면 정인과 같다.

⊙편인은 식신을 보지 않으면 도식을 하지 않아 정결한 마음이다.

⊙편인이 간슴하여 희신이 나오면 男은 신사, 女는 숙녀.

⊙질병은 명식 중에 조후가 심히 위반되거나 오행이 한쪽으로 편중되면서 반생반극이 되거나 상관에 의해 관성이 파극될 때 신병 암시.

⊙인성은 고소장이다. 인성이 파충, 원진살에 접목되면 고소장, 소환장.

⊙행운에서 사주와 인성 財성이 부딪치면 집문제 명도, 은행채권 독촉, 폐업.

⊙건祿이 슴이 된 자는 횡財가 있고 관리에 종사.

⊙희신 食신이 슴이 되어 길신이 나오면 의록이 풍족.

⊙午 상관이 庚金을 보면 만성 병치레 환자다.

⊙가문 폭락신이 사주에 있으면 필히 가문이 폭락되고, 그 궁의 육친도 쇠망.

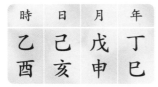

• 己亥 日주가 月申 상관성으로 진상관격이다. 진상관격은 머리가 영리하고 특출한 재능과 비범에 소질이 있다. 月申 상관은 亥財성에 설기되고 亥는 관귀학관이다. 亥 중 甲木은 日간과 甲己슴으로 財산복과 관직운이 겸하여 부귀 운명이다.

- 신왕, 신약에 인성이 있을 때 官살운을 만나면 印을 돕기 때문에 일자리, 문서운이 열린다.

- 寅巳亥는 암질이다. 불치병이다. 害살은 부상, 질병살이다.

- 흉신을 생해 주는 神이 있으면 악신이 되는데, 이 경우 악신을 제복시키면 위안이 된다.

- 일지 기신을 沖하면 도리어 그 이익이 있다.

- 흉살 또는 흉성이 파해되거나 공망, 합이 되면 소멸.

- 편인 인수가 財성에 극파되면 부모 운세 파멸되고, 행운에서 만나면 동산 부동산, 명도 발생. 소유권을 잃는다.

- 夏月생 金 日간이 火 염지국으로 물이 마르게 되면 심장병, 콩팥병.

- 年月 亡신살이 합도 되고 刑도 되면 부모나 형제가 생활이 탁했다.

- 時주의 시록격을 충파 또는 劫재가 임하면 자손이 거액 탕진, 록의 행복권을 잃는다.

- 日주가 年주와 생합이 되거나 상생이 되면 祖父의 음덕을 본다.

- 年月주 財가 日庚과 합이 되고 亥子水는 水생木하니 전통으로 내려온 부자이다.

- 白虎대살과 劫살은 흉지 사망 또는 암질로 흉사.

- 神살은 변태성 발작, 색난, 뒷문 출입, 검은 거래, 상패.

● 상관이 財와 같이 있으면 부자 명이다. 年月주에서 이루면 부모나 형제들이 부자로 살게 되고, 時주에서 상관 財가 동거하면 자손이 부자로 살아간다.

● 당년운세 감정시, 전년도 운세 감정〔전년도, 천간 지지와 사주 각 천간과 대조한다〕을 간단히 소개한다.

● 고신, 과숙살 년, 원진살 년은 투자 손실.

● 官살 多, 財성 多, 비겁 多는 도박, 밀수죄.

● 태세 浴살 년은 전환, 정리. 浴살은 편인으로 본다.

● 역행 대운의 劫살 년은 재산으로 손실을 보거나 재개발지역으로 손익 양분. 손이 예상되면 처분하고, 증식이 예상되면 보존하여 더 기대한다.

● 財가 印을 피하면 공부 회피, 공부 중단. 공부는 않고 PC방에서 게임오락.

● 傷官격이 劫재운을 만나거나 명식에 이와 같이 놓이면 논밭 문서 다 뺏기거나 몰살당할 수가 있다.

● 劫재는 天간에 있어야 하고, 財성은 지지에 있어야 길조.

● 合이〔예〕庚月에 乙酉〕된 곳에 도화살이 받쳐 있으면 부부나 육친 중에 이중생활.

● 기신 囚옥살도 납치, 포로, 망명, 감금.

● 將성이 용신이면 武官이 되고, 체이면 백호나 囚옥살로 변한다.

● 편인이 劫재를 생하면 남을 돕다가 배신, 발등에 도끼형이다.

● 時주가 극심하게 파극되면 양자를 두어야 실자가 탈이 없음.

● 財성이 국을 이루고 刑살이 되면 武관직에서 이름을 얻는다.

● 申에 劫살은 정신착란. 申은 坤궁 귀문관이다.

● 羊刃 刑살은 육고간 총포업, 살상업, 도살장, 의사, 법관, 군, 경.

● 卯酉충은 젊은사람, 어린사람, 매로 두들겨 맞아 죽는 것, 즉 젊어서 죽은

사람이 있다.

- 역마 正官이 용신이면 외국기업에서 근무.

- 亥月생은 그 선친이 學자 출신 아니면 교원가.

- 편인은 감추고 숨긴다〔기신〕.

- 인수는 의식주요, 식견이다. 교단에서 지식을 공급하는 교육자다. 교양이 풍부한 사람이다.

- 沖은 총구의 방아쇠와 같다. 財庫는 하늘에서 내려준 선물이다.

- 日지 공망은 금슬이 깨져 닭과 꿩이 만난 격.

- 時주 空亡은 자식 농사 공치고 허무. 애써 기른다 해도 박복.

- 男이 財성이 多면 선택이 혼잡되어 결정이 늦어 만혼.

- 絕은 덮어놓고 기뻐하고 즐기는 것이 천성이다.

- 貴人성이 왕성한 12운성을 차지하면 행복이 충만.

- 체신〔기신〕이 12운의 길성이면 12운의 힘을 얻어 절처봉생이다.

- 劫살이 체이면 숙청살로 돌변, 재산과 인명을 무자비하게 숙청시킨다.

- 正官은 인수로 보시라. 정관이 극해되거나 정관이 기신이면 보직운이 불량.

- 絕은 음성적 직업.

- 戌은 河괴라 하고, 辰은 천라라 하여 辰戌이 모이면 멸망한다는 뜻. 즉 남녀가 망한다는 뜻. 女명은 무관직이나 武官 남편을 만나면 해로.

- 사주에 甲寅木이 왕하면 영의 세계, 도사가 될 수 있다.

日간 合과 祿

◯日간과 合이 된 오행을 기준. 이 오행의 祿이 원국에 있으면〔財성 있고〕 女

자는 부자집으로 출가하거나 평생 행복, 男자는 배우자, 자손 모두 부유.

이 祿이 형충파되면 무용지물. 祿이 되는 오행이 원진살이면 파격이다.

예

甲日에 己未土와 合, 己의 록 午를 봄이다(충극되면 무용지물).

己日에 甲과 合, 甲의 록 寅을 보는 경우이다.

乙日에 庚과 合, 庚의 록 申을 보는 경우이다.

庚日에 乙과 合, 乙의 록 卯를 보는 경우이다.

辛日에 丙과 合, 丙의 록 巳를 보는 경우이다.

丙日에 辛과 合, 辛의 록 酉를 보는 경우이다.

丁日에 壬과 合, 壬의 록 亥를 보는 경우이다.

壬日에 丁과 合, 丁의 록 午를 보는 경우이다.

癸日에 戊와 合, 戊의 록 巳를 보는 경우이다.

戊日에 癸와 合, 癸의 록 子를 보는 경우이다.

단, 충 공망은 무효다.

● 甲丙壬辛 가 日지에 처하면 본인 또는 자손이 송사 실패, 가산 실패. 년
　寅午子亥
월주에 있으면 부모 형제가 송사나 가산 실패.

　甲甲甲丙丙丙 이 日지에 처하면 부부 결혼 실패〔혼전에 혼담 장애〕, 년
　子辰寅辰戌寅
월주에 처하면 부모 형제가 결혼 실패 경험.

● 남자 명이 日간 또는 劫재가 충파되면 자손이 결혼 실패. 남명 편관이 日
간과 충극되고 다시 劫재와 합이 되면 이혼한 자손이 재혼.

● 午午 자형이 되면 이합집산이다. 해약, 관형, 이별.

● 浴살이 三덕신〔天乙, 天덕, 天月 같은 신〕에 속하고 年月에 도화살을 취하였
다면 독서하여 반드시 등과급제할 것이니 흉하다고 할 수 없다.

丁　癸　癸
酉　亥　未

● 추기경 사주다. 관살이 태강하여 고독한 운명이다. 화개살에 고신, 과숙살로
종교 성직자 운명이다. 亥 중 壬관이 日丁과 丁壬합으로 살官을 견인 관인상
생, 고등인물이다. 酉金이 발수하여 공평정대, 지혜롭다. 日지 처궁 자리 酉
財성이 공망되어 독신 팔자다.

● 상관 생財격은 財성이 死絕墓지 운으로 진행할 때 죽을 수 있다. 財성을
양간으로 12운성하여 死絕墓가 될 때다. 즉, 午 상관용신격이라면 양 財는
戊土다. 戊寅생하여 12운성을 부쳐 酉 자리가 戊財의 死궁이다. 酉대운을
만나면 상관 용신은 퇴로가 차단, 官을 극하여 죽임을 당한다.

● 六살 亡신살을 관액으로 보라.

- 官살이 용신이 될 때 인수운을 만나면 관에 진출한다.

- 고귀한 인격자 사주의 경우 흉살과 악살이 있어도 그 작용을 쟁화되는 것.

- 일방 오행이 태과하면 불리한 것이니 이때 墓가 되거나 水장이 되어 入庫 되면 유익하다. 이유는 가두어 두기 때문이다.

- 女子 명에 비겁이 태왕하면 딸의 불운, 결혼 실패, 혼자된 몸이다.

- 祿이 공망되면 벼슬아치가 낮아진다.

- 용신년에 상관이 財를 통관시키면 이 해는 소원성취 만당이다〔팽창〕.

- 子午충은 해직, 이별, 송사.

- 대소운에서 길신 入墓를 형충하면 길조 현상, 흉신 入墓를 충하면 흉조 발생.

- 天乙귀인이 매년 운에서 合이 되면 女子는 애인을 만나고 男子는 경사.

- 三合이 있으면 용모가 아름답다.

- 충, 파, 형, 해가 되어도 중화가 되면 이를 무시, 환자가 치료하는 상이다.

- 申酉가 모두 공망이면 독신女, 딸자손도 독신女.

- 亡신살은 돈 욕심, 색 욕심, 비밀적인 일을 선호. 망한다는 뜻.

- 관帶가 고신, 고숙이면 결혼에 말썽. 늦은 결혼.

- 상관 庚金이 정관 남편성인 甲木을 극상하여 초혼 남편과 이별하고 재혼을 하였으나 또 실패. 이유는 寅 중 甲木이 日合했으나 寅酉 원진살 또 실패. 혼자 사는 게 상팔자다.

乾			
戊申	丁酉	丙午	壬辰

- 丁壬合에 丙壬충하여 불합이다. 편재는 日지에 처하여 무릎에 앉혀놓고 정재는 浴살에 있으니 본처는 배신하고 동거녀를 사랑하는 격이다. 이 사람 나이 50세 亥 대운에서 처자식을 버리고 과부와 동거하고 살아가다.

- 丙寅 바람살이 행운에서 도화 午와 합이 되면 바람을 일으킨다.
- 사주 日간에 의해 초대운 둘째 대운 지지가 財고에 해당되면 부모 운세 좋았다.
- 女子 財성이 공망, 絶이면 외손주, 고아, 흑성이다.
- 수면장애는 神살의 신왕사주는 무해하고, 신약사주에 해당한다.
- 年주가 합이되거나 長生 祿지면 祖父의 상속권이 있다.
- 辰戌丑未 화개살은 바람살이다. 화개살이 모이면 바람 피는 사람이 있다.
- 화개살이 형충도 되고 합도 되면 가내 이별한 육친이 있다.
- 각주 오행이 기신이 되지만 조후가 되면〔지장간에 조후오행이 있을 때도 해당함〕용신 희신으로 희하게 된다는 것을 명심.
- 남자 財성이 타주 관살과 합신되면 처가 타남으로부터 능욕을 당한다.
- 戊寅日생은 십중팔구 부자, 특권층. 戊寅月생은 형제 거성.

男			
丁丑	庚午	壬戌	癸未

- 丁壬合이 불발, 庚金이 방해. 또한 丁壬合에 木이 無하여 불합. 丑午 원진살
  로 초혼 실패.

◉月柱 상관은 부모나 형제가 인패財패한 일이 있다.

◉年지 상관은 母가 실패했고, 年간 상관은 부친이 조망 아니면 대실패.

◉괴강 日주가 財官이 형충이 없고 財官운보다 印比운, 식상운을 행지하면
  최상의 幸運아다. 만약 財官운을 만나면 돈을 벌지만 몸에 병액이 따른다.

◉지지에 음 도화가 공망되면 딸 또는 여자가 실패, 양은 아들 실패.

◉남자 合이 되어 관성이 새로 생기면 타女로부터 자식꼴을 본다.

◉女자 劫재가 왕하면 남편이 첩과 동거한다. **(예)**

女

戊 己 庚 乙
辰 丑 辰 巳

女

癸 癸 丁 庚
丑 丑 亥 申

- 女명 亥子月생은 공방살로서 남편과 사이별하는 것이 보통〔亥나 子가 合이
  될 때〕. 차명은 丁火 용신을 살리는 木이 없어 丁火는 있으나마나다. 미혼으
  로 살아간다.

◉戊亥가 원진살은 들이받거나 沖함을 제일 싫어한다.

◉羊刃이 있고 浴살이 있으면 가내에 환자 육친이 있다.

◉劫재는 財성과 官성을 꼼짝 못하게 한다. 그러므로 劫재는 合이 되어야 길.

◉時주에 劫재가 있으면 자식이 돈 손해〔신왕〕.

● 乙庚合으로 甲庚충을 잊어버린다. 즉, 甲庚충이 멈췄다.

◑女명 白虎 상관이 형충되면 딸이 흉사 또는 자궁암 염려된다.

◑長生이 劫재와 합신되고 官살이 형충이 없으면 제왕가 운명.

◑酉는 불로소득 신이다. 酉가 용신이 되거나, 酉가 희신과 생합이 되거나,
酉가 합신하여 용신이 나오면 의외의 불로소득 운이다. 辛은 酉金으로 봄.
辛金이 인수로 되면 건물이나 토지에서 불로소득.

● 巳는 七살이다. 七살 편관은 조상신이요, 부친성으로 봄. 巳 七살이 羊刃 酉
와 합이 되어 부친은 최상의 직업이다. 長生이 임하여 부친은 長壽 직업이
다. 본인, 자손〔시주는 자손 말년〕역시 동일시다.

◑편관이 합이 되면 正官으로 化하여 형제 우애.

◑印성이 養 또는 長生궁에 앉아 있으면 일자리 유익하다.

◑격식이 양호하고 辰巳가 급이 되면 직업, 사업 눈부시게 발전.

◑比劫이 多면 답답하고 융통성이 없고, 유통이 되지 않는다.

◑기신이 합이 되면 상대를 극하는 것을 잊어버려 극하지 않음.

◉日貴 양귀〔丁酉 癸卯 등〕는 신강, 신약 불문하고 무조건 財향운 최길.

◉財성이 비견, 겁재에 극파가 심하면 돈 잃고 정신병 환자다.

◉財성이 印을 파하면 집에서 또는 건설현장에서 추락사고 상신, 익사.

◉月주 도화살 財성이 극파되면 부모 형제와 재산 싸움.

◉祿은 관록으로 본다. 祿이 파충되면 관록운이 실패다.

◉女자 비견 劫재는 자녀 성인 식신 상관의 보급줄인 인수성이다. 고로 비견 겁재가 원국에서나 대소운에서 극충 원진살이 접목되면 자손의 가택 문제, 일자리 변동, 소환장 등 다사 사건이 발생. 만약 대소운에서 비견 劫재가 官살과 合이 되면 자손 일자리가 새로 개통되거나 자손의 집 명도 발생, 집 이사운이다. 만약 비견 겁재운에서 충파극이 되지 않고 정하면 자손이 집을 늘려가거나 새집을 장만 또한 일자리 호왕이다.

◉태왕한 비견 겁재가 식상을 보고 財고를 보면 재복이 있는 사람으로 봄.

● 사주를 작성해 놓고 어느 달에 출생했는지 月지를 필히 참조한다. 丑月생 신약사주로 土金이 용신도 되지만 추워지는 달〔8, 9, 10, 11, 12, 1, 2月 출생〕에 출생자는 먼저 조후용신 火를 쓴다는 것을 명심. 만약 원국에 火가 무성하면 火 용신을 기피한다. 한기를 풀어주는 火는 촛불, 용광로 불. 午丁火보다 하늘에 걸친 태양, 즉 丙火 巳火를 더 기뻐한다. 차명은 丁午 촛불이지만 甲寅 木 재성이 생습하여 한기를 잘 풀어주며 조후를 잘해 주고 있다. 이 명은 土 金木火水운 모두 환영한다. 日庚에 편관 丙의 장생은 丙寅하여 寅이 관귀학

관으로 財가 왕성, 재산복과 관직운이 좋아 조년에 등과급제하여 서울시청 5급 행정공무원으로 일약 약지하고 있다. 財성이 많아 처첩과 분쟁.

時	日	月	年
戊	己	庚	壬
申	酉	午	寅

● 하월 신약사주로서 火土가 용신이지만 식상이 태과하여 比견운보다 火운에서 발전하고 병이 되는 식상을 설기하는 水운에서 혁혁해진다. 사주에 많은 오행이 있을 때는 무조건 병이 되는 왕자를 설기시키는 것이 1차 용신이 되고, 2차 용신은 많은 자를 제복시키는 오행이 용신이 되며, 후자는 일간을 돕는 비견운이 용신이 된다. 또한 조후 오행을 꼭 활용하시라. 이 사주는 조후 용신에 水운에서 기발한다.

◎ 日時 또는 年月주에 가문 폭락살이 있으면 초년 부모가 몰락.

◎ 상관 劫재와 합이 되면 사회적 신망, 벼슬관이다.

◎ 天乙귀인이 12운성 길성이 받쳐주면 평생 행복〔천우신조 도움으로 일생 위기 극복〕.

◎ 印성이 상관을 극하면 자손의 목줄이 끊어지는 불행.

◎ 壬癸 日주가 辰巳를 보면 지망살이 되어 부부 연이 없거나 자식복이 희박.

◎ 丙丁 日주가 戊亥를 보면 墓絕이 되므로 금전운이 없고 불발.

◎ 운시초가 천라살〔戊亥〕이 있으면 일찍이 이민 가면 성공.

◎ 巳생이 巳년을 만나거나 寅생이 寅년을 만나면 복음살로 이전 사건이 발생.

◎ 劫재 편재, 봉, 편재 편인 동거, 편관 편인 동주, 편관 편재 동거면 삼각관계

이다.

◎신왕에 편관이 養 또는 帶를 보면 공직생활 집안. 養은 長生과 비슷하다.

◎기신 흉신은 合이 되거나 墓에 수장되거나 入庫되면 상대를 극하지 않는
다는 것을 명심.

● 첩사주다. 女子 식신 상관이 국을 이루면 소실 팔자로 후처 몸으로 入가 했
다. 식상이 태과하여 남편성의 亥를 극하여 남편은 1급 환자다. 亥는 재벌가
요, 고등인물이다. 亥는 日合이 되었고 亥 중 甲木은 식신되는 土성과 甲己
合으로 기신을 시정시켜 日주로 동참시켰다. 식상이 태과, 자궁병으로 고충.
식상 태과, 본처 자식꼴도 보고 있다.

◎壬癸日 女성은 70대가 되어도 가슴이 처녀 가슴처럼 아름답다.

◎月지가 본래 12운성의 死絕이 되었으나 合이 되어 다른 오행이 나오면 12
운을 다시 하여 合이 된 오행으로 12운이 바뀐다.

◎자손의 성쇠는 부모 운명의 時주에서 결정된다는 것을 명심.

◎본명 日지는 배우자 성쇠뿐만 아니라 자손의 길흉도 조종되고 있다.

　예 본명의 日지에 고신, 과숙, 亡신살이 놓여 있으면 본명 배우자 자손이 실패, 탈선행위로
골치.

◎日時를 沖하면 초년 생가 액을 당했거나 타향객.

◎丁酉日은 酉 財성이 長生으로 의외의 재산 득〔즉, 불로소득 운이다〕.

06 가문폭락살 해설

◉가문폭락살이 있는 궁은 필히 사람 실패 아니면 재산 실패, 형책을 꼭 당한다. 단, 日주의 가문폭락살은 부모 대에서부터 당대까지 대실패다.

◉가문폭락살은 日간만 기준 하는 것이 아닌 日간 외 사주 각주 천간 오행을 기준하여 각주 지지에 가문폭락살이 접목될 때 천간의 궁과 지지궁에서 동시에 같이 살을 받는다는 것을 염두하시라. 단, 폭락살의 천간 오행이 合이 되어 없어지거나 지지에서 접목된 폭락살 지지가 공망 또는 合이 되면 소멸, 반감된다.

● 月간 戊에 月지 寅, 日지 寅하여 가문폭락살이 연주되어〔月주는 부모 형제〕부모 형제가 인패재패, 파산선고했다. 日지 寅은 부부궁과 자손을 대변하여 부부궁이 사람 실패, 재산 실패, 파산선고 당했고 자식운도 사람 실패, 재산 실패, 형책으로 파산당했다. 이 가문폭락살은 백발백중.

○사주에 亡신살이 日지나 時주에 있으면 본인, 자손 재산 탕진. 재판 송사로 기둥뿌리 뽑힌다. 財에 亡신살은 여자로 인하여 대실패. 亡신살은 재산 탕진, 몸으로 신병, 관액으로 패소. 亡신살은 유혹살이다. 외계로부터 유혹에 끌려 탈선을 하거나 모든 것을 잃게 된다. 亡신살 명은 귀가 얇아 남의 말을 잘 듣고 고자를 잘하여 실패다.

時	日	月	年
己	乙	壬	丁
卯	酉	子	丑

● 년주 丁丑 폭락살로 부모 대 완전 파산당했다. 月주 壬子 폭락살로 부모 형제 조기에 종천했고 파산당했다. 酉辛과 卯는 패살로서 부부 자손 재앙.

時	日	月	年
乙	壬	甲	辛
巳	辰	午	巳

● 日주 壬辰 폭락살로 남편 불치병 환자로 약물로 일급환자다. 日주는 부부궁, 자식궁을 대변. 자손 중 딸들은 모두 혼자된 몸이요, 두 딸들이 재산을 모두 탕진했다.

○女명 비견 劫재운은〔충, 파, 원진 무〕 자손의 일자리 풍족. 문서운과 주택운도 길사.

○화신 官살운은 자식운도 좋고 문서운도 좋다.

○女 官성이 무력하면 며느리가 과부다.

- 女명 寅申巳亥가 모두 있으면 무당, 의사, 무관.
- 남자 丁未日 二처, 三처.
- 日의 인수격〔戊午〕 羊刃이 거듭 있고 刑살을 끼고 官印상생되면 등과급제 감이다.

● 인수격 양인이 午午 형살을 卯정관이 형관으로 관인상생하여 장학생으로 의대 교수직이다.

- 胎가 印을 만나면 祿을 千重을 누린다 했다.
- 年月에 음양의 羊刃을 만나면 형액살이 된다.

● 태세 辛卯년은 신약사주 인수운으로 대길운이다. 그러나 길운이 파파되었다. 이유는 印수 辛金이 상관 乙과 乙辛충으로 충거되었다. 인수가 충파되면 허가취소, 일자리를 잃거나 명도 발생, 해약사건 발생, 좋은 위치에서 나쁜 위치로 전환했다.

- 財성이 多면 七살로 보기 때문에 건축업, 사진기자, 특파원, 기술계열 등.
- 卯가 天乙귀이이면 눈부신 발전〔권위직〕.
- 관帶가 길신이면 천재적 머리.

○絕이 寅申巳亥이면 부동산, 재산문서 잃는다.

○丑寅午는 탕화살로 대마초, 약물복용, 폭팔물, 총탄사고, 화재, 화상.

● 日時 寅午는 탕화살로 어린 시절 부친이 총탄에 거했다. 月지 寅탕화살로 형

제는 알코올중독, 과음으로 술에 종명했다.

위 사주는 財성이 극파되어 官이 되는 庚金을 돕지 못해 庚金 官은 죽어 있

는 산 시체나 다름없다. 평생 무직으로 백수 운명이다. 이때는 午火 상관으

로 의지, 문장, 문단으로 가빈하게 살아가고 있다.

○남명 官을 돕는 財성이 전무하거나 있다 해도 극을 받아 완전 소진 상태는

官의 근원이 끊어져 官이 무력. 평생 백수 인생, 흙수저다.

○女는 財가 극히 미약하면 남편 평생 백수 인생 ,흙수저다.

○대소운에서 辰戌이 모여 들면 교제가 이루어진다.

○男女 정 인수가 浴살이면 혼인문서 흠집이 생긴다.

○劫살은 囚옥살로 봄. 길조는 고관, 흉신은 상패, 인패재패다.

○건록격 日록격은 七살운 인패財패〔사주 격식이 무정할 때〕.

○日, 月, 旺, 帶祿은 형제수 많다.

○甲乙日생 劫살 임은 양기 부족이다.

○合이 된 사주가 행운에서 쌍습이 시도할 때는 투습을 불허. 그 육친과 대

립, 마찰, 불목. 심하면 유혹으로 대실패다.

○ 年月주 원진살은 선대부터 부모대, 당대까지 원망스러운 일을 당했다.

○ 月지 식신 상관이 국을 이루면 형제수가 많고 형제 잘 산다.

○ 丁壬合은 마음이 깨끗하지 못함.

○ 아래 사주는 천격으로 보이지만 대정수 六효로 보면 훌륭한 명관작이다.
　고로 사주, 대정수 六효 두 가지로 필히 활용하시라.

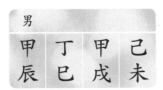

　● 신약에 月지 상관은 진상관격이다. 진상관격은 머리가 총명하여 두뇌개발
　　로 노하우감이다. 식상이 태과하면 부모를 극하여 부모 중 하나 실패다. 甲
　　인수가 未 관帶와 合을 이루고 진상관격으로 대운이 용신 방향으로 향지,
　　三星 반도체 연구원직으로 활약. 식상이 태과하여 머리 소모가 지나쳐 머리
　　돌까봐 걱정.

○ 月지 진상관 오행이 戌 또는 亥가 되고 養이나 長生이 첨부되면 장학생으
　로 등과급제, 개발기술 연구원으로 노하우감이다.

　● 전국이 태왕한 자는 보호해 주어야 한다. 水木이 용신이고 식상이 희신이다.
　　金운은 흉.

- 女子 운명 편관 辛金이 日간과 乙辛충이 되어 흉인데 丙辛合으로 다정. 巳
  중 庚金이 日乙과 乙庚合이 되고 巳 중 丙이 丙辛合 水로 용신이 나왔으니
  辛金 편관은 남편의 형제다. 남편의 형제 여관을 빌려 색시종업원에 숙박업
  을 하여 거부가 되었다. 日지 未養은 辛金의 원조받는 재산이다. 즉, 남편 형
  제로 인해 부자.

- 乙卯 상관은 丑土 정관을 절대 해하지 못함. 乙卯 木이 오히려 丑을 무서
  워함. 이유는 丑 중 辛金 철이 암장되었기 때문이다.
- 女子 종살격은 財도 있고 잡기로서 종살이 되어야 남편덕이 있는 것이다.
  관살혼잡이 되면 남편 덕 無.

- 이같이 財성이 많으면 부친 처성이 객사하거나, 부친이 이중생활. 행운이
  길이면 거부, 귀격이다.

- 辰戌丑未가 충파되면 객사혼 있다.
- 化格 사주는 처덕, 남편덕 다 있다.
- 天살은 상벌계통, 형사소송.

쌍둥이 사주 또는 언니〔형〕나 동생의 사주 구별은 대다수 양 日주는 음 劫
재가 있거나, 음 日주는 양 劫財가 투간되면 쌍둥이 운명 또는 언니 동생으로
〔지장간 활용〕감평한다. 쌍둥이 운명은 時주 간지를 기준 前진시켜 時두법 간
지 오행이 동생의 운명이요, 日주는 언니의 운명으로 칭한다. 이와 같이 담은
사주를 언니 동생의 사주를 각각 작성하여 언니 동생의 남편과 자손관계, 복
지관계를 살핀다.

● 언니 사주는 비겁이 태왕하여 時주 午火 상관에 설기시켜 위안이 되는데
庚金 관성 남편이 午火에 극을 받아 무력지상으로 시행착오를 당하여 재산
실패, 건강 실종. 심하면 남편과 생사 이별감이다. 하지만 乙庚合으로 구사
일생이요, 자손들도 거물급이다.

● 쌍둥이 동생 사주는 태왕한 비겁을 설기시키는 火성이 없어 중화를 잃어 소
통이 막혔다. 정관이 충되어 고전 중 다시 재기, 국가 공직생활로 살아간다.

辛　丁　丙　丁
卯　亥　午　巳

- 언니 사주는 비견 劫재가 왕하여 辛金 財를 극하지만 그 辛金은 丙辛合 水로 극을 면하고 조후용신이 나와 길명이다. 비견 劫재가 많아서 부친은 고아로 자랐다. 이 운명은 이름 있는 실력자 남편이요, 자손도 번영한다.

甲　丁　丙　丁
辰　亥　午　巳

- 쌍둥이 동생 사주는 왕성한 비견 겁재를 설기하는 辰土가 있어 위안이 된다. 상관 辰土가 정관 亥를 극하지만 亥는 日간과 合이 되고, 亥水는 辰土에 고(庫)되어 희하게 되었다. 언니보다 부자의 명이요, 신랑은 거물급이다. 한평생 신위가 편안하고 근심걱정 없이 태평을 누리고, 병이 나도 약발이 잘 들어 쉽게 회복지사다. 자손들도 번창한다.

- 官성은 공부다. 官성이 부서지면 공부 중단.
- 甲乙 日주가 水성이 만국이면 해외 멀리 외국생활.
- 남女 사주 화개살이 국을 이루면 남은 一처二처하고, 女는 一부二부한다. 女는 심하면 화류계 몸으로 살아간다.
- 土가 日주와 合해 들어오면 土건업.

- 乙庚合에 乙辛충하여 가化格이다. 乙庚合에 乙辛충은 正官 合이 불발이다. 돈 버는 일자리가 불안, 고정직이 아닌 일당제 일용직이다. 독신 몸이다. 日 지 酉가 乙에 絶이 되어 여자 없는 집이다. 官살이 태강하여 빈한 출신이요, 철공업에 입문하면 건강도 좋고 위험에서 탈출.

- 년주 丁酉 편인 식신에 도식이 되어 남편이 他女를 훔쳐 즐기고 있다. 도박 과 술독으로 위가 손상되어 위 수술. 편인이 식신을 보면 도식이 되어 둘 중 하나 암거래다.

○官성은 직장, 돈 버는 일자리다. 또한 금융, 돈, 재산으로 본다. 고로 官이 극파되면 다른 해설도 되지만 돈과 돈 버는 자리가 마사가 붙거나 돈, 재 산이 깨지는 일이 발생.

時	日	月	年
丁	乙	辛	戊
丑	巳	酉	寅

- 乙木을 생하여 주는 水가 없어 木의 구실을 못하여 木은 仁도 없고, 의〔金〕 도 없다. 仁은 木이요, 의는 金인데 金이 日간과 생해 주는 水가 없어 金극 木

하니 의가 없다는 것이다. 이런 명조는 만인(萬人)의 불신(不信)을 받는다.

● 차명은 財성이 태과하여 印이 되는 癸水를 극하여 癸水 親母는 고독운이다. 여자 인수가 파되면 인수는 결혼문서로 혼인문서에 이상이 생긴다. 이 경우는 일찍이 소실로 入家하거나 첩의 팔자 운명으로 살아가면 안보다. 그렇지 않으면 혼인 실패, 눈물이다. 마침 癸水를 극하는 未土 재국을 申金이 흡수하여 그 申金은 다시 癸水의 원신이 되어 癸水는 부활, 생기를 얻고 있다. 日지 申金은 絶이 되어 나이 많은 신랑을 섬기거나 후처로 入家하면 안보다. 후처로 입가하여 재취 남편과 결혼한 날부터 신랑은 좋은 직업을 얻어 평생 신위가 행복. 편관 申金이 겁재 乙과 합이 된 연고로 거물급 남편운이 열리게 되었다. 대학 교무직에 근무, 학장으로 일하고 있다.

◉ 희신 財성이 土성과 합이 되어 財성이 나오면 土건업, 땅장사 또는 건축업에 종사하면 대발한다.
◉ 길신 財성이 卯이면 震궁을 대변하여 실력자 후원으로 재산 형성.

● 癸亥 대운은 조후용신으로 단비를 만난격이 되어 대풍작이다. 이 대운에서

돈 욕심으로 투자처를 확장, 거금을 기대했지만 亥는 이 사주의 식신이요, 戌戌은 편인이다. 편인은 식신을 보면 무섭게 달려들어 훔친다. 수목장〔장묘지〕을 설립했으나 응모 분할 매도가 되지 않아 곤경에 처하고 있다. 아무리 호전 운이라도 편인이 식신을 훔치면 밥그릇과 목줄을 잃게 되어 있다. 이 운명은 日時에 戌戌 편인구근 말년 실패살이다.

- 길신 財성이 인수와 合이 되어 財성이 나오면 건축업이나 계약문서마다 성공적 수익을 올린다.
- 길신 財 공망이 合이 아니 되면 돈 버는 일자리도 서출 또는 거금 손재.

◉運命學은 통찰력을 예보하는 정보학이다

치고 받는 경제사회에서 사람마다 시사물정 정보망이 밝고 그때그때 가상의 현실에 대처방안과 직관 판단이 우수하면 흉운도 물리치고 모순도 막아내면서 행운과 대박을 얻게 된다. 사람 팔자 맘 먹기 달려 있다는 말이 과학적으로 입증되고 있다.

무시된 팔자라도 이러한 논리로 자율적 독자성 개념으로 지혜롭게 살아간다면 과학적 운명으로 대게하게 된다. 집단 지성의 시대는 자율자동차와 같이 불확실한 미래를 극복하는 시대가 개화되어 가고 있다. 다만 자동적 안전망은 돌파하지만 유감스럽게 타동적 피해로 불행을 입는 것이 불가항력이라 하겠다.

타동적 피해라 하는 것은 실례를 들면 자동차를 조심스럽게 안전하게 운행하는데 옆 차가 돌발적으로 달려들어 교통사고를 내는 것이 타동적 피해다.

그래서 神을 섬기고 조상을 섬기라는 자연의 마음으로 살아가라는 뜻이다.

운명을 검색하여 길흉을 알고 살아가야 대처를 하고 판단을 내린다. 후퇴 인생은 통찰력의 부족으로 발전을 재앙으로 뒤집는다. 이것이 운명의 현주소다.

- 三冬月 사주에 丙辛合化하여 水로 나오면 동절의 격이 떨어져 거성의 자리에서 한 단계 낮은 계급이다. 이와 같이 조후에 위반되는 상황에서 부귀의 차도가 생긴다. 合水가 불필요한 격국은 격이 떨어지고 수준급이 낮아진다.

- 같은 오행이 국을 이루어 모여 있을 때 불미하지만 이 세력을 용신이 끌고 日간과 合이 되면 이 세력의 힘을 얻게 되어 파워가 된다.

- 女, 식상이 목욕(浴)살이면 음부를 알몸으로 보여주는 창女의 몸과 다름 없다.

- 刑이 合이 되면 비행, 캄캄한 일, 女는 불량품이다.

- 괴강살은 백호대살과 편관 七살 작용으로 대단한 파워로 무섭게 돌진. 브레이크가 느슨한 자동차와 비슷.

- 長生은 편관으로 가정하여[기신 작용 시] 때에 따라서 가중 가출살로 본다.

- 合은 사랑과 合신으로 이유 없이 끌리고 마음이 들어서 빠져들게 된다. 그러다 보면 판단력이 흐려져 그저 시키는 대로 움직이어 마음이 가면 몸도 저절로 따라가게 되는 법칙처럼 合 또한 그런 속성을 갖고 있다. 그러면서 실수와 안정을 가져온다.

- 악살인 기신과, 즉 마약과 合이 되어 기신이 되면 충해 주는 것이 안정망이다.

◉천간의 財성이 지지에 근이 없어도 財의 장생이 지지에 있으면 부모는 부
유격이다.

◉사주에 화개살이 국을 이루면 변화성이 다분하여 가중 이별, 실패, 색란,
타향객이 있을 것이고 동파대란.

● 未月생으로 사주에 물이 전무, 사막에 모래흙이다. 오행상으로는 신왕같으
나 설기태심. 불土인 土성은 생기를 잃어 생금을 못하여 土金이 사장된 격으
로 土와 金은 생장을 잃었다. 未月의 未土는 불토다. 金도 불土에 녹아내리
고 있다. 未 중 丁乙己하여 未土는 丁火가 사령하여 未를 丁火 편인으로 규
정한다. 편인 丁火는 日지 남편궁의 식신 酉를 잔인하게 극하고 있다. 식신
이 도식이 되면 알코올중독으로 그의 남편은 약물로 자살, 己酉 장생으로
산 생명을 강제로 자해했다.

상기 사주 申상관에 五황살은 死人, 자살, 패인, 마약중독, 파산, 식중독 즉
상관에 五황살은 상관이 편관을 보는 이치로 부정 음식을 먹고 죽거나 변사
하거나 중병 또는 약물중독으로 살아가지 않으면 독극물로 최후를 마치게
된다.

◉丙戌은 상부상처살이다. 이 살이 놓인 궁의 육친은 필연 당하게 된다. 이
것뿐만이 아니라 대패살, 백호대살, 극처극부살, 가문폭락살, 송사 실패
살, 고란살〔일명 홀아비살〕, 홍염살 같은 흉살이 있는 궁은 필연당하게 됨.

단, 공망이 되면 무시.

◉日간 또는 合충 길흉간의 거리 유지에서 효과의 차도가 구분된다.

● 장학생 실력. 日의 인수 羊刃격이 午午 형살을 대동, 卯 정관이 관인상생하여 등과급제로 의대 교수, 의학박사다. 正 인수는 양심선언이다.

● 亥가 있는 자리를 중시하라. 亥는 다른 육친으로 나와 있어도 일단 부친성으로 보라. 亥는 長生이요, 亥의 자체 천간 乙에 12운성 亥는 死궁이다. 부친은 死궁에 처하여 젊은〔乙〕 나이에 죽음을 암시했다.

◉時주의 長生〔日간 또는 時간 자체 12운성 활용〕을 놓고 死나 浴살, 刑살에 처하면 자손이 출생과 동시 사망. 무자 팔자다,

● 時주 자손궁에 자체 己酉 장생에 처하고 日간 12운성에 酉는 목浴살에 임하

여 여러 자손을 출산과 동시 죽음으로 무자 팔자다. 이 명은 인수성이 많은 것도 자손의 액이다.

- 日지 丁酉 장생이 丁癸충하여 酉 편재 부친은 젊은 나이에 조별하였다. 酉는 자형살이다. 장생에 자형살을 받은 것도 조별 원인이다. 亥는 높은 신분으로 부친은 의사직이었다.

男
辛 庚 壬 庚
巳 辰 午 寅

- 時주 자식 자리, 巳는 장생이다. 또한 시주 자체 辛을 위주하여 巳는 死궁이다. 또한 時주 장생의 巳는 년주 庚에 刑살을 대하였다. 출생과 동시 첫 자손을 잃은 후 山神께 공을 드려 5년 만에 아들을 득남했다.

- 申은 坤 지궁을 대변하여 길신 역할이 되면 일자리 풍부하고 행운에서 申을 만나면 돈 버는 일자리가 얻게 되거나 구직운이 된다.
- 未자가 많거나, 亥子 水가 많거나, 申酉가 있거나, 火기가 많으면 영기가 있다.
- 寅 백호면 장애자 형제 있다. 큰형은 일찍 떠났다.
- 酉酉는 불로소득, 벼락부자. 卯酉충은 즐거운 돈벌이, 더 좋은 일, 수입면이

좋아진다.

◦庚申충은 집안의 변화, 일자리 변화, 돈의 변화, 자식의 변화, 처 근심.

◦庚申충은 귀촌, 귀농, 낙향.

◦태세 원진살 년은 주거변동, 일자리 변동, 교체.

◦태세 官살이 형충되면 자손에게 돈 지출, 다른 용도 돈 지출.

◦여자는 용신을 남편으로 보라 했다. 동월 사주는 丙丁火가 남편이요, 하월 사주는 壬癸水 조후용신이 남편 역할이다. 이 용신이 合으로 없어지거나 충극으로 무력지상이 되거나 용신이 絶지에 빠지면 남편운이 없어 남편의 실패, 이혼.

◦정관이 공망되거나 충을 받으면 관직운, 직업운이 죽어버린다. 정관이 겁재와 같이 있거나 劫재와 合이 되면 정관의 격국이 무너져 女는 남편운이 없고, 남자는 고귀함을 잃어 소인배가 된다.

◦여자 명에 정관 또는 편관〔남편〕에 胎가 받쳐 있으면 남편이 제구실을 못해도 한평생 남편으로 모시며 절대 갈라지는 일 없다. 日간으로 12운성 또는 자체 기둥 천간을 기준 12운성하여 자체 지지에 12운성 붙이는 법을 꼭 실시, 12신살도 실시. 정관에 劫살이 임하면 정관 정신상태가 무력, 정관에 絶이면 정관이 되는 남편의 직업이 끊어지는 형국이다.

◦여자 정관이 원진살이면 백수 남편이다. 무일푼으로 무임승차.

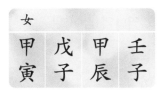

• 多官살에 종하여 종살격이다. 財官 종살격은 재복과 돈버는 운이 길창. 庚

寅운만 피하고 모두 행운아다. 戊子日은 첩사주라 했다. 바람살이 내포. 이 사주는 미용업으로 수입이 만만치 않다.

● 이 사주는 戊子日에 子卯 형살로 품행이 탁해 남편을 뒤로하고 있다. 액세서리 사업가로 성업 중이다.

◔사주에 인수성이 국을 이루고 왕한 財성이 왕한 인성을 극제 조치하면 소원성취다. 이 경우는 인성과 財성 모두 소원성취한다.

◔대입 진학운인 둘째 대운 지지 寅이 사주의 亥록과 合이 된 寅 암록이 천두 귀인으로 三位一체가 동참되어 최고학부 명문대 진학운이다.

재국의 자체 羊刃이 日合되어 거부 명이다. 록亥 역마와 合이 된 것도 특징이다.

◔日지 화개살은 부부 중 하나 사통비리. 충이면 이별.

◔편관 칠살은 조상신으로 본다. 관살이 무력하고 충상이 심하면 직계 혈친

이 흉지에서 사망. 또한 조상신이 사후세계가 불안정, 刑殺도 조상신으로 본다.

- 日時 편인 편재 극파는 처도 이별, 자손도 이별, 가족 해체다. 가족을 괴롭혀서 배신당한 장본인. 양쪽 편인이 식신 帶를 도식한 것도 가족 해체 원인이다. 편관 癸水가 편인 卯와 같이 있는 것도 친한 사람과 배신, 이별이다.

- 時주 劫재 천을귀인은 감옥에서 세상을 보낸다고 했다. 아니면 관액으로 실패.
- 칠살〔편관〕이 형충되면 타성남자 자식꼴. 多財가 殺을 생하여도 타성남자 자식꼴.

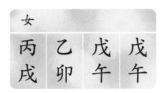

- 三夏月생이 水가 전무. 중대운에도 전무. 日주 乙卯 木은 고목이 되고 만다. 병액이 두렵다. 水는 인수인데, 女명은 결혼문서다. 결혼할 생각이 없다는 뜻. 水는 밤일하는 오행인데, 생식기가 고장난 격이다. 사주 丙戌은 극처 극부살이다. 이 또한 결혼의 장애 원인이 되었다.

◉상관이 빗나가면 흉악범, 살인, 사형. 상관이 도화면 뇌물죄로 구속.

◉대소운에서 墓되는 官고를 충시키면 병자는 회복 기세, 퇴원하게 된다.

◉七살이 겁재와 合이 될 때 합을 방해시키면 도둑의 친척에게 사기, 거액 탕진.

◉신강사주 七살이 겁재와 合이 되면 격국이 떨어져도 부귀명으로 왕처에서 살아간다. 또한 위기극복, 신의 가호를 받는다.

◉子, 午, 卯, 酉가 모여 있으면 동분서주하는 팔방 인생.

◉가상관격은 어머니가 둘이다.

◉亥에 亡신 또는 浴살은 부친이 재혼하거나 첩과 인연.

◉사주에 卯酉충이 흉이면 자손이 밀거래로 파산 선고.

◉卯申 원진살은 관액 또는 친母의 연고, 해직, 갑자기 명도 발생. 젊어서 이별한 육친 있다.

◉사주에 戌이나 亥자가 12운성 길성이면 가중 거물급.

◉지지에 길성, 흉성은 그 천간에도 길성, 흉성을 꼭 입게 된다는 것을 명심.

◉子卯 귀격은 나라에 충성과 공훈을 세우고, 천격은 호적에 적선을 기록. 또한 바람 중에서 강력한 바람살이다.

◉長生이 있으면 구사일생이다. 죽을 병도 구사일생이다. 실패했어도 다시 일어선다.

◉초대운 둘째 대운 간지는 부모 소유 환경으로 감평. 길지 길성이면 부모 운세가 좋았고 형충파, 원진살, 亡신살, 死墓絶, 공망, 기신이면 부모 생가 운이 불길, 실패, 패가 등등.

◉초대운 둘째 대운 간지가 기신 흉신에 처하였어도 日간과 日合이 되거나 귀인 12운성이 양호하면 부모 생가가 부유했다.

○남女 명식에 식신 상관으로 국을 이루면 부모가 망하지 않으면 당대에서 실패작이다.

○기신 劫살은 囚옥살과 같다.

○傷官이 천을귀인과 合하면 사해에 이름, 女명은 훌륭한 남편.

○女명 편인이 식신을 극하면 남편이 타女, 밀렵군. 여자 자신도 하체가 험하다.

○사주 日지나 時주에 원진살, 害살, 고신, 과숙살이 있는 명주는 부부지간 부모 형제 자손과 정이 없어 보기 싫어하며 항상 암투, 직업도 휴직 상태다.

• 시주의 시록격이 되어 귀명격이 되지만 그만 파격이다. 이유는 시주 천간 또는 日지에 劫 재성이면 록이 파손되어 자손이 거액을 탕진, 말년의 동파가 되었다.

○財고가 공망이면 재물창고가 도둑에 압살, 재산 탕진.

○시주 자식 자리, 편인 편관이 같이 있으면 자손 실패, 돈 실패.

○시주에 丙戌 상부 상처살이 놓이면 자손이 상부 상처살을 받는다.

○재성 또는 식신이 고신, 과숙, 亡신살이 놓이면 재산이 동파된다.

○七살은 반드시 合이 되어야 안보가 된다.

○女자 사주에 辰戌丑未 一색으로〔화개살〕국을 이루면 캄캄한 구멍일 직업을 하거나 색시 사업〔유흥가〕을 많이 한다.

○ 女 官살이 三刑살이면서 남편 복이 전무한 자는 남편이 죽거나 이별이다.

- 酉酉, 子子는 돈이다. 乙庚合도 돈 버는 일자리. 돈과 合이 되어 金고지기에
  金고가 酉酉, 子子 자형살로 진동하는 격. 거금을 희롱하는 운명이다.

○ 대소운에서 길신이 충파, 원진살은 더 확장.

○ 午午, 亥亥, 酉酉, 卯酉는 급수가 좋으면 권위직, 申申 대충의 말단은 수입
  이 낮은 보수.

○ 戌亥가 비록 기신이 될 때는 당주는 戌亥의 공덕이 무시되지만 부모나 형
  제, 자손이 성공적이다.

○ 편관 칠살이 日간 형제를 극파시키면 칠액살을 당한다. 부모액, 부부액,
  자손액, 형제액, 재물액, 병고액, 관액살을 당한다.

○ 年주의 희신 복신이 日 또는 時와 合생되어 모여 들면 조상으로부터 상속
  권이 있다.

○ 官성이 日合되면 그 지장간 오행 또는 官성의 형제들도 동참하게 되어 日
  合하게 된다. 이 경우는 타의 후원으로 권세가 운명이 된다.

○ 正 인수가 있거나 장생, 養, 祿이 있으면 장수의 명이다.

○ 日주 時주는 부부 운명, 자손의 운명을 관장. 길흉화복에 三位일체가 된다.

○ 역마지살이 형충파, 원진살이 얽히면 이사, 이동, 변직, 교통액, 병원 출입
  등등.

◉사주 용신 희신이 合이 되어 기신 財국으로 변질, 七살에 종결시킨 명은 남을 사기쳐 범죄 수익을 착복하는 도인이다.

 ● 희신이 되는 乙木이 乙庚合, 巳酉合, 己酉충으로 이 신이 기신 財국으로 내 돈이 아닌 남의 돈을 내 돈으로 교화시켜 악용, 착복. 이 여인은 여러 사람의 채권을 임의로 대부받아 상환 기피, 고의로 파산 선고, 악용, 수단, 악덕업자다.

◉寅은 저축이다. 寅이 길신 희신이면〔卯도 해당함〕저축, 재산이 풍부.
◉卯酉충이 日時에 있으면 20세 이전 이후 젊은 나이 때부터 죽는 나이까지 이성교제, 청춘사업 활발, 즐겁게 산다.

◉日주 時주는 부부 애정궁이다

◉日주 時주는 부부 가정 애정궁이다. 이곳이 공망, 극파, 원진 또는 기신 흉신에 처하면 부부궁은 물과 기름, 남남. 심하면 이별. 단, 충파가 되어도 日간과 진귀왕래법으로 合이 되면 부부 다정 해로.
◉財성이 인수와 合생되면 재복이 있다.
◉정관이 기신 편인과 같이 있으면 대흉. 피땀 흘려 번 돈을 도둑에게 바친다.
◉長生이 충살이나 공망되면 성장을 멈추게 하여 평생 발전이 없고 소인배다. 단, 合이 되면 무방하다.
◉사주에 財고가 있으면 일자리 풍족이다. 또 官고가 관帶이면 일자리 여유분이다.

○상관에 원진살은 흉지[차 사고]에서 사망. 상관, 겁재, 상관관성 봉상은 흉지에서 사망수 있다.

○長生이 슴이 되어 길신이 나오면 평생 소원성취.

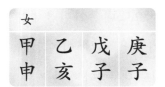

● 多 인수국으로 이별이네 하지 말라. 戊土가 子 중 癸와 슴 용신이 나와 편인국이 없어졌다.

○女는 편인이 슴되어 용신이 나오면 친정과 시가를 섬긴다.

○남명 사주에 식상이 많으면 배우자 중 하나 뒷거래다.

○女자 상관이 정관과 원질살이면 남편 흉지에서 사망.

○女명 관살이 태강, 식상이 태강, 財성이 태강이면 소실몸으로 入가 안보.

○女명 식상이 태과하고 관성이 무력하면 남편 백수인 또한 병자의 몸.

○日 또는 時주에 子, 卯 형살이 日간에 용신이 되거나 日간과 유정하면 자손이 유공자 자손이다. 반대는 전과자, 죄인이다.

○상관이 편인과 슴되면 시끄러운 일이 조용해진다.

● 정관 甲木이 日과 슴이 되고 겁재가 甲木에 견제받지만 癸와 슴이 되어 부귀명이다. 남자는 祿을 환영하지만 女는 祿을 원치 않는다. 女자의 祿은 남편의 입지대성을 꺾으므로 좋은 조건이라도 남편의 출세길이 평보에 그치게 된다. 정관 甲木이 기신 편인에 흡수되어 편인 노릇을 한 것도 남편의 소인

배다. 또한 편인이 劫재와 같이 있으면 금전 손해 많다. 신왕사주 식신 용신은 財보다 더 좋은 별이다. 辰 재고가 식신과 습이 되어 부자 명이다. 빌딩을 소유하고 있다. 시주 자손 자리 癸가 戊癸습으로 인수성이 되어 酉金을 극하여 딸이 혼자 몸이다. 남편은 돈만 없애고 여자가 빌딩도 장만했다.

● 항상 日습이 된 곳을 유심히 보라. 결함이 있으면 습이 불발 또는 습이 깨진다. 乙庚습에 받쳐 있는 寅이 庚의 자체 絶궁이요, 亡신살이다. 亡신살은 실패한 육친이다. 남편도 실패, 아신도 실패, 재혼을 연상. 絶궁도 같은 맥이다. 財성이 모두 공망, 자손도 혼인 실패.

○夏月 사주에 물이 많거나 물이 마르면 마약중독이다. 즉, 알코올중독인데 약을 먹는 것도 중독이다. 과음(술)을 하는 것도 중독이다. 즉, 패인이다.

○女子 식상이 편인에게 형충극, 타남에게 성폭행 당했다.

○財가 囚옥살이면 돈 가지고 원수짓는 일 발생.

○天乙귀인은 지위가 높다.

○상관이 刑살 또는 자형살이면 우울증, 불면증.

○명국에 탕화살(丑寅年)이 형을 맞으면 음독 자살하는 경우가 있다.

○명국에 금녀가 있으면 부부금슬이 다정다감.

○편인 식신에 역마 官이 형을 맞으면 삼각관계로 칼침 맞아 살인사건.

○행운에서 사주와 충형이 이루어지면 기쁜 일, 나쁜 일이 복합적으로 충형

은 상대와 부딪치는 상이다. 때로는 남女간에 미팅이 이루어지거나 미혼자
는 짝을 만나게 되고, 기혼자는 친한 사람과 술자리. 외부에서 출구를 찾아
비즈니스 경제 패턴을 시도하게 된다.

원진살은 악성 편관 증오살로 일곱 가지 살을 받는다. 사회적 구성원 공동체
에서나 직장에서 또는 가족관계에서 일어나는 질투, 사기, 권태증, 거부반응과
증오와 미움을 무심 경계로 타인과 대중성에 직격탄을 받아 소외인으로 배신
받게 된다. 조직생활이나 직장에서도 괜히 싫증과 미움으로 소소한 약점을 확
대 누명을 씌워 외톨이 신세, 직장에서 파직당하게 된다.
원진살은 해체, 이별, 형벌, 질투, 미움, 증오, 원한 낙오자, 재화신액이 따른
다. 원진살은 원행수, 휴직상태 이사, 이동, 투쟁, 형벌, 망명, 살인, 사회활동 특
히 사랑과 질투에서 살인사건이 원진살에서 일어나고 있다. 정관에 원진살이
임하면 갈라지거나 일용직, 백수 일자리 보증수표가 아니다. 女명 정관에 원진
살은 남편 대역 사회활동이다.

◉ 행운에서 戌 또는 亥가 사주 용신과 생습 용신이 나오면 경사 발생.
◉ 男女 용신이 공망, 형충파되거나 습이 되어 변질되면 부부 이별 암시다.
◉ 일주 劫財가 습이 되면 똑소리나는 배우자감인데, 만일 그렇지 않으면 가
　중에 거성의 인물이 있다.

예　　　　　　女
甲　癸　辛　丁
寅　巳　亥　酉

• 시주 상관 목욕살〔浴〕이 寅巳 형살이 되어 사춘
기가 일직 발동, 17세 나이때 남자 눈을 떠 4月의
보리밭 밀엽 속에서 남자와 알몸이 되어 처음의

순정을 바치면서 즐거운 비명소리로 온몸을 비틀어 댔다. 日지가 공망[巳 결혼의 별]되고 시주 甲寅 상관 백호살이 형이 되어 그의 남편은 흉사했다. 음 日주 劫財가 길신과 合이 되면 거물급인데, 본 배우자가 해당 아니면 형제[亥]가 거성의 위치에서 살아간다. 부산에서 형제 오빠가 중견사업가로 거물이다. 月 辛亥는 고란살인데, 두 형제가 혼자 몸이다. 時지 甲寅도 고란살이다.

- 死活이 걸린 운의 오행이 胎이면 구사일생이다. 예1 甲乙日에 酉가 胎다. 酉년에 죽을 운이라도 죽지 않고 살아난다 예2 甲乙日에 丑이 관고 재고다. 용신운에서 만나면 새로운 일자리를 얻거나 진급.

- 日지나 時지에 관대나 卯酉 편인 식신 도식이 되면 사춘기가 빨리 발달, 유년 시절부터 청춘사업, 데이트 활발.

- 女子 인수성이 태왕하거나, 財성이 국을 이루거나, 비겁이 태왕하면 고독한 자손이 있을 것이다. 男子는 비겁이 태왕하거나, 식신 상관이 국을 이루거나, 관살이 태강하면 역시 혼자된 자손 有.

- 식신 財가 극파, 고신살이면 의식주, 재산 병든다.

- 비겁이 많은 사주에 合이 되어 財성이 나오면 10년 적공이 하루아침에 무너진다.

- 日지나 時지에 변이(變移)가 있으면 부부 이별 암시, 년月주에 있으면 부모 형제 해당[463페이지 참조].

- 사주원국이나 행운에서 男女 신이 나타나면 연정관계 발생.

- 財성이나 도화가 死이면 재산풍파, 손재다.

- 日지에 寅을 대하고 年간에 甲이 투하면 甲寅 록지가 되어 조상의 음덕을 내려받는다. 또한 日지 록이 년지와 合이 되면 조상의 토지나 건물, 재산,

상속권을 부여받는다.

◉死絕墓 용신은 살아 있는 시체와 같다. 충파형으로 쫓아내야 용신을 건질 수 있다.

◉기신이 生, 旺, 帶, 祿, 養 같이 힘 있는 12운성이 받쳐 있으면 기신 작용이 12운성의 길작으로 감화되어 좋은 암시로 시정된다.

◉명국에 금녀가 있으면 부부금슬이 다정다감.

◉甲日이 丙을 보면 실력과 권위, 뜻하지 않는 행운이 있고 乙日이 甲을 보면 귀인의 도움을 받는다. 단, 원진살이 가담되면 무용지물.

◉男은 日지 祿이 가하나 女가 日지 祿이면 부부운이 불길, 이별하지 않으면 남편이 뒤로 처진다.

◉제왕이 년주에 있으면 명문가 출신. 제왕이 있고 관살이 견제해 주면 길. 제왕이 時주에 있으면 자녀가 성공, 가문을 빛낸다.

◉死가 日지에 있으면 부모덕이 없고 실패 후 중년 운세가 좋아진다. 死가 時주에 있으면 자녀 대가 끊어질 염려, 양자 입가 경력으로 막는다.

◉墓가 년주에 있으면 가운이 번창, 상속권. 日지 墓를 충시키면 더 발전.

◉財성이 국을 이루고 墓를 보면 거부, 재력가.

◉時 년주는 1세~20세 운, 日 月주는 20세~40세 운, 日 年주는 40세~60세 운, 年 시주는 60세~말년까지 주관한다.

◉日時 편인 식신 도식되거나 년주 月주 간에 편인 식신되면 생가 침몰, 도산.

◉12운성 길성이 日또는 時주에 있거나 日時가 용신이면 자녀 성공.

◉浴살이 月에 있으면 부모 형제 중 이별. 時 浴살 자녀 혼인 갈라진다. 자식 성이 浴살이면 자식을 극하여 실자.

◉祿이 年주에 있으면 말년에 발달, 月에 있으면 중년에 발달. 日에 祿은 부

부 인연이 바뀔 수 있다.

◉刑이 되는 주가 三덕〔天乙, 天덕, 天月〕 귀인록이면 재앙이 가볍고 刑이 合
　이 되어 용신이 나오면 후분이 좋아진다.

◉살인상생격은 군인, 경찰, 외과의사, 공무직, 정치가, 교직.

07 女자 자궁살(백발백중)

女자 자궁살은 상관 정관이 같이 있거나, 습을 통해서 또는 식상국이 되어 官성을 손파시켰거나, 습을 통해서 또는 비견 겁재국이 되거나, 상관 겁재가 동시되거나, 습을 통해서 또는 官살국이 되거나, 정관에 원진살이 받쳐 있거나, 인수국으로 첨병되거나, 財성이 만국되거나, 정관 겁재가 같이 있거나, 일방오행으로 一색이 된 女명. 신왕사주 女명은 여자가 사장감이 되는 이치로 남편 대신 역할을 스스로자임, 남편은 뒤로 처진다. 이와 같은 경우를 자궁살이라 한다.

이 자궁살은 여자 필자가 쎄서 남편의 氣를 죽임으로 남편이 죽거나 병자가 되거나 배우자 중 외도로 방탕생활, 남편은 무직, 건달, 심하면 재산을 완전 소진시킨다. 단, 자궁살이 있어도 외격사주[화격, 종격. 단, 정난격은 제외함]로 구성되거나, 日주가 자궁살과 천지덕합으로 어우러지면 무시한다. 이 자궁살은 女자 형제에게도 전달된다.

이 자궁살을 풀어주어야 부부 해로하고 불운을 막는다.

동쪽으로 뻗은 복숭아 나뭇가지를 꺾어서 여자 속옷 상의에 봉숭아 가지를 1개 접해 주고, 팬티에 1개 접해서 봉합해 생, 월, 일, 이름, 주소를 같이 봉합하여 여자 나이 수만큼 바늘로 꽂아준다. 부속물로 붉은 팥, 굵은소금, 미나리 한 단, 오색 천을 준비해 멀리 가서 불에 태워주면서 악살 퇴치, 소리 내며 3회~5회이상 실시. 집안 출입문 모서리에 굵은소금 두 대접 수북히 올리어 한평생 보존한다.

- 남녀 모두 인수성이 태과하면 부모나 형제에게 재앙살이 되어 부모에게 부패성을 주고 형제 실패 연고다.
- 편관이 日간을 극충,또는 日주가 甲寅, 庚寅, 丁未 같은 백호살이 임하면 시아버지 단명, 계속해서 가난한 신랑과 결혼.
- 官성이 日간 또는 劫재를 극충하거나 정관과 원진살이 되면 혼인점에 마사가 붙고 산다 해도 찬바람.

◉모든 운명은 선악의 조작이니 신앙심으로 극복하자

- 풍파, 실패, 액운 없이 살아가는 가호법은 신앙심에서 비롯된다. 즉, 기독교나 천주교의 몸신으로 대과 없이 살아가는 사람을 과반수 이상을 보고 있다.
- 남명 財가 약하면 財성 건록지의 띠의 여성과 인연. 女성 官성이 약하면 官성의 건록지 띠의 남자와 결혼하면 해로. 남명 甲日의 財는 己土다. 己土를 기준, 午가 己土의 건록지다. 즉, 午생과 결혼하면 백년해로. 女명 官성의 건록은 甲日 女라면 辛金이 정관이다. 辛金의 건록지는 酉다. 酉생 남자와 결혼하면 평생 해로한다.

○ 女명 日이나 時에 편인이 있으면 자궁질환 또는 배우자와 인연이 박약.

○ 남명 지지에 정·편재 혼잡일 때 정재와 合하는 띠의 女자와 인연, 女명 지지에 정·편관 혼잡일 때 정관을 合하는 띠의 남자와 인연이다. 예 甲日 女 지지 정관은 酉다. 酉 三合은 巳酉丑이다. 甲日 여자 사주학상 日간에 유익한 오행이 巳라면 巳생 남자다. 또 酉를 六合으로 辰酉合이 된다. 甲日의 辰은 財고다. 辰생도 유망하다.

○ 부부 이별 사주로 구성될 때 부부 日지가 간여지동 사주 구성은 서로 상애함으로 해로하고 산다.

○ 고신살 내지 과숙살 일진은 혼인 불가.

○ 사주에 백호대살, 劫살 亡신살은 五황살로 간주한다.

```
女
丙 庚 庚 甲
戌 申 午 午
```

● 사주는 신강, 신약 구별이 분명치 않다. 이런 경우 月간 오행을 기준, 즉 庚의 전진 一진이 日간 오행과 동질되면 신왕으로 간주, 다시 月지 午를 순행 전지 3자리 오행이 역시 사주 日간에 동질성이 되면 신강으로 간주한다. 이 사주는 申록이 양 庚金에 부속되어 록궁이 왕함으로 신왕으로 처리한다. 官살이 혼잡되어 여러 남자를 응하는 편이다. 무대활동 연예인이다.

○ 신약에 백호가 있고 대운이 길하면 성공하는 사람. 백호는 기술적으로 보석세공, 공업계통 직업.

○ 女성은 백호가 있으면 직업여성.

○ 白虎 日주는 동물을 키워도 온전치 못함. 또는 육친 덕이 없고 친척간에

왕래도 없음.

- 日지 백호는 배우자 백호로 가정이 평탄치 못하고, 배우자 몸이 건강치 못하다.

- 日지 白虎대살은 결혼생활에 장애, 자식도 실패, 말년 고독.

- 비겁이 백호면 부모 유산 탕진, 형제 불화, 반목, 이별, 질병.

- 白虎는 우울증, 관재송사, 생사이별, 비명횡사.

- 복음년을 만나면 신기가 발동, 정신병, 이상한 행동.

- 日지 時지 囚옥살은 배우자와 인연 박약, 자손과도 인연 희박.

- 乙巳日, 乙未日, 乙巳 日주 정신교란, 신내림, 부부 무정.

- 십악대패살이 日, 시에 有 조혼하면 실패.

- 財고가 있으면 투기성으로 재물 축척, 부자명이다.

- 官성이 극파되면 액살을 당한다.

- 편관이 겁재와 合 관성이 나오면 10년 적공이 하루아침에 침몰.

- 女명 관성에 원진살이면 혼담에 말썽, 결혼생활 장애.

- 亥나 戌이 밀착, 용신을 생부해 주면 아신 자손 발전.

- 상관 관살이 같이 있으면 [시주] 자손이 거금을 날린다.

- 기신 合국을 충하는 운에서 성취한다.

- 寅은 저축재산으로 봄. 寅이 기신이 되거나 공망, 극해되면 통장에 저축재산이 없다. 단, 寅이 장생이 되거나 장생과 合이 되면 후발 저축할 수 있다.

- 록은 한참 일할 30대의 시기, 제왕은 왕성한 40대 시기다.

- 같은 오행이 모여 있는 것은 아름다운 것은 아니지만 만약 무리오행이 용신에 종이 되면 용신과 같은 협력자가 되어 용신의 힘은 강세운이 된다. 그렇지 않고 무정하면 무리오행은 편관 작용, 마약과 같은 흉 작용을 하게 된다.

◉絕은 이 세상과 단절상태다. 즉, 생의 윤희〔생사를 번복함, 유시무종〕의 개념
　이 적셔 있다.
◉養은 원조지상. 養이 년주에 있으면 조상의 음덕으로 상속권이 있다. 사주
　원국에 인수성이 있고 중병이나 재산탕진 했을 때 胎운을 만나면 죽을 병
　도 치유되고, 탕진재산도 점차 회복, 부부 이별도 합류한다.

　● 신약사주 財국은 七살로 간주한다. 巳酉丑 三合 財金국은 七살 癸水를 생하
　　여 그 七살은 日간 丁火를 丁癸충시키므로 고질병에 불치병 환자다. 병원출
　　입살이 가담하여 뇌병으로 사경에 처하다.

◉庚申충 刑은 무거운 피해다.
◉子子, 酉酉, 午午, 亥亥, 卯酉, 申申은 뒷거래, 암거래.
◉행운에서 財나 酉가 사주와 접할 깨 투자처 모색, 새로운 직업변화.
◉당선, 合格은〔직업, 학교 등〕편관이 劫재와 合이 되는 운에 성공.
◉행운과 사주와 원진살이 되면 일자리 또는 병고 발생, 주거이동.
◉卯酉충이 당권되면 용트림하는 격. 좌지우지하는 거성 인물이다.
◉희신이 刑충되면 더욱 발전지상이다.
◉丁壬合, 卯酉충은 새로운 직업변화, 더 수입이 많다.
◉子午충 년은 갈라질 수도 있고, 협력자 발생.
◉巳亥충 년은 가출인, 가중 가주 이별, 친한 사람 이별, 병원 신세, 거래처

중지.

○편관은 자신의 잘못으로 재화를 당하고 刑살, 劫살은 타에 의해 재난을 당한다.

○己酉는 자체 장생인데 酉가 거듭 있으면 장생이 酉酉 자형살로 접목되어 살아 있는 생명을 刑살로 끊어버리는 비운이다. 즉, 생후 육친이 죽거나 죽을 고비.

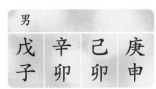

● 日 辛은 子에 장생이다. 子卯 형살을 받아 부친은 젊〔卯는 젊다〕은 나이에 알코올중독〔子卯형〕으로 생명을 잃었다.

● 정재, 편재 둘로 나누어 있을 때는 편재는 친아버지, 정재는 큰아버지 또는 작은아버지로 구분. 친아버지 卯는 絶궁에 卯酉충으로 친아버지 재산은 큰아버지 재력보다 미급상태다. 큰아버지 寅은 높은 산을 상징하고 寅재가 되어 큰아버지 재산은 재벌가다. 寅 중 丙火는 日습이 되고 년주 酉와 동시 丙辛습으로 큰아버지 재산 상속권자다. 寅은 庚의 절궁으로 큰아버지 무자팔자로 상속권을 아신이 주어지게 되어 큰아버지 재산권을 부양받는 것이 되었다. 행운아다.

○ 子卯 刑은 색란, 술, 알코올중독, 대마초, 기호품인데 유공자, 전과자 구분.

○ 午午 대충은 정신분열증, 딸 이별. 午는 중女로 봄. 비행, 수술.

○ 官은 돈 버는 직업궁이요, 학력으로 본다. 고로 官이 부서지면 백수운명에 공부운도 없다.

◎土성의 원리

○ 자식 자리 時주에 正 인수와 財성이 동주하면 사위가 불효자식이다.

○ 12운성 길성이 있는 자리 궁의 육친은 입지대성이다.

○ 日時月 天살은 부모 형제 혈육이 일찍 하늘나라 종천.

○ 寅은 한평생을 뜻하여 寅에 길성이 첨부되면 한평생 종신직업이다.

○ 財多, 官살 多, 편인 多, 역마살 多는 외국과 인연이 있다.

○ 土성은 생육을 번식시키는 본고장이다. 즉, 女는 자궁을 뜻하고 남자는 생식기를 뜻한다. 그러므로 土성이 구실을 한다는 것은 자연계의 특성으로 공존. 土는 양(+)과 음(−)의 합작된 문자다. 양(+)은 남자요 음(−)은 여자다. 양(+)은 하늘 땅, 음(−)은 여자. 하늘은 위에 있고 땅은 아래에 있듯이, 남자는 위에서 여자를 포응하고 여자는 아래에서 남편을 감싸고 섬기는 것이 남녀의 자연현상. 土〔흙〕는 만물의 자궁이다.

○ 金은 물의 익은 오곡백과다. 즉 돈이요, 재산이다〔길신이 될 때〕.

- 행순에서 申이 絶이 되고 형충습이 되면 근방 여자, 원방 여자와 절교.

- 巳 亡신살이 형충습이 되면 연인과 갈라지는 운이다.

- 편재가 병원출입살이면 부친 병원생활, 정관이 병부살이면 남편 병원생활.

- 여명 식신은 자손인데, 식신이 습이 되고 식상운이 들어오면 자궁 관련 일이 생긴다.

- 女명 괴강日생이 연주가 괴강살이면 무관직이나 운동가 되면 길.

- 日지 亡신살 어릴 때 죽을 고비, 비애가 있었다.

- 공망이 공망운을 만나면 해공망이다. 길신 공망은 흉, 흉신 공망은 길조.

- 火金 종살격은 의학, 공학, 법조계, 음악, 미술.

- 지나치게〔3개 이상〕도움을 받아도 오히려 병이 된다.

- 남녀 日간이 본시 습이 되었는데 행운에서 日간과 쟁습이 되면서 그 지지가 충파 원진살이면 둘 중 하나 다른 마음, 가정풍파.

- 행운에서 羊刃 劫재가 사주 官살과 형충되면 부부와 자손에 파란. 손財, 병재, 관액이다. ❷ 甲日에 정관 酉가 劫재 卯대운에서 卯酉충으로 졸.

- 인수년은 문서계약인데, 결혼식할 때 문서로 서약하면서 결혼식을 올리는 식으로 이혼할 때도 문서로 한다. 고로 부부 이별 사주라면 인수년에 이별 또는 재혼 문서계약을 맺는다.

- 正官이 가장 무서워하는 파괴분자는 첫째가 상관이다. 상관이 정관을 보면 돈을 벌지 않고 벼슬을 쳐부수는 흉한 것으로 싸움만 일삼는 파란 많은 운명이다. 북의 김정은 일가가 상관조직으로 구성, 말로가 비운.

- 七살이 時주에 임하면 불효자식이 있을 것이요, 祿이 日지에 임하면 처록을 얻는다. 정 인성이 時주에 있으면 자식의 영화를 받을 것이다.

- 편인이 子 위〔시주〕에 있으면 조업을 파할 자식이 있을 것이다.

● 白虎살을 슴충파하면 우환, 질고.

● 辰戌丑未는 괴강살이요, 백호대살이다. 또한 편관七살이다. 형충파되면
  이 살을 범한다.

● 日이 羊刃을 얻으면 배우자, 자손, 부모 형제가 입지대성 거물 집안이다.
  단, 女명은 부부운이 불길, 남편과 생사 이별.

● 신약에 슴되어 財성이 나오거나 병부살이 엮이면 몸에 수술, 병원출입.

● 入庫된 오행은 상대를 생할 수도 없고 극할 수도 없다.

● 財성이 入고되면 官살을 돕지 못한다. 이때 財庫를 충개하면 관살을 돕는다.

● 남자 日지 財성이 絶이면 처와 사이별하거나 경하면 처신병(妻身病).

● 남명 正財가 入墓되면 처와 각방 각거, 이별수.

● 羊刃살은 의사가 칼로 환자 병마를 수술하는 의료행위다. 고로 대운에서
  羊刃년을 만나 형충이 되면 몸에 수술할 병원출입살로 본다.

● 七살이 劫재나 羊刃과 슴이 되면 조년에 등과급제한다.

● 태세가 日간과 슴이 되고 충이 되면 이사수 발생. 정관, 편관, 원진살년,
  겁재년, 이사수.

● 남녀 甲日 丁卯時는 상부, 상처를 하거나 財물로 탕진하게 된다.

● 年月주 화개살 印성이 養과 동주하면 부모님 건축물에서 평생 불로소득,
  태평아다.

● 日지 괴강격은 官살이 형충되거나 스스로 형충이 되면 화액이 비상, 질병,
  신병.

● 年月주 偏印은 가세가 기울어진 집안 출신.

● 財성이 형충, 원진되면 이 육친에 병고 실패, 재산문제로 암투, 투자모색.

● 인성을 충, 파, 형, 해하면 보증사고, 고소장, 노母님상, 복수, 문서 사고,

부동산 사고.

◉秋金 火를 쓰거나 水를 쓴다(용신).

◉天頭귀인이 合이 되는 년도는 경사 발생.

 ● 天두귀인은 日간을 기준, 日간의 식신을 天두 귀인이라 함. 甲日에 巳 天두귀인이다. 행운에서 酉 년을 보면 天두귀인 巳와 巳酉丑 合이 되어 경사 발생. 또한 행운에서 申을 보면 巳申合으로 직급이 나 자손에 대한 경사 발생.

◉장생이 공망을 생부하면 장생의 후광을 입어 공망 오행은 재기의 기회를 얻는다.

◉시주에 편인 편관 모여 있으면 자손이 결혼 실패, 돈 실패.

◉女子 時주에 상관이 있으면 남편액, 남편이 다른 마음.

◉女명 인수성이 태과하면 官이 설기태심하여 남편과 이별. 그러나 官이 日 간과 合이 되고 원진살이 없으면 부부 해로.

◉관살혼잡 도화살에 刑충合이면 술집 기생.

◉乙巳日은 명궁에 관살이 있으면 건강체질이다.

◉卯酉충은 아들 아니면 딸 때문에 골치, 걱정. 卯는 아들, 酉는 딸.

◉天간에 陰 상관이 있으면 여자와 남자 같이 상한다. 天干은 남자요, 地支 는 여자다. 陰은 여자요, 陽은 남자다. 天干에 陰 오행으로 흉신 劫재이면 여자, 남자 모두 상한다. 地支에 陽 오행이면 남자, 여자로 본다. 天간이나 地支가 꼭 음양오행으로 고정된 것은 아니다.

◉편인 인수가 3개 이상 많으면 부친은 나쁜 마음, 검은 거래, 뒷거래.

⊙희신이 공망되면 불리한데, 공망을 충거하는 운에서 일이 풀린다.

⊙냉사주일 때〔三冬月 출생〕냉운을 만나면 질병 침노.

⊙辰戌丑未 화개살이 국세를 이루고 형충파되면 자해행위, 목숨을 끊을 수도 있다.

⊙신왕에 상관을 흉으로 보지 말라. 충파없이 정하면 신사, 숙녀로 본다.

⊙財성이 태과한 명은 타향객이 되어야 성공하고 산다.

⊙중매역할 戌 土성이 寅午戌 三合국되면 土성의 통관이 차단되어 火국은 金을 극한다.

⊙상관이 財성과 합이 되어 財가 나오면 부호의 명이다.

⊙寅酉 원진살은〔寅은 한평생〕한평생 죽는 날까지 원망스러운 일로 보기 싫은 마음을 담고 살아간다.

⊙丑寅午 탕화살이 白虎나 괴강살, 형충살, 원진살이 가담되면 흉지에서 사망, 자살.

⊙申이 관귀학관이면 행운 申년에 취업이 된다.

⊙正 인수는 구시대, 偏인은 신세대.

⊙食신에 帶가 붙이면 장모님이 神을 섬기는 사람.

⊙帶는 무속인이 손에 잡는 神대다. 그러므로 帶가 있는 궁은 神을 섬긴다.

⊙남자 편재가 겁재와 합, 官성이 나오면 첩으로 인해 벼슬.

● 時간 丙겁재가 月편재 辛과 丙辛합이 되어 관살이 나왔다. 후처를 만나 대학교수職으로 천거, 교단(敎壇)에서 지식을 공급하고 있다. 이 격은 도충격이다.

● 火 傷관이 왕하면 어질병, 정신병.

● 용신이 死絶지로 向하면 신왕지라도 불길.

● 슴이 많으면 친구가 많고 유혹에 넘어간다.

● 囚옥살, 虎살, 劫살, 괴강살, 亡신살, 六살, 고신, 과숙살은 객사혼 있다.

● 酉戌 害살은 쇠고랑 살이다. 즉, 囚옥살이다. 감옥, 송사.

● 囚옥살은 동물원 사육사다. 죄수형 무관.

● 年月주 辰戌 有 그 선대 납치, 감금, 처형. 반대는 충신.

● 日지에 絶이 있으면 이혼 경력이 있거나 부부에 대한 연고가 발생.

● 子午충이 되면 바꾸어 보자는 뜻. 午는 離궁 갈라지는 것, 하늘나라로 떠
  나가는 것.

● 劫재가 天乙귀인이면 劫재 편관으로 이름 지어 소인배가 메이저로 전환.

● 印성이 生祿이면 집을 날려도 후에 가서 집을 찾거나 집을 세운다.

● 日지 浴살은 조부가 멸망하거나, 유년 병치레. 浴살은 편인성이다. 편인은
  조부다.

● 月에 식신이 있고 時상에 官살이 있으면 대귀대부.

● 三刑이 貴人을 득하면 高官이 될 수 있다. 즉, 三刑이 길신 財官 印을 보는
  경우다.

● 태세의 劫재가 천을귀인이면 친구의 후원으로 새로운 일자리 득.

● 식신 상관은 남녀 모두 자손으로 봄. 충하는 운에 자손의 연고 발생.

● 三刑이 용신운에서 득하면 아신 자손 경사가 있다.

● 女子 日간이 正官과 슴되고 그 지지가 원진살이면 갈라지거나 다른 실패.

● 女子 용신이 원진살이면 둘 중 하나 마음이 변화성.

● 인수격이 死絶墓 운향은 목을 매고 자살 소동.

◉사람의 육신이 병들고 인생을 관리해 나갈 수 없다면 모든 것을 정신세계에 의지하라. 사람이 부족하면 일찍이 기술계나 생활방식을 바꾸어야 될 것이다.

◉官살이 沖이 되면 七액을 당한다. ①부부액, 자손액, 재물액, 신액, 관액 등.

◉日지가 合이 되어 희신이 나오면 부부운이 길이고, 흉신이 나오면 남남.

◉신왕에 매년 官고나 財고가 入이면 길사. 돈의 경사, 직업의 경사.

◉財국의 墓지를 沖하는 시기에 득財한다.

● 癸財는 부친이다. 癸財 입장에서 볼 때 多수의 酉金들은 여러 어머니 성이다. 또한 財의 부친 丁火 입장에서 볼 때 酉金들은 할아버지의 첩들이다. 할아버지가 첩을 얻어 첩에서 난 자손이 바로 癸水 財다. 부친은 소실 몸에서 난 후손, 달리 해석하면 부친은 타부모 의지. 위 사주는 財로 집결되어 부유격이다.

◉매년 死가 들어오는 해는 그 오행에 대한 침체현상 또는 조상 일이 발생.

◉白虎대살이 12운성 흉이면 虎살이 독이 차서 작용력이 강하다.

◉사주에 火가 무성하고 羊刃살이 중중하면 맹인.

◉沖된 오행에 12운성이 길이면 소급 무해하다.

◉괴강살, 虎살, 天살, 劫살은 남을 해친 일이 있다.

◉용신운이 오면서 虎살을 체동하면 승진, 합격.

○土가 많으면 墓지사업, 풍수지리, 땅 장사, 건설업, 토공업.

○時주(자식 자리) 기신 財가 劫살이면 자손이 파재, 또는 수술.

○女명 사주 원진살은 직업여성, 사회활동. 日간이 충되는 운도 사회활동 개시, 해외여행 등등.

○天살은 색정문제, 분리, 별거, 극父상夫.

○天乙귀인은 편관으로 봄. 刑충되면 송사문제 발생.

○길신 財성이 合이 되어 거듭 財성이 나오면 돈 버는 솜씨 으뜸. 사방에서 도와주는 사람 많아 불로소득으로 태평.

○傷관 용신격이 財운을 보면 높은 자리에 근무하고 횡재운이 열린다.

○장생이 공망되면 장생운을 재견할 때 탄력을 입어 발복한다.

○乙 日干이 庚과 合이 되었을 때 丁火를 보면 당권하여 봄날에 꽃이 웃는 날을 맞이함과 같다.

○女명 官살혼잡은 둘 중 하나 빗나간 행동.

○암祿 있는 궁은 영화스럽다. 암祿은 남이 모르는 숨은 복록이 있게 된다.

○태세가 日지와 子卯 刑이면 혼인문서 잡는다.

○충, 파, 형, 원진살(각종 살성)은 그 지장간에 속한 육친과 천간 육친 모두 살을 받는다는 것을 명심.

○劫재가 合이 되어 食신이 나오면 생각지도 않는 복이 굴러 들어온다. 물질운이 좋아진다. 기신 劫재가 길신 食신 옆에 있으면 물질운이 좋아진다.

○白虎대살이 역마와 合이 되는 해 교통사고.

○甲辰日에 辰戌이 되거나 辰辰 刑이면 갑상선 병이 올 수 있다.

○겨울 사주는 丙丁 火가 어머니 역할을 한다.

○중화된 사주는 역운이 와도 평길.

- 時주가 충되면 자손의 운세가 나쁘고, 부부 운세도 불길.
- 女명 正 인수가 상관을 沖하면 남편과 자식이 갑자기 행방불명.

08 家門폭락살

丙午日	丁丑日	丁未日	辛亥日	壬子日	戊寅日	戊申日	辛卯日	辛酉日	壬辰日	癸巳日	癸亥日

가문폭락살은 10중 8구 경력이 있었다. 이 살이 日진 외 타주에 있으면 그 궁의 육친이 필연당하는 예가 있음. 이 살의 天간이 습되거나 살의 지지가 공망되면 소멸상태다. ⌐戊寅〔폭락살〕은 엎드려 있는 복마로서 위인이 되는 거물급이다. 실패 후도 다시 회춘한다.

- ◯대운에서 원진살을 만나면 10년 동안 두렵다. 원진살이 습이 되면 풀린다.
- ◯年주의 암록 長生이 日주와 습되면 선친의 상속권 취득.
- ◯祿이 습되면 암祿이라 함. 천혜의 신조와 숨은 복력이 있다.
- ◯日干을 기준하여 天干습이 되었어도 습으로 보지 않는 것이 있으니 그것은 예하여 丁壬습이 되거나 습이 된 木이 사주에 없으면 불습이다.

● 丁壬合에 木이 없어 불合이다. 정관 壬이 辰에 수장되었고, 정관 劫財와 함께 있으면 부부 이별, 말직이다.

○ 남녀 乙日주 巳를 보면 巳 중 庚이 日乙과 合, 자손 혁혁.

○ 時주의 자리에 자손이 출현되지 않아도 자손이 잠복된 걸로 간주. 고로 女는 時주에 편인 편관이 투하면 식상과 상쟁이 되어 자손액, 남편액. 남자는 시주에 상관이 투하면 자손액, 처액이다.

◉合은 유혹이요, 敗俗살이다

● 甲寅日에 己亥를 보면 天地合이다. 合은 꼭 껴안고 붙는 격이다. 愛人의 달콤한 유혹에 빠져 타에 끌린다. 마침내 큰일을 저지르고 실패, 즉 친절과 유혹이 화근. 고 박정희 대통령이 김재규 정부부장한테 최후를 당한 것은 그해 合이 된 연고에서 비롯되었다.

男

戊　乙　壬　壬
寅　未　寅　午
　　養

● 차명의 寅 겁재는 食神 午와 寅午合이 되니 食神으로 化하여 용신이 추가되어 길조 현상. 그러나 合이 넘쳐 이 사람 운명학상 대부호의 명이 평지 인생이 되었다. 겁재 寅은 寅 중 甲이 未와 투합이 되고 다시 寅 劫財는 식신 午와 생合이 되어 그 친절과 유혹에 빠져 친척 근로 현장에서 수년간 무급(無給)

무료(無料)로 재직하면서 별도의 거액의 채권까지 포기. 이와 같이 合이 문란하게 많으면 浴패의 살을 당하여 여색으로 망하거나 이와 같은 유혹으로 패인이 되어 무료 인생이 된다. 처가 살림꾼으로 처의 덕으로 살아가는 사람이다. 劫財의 合은 환영하지만 기신 劫財의 피해는 유혹살이다.

◦살〔관살〕이 많은 명은 인수운과 식상운이 최길.

◦대운에서 사주 어느 지지를 沖할 때 태세 또는 사주와 合이 되거나 조정해 주면, 즉 중화시키면 沖이 멈추고 화해가 된다.

◦命宮에서 正·인수가 되면 학벌이 있다. 명궁에서 卯에 장생이 되면 고관이 된다.

◦白虎 傷관이 같이 있으면 흉질, 흉사.

◦年月주 印성과 財성이 墓이면 부자집 출신.

◦흉신, 흉성은 무조건 合이 되어 용신으로 나오면 이신으로 변한다.

●劫財 상관 대결은 불행의 소치라 했지만 귀격사주는 흉살로 위력을 과시. 관살혼잡이 될 때는 식상으로 억제하는 것도 약신이 된다. 이 운명은 甲木은 丑과 合으로 土로 나오고 卯는 戌과 合으로 火生土하여 土로 종결, 종살격이다. 상관 甲木은 무력이요, 식신 卯는 진동하는 권세가다. 法務部 長官 사주다.

◦亥 長生은 고관으로 본다. 장생이 있는 궁은 벼슬아치, 훌륭한 선비.

○인수가 공망이면 부모대 실패.

○인수가 死이면 母가 흉지에서 사망.

○신왕 劫財가 원진살이면 도둑으로부터 파財, 금고털이.

○상관→편관, 상관→겁재 봉은 사선을 넘나든 일이 있었고 후유증이 많음.

○女명 日지 과숙살은 남편이 타녀와 동침.

○괴강일생은 영득하고 총명하다. 괴강살이 多면 단명이라 하였다.

○대운 白虎 대살이 사주 羊刃살과 合이나 충을 만날 때 염라대왕 앞으로 끌
  려간다.

○月지 財성의 養은 유력자나 형제로부터 재산 원조받는다〔불로소득〕.

○月주에 12운성 길성이면 형제 부귀하고 살아간다〔충형은 실패〕.

○財성이 印수를 극하면 검은 거래죄, 생가쇠망, 가운 침몰.

○女자 財 용신에 日지에 관살이 있으면 출가 후 남편 돈 잘 번다.

○年月 홍염살, 도화살은 부모 형제 성욕이 강하여 타녀에게 부양.

○남녀 劫財년 부부 마찰, 부상, 우환, 질고, 집문서 발동.

○귀격 辰戌은 공명이고, 하격은 부정, 전과자다.

○女자 日時 羊刃 劫財는 남편운을 막는다〔신강〕.

○명식에 劫財와 상관이 같이 있으면 人敗財敗, 파산선고다.

○日時 12운성 길이면 자손 잘됨.

○女자 도화살이 死이면 성적 관념에 적극성이 없고 남자는 정력이 약하다.

○子丑合, 午未合은 물과 기름의 분해처럼 불합으로 봄.

○女명 正 인수가 死絕墓 浴살이면 사위가 대실패, 또한 딸이 혼인에 말썽.

○편인에 養이 되거나 正 인수에 浴살이 될 때 조기에 타향객이 되면 객지에
  서 성공. 만약 생가에서 살면 실패작이다.

◉천월덕귀인이 官에 있으면 관운이 좋,고 財에 있으면 재운이 좋고, 인성에 있으면 이름을 날리고, 식신에 있으면 선빈후귀하며, 時에 있으면 귀자를 두고, 日주에 있으면 천우신조가 있다.

◉天乙귀인이 12운성 생왕지에 있으면 일생동안 길. 천을귀인이 간습 지습이 되면 출세가 빠르고 형벌이 없다.

◉파살은 파손되고 파괴의 살이다. 년을 파하면 부모를 일찍 이별.

● 차명은 상관 丑이 정관 남편 신을 극제하여 조별하였다. 식상이 태과하면 남편 복이 없다. 부모덕도 없다.

◉고신살이 日 또는 時에 있으면 아신 또는 자손이 결혼 파기, 독신 몸.

◉용신이 대패살이면 부부운이 동파.

◉편인 정 인수로 혼잡되었거나, 인성이 있는데 습이 되어 인성이 새로 나오거나, 인수성에 浴살이 받쳐 있으면 두 어머니 모셔본다.

◉사주에 財성이 국을 이루면 친모는 외롭고, 부친은 여자 치마 속에 숨어 있다.

◉비겁이 있는데 습이 되어 비겁이 새로 생기면 이복형제 있다.

◉辰이 길신이면 청룡을 뜻하여 기필코 성공. 또한 액운을 피하고, 병자는 쾌차.

◉인성이 亡신살이면 첩에서 난 자손이다.

◉사주에 인수성이 국을 이루면 아버지의 첩들이다.

◉日간을 기준한 12운성의 각주 지지는 日간의 강약에 속한다. 각주 기둥 자체 12운성은 각주 천간을 기준하여 그 지지의 강약에 속한다.현 대운 간지 12운성 법식도 동일시함.

◉女명 식상이 있는데 合이 되어 식상이 새로 나오면 타성남자 자식꼴 본다.

◉공망이 되면 불리한데, 행운에서 길신 공망을 충거시키면 가장 기뻐한다. 또한 행운에서 공망이 재견되면 공망으로 보지 말라. 공망이 아니다. 財공을 충시키는 년도에 재산이 들어오게 되고, 투자처가 열린다.

◉왕상한 墓 오행은 반드시 충파되어야 발하게 된다. 특히 財墓를 극파시킬 때 돈줄이 열린다. 이는 육효 운명도 동일시함.

◉원국에서나 행운에서 정관 劫財가 접목되면 사람문서, 재산문서, 직장문서를 잃게 된다.

◉홍염살〔첩살〕이 년月주에 있으면 부모 형제가 첩과 내통한다.

◉甲寅, 庚寅, 壬戌, 癸丑, 丁未, 己未 같은 백호대살이 있는 궁의 자리와 그 육친 직계가 변사, 악사, 악질 병난살에 부부궁이 불길, 이별, 실패 징조다. 사주의 백호는 日지도 영향을 받는다.

• 차명은 月지 辰을 기준, 辰壬은 天덕귀인이다. 日干, 時干에 투하여 처덕도 있고 자손덕도 있다. 辰에 壬은 天덕, 月덕 귀인성으로 가정과 자손이 길하다. 日干 壬의 官살은 戊土다. 戊寅生이 官귀학관신이다. 日지 처궁 자손궁

에 있으니 처도 훌륭한 직업이다. 처가 은행 지점장으로 보직. 음 日간은 양 日간으로 취하여 관귀학관신을 활용.

◉고신, 과숙살은 혼인을 破하고, 재산을 날리고, 병을 주는 악살이다.
◉女명 時주에 식신 상관 또는 비견국을 이루면서 공망이 없고 충극이 아니면 자손의 영화다.
◉기신이 타 오행과 合이 되어 길신이 나오면 탐생망극이라 길조 현상 발생.

男

| 乙 | 丙 | 辛 | 丙 |
| 未 | 戌 | 卯 | 辰 |

浴

● 춘木 卯, 초木은 丙火에 인火가 불발, 丙火 입장에서는 춘木 풀나무다. 즉 母친과는 인연이 없다. 卯 인수에 浴살과 乙辛충으로 부모가 파산 또한 丙辛合化격이 乙辛충으로 불합되어 가화격이다. 가化格은 고아혹성이라 했다. 정印수 浴살은 일찍이 타가생활 또는 양자로 입가하면 불운에서 개운되어 성공. 代가 끊어진 타부모 밑에 양자로 입가한 운명이다.

◉삼재년, 원진살년에는 결혼, 신규사업 취소하라.
◉명궁이 12운성 길성이 임하거나 三덕귀인이면 사주 상황보다 더 길한 작용을 한다.
◉戊土의 長生은 戊寅과 戊申 양법으로 활용한다. 즉, 戊申을 戊寅 장생으로 보라는 뜻이다. 戊寅과 戊申은 성공과 실패가 왕래된다.
◉인수 浴살은 두 어머니 꼴이다. 浴살은 편인 작용을 하기 때문이다.

○財는 天干에 있는 것보다 지지에 있어야 부귀격이다.

○天乙귀인이 놓인 자리는 엘리트, 선비, 덕망을 수비한 고귀한 자리다.

● 차명은 月지 戌을 기준, 년주 丙은 天덕귀인에 속하여 사회운이 좋고 天月덕
이 丙에 속하여 처도 사회운이 길조. 다시 日간 壬의 편관은 戊土다. 戊의 장
생은 戊寅이다. 즉, 官귀학관이다. 日지 年지에 寅이 있어 아신과 처도 훌륭
한 직업이다. 또한 多 관살을 견인, 戌 중 丁火가 日合되어 귀격이다.

● 신약사주 月주 상관격은 진상관격으로 명석한 머리에 총명. 불화(佛畵) 인생
으로 독신주의 팔자다. 이유는 女명 식상이 공망되면 독신주나 다름없다.

○日干이 정관과 合이 된 곳에 원진살이면 운전면허, 공무직.

○三德〔天乙, 天덕, 天日〕신이 배우자나 자손에 임하면 운세가 우월.

○희신 六살이 있는 궁은 생활에 여유가 있는 걸로 봄. 時 六살은 말년생활
여유.

○대소운에서 화개살이 움직이고 刑살이 되면 음란성이 일어나거나 변화성
예고.

- 12운성 길 작용 자리는 福貴를 누리고 살아간다는 것을 명심.
- 용신이 三덕신 또는 12운의 길성과 생습이 되면 부귀격이다. 단 충파, 원진, 死絶墓 공망은 반감.

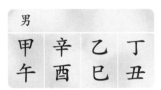

- 夏月生에 官살이 태강하여 財를 무참히 태워버린다. 官살은 부친으로 본다. 부친이 송사로 대실패〔관살은 송사〕. 乙辛충은 아버지의 연고다. 그러나 巳 중 庚이 乙庚습으로 구제되고 있다. 또한 時주는 20세 이전 나이로 본다. 부친 성인 편관 午는 甲木 財를 대하고 丑午 원진, 丑午 해, 丑午 神 三살은 부친의 액이요, 선조의 전몰이다. 송사〔午는 송사〕로 집문서〔丑 편인은 집문서〕와 財산〔午의 천간 甲木〕을 통째로 날렸다. 多 관살이 丑에 入墓되어 위안이 되고 있다.

- 長生은 장수(長壽)의 별이다. 길과 흉〔나쁜 버릇〕을 죽는 날까지 담보하고 재기, 회생, 부활의 장점이 있다.
- 女명 인수가 관帶나 祿을 보면 사위가 높은 자리에서 일한다.
- 官성이 日간과 습이 되면 多 관살 형제들도 日간과 습이 되는 이치로 국가의 동량.
- 女명 日간 또는 劫재가 충파되면 부부 아니면 자손 결혼문서 흔들린다.
- 亡신살이 있으면 검은 거래, 캄캄한 일을 많이 한다.
- 七살은 신강의 경우 손실이 경하지만, 신약은 다수의 손실이 많다.

◦건록이 파파되는 운은 손재, 질환이다.

◦長生운은 후원자로 의외의 성공. 남자 官과 食이 合하면 외가에서 살아본다.

• 月支 正財 未는 天乙귀인이요, 天살이다. 天乙귀인에 天살은 국가 공무직이
  요, 甲이 未 중 甲己合으로 부친은 청와대 벼슬관이다. 日支 寅이 공망되어
  늦은 결혼을 하였고, 대를 잇는 자손이 없어〔寅 공망은 계승자 없다〕고민이
  다. 戌 財성이 養이 되어 부친의 음덕과 재산상속권이 기대된다. 日支 공망
  에 月支 未 정재가 墓에 해당되어 초혼은 실패하리라. 또한 인수 子가 浴살
  이 되어 역시 혼인문서 해약이다. 인수 浴살은 두 어머니 꼴을 보고 있다. 또
  한 甲寅 日주는 홀아비 살이요, 혼인실패살이다.

◦일방 오행이 태과해도 그 오행이 日간 또는 劫재와 合이 되면 부귀공명격
  이다.

• 亥卯合으로 木국 七살이 넘친다. 살(殺)이 亥와 合이 되면서 다시 亥는 亥 중
  甲木이 日간과 合이 되니 살(殺)성도 日간과 合이 되는 이치다. 남편이 검사
  직이다.

- 時주가 공망이면 자손이 없거나, 자손이 외국 아니면 가출.
- 공망살은 배신살이다. 관심이 없고, 뜻이 없는 것, 즉 편인, 편관성이다.
- 신강에 官이 용신이면 인수도 가용신이다.
- 日주는 부부운, 자손운을 관장한다는 것을 명심.
- 도화살은 남녀 모두 애정, 사랑, 재물, 배우자, 친한 사람으로 본다. 도화살은 재물로 구성되었기 때문에 외정에 빠지면 재산까지 다 망치게 된다.
- 陽 편인은 부친으로 보고, 陰 편인은 조부로 본다.
- 상관 관성 봉은 성공한 육친 실패다. 죽을 때 악사.
- 比견 劫재가 合이 되면 형제, 아신 삼각관계.
- 浴살이 타주와 合이 되어 浴살 오행이 나오면 合된 궁도 浴살의 작용을 받는다.
- 財성이 국을 이루면 아버지의 결손, 죽거나 생가 침몰.
- 대소운에서 財성이 국을 이루면 부동산 명도 발생, 부모 수술, 신용불량자 신세.
- 官살이 日간과 극충되면 내가 크게 미워하는 형제나 육친이 있다.
- 女 편인이 養이면 애인(愛人) 부양.
- 月 편관은 형제가 불의하고, 時 편관은 초년액이다.
- 편관 多면 기술 건축, 그림 체육, 운수 경찰, 주먹세계, 노동자.
- 月건에 祿帶가 있다 함은 본인, 자손, 그 집안에 三品, 二品이 있다.
- 사주에 水가 없으면 생육을 잃은 것과 같다.
- 행운에서 관귀학관이 入하면 家相 또는 자손이 취업, 일자리 얻게 된다.
- 신약 官살이 많으면 우울증, 상패, 실패.
- 時주가 충극되면 어린 시절 타향살이 또는 가정 불행한 일.

- 영웅호걸은 더욱 흉살이 많은 것이 특징. 권위직에서 일하는 사람은 모든 흉살을 제압하고 그 흉신살로 더욱 높게 된다.
- 비겁이 공망이면 형제 결혼 실패.
- 女명 天乙귀인이 습이 되면 음란거래.
- 巳酉는 결혼의 별이다. 사주에 巳巳나 酉酉 일색으로 동임되면 배우자나 가중 혼인 실패.
- 巳나 酉가 충파, 공망, 원진, 絕이 되면 배우자나 가중 혼인 실패. 단, 흉성이 임하였어도 天地덕 합이 되면 무사 또는 습친다.
- 辰戌丑未 화개살이 絕墓가 되거나 형충이 난동을 부리면 가정운이 해체될 수 있다.
- 일색 오행으로 거듭될 때는, 즉 巳巳, 卯卯, 酉酉, 亥亥, 寅寅, 戌戌 이런 식으로 밀착이 될 때 배우자나 가정운이 불행소치.
- 세년 日간과 습이 되는 운에서 해약도 되고 새로운 계약도 된다.
- 官살이 태과한 명조는 官살이 入墓될 때 회복운이다.
- 時주가 극상되면 말로운이 불길하고 패자 자손도 있을 것이다.
- 신왕에 劫재가 不습된 운명은 상광운을 만나면 인패財패다.
- 신약사주에 劫재가 편관과 습이 되어 기신 편관이 나오면 10년 적공 하루 아침에 무너진다.
- 七살이 劫재와 습될 때 습을 방해하는 오행이 근접, 방해시키면 불습이다.

- 庚이 乙과 습을 하고자 하나 酉가 乙을 극함으로 불습이 된다.

◉長生에 養을 보고 충실하면 씨가 터져 생명의 '음'이 나오는 것처럼 거목이 된다고 하였다. 이는 사주 또는 六爻에서도 해당함. 행운에서 연결되면 길조 발생.

◉子午충, 卯酉충이 되거나 巳巳, 申申, 寅寅, 午午, 酉酉, 亥亥, 子子, 卯卯처럼 쌍쌍으로 모이면 가출살로 집을 나간 혈친이 객사 또는 망명, 탈선. 辰戌충, 丑未충도 가출살로 본다.

◉사주 상관국에 겁재 정관 바친 운에서 田宅문서를 포기하면 모두 잃는다.

◉편관 용신에 기신 편인이 동주하면 벼슬관이 단명이다.

◉女子 日지에 入墓지가 되면 남편과 이별, 그렇지 않으면 남편 병자의 몸.

◉日간과 合이 되고 그 지지가 〔기신〕 편인 또는 원진살이면 해약사건.

◉時상 편재격이 양호하면 천석공 부자.

◉時상 편관격도 양호하면 국가의 동량.

◉女명 七살〔편관〕이 劫재와 合이 되면 며느리 직책 우수하다. 壬辰日의 지장간에서 乙癸戊合 며느리 국가 공직인이다.

◉女명 官성이 파충, 死絶, 공망이면 며느리 파혼.

◉女명 인수성이 파충, 死絶, 공망, 원진이 되면 자손 결혼 파혼.

◉남명 세년 劫재가 사주 편관과 合이 되면 자손 경사 발생.

◉미래의 성공적 필수 운명은 당사주〔552페이지 참조〕. 時천 복성과 時 천귀성으로 종결된 운명에서 승부가 난다. 그 외 時 천권성, 時 천예성, 時천수성으로 성공에 좌임한다. 개명할 때나 약속에 운명을 자신 있게 제언하며 손임에게 믿음을 주라.

◉年주에 상관이 一색으로 간지가 되면 조상과 부모가 전멸.

- 태세 丙申년 운세 → 劫재 丙은 辛과 合하여 길신 水가 나와 관이 성하여졌고 申은 巳와 合, 水국으로 財를 이동시키어 재산 용도에 경사다.

- 女명 신왕에 劫재가 두 개 이상이면 남편 官을 돕는 財성을 극하여 남편과 이별이다. 그러나 戊土는 戊寅 長生궁에 앉아 있고, 乙庚合에 申록이 되어 부잣집 출가다.

◎ 女자 편관에 도화를 보면 젓가락 두들기는 술집 기생.
◎ 羊刃 상관 대동은 兵權 또는 법이 부여된 직권.
◎ 살이 국을 이루어도 그 살이〔편관〕日간과 合이 되거나 日간과 같은 형제 신과 合이 되면 살인상생이 되어 고등인물이 된다.

- 비겁이 국을 이루었다. 乙겁재와 庚과 合이 되어 비견 형제들은 같은 合이 되는 이치다. 日 甲이 未와 合이 되는 것 같은 이치이다. 이와 같이 일방 오행

으로 국을 이루어도 기신 작용이 희신 작용을 한다는 것을 명심.

◉천간운은 먼저 천간을 상대하고 지지운은 지지와 대결이 된다는 것을 상기.

◉편官성은 부친의 수명줄이다. 고로 官성이 극충되면 부친이 흉사 또는 고 장난다.

◉時祿격은 자손의 입지 영광, 時의 관帶는 자손 영화.

◉신왕사주는 용신이 3개인데 이 용신이 하자가 없고 청명하면 배우자성과 자손들도 성공적이다.

◉官살이 태강할 때 식상운을 만나면 소송, 실직 아니면 크게 다발.

◉희신 길운이라도 사주와 충파되면 잘 나가는 일이 뒤집힌다.

◉女명 태세 官성이 극충되면 자손의 채권문제 발생 또는 며느리에게 흉재 가 발생〔女명 자손의 입장에서 볼 때 官성은 돈, 금전, 며느리성이다〕.

◉남녀 時주 편인과 편관 또는 편인인 편재가 함께 있으면 자손 결혼 파기다.

◉편관이 년월과 습이 되면 부모 형제와 화효하고, 정관이 습이 되면 화목을 멀리한다.

◉겁재와 편재가 같이 있으면 부친이 단명.

◉印성이 日지와 생습이 되면 외가에서 살아본다.

◉타주에서 자손 오행이 파극되었으나 時주가 복신 또는 길신이면 자손 길 창, 아신도 태평.

◉女명 時주에 편인과 식신이 같이 동주하면 자손이 쓰리꾼, 사기 행각.

◉日간 甲乙 木이 극파되거나 그 지지에서 형충되면 시력 실종, 수술.

◉신왕사주 財가 子卯刑이 되는 해는 애인도 생기고 횡재운이다.

◉女명 신왕에 財성이 日지에 놓이거나 타주가 日지와 습이 되어 財성이 형

성되면 남편이 돈을 잘 번다〔지장간에서도 合이 이루면 해당함〕.

◉女명에 天乙귀인 같은 귀인이 하나 있으면 귀한 명이 되고, 2개 이상은 배우자가 여러 명이다.

◉天乙귀인이 연주되면 부귀명이다〔각주 천간이 각주 지지에 天乙귀인이 형성되는 것〕.

◉운명을 뜯어 고치는 방법은 남녀가 만나는 궁합에서 행과 불행이 결정된다. 내가 복이 부족하면 복이 되는 상대를 만나면 부족함이 채워지고 흉운과 풍파도 걷히고 성공과 안락을 누린다. 궁합은 그래서 필요하다.

◉대운에서 正 인수가 浴살이면 파직, 퇴직.

◉여자 관성〔정관, 편관〕 또는 타주 암장 관성이 天乙귀인이면 똑소리 나는 직업 남편이다.

◉年주는 사회, 조상이다. 년주에 용신 복신이 있으면 사회운이 좋고, 조상의 음덕이 있다.

09 三神이 점지해준 운명

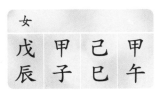

辛	甲	丁	辛	男
未	午	酉	未	

● 부잣집 태생이다. 부모가 아들을 얻기 위해 산신(山神)께 수년간 〔무당〕 공을 들여 낳은 아들이다. 천격사주 같지만 자세히 보면 귀격사주다. 酉月생 甲日생이 丙丁火를 보면 귀명격에 속한다 하였다. 더 자세히 보면 日干 甲의 未는 天乙귀인이요, 月의 丁은 酉에 天乙귀인이다. 辛은 午에 天乙귀인으로 만주되어 모든 흉성을 화한다. 天乙귀인이 연주되면 부귀공명이라 하였다. 日 甲은 년주 辛 정관 아래 未가 天乙귀인으로 습세되고 있는 점, 과연 명품 사주라 하겠다. 인간이 아닌 조물주가 만들어준 운명관이다.

戊	甲	己	甲	女
辰	子	巳	午	

● 甲己 쟁습으로 불습이다. 甲日이 巳를 보면 명가집 남편과 결혼. 그러나 甲己

合과 子 인수가 浴살에 의하여 혼인문서가 파혼이다. 여자는 팔방미인이다. 여자 얼굴이 고우면 인물값을 한다는 천격운. 女子 時주 편재 衰는 남편과 생사이별이다. 여자 財가 많으면 印을 파하여 남편의 마음씨가 나쁘고 딸자식이 실패, 외손주와 같이 살게 된다.

◉식신이 정관과 合되면 본인 또는 자손이 官직인이다〔지장간에서도 해당함〕.

◉남명 財성이 많고 財성이 刑살이면 처가 수술하여 아기 출산한다.

◉동월사주에 火가 일점도 없고 火운을 못만나면 크게 성공을 못한다.

女			
癸	己	甲	癸
酉	亥	子	卯

● 동월사주에 火가 없어 나무도 얼고 물도 土도 金도 모두 꽁꽁 동파상태다. 甲己合이 불발이다. 이유는 甲己合土에 土가 사주에 없어 불합. 財 水가 범람되어 자손 酉金이 설기태심, 자손에 액이다. 甲木 아래 子는 絶이다. 또한 甲에 子는 자체 浴살이다. 정관격이 생기를 잃어 일자리도 초급, 음습으로 합하여 음성적인 직업에 뭇남자들의 탈력을 받는다.

◉財성이 天乙귀인이면 가택이 풍부하고, 官성이 天乙귀이이면 남자가 현명하다.

◉행운에서 상관과 편인이 合이 되면 경사가 발생.

◉사주에 華개살이 있고 대운에서 月살이 들어오면 비상한 발전을 하나, 이 月살이 끝나는 운에 퇴직 몰락.

○財성이 天乙, 天덕이면 일자리 만족.

○正 인수가 死絶이면 혼인문서, 죽은 문서다. 合이 되면 무시.

○長生과 養이 있으면 거목, 부귀명인데 행운에서 長生 養이 合류될 때 소원
　성취.

　● 戊申日 女는 과숙살이다. 남편과 해로하고 산 이유는 亥 중 편관 甲木이 劫財
　　己土와 甲己合으로 남편의 운을 열어 주었다. 戊申日은 친정, 시가를 망조시
　　키는 살이다. 卯 대운에서 남편사업이 부도 직전 위기다. 劫財가 合이 되면
　　日간도 合이 되는 이치다. 남편의 사랑.

○女는 亡신살이 2개 이상이면 자궁병.

○夏月생 丙日주는 癸水를 보아도 무방하지만 秋冬月 丙日주는 癸水를 보면
　태양을 가려 춥고 얼어붙는다. 戊土나 木이 막아주면 무능한 행동을 한다.

○時주의 月살 공망은 무자식 팔자. 산신(山神)께 공을 들인다.

○조후가 충족된 명식은 조후운이 거듭 만나는 것은 해충이 될 수 있다.

○세운이 대운을 충극하면 길이 되고, 日간 또는 대운이 세운을 충극하면 대
　흉이다. 대저 세운을 가히 상하지 말라 했다.

○劫財가 合되면 日간도 같이 合되는 이치다. 헤어질 운이라도 해로한다.

○신약사주에 財국이 형성되고 七살이 왕하면서 병원출입살이 왕하면 불치
　병 환자다. 단, 財국이나 七살이 日간과 合이 되면 무시한다.

- 신강사주에 日지 도화살이 되는 오행이 日간을 극하는 오행이면 재복이 있고, 여자복도 있다.
- 月지 正 인수 화개살에 帶가 받쳐 있으면 神을 섬기는 유명인사 있다.
- 년주 길신 식신이 劫財와 같이 있으면 부잣집 출신이다.
- 正 인수 帶는 집문서, 땅문서 성공적이다.
- 인간(人間)은 신(神)의 노예다. 女명 정·편관이 도화나 화개살이면 남편이 오입쟁이.
- 年주 劫살은 조상이 흉지에서 사망. 또한 어린 시절 부모 패신.

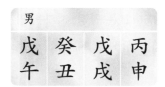

- 신약에 官살이 태강하고 財성이 많아 결혼 늦게 할 팔자다. 戊寅년에 상관 寅과 申이 형충되어 여자 문제로 철장.

- 사주에 金이 유력하면 운전정비, 금속, 철공기계, 은행, 재무직.
- 사주에 식상이 왕하면 무대활동, 가수, 노래 명창.
- 女자 日주와 年주 동기[간지오행 일색]는 부부 이별.
- 三德神 또는 12운성 길성이 용신과 생습이 되면 만사 여의하다.
- 甲子, 乙亥日은 조신살이다. 일찍 부모와 생사 이별.
- 女자 식신 상관이 국을 이루면 소실, 첩생활해야 안보. 그 외는 불행.
- 財가 많은데 財운을 만나면 수술 또는 명도 발생.
- 관살이 주종을 이루고 劫財가 편간과 합이 되면 이민생활 대성공.

● 신약에 日時 辰戌丑未 子卯 단교살이면 다리를 절뚝거린다.

● 火가 많으나 그 火성이 合으로 돌아가 자체 水를 발水하여 身을 보호하고 丙
丁이 合이 되어 은행 지점장이다. 그러나 巳巳가 무질서하게 음合으로 품행
이 나쁘다. 만약 일반 여인이라면 부부운이 바뀌고 세상 사람들의 처다.

● 괴강日 男은 남을 잔인하게 학대하거나 기만하는 성질.
● 劫財가 合이 되면 비견으로 化하고, 羊刃이 合이 되면 인수로 化한다.
● 六살은 경계선, 담을 쌓는 차단벽, 즉 囚옥살과 동질. 비견 겁재에 있으면
이복형제가 있을 것이고, 인수성에 있으면 계모성이 있을 것이다. 또 財성
에 받쳐 있으면 편친 아버지 있다. 도화살이 받쳐 있으면 애인을 보고 있다.
● 편인〔기신〕은 劫인으로 외상은 후하나 내심은 독이 있다.

● 자식 자리 時주 子를 기준하여 日지 식신 戌이 과숙살에 해당되어 자손이 종
교계 운명이다. 또한 月지 亥가 고신살이다. 官성은 자식으로 보아 고신살이
니 두 아들은 신부직이요, 딸은 수녀(修女)직이다. 殺이 많아 탈북인이다. 女
명 丙戌 日주는 상부살이요, 평두살로 결혼생활에 장애가 되나 丙辛合으로

백년 금슬이다. 국살이 日습되어 남편은 기술직으로 손재주로 살아간다. 살이 많으면 財성이 설기태심하여 돈이 모이지 않지만 財를 껴안아 꼭 부등켜 안고 있으나 의식 걱정 없이 살아간다.

◉충파를 받은 오행은 상대를 극한다는 것을 명심. 예 卯酉충이 되면 卯는 土성을 극하게 되고, 酉金은 卯木을 공격하게 되어 양쪽과 상대성이 피상을 입는데 이때 마침 타성과 습을 이루면 소강상태다. 행운에서도 이 법을 활용하시라.

◉공망이 長生이면 생기가 있고 여기가 있다.

◉女명 時주에 상관, 편인 동주는 자식을 상해하고 부군을 형극한다.

◉官살이 많거나 財국이 되면 타향객, 공업기술계직이다.

◉기신 편인이 多면 자신이 사기를 당하거나 남에게 사기행각, 모리배다.

◉비견 劫財가 국을 이루면 殺로 변하는데, 반드시 설기하는 食傷이 있어야 건강이 유지되고 통장에 저금이 된다. 식상운 대발.

◉비견 겁재가 태왕하면 殺로 변하여 편관과 비겁이 활극전이 되어 살이 찢어지고 뼈가 깎이는 상처를 입어 부모 형제 불행. 처, 자를 극하고 속성속패다.

◉여자 나이가 배우자 나이보다 1살 위면 부자로 산다 했다.

◉子卯 刑살은 검은 거래, 색정, 감옥. 단, 명문가 운명은 공을 세울 사람이다.

◉식신이 습이 되어 관이나 식상이 나오면 재혼 남자를 만나 자손을 득한다.

◉대운 酉년 나이 때 대실패했다면 태세 酉년을 또 만나 또 한 번 재앙을 당하니 조심.

◉결혼의 별인 巳酉가 습이 되어 기신이 나오면 변태성, 해로를 못한다.

◉결혼의 별인 巳酉가 원진살이면 결혼생활에 후회. 혼인 파기 생각중.

●女자 午생 午월생은 남편운을 가로 막는다.

●申〔坤궁〕은 건축, 부동산, 숙박업, 영농사업, 시골에 있는 재산이다.

●財성에 원진살은 돈 손해 아니면 수술을 해본다.

●天乙귀인이 공망되면 귀인이 아니다. 천우신조덕이 없다.

●長生은 가중 생가로 본다. 長生이 형충파되면 가중 생가에 불행소지.

●年月의 劫재와 七살 合은 부모 형제 부호 벼슬. 아신도 마찬가지다.

●日時 劫재 七살 合은 아신 자손 벼슬, 부호명이다.

●같은 일색 동기 자리는 人敗財敗 경험이 있다.

●壬癸日이 지지에 寅午戌 또는 巳午未로 火국이 되거나 辰戌丑未 관살국으로 형성되면서 행운이 길이면 벼슬길에 오른다.

●甲日생의 당주는 심성이 평화적이고 金白水淸〔金水격〕은 지혜가 많고 학문 잘한다.

●戌 또는 亥에 장생, 養, 祿 귀인성이 첨부되면 학문이 깊고 저명인사직이다.

●官살이 형충극해되면 그 관살은 자연 兄제를 견제하여 불행한 형제가 있을 것이고, 다음 차는 부모, 배우자, 자손, 재산탕진. 질액, 관액 등 일곱 가지 액을 꼭 당하게 된다〔세운에서도 이 같이 연결하시라〕.

●상관이 빗나가면 상대를 깎아내리며 공격적 불법을 일삼고 야만적, 타살적, 서슬퍼런 칼날이다〔서민운동가 참여〕. 상관조직에서 위인들 운명이 배출되는 것도 한 실례. 상관은 군대의 무사요, 총, 칼이다.

●생月은 부모, 형제, 생가, 직업 중심부요, 문호의 중추 역할이다.

●신왕에 생일의 羊刃 겁재는 부부간 배신, 정없이 살아감.

女

癸	辛	己	甲
巳	亥	巳	寅

- 月支 巳 중 정관 丙이 日干 辛과 丙辛合水로 남편이 고시행정官이다. 巳亥沖이 되어 관을 공격했지만 日支 상관 亥 중 甲木이 月간 희신 己土와 甲己合으로 상재되어 시정되었다. 亥상관이 財를 생재 생합하면 부귀공명이요, 귀격 사주로 일생 태평. 출가하면서 남편 입지가 혁혁해졌다. 이유는 財가 日지로 모여들면서 용신과 合이 된 연고다.

◉상관상진격〔상관이 財를 보는 경우〕은 다재다능하고 작사에 자상하다.
◉終하는 오행이 刑살이면 군직(軍職)에서 근무.

時	日	月	年
丙	辛	丙	甲
申	卯	寅	寅

- 甲木이 寅에 祿을 취하여 부친은 장수하였고, 병원출입살이 官귀학관을 대하고 丙辛合이 되어 병원 외과의사직이다.

◉행운에서 사주와 劫재 편관이 合을 이루면 실력자의 지원을 받는 은총.
◉매년 日지 沖은 휴직상태, 부부마찰, 이주, 병원출입.
◉男女 비견 겁재가 공망이면 부부 또는 형제 이별성.
◉관살이 태왕 財성이 만국은 타향객, 외국생활, 탈북인이다.
◉女명 비겁이 合이 되면 시아버지 벼슬관이다〔그렇지 않은 경우도 있음〕.

◉대운 운시초가 상관 虎살, 羊刃 괴강살이면 병부살로 약을 복용하는 사람이다.

◉운시초가 용신이면 부모덕을 보고 부모 사랑을 받았다.

◉女자 운시초가 劫재이거나 日時를 충하면 이별 암시.

◉사주에 木이 많으면 점술인, 도인이 된다.

◉女자 午가 3개이면 귀부인으로 보라 했다.

```
女
壬 丙 丙 甲
辰 辰 子 午
```

• 과숙살이 辰辰刑에 帶가 거듭 형성되어 부부 정은 없고, 남편과 자식의 직업운은 좋으나 결혼 못한 자손 있다. 직업이 좋다는 이유는 辰에 帶가 있어 그러하고 午 겁재가 時간 壬 편관과 슴이 된 연고다. 자손의 결혼이 불길하다는 것은 時주에 과숙살이 있기 때문이다〔丙辰日은 결혼생활 장애다〕.

◉亡신살은 대개 누명죄로 당하지만 후에 진주를 줍는 격. 급기야는 다시 명예 회복이다.

10 궁合으로 人命 개운시키는 법

○ 年간이나 月간을 기준하여 이론을 예시하면, 年간이 乙이라면 乙의 正財는 戊土다. 왼손 수지(手指)로 寅 자리에서 戊寅生〔12운성〕에서 시작해서 12운으로 순행시켜 酉까지 진행. 酉는 12운성의 死지에 해당. 酉생 띠 상대를 만나면 불행이 변하여 행복을 누리고 살아간다. 즉, 年간이나 月간을 기준, 正財를 死시키는 띠를 만나면 개운의 핵이 되고 금슬 좋게 살아간다〔이 비법은 백발백중이다〕.

○ 巳酉에 浴살은 두 번 결혼이다. 浴살은 실패한 계모성이다.

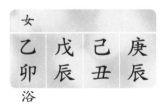

女

乙	戊	己	庚
卯	辰	丑	辰

浴

● 女명 식신이 時주 浴살과 合이 되면 딸이 국제결혼. 편관 상관 合은 부호의 명이다.

- 편재 酉는 長生 天乙귀인이 겁재 巳와 合, 재왕가 운명이다. 남편이 중소기업 사장이다.

- 남자 고신살이 있으면 만혼, 女 과숙살도 만혼.
- 공망된 흉신이 용신을 충극해도 무해하다.
- 月지 財성이 天乙귀인이면 부친의 공직생활, 이름 있는 직업.
- 月주 관帶가 있으면 부모 형제 이름 있는 직업.
- 日지 관帶 배우자 또는 자손 三品, 二品.

◉四敗局_사패국

子午卯酉가 四敗局이다(子를 양, 壬으로 12운 酉가 패욕살이다. 차격도 동일시)

① 甲乙 日주는 子운에서 패욕이 되고

② 庚辛 日주는 午운에서 敗浴이 되고

③ 丙丁 日주는 卯운에서 敗浴이 되고

④ 壬癸 日주는 酉운에서 敗浴이 된다.

남자가 범하면 흥쇠하고, 女는 부부간 공망살이 심하면 이별수. 또 재산을 날린다.

사람도 상할 수 있다.

※ 壬癸 日주라면 음癸를 불용하고 양壬을 활용, 壬申 12운성하여 酉가 敗浴살이다. 이하 동일시.

- 기신 將성살은 융통성이 부족하고 고지식적으로 정의만 주장.

- 日時가 공망이면 남자는 본처에 관심이 없고, 女는 본남편에 관심이 없다.

- 正 인수가 財성과 합되면 허가나 문서 일이 힘을 안 들여도 잘 이루어진다.

- 사주에 金이 많으면 서쪽을 위하고, 木이 많으면 동쪽을 爲하고, 水가 많으면 北쪽을 섬기라 등등.

- 日지, 時지 浴살은 빈가 후손.

- 사주에 亡신살이 있으면 망각증으로 물정에 직관 판단이 어두워 실패.

- 女명 時주에 식상 편인 봉상은 자손 실자, 결혼 실패, 다른 실패.

- 女자 식상이 원진살이면 정규직이 아닌 계약직 하체다.

- 끼가 많은 女는 亡신이 있으면 하체를 개방, 남용.

- 신왕운에서 관고나 재고가 용신과 생합할 때 합격.

- 신왕하고 식상이 유력하면 머리로 벌어먹고 살아간다.

- 역마에 財가 되면 거財가 되고, 관이 역마이면 고관(高官)이 되어 관용차(官用車) 타고 다닌다〔복신, 식신은 官으로 본다〕.

- 5, 6월 사주에 불〔火성〕이 왕하고 水가 없거나 水성에 官살이면 콩팥, 신장병이다

- 女자 상관이 正官을 극하면 남편이 상하지 않으면 여자 자신이 병자의 몸이 된다. 또한 남편의 형제들이 필패, 정신적 병자.

- 女자 편관이 극충되면 남편 병이 있거나 자신이 사활을 넘긴 일이 있다.

- 巳酉는 다 같이 결혼의 별이다. 서로 좋아서 합신하는 현상이다. 합이 되어 기신이 나오면 결혼 후 타인과 검은 거래.

- 女 비겁이 財성과 합이 되면서 비겁이 왕하면 남편과 사별 후 남편 형제와 동거한다.

- 도화살에 刑을 맞거나 水日에 土多면 성병.

○刑살, 害살은 자살, 자해. 역마지살이 기신이면 편관으로 감평.

○巳亥충, 辰戌충, 수옥(囚)살, 刑살은 쇠고랑 매는 살이다.

○刑살은 식품공학계, 破살은 파괴시킨다는 살로 무섭다.

○역마에 囚옥살, 刑살은 납치, 감금, 수배자다.

○女 財생官은 출가 후 남편 흥가한다.

○子卯刑이 길신이면 유공자, 충신. 기신이면 전과자 후손이다.

○辰巳가 득지하면 기필코 성공한다는 것.

男			
戊	癸	丁	辛
午	巳	酉	卯

● 戊寅년에 戊癸합이 되면서 寅巳刑이 되어 자손이 바람나서 가출. 財가 많으면 가출살로 집을 나간 사람 있다. 남자는 財가 많으면 女자가 트럭 두 대 정도로 여자의 인기다.

○신강사주에 인수가 합이 되어 官살이 나오면 官印상생으로 관직생활 총수.

○인수 식신이 합이 되어 길신이 나오면 부동산으로 불로소득.

○時지 巳祿이 충실하고 辰이 있으면 官록에 기필코 성공.

○日간이 합이 되는 해는 가중 이별수가 발생, 군입대, 변태성, 새로운 창업.

○年月에 華개살이 줄줄이 있으면 목에 탯줄을 걸고 나오니 부처님께 수면 연장시켜라. 단, 운명이 아름다움이면 이는 바다에서 용이 구름 기둥을 세워 구름을 타고 하늘을 오르는 상이니 크게 될 인물이다. 공을 들이면 대각이 될 것이다.

●日지 寅卯는 조실살이다〔조실부모한다는 것〕.

●日간이 사주 천간 또는 지지와 合이 되면 직업운이 길창. 특히 月주와 合이 되면 강세운이다.

●女명 사주 인성과 財성이 合이 되면 친정으로 돈 빼돌린다.

●財성이 正 인수와 合이 되어 희신이 나오면 건축물에서 불로소득 운이다.

●식신이 合이 되어 희신 財성이 나오면 불로소득 운이다.

●女명 편인 식신이 같이 있으면 자식이 상하고, 남편 부정거래한다.

●편관이 日간을 충하면 부부 이별 암시.

●암록은 일생동안 금전의식이 궁함이 없고, 잘 해결. 생각지도 않은 사람으로부터 도움 원조.

●女명 劫재가 암합하면 남편이 첩과 내통 또는 부정거래. 그렇지 않으면 시아버지가 풍류객이다.

●水는 세탁소, 목욕탕, 수영, 여관, 수산업, 해양, 수력발전소, 물장사.

●女명 官살이 있는데 刑살이 있으면 사랑 하나 생겼다.

●사주에 戊亥가 있으면 경신, 존불하는 사람.

●사주에 土가 많으면 묘지사업, 지물포, 비석조각, 땅장사.

●생조받는 오행이 지나치게 도움을 받아도 도리어 반격 태세가 되어 병이 된다.

●月지에 인수가 있고, 日지에 絶이 있으면 절처봉생이라 하여 부자로 산다.

●남자 식신이 편인을 보면 타女를 처로 삼는다. 그렇지 않으면 처가 음란.

●사주에 辰辰, 巳巳 거듭 있으면 풍질병. 辰巳는 풍, 바람이다.

●日간이 祿을 얻으면 건강체질이다.

●女자 日간이 2중 3중 암장합은 둘 중 하나 부정 탈선.

◉日지 괴강은 영기가 있다. 함지, 도화살, 浴살은 역마지살로 봄.

◉편관이 암장에서 음습 또는 충이 되면 부친이 타성과 암거래.

◉男子 日時 劫재가 正財를 극하면 처와 이별인데, 장간에서 合이 되면 무시.

- 남편 甲이 戌 천문성에 앉아 있으니 의협에 종사. 그렇지 않으면 자손대에서
  계승한다.

◉女성의 사주가 강왕〔신강〕하면 남편의 정력이 타인에게 간다.

◉년월주가 合생이 되면 도움도 받았고 화목하였다.

◉羊刃을 충파시키면 파재, 수술, 관액, 조난, 피살.

◉남명 財성이 많고 財성이 충파형되면 처첩으로 송사 실패.

◉사주에 囚옥살이 있고 月건에 인수성이 있으면 혁명가. 감옥에서 이름을
  날린다.

◉사주에 木이 태왕, 金이 태강, 金 日주 火국은 그림화가, 명필가다.

◉女자 寅자는 남편과 정이 없고, 가정운이 없다.

◉子午는 술마시고 즐기는 사업.

◉女명 인성이 태강 만국이면 자손을 극하여 불행한 자손 있을 수.

◉비견 겁재로 꽉 차고 식상 없는 명조는 관살운, 財성운을 만나면 자살소동.

◉合이 되면 희신, 기신 분별 판단. 合이 되어 기신이 나오면 그 오행의 피해
  중시.

○고신, 과숙살은 劫 재신으로 본다.

○주색은 도화가 七살을 같이 띄거나 七살이 화개살을 띈 탓이다.

○처가 墓지에 들면 초혼은 실패.

○父가 庫에 들거나 死絕이 되면 父가 母보다 먼저 사망.

○식상이 많으면 身주가 浴살년에 水액살을 받는다.

○女명 日지에 浴살은 남편이 탁하고, 男 日지에 浴살은 처가 탁부한다.

○기신 식신이 중중하면 편인으로 제복해 주면 위안이 된다. 이 격은 식록이 풍성해진다고 했다.

○年주에서 時주를 합하면 선조의 덕업(德業)을 내 아들이 크게 증흥하게 된다는 식으로 해설.

○戌亥, 未申은 천관지축이다〔길성이면 귀히 된다는 것〕. 이 천관지축은 日時 사이에 공협하여 이루어져도 귀히 된다는 것.

○年月주에서 丑자가 연주되면 목에 탯줄을 걸고 나오는 특정아. 목에 탯줄을 걸고 나온 태를 실타래와 같이 쌓아서 장롱 속에 영원 보존하고 절에 팔면 長壽, 天運이 비치어 행운아가 된다.

○乙酉日은 두 번 수술이다. 乙은 甲乙하여 두 번째다.

◉진귀 왕래법

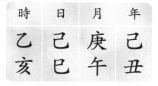

時	日	月	年
乙	己	庚	己
亥	巳	午	丑

• 巳 중 庚이 시간 乙과 乙庚합이 되고 亥 중 甲이 일간 己土와 甲己合으로

진귀 왕래법이 되었다. 진귀 왕래법으로 부부 이별하지 않고 정답게 살아
간다. 이와 같이 충파되었다고 경스럽게 하지 말라. 자손 자리 巳亥충은 남
편, 자손 외국생활.

● 상관 亥가 정관 巳를 충파시켜 남편과 생사이별로 나왔지만 부부 다정 이유
는 상관 亥 중 甲木은 月 己土와 습이 되고 巳 중 丙 정관은 日辛과 丙辛습으
로 巳亥충을 해소, 甲寅 正財는 甲己습으로 모두 진귀 왕래법으로 부활시켰
다. 巳亥충은 친정 환경 소유가 박살나는 형이고, 가난한 사람과 결혼. 남편
은 행정고시 서기관으로 정부청사에서 요직으로 근무. 時주가 파되어 40세
이후도 자손이 없어 고민.

● 日지 남편 자리 卯 중 乙이 乙庚습이 되어 진귀 왕래법으로 남편과 해로.

● 丙壬충 丁壬습으로 초혼은 실패. 劫재가 편관과 습이 되면 자리가 중중. 劫재

가 合이 되면 日干과도 合이 되는 이치다.

- 壬辰日로서 寅을 충하면 寅 중 丙 財성이 나와 財국을 형성하니 흉으로 보지 말고 귀히 되다. 壬辰日에 寅을 多봉하면 천부격이다. 壬辰日에 寅을 본운에 서 충함을 기쁘게 생각한다. 時 寅과 日지 辰 사이에 天乙귀인 卯를 협공시켜 귀히 되었다. 4급 공무원으로 지방법원 서기관으로 근무.

- 女명 寅申巳亥나 子午卯酉가 구전되면 방랑객이요, 음파의 명이다, 부부 중 하나 그렇지 않으면 형제가 해당된다.
- 甲寅, 丙辰, 庚辰, 壬戌日은 日德격인데, 주중에서 괴강과 合이 아니되고 沖 공망이 없고 財官이 없으면 귀히 된다. 만약 日德이 官살과 충되면 건 강에 상패 운명이다.
- 囚옥살의 직업은 운동기구, 유리, 약국, 동물원, 목욕탕, 형무관, 법조인.
- 地살의 직업은 간판, 도장, 선전물, 사진.

- 대운 78세 癸酉 대운에 사망했다. 용신이 巳火인데, 양간 丙으로 12운하여 酉에 死궁이 되니 사망하였다.

甲　丙　癸
戌　申　巳

- 이와 같이 天干이 지를 극함으로 지지운이 길하여도 길하지 못하고 흉이라도 흉운이 되지 않음. 전지순행은 干을 4년, 6년을 支.후진역행은 干을 6년, 支를 4년으로 운행수를 계산함.

○年月 害살은 부모덕, 형제덕 희박. 이 害살은 충형살로 본다.
○도화살은 성적 매력이 발달. 민감하여 이성교제 활발.
○도화살이 희신이면 재주 총명, 영특하다.

時	日	月	年
己	甲	甲	乙
巳	辰	申	丑

- 가화격이다. 庚午년에 고시합격했다. 化格을 방해할 때 운에서 방해자를 충거시키고 劫財와 合이 되면 경사 발생. 상기조명은 甲己化格이 甲乙 木이 방해하여 진화격이 파되었다. 庚午년에 乙 劫財와 合이 되면 日 甲木도 庚과 合이 되는 이치다〔甲乙은 형제신으로 日간과 동일〕. 즉, 고시합격을 했다. 時주 巳가 天頭귀인으로 甲己合이 된 점이 특색이고, 月 申金이 겁재 乙과 乙庚合으로 아신, 형제가 직권이 높다.

○편인〔기신〕은 규범을 무시, 부정을 일삼으며 주변생활이 탁하다.

時	日	月	年
壬	辛	乙	丙
辰	未	未	午

● 土多金매가 되어〔金이 土에 파묻힌다는 뜻〕기관지가 나쁘고 숨이 차고 기침이 중중.

◎ 女子 운명에 편관 劫財가 合이 되면 이별 조건도 해제되어 해로한다.

◎ 사주에 원진살이 있거나 행운 원진살 기간은 투자 실패 꼭 한다.

◎ 時주 또는 日주에 禄이면 현명한 자녀.

◎ 女命 日에 天乙귀인이면 부부간 견우직녀 배필이다.

◎ 인수가 원진살이면 명도 발생, 이사, 일자리 변동, 고소장.

女			
壬	丁	庚	甲
寅	酉	午	辰

● 丁壬合에 寅酉 원진은 첫사랑과 좋아했다가 寅酉 원진으로 갈라진다는 뜻. 女子는 용신이 合이 되어 용신이 변하면 둘 중 하나 변하여 변태성 발작. 丁壬合으로 木이 나왔는데 木을 극하는 金이 있어 정상 合이 아니다. 정관에 寅酉 원진이 받쳐 있어 운전면허, 공무직이다. 정관 合에 寅酉 원진의 辰을 보면 부부가 남남, 이별이다. 자식 자리 時주 寅酉 원진살은 병부살로 자손이 교통사고로 머리 부상〔寅은 머리, 뇌〕. 財성되는 부친, 金성이 甲寅충, 寅酉 원진, 병원출입살로 寅酉 원진은 한평생토록 죽는 날까지 병원생활이다. 寅은 부친, 큰 아들이 이 살을 받는다.

- 정관이 天乙귀인이면 대권을 행사할 거물급이다.

- 용신이 아무리 강해도 12운이 약하면 용신이 약하다.

- 官살 통근이 막힌 자는 성취를 못하고 관직생활을 오래 못한다.

- 官살이 多면 도둑의 마음씨, 나쁜 마음씨〔악행 사주〕.

- 辰戌丑未가 養이면 부동산 또는 물질면에서 불로소득.

- 띠끼리 고신, 과숙살은 결혼 파살이다.

- 土가 기신이나 습이 되어 희신이 나오면 土建업 또는 땅장사에 성공.

- 年살의 직업은 화장품, 서비스, 피부화장, 금융, 보험, 기분을 내는 직업. 아름다움을 상징하는 직업, 문화적 직업.

- 月살의 직업은 전기, 통신, 컴퓨터, 옷, 거울, 가방, 자물쇠, 총포.

- 亡신살의 직업은 목욕탕, 성기용품, 여관.

- 將살의 직업은 통신, 소방서, 운수업, 외교, 정보통신, 우체국, 기자, 신문 방송.

- 攀안살의 직업은 보험투자, 은행.

- 六살의 직업은 수도공사, 보수공사, 집수리, 저당설정, 전당포.

- 사주가 너무 조열하면 만성질환. 水는 항상 조달되어야 장애를 받지 않음.

- 이와 같이 官살의 통근이 차단된 명조는 피상당하거나 괴질병으로 신음. 공문에 뇌물죄로 전과자, 감옥생활자다. 위 사주처럼 甲日 丁卯時는 감옥에서 세상을 보낸다 했다.

◉지장간의 육친 육신의 길흉화복이 그 지지의 영향을 많이 받음.

◉女子 상관 용신에 財성이 바짝 붙어 있으면 남편운도 좋고 재물운도 길.

◉水火 쌍전이 水火기제가 되면 큰 인물이 된다.

◉時주의 卯酉충은 자손과 부부지간 인연이 없다.

◉년月주 화개살 인성에 養이 받쳐 있으면 부모님으로부터 건축물을 증여받는다.

◉食신이 刑극을 받거나 고신살이 접하면 출생 후 병치레.

◉食신이 편인에 극파되면 출생 후 부모 운세가 쇠망에 절정.

◉卯月의 甲日생은 庚을 보면 부귀격이다. 단, 甲이 甲己습이 되면 파격이다.

◉月주에 편관이 있어 식상이 왕하면 형제액이 소급해진다.

◉대소운의 관帶가 사주와 형충 원진살이 되면 일손을 놓는다.

◉사주에 六살이 있으면 직계에 신방을 꾸미거나 정신병 환자 있을 수.

◉天弔살

| 申子辰日 - 巳, 午 | 寅午戌日 - 辰午 |
| 巳酉丑日 - 子, 午 | 亥卯未日 - 申午 |

(각 지지)

※행운에서 이 살이 래입하여 왕해지면 몸으로 손해보지 않으면 패財다.

◉사주에 고신, 과숙〔劫재성으로 봄〕살이 있는 명조는 행운 고신, 과숙살년에 투자나 창업 금물.

◉고신, 과숙살에 亡신살이 받쳐 있으면 장차 관액으로 침몰.

◉財성이 天乙귀인 또는 長生이면 돈 버는 일자리 괜찮다.

● 甲의 귀는 未요, 辛의 귀는 寅, 丁의 貴는 酉다. 이 같이 貴가 만주되면 격국 구성을 불문하고 부귀하다. 또 貴人이 매년 운에서 合이 되면 길사가 발생.

● **日貴격 −** 丁酉日, 丁亥日, 癸巳日, 癸卯日이 형충파해, 공망이 되면 그 육친이 인패재패다.

● 未土는 생金을 못한다. 종살격이다. 이 사주에 水가 있으면 중화가 되어 길하여지는데, 水가 없는 한 水운이 오면 필패한다. 만약 원국에 水가 있고, 水운이 오면 대발.

● 卯성이나 三벽 木성 띠는 나이에 비해 젊게 보이는 것이 특징.
● 月주, 時주, 正 인수격은 재산을 잘 관리할 줄 안다.
● 甲日생이 1, 2月출생 사주에 木이 많으면 나이에 비해 젊게 보이는 것이 특징.
● 女자 日지가 상관이고, 남자 日지가 官살이면 혼인 불가.
● 남자 사주에 식상이 많을 때 財성이 가용신이면 처복으로 살아감.
● 時주 자식궁에 12운이 길하여도 충형되면 반흉반길.

◉ 日時에 長生, 帶, 祿, 旺, 養에 해당하면 자식의 영화는 물론 미려하여 부 귀하다.

◉ 時주에 절후 조후가 구비되면 길한 것이다. 다시 말하여 7, 8, 9月 출생 했 다면 時주 天干은 金이고, 지지는 土로 되었다면 7, 8, 9月은 土金이 제철 을 만나 영글대로 영글게 되니 土金이 왕성할 때 출생하였음으로 자손들 은 영화스럽다. 火성도 희하다.

● 차명은 羊刃이 연주되었다. 남녀 불문하고 羊刃이 연주되면 간음하여 패가 한다.

◉ 空亡이 재見하면 실패가 연발하고, 편재가 絶지이면 부친이 위태롭고, 七 살이 長生이면 그 夫가 귀하게 된다〔戊寅日생이다〕.

◉ 戊亥가 청명하면 높은 신분이다.

◉ 남녀 時주에 금녀살이 있으면 자손이 국가직, 공직이다. 또한 자손이 귀족 사회에서 살아간다.

◉ 기신에 해당되어도 암록, 天乙귀인, 12운성의 길성, 天덕, 天月신이 받쳐 주면 합격차다. 印수에 浴살, 원진살, 神살이 붙으면 불합격.

◉ 學堂이나 印수가 天乙, 天덕, 天月 등 좋은 복신이 붙으면 수재로 합격.

◉ 六살이 희신이면 죽을 병에 처하거나 죽음에서 구사일생하는 것이 특전.

◉ 月지에 羊刃이 있음은 財성이 왕함을 기뻐한다.

○養이 있는 명조는 차남이라도 장남 구실.

○子와 申, 즉 子는 잠자고 일하는 가정, 申은 거처하는 가정궁이다.

○未는 가정, 子는 잠자고 일하는 가정. 고로 子未 원진살은 잠자리나 가정
  이 남남이 된다〔구성학 참조〕.

○신약 羊刃이 七살과 슴, 길신이 나오면 좋으나 흉신이 나오면 흉신의 피해
  를 당한다.

11 출산 택일법

산모 출산 예정일을 기준 예정일로부터 후진, 즉 예정日과 예정日의 과거 12日 사이에서 운명 좋은 날을 잡아 時까지 길한 오행〔가급적 日時 공망을 피하고 형충파를 피한다〕을 맞추어 택일을 뽑는다. 여자 남자 구별하여 오행을 뽑는 것도 필수적이며 대운법도 길조로 맞춘다. 일요일은 휴진 참고.

◐ 사주에 亥子水 물이 꼭 필요할 때는 의사, 간호사에 一金을 주고 밤에 출산시킨다. 운명 조화가 신통치 않을 때는 화격 사주 운명으로 변화시키면 더욱 길조.

時	日	月	年
辛	甲	丙	乙
酉	辰	子	巳

● 日 甲은 辰 중 乙 근이 되고, 정관 酉는 辛에 근이 왕하다. 丙은 子에 근이 없으나 巳에 근이 격리되어 동궁보다 약하다. 己土는 巳 중 戊土에 근이 왕하다.

◐ 祿이 공망되면 十惡대패살로 인패재패다. 습이 되면 무시.

○浴살년, 기신 편인년은 해약, 투쟁, 이사, 애정사로 암투.

○대소운의 운세 12운성법은 신약은 日간으로 12운성하고, 신왕은 주되는 용신으로 12운성 또한 日간으로도 해본다.

○辰戌丑未 화개살이 모여 있으면 가상에 음파의 명이 있다.

○華개살이 원진살에 놓이면 검은 거래, 비리 행동이다.

○長生은 말년 행복, 안락. 長生 자리는 성한다는 뜻.

○甲寅, 庚寅, 丁未, 己未, 甲戌은 백호대살이다. 이 살이 본명에 접하면 병부 살이 붙는다.

● 丙巳궁은 편인 劫印으로 劫살까지 동주하여 유일한 식신 申金 목줄을 조이고 있다. 생후 병치레로 죽을 고비, 생가도 침몰. 편인이 식신을 보면 도식이 되어 검은 거래, 죄로 편인 巳 대운에서 관형으로 침몰당했다. 巳申합으로 다시 재기, 원상회복이다.

○가문폭락살이 있는 궁은 그 궁과 육친이 필패 경험.

● 정관 丑土가 겁재 癸를 보면 초혼 이별. 子 羊刃과 七살 辰이 合이 됨은 신분

이 높은 재혼 남자와 결혼, 남자도 국가직 공무원 신분이다.

• 甲寅 상관이 時주에 놓여 있어 관성을 노여워하고 있지만 다행스럽게 甲寅 상관은 癸日에 官귀학관으로 상관이 길 작용하고 있다. 남편과 금슬 좋게 살아가며 건강도 양호. 이 격은 형합격으로 부귀공명, 가문을 빛낸다 하였다.

◎식신이 正官과 合이 되면 자손 관직인이다〔지장간에서도〕.

◎사주비법〔12운성, 12신살, 天을귀인, 天덕귀인, 관귀학관, 공망살, 浴살, 원진살, 함지살, 충형살 같은 비법〕은 사주원국, 대운, 세운에서 필히 접목 활용한다.

◎比劫이 합이 되어 비겁이 새로 생기면 신강은 흉이고, 신약은 길.

◎女子 명식에 상관이 투간되면 남편은 외정을 하게 된다. 특히 時 중 상관은 심하다.

◎年주 건록은 사회운이 좋고 말년 성공. 대패살이면 허무. 예 寅酉 원진살이 된 寅은 대주, 장손, 자손. 酉는 막내 여자. 하여 평생 병원약을 복용. 卯酉충은 卯는 큰 아들, 젊은 남자. 酉는 막내딸, 장손, 며느리.

◎대소운에서 官귀학관이 入하면 새로운 일자리가 개통된다.

◎사주에 비견 겁재가 태강하면 남한테 굽실거리지 않고 어깨를 나란히 겨루는 불굴의 성격. 고로 경쟁력과 진취성이 강하다. 대신 남과 협조하고 협동하는 정신이 없다. 비겁이 많으면 융통성이 없고 귀가 얇아 남의 말에 넘어가 실패. 또한 劫재와 財성이 같이 있으면 도둑의 형제에 투자, 거금 사기.

◉행운에서 日干과 合이 되고 그 지지는 사주와 충파해, 원진살이면 인수에 대한 흉재가 발생〔고로 日간과 合이 되는 것을 기뻐하지 말라〕.

◉正 인수가 亡신살이면 친모는 소실 몸이요, 아신은 후처 몸에서 태어난 자손이다.

◉ 순세 운명(일명 아우생아격)

男

甲	戊	乙	庚
寅	申	酉	子

● 차명은 日간을 돕는 비견 겁재와 인성도 전무다. 종(從) 사주도 아니다. 이런 경우는 아우생아격으로 추리하여, 즉 日간 戊土가 土생金하여 다시 金생水로 다시 水생木하여 火생土하는 식으로 순세 운명으로 타고난 사주다.

日지 처궁 申이 子와 合으로 日지로 合생되니 처복도 있고 처와 다정다감하다. 申은 坤, 子는 坎궁하여 가정궁으로 잠자리가 다정하다. 甲寅 七살이 乙庚合으로 七살도 日간과 다정하게 되었다. 또한 甲寅과 庚申 록끼리는 충으로 보지 말라 했다. 月간 乙정관이 月 酉상관의 살지에 앉아 있으나 酉金은 日戊에 死궁에 처하여 乙정관 木을 극하는 것이 무력 극복되었다. 신약에 月 진상관격은 재주 총명하고 명석한 머리로 사업능력이 뛰어나고 직관적 판단이 명쾌.

이 사주는 아우생아격으로 최종 집결된 곳이 水 財성에 정착, 官을 보호한다. 이 운명은 순세운에서 발전, 본래 아우생아격은 대과 없이 성공한다 하였다. 戊日이 子와 合.

○ 浴살년은 기쁨조가 있거나 미혼자는 혼담, 연인관계다.

○ 女명 年주 正官이 財를 대하고 日干과 습이 되어 왕지에 속하면 시아버지 고관이다. 日干 또는 비견 劫재는 시아버지로 본다.

○ 女자 甲申 日에 태어난 자는 10중 8구는 성공하고 부자로 산다.

● 甲木 財는 부친이다. 부친은 바람과 도박으로 조상 돈을 탕진했다. 편재 甲은 부친이요, 편인은 조부, 친부다. 甲木에서 볼 때 戊辰戌 土는 부친의 재산요, 부친의 첩들이다. 甲庚충도 바람살이요, 甲의 입장에서 午는 함지살이다. 홍염살은 허락이 되면 첩과 동거 상태다. 이와 같이 편인이 많으면 부친의 사생활이 문란했다. 편인은 부친의 첩이다. 고로 부친으로 본다.

○ 天乙귀인이 복신이 되거나 日간과 습이 되면 고관이다.

○ 劫재가 습이 되면 고관이 되는데, 본인이 이루지 못하면 자손대에서 성공.

○ 沖파가 되어도 진귀왕래법으로 日干 또는 時간, 月干과 연결식으로 습이 되면 沖破는 무시된다.

○ 印수국으로 된 명조는 財운을 만나면 소원성취다.

○ 결혼의 별인 巳酉가 습이 되어 기신이 나오면 부부 이별 암시다.

男

辛　乙　壬　甲
巳　未　申　寅

● 月支 申정관이 日乙과 合이 되었는데, 辛金이 乙을 파하여 초혼 실패. 巳 中
庚이 三刑을 이끌고 日合이 되어 변호사직이다. 또한 劫財 寅 中 丙火가 편관
辛과 丙辛合이 되어 거물급이다. 寅巳申 三刑살에 巳申合에 巳申 형살로 亡
신살이 두 개가 되어 색정으로 신분을 망치고 재산이 三형살에〔편관에 財〕
설기태심, 억대 채무자다.

男

癸　癸　丁　甲
亥　酉　卯　寅

● 年주 간지 상관은 부친의 사망 아니면 부친의 실패와 질액이다. 조상도 전멸.
년지는 母친의 자리요, 여자의 자리다. 상관성에 원진살로 여자분 조상도 흉
지 사망. 친母는 寅酉 원진살과 상관 작용을 받아 몸이 온전치 못하고 다리와
허리병〔寅은 다리, 허리병〕으로 고생. 卯酉충은 장모되는 卯가 충거되어 젊
은〔卯는 젊다〕 나이 50세에 뇌출혈로 사망했다. 식신이 극파되면 처갓집이
함몰상태다. 卯 天乙귀인이 亥겁재와 合 사해에 이름. 또한 亥와 酉 사이에 천
문성 戌이 협공되어 그 지방 지방장관이다. 癸酉日에 癸亥時는 三品, 二品이
다. 국가 행정고시 입지로 4급 서기관 운명이다.

12 女 제왕절개 분만

　남女 자손 자리 時주에 충파 없는 비견, 겁재로 모이거나 충파 없는 식신, 상관격이 되면 10명의 자손들이라도 모두 성공, 영달한다. 또한 12운성 길성이 받쳐 있거나 용신 복신이 충파 없이 공망, 절, 묘, 사가 아니면 자손 영달이다. 그렇지 않고 時주에 각종 흉신, 흉살, 충극, 악살이 임할 때는 자손의 불운을 막고 자손의 안보를 위하여 女자 명의로 임신, 잉태 소식 있은 지 2개월 안으로 밤하늘에 걸친 五성〔木, 土, 金, 水, 火성〕을 향혜 정화수 떠놓고〔몸 청결〕 좋은 운명의 자손을 점지해 달라고 애원 기도를 7일간 정성을 다하여 주문한다. 이후 아기 출생 예보일 20일 전에 유명 역술인의 자문을 통해 아들, 딸 구별, 운 좋은 날자와 출생시간을 선택해 제왕절개법으로 수술, 출생시킨다.

　만약 의사 집도 수술시간이 백주 낮에 실시하여 이른 아침이나 오후 7시 이후 밤 시간은 의사 집도 수술시간이 제약을 받으므로 의사와 의논하여 후한 일봉을 제공하고 집도 출생시간을 소원대로 할 수 있다.

　이와 같은 어려움이 있어도 훌륭한 자손 하나 점지하는데 천금을 얻는 것과 같이 훌륭한 자손을 탄생시킴으로써 이후 자손과 더불어 부모 처세도 후광을 입어 자랑스럽게 보인다. 여자 사주는 흠이 없으나 남자 사주가 자손 자리를 해쳐놓았다면 여자가 제왕절개로 좋은 운명 아들을 출산시킨다.

- 女子 時주에 식신 또는 상관, 재성이 함께 있으면 자손 모두 평생 행복.
- 女子 日하에 상관은 조석으로 싸움질.
- 時주〔자손〕에 길신, 六살은 자손이 인패재패 후 다시 복구, 회춘한다는 것을 명심.
- 壬日에 亥子月생은 卯 상관이 己土 정관을 해하지 못한다. 이유는 乙卯 木은 亥子月의 病死궁에 속하고 때를 잃고 성장을 잃었을 뿐 아니라 秋冬月 나무는 나무뿌리를 땅속에 잠식하여 동면에 들어가기 때문에 흙이 아니면 겨울을 살아날 수가 없어 풀나무되는 초목은 土를 극하지 않고 같이 공생하는 상이 되어 그렇다.
- 丙午日, 壬子日, 丁未日 女성은 日간이 합이 되면 日지 흉살을 무시하고 부부 해로하고 살아간다.
- 死가 역마나 편관에 임하면 집을 나가 외지에서 변사. 교통사고 등.
- 死가 탕화살〔丑, 寅, 午〕에 있으면 총탄이나 불에 의한 화상, 약물로 흉사.
- 正官은 상속재산, 재산문서. 인수성으로 봄. 형극되면 이에 대한 일 발생.
- 七살이 羊刃과 合을 이루면 타인의 權세를 빌어 성취한다.
- 劫재 天乙 三덕이 관귀학관을 생부하면 타인의 권세를 빌어 성취한다.
- 공망은 홀아비, 과부 육친이 있다.
- 용신 財가 寅이면 부모 재산 이어 받는다〔寅은 상속권〕.
- 卯酉가 복신이면 송사로 인해 횡재수.
- 식신, 상관이 많으면 감정이 예민하여 신경증, 불면증.

◉天乙귀인이 식상이면 의식록이 풍족.

◉正財가 공망이면 본처는 남남, 본처 고독 신세.

◉年, 月의 正財가 화개살〔辰戌丑未〕과 배합하여 財가 나오면 첩을 응한다.

◉신왕에 羊刃이 있는데 羊刃년을 만나면 송사, 손재, 수술.

◉女 亥亥亥 三奉, 巳己己 三奉은 쌍둥이 아들 딸을 낳는다.

◉천간충이 그 지지에서 습국이 되면 천간충은 조용해진다.

◉사주에 寅자, 申자가 있으면 점을 보는 것을 좋아한다.

◉부부 일지가 충되면 싸움 끝에 섹스가 더 잘된다.

◉財, 印이 습이 되어 길신이 나오면 부동산으로 불로소득.

◉印수는 故鄕, 편인은 他鄕. 사주에 印수는 없고 편인만 있으면 내가 태어
   난 곳이 어디인지 모른다. 또 고향이 타향과 같다.

◉亡신살이 있으면 후손 없는 혼백 있다. 위령제 지내주라.

◉도화살이 浴살이면 애정이 변질 또는 오입쟁이 될 수 있다.

- 이 격은 癸日에 甲寅時를 득하고 정격으로 刑습격이 되었으나 甲寅時가 공망
   되어 반파된 격이다. 중년에 관직생활에서 낙향하였는데 공망의 원인이다.
   자식운도 그런대로 성공적이다. 행운에서 庚申, 戊己, 巳운이 甲寅 刑습격을
   충발함으로 다사다란의 연고 발생.

◉남女 운명에 상관, 정관, 관살이 극상되면 사람 실패, 재물 실패다. 즉, 가

정이 파괴되고 사람이 갈라지게 된다. 또한 백수 공백인이 되거나 신체적 기능을 잃어 우왕좌왕의 몸이 된다.

◉관살이 충극되면 불행한 형제 있고, 아신 부부궁도 상패.

◉남녀 戊申日은 결혼 파기살로 부부 이별 암시.

◉남녀 자손 오행에 財고가 붙으면 자손이 부귀하다.

◉辰에 養은 아신 아니면 자손이 靑운의 입지가 잡힌다.

◉日주 간여지동〔例 甲寅, 乙卯日〕조실부모. 공망이면 무시.

● 편재 丁火가 충이 되어 부친이 사업 실패다. 戊癸合에 丑午 원진살로 이별 징조다. 관살에 원진, 백호는 혈친이 흉지에서 변사. 戊癸合으로 교직생활, 공무원이다.

◉六살은 38선 경계선과 동일시. 사상적으로 이적성을 가지고 있거나 부모 나 부부지간, 남남북녀와 같이 진정성이 없는 사이다〔기신이면 확실〕.

◉편재나 편관이〔부친으로 봄〕 劫재와 合이 되면 부친의 신분이 우수했다.

◉財성이 天乙귀인, 三德이면 돈 버는 일자리 양호하다.

◉辛亥日은 고란살로 짝이 없는 一人생활〔合이 되면 무시〕.

◉劫재는 合이 되어 길신이 나와야 귀명격이 된다.

◉신강에 羊刃은 공을 세우나 죽을 때는 악사.

◉女명 역마지살〔寅申巳亥〕을 남편, 외관남자로 본다.

◎ 女자 日지 편관이 劫財와 合이 되어 용신이 나오면 금슬 좋게 살아간다.

◎ 財多 국은 七살로 둔갑되어 부모나 형제 중 사별 또는 타향살이다.

◎ 女자 자손되는 食傷이 劫살에 임하고 時주가 상충되면 무자 팔자다.

● 자손되는 巳가 辰에 官고요, 巳는 劫살이다. 40이 넘도록 자손이 없어 불안한 상태다.

◎ 신왕에 正 印수가 刑살이면 좌지우지하는 사람이다.

◎ 신쇠라함은 日간을 돕는 오행이 1개 있을 때를 말함.

● 男女 자식궁의 時주에 편인이 있으면 자손의 액이다. 時주 간지 상하가 상극 지면 자손의 액은 필연. 년주 정인 壬水가 時주 상관 丙을 丙壬충하니 대주 와 자손이 하루아침에 참변. 年지 식신 午를 편인 子가 子午충하여 목줄을 끊으니 큰아들과 남편이 한강에 투신자살했다. 時주 子는 乙日에 낙정살이 다. 乙日에 午는 홍염살로 남편 바람, 가정불화 심했다. 편인은 식신을 보면 훔친다. 남편의 붕의의 뒷돈을 검은 짓하여 고발당했다. 子未 원진살도 검은 거래, 부부지간, 물과 기름.

◉ 신약사주 세운에서 官고가 형충이면 건강에 이상.

◉ 사주가 미워도 財庫 하나만 있어도 재산 복이 있어 재산을 보유하고 있다.

◉ 신약사주 財入장에 용신년에 개고시키면 횡재운이다.

◉ 六살이 있으면 허리디스크 병.

◉ 劫재가 財성과 合이 되면 재복이 있다.

◉ 女명 식신, 상관이 만국이면 시가를 망하게 하는데, 먼저 남편에게 화를 주고, 자손이 한 재산을 날리고 자손이 혼인 파기. 혼자된 자손이 있다.

◉一年 신수보는 법

　　당년은 庚寅년이고 전년도는 己丑년이라면 月지 戌은 9月생이다. 庚寅년 3月 달에 사주의 주인공이 문점하러 왔다면 문점자 주인공의 출생월인 9月 이전에 왔음으로 전년도 己丑년 운세를 상담해주는 것이 점보는 순차 순서다. 즉, 9月 이전에 문점하러 왔음으로 전년도에 살고 있다는 뜻으로 전년도 己丑년 운세를 상담해주고, 출생月의 9月이 지난 10月 달부터는 당년 庚寅년에 속하여 12개月을 지나 익년도 8月 달까지 庚寅년 운세 속에서 살아가게 되는 것이다.

　　9月생인 문복자가 10月 달에 문점하러 왔다면 전년도 운세는 생략하고 당년 庚寅년 운세가 10月부터 시작되니 10月 달 月건 天干을 보고 길흉판단과 10月 달부터 다음해 9月 이전 8月 달까지는 庚寅년 운세 속에서 살아간다는

것을 명심.

　庚寅년 운세 감정시 방문 月을 무시하고 무조건 庚寅년 1月 달부터 12月까지 庚寅년 운세에 포함시키면 큰 착오다. 반드시 방문 月과 출생 月을 보고 출생 月 이전 또는 이후에 문복하러 왔는지 문점 月을 기준해서 二分법으로 추리하시라.

◉ 대운, 세운의 작용

　대운, 세운 구분하여 대운은 현재 살고 있는 현대운의 간지 관계를 살핀다. 세운은 세운 干支 관계를 본다. 干과 地支는 희신, 기신으로 차등이 허다하다. 그러므로 干과 地支를 보아 干支간의 상생, 상극 관계를 확인하여 희신 天干을 그 지지가 극하면 천간 희신 역할이 반감되고, 天干 기신이 희신 地支를 극하면 역시 지지 희신 길운 자체가 반감된다. 그러나 天干이나 지지가 사주와 合이 되어 희신이 나오면 기신 자체가 희신으로 化하여 길운이 된다. 단 충, 파, 원진, 해, 살이 사주 또는 태세와 접목되면 길운 자체가 흉으로 될 수 있고 무사히 지나면 위안이 된다. 이때에 세운 또는 지지가 12운성 길성이 받쳐주면 흉운이 어느 정도 소강상태, 12운성의 길성이 덕을 많이 본다.

　또 12겁살도 활용하시라.

　㉝ 대운 계수가 36세 대운에서 살고 있다면 36세 대운 干支는 10년을 관장한다. 36세 天干 대운에 첫 개시가 되어 천간 5년, 지지 5년 合하여 10년간 계수 대운이다. 36세 天干 대운보다 地支 역량이 두 배의 힘을 가지고 있어 대운 지지를 중시하여 운세 판단한다. 대운 간지 기간은 10년을 묶어서 보는데 천간 5년, 지지 5년으로 구분하여 대운 천간 계수가 36세에 임하였다면 천간 5년을 계산 40세까지는 천간 대운에서 살아가고, 41세부터는 천

간을 벗어나 그 지지에서 5년을 더하여 45세까지 살게 되며 운세와 같이 교차된다. 현재 살고 있는 대운 천간이 사주와 슴이 되면 그 지지도 슴이 소급된다. 반대로 충, 파, 원진이 되면 그 작용을 받게 된다. 즉, 대운 천간이나 지지가 사주와 형, 충, 파, 해, 원진살이 엮어지면 천간 지지 동시에 작용을 받게 된다. 대운 지지는 사주와 슴이 되어 희신이 나오고 대운 천간은 사주와 충이 되었다면 소급흉, 슴으로 해결하니 무난하다고 본다. 또한 천간 대운이 지난 나이는 불용하고 살고 있는 지지 대운에서 운세 판단을 요한다. 만약 현재 살고 있는 대운 지지가 세운 지지를 충극시키면 대흉, 만약 슴으로 말려주면 무난.

◉세운법

태세 干支를 종합하여 본다. 태세 천간을 사주 천간과 대조하여 길이고, 태세 지지가 사주 지지와 형, 충 파, 원진살로 엮어지면 반흉인데 흉이 더하다. 그리고 12운성과 12신살을 필히 활용.

◉神살, 원진살은 신액, 재물액, 정신장애, 색란, 바람살이다〔행운 확인〕.
◉태세의 흉성을 사주의 길성이 막아주거나 태세의 흉성이 사주와 슴이 되어 희신이 나오면 도적이 변하여 은인이 되는 이치다.
◉남녀 공히 사주의 식신, 상관을 무조건 자손으로 본다. 식신, 상관이 비겁과 가까이 있으면 자손은 일자리가 풍족하다. 주택소유권도 있는 자손이다. 비겁은 식신, 상관을 돕는 신으로 자손의 젖줄이 된다. 그러므로 식상과 비겁이 가까이 있으면 자손이 소망성취, 만약 행운에서 비겁이 충극당하면 자손은 일자리를 잃거나 살고 있는 주택이 명도 발생, 불리하다.

時	日	月	年
丁	壬	庚	壬
未	寅	戌	寅

- 당년 운세를 볼 때는 전년도 운세 상황을 약식 참고하시라. 전년도 癸巳년은 丁壬합을 丁癸충하여 파직당하는 꼴이다. 巳는 寅巳형에 巳戌 원진살로 휴직, 당년 甲午년은 편인 庚金이 식신 甲木을 극하여 파패운이다. 甲午년의 午 중 丁이 日 壬과 合, 다른 일자리 생겼다.

○ 왕상한 財국이 辰戌丑未 墓지를 보면 부호의 명이다. 이 墓지를 충거할 때 千金을 얻는다.

○ 將성살은 囚옥살로 봄.

○ 日時에 絕이나 胎를 좌임하고 印수를 보면 절처봉생으로 격에 들지 못하여도 부귀할 명조다.

13 庚의 정체

寅이 甲이라는 갓을 쓰면 청룡이요, 높은 자리, 군림하는 자리, 우두머리, 꼭대기다. 60甲子 중 첫 머리 수다. 甲과 寅이 다치지 않고 청명하면서 심복이 되어 복신〔12운성 길성, 天乙三덕신, 관귀학관〕이 구비되면, 寅이 속한 집안은 높은 자리 집안으로 본다. 따라서 寅자의 육친 대는 寅은 3, 8 木이니 최소한 3대 또는 8대까지 계승권이 이어진다는 것이다. 박근혜 여왕 日지 戊寅日이 劫재 丑과 合이 되고 조상 자리 상관을 合으로 시정시켜 아버지의 공과를 후광시켰다. 만약 寅이 악성을 띠우면 한평생 또는 몇 대까지 부정과 전과기록의 패자다.

● 상관 卯가 月에 속하여 진상관격이다. 정관 己土를 극하지만 편인 申과 상관 卯와 合이 되고 乙木 상관은 巳 중 庚과 乙庚合 역시 상관상진격으로 사주가

맑아졌다. 부친의 財産인 巳가 日지로 合신되니 부모 유산 독식하여 불로소득으로 太平생활. 처궁 日지가 대패살이 되고 刑살 合으로 가미하니 처에게 액이 있겠다.

◐浴살은 편인성으로 봄. 바람살, 신액, 명도 교체 등.

◐女명 정관은 없고 편관만 있으면 편관을 남편으로 봄.

◐劫살이 기신이면 액을 당할 수 있고, 관형을 당할 수 있다.

◐財성은 墓지에 입고되어야 당주가 재산을 모은다〔단, 自庫는 아님〕.

◐偏財는 쉽게 말해서 탕진하는 성격, 기분파다. 남자 편재왕은 술과 여자 좋아하고 돈을 가볍게 생각, 무일푼 신세가 될 수 있다.

◐비견과 겁재가 태강, 財성이 극상되고 官이 극상되면 고아로 성장.

◐財가 많아 인수를 극상, 고아로 자랐다.

◐5, 6月 사주에 불이〔火〕 왕하고 水가 없으면 콩팥, 신장병이다.

• 戊日의 년지 乙巳생은 卯가 대패살이다. 大敗살이 時에 처하여 처궁과 자손이 인패재패되어 자손과 처와 이별했다. 또한 戊寅 장생이 공망된 것이 약점이다.

◐8백인의 寅생은 대개 성공하는 사람이 많다.

◐長生을 소유한 자는 죽을 병에 걸리거나 死지에서도 죽지 않고 용케 살아

나는 특명을 가졌다. 전쟁터에서도 총알이 비켜간다는 것.

◎天干 財는 지탱할 수가 없어 결국 타인에게 돈을 바친다.

◎사주에 水가 많고 설기하는 오행이 없으면 혈관이 굳어져 썩는 이치로 물이 막혀 풍증.

◎**귀자 자손** — 자손의 길흉은 時주와 日주를 참조하여 이 자리가 귀인성이나 長生, 관帶, 祿, 旺, 養 같은 복신이 놓여 있거나 時주가 日간 또는 타주와 合이 되거나 天乙 三덕신이 받쳐 있거나 관귀학관이 놓이면 안락. 또 時주가 조후상 길조 역할, 용신이 받쳐 있으면 자손은 성공한다. 다만, 時주가 양호하고 화목해야 결심을 거둠.

◎女자 정관이 劫재와 함께 있으면 초혼은 필히 실패, 이별.

◉자손의 계급 여하 알아보는 법(이하 참조)

- 女자 壬日이라면 壬의 자손은 양 甲木이다. 甲木을 극하는 庚을 위조하여 庚의 長生 巳가 사주에 투하면 자손의 계급이 높다. 부친의 계급 여하도 이와 동법시한다.

◎男자는 官살을 위조하여 官귀학관 법으로 풀이하고 七살이 合이 되면 자손의 계급이 높다.

男	乙	戊	甲	庚
	亥	寅	寅	午

- 편관 庚의 七살은 丙이다. 丙의 長生은 寅이다. 寅 록지를 취하였고 時 庚金 七살이 겁재 乙과 合이 되어 자손의 계급이 높고 성명을 떨치고 있다.

○상관이 財성 옆에 바짝 붙어 있으면 부친 때는 상했지만 당대에서는 흥가 하고 부자가 된다.

○日, 時, 月에 祿을 이룬 명조는 官살을 만나서 직계에 화를 입는다.

○대운에서 세운 干이나 地支를 충극하면 흉인데 구해줌이 있으면 모면. 구 해줌이 있다함은 〔예〕甲 대운에서 태세 戊년을 만나면 대흉인데(신강, 신약 불문) 사주에 己土가 있어 甲己合이 되거나 사주 天干에 火성(丙, 丁)이 있어 甲木을 중화 시킬 때 구데 역할이다〕기신이 合으로 충극을 와해시켜 사주가 맑아진다.

○상관이 財성과 행合이 되면 성명을 얻거나 부자가 된다.

○편집된 사주라도 日간 合으로 그 세력이 종하면 복이 된다.

- 甲 日간이 근이 없어 多財에 종하여 종재격이다.

- 巳 중 庚金이 財를 유인 日간과 合, 부귀격이다.

 ● 丙辛合水 화격에 정격이 되어 귀명격이다.

○장수의 명은 正 인수가 충실하거나 長生이 있으면 수명 장수. 또한 신왕에 식신이 용신이 될 때 장수명이다. 養도 해당됨.

○女 秋冬月 사주가 심히 한냉하여 있는데 왕火가 없는 경우 혹은 夏月 사주에 水를 얻지 못할 경우는 독수공방이다. 그렇지 않으면 우환, 질고, 풍파이다.

○日時 12운성〔生, 旺, 帶, 祿, 養 등〕이 양호하면 자손의 계급이 다 벼슬한다.

○女명에 財, 官이 다 손상되면 상부이고 극자하여 공방살이다.

○女명 日지 도화살에 刑도 되고 合도 되면 남편 몰래 사통.

○남명 貴人은 많은 것을 희하고, 祿은 적은 것을 기쁘게 생각한다.

● 癸酉 대운에서 癸는 사주 戊土 겁재와 合이 되어 길조이고, 대운 지지 酉는 사주와 巳酉丑 合이 되어 식신국으로 이루니 만사 형통운이다.

○女명 사주에 인성이 多면 혼자된 몸이고, 부모가 공방살이.

○태세가 日간을 극충하면 임금〔태세를 임금님으로 봄〕이 신하〔日干〕를 억누르는 상이 되어 가볍지만, 日간이 태세〔임금〕를 충극하면 신하가 임금을 저장하는 이치로 재앙이 크게 일어난다. 그렇지 않으면 윗사람과 쟁투.

○남자 상관 용신은 편재를 생하므로 첩에게 마음을 둔다.

○간여지동〔예 甲寅日, 乙卯日〕 일색이 그 천간 또는 지지가 合이 되어 변하면 간여지동 1/3은 무시.

○비견 劫재로 구성된 종강사주에 중화를 잃으면 가중에 병을 품고 있는 것이 허다함.

○투合은 질투다.

○女子 사주에 合이 있어 官성이 새로 생기면 새로 시집가는 마음이다.

○자손이 극상이 심하면 고아, 자손이 외롭다〔즉, 혼자된 모〕.

○女 식신, 상관 국을 이루면 애기 낳을 때 3kg 이상 크기의 애기를 낳은 후 산후풍이 온다. 애기 낳을 때 많은 고통을 한다. 애기가 크기 때문이다.

● 사주에 물이 많다. 모친 辛金은 물에 수장되었다. 남편도 술에 취하여 좁은 길을 가다 물에 빠져 죽임을 당했다.

○남녀 용신이 공망되거나 원진살이 되면 부부 금슬이 갈라진다.

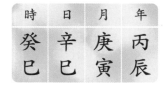

● 庚金이 巳에 長生을 얻고 巳 중 庚이 庚巳 長生이 되어 신왕하다. 女子 사주

라면 부잣집으로 출가 명이다. 이유는 년주 정관 丙火가 日時 巳에 祿을 얻은
탓이다. 귀격사주다.

◎여자 용신이 슴이 되어 용신 오행으로 나오면 남편 직업이 우수하다.

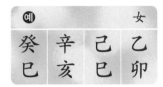

- 己土가 용신인데 甲己슴이 되어 용신 己土가
  나왔다. 남편 4급 공무원이다.

- 이 같이 비겁이 많다고 부부 해로 못한다고 하면 큰 오산. 내 財복으로 남편이
  출세하다. 정답게 슴을 하고 있으니 다정하다.

◎행운에서 인수나 편인이 형, 충, 원진살이면 명도 발생, 해약사건.
◎기신 흉신에 공망은 환영하고, 길신 복신을 공망시키면 잃는 것이 대흉.
◎인수는 정치가, 교육가, 명예직이다.
◎자손궁에 六살이나 劫살이 있으면 자손 실패.
◎인수가 있는데 슴이 되어 인수가 새로 생기면 두 어머니 꼴을 본다.
◎女자 용신 또는 日지에 絶이 되면 부부 이별수.
◎絶이 있고 胎가 있으면 절처봉생이다. 즉, 득기한 걸로 본다.
◎女자 食傷에 帶, 祿이면 사위가 번창, 출세. 또 正 印수에 帶, 祿이 받쳐 있
  어도 사위가 출세.

○고신, 과숙살이 日時에 있으면 장차 災禍, 신액.

○長生궁에 天乙귀인이 같이 있으면 직책이 높다.

○지지가 絶이면 그 천간과 絶의 지장간 육친도 絶의 영향을 받는다.

○12운성 12신살에서 운명의 해답이 중시되고 있다.

○寅에 고신, 과숙살은 부모, 형제, 자손, 독신격, 혼자된 몸 있다.

○劫살이 合이 되어 財로 나오면 송사로 인해 재산 침몰.

○絶이 받쳐 있는 기둥은 천간,지지 모두 絶궁으로 본다. 合이 되면 해소.

○女子 사주 官이 투출하지 않으면 지장간에서 찾는다. 또 官의 대체는 刑살
　이나 역마지살을 남편 官으로 가정하여 보시라.

○女子 日간이 合이 되어 日간과 같은 비견이 나오면 나 말고 다른 여자가
　있다는 것, 즉 남편의 애인이다. 애인을 붙여주는 상.

● 日, 月 역마 巳가 정관이다. 日지 巳가 亥를 충하여 남편은 떠났는데, 丙辛合
　으로 다시 찾아온다는 뜻. 女子 치마 속에 官이 암장되어 日 천간과 合이 되
　면 국제결혼 또는 타향에서 결혼한다.
　時주 상관 壬과 인수성 辰이 원진살로 자손이 흉지에서 사망했다. 이유는 壬
　水가 辰에 관고, 또한 壬辰은 자체폭락살로 辰亥 원진살이 되어 흉지에서 사
　망, 실화.

● 丑 중 辛金이 乙을 극하여 乙庚合을 불허한다. 또한 乙庚合이 된다 해도 合된
金이 사주에 없으니 가化格이다.

○ 女子 편인이 식신을 파극하면 자손이 결혼 실패, 알코올중독, 배임죄, 위
장병. 딸은 자궁병.

○ 午와 庚이 대치될 때 土운이 오면 통관이 되어 상극이 해제된다.

○ 癸日이 戊癸合이 될 때 水운이 오면 合火를 파하여 남편 부성이 상한다.

○ 女子 식신이 정관과〔지장간에서도 해당함〕合이 되어 희신이 나오면 자손 관
직인이다.

○ 天乙귀인, 天덕, 天月귀인이 공망이 아니면 그 궁 자리는 천우신조의 음덕
으로 백사가 해결.

○ 時주에 神살이 접하면 자손이 신경성 불면증.

○ 刑살이 二중 三중으로 얽혀도 정신병〔신약〕.

○ 子卯刑 辰辰, 午午, 酉酉, 亥亥 자형살도 신경성 정신병.

○ 사람은 말년운이 좋으면 죽은 후에도 이름을 날린다.

○ 식신, 상관이 많으면 신경성 정신병, 우울증. 그러나 상관에 天乙귀인이
접하거나 상관이 合이 되면 치유된다.

○ 女子 식신, 상관이 형충되면 산부인과 출입.

○ 12운성 12신살이 사주 운명을 절반 정도 차지하고 있다는 것을 유념.

○ 女명 상관 용신에 편인이 동주하면 화류계 운명.

◦浴살이 동주한 궁은 하늘로 종천했거나 갈라진 육친 있다.

◦刑충도 되고 合도 되면 파격 후 성격.

◦子卯 도화살, 함지살이 구비되면 신분의 상하를 막론하고 주색으로 신명을 망침. 흉운에는 생명이 위험.

◦역마지살년, 원진살년, 편재, 편관, 편인년은 이동수, 원행수 발생.

◦고신, 과숙살은 그 지장간 육친도 해당함. 月에 고신, 과숙은 부모 형제가 혼자된 몸이고, 日지 時지 고신, 과숙은 아신, 형제, 자손 실패.

◦害살은 劫살로 본다. 신액, 관액, 숙청살이나 年月의 害살은 부모, 형제액.

◦알맞은 극은 생하는 것보다 양약이 될 수 있다. 즉, 식신을 보는 경우다.

時	日	月	年
乙	甲	丙	癸
亥	寅	辰	卯

• 癸丑 대운은 日간 甲木이 丑에 入墓이다. 이 入墓가 원국과 충형이 되면 위명이다.

◦매년 태세가 사주의 日주 時주를 충거하면 자손 또는 아신, 배우자에게 연고 발생. 대입 합격운은 희신년에 합격차다. 단, 원진살 神살이 얽히면 실패. 그러나 흉살이 임하고 기신년이라도 12운성의 길성이나 天乙귀인, 관귀학관 등이 받쳐주면 合격차다. 사주에 財가 많을 때는 인수를 극하여 초·중·고등학교 때 공부 기피, 쇼핑을 즐기고 PC방에서 생활. 사주 財성이 많아도 둘째 대운 지지가 官印상생으로 되거나 복신이 받쳐주면 진학운이 있다. 식상이 많은 사주는 둘째 대운 지지가 財성이 되거나 사주 日

간에 合이 되면 합격차다. 입시년 태세도 참고가 된다. 天乙귀인 또는 天
덕귀인, 天月귀인, 12운성 길성, 관귀학관을 입시년도에 확인.

◉ 日干이 정관과 合이 되었는데 타주 정관이 쟁합을 하고 있어 合이 모두 불
원하고 정관격이 파 되어 격국이 흉했다. 남편의 마음씨가 나쁘다. 타녀와
동거 상태. 이 여인은 남편 때문에 속이 썩어 10년 이상 늙어 보인다.

● 음合으로 丙辛合이 二중, 三중하고 있다.

● 양쪽으로 甲己合이 되어 合이 깨지다. 巳戌 원진 合과 분리, 홍염살로 색이
깊다. 甲戌日은 공망살로 본다.

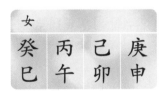

● 日지 午는 간여지동으로 羊刃살에 속하여 부부궁이 흉하다. 그렇지만 자세
히 보면 午 중 丁이 申 중 壬과 合이 되고 있음이 눈에 띄고 있다. 劫財나 羊
刃이 살(관살)과 合이 되면 흉재가 물러가고 화해가 되어 성격이 된다는 것

을 명심. 丙午 羊刃이 合이 되므로 전화위복이 되어서 부부 해로하고 산다. 時 자손궁에 祿지가 되어 자손도 영화, 아신도 말년 행복, 부귀격이다. 신왕에 財가 용신이 되어 출가 후 남편이 돈을 잘 벌기 시작, 남편을 성공시킨다. 주택도 고급주택 소유. 이유는 正印 卯가 財와 合이 된 연고다.

- 戊亥가 공망이면 다문화가족이다.
- 甲己合은 마음이 넓고 점잖으며 남과 화합이 잘 된다.
- 女子 정관이 타주 甲과 간합하면 사귀어서는 안 될 사람이고, 女는 처권이 강하고 남자는 처와 다정하다.
- 乙日생 庚은 경솔하고 치아가 나쁘며, 庚日생 乙은 치아가 튼튼하다. 또한 庚日이 乙과 合하면 가정이 윤택하고 평생 행복.
- 丙日이 辛과 合이면 처권이 강하고 색을 좋아하며 사기꾼 행세.
- 丁壬合은 호색, 응큼, 컴컴하다.
- 남녀 戊癸合은 미남미녀, 얼굴색이 붉고 질투심이 있다.
- 남자 癸日 戊는 처권이 강하고, 처가 생활력이 강하다.
- 태아가 엄마 뱃속에서 나오면서, 즉 선천에서 후천 세계로 넘어 오는 순간에 우주의 기운이 몸으로 들어온다. 아기의 탯줄을 자르는 순간 우주에서 첫 번째 마주침. 운명은 여기서부터 결정된다. 우주의 기운은 바로 별들의 기운이다. 사람의 생리와 교류하고 있다.
- 남명 時주에 편인이 모이거나 편인, 식상이 동주하면 사위가 불효자식.
- 女명 時주 지지에 財성이 놓이면 먼저 딸자식이 파혼 후 결혼 파기.
- 천간 지지 상하가 서로 극상되면 그 궁의 자리는 불행 소치. 단, 기신을 억제하면 유익. 길신을 손상시키면 백해다.

● 같은 일색의 동기궁은 이전과 이후의 붕괴현상이 발생.

● 絕의 人生은 육친간, 대인간계, 거래처 간 사이가 끊어지는 일이 종종 발생. 또한 생활 소유환경도 변동이 심한 것이 약점.

● 女명 財성이 공망되면 외손주가 고아 신세.

● 현대운 養은 불로소득운인데, 보상금을 받거나 보험금이 나오거나 여타 소득운이다. 병자는 회복운이다.

男

庚	壬	戊	庚
戌	辰	寅	子

● 살이 많아 병이다. 편인 庚金이 식신 寅을 극제하니 알코올중독자로 살아간다. 寅은 한평생의 버릇이다. 위가 빵구나서 입원, 사지에 있다. 癸未 대운은 養〔養은 長生과 같음〕으로 죽지 않고 회생.

● 死가 용신이면 죽은 자〔신의 세계인〕와 산자 간의 교류가 밀착된 사람이다. 영기가 밝아 이 사람을 의뢰하면 무당신보다 믿는 바가 확고하다.

男

壬	壬	戊	庚
子	申	子	子

● 이와 같이 격이 떨어진 사주라도 사주 내 특징이 숨어 있으면 개화된다. 즉, 月 천간 편관 戊土가 子 중 壬癸 劫재와 戊癸合으로 풍파 없는 보증수표. 일자리에서 근무, 집이 3채다. 바람살이 왕하여 처를 속 썩인다. 劫재가 습이

〔신왕〕되면 재산 손실도 없고 육친을 해하지 않는다. 신왕 劫財가 合이 되면 붕의 덕이 많고 실력자의 도움으로 출세한다.

- 正 인성이 상관을 보면 가상의 대주가 갑자기 집을 떠나 종명.
- 편관에 도화살은 아버지의 비행이다.
- 편관에 화개살은 아버지의 비행이 있었다. 캄캄한 일을 했다.
- 편인이 식신을 극제하면 처갓집도 망하고 생가도 침몰. 아신도 병자가 아니면 재산 탕진에 혼인 파기, 파산 선고지명이다. 하지만 이 격을 무조건 왜곡하면 실수. 편인이 2개 있으면서 식신이 3개 정도로 편인보다 우세하여 왕하면 식신의 식록은 더욱 풍족해져 편인과 식신은 서로가 파트너 역할이다. 女명은 대신 캄캄한 일을 좋아한다.
- 正 인수가 상관을 극하면 생가가 몰락운이 되고 부부 이별수가 예고된다.
- 日月 浴살은 부모나 형제 인연이 박하고 부부 인연은 괜찮으나 음난하다.
- 時 浴살은 자손궁 결혼 실패 또는 미혼. 초년 부모운 실패.
- 日지 길신 帶는 상류사회에서 살게 되고 상류인과 교제하여 생활. 가령 초년 불우하였으나 중년부터는 필히 발전, 명성. 형제지간 원조하는 미풍이 있고 직업운 길. 출생 時에 帶가 있으면 자손 성공.
- 女子 운명에 日時 帶는 부부 이별 징조다.
- 祿은 부정을 싫어하고 원측 공정, 자손심이 강하다. 남녀 모두 장손 행세. 生時 건록은 자손이 크게 되고 자손덕이 있다.
- 정관이 劫財를 만나면 벼슬을 해도 귀하지 못한다.
- 日지 제왕(帝王)은 부부 이별, 부부 운세가 흉. 日간이 合이 되면 되면 무시.

● 제왕격이다. 이 조화는 부모 중 조사.

○甲午日, 乙亥日, 庚子日, 辛巳日생은 부모운이 불행. 상기 지지는 日간에 死궁이 되어 부모 불행을 소치.

○정관 正·인수가 동주하면 높은 급여, 고관직이다. 그러나 官이 死絕이면 불화가 발생.

○女명 水가 많으면 정결한 여성이 아니다〔부부 중 하나 해당함〕.

○女명 식신 상관이 入墓 또는 공망, 絕이면 자손이 고독.

○상관이 공망되거나 入墓되거나 正 인수에 제복되면 상관은 꼼짝못하여 官을 해하지 못한다.

○女명 帶가 식상과 合이 되면 남편과 잠자리 열풍이다.

○天乙貴人이 형충되면 쟁투 또는 관액수가 발생.

○正 인수가 天乙귀인이면 백사가 해결.

○三德〔天乙, 天덕, 天月 등〕신이 死絕墓나 공망되면 귀인 작용 불허.

○時주, 年주는 초년, 유년기다. 초년, 유년 때 어떤 일이 벌어졌나 보라.

● 12운성을 양법으로 활용하라. 時주 年주 육친 작용과 12운성 작용 상태를 보

라. 時 庚午 관살이 午 상관에 피상되었고, 12운성 死浴이 되니 편관 庚은 부친이다. 부친은 비명으로 거하고 생가도 침몰.

○日에 養은 자손덕이 많고 효자가 생긴다. 養은 부양하는 성격이다.

○庚辰日에 庚辰時는 죽을 때 악사한다.

○甲戌日, 甲辰日은 부부운이 흉. 단, 합이 되면 무시. 甲戌, 甲辰은 백호대살이다.

○劫살은 생사별, 송사, 흉질, 흉사, 숙청살이다. 길신은 대관격이다.

○印성이 12운성 길격이 되거나 복신이면 고급주택이다.

○남자 사주 正財가 공망되고 편재와 합충이 되면 첩을 응한다.

● 卯 정재가 공망되고 卯未合 財성이 새로 생겼다. 즉, 女자가 하나 더 생겼다. 卯戌合하여 관성이 새로 생겼다. 애인으로 하여 첩에 자식이 생겼다. 편관 丙이 劫재 辛과 합이 되니 자손의 영화, 본명도 대발. 팔자 좋은 청운아다.

女			
丁	戊	庚	丙
巳	申	寅	申

● 이 같이 식신 金이 여러 개 있을 때 편인이 제복하면 귀명격이다. 官이 극상되지만 구제되었다.

○乙酉日 남은 호색가, 말년에 목적 성취. 어린 시절[酉 어리다] 고통. 酉 중 庚은 乙庚合으로 말년 행복.

○일방오행 또는 흉신이 교집되면 불리한 것이니 이때 辰戌丑未의 墓 고지가 있으면 유익하다. 즉, 기신 작용이 묘지에 입고되어 안보.

○남녀 운명에 官성을 자손의 금전, 재산으로 봄. 또한 며느리성으로 본다. 극파되면 자손의 金전 문제 발생 또는 며느리의 연고 발생.

○오행이 일색으로 한쪽으로 편중되면 예법을 무시하고 호색, 음란.

○日간이 七살에 충파되면 혼인에 말썽, 결혼생활에 장애.

○害살이 子午卯酉에 임하면 관송을 면할 수 없다.

○남자는 비劫을 며느리성, 女는 官성을 며느리성. 형충, 병원치료살이면 며느리 병액.

○帶는 여자의 자궁이다 행운에서 형충되면 산부인과 출입.

● 丁癸충하여 처하고 이별이라 하면 곤란. 반드시 日지의 동태를 보고 판단. 日지에 희신 卯가 長生궁에 天乙귀인으로 처의 직책이 높다.

○女子 正官 아래 戌亥가 받쳐 있으면 남편 좋은 직업. 그렇지 않으면 자손에게 계승.

○희신 刑살년에 문서운이 열리고 취업, 승진.

○日지 공망의 해설은 남편 타향살이로 맞춰본다.

- 宮合은 남녀 명국법으로 흉조시는 필히 거절〔백발백중〕.
- 時주를 극충하면 자손이 초년에 병치레, 신액.
- 天干충은 약하고, 지지충은 크게 당한다.
- 年月주가 형충, 원진살이면 부모 운세가 안 좋았다는 징조.
- 丁未, 戊午日은 종말이 좋지 않다.
- 財성이 절궁이면 부친 운세가 토막나게 되고, 돈 버는 운과 여자운이 막혀 백수공백이다.

14 벼슬자리 부호의 명

○ 양(陽) 日간은 劫재와 편관이 合이 되는 경우이고, 劫재가 天乙귀인과〔天乙귀인은 편관으로 봄〕合이 되는 경우다. 음 日간은 劫재와 편재가 合이 되는 경우 또는 劫재와 편관이 合이 되는 경우다. 천간 지지에서 이루어지는 것도 동일시함. 사주 劫재가 天乙귀인, 天月, 천덕신과 合이 되는 경우는 희신, 기신 따질 필요 없이 호재로 본다.

◉ 양 日간 合

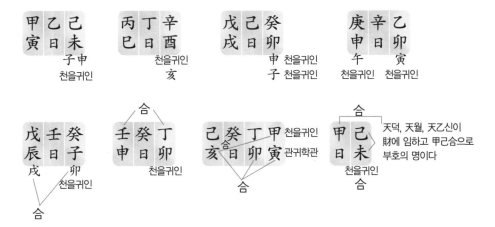

- 劫재 편관 合이 될 때 어느 한쪽이 공망되면 무용무실이다.
- 여타 방법도 동일시한다.

◎浴살이 死지를 볼 때 죽임을 당하지 않으면 통곡할 사연이 발생한다.

　　즉, 巳亥가 浴死지를 만날 때

　　　　寅申이 浴死지를 만날 때

　　　　子午가 浴死지를 만날 때

　　　　卯酉가 浴死지를 만날 때

　　단, 浴死에 귀인〔天乙 二덕〕성이 임하면 무시하라.

◎日주는 부부궁과 자식운을 공존, 관장하고 있다. 고로 日지의 길흉에 따라 부부운과 자식운을 대변. 日지에 고신살이 있으면 남아가 혼자 몸이 될 수 있고, 과숙살이면 여아가 실패, 독신격이다. 日지에 기신 편인성이 놓이면 남아, 여아가 혼인을 위반한다.

◎日간이 合이 되는 것은 일자리 운도 좋고 부부 다정. 時주에서 日간과 合이 되면 부부지간 자손 모두 재운과 직업운이 길창, 금슬도 원만.

●女자 신강사주 官고는 남편 돈 버는 운 길창, 즉 직업운이 만족.

●남女 운명에 官살이 태강하거나 財성이 왕하면 딸자식이 불행, 크게 실패한다.

●사주가 비견 劫재로 집결되거나, 식상이 편집되거나, 財성 官살이 一색으로 편집된 운명은 부부, 부모형제, 자손 모두 불행을 주게 된다. 하지만 명식에 특색이 조종되면 평화적인 운명이 될 수 있다.

이와 같이 불행 운명으로 타고난 명은 필자가 제시한 처방풀이(841~842페이지 참조)를 참조 실행하면 이제까지 막혔던 운이 서서히 개운되어 꽃이 웃는 얼굴로 가족관계에 기여(寄與)해준다. 틀림없이 기대해 보라. 필자가 이 비전을 공생하는 마음으로 공개했으니 필연의 구원(救援)이 되기를 바란다.

●男女 공히 식신, 상관을 자손으로 꼭 보시라.

●天干이라 하여 남자를 대표하는 陽만 있는 것이 아니고 地支라 하여 모두 十二地가 陰인 것은 아니다.   예 天간에 甲乙이 있다면 乙은 음, 甲은 양, 지지에도 음양으로 구성되었으니 그 예 寅은 양, 卯는 음, 戌은 양, 未는 음, 丑은 음, 申은 양으로 구분하시라. 즉, 양은 남자요 음은 여자다.

●女명 편관이 絶 또는 亡신살이면 나이 많은 남자 또는 재혼 남자와 결혼

●女명 日時 帶를 충하면 일찍 결혼한다.

時	日	月	年
庚	乙	甲	丁
辰	亥	午	未

● 정관이 습도 되고 충도 되면 보증 일자리가 아니다.

◉상관 관성 봉은 약을 복용하거나 부패된 몸이다.

◉격국이 양호하고 印수 多는 박사감이다.

◉도화살이 충되는 년도는 가내에 결혼 경사가 발생.

◉月과 원진이 되면 부모의 사랑을 못 받으며 성장.

◉時와 年과 원진살이 연결되면 자손이 사회적으로 출입길이 막힌다.

◉年간의 상관은 부친이 조별 안 하면 부친이 상패, 파산 선고.

◉羊刃이 거듭 있으면 죽을 때 악사.

女명 명갓집 출가_福星귀인

● 女명 사주가 격이 떨어지고 흠결이 중하지 않으면 此日에 출생한 자는 명 갓집 남편과 결혼, 평생 행복. 예 흠이 되면 파격이다

● 丙日에 亥는 명갓집 남편과 결혼이다. 대우그룹 자손과 결혼, 남편은 백수 인 생이다. 15년차 신랑을 섬기게 된 사유는 亥 官성에 絶이 있는 탓이다. 女명 식신 상관이 국을 이루거나 官성에 원진살이면 혼사에 말썽.

甲 日 寅	乙 日 亥	丙 日 子	丁 日 戌	戊 日 子	己 日 酉	庚 日 申	辛 日 未	壬 日 午	癸 日 巳

······ 각 지지 해당함. 귀인성이 日, 月에 있으면 최고, 년지에 있으면 낮은 급수

복성귀인은 배우자, 자손직계에도 자연 관직운과 직업운이 따른다. 직계에 직업운을 확인하는데 다른 비전보다 복성귀인법으로 신속하게 확인할 수 있다. 복잡한 운명학에서 빨리 찾아내는 해답이 상담피로를 줄인다.

※다른 방식보다 빨리 찾아내는데 일조가 되니 이 법칙을 활용하시라.

男

庚 午	甲 寅	戊 寅	乙 亥

● 甲寅은 복성귀인으로서 아신, 처, 자손, 손자까지 직종이 보증수표다.

女

乙 巳	壬 辰	甲 午	辛 巳

● 壬辰은 복성귀인으로 남편, 자손, 손자까지 직업 최상.

男

戊 子	辛 巳	癸 丑	丁 未

● 辛巳는 복성귀인으로 배우자, 자손 모두 직업운이 길창이다.

男

己 未	戊 申	丙 戌	乙 巳

● 戊申은 복성귀인으로 배우자, 자손 직종 똑소리 난다.

- 통관이 막히면 혈맥이 막히는 것과 같다. 사주오행도 교란이 생겨 폐단이 생긴다.
- 女명 正官이 劫재에 극충당하면 초혼 실패, 재혼 남자와 결혼.
- 남녀 羊刃이 2개 있으면 섹스 인생이다.
- 寅 록이 年주 암록과 合이 되면 조상의 상속권이 있다.
- 편인, 편관 봉은 배신살, 공방살이다. 時주에 임하면 자손이 실패. 공방살이다.
- 白虎 있는 곳에 흉성이 임할 때와 吉성이 임할 때와 설명이 다르다는 것.
- 長生이 공망지에 있으면 빈한하고 고신, 과숙이 되면 외롭다.
- 모든 비법은 상담손님으로부터 상호 상담에서 발견됨을 알 수 있다.
- 正 印수가 囚옥살이 되거나, 將살이면 이름이 진동된다.
- 초년, 중년운이 좋아야 소망성취한다.
- 비견 겁재 태강, 관살 태강, 식상 태강한 사주는 길운을 맞이할 때는 돈을 모으지만 길운이 지나면 번 돈 다 나간다.
- 남자 고신, 여자 과숙은 궁합이 좋게 된다. 고신, 과숙살이 合이 되면 작용력이 약해진다.
- **도적당하는 해 –** 亡신살년. 편인이 식신을 극하는 해 도적 침범.
- 財가 극을 받으면 官의 보급줄이 끊어지므로 官이 무력해진다. 그러므로 財의 육친이 상패, 돈거래 실패, 일자리 파직.
- 기신 편인은 기생충으로 본다. 편인은 감추고 잠복성으로 양분을 도식.
- 편인이 식신을 극하면 배임죄, 도둑으로 몰리어 감옥.
- 寅 록이 연주와 合이 되면 선산(善山)에 음덕이 있다.
- 印이 食神과 合財가 되어 나오면 부동산에서 불로소득 또는 부업으로 소득.

- 庚寅은 백호대살에 자체 絶이 되어 초년 남편과 사이별. 왕한 상관이 辰고에 들어 평생 약으로 살아간다. 시주 자식 자리에 상관 인수 극상으로 무자식 팔자다. 왕상한 水성 물이 辰고에 들면 그 물은 썩는 이치로 건강에 지장이 많다. 未 재고에 乙木 재가 있어 유전된 재산이다. 未 편인이 식신 癸水를 치니 위장병, 술병으로 고생.

- 흉신, 악신이 많아도 墓고에 들면 수장되어 길이다.
- 신약사주에 비겁도 없고 인수 하나가 財에 극상되면 혼인문서 파기다.

- 乙庚合이 되면 그 지지 辰卯도 끓어올리어 日간과 合이 되는 이치로 본다.

時	日	月	年
乙	乙	丙	庚
酉	丑	戌	戌

- 이 같이 정관 庚이 日간과 乙庚合이 되고 丑戌 刑까지 가미하여 그 刑살도 乙庚合처럼 끌어올리고 있다. 년지 戌, 月지 戌, 日지 丑土 財성을 乙庚合으로 日주에 동원되는 상이다. 조부(祖父)의 재산과 명가(明家)를 이어 받는다. 자손도 아신도 길조. 상관 丙은 酉와 合, 시정되었다.

○日간이 財와 合이 되고 多財가 財고가 되면 땅이 만리(萬里)까지 갖는 천
　석공 부자다.

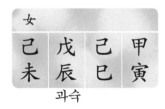

• 남녀 비겁 태왕에 식신 상관이 없는 명조는 부
부운 모두 실격. 사주학으로 해답이 부족할 때
는 대정수 六爻학으로 풀이한다.

父戌 ｜
兄申 ｜
官午 ｜ 응
父辰 ｜
才寅 ｜
父丑　孫子 ｜ × 世身
공망　공망

• 좌기 점괘를 보면 초爻 子孫이 지世하여 복사주 같지
만 파격. 이유는 世 자손이 발동 화출된 丑土 父성이
회두극이 되어 신명이 위태. 또한 초爻 자손이 발동 4
爻 午관성 남편을 子午충으로 갈라서게 했다. 혼자 사
는 것이 최상. 애인을 정하고 사랑하면 안보, 초爻 父
성 養은 부모와 동거함이 길조다.

○사주에 印성이 태과하면 日간 내가 감당 못하여 내 몸이 도리어 약해진다.
　이때에 비견 겁재운을 만나거나 財성운을 만나면 이제까지 막혔던 일도
　개운이 된다.
○편관 七살은 부친, 남편, 자손, 형제신으로 간주. 극파되면 이 육친의 환란.
○정관격은 사업운이 길.

• 남명 신왕사주에 용신은 木火土다. 月 卯가 天乙귀인에 子卯 刑살이 되고 공

망이 되었으니 부친은 나라에 공을 세우고〔子卯 刑은 전과자 아니면 충고〕 세상을 떠났다. 즉, 유공자 후손이다. 日지 壬子 羊刃은 처를 학대, 주먹질까지 한다. 대운 丁亥 대운에서 처와 이별수 발생. 丁壬合을 하려고 하나 月 辛金 모친의 방해로 不合, 이별 징조다.

- 女명 正官이 日간과 合하였는데 행운에서 정관과 쟁合이 되면 남편과 암투.
- 남녀 사주 日, 時, 月에 과숙살이 있으면 타녀와 동침.
- 寅申巳亥가 형충, 원진살이 되면 가출살로 원행수 발생. 다리 부상.
- 戌亥가 조직이 좋으면 유명인사직이다.
- **戌亥 –** 약업, 의사, 법관.
- **日時 辰戌 –** 의약 공업. 子卯 刑살도 의사직.
- 丙日에 庚은 관록으로 봄. 또 庚日에 丙을 보면 역시 관록으로 봄〔신왕〕.
- 水火 日주가 대개 법관이 많다는 것을 상기.
- 신약사주에 비겁운이나 인수운이 오면 형제, 친구 덕으로 도움을 받는다.
- **종교계 운명 –** 土가 많은 사주. 土가 공망, 화개살에 공망.
- 戌亥가 있으면 종교계 운명. 공망이 중중, 인수 공망이면 승녀, 신앙인.
- 女子 寅申巳亥가 전부 있으면 무당, 스님.
- 女명 괴강일생은 夫군이 섹스에 미친격이다.
- 財多 신약사주가 상관을 보면 財성과 협잡이 되어 그 財성은 질이 나빠진다. 즉 부정, 사기행각.
- 合이 된 곳이 원진살이 동거하거나, 충파로 가격되면 헤어지게 되고 그동안 공력도 동파된다.
- 기신 편관 七살에 財성이 같이 있으면 남이 財물을 다 가져간다.

● 태세 天간 陰이 사주 용신에 吉신이면 남자, 여자 모두 일의 단서가 잡힌
   다. 태세 天간이 용신 陰 정관이면 남자, 여자 좋은 일자리 얻게 되고 경사
   발생.

● 辛亥日은 선대가 패손하지 않으면 당대에서 당할 수 있다. 日지 처궁 상관
   亥는 寅亥合으로 처가의 운신이 막강하다. 年주 正官 丙辛합으로 年月日의
   체용이 日지와 합신되니 희하게 되었다. 亥 상관이 天乙귀인 財성과 合이 되
   면 거부, 거성이다. 年月日 모두 白虎대살로 공과가 진동했지만 최후가 69세
   丁酉 대운에서 비운으로 끝났다. 북한 장성택 사주다. 연구자료로 이해바람.
   寅酉 원진은 처가의 권력암투다. 酉는 용신 戊의 死궁이다.

● 丙 財가 合이 되어 희신이 나오고 식신 甲寅이 丙 財를 생財하여 은행(銀行)
   계 진출.

● 財성이 印수와 合이 되어 용신이 나오면 은행계, 재정계, 화폐공사.
● 태세가 사주 印성을 충파시키면 허가 취소, 일자리 변동.
● 상관은 비행기, 차로 본다. 그러므로 상관 형충은 교통사고다.
● 辛亥는 백호대살로 본다. 金 白虎다.

◉甲日에 丙을 보면 가상 丙辛合이 되어 부귀격이라 하였다. 그러나 丙 아래가 공망이 되면 파격이 된다.

◉女子 사주 자식 자리에 상관이 자형살이 되면 자손 신경성 병.

◉**교육계 -** 신약에 인수가 용신이 되고 식상이 있을 때.

◉**연예계 -** 관살혼잡, 식상태과, 도화살, 刑살, 식상은 남을 위로해주고 즐겁게 애교.

◉공망된 오행은 없는 것과 같다.

◉日간과 日지가 동기면 손財요, 상처, 극부, 탈선〔신강사주에 해당〕.

◉年月주에 도화살, 亡신살, 홍염살, 浴살, 印에 浴살, 刑도 되고 合도 된 경우, 편인이 식신을 본 경우 부모 형제가 부정, 실패.

◉印수가 자기 官성과 合이 된다는 것은 인성이 未라면 未의 자체 관성은 卯다. 卯未合이 되는 것을 말함. 母의 품행이 문란.

◉사주가 전부 공망이면 부귀하게 살아간다.

◉편관이 교집되면 체육선수, 사격선수, 권투선수, 수영선수.

◉사주에 金이 부서지면 청각장애.

◉子子나 申申과 같이 일색으로 거듭 있으면 상극살로 육친덕 無.

◉運은 통병부살과 대소운의 12운성 활용법

◉병부살 중에서 寅申충, 寅酉 원진살은 한평생 병원출입과 약으로 살아간다. 寅은 한평생이다.

◉寅申巳亥가 亡신살이면 검은 거래, 문책 또는 애정싸움.

◉자식 자리 時주가 원진살이면 자손과 남편으로 속을 썩이고, 官살이 원진

이면 남편이 속을 썩이며, 財성이 원진살이면 처로 인해 속을 썩인다.

◉12운성은 日간으로도 하고 궁의 천간 지지 자체로도 12운성을 따져본다.

- 병원출입살인 乙庚合이 日간과 합이 되니 신경외과 의사직이다.

- 巳 중 庚이 日 乙과 乙庚合, 병원출이 되어 의사직이다.

◉신강사주 官이 약하거나 없으면 학문, 학술면에서 생활.

◉女명 용신이 財이면 출가 후 남편이 내 재복으로 돈 잘 번다.

◉女자 官이 타주와 합이 되어 타오행이 나오면 남편이 다른 사람과 붙어서 간다는 것.

◉日간이 지지암장과 암습이 되면 그 지장간 육친도 암습하는 현상이 되어 품행이 단정치 못함.

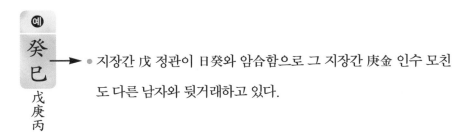

지장간 戊 정관이 日癸와 암습함으로 그 지장간 庚金 인수 모친도 다른 남자와 뒷거래하고 있다.

男

乙	庚	甲	戊
酉	辰	子	戌

● 庚午 대운에 午 정관은 月子 상관과 子午충이 되고 甲庚충이 되어 간경화〔酉
戌 해살〕증으로 사경에 처하나 상관 子는 辰에 入고 되어 午를 극하지 못한
다. 죽지 않고 살아난다. 酉는 六살이 되어 六살이 있으면 사경에 처하여도
구사일생이다.

◉화개살이 되는 辰戌丑未가 刑충되면 흉지에서 죽은 넋이 있다.

◉男女 식상이 왕하면 생가, 본가 모두 망한다. 사람도 천격이 된다.

◉편재, 정재가 혼잡되었을 때 정재는 日간에서 멀리 떨어져 있고, 편재는
日주에서 가까이 있으면 본처보다 첩을 더 애호한다.

◉寅巳申 지세지형은 자기밖에 모른다는 살.

◉무은재형〔辰戌丑未〕은 은혜를 모른다.

◉무례지형〔子卯, 辰辰, 午午, 酉酉, 亥亥〕은 무례한 자이고, 서로 불화 자초.

◉時주 원진살 또는 財성이 있으면 어린 시절 놀기 좋아하며 공부는 뒷전, 대
학진학운을 가로 막는다. 그러나 둘째 대운 지지가 양호하면 진학. 戊癸合
이 될 때 乙년은 희하고, 甲년은 재앙. 甲은 戊의 편관이기 때문이다.

◉상관이 財성 또는 관살과 함께 있으면 부친은 천명했거나 크게 실패.

◉日 甲辰 虎는 대패살에 白虎를 동반, 무서운 살이다. 혈친이 흉사.

◉상관은 칼날이다. 상관과 같이 있는 육친은 피해를 꼭 당한다는 것을 명심.

◉六살이 日이나 時에 있으면 편친 슬하나 직계에 타성이 있다.

◉六살은 서로 보기 싫은 존재, 경계선을 그어 놓고 통제하는 식이다.

● 女子 陰 日주가 年月주에서 巳酉丑 三合국이면 자손이 귀하게 된다.

● 기신이 희신을 생습하거나 습이 되어 길신이 나오면 협력자의 도움으로 이신이 된다.

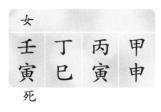

● 丁壬습이 丙壬충으로 불합이다. 時주에서 불발 되니 자손의 액이요, 남편의 연고다. 丁壬습에 인수가 새로 생기니 자손 土성을 극한다. 대를 이어가는 寅자가 死絶, 공망 혹은 충극을 당하거나 印수가 財에 극파되거나 파충되면 자손 결혼 실패다.

● 점괘를 보면 官에 지世하여 아신 아니면 남편 신액. 官世는 흉이지만 身 자손이 되어 후분의 영화다. 六爻 戌財 養은 부동산으로 소득, 집이 3채다. 4효 자손 午가 초효의 변효 子에 극충, 딸 독신은 결혼 실패. 초爻 子父성에 六殺이 있어 타성과 동거하는 상이다. 즉, 조카자식을 양자로 입가하여 금이냐 옥이냐하고 함께 살고 있다.

● 財성이 많아 재정계 몸담는 은행직이다. 이유는 庚日의 편관 丙의 12운성 生은 寅이다. 寅이 관귀학관이다. 또한 巳 중 편관 丙이 辛과 습이 되어 官이 높다.

• 月 역마 巳가 日지 역마 寅과 刑살이 되어 교통사고다. 역마가 역마와 형충
  되면 무서운 교통사고 살이다.

• 月지 편재 申 중 庚이 년간 인수 乙과 乙庚合이 되어 金 재성이 새로 생겼다.
  장가 두 번 간다. 申은 二흑土다. 二흑은 두 여자다.

◉ 子丑合은 물과 기름의 비유다. 즉, 불합이다. 日時 子丑合은 부부, 자손 한
  평생 정없이 살아가고 年月주 子丑合은 부모 형제 화목이 없다.

◉ 女子 명갓집 남편 사주라도 그 오행이 공망이 되거나 원진살이면 파격이다.

• 甲己合이 되었는데 日지 未와 卯未合이 되어 官살이 새로 생겼으니 새로 자
  식이 생겼다. 배 다른 자식이 생기려면 다른 여자가 있어야 되기 때문에 다른
  여자가 있다고 판단.

男

乙	丙	辛	丙
未	戌	卯	辰
		浴	

● 丙辛合 화격이 乙辛충으로 가화격이다. 가화격은 고아로 남의 부모 밑에서 성장.

공망 父未 ‖ 世
兄申 兄酉 ‖ ×
　　 孫亥 ‖
　養 父丑 ‖ 공망
六살 才卯 ‖ 身
　　　　浴
　　 官巳 ‖

● 점괘를 보면 내괘 父가 공망되면 망한 집안이다. 내괘 효와 외괘 효가 상충 극제되면 망한 집이다. 본래 내괘 才가 외괘와 상충되면 친척, 타인의 재산 원조를 받는다 했다. 六살은 편친 슬하 3효 父養은 양자 입가다. 六살이 世身과 合이 되면 편친 슬하에서 살게 된다. 또 巳 관살이 충이 되면 편친 슬하 신세다. 世身이 공망 또는 養은 혼인 실패다.

男

甲	甲	乙	辛
戌	寅	未	卯

● 夏절 甲寅 日木이 물이 되는 水가 없어 조후를 잃었다. 무성한 나무가 조열하여 고목이 되는 것처럼 사주 전체가 생육을 잃었다. 정관 辛은 劫재 乙에 파극되어 보증된 일자리가 아니다. 계약직으로 대학 강사직을 했지만 무일푼 신세로 가빈한 선비였다. 正官 辛이 기능을 잃으면 인수 역할과 관문직을 반납한다. 조후되는 水 인수가 없어 만인이 불신한다. 철학에 입문하였으나 역시 명쾌하지 않다. 이 사람의 문법과 문집, 작문법은 상당한 수준이었다.

16 寅은 유전살 계승권(한평생)

○ 寅은 한평생을 뜻한다. 代를 이어 가는 계승권자다. 寅은 조상, 조상 땅,
높은 산, 우두머리요, 큰 아들, 장손감이다. 寅이 청명하면 거성감이요, 한
평생 모범과 좋은 버릇. 빗나가면 나쁜 버릇. 寅이 공망, 絶, 상관, 劫살, 亡
신살, 고신, 과숙살, 원진살, 형충파 같은 흉성이 접하면 먼저 조상, 혈친,
가족, 우두머리, 총수가 흉재를 받게 되고 길조 현상이면 조상과 계승권자
큰아들이 빛내준다.

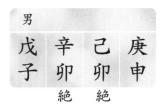

● 신강사주다. 卯月생에 용신 火가 없어 격이 떨어졌다. 申 겁재가 卯 재성과
合, 겁재로 변하여 財성을 극하고 卯 절궁으로 40이 넘도록 여자가 없고 일자
리도 백수 인생이다. 이 사주의 부친 卯는 젊다. 絶이 되어 젊은 나이 때 부친
은 세상을 단절했다.

◉長生이 자형살이 되거나 극설이 심하면 조루증이다.

◉亡신살이 刑도 되고 合도 되면 부정, 비리, 송사, 주색, 색난.

◉기신 편인에 亡신살이 같이 있으면 편인운을 만날 때 대재앙이니 미리예방.

◉甲子, 乙亥, 丙寅, 丁卯日생이 再見하면 백모살에 해당, 부부 풍파.

● 丙辛合이 되어서 官성이 새로 생겼으니 남자가 둘이다. 지지 午 겁재가 편관 壬과 合이 되니 거물급이다.

◉세년 劫재가 天乙귀인이면 친구의 도움으로 일자리를 얻게 된다. 이유는 天乙귀인은 편관으로 본다. 고로 편관과 劫재와 合이 되기 때문이다.

◉養의 운명

● 亥月생 水국으로 식신 상관이 태왕하다. 또한 亥月생으로 태양불이 되는 조후가 보이지 않아 차가운 사주다. 초년 남편과 이별, 다시 재결합하여 부부 정 없이 살아가는 여인의 운명이다. 日지와 時지 공망살로 각방 각거다.

時주가 合이 되고 羊刃 酉가 육합이 되어 자손 자리가 훌륭하다. 공망으로 점수가 삭감되었지만 자손은 영화다. 딸이 되는 癸水 상관에서 卯는 天乙귀인이다. 딸은 대우그룹 자손과 결혼, 명갓집으로 출가했다. 女명은 인성을 사윗감으로 감평한다. 辰 편인이 공망되고 辰亥 원진살로 사위는 직업 없는 백수 인생이다. 그렇지만 辰 인성 사위는 養이 받쳐 있어 평생 불로소득으로 부모의 업으로 살아간다. 사윗감이 되는 인성 辰에서 볼 때 癸亥 水는 財성이다. 거부, 재력가 집안이다. 또는 癸亥 水는 辰에서 볼 때 편재, 정재로 혼잡되어 재복도 많고 여자도 많다. 재벌가 辰土 사위는 초혼을 실패, 두 번째 여자를 만난 것이 이 여인의 딸과 인연이 맺어졌다. 日지 인성 養은 부족한 사윗감이다. 흠이라면 비인살로 신액, 부부액, 재무액으로 고통이다.

◐帶가 공망 또는 沖형되면 결혼 실패, 만혼이다.

- 여자 壬癸 日주가 正官, 편관이 刑충 되면 부부 이별이다. 또한 劫재 정관 상견되어도 혼인 파기다.

- 戌月〔곡식창고〕생의 그 天간이 日干과 合이 되고 財성이 받쳐 있으면 곡창이 만리까지 간다 했다.

◑태세가 사주 月간과 合이 되고 그 지지는 충이 되면 일자리 떠나는 운이 다. 合이 되고 충이 되면 合이 갈라지면서 떠나는 운이다.

- 癸丑이 백호가 되고 癸가 편관이 되었으니 재취 남편이 백호살이 된 것이라 보고, 丑戌刑이 되었으니 남편 자살했다〔丑寅午는 탕화살〕.

◑官살이 충형되면 편친 슬하에서 살아본다.

- 이 같이 官성이 혼잡되었는데 지지장간 官성이 日간과 암合이 되면 사람이 문란하여 가출, 바람.

◑편인이 년月주에 있으면 집문서, 재산문서가 익명으로 되어 있다. 남자는 처에게 명의 실명.

◑자손이 잘 되고 못 되는 것은 양친 부모 사주에서 日지 時주의 길흉 조화 에서 좌우된다는 것을 확인. 日지에 고신, 과숙살에 亡신살이 같이 있거나 時주가 극상되거나 원진살, 각종 흉살이 되면 자손이 실패.

◑대운 소운에서 사주와 合이 되어 길성이 형성되었지만 그 지지에서 극파,

형충되면 습과 갈라지는 형국이다. 즉, 자손의 파산 선고〔결혼 파기, 직장 파기, 건강 이상〕 발생, 흉재가 생긴다.

◎ 己未는 白虎대살이다. 행운에서 백호대살이 충파되면 상패운이다.

◎ 女子 운명에 食神 傷官에 養이 있으면 배다른 자식 양육, 위안이 된다.

◎ 습이 된 곳에 死絕墓 원진살이면 합이 파해되는 상으로 분리되는 상이다.

◎ 남자 壬午日, 甲午日, 戊子日은 유첩한다.

◎ 매년 三덕귀인, 관귀학관, 天덕귀인을 보면 취업, 승진 경사.

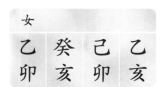

● 日지에 劫財가 있어 부부 이혼이라고 경솔하게 판단하면 곤란. 日지가 용신이 되거나 日간이 合이 되면 다정 화목. 또한 亥 劫財가 合이면 남편의 사랑과 애호를 받는다. 天乙귀인 卯가〔天乙귀인은 선비 관살로 봄〕 日支 亥와 合이 되면 官살과 合이 되는 이치로 화목, 남편 관직운이다.

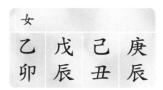

● 남편복은 전혀 없으나 비상한 머리〔식신 용신〕 회전으로 부동산 투자로 거부가 되었다. 직업은 대개 사주에 없는 오행을 택한다.

이 사주는 三冬月에 출생하여 火가 없으니 火는 印성이다. 인성은 부동산, 건축업이다. 日지 남편 자리 辰辰형에 白虎살이 접하였고 乙木 남편은 乙庚合

은 기쁘지만 火가 없는 乙庚合은 냉동으로 꽁꽁 얼어버린 사주다. 즉, 乙庚合은 병원치료살이요, 약 복용이다. 時주 자식 자리 正官은 효자, 충신이요 관록운이 좋지만 浴살의 피해로 자녀는 만혼, 미혼으로 살아가고 신병. 六살이 정관 남편에 해당, 남편은 불치병이다. 이 女人도 암으로 세상을 하직하였다.

● 丁未는 간여지동이다. 부부궁이 흉. 巳酉丑 三合 財국으로 乙木 印을 파하니 혼인문서 파격이다. 女자가 두 트럭이다. 금리(金利)놀이, 사채업자다.

● 丙辛合이 되어 희신 水가 나와 통관용신이 나오니 자식을 낳으면서 하는 일이 잘 된다.

◉ 日지가 공망이 되거나 고신, 과숙살이 되면 만혼, 결혼 실패.
◉ 대운에서 편財가 絶이면 손財가 또는 애정문제.
◉ 암장에서 나오지 않는 官은 본처에서 낳은 자식이고, 合이 되어 새로 나온 자손은 비밀 자식이다. 양자 맞이하는 경우도 있음.
◉ 官살이 合이 되어 흉신 官살이 나오면 七액이 증가된다.
◉ 대소운의 天乙귀인이 결성되고 인수년을 만나면 관인상생격으로 일자리를 얻게 된다. 天乙귀인은 선비 편관이다. 즉, 편관 인수는 관인상생이다.

● 이 격은 이름을 날리는 임기용배격인데, 남자는 권위직에서 살 팔자이고 女
자는 흉이다. 火로 꽉 차면 자주빛 의상에 관대를 허리에 두르는 격이다. 상기
女명은 국제결혼하여 좋은 직업에 걱정 없이 살아가나 남편이 백수 인생. 이
유는 壬 정관이 습충으로 辰고에 수장되었다. 남편을 돕는 財성이 있어 壬水
에 발수해야 남편이 구실을 한다.

● 필리핀 남자 사주다. 종살격이다. 日지 편재가 공망되어 외국인 여성과 국제
결혼. 財가 공망되어 돈 욕심이 없어 백수 인생이다.

◉加傷官格

● 신왕사주 時상 편관격은 고위직에서 살아간다고 했다. 日지 甲寅은 복성귀인
으로 고관 운명이다. 年주에서 傷財격이 진실되어 군직(軍職)에서 국경을 지
키고 공을 세우는 명장이 된다 하였다. 상관은 군대다. 6.25 전쟁 때 사단장까

지 과거가 화려했다. 전역 후 불행하게도 중풍으로 식물인간이 되어 대·소변을 처가 책임지고 한많은 세상을 보내고 있다. 이유는 官성이 傷官에 피상되면 선친도 흉지에서 사망한다. 본인 역시 상패되어 산 시체로 고수하게 된다. 官성이 傷官에 피상될 시는 그 官성은 뿌리가 없어야 하고 상관에 의해 완전 파진됨으로써 官성이 무대에서 활동할 수 있다. 만약 관성과 상관의 세력이 비등하면 상관은 官성을 죽는 날까지 괴롭힌다. 즉, 산 시체로 고수하게 된다. 時주 자손 자리에 상관 관성이 피상되어 자손과 처도 불행이다. 처도 60 후 암으로 세상을 떠났다. 상관 용신격이나 상관이 있는 명조는 정관 대운을 만날 때 죽지 않으면 백수 인생.

◉태세 습과 원진살은 습과 헤어지는 상인데, 좋은 의미는 직무상 타지 발령.

男

| 庚 | 庚 | 甲 | 壬 |
| 辰 | 寅 | 辰 | 子 |

● 괴강일생이 刑살이나 충살을 받으면 몸에 신액이 따른다. 日지 寅이 絶궁에 해당되고 甲寅 록 재성을 甲庚충으로 결혼궁이 불길. 辰辰 자형살로서 흉신 역할하면 장애가 많다.

◉甲日에 庚辛 金이 나란히 있으면 官살혼잡이 되어 정관격은 파격이다. 그러나 乙木이 있어서 庚金과 습하거나 丙丁 火가 있어 庚金을 억누르는 경우엔 정관격이 파했다가 다시 구제되어 회생할 것이니 乙丙은 甲木의 약이요, 구신이다.

◎申月생의 乙 日간은 寅이 있어 申을 충하면 파격이 된다. 亥가 있어 寅亥合을 하거나 午가 있어서 寅午合을 하면 충이 해제되어 申 정관이 구제된다.

◎白虎가 상관을 대하면 교통사고, 피상, 상패.

◎女명 식상이 印성과 합이 되면 속궁합도 잘 맞아 성관계를 즐긴다는 부부.

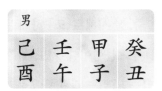

• 비인살〔羊刃 오행을 충하는 오행을 말함〕을 충하면 만혼이요, 결혼의 별인巳酉가 공망이면 만혼 또는 결혼 후 풍파.

• 태세 음간 乙년은 乙庚合으로 부친 母가 좋은 일자리 개통. 寅申 병원출입살인 官귀학관 申이 처궁 日지에 처하니 의사직 처와 결혼한다. 午 양인까지 구비되었다.

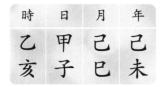

• 甲己合이 되면 그 지지 巳와 日지 子와 年주 己未 土財 국이 日지로 모여들고巳 중 庚金 자손 역마살이 日지로 모여드니 국제결혼이다.

- 女자 식신 상관은 자궁, 유방으로 봄. 식상이 승충되면 육체미와 자궁이 발달.
- 외격사주는 대다수 출세를 많이 하는 자가 많다.

  외격 – 두 개의 오행으로 된 것, 종격, 화격, 오행 전체가 한 가지로 된 것, 일행득기격, 양신성산격. 여기에서 화격사주가 품질이 명품이다.
- 종재, 종살은 가난한 자는 한없이 가난하고 부한 자는 한없이 부하다.

- 년주에 기신 편인 인수국이 록으로 받쳐 있고 時주 역시 기신 편인성이지만 12운성 길성이 받쳐 있으면 12운은 선천운을 상징하므로 후천운까지 영향을 준다. 고로 길성인 록이 시주, 년주에 있으면 부모 운신이 좋았던 걸로 봄.

- 매년 운에서 인수가 사주 財성과 습하여 財성이 나오면 창업이다.

◉五계명(가훈)

1 10번 생각하고 10번 계산하여 판단을 내린다.

2 생각과 맘먹기에 따라 성공과 실패.

3 열심히 살아가면서 시야를 넓히고 머리를 잘 굴리면 가난도 도망간다.

4 탈선과 적패 행동은 내 인생을 불행하게 만든다.

5 일찍이 처신이 부족하면 기술계열이나 소질 방향으로 진출한다.

● 申 정관이 日간 乙과 合이 되고 원국에 財국을 이루면 그 財국은 官을 생조하여 財官印으로 끌어올리니 재벌가 운명이다.

○정관이 원진 해살이면 서민직업이거나 보증수표가 아니다.

○正官 食신이 같이 있으면 지위가 높고 자손 덕도 후함.

○辰戌충은 그 선대가 감금, 흉사. 격식이 훌륭하면 명갓집 출신.

○사주 식신이 있고 편인이 멀리 있거나 서로 상생하면 대식가(비만증).

○편인이 식신을 파극하였으나 그 편인이 편재에 억제되면 식신이 부활되어 희생하는 이치다.

○申은 여자, 애인, 처로서 合충파되는 해는 애정싸움, 가정불화.

○편인 형충년은 충돌, 시비, 애정싸움, 병득.

○金多면 사람이 똑똑하고, 不見 金은 항상 사람과 유대가 잘 되지 않는다.

○비겁이 많은 사람은 그토록 믿었던 사람에게 믿는 도끼 제 발등 찍힌다. 애정면에서나 돈 거래에서 치명적 배신을 당한다.

○남명 식상이 용신이면 장모가 집도 사주고 처가 덕을 본다. 반대로 식신 상관이 官성을 파극시키면 장모가 파혼을 선동하거나 남자 측에서 혼인해약을 염두하고 살아간다.

○남녀 時주 상관은 자식과 동거하면 자식에게 해를 주어 자식과 멀리 떨어져 사는 것이 자식을 위한 안전망.

○女명 시주 인수는 자식성인 식상을 극하여 자식과 동거해서는 안 된다.

○男女 모두 식상이 형충되거나 浴살이 되면 생식기 병이 있다.

○년월주 비견 겁재는 부모에게서 배 다른 형제가 있고, 日주와 시주의 비견 겁재는 배우자에게나 자손에서 배 다른 자식 타성남자 자식꼴을 보는 것이 특징이다.

○財나 용신이 墓고에 入장된 효는 극충이 없으면 대발할 수 없다.

● 未土는 財의 墓다. 丑이 있어 또는 대운에서 丑을 만나 충거되어야 대발할 수 있다.

○신강,신약 불문하고 日지 劫재는 부부운이 불길하여 결혼생활이 순탄치 못하다.

○비견 겁재가 다봉한 명은 식신보다 상관 역할이 그 효력을 능히 발휘한다.

○財성이나 식신이 劫살이면 거액, 거금을 숙청당했다.

○劫살은 숙청, 급질, 정신착란, 압류, 손재, 분탈, 병사, 흉사, 흉악범. 그 외의 사기성, 사고의 악살이다. 사주 전체 지지를 기준하여 12신살을 붙여 劫살이 출현된 궁의 자리는〔형충, 원진살 가감되면 강력 작용함〕 하자가 있거나 불행 자초. 例 年지, 時지에 劫살이 놓이면 유년 시절 부모 운세가 불행하였고, 日지가 劫살이 놓이면 40세 전후 아신이 인패재패의 불행을 경험. 행운에서 사주와 劫살이 형충, 원진살이 되면 인패재패의 불운을 당한다. 조용하면 자리 이동이나 리모델링(개혁, 뜯어 고치는 것) 혁신운이다.

○劫살이 길 작용일 때는 선친운은 불행했지만 당대 후천운에서는 모름지기 후광을 득지하게 된다.

時	日	月	年
庚	甲	戊	乙
午	寅	寅	亥

- 태세 戊戌년을 12신살로 따지면 亥가 劫殺로 年주 亥가 劫殺 작용이 된다. 亥는 기신이지만 長生으로 길신 작용한다. 亥는 가옥문서인데, 劫殺 작용으로 가옥문서 소유권을 잃어 지방으로 이주했다.

○ 식신은 식록, 의식처, 수명, 위장으로 식신이 기능을 갖추고 청명하면 財官보다 더 좋다고 하였다.

○ 상관은 박관(剝官)이라고 하여 성정은 총명. 능변성이 유창하고 혁신. 공격적이고 무법자. 반항, 방종, 영웅심, 희생정신, 예술, 기술 등 정신적 생활성이다.

○ 상관이 官을 보면 화가 백단으로 발생. 질병과 손재, 백수생활. 상관격 사주는 혼사가 이루어질 때부터 주변으로부터 방해가 많고 사기당하여 결혼하며, 항상 불만과 조석으로 싸움판. 같이 산다 해도 혼자된 몸과 같다.

○ 상관은 흉명인데, 격국과 배합에 따라 행·불행이 결정된다. 즉, 상관 옆에 財성이 바짝 붙어 있으면 부귀명으로 대부호가 된다.

○ 正 인수가 天乙귀인이면 좌지우지하는 신분이다. 비록 상관이 흉 작용을 하지만 길성의 배합으로 시정되면 전화위복이 되어 부자와 이름을 얻는 데는 상관격에서 많이 배출되니 일방적으로만 보아서는 안 된다. 영웅들이나 위인들의 공명은 상관 사주에서 배출되고 있다.

◎신왕사주 시주 편관격은 대부귀하지만 불초한 자식이 발생.

◎정관은 국가와 사회를 정의하는 제도다. 윤리, 도덕, 교양성이 풍부. 공무원, 국법, 명예, 사명감, 귀인, 군자, 존경, 충성, 신용, 대의명분 등으로 구분된다. 정관은 상속의 별이다.

◎時의 정관은 자손들이나 본주가 방종없이 가계를 정통하게 이어 간다.

◎女子 명이 정관이 1개만 있고 유기하며 다시 天乙귀인 二덕이 있으면 1등 부인이다.

◎편인은 권태, 위선, 배신. 사주에 편인이 있으면 대개 위사람을 거역, 배신하는 행위를 한다. 신약사주 편인은 정인 못지않게 필요. 기신이라 할 수 없다. 편인격은 상관이 있어 습함이 가장 아름답다.

◎정인과 편인이 2개로 되어 있으면 두 가지 직업.

◎인수는 편인과 달라 이기심이 강하고 타인에게 박하고 자기에게 후하다. 유년 시절에 인수격이 財운을 당하거나 명식에 財성이 正 인수를 파극시키면 학업[대학]을 진학하기 힘들고, 사주 인수성이 과다하면 융통성이 없다. 정인이 파극되지 않고 유기하면 100세 장수 명이다.

◎우주의 삼라만상은 상대가 있다. 상대란 낮이 있으면 밤이 있고, 태양이 있으면 달이 있고, 남자의 상대는 여자다. 이 의미로 양과 음은 서로 상대가 되어 화합의 비교차로 생로병사가 좌우된다. 양이 남자라면 음은 여자요, 양이 건조하면 음의 습기는 고갈된다.

◎충은 충돌, 가격, 다운되는 상이다. 刑은 세력을 과시.

◎습은 무리를 형성하고 사교와 친화성을 이루며 원진살, 파해는 시기의 질투. 충은 힘이 있는 자가 이기지만 양측 모두 다친다.

◎酉 卯 戌 - 이런 격은 卯酉충과 卯戌합으로 충습은 불안한 습이다. 사주에

丑자가 있으면 丑은 봄의 씨앗을 발아시키는 과정으로 음적인 마음이 내
포되어 浴살, 도화살로 본다.

◉ 辰戌丑未는 土의 창고로 변화성이 많고 바람기가 동하여 도화살로 본다.
더하여 지장간이 여관 역할, 묘지 역할, 휴식처다.

◉ 효신살

甲 子 日	乙 亥 日	丙 寅 日	丁 卯 日	戊 午 日	己 巳 日	庚 辰戌 日	辛 未丑 日	壬 申 日	癸 酉 日

◉ 효신살은 부모와 떨어져 고독생활, 공망 또는 희신 용신은 무시한다.

◉ 사주에 백호대살, 양인살, 劫살, 오귀살, 상관 관성봉, 원진살, 육해살, 고
신, 과숙살이 있으면 필히 살풀이.

우선 당사자의 사주와 이름이 새겨진 종이컵에 본인 머리카락 7개와 손톱 발톱 깎은 것과
본인의 나이 수만큼 동전(100원짜리)을 넣은 다음 사람이 많이 왕래하는 사거리에 던져서
버린 뒤, 붉은 팥을 뿌린 다음 침을 3번 뱉고 악살 소멸, 음 급급여울령이라고 소리하며 돌
아보지 말고 집으로 온다, 이 의식을 여러 번 행한다.

◉ 六효에서 官귀가 天乙귀인이면 관직인인데, 官귀 아래 은복된 효가 天乙
귀인이면 관직인으로 본다.

癸	癸	丁	甲
亥	酉	卯	寅

天乙귀인

父未‖
兄酉∣
孫亥∣
兄申∣ 世
官午‖ 卯才 天乙귀인
才卯 父辰‖×

● 2효 官午 아래 卯才가 天乙귀인으로 官성도 天乙귀인에 배속된다. 차명은 초효 辰父가 동하여 상대되는 亥 자손을 극하고 있다. 亥는 辰에 入墓되어 亥를 극하지 못하지만 고양이 밥이 되는 쥐의 신세다. 이런 경우 辰을 충하는 戌년에 亥가 손상 입어 식록과 건강을 해친다. 손님에게 戌년을 조심하라고 당부한다. 戌戌년에 거금을 날렸다.

● 六효에서 世가 외괘에서 기능을 발휘하면 사회운이 길하고, 경제권을 가진다.

● 행운에서 祿이 형충파, 원진살이면 휴직상태, 공수 인생이다.

● 대운 초가 虎살, 괴강살, 羊刃살, 상관이 임하면 병부살이다. 만약 본인이 건강하면 부모대에서 생가가 파멸된 일이 있다.

● 대운 또는 유년에 生을 동반, 사주와 형충되면 새출발, 개혁이다.

● 食神 옆에 劫財가 있으면 생각지도 않는 복이 굴러 들어온다. 이유는 비겁은 식신을 상승하여 악행을 교화시키기 때문이다.

● 劫財 상관은 상당한 위치에서 성공하는 사람도 있다.

● 胎兒 無胎女人이 入胎되는 달 − 태세 天간으로 결정한다. 태세 天간이 사주와 충이 되면 무효, 天干으로 正官 月 다음 달이다. 地支는 태세 天간으로 正印 다음 달에 入胎한다.

● 女명 劫財 상관 봉은 부부 이별인데, 劫財가 合이 되거나 상관이 合이 되면 흉성이 시정되어 다시 정상으로 회복.

◉正官이 刑살을 대동하고 日간과 合이 되면 아신 또는 자손이 입지대성.

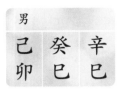

• 대운 丁亥년에 丁 편인은 癸水 편재와 丁癸충, 즉 편인이 편재를 충하면 삼
각관계다. 강제로 어린 여자 가슴을 만지려다 구속.

◉未, 申이 용신이 되거나 길 작용하면 만능직업관이다. 이유는 未, 申은 坤
궁, 직업궁이다. 행운에서 未, 申이 길 작용되면 일자리 얻어 취업이다.

◉평두살〔결혼 실패, 사주감정 조견표 참조〕이 日, 時에 놓이면 본인, 자손 혼담
장애, 결혼 실패.

◉女子 상관이 將살이면 남편운을 막는다. 女는 將살을 남편 官으로 봄.

◉囚옥살이나 六살이 기신이면 교우관계 금이 가고, 원수 짓는 일 발생.

◉傷관 용신격은 日간이 강하고 財성이 충실하면 그 재능이 아낌없이 발휘
하여 능사능대하여 호걸이 된다.

◉역마지살이나 七살이 刑살, 원진살은 흉지에서 사망, 혼백 있다.

◉丙이 癸水를 보고 辛이 있어 合이 되면 고전을 받으나 무방하다.

◉子는 밤일하는 밤 12시를 대변하고, 午는 이합집산이다.

◉생月에 12운성 길성이 있으면 부모 형제 발전.

◉日時의 劫재 정관은 초년 젊은 나이 때 부부 이별, 年月의 劫재 정관은 중
년 나이 때 부부 이별이다.

◉남녀 天乙귀인이 자손과 合이 되거나 時주에 天乙귀인이면 자손 출세.

- 日간과 合이 될 때 刑살을 구비하면 조정에 출입할 사람이다. 여자 운명이라면 출가 후 남편이 입지성공 단서가 잡힌다.

- 이사방위는 공망된 방위는 절대 피하고, 사주 용신에 유리한 방위 쪽으로 택하면 음택의 효험을 받는다는 것 유념.

- 사주가 태과 오행으로 구성되어 있어도 형충파의 피상이 없이 평화로우면서 대운이 길이면 소원성취한다.

- 제왕절개 수술로 출생된 자손은 자연분만으로 출생한 10명보다 좋다는 속설이 있음〔참고〕.

- 男 七살이 日간과 극충되고 劫재와 合이 되면 자손이 결혼 실패.

- 女 七살이 日간을 극충시키면 자손 결혼 실패.

- 공개合보다 암合은 애정적으로 진한 合이 되므로 영향력이 크다. 표면적으로 오행상 상극상이 되어도 내부적 암合으로 길신이 나오면 손실 끝에 후발하게 된다는 뜻이다. 즉, 암合은 공개合보다 그 힘이 막강하다.

- 상관이 七살과 암合이 되면 부호의 명이요, 거물급이다.

- 甲日에 庚午를 보면 七살 庚은 양이요, 상관 午는 음이다. 十(양) 一(음)은 러브콜이 되고 있다. 庚을 申으로 돌려 申 중 戊壬庚의 壬과 午 중 丙己丁이 장애 끝에 암合됨을 알 수 있다. 즉, 극상되고 合이 되어 이 경우는 죽을 고비를 당한 후 다시 구사일생이다.

- 子卯 刑살이 있는 명조는 용신운을 만나면 횡財운이 열린다.
- 日 亡신살은 한 번 실패 꼭 한다. 亡신살은 망한다는 뜻이다.
- 月의 帶는 직업 성공〔부모 형제도 해당함〕.
- 日時月의 六살은 조실부모 아니면 가산 파산, 실패, 병고.
- 劫살 길신은 검열관, 수사요원, 고관.
- 음日 天간보다 양일 천간이 부자로 산다.
- 女, 식신 상관이 태강하면 상官을 극하기 때문에 남편에게 불운을 주고 남편한테 학대를 받는다.
- 사주에 비견 겁재가 많고 식상이 없을 때 財운을 만나면 아무리 벌어도 은행통장은 빈털터리다.
- 용신이 日주와 合이 되어 용신이 나오면 부성 또는 배우자운 길.
- 일간이 天乙귀인과 合이 된 자는 엘리트, 선비직업이다.
- 日지가 未나 申에 12운 길이면 배우자 직장운 길.
- 合沖이 될 때 合이 왕하면 沖을 견제하고, 合이 약하면 沖이 이긴다.
- 女자 상관이 月에 있고 財성이 없으면 정관 편관운에 남편 중병, 보직에서 해직되거나 급변사로 불행.
- 대운에서 상관을 보아도 그 상관이 天乙귀인이면 귀인의 덕으로 좋게 된다.
- 신쇠 일주가 식상국으로 식상이 형충되면 말이 늦게 터져 육아성장 지체운이다.
- 해, 공망운을 만나면 해공이 되는 경우도 있고 공망살을 받는 경우도 경험상 있음.
- 상관은 財성 옆에 바짝 붙어 있는 것이 제일 아름답다.
- 日지나 時주에 財성 또는 식신이 용신이면 어린 시절 부잣집 자손.

○ 신강에 正財가 용신이면 부자의 명이다.

○ 남녀 사주가 헤어질 운명이라도 六살이 있으면 이별하지 않고 살아간다. 이유는 六살은 구사일생이다.

● 時주 자식 자리 帶가 辰辰 형살과 과숙살이 접목되어 결혼 못한 자손이 있다. 正官 子는 壬에 天덕귀인으로 요직에 근무. 帶가 있어 부부, 자손 직급이 높다. 午 겁재가 편관 壬과 合하니 고관이다.

○ 日지 식신 帶는 어여쁜 배우자.

● 甲午년에 午가 囚옥살에 해당된다. 사주 인성되는 子와 子午충되어 子는 문서, 부동산 일로 검은[子는 검은 거래] 거래하여 감옥에 갔다.

○ 酉酉巳 － 이 같이 투합은 불합. 만약 丑자가 있어 酉酉巳丑 三合이 될 때는 합이 되는 걸로 본다.

○ 도화살이 길신 正官이면 복록이 많고 벼슬을 한다.

○ 편관이 도화이면 복록이 없다. 즉, 비행으로 낙향하게 된다.

◎日干이 合이 되고 그 지지가 원진살이면 돈 버는 자리가 성패가 많다. 보증수표가 아니다.

◎편재가 3개 이상이면 흉이고, 2개 정도는 복길. 3개 있어도 제압 또는 合이 되면 무방.

◎편재가 있는 주 아래 生이나 養이 있으면 의외의 財산을 득한다. 또한 돈 버는 자리도 유익하다.

◎日지가 공망이고 日간이 별도 合이 되면 첫사랑과 이별, 재혼 명이다.

◎고신, 과숙, 亡신살은 객사혼 있다.

◎女子는 正財를 친남편으로 보고, 편재는 간부 남자로 본다.

◎年주에서 日주와 동합이 되면 부모의 유산을 받거나 스스로 성취한 사람이다.

◎月지에 印수가 있고 日지에 絶이 있으면 절처봉생이라 하여 실패 후 다시 부활.

◎官성이 공망이면 평생 직업변동이 심하다.

◎正財가 생을 받아서 충실하면 三代의 뜻을 지니고 있어 명예직으로 성공, 명진사해다.

◎인성이 국을 이루면〔3개 이상〕부모에게 해가 되고 女子 형제가 외롭다.

◎오행이 무력해도 12운의 길성이 받쳐주면 생기가 있다.

◎사주에 財가 없을 때 三合하여 財가 나오면 평생 행복.

男

丙	甲	庚	丁
寅	寅	戌	未
공	공		

• 누구든 甲日에 丙火를 보면 다소 흠이 있어도 부귀 운명으로 살아가지만 이 격은 파격이다. 재복도 많고 부모 유산도 많이 받고 부유 출신 같지

만 빈한 명이다. 世財를 대하여 재복이 있는 것처럼 보이지만 財의 원신 巳는 퇴신이 되어 불용되고 4효 자손 午는 死궁에 처하여 불용되고 世의 戌財는 五爻 官귀에 설기되므로 財성이 빠져나간다. 世戌 財가 巳戌 원진살로 재복도 없고 돈 버는 자리 운도 말직이다. 의류소매업을 하지만 곤고하다. 世에 財성이 있다고 무조건 부유격이라 하면 큰 오산. 12운성 死絕墓, 퇴신 같은 것을 유심히 살펴야 한다. 이 사주는 물이 되는 水가 없어 나무 木도 고목이요, 고갈 상태다. 六爻에 子水가 있으나 공망으로 무용지물이다.

퇴신
孫巳　才戌∥× 世
　　　官申∥身劫絕
　　　孫午ㅣ死
　　　才辰∥응
　　　兄寅∥공망
　　　父子ㅣ공망

◎대운 공망살이 자손이면 자손문제, 官이면 남편문제 발생.

◎편관이 羊刃과 合이 되면 인수가 없어도 인수 역할을 한다.

◎日時를 낀 원진살은 부부지간에 정이 없어 항상 싸우게 된다.

• 女명 戊寅日은 부잣집 출신에 학식이 높은 남편과 결혼한다. 남편은 변호사다. 月지 申 공망은 그 천간 壬 편재도 공망살을 받아 부친이 조기에 세상을 떠났다. 태세 癸巳년에 癸는 자식 자리 丁과 丁癸충이 되고 巳는 月지 申딸과 巳申합으로 水가 나와 딸 申金에서 볼 때 金생水하여 딸이 자손을 출산했다.

◎신강사주에 정관 용신이 2, 3개 더 있다면 정관이 아니라 편관 작용이 되어 흉물이 될 수 있다.

● 애정 合이 되나 申金에 合木이 극제당하여 결혼운이 늦거나 정규직이 아니다.

◉길신 劫재가 囚옥살이면 형제 우세. 기신이면 형제 감옥. 전과자.

● 戌丙 天덕, 月덕, 天頭귀인이 있고 辰戌충으로 캄캄한 방이다. 구속, 납치. 대전 지방검찰청에 근무하는 검사직이다. 왕한 火국은 義를 중시, 法조인이다.

◉印수는 내 집이요, 편인은 타家다. 印수는 본처의 집이요, 편인은 후처의 집이다.

● 庚金이 日甲과 충이 되었으나 乙庚合으로 甲木은 충에서 해제되어 형제 신인 甲木도 乙庚合처럼 다정해진다. 이때 편관 庚金은 正官으로 化하여 유정하게 됨.

○자손궁〔사주〕과 원진살이면 자손이 속을 썩이고, 부부지간 성생활에 불만. 官이 원진살이면 남편 때문에 속을 썩이고, 처 오행이면 처로 인해 속을 썩인다.

○年月주에 財성이 유기하면 대개 사업가 운이다.

○月주 용신에 복성이 받쳐주면 부모 형제가 건왕하고 부귀격이다.

○正官은 극파를 당하고 편관은 충실하면 정관은 가고 편관이 살아 있는 것이 되니 재혼, 재취 여자다.

○자녀가 잘 되고 못 되고 하는 자녀의 길흉은 주로 여자의 운명 時주에서 결정된다. 또한 남자의 운명 時주도 참고한다.

○편인이 12운성으로 흉성이면 악모에게 크고, 길성이면 선모에게 양육된다〔악모는 계모, 타가살이 부모, 선모라함은 할머니 외할머니〕. 양자로 입가.

○편인이 12운성의 길성이면 이전 부유 출신, 財성에 극파되면 빈가 출신.

○도식〔편인성을 말함〕이 있어도 제화가 되면 길.

17 劫살 대운

◎ 대운 12劫살은 누구나 길흉이 양분되어 리모델링, 구조 조정이다. 또한 재개발지역의 뜻이 담겨〔사주 劫살과 충하는 대운도 해당〕있어 근무처나 살고 있는 집에 변동수가 발생. 별도의 부동산, 토지가 재개발지역으로 묶여 손이면 손, 이익이면 이익이 증가되어 손익이 양분된다. 손이 예상되면 미리 처분하고 이익이 예상되면 손에 쥐고 있는 것이 증자가 된다.

◎ 天乙귀인이 官성이 되거나 未申에 해당되어도 돈 버는 일자리가 후하다.

◎ 인성이 財성에 극상되면 고아생활, 시주에 처하면 자손이 고아다.

◎ 女명 시주에 비견 겁재가 있으면 자손이 흥가.

◎ 申은 坤궁을 대변해 직장, 애인, 처, 가정 돈. 극기되면 마사가 붙는다.

◎ 正 인수 浴살은 편인으로 본다.

◎ 巳가 浴살이 되거나 충살을 받으면 혼인을 영속하지 못하고 갈라진다.

◎ **잉태 –** 식상이 건왕하면 자손 잉태가 유망하고 胎가 대운에서 출현되면 잉태 소식이 있다. 그러나 胎가 백호이면 잉태운이 없다.

◎ 刑충이 될 때 해신(害神)이 되면 반드시 타주와 合이 되어 중화가 되어야

평생 고생을 하지 않는다.

- 대우그룹 계열 가족의 운명이다. 甲辰日은 대패살이다. 더한 흉살은 甲 日주 丁卯시는 상관 劫財로 그 집안이 몰수되어야 할 액을 부부 이별로 액을 때웠다. 申 편관은 劫財 卯와 합이 되어 계급의 집안. 申은 坤 여자로 본다. 絶궁이 되고 日지 辰 편재가 대패살로 첫사랑과 이별. 乙庚合에 日지로 모여드니 부모의 음덕으로 불로소득의 팔자다. 時주 상관 羊刃은 파패살로 혼인 실패다. 劫財가 편재를 보면 본처보다 후처를 사랑한다.

女
壬 戊 己 乙
戌 辰 卯 未

- 日지 辰戌은 천라지망살로 부부 이별 아니면 감옥에 한 번 가본다. 土의 출구가 막히고 비겁이 충파되면 財를 극한다. 정관 卯는 浴살에 壬水의 근원이 끊어져 未에 入고, 남편이다. 酉 대운에서 卯酉충으로 채권 비리로 투옥 중이다.

- 辰戌, 巳亥가 있으면 관액, 질액, 문책, 혼인 파기다.
- 女명 식상이 왕하면 시아버지 단명이다.
- 천간에 있는 財는 돈을 함부로 소비하고, 지지에 있는 財는 중하여 값지게

사용.

◉식신 겁재 동주는 화가 변하여 행운으로 풀린다.

◉申이 복신이 되는 해에 취업, 개업하게 된다.

◉**식신 정관 –** 경제적 윤택. 기신 편인에 희신 정관 봉은 재산문서 실패.

◉正 印수가 년주에 있고 충실하면 유복한 집안에서 태어난다. 단, 편인이
  혼잡되면 서민층 출신이지만 12운성의 길신에 놓이면 부모 운세가 좋았던
  걸로 인정, 극파되면 부모 운세가 발전하다가 쇠락.

◉正財, 正官은 관록으로 재산, 명예로 본다.

◉편관 七살이 간합, 지습이 되면 七福이 된다.

◉남녀 공히 食신은 재산, 자녀로 본다.

◉신약에 식신이 파극되면 신체가 허약하고 단명인데, 長生이 있으면 장수.

◉日지에 편인 기신이면 배우자 덕이 없다. 그러나 신약사주로 신주가 약할
  때는 편인도 도움이 된다.

時	日	月	年
庚	甲	戊	丁
寅	寅	寅	未

● 이 운명은 물이 없어 고갈 상태이지만 육효학상 물을 충분히 조달해 주어 사
  주가 윤택해졌다.

◉女자 운명에 태성이 원진살이면 자손의 일자리를 잃거나 변직, 수모를 당
  한다.

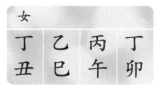

女

丁	乙	丙	丁
丑	巳	午	卯

● 木生火하여 다시 火生土. 생재격으로 부유 명이다. 土金水운에 발전. 火力이 심하여 불조심, 정신질환 조심.

女

丙	庚	乙	庚
子	午	酉	戌
死	浴	旺	衰
胎		絕	

● 日時 子午충은 부친이 초혼〔子는 어리다〕에 실패하였음을 알린다. 년주 庚戌 홍염살에 편인은 정실 아닌 후처 몸의 어머니다. 乙庚合에 형제 신이 새로 생기니 나는 후처 몸에서 태어난 자손이다. 丙火 편관이 酉 劫財와 合, 특권충, 명가 후손. 대우그룹 후손이다.

※부친되는 乙財의 乙庚合이 酉 방해로 불合이다. 이런 경우 백수 인생, 혼인까지 실패다.

男

丙	庚	乙	庚
子	午	酉	戌

● 상단 女子 사주는 부호의 집안 출신이고, 본 남자의 사주는 고아 혹성으로 조모 밑에서 연명하고 있다. 초대운 丙戌은 편관 편인으로〔공망〕구성되었다. 편관 편인은 배신살로 나를 배신한 부모님이다. 한날 한시 운명이 다른 점은 부모의 유전에서 길흉이 천차만차 다르다는 것을 염두하시라.

◎浴살이 붙은 오행은 그 오행을 약화시키고 浴살의 피해를 본다.

◎正官이 있을 때는 상관이 멀리 있어야 안정.

◎식신의 帶는 태어날 때부터 생가는 발전, 충파 극제되면 부모가 발전하다 가 실패.

◎丙戌이 月에 있으면 부모 형제 아신이 인패財패다. 이유는 丙戌은 상부상처살이다.

● 申金이 卯 중 乙과 乙庚合으로 卯木 형제되는 寅木 형제와도 유정하게 되므로 상해할 수 없다.

◎**편재 · 상관 –** 남편이 애정문제 복잡. 부모 한쪽이 건강을 잃음.

◎**편인 · 인수 –** 어머님 아니면 아버지의 흠결로 흥쇠가 좌우됨.

◎**편관 · 편재 –** 삼각관계 불륜, 재산이 파산지경.

◎년주의 재성 정관이 養이면 부친으로부터 상속권자다.

◎**편재 · 겁재 –** 패손, 금전사기, 男은 재혼 암시.

◎편인국에 편재, 거金 사기당한다.

◎**정재 · 겁재 –** 보증 실패, 돈 거래 실패.

◎**正財 養 –** 재산 형성. 편재 養은 부모 재산 상속권.

◎**正財 浴살 –** 여자는 이혼, 男은 처로 인해 망신.

◎**正財 死 –** 재산 실패〔단, 식상이 도와주면 위안〕.

◉女자 신왕에 日지 편재 養은 좋은 남편.

◉식신이 극파형은 생후 죽거나 병치레, 생가 극빈.

◉女자 행운에서 비겁운을 만나서 비겁이 정하면 자손들의 입지가 밝아진다.

◉女자 식신에 正官은 남편운이 좋다.

◉女자 식신에 帶는 자식덕이 있다.

● 財星이 태과하며 正財가 酉酉 형살이 되어 본처 멀리 한다. 丁未 대운에서 丁癸충이 되고 丑未충으로 새 가정을 생각 중이다. 태세 壬辰년은 丁壬合이 되고 丙壬충이 되어 合과 이별의 암시다. 비견 겁재는 부부지간으로 본다.

◉사주에 상관이 있으면 언뜻 건강체질로 보이지만 약을 복용하는 사람이다.

◉女자 상관 용신에 刑살이 접목되면 구멍난 하체요, 불량품 하체다.

◉女명 상관 대운에서 사주 인성을 충시키면 딸 혼인 파기다.

◉인수가 식신과 合이 되면 재복도 좋고 관운도 좋아 부귀공명이다.

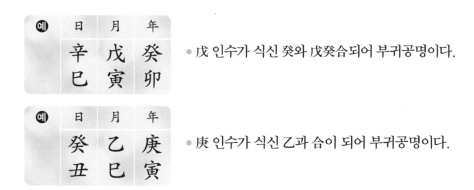

● 戊 인수가 식신 癸와 戊癸合되어 부귀공명이다.

● 庚 인수가 식신 乙과 合이 되어 부귀공명이다.

● 合과 충은 소리는 있으나 그 형체는 보이지 않아 없어지는 것이다.

● 合과 원진살은 공든 탑이 무너지는 격.

● 상관 帶는 자식운이 좋으나 부부 애정은 미미.

● 편관 용신격은 식신으로 억제함이 없을 때는 合으로 복기가 된다.

● 女명 식신 상관에 財성이 같이 있으면 자손들이 부귀.

● 月에 養이 있으면 부모나 형제가 부귀하다.

● 時주의 財성 養은 태어난 후 생가는 발전하기 시작했다.

● 편인 長生이 식신을 극하면 양母가 악모로 변하여 젖을 굶기면서 허약체
  질로 허약하다. 또 평생 친모와 인연이 없다.

● 형제 신이 없고 日간 비견만 홀로 있으면 부모덕, 형제덕 무정하다.

● 12운성의 길성은 오행의 힘보다 몇 갑절 더 힘을 발휘한다.

● 庚辰, 庚戌, 壬辰, 戊戌 괴강은 길흉을 극단으로 작용하여 사람을 제압하
  는 강렬한 살이다. 귀격은 대귀 대부, 천격은 극빈 재앙.

● 女명 비견 겁재가 국을 이루고 강왕하면 재혼해도 혼자 몸이다.

● 女명 관살혼잡에 日지 浴살은 두세 번 결혼 실패.

● 남녀 편인이 식신을 보면 연애도 도둑질 연애 심보다. 즉, 겁탈성이 있다.

● 正官은 상속권자다.

● 正官 인수면 하는 일마다 전부 성공〔청명할 때〕.

● 正官 浴살 女는 남편의 성욕을 불태워주어야 불만이 없다.

● 養은 발전의 핵이다. 養이 있는 궁은 그 궁의 발전 단서.

● 正官 絶은 남편과 생사이별 암시.

● 편인이 있어도 식신이 없으면 편인의 사나운 작용을 앓는다.

● 女가 편관이 형충되면 남편과 자식을 해한다.

- 편인이 合이 되거나 편재에 억제되면 도식의 작용이 소멸, 순진해진다.
- 기신 편인은 실컷 잘해주어도 공치사를 받고 배신당한다.
- 편인 인수 양쪽으로 혼잡되면 결혼생활 변태성이다.
- 편인 편관 동주면 그 궁 육친이 실패, 이별, 손재, 남남지간.
- 六殺이 있는 명조는 가정에 타성이 되는 다른 성이 있다는 뜻. 즉, 부양하는 객손.
- 女명 괴강日은 남편이 작처. 공망이면 여자 자신이 내연관계.
- 刑殺을 대동하고 羊刃격이 유력하면 의사직, 권위직.
- 酉戌 해살은 청각장애. 자형살〔辰辰, 午午 등〕도 害살로 봄.
- 역마지살이 刑이면 살인사건. 刑살은 편관으로 본다.
- 각주에 자체로 함지살이 있거나 日간에 함지살이 결성되면 뒷거래 혹은 타성과 인연을 맺게 된다.
- 正官이 合이 되어 길신이 나오면 문서로 경사 발생. 정관은 인수와 비슷함.
- 庚戌日, 庚辰日은 官성이 나타나면 제일 싫어 한다. 부부 중 한 명은 신병 암시.
- 상관이 財를 보면 총명한 머리로 학업이 우수.
- **인수 死** – 부모는 나빴으나 본인에게 와서는 반드시 가운을 복구한다. 死궁은 실패 후 다시 성공한다 하였다.
- **인수 墓** – 종교 집안 출신이고, 부모의 재산을 많이 받는다.
- 養은 발전의 단서이다. 時 養은 자손의 발전, 日養은 부부운과 자식운 발전 등.
- 女자 日주에 丙午, 戊午, 壬子 등이면 과부상이다.

- 년간 乙辛충은 부친의 액이요, 병원출입살이다. 卯酉는 관액이요, 손재, 병원 출입살이다. 용신 己土가 甲己合이 되어 용신이 나온 것은 남편 직업이 똑소리 난다. 財성이 많으면 대개 사업으로 종사. 巳 중 丙이 丙辛合으로 남편 직업이 좋고 다정다감.

◯ 편관 용신격에 괴강살을 보면 무서운 사람이다.

◯ 女자 正官이 日간과 合이 되었으나 劫재가 合이 된 正官을 충시키면 이별 징조.

◯ 女명 比견이 충되거나 공망되면 시아버지가 고독하거나 조별.

◯ 日庚이 月乙과 合이 되었으나 그 지지가 원진살이면 일자리가 완벽치 않다.

◯ 신왕에 정관이 원진살이면 정관을 파괴, 소인배 운명이다.

- 子子는 부부 상극살이다. 火土운에서 발한다. 日지 子에 浴살이 거듭 있고 申은 絶궁에 임하였고 인수국으로 官성의 설기가 태심하여 남편궁이 불길. 남편과 이별, 독수공방으로 살아간다.

◯ 초 대운이나 둘째 대운 지지에서 고신, 과숙, 亡신살, 형충, 원진살, 공망을

보면 부모 운세 불길 또는 병고. 중시하라.

◉甲寅, 庚寅, 丁未, 己未 甲戌은 백호대살이다. 日時나 年주에 있으면 초년 나이 때 혈친이 흉지에서 사망. 또한 그 구궁의 육친은 병을 품고 있고 임종할 때 참변. 그 외 白虎대살은 甲辰호, 丙戌호, 丁丑호, 戊辰호, 壬戌호, 癸丑日 등인데 남자의 日주가 丙戌日이면 상처하기 쉽고, 여자 日주는 과부상이다. 女명은 官성이 白虎면 夫가 상한다. 백호대살 아래 지장간 육친도 작용을 받음.

◉상문살은 친상을 뜻하고, 조객살은 집안 사람이 우환, 질병. 따라서 대운에서 만나면 이 살을 받음.

◉白虎대살 중에서 甲寅, 庚寅 백호살이 강렬한 작용을 함. 寅이 백호가 되어 그의 조상 조부가 흉지에서 사망, 졸부. 당대에서도 그 영향을 받는다. 특히 日지나 時주에 있으면 저당된 거나 같다.

◉丙戌은 상부, 상처 살이다. 日지나 時에 있으면 배우자 자손이 살을 받는다.

◉時주 화개살이 충파, 원진살이면 자손 혼인 실패, 돈 실패.

◉時주에 자형살〔辰, 午, 酉, 亥〕이 파충, 원진살이면 자손이 관액으로 파산.

◉日時에 고신, 과숙살은 혼자된 자손이 있다.

◉女명 사주에 화개살〔辰戌丑未〕과 과숙살이 동주하면 딸자식이 신앙 종사.

◉三덕귀인이 月주에 있고 將성이 놓이면 국가직, 공직인이다.

◉女성의 사주에서 財성이 국을 이루거나 식상이 국을 이루면 타성남자 자식꼴을 보아야 친자식 운도 좋게 되고, 남편과 이별하지 않고 잘 산다.

◉天乙귀인의 그 지장간 육친도 귀인에 속한다.

◉사주에 고신, 과숙살이 있는 명조는 행운에서 만나면 우환, 질고 실재함.

◉기신 편인 또는 浴살년은 해약, 파기, 실패운이다.

◎印성이 자손〔식상〕을 극하면 실자하거나 대주가 자살.

◎財성이 印을 극하면 부친이 삼각관계, 검은 거래다.

● 차명은 金 비견 겁재가 국을 이루어 甲木 財성을 극심하게 극하고 있다. 부친 甲木에서 볼 때 金은 七살 편관이다. 부친이 운수업이나 철공업에 종사하면 부친이 명을 이어갈 수 있다 했더니, 과연 부친은 철공에 종사한다는 대답이 다. 이때는 편관을 부친으로 대용한다. 丁酉 長生으로 건강체질이다. 또한 장수의 명이다.

◎女명 상관 浴살이 合이 되어 浴살 오행이 나오면 그 하체는 벌거벗은 하체이다.

◎둘째 대운 지지가 희신 상관이면 군관직 후보생이다〔자손 등등〕.

◎편관이 기신 편인과 동거하면 두 신살은 더 미운 짓을 한다. 내연女에 무너지고 비리와 검은 거래, 익명성으로 위장 거래.

◎사주에 편인 정인 혼잡하면 아버지의 비행 아니면 母의 뒷거래다.

◎長生이 絶과 동림, 흡수 또는 合이 되어 絶 오행으로 변질되면 長生은 산 시체와 같으므로 한평생 소원성취 불발, 토막 인생이 될 수 있다.

㉑ 辛에 子가 장생인데 絶 卯木에 흡수.

男

戊	辛	己	庚
子	卯	卯	申
	絶	絶	

- 長生 子는 絶에 끊어진 상태다. 나이 40이 되어 직장운도 없고 미혼지경이다.

◎ 현재 살고 있는 대운 지지를 중시, 복신이 되는지 흉신이 되는지 확인. 흉신에 처하였으나 12운의 生, 祿, 帶, 旺, 養, 天乙귀인, 天덕귀인, 天月덕인이면 길운으로 판단. 그러나 형충파, 원진살이 되면 흉운으로 돌변.

◎ 대운은 길인데 세운이 흉이면 반흉반길이다. 세운의 흉은 고통이다.

◎ 태세가 길운에 처하고 12운의 길성이 받쳐 있어도 현대운이 태세를 극충시키면 대흉.

◎ 조상 음덕이 있는 명가 출신은 흠결이 있어도 무사히 잘 넘어가는 사례가 많다.

◎ 대운 세운에 12운성과 12신살을 꼭 붙여서 확인하라.

◎ 대운이 좋아야 만사형통이다. 잘 살고 못 사는 것은 대운에서 결정된다.

◎ 辰辰, 午午, 酉酉, 亥亥는 자형살인데 스스로 형을 입는다는 살이다.

◎ 女子 운명 時주에 官성이 놓이면 허공. 식상과 상전이 되어 자손과 남편에게 해악이 발생. 단, 시주의 관성이 合이 되면 무시.

◎ 남자 時주에 상관이 앉아 있으면 자식성인 官성을 극하여 자손에게 재앙.

◎ 태세가 日간과 합이 되는 해는 신규사업 추진, 젊은 여성은 임신.

◎ 月주와 合이 되어 희신이 나오면 신규사업이다. 단, 대운이 길해야 사업이 성공적.

○ 日時 帶는 일찍 결혼.

○ 正 印수가 육합이 되면서 길신이 나오면 칭송이 자자. 공유하는 민주정신
이다.

● 이와 같이 財성이 많을 때 財를 入고시키는 入墓 戌이 처궁에 임하면 처는
돈을 긁어모은다.

○ 印성이 역마지살이면 외국 유학.

● 辛亥日은 가문폭락 출신으로 가문이 멸망당한다는 것. 亥 상관이 寅財와 합
이 되고 寅 중 丙이 日간과 투합이 되는 것은 처 또는 처가의 특권이다. 寅財
〔寅은 전통 높은 山〕는 명가의 처가운으로 출세했지만 丙辛합 투합으로 權力
이 대결로 암투되고 있다. 69세 丁酉 대운에 丁火 편관 七살과 寅酉 원진살로
원수로부터 비운을 당한 북의 張成澤 사주다. 위인들은 상관이 있는 것이 특
징. 상관은 성취 후 장구하지 못해 비운.

○ 편인이 합이 되어 도화살이 나오면 남편 또는 부친이 검은 행동.

○용신 財가 長生이면 땅이 만평이다. 즉, 甲日에 戊月, 寅月의 長生 등이다.

○胎가 印綬를 보면 절처봉생으로 실패 후 다시 회생한다는 뜻이다.

○官살이 태강한 명조는 일찍이 기술계열이나 군직 또는 체육선수 택함이 길.

○正 인수가 神살이 받치면 母는 신방 또는 신을 섬기는 사람이다.

男
丁 辛 丁 己
酉 亥 丑 酉

● 丑은 寅을 대변하여 높은 산, 높은 건물이다. 이 운명은 丑에 養이 있어〔辰戌丑未 養은 부동산에서 불로소득〕높은 빌딩〔15층〕부동산을 소유하고 있어 불로소득이다. 년주의 록이 時주의 록과 동습을 이루니 전통으로 내려오는 재벌가 출신이다. 편관 丁이 日간 록을 파하니 흉이지만 丁火 편관은 亥 중 壬과 합하여 정관으로 化하여 록궁을 파하는 것이 정지되었다. 편관 丁火는 丙丁亥酉 天乙〔귀인을 형성, 선조의 업과 官운이 있다〕.

이 사주의 특이한 점은 日時 사이에 戌을 협공하여 공협으로 天문성 戌 인수를 득하여 명품사주다. 국가직, 공직으로 관용차를 타고 다닌다. 이 사주의 흠결은 日지 辛亥日은 고신살로 독신격이다. 日지 亥 상관이 浴살이 되어 초년 부친과 사별하였다. 日지 浴살은 조부가 멸망이라 하였다. 辛亥는 홀아비살, 가문이 폭락 출신, 부친 조별하였다.

○식상 역마에 습日하면 외국 여자에게서 아들을 둔다.

○식상이 財를 생하거나 식상에 財 용신격은 실업계 유리하다.

○미혼자는 日간과 습이 되는 년에 배우자를 만나게 되고, 기혼자는 부부 변

태성.

⊙時의 死絕은 계승자가 없는 걸로 보고 미리 준비.

● 편관이 日간과 충이 되면 부부운이 불길이요, 亥 정관에 巳 겁재가 동림 되어 부부 이별이다. 丁未, 癸巳, 辛亥 가문폭락 출신 신살이 3개가 되어 부친은 젊은 나이에 세상을 떠나셨고, 당대에서도 혼인 파기, 파산 선고했다. 丁酉 편재가 장생이 되어 부친 직업이 우수했다. 부친이 의사직이었다.

● 편재 戊토가 자체 戊寅 장생궁에 받쳐 있어 부친은 국가직 사무관이었다. 또 년지가 장생이면 부친 사회운이 좋았다.

⊙日간이 습이 되었는데 행운에서 日간과 쟁습이 될 때는 변태성이 발작, 변질 마음이 생기거나 전에 있던 자리에서 다른 자리로 전직, 보직.

● 乙庚습이 이중으로 되어 乙庚습이 불합, 즉 가화격이다. 대운에서 丙년이나

甲년을 보면 乙庚合이이 되어 발전한다. 용신 火가 일차용신, 이차용신은 子다. 亥는 불길.

● 차명 사주 癸水 정관은 戊土를 보지 말아야 한다. 戊土는 암장에 있어야 癸水 정관 구실을 한다. 대학을 나온 세 자녀들은 일자리를 얻지 못해 방황 상태다. 官殺이 絶이 된 탓이다.

◉三奇_삼기

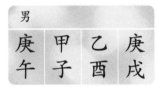

● 時주의 편관 상관 피상으로 부친은 병자의 몸, 산 시체다. 官殺이 태강할 때 상관이 제복하여 위안이 되고 득기되었다. 외국〔관살이 많으면 외국생활〕건축설계사로 명진사해.

◉女명은 부군이 귀하면 자신도 또한 귀하고, 부군이 천하면 자신도 천하다.
◉三奇란 天上 三奇에 甲戊庚이요, 地下 三奇에 乙丙丁이요, 人中 三奇에 壬癸辛을 말하는데, 甲日이 戊日에 생하였으면 庚이 있어 三奇가 된다. 사주 천간을 기준함. 이 三奇는 반드시 년, 월, 日이나 월, 일, 시 순으로 있어야

하고 戌亥의 천문성이 있어야 하며 巳酉丑에 卯가 있거나 辰戌丑未 등의 충이나 원진살이 있거나 三奇가 흐트러져 있거나 함지살, 상관, 공망이 있으면 무용지물이 되고, 성패가 많음. 신왕하고 財官이 유기하면 출세, 거물, 거성. 공망이면 스님, 종교인. 天月 二덕 有면 박사, 다능. 다시 사주에 將성이 있으면 국회의원, 대법원장. 三奇는 天乙귀인성이기 때문에 액살을 감소시킨다. 三奇가 있고 地支에 天乙귀인이 有면 더 길조.

● 甲戌庚 三奇로 천무성 亥가 급이 되어 자손들의 입지가 용틀임하고 있다. 三奇가 흐트러져 있으면 성패가 많다.

18 十惡대패살

십악대패살은 日干의 祿을 얻었으나 六甲 순중에서 공망된 자를 말한다.

> 예) 壬日의 록은 亥다. 壬申日이라면 왼손바닥을 펼쳐 엄지손을 申자리에다 壬을 붙여 십간의 壬癸가 끝나는 다음 자리 戌亥가 공망이다. 즉, 壬申日생은 壬의 록이 되는 亥가 공망이 된다.

日지의 대패살은 부부, 자손, 부모, 형제에 사람 실패[부부액], 재물 실패다. 대패살 추리법은 이하동법으로 동일시함[비전표 참조]. 대패살은 人敗財敗살 이다. 人敗라면 사람 실패다. 사망지액, 상신, 병액, 파혼선고 풍파 등이고 財 敗살은 재산을 완전 고갈시켜 탕진, 사업부도, 송사 등 파산선고 등이다.

이 대패살이 年주나 時주에 놓이면 유년 나이 때 부모가 人敗財敗한 일이 있었고, 年주에 있으면 부모, 조상이 인패재패했다. 月주 대패살은 부모 형 제 실패, 몰락. 日주나 時주에 대패살이 있으면 배우자 자손, 직계 육친까지 살을 당한다. 또한 대패살이 공망된 록이 사주에 출현되는지를 확인.

> 예) 년주 甲辰 대패살이 있다면 甲辰의 공망된 寅록이 사주에 출현되면 출현된 궁의 자리와 甲辰 대패살이 있는 자리 역시 2중으로 살을 받는다.

예 日에 癸亥 대패살이 놓이면서 月에 癸의 록이 공망된 子가 있게 되면 月주, 日주 양자가 대패살을 받는다. 대패살 공망된 록이 타주에 나타나지 않는 경우는 본 대패살이 홀로 작용되고, 공망된 록이 출현되면 양자 궁에서 이중으로 대패살을 받는다. 대패살 자리가 死 혹은 공망되거나 天乙귀인, 天덕, 天月신 같은 귀인성과 동주하거나 귀인성 또는 복신과 슴이 되면 대패살의 작용은 소멸된다.

18 女명 임신 중 부정탈

◉寅에 공망 絕은 계승자가 끊어지거나 장손과 인연이 없다.

女			
庚	庚	庚	辛
辰	寅	午	亥

● 庚寅, 辛亥는 白虎대살이다. 日지 寅이 絕이 되고 공망이 가담되어 강렬한 작용을 받아 代가 끊어진다. 巳운에서 日 庚에 長生으로 생남, 출생하는 해이다. 巳亥충으로 출생과 동시 자손을 잃었다. 부정 동토다. 개고기 먹고 집에 돌아온 시아버지 부정탈로 자손을 잃었다. 임신 중 개고기나 뱀탕 등 부정음식은 삼가. 時주의 편인은 자손을 극한다.

◉乙木은 庚을 보면 乙庚합이 되지만 春夏月 秋절생 사주에 丙丁巳午가 있어야지 만약 없게 되면 乙木을 잘라 버리니 위험하다. 乙庚合이 될 때는 반드시 丙丁火가 있어야 乙木이 제 구실을 한다.

○남녀 日간 또는 비겁년〔비겁은 식상을 생함〕에 자손 일자리 얻는다.

○용신이 비견 겁재인데 비겁년을 만나면 은인을 만나서 매사 순조롭게 친우 형제의 도움을 받으며 대인관계가 원만하게 잘 된다.

○신약사주 편관 七살이 비견을 극충하면 못 사는 형제가 있고 상패.

○대패살인 辛巳日은 死궁이다, 선친, 부친, 부부 중 죽임 또는 실패.

○교록이란 祿이 서로 교차되어 있는 것을 말한다.

<table>
<tr><td>壬
寅</td><td>甲
子</td><td>壬
申</td><td>庚
戌</td></tr>
</table>
예

● 甲의 祿은 寅이다. 庚의 祿은 申이다. 서로 교차하고 있다. 이때 祿끼리 寅申충이 되고 있는데 교차 교록은 충이 되지 않는다는 것으로 본다. 행운에서 교록을 만날 때 횡재수가 있거나 풍족해진다. 이와 같이 교록을 충해 줄 때 발복한다 했다. 단, 女子 교차 교록은 이별수, 풍파.

● 교차 교록의 실례

<table>
<tr><td>壬
申
日</td><td>庚
寅
년</td><td>庚
寅
日</td><td>甲
申
년</td><td>丙
巳</td><td>壬
亥</td><td>戊
子
日</td><td>癸
巳
년</td><td>乙
酉
日</td><td>辛
卯
년</td><td>壬
午
日</td><td>丁
亥
년</td></tr>
</table>

▶甲申日생이 庚寅년을 만날 때 경사, 횡재수.

록이 구성되었어도 록이 되는 日간을 편관이 극파시키면 록이 변하여 대패살로 변한다는 것을 명심. 록이 공망되어도 대패살로 변한다. 행운에서 록이 되는 일간에 편관운을 만나거나 록궁을 충파시키는 운을 만나면 대패살로 가운이 쇠망하거나 인패재패다. ▶중시

- 록이 되는 日간이 合이 되면 귀격사주가 된다. 또한 지지 록이 合이 되어도 길조 현상이다.
- 괴강격 사주는 신왕지라도 운행이 인성, 비겁, 식상운으로 흘러야 대과없이 성공·성취하고 살아간다. 財官운을 만나면 의록이 풍족하나 부부 중 하나 불치병, 형제에게도 풍파.
- 女자 正官 浴살이 日지에 있으면 섹스병 남편이다. 항상 불태워주어야 만족.
- 정관 정재가 日간과 합이 된 자는 직업운이 좋고 공직생활하는 자가 많다. 항상 관청의 협조도 받는다.
- 대소운에서 正 인수가 浴살이면 집의 명도 발생, 변직, 문서해약.
- 인수 용신이 된 자는 인수 용신을 만나면 집문서나 문서로 인한 행운, 윗사람의 도움을 받는다. 이러한 해는 당첨이나 허가신청하면 당선된다. 주택 개업, 확장, 신축, 부동산으로 큰 이익.
- 상관 용신에 파해가 되지 않으면서 상관운을 만나면 건강운도 회복하고 식록도 좋게 된다.
- 女명 식상이 왕하고 官을 보면 남편은 꼼짝 못하고 움츠린다. 이 경우는 시가와 남편과 자손의 비애가 크다.
- 辰은 물, 여자다. 戌은 火, 남자다. 辰戌이 되면 천지가 멸망한다는 뜻.
- **꿔준 돈, 위탁한 돈 못 받는 경우 -** 財성이 기신 劫재에 구속되거나 財성이 공망 絶지이면 받지 못한다.
- 년주를 파충하면 조상 산소 일이 발생, 사회 직장, 가정, 윗사람, 법원, 관청, 생사의 교란이 생긴다.
- 오행의 비법으로 건강 상태 진단

  木성이 형극을 받는 년 - 신경통, 중풍질환, 머리털이 빠지고 뇌병, 간질환, 갑

상선병, 목디스크

火성이 형극을 받는 년 − 고혈압, 저혈압, 심장병

土성이 형극을 받는 년 − 위경련, 생리불순, 위장병, 피부병

金성이 형극을 받는 년 − 기관지 수술, 폐병, 맹장, 치질, 좌골신경통, 신경외
과 출입

● **탕화살** − 丑, 寅, 午 사주 탕화살이 흉질에 속하면 그 궁 또는 육친이 화상,
화재, 음독 자살, 알코올중독, 대마초, 총탄, 폭팔 등의 흉재를 당함.

● 괴강日생이 괴강년에 入 괴강살을 충시키면 우환, 질병, 손재, 관액, 수술.

● 기신 劫살년, 亡신살년은 송사, 투쟁, 급질, 손재, 도둑, 도난.

● 女자 용신이 년주나 月주에 있으면서 충실하면 남편 사회운이 탄탄하다.

● 辛酉 劫재가 乙木 財를 말살시키고 乙庚合으로 벌초하는 형국이다. 寅 중 丙
火 편관은 년주 辛 劫재와 合이 됨은 부부 중 하나가 계급이 높다. 과연 그 남
편은 의대 교수다. 羊刃이 있고 寅酉 원진 乙庚合 乙辛충의 병원출입살로 남
편은 병원 의사직이다. 日 공망살에 寅絶은 나이 많은 신랑을 섬기고 후처 인
생이다. 15년차 노파에 반하여 거금이 애인에게 絶이 되고 있다. 辰에 寅酉
원진은 혼인을 상해한다. 괴강日생은 둘 중 하나 색정. 酉 羊刃살과 辰 괴강
살이 合은 대흉이다. 丙辛合이 있는 것도 생활이 탁하다.

● 財가 간합하고 浴살 도화가 함께 있으면 처가 야반 행세.

◉女는 官성이 死지에 있으면 남편과 해로하기 힘들 수 또한 남편 죽을 고비. 死가 깔고 있는[지장간 포함] 육친도 액이 있다.

◉ 대패살을 아는 법

사주 년간을 기준하여 자기가 태어난 달이 대패살에 걸리면 이에 해당함. 대패살은 대흉살이다.

년간	甲	乙	丙	丁	戊	己	庚	辛	壬	癸
출생月	2	1	2	2	3	9	4	5	12	9

※ 이 대패살은 부친 선대가 멸망하거나 자신이 액을 당한다.

- 日지 時지가 동기임으로 부부운을 망쳤다. 女자 용신이 財임으로 출가 후 남편이 돈벌이 승승장구였다. 戌 상관이 용신 財를 생合하여 부를 쌓았지만 正인수 甲木 상관 戌을 극제 조치하니 대주[신랑]는 갑자기 떠났다. 合도 되고 형살도 되면 품행이 탁하여[巳申형合] 캄캄한 거래. 애인과 드라이브 중 차사고로 두 번째 남자까지 사별시켰다. 女자 운명에 劫재는 남편의 첩이다. 자식 자리 時주에 劫재가 있으면 자손이 재산탕진, 말년 빈한 명이다.

◉官살이 絶이면 일자리 잃어 하차 인생. 官살은 돈을 버는 일자리, 직업, 벼슬, 권세.

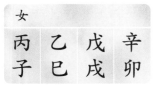

- 卯는 乙 日간의 록이다. 록간을 충하여 巳 중 庚이 乙과 불合 불발이다. 남편이 백수 인생, 병자의 남편이다.

◉ 귀문관살은 日이나 時를 끼고 있는 것이 본인에 해당된다. 무슨 살이든 신왕은 적게 당하고, 신쇠는 크게 당한다.

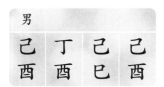

- 巳가 양면으로 酉와 合이 되나 투합이 될 수 없다. 이런 격을 合으로 성립하여 종재격으로 보면 안 된다.

◉ 신약사주 財성이 印성을 파극하면 채권에 명도 발생, 집을 잃는다.

◉ 중화

중화란 사주에서 견제된 오행 간에 서로 상충될 때 이 오행이 合으로 와해시켜 주거나 공격하는 오행을 다시 제국하는 오행이 있을 때 싸움을 말려주어 이를 중화시켜 풀어준다. 또한 한기〔三冬月〕가 냉한 사주에 한기를 풀어주는 火力이 사주에 있을 때 어머니 역할로 이것이 중화요, 사주를 맑게 해준다. 또 三夏月 사주에 시원한 水성 물 한 모금 없으면 모든 생물이 고갈되어 타 죽는다. 이때 원국에 水성〔지장간 허용〕이 있으면 단비를 만난 격이요, 병자가 약을 얻는 격이다. 그러므로 水火는 꼭 필요하고 우선시한다. 중화를 잃으면 병자의 운명과 같다. 중화된 명은 실패 후에도 기회를 얻게 된다.

◉子卯 **형살** — 신경성병, 약물중독, 약 복용, 전과자 아니면 충신, 색정, 바람.
◉劫살이 해살이면 劫살이 추가되어 급질병으로 불치병.
◉申金이 劫살이면 申은 여자, 딸, 母. 하여 이 육친이 급사하게 된다.
◉화개살이 형충되면 길흉이 좋으면 좋고 나쁘면 나쁘게 되는 이중성이다.

男			
丙	甲	庚	丁
寅	寅	戌	未

● 甲寅 木이 水가 없어 땅에 뿌리를 박고 생장하지 못해 생육을 잃어 甲寅 木은 고木, 고사 상태다. 년月주 財성이 있어 부유격 같지만 가문폭락 출신이요, 부모도 빈한 명이다. 당주도 재복이 있는 것 같지만 동네 의류매장에 곤고하다.

女			
壬	戊	乙	壬
戌	申	巳	子

● 正官 乙이 巳 록과 合이 되어 남편이 공관직 운명이다. 巳록이 合이 되어 벼슬이 높다. 그의 남편은 4급 공무원이다. 戊申日은 고란살이지만 고란살이 巳申合으로 해제된다. 戊申은 관귀학관이다.

- 甲日에 戊己土가 財라면 戊寅년, 己酉년에 득재. 이유는 財의 長生이 되기 때문이다.

- 巳亥충은 거래 중단. 결혼의 별인 巳를 충하여 가족에 해체 사건.

- 天살년에 墓死를 대동하고 년주를 충하면 산소(山所)일 발생.

- 丁火로서 金을 달궜다가 물 속에 넣으면 金은 강해지고 윤택해진다.

- 乙卯木은 풀나무 土를 극제함이 약하니 오직 甲木이 土를 극제한다. 寅木은 丙火가 숨어 있어 土를 극하는 힘이 약하다. 甲木이 파土하는데 용감하고 무섭다. 庚金은 극을 해주어야 하고 辛金은 설해주어야 아름답다. 庚金도 설함이 좋다.

- 秋月 金은 丙丁火를 기뻐한다 했다. 단, 丙火는 壬을 무서워하지 않고 癸水를 무서워한다. 巳 중 庚金은 戊土가 火살[설기]하여 庚을 우회적으로 피하였고, 庚巳生하여 약한 중 강하다.

◉ 가문풍락 출신에 조신살

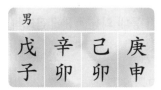

- 時주는 초년이다. 時주 生이 刑을 받으면 태어나자마자[生은 출생, 刑살은 편관 七살 午火다. 子午충으로] 죽어 나가는 사람이 있다. 日지에 寅卯가 있으면 조신살이요, 辛卯日은 가문패망살이다. 부모가 젊어서[寅과 卯는 젊다] 종천[하늘나라]하거나 가정을 떠난다.

사주 식신이 형파되면 목줄이 종명, 위태하다. 卯財가 絶이 되어 결혼운과 직장운이 박약, 미혼지경이다. 時주 山흙이 되는 戊土 正 인수는 辛金 보석이 매金되는 상. 母는 남편을 잃고 재혼하려는 마음이다〔戊土는 편인 계모성으로 변질〕마침 月주 己土 편인은 辛金에 자양성 흙으로 친모 인수역이 되어 자손을 지키고 친손이 되었다. 庚申 형제들은 절이 되는 卯와 제각각 合이 되므로 재복이 많고 일자리가 풍부하다.

```
女
戊 己 庚 乙
辰 丑 辰 巳
```

● 여자 명이 비견 겁재로 전체가 되면서 흠결이 많으면 독신팔자다. 時주 日주가 동기이고 月주 용신 庚辰 대패살로 결혼 자체가 인패재패다. 아들, 딸 모두 대패살의 흉 작용을 받는다.

추가하여 辰辰 함지살로 두성이 양성을 부양한다. 현대운 乙酉는 편관 乙木이 상관 庚과 合이 되고 酉는 식신으로 향락에 젖은 운이다. 태세 乙未년은 관살 乙이 상관 庚과 乙庚 쟁合으로 열애에 빠졌다. 애인과 동승차를 몰고 향락길에 교통사고로 중환자실에서 회복운이다. 乙庚合은 병원출입살이다. 상관은 차다.

◎ 寅이 관귀학관에 속하면 한평생〔寅은 한평생〕직업관에서 살아간다.
◎ 신왕에 官살이 용신이면 부동산, 집문서 운이 좋아지고 건축업, 건설업에 종사 성공한다. 또한 官운이 길창.
◎ 신주가 약하고 자립이 무정할 때는 日간이 合하여 그 세력에 의존하면 자기의 운명이 새롭게 된다

- 乙木은 왕水에 부목이 되어 日 丙火를 생할 수 없다. 七살이 만주되어 日간을 괴롭히고 있다. 마침 辛金이 있어서 丙辛合을 이룬다. 金水운에 의존, 종살격이다.

○ 명식에 華개살은 神을 섬기는 가정이다.
○ 女명 官이 合이 되면 남편과 남편의 형제까지 직업운이 청명.
○ 사주에 병이 있을 때는 이 병을 없애는 약이 용신이다

- 이 사주의 병은 金이다. 이 金을 죽이는 약이 火이지만 火는 巳酉丑 金국으로 종살격이다.

○ 건록과 제왕 등에 연관되면 부친이 혁혁하다.
○ 신왕 식신 位가 생왕하면 자식이 요직.
○ 乙 日간은 겁재인 甲木이 있어야 돈을 번다. ▶중시
○ 춘하추月 乙木은 丁火를 생하지 못하고 꺼린다. 반드시 丙火가 있어야 乙木이 구실을 한다.
○ 丙은 壬水를 무서워하지 않는다. 多土를 보면 무서워한다.
○ 丙火가 壬을 보거나 壬이 丙火를 보면 그 육친은 부와 귀를 누린다.
○ 편재가 丙火이고 그 옆에 壬水를 보면 그 부친은 부호였다. 壬水가 자손이

고 그 옆에 丙火를 보면 자손은 부귀 명이다.

◦ 日간 丙火 옆에 癸水가 있으면 丙火를 구름과 안개로 덮어버려 그 丙火는 구실을 잃어 힘을 못쓴다. 그러므로 日간 丙火는 직업이 미미하고 어리석고 모든 행동면에서 소인배이다〔동월사주에 해당함〕. 이때는 戊土가 있어 戊癸합으로 안개와 구름을 거두어 화창한 날씨가 온 세상을 비춰준다. 이것은 수없이 경험한 바이다〔하절생은 희〕.

● 식상이 많으면 官살을 극한다. 식상을 억제하는 金운이나 火운에 발신, 金운보다 火운에 발전. 木이 되는 식상이 태강하여 밑빠진 독에 물을 붓는 격으로 아무리 노력해도 소득이 적다. 남녀 모두 식상이 태강하면 자손의 입이 늦게 터진다〔말이 늦다〕.

12운성 비전

○ **長生**은 수명의 별이요, 생장의 별이다. 12운성 중 가장 힘이 되고 무게가 있다. 生을 가진 자는 항상 후원자의 숨은 지원을 받으며 세인들의 덕망과 엘리트 위치에서 살아간다. 長生은 성한다는 것. 長生은 고관으로 본다. 長生은 위기 극복과 장구성 발전 암시. 長生은 의식 풍족. 長生은 전쟁터에서도 죽지 않고 살아난다.

○ **浴**살은 도화살에 속한다. 浴살은 알몸으로 불순물을 목욕시켜 주므로 고통과 죽음을 연상시킨다. 조실부모. 대리모는 산파역으로 기계적으로 돌봐주고 금세 미련 없이 떠나버린다. 그러므로 친모는 외로운 신세, 생가 파멸, 두 어머니 꼴, 편인 작용, 타가 부모생활, 계약, 해약. 浴살은 알몸을 연상시켜 색정이나 호색이 짙고 예의가 무례, 말도 불량품. 日지 浴살은 부부 이별 암시, 신병. 女는 官이 浴살에 동거하면 남편덕이 없고 공방수. 女명에 식신 상관이 浴살이면 성교시 즐거운 비명소리를 하는 것이 특징. 浴살은 실패와 이별살이다.

浴살은 색욕살인데 子午卯酉 도화살에 임하면 바람끼가 더 강하다.

◦ 帶는 결혼의 별. 결혼식 올 때 신랑 신부는 사모관에 황제 의상으로 벼슬 금띠를 허리에 장식, 성혼식을 올리는 과정이다. 예식을 마치고 첫 행보에 사랑의 비즈니스 침실, 침대에서 첫 경험을 새롭게 녹인다. 그러므로 帶를 잠자는 일, 섹스하는 일〔화개살로 감초 역할〕, 혼사, 결혼의 별이다. 관帶는 祿으로 본다. 즉 귀록, 록봉, 록관.

또한 帶는 여자 자궁을 표시한다. 또한 사모관에다 허리에 벼슬을 두르니 출세와 입지의 벼슬관 록으로 본다. 女는 음부병이 많아 색란과 탈선이 심하면 혼인을 파한다. 관대는 건록으로 봄. 그러므로 帶가 있는 궁은 지위가 높고 계급이 있는 집안이다. 단, 관帶가 형충 공망되면 혼인을 파하거나 女는 음부병으로 타남과 사통〔부부 중 하나가 탈선〕, 이혼, 직업 파직. 관대는 신앙심이 강하여 그 집안 또는 종교계 운명의 신부, 목사, 스님. 식신의 관帶는 미남미女다. 자손도 미남미女다. 帶는 패한 후에 다시 갱신한다 했다.

◦ 祿은 벼슬아치다. 귀관, 관직, 록봉, 재산, 건강으로 본다. 祿과 六合이 되는 오행을 암록(暗祿)이라 하여 암록은 숨어 있는 祿이다. 祿과 동일시함. 건록 격은 빈틈이 없고 친밀한 반면 부정을 싫어한다. 건록은 몸과 정신은 성숙 됐지만 사회 경험이 없기 때문에 세상물정이 어두워 좋고 나쁨을 떠나 새롭 게만 보여 호기심으로 집착, 샐패의 원인이 되고 기회를 뺏기어 후회 침체. 祿의 인생은 인내와 노력은 있지만 융통성이 없어 빗나간다. 상관에 祿이 같이 있으면 부친은 반대자에게 복수를 당했다. 또한 본인도 복수의 음모 를! 日時 祿이 청명하면 자손이 현달하다. 祿은 자수성가 운명이다. 祿이 六合으로 合이 된 오행을 암록이라 하여 암록은 숨은 복덕이 있게 된다.

例 寅록은 亥와 六合으로 亥는 암록이 된다. 巳록은 申과 六合으로 申은 암록이 된다.

제왕 **旺**은 將성살과 비슷하다. 완성되어 전성기 부하를 거느리는 격. 제왕 격은 굽히지 않는 성격, 세상과 맞서려 한다. 제왕은 양인과 **劫**재 기운으로 **官**의 원신을 차단하기 때문에 **女**는 남편을 해치고, 남자는 처와 자손을 극 한다. **日**지나 **月**지의 제왕격은 자손, 형제 출세. 제왕격으로 중화가 되고 길운을 타고나면 발전의 단서. **年**주의 제왕은 계급이 높은 집안이다. 비劫 의 제왕은 육친 중 삼각관계. 부모 장수. 한때 부귀하나 중년에 많은 실패.

衰의 성정은 육체는 퇴기에 있지만 정신은 건재 과시. **衰**는 길성으로 본 다. **日**지의 **衰**는 생사이별의 암시. **衰**의 성정은 실패의 무리수가 없다. 기 력이 투철, 권모술수, 고단수, 능소능대, 실패와 실수를 최소화하는 재능. 그러나 타인에게는 사기꾼의 표적, 지혜의 아이콘이다. **時**주의 편재가 **衰** 인 **女**명은 남편과 사이별이다. **甲辰, 庚戌, 辛未** **日**주는 부부궁이 불미. **財** 성이 **衰**이면 **財**복은 타고 났다. 인성이 **衰**이면 착한 척하면서 검은 마음이 내포된 구석이 있다.

病의 개념은 병든 몸이다. 활인업, 의료인, 의약계, 의료기계 종사, 상담역. **財**성이 **病**이면 부모가 재물로 질병. **病**은 의사나 간호원, 약사직.

死의 개념은 **六**살의 뜻을 내포. **死**는 육신 정신이 병든 상태, 생명을 잃은 상태. 조실부모, 육친덕 **無**, 노력으로 성공. **死**궁은 부모 육친과 일찍 사별. **日**지나 **時**의 **死**는 생가가 쇠망했던 운이다. **死**운에서는 육친과 재물을 잃는다. **死**는 **墓**에 임박시기로 **墓**로 가설한다. 고로 **子午卯酉** 도화가 **死**이거나 **財**성이 **死**이면 불로소득이 있다. **死**궁을

浴살이 충시키면 배신자로부터 죽임을 당하거나 가중 통곡하는 사연이 발생. 死에 申이 받쳐 있으면 친정이나 외가가 쇠망. 死가 형충, 상문살이 발생. 日지의 死는 부모덕이 없다, 특히 배우자나 형제 중 이별수. 甲午日과 庚子 日주처럼 日지를 충하는 운을 만나면 식상이 요동쳐 임신이 잘 된다. 死는 실패 후 다시 발복, 일어선다는 여기가 있다는 것을 유념.

○ 墓는 시체가 묘지에 묻히는 것. 日지 墓는 부부운이 바뀔 수. 이별. 財성이 墓이면 재산을 지키고 득재한다. 墓는 入고시키는 창고직이다. 상관이 墓궁에 처하면 정관을 해하지 못한다. 기신 해신이 墓고가 되면 길신 복신을 해하지 못하여 안보다. 일색으로 국이 된 오행이 墓궁에 入고되면 길사가 발휘되고 상대를 극하는 것을 상실, 위안.

 ● 財土가 辰고에 入장되어 보증수표다. 다시 巳 중 庚이 日 乙과 乙庚合으로 土 재성을 이끌고 끌어올리니 과연 부잣집 운명이다. 정인 壬水는 辰에 水장되어 土성에 극을 면한다. 정인 주택궁에서 셋돈이 나오고 있다.

행운에서 財墓를 형충하면 재물 횡재수가 일어나지만 충당한 천간 육친성에 건강과 수명의 분리액을 당할 수 있다. 백호, 괴강이 墓에 동주하여 入墓를 충형할 때 흉화가 배가 되어 위험하다. 日 墓는 분리, 절단, 각거, 이별.

○ 絶은 이 세상과 완전 단절된 상태. 絶이 있는 사람은 계승을 단절하는 동시에 같이 사는 것을 갈라놓는 별이다. 행운에서 絶을 만나면 가족관계, 대

인관계, 거래행위, 투자계획이 갑자기 단절, 절벽상태. 絕은 바람살이다. 직장과 주거변동이 심하다. 絕이 받쳐 있는 육신은 필연 갈라지는 각거의 마음이다. 단절 絕은 절처봉생인데, 絕이 인성과 밀착되면 절처봉생이라 했다. 絕이 받쳐 있는 육신은 인연이 갈라지고 두 동강이 되며, 도화살이 絕이면 애정, 사랑, 친한 사람과 해체, 거금을 날린다. 12운성 중에서 絕이 대흉이다.

絕은 나이 차로 연상연하와 결혼한다. 絕이 붙은 궁은 필연 인연이 바뀌거나 고충, 건강 실패, 재산 실패, 부정비리, 색정 등이다. 자식 자리 時주에 絕이 있고 흉성이 쌓이면 대가 끊어진다. 寅이 絕이면 큰 아들과 인연이 끊어진 상태. 또 큰아들은 대를 있는 계승권자가 없거나 代가 끊어질 수 있다. 時지 絕의 女성은 성관계 복잡.

○胎는 가장 위험하고 불안하다. 낙태나 유산성이 깊다. 고로 胎의 인생은 죽을 고비를 넘긴 일이 있었고, 죽음에서 구원이 되어 살아난다. 胎가 正인수와 동주하면 사경에 처하여도 구사일생. 胎는 실패했어도 다시 부활, 재기하는 기회가 있다. 胎는 세상물정이 어둡고 판단력이 미흡해 경솔하게 결정. 부부생활에 권태증.

胎가 인을 본 운명은 부부 이별 운명이라도 절대 이별을 무시, 한평생 해로하고 산다. 日, 時지 胎는 임신을 뜻하여 주위로 암시적 求愛를 받는다. 사주에서 胎의 별을 생조받은 육친과 胎의 천간 육친도 胎의 살을 받는다는 것을 명심. 胎는 죽을 고비, 파산선고, 인패財敗살이다. 胎가 길신에 처하면 실패 후 점차 부활, 회춘하게 된다. 胎는 六살과 동질성이다. 胎가 時주면 자손이 인패재패다.

⊙養은 기를 양자다. 인연되는 사람을 추가로 애호하며 여타 동식물까지 양육한다, 養이 있는 자리는 물질적 또는 재원이 있는 자리다. 유력자의 원조를 받거나 자신이 허락하면 남에게 원조하는 미풍이 있고, 상속의 별로서 상속권 후계자 입지다. 養은 장생과 같은 뜻을 지니고 있음. 養은 소득신으로서 대소운 養은 소득을 심는 창업 문서운이 발생. 養은 의식주가 양호하지만 형충되면 빙의현상이다. 그러나 충형으로 화개살이 개고될 때 생각지도 않은 재물의 횡재수가 발생. 日지가 養이면 계모성이 있거나 타성남자성 부양, 배우자복 有. 財성이 養이면 재복이 있고 官이 養이면 직업운이 있다. 인성 養이면 주택에서 소득. 養은 화개살로 이합집산, 이별의 암시. 養은 불로소득이 있다. 건물이나 토지에서 집세, 땅세 받는다.

養은 차자로 태어나도 장남, 장녀 행세. 모든 일을 능수능대 처리. 養은 부부운이 자칫 이별수, 공방수, 부모나 형제 중 이별수 발생. 養의 직업은 육영사업, 간호원, 의사, 활인업, 종교, 자선업, 양식업, 보육업, 목축, 물고기 양식 등등. 養은 미모타입이다. 財성에 養이면 부친은 첩꼴을 보았다. 財성에 養이면 음성거래 직업 또는 비행 수입.

⊙子卯 刑살이 원진살이면 검은 거래〔子는 밤 12시로 검다〕로 부정 발각, 감옥.

⊙7, 8, 9月생은 土金이 성하니 時주에 土金으로 귀착되면 결실을 상징하여 자손의 영화다. 아신운도 풍년.

⊙

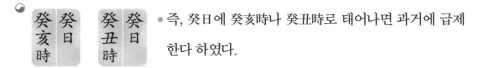

•즉, 癸日에 癸亥時나 癸丑時로 태어나면 과거에 급제한다 하였다.

⊙기신 刑살 신용불량자, 관액, 피신, 지명수배자.

◎正·印수 浴살은 한 집에 두 어머니 꼴, 이복형제나 내가 쌍둥이로 출생.

◎時주의 胎는 자손이 실패의 사경에서 구원되어 재기하는 부활의 기회를 함.

◎長生이 年주에 있고 흠이 없으면 선조의 혜택을 받는다.

◎辰은 용이 여의주를 물고 승천하는 상이다. 辰이 있는데 행운에서 辰을 보면 辰辰 형살로 용이 여의주를 물고 승천하다 떨어뜨린다. 손재, 관액.

◎비견 편관에 원진살은 불행한 형제가 있거나 선친, 부친이 불행을 당했다.

◎女子 丁未日〔백호대살〕은 남편이 어떤 사고로 죽거나 죽을 고비, 구사일생.

◎기신 편인은 모든 문서〔집문서, 땅문서, 계약문서 등〕가 가명으로 위장.

◎기신 편인과 화개살은 검은 거래, 부정거래 일삼는다.

◎乙日생에 甲申時는 귀자를 둔다. 丙日생의 己亥시, 丁日생의 庚子시도 귀자를 둔다.

◎행운 官살 국은 돈 나가는 일 발생 또는 득병, 병원출입.

◎공방(空房)살은 부부지간에 각거각방, 독수공방. 특히 女자에게 이 살이 있으면 남편 없는 방을 혼자 자거나 과부. 이 살은 10月생, 11月생, 12月생의 月주를 말한다. 이 살이 合이 되면 더욱 심하다.

• 음습으로 쟁합이 되어 刑살도 되고 충도 되어 품행이 문란하여 첫사랑과 이별, 재혼하여 자식 농사 풍년이다. 이유는 時주 정관 丙이 丙辛合이 된 연고다.

◎月령에 羊刃은 아버지 돈 실패다.

● 차명 丁未日은 홍염살에 간여지동〔丁未는 간여지동으로 봄〕으로 남편은 타
  녀와 종사하고 나는 주인 없는 신세. 그러나 日간 丁이 壬合이 되거나 亥가
  있어 亥 중 壬과 丁壬합이 되면 부부 해로.

◎ 羊刃이 있는데 財가 絶향으로 흐르면 득재하고 대발한다.

◎ 女명 食神〔지장간에서도 해당함〕이 正官 胎와 합을 이루어 용신이 나오면
  남편 죽을 고비를 살려냈다.

자신의 콩팥을 남편에게
이식, 살려냈다

남편 정신병을 백약으로
구제했다

백발백중이다

◎ 사주에 인수 편인이 많으면 아버지의 첩들이다. 그렇지 않으면 母의 간부
  들이다.

◎ 운명학에 財성이 만국이면 가상에 수술병자 있다.

◎ 日지 괴강살이 백호대살과 형충되면 병자의 몸이다.

◎ 天간은 합이 되고 지지는 刑이 되면 이것도 도화살이다.

◎ 도화살 浴살이 합충형은 더욱 바람기가 동하기 시작한다.

◎ 女명 태세 식상이 帶이면 미혼, 자손 결혼하는 운이다.

◌乙辰 음 帶〔帶는 羊刃으로 봄〕는 재산 풍파다.

◌편관 劫재 합은 이러한 해는 후원자가 생긴다.

- 여자 丙子日은 남편은 훌륭하지만 日지 子 도화살로 암거래하는 남편이다. 또한 丙寅은 홍염살, 고신살로 더욱 방탕살이다. 日지 將살에 임하여 국경 수비 대장으로 군직에서 영관급으로 예편, 후원금으로 말년을 편안히 보내고 있다. 日時 사이에 亥 천문성에다 天乙귀인을 포용하여 남편의 자리가 높다는 것을 알 수 있다. 時지 자손 자리 戌이 있어 거성의 자손이 있지만 戌戌 대패살로 딸은 혼인 실패로 혼자 몸이다. 時주 戌은 과숙살로 된 것도 딸에게 불운.

◌食神이 득위하면 자손대 발복, 印성이 득위하면 증손대 발복.

◌男 고신살은 처財를 해하고 결혼 실패. 女 과부살은 과부상이다.

- 乙巳日은 巳 中 庚金이 乙庚合이 되고 천간에는 乙辛충, 乙庚合으로 혼잡되어 품질이 문란. 마침 丙火가 丙辛合으로 조용해졌다. 이혼 후 다시 합류했다. 乙辛충, 乙庚合은 파직당하고 개인사업으로 전환. 浴살과 亡신살이 중중하여 색정이 강하다. 이 운명은 유산이〔년간이 日간과 합이 됨〕 보증수표다. 丙火는

상관이다. 상관이 財로 상진되어 財성이 득령하니 권세 女자를 얻었다.

○ 時주에 편인 편관 동주는 자손이 결혼 실패, 돈 실패.

○ 시주 도화살과 浴살이 같이 있으면 자손이 결혼 실패, 돈 실패.

○ 식록을 훔치는 기신 편인이 편관을 도와주면 흉성끼리 합신하여 편인의 흉폭과 편관의 흉폭은 배가 되어 돕는 척하면서 도둑의 행세, 사기행각, 천하무적이다.

○ 생時 長生 官살이 羊刃과 합하면 생가 후 가정운이 발전하기 시작한다.

○ 세운에서 帶가 형충되면 여자는 자궁이 열리는데, 딸 또는 며느리 출산 준비.

○ 편관이 충이 되거나 편관에 養이 받쳐 있으면 부부 중 하나 두 성을 부양한다. 天간이 충이 되면 충된 그 지지와 지장간 육친도 충의 작용을 받는다.

● 조후오행이 合이 되어 조후가 없어지면 풍파가 많다. 丁壬合에서 木이 나와 印수가 새로 생겼으니 母가 새로 생겼다. 부친의 비리다. 시주가 원진이면 자식, 남편 때문에 속을 썩는다. 辰에 寅酉 원진은 가상에 대주와 사이별, 남편을 쫓아내 버리고 계약직 하체로 살아간다.

● 여자 財성을 용하는데 劫財가 용신 옆에 바짝 붙어 있으면 극부한다. 午 중
  丁이 丁壬合, 남편은 첩과 산다.

◉ 羊刃이 이리저리 연주되면 남녀 불문하고 간음하여 망한다.

◉ 時日에 帶가 있거나 華개살이 있으면 종교사업 분주.

◉ 天乙귀인이나 祿이 운에서 合이 되면 원조, 길사가 터진다.

◉ 관살 태강 女명 하격사주는 몸 파는 여자, 소실 몸이다.

◉ 종살격 사주는 특파원, 연예인, 체육, 작가, 건축업, 장식품.

● 귀격사주, 궁전 출입이다. 癸酉 日주가 巳(덧말:사)를 불견, 寅木을 보면 혁
  혁해진다. 년주 천간 甲木 상관이 정관 戊土를 극제하고 있으나 戊癸합으로
  火가 나와 甲木은 다시 木생火하여 중화가 형성. 기신 상관 甲이 희신 역할
  을 해주고 있고 상관 寅은 午와 合국으로 財국이 되어 상관상진이 되어 길조.
  甲寅은 관귀학관 신으로 甲寅 상관은 인격자가 되었다.

◉ 편인이 식신을 도식하면 가중에 음파의 명이 있다

時	日	月	年
壬	壬	丁	己
寅	申	酉	卯

- 편인 申金이 식신 寅을 도식하고 있다. 운에서 亥년이나 子년이 오면 寅申충이 해제되어 식신이 생기를 얻으니 亥년, 子년에 식록이 풍성해진다.

○絶이 合이 되거나 생조를 받으면 풍파 후 다시 합친다.
○時주에 絶이 있으면 손에 액, 자손과 인연 無.

男			
庚	甲	庚	壬
午	午	戌	子

- 甲庚충은 형제와 재산 싸움. 또한 부친의 연고, 색정. 月의 財성 戌養은 재원이 있는 자리다. 財성에 養이면 부친으로부터 재산 원조다. 즉, 불로소득이다. 日지 午 상관에 死는 조모님이 일찍 종천. 午 상관이 戌에 入고되어 관을 극하지 못함. 甲午는 홍염살로 첩을 응한다.

○女명 상관 官성이 섞여 있으면 남편이 빗나간다.
○용신이 대패살이면 부부운이 동파.
○편인이 홍염살이면 친모는 후처 몸이다.
○젊은 여성은 대개 長生운에서 아기 출산. 그 長生을 사주에서 충파시키면 출생아는 죽는다.
○지지 상관이 있는 명조는 정관운을 만나면 사람 손해 아니면 재산 손실이

크다. 또한 돈 버는 자리도 반납된다.

- 지지 상관이 정관운을 만나면 상가음식, 제사음식 피할 것이며 매사 안녕을 비는 기도 몸이〔절간〕되어야 구원을 얻어 비켜갈 수 있다.

- 丁未日은 결혼 파기 살이요, 간여지동이다. 처궁 日지 帶가 충형되어 장가 4번 실패였다. 巳酉丑 三合국에 天乙귀인과 長生에 임하여 財운이 풍족, 金리 놀이하여 거부다.

- **亥살 −** 子未해, 寅巳해, 丑午해, 酉戌해, 卯辰해, 申亥해

  해살은 재산피해, 신병, 약물중독, 자살, 자해, 은인을 원수로 골육간에 불목. 부부지간에 정이 없고 보기 싫어하고 각방각거. 심하면 이별이다.

- 원진살을 중시하라. 원진살은 불행을 주는 살이다. 원진살이 있는 궁과 천간 지지 또는 장간 육친은 원진살의 불행을 입게 된다. 원진살이 있는 명조는 허리 수술, 디스크병이 침노한다.

- 신왕사주 財성이 劫살이면 남편 저당 설정, 압류하는 직업.

- 乙庚合에 천간 지지가 金국으로 왕한 화격이 성립되었다. 초년 대운이 火국

으로 흘러 乙庚合을 파국시켜 어린 시절 혹독한 고생을 했다. 時주의 乙庚合은 자손의 영화다. 왕한 군비 겁재가 변하여 개천에서 용이 된 격이다. 남편은 외국회사에 재직하고, 이 여인은 통계청 국가공무직이다. 日지 庚戌은 홍염살로 친정 남동생이 첩을 얻어 불륜생활이다. 이 격이 化格이 아닌 일반사주라면 군비쟁재격으로 천민으로 살 운명이지만 당당한 化格사주로 일신태평생활에 풍요로운 생활이다. 지지에 설기하는 水가 있으면 상격이 되었을 것이다.

- 태세 편관이 劫재와 合이 되면 배경이 좋은 후원자 도움으로 길사.
- 官살이 충되면 아버지의 운세가 나빴다.
- 官살이 충되면 남의 부모 밑에서 살아본다.
- 刑沖은 일단 관살로 보시라. 女명은 刑살을 외간남자 또는 친남편으로 봄.
- 복덕격이 財를 보고 官이 감추어져 있으면 고위직이다.

  복덕격은 음 日주 地支에 巳酉丑 三合으로 구비된 자를 말함〔月지를 중심〕.

화격의 실례

　화격(化格)은 日간을 기준하여 時간 또는 月간이 日간과 合이 되어 나온 오행이 月지에 통근, 2개 이상 존재 또는 合국으로 化格오행이 형성됨이다. 이때 合된 오행을 극파시키거나 다시 化格오행을 파충시키는 오행이 제어하면 合이 아니 되어 파격이다.

　이어서 天간에서는 견제없이 化格이 성립되었으나 지지에서 化格을 인정받아야 한다. 즉, 日간과 合이 되어 化格오행이 나왔는데 화격오행이 공망되면 가화격이다. 또한 化格오행을 극제하는 오행이 있어도 그 오행이 설기되거나 견제하는 오행을 극제하는 오행이 있으면 화격이 성립된다. 化格오행이 천간이나 지지에 없어도 지지에서 合이 되어 化格오행이 출현되면 化格이 성립된다.

　또한 化格오행을 극제하는 오행이 있어도 극제하는 오행이 化格오행에 대입하여 正 인수, 식신, 정재, 정관, 偏자가 아닌 정 육신은 순진성이 있어 化格오행을 극하거나 견제하지 않는다는 것을 명심. 化格은 龍을 만나서 변화를 일으킴과 같다.

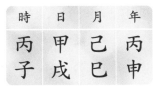

時	日	月	年
丙	甲	己	丙
子	戌	巳	申

- 甲己合이 되어 土가 나와 土를 방해하는 木이 없고 화격오행이 천간 지지에
  土성이 있어 화격이 성립된다. 火土金운에 길하고 庚년은 甲木을 충거하니
  흉. 水운은 土성이 극제하여 흉이지만 申金과 甲木이 중화시켜 무방하다.

時	日	月	年
戊	丙	辛	甲
申	子	亥	申

- 丙辛合이 되어 水가 나왔다. 戊土가 化水를 극하나 申金에 설기하여 무방. 또
  한 戊土는 日 丙의 식신이요, 辛金에 인수성으로〔순진성〕 화격이 되는 水를
  극하지 않는다. 金水木운에 길. 己未土운은 흉이고, 壬년은 丙을 충하여 흉.

時	日	月	年
丁	壬	壬	丙
酉	寅	寅	申

- 丁壬 화木이 나왔는데 金이 양쪽으로 있어 丁壬 化格이 파격이다. 가化格이
  다. 時주에서 가화격이 이루어지면 자손은 폐륜아가 될 수 있다.

時	日	月	年
戊	辛	丙	甲
子	亥	子	寅

- 辛日이 丙을 合化하여 화격이 성립되다 戊土가 방해하여 실격. 그러나 戊土

는 申金에 正印이고 丙火에 식신이 되므로 무방하다. 편인 己未土운은 흉, 金水木火운은 길.

- 日간을 기준하여 戊癸合이 되어 火가 나왔다. 지지 水국이 合이 된 火를 극제하니 가化格이다. 더하여 合이 되어 화격의 오행인 丁巳 火가 巳亥충, 丁癸충으로 화격을 박살냈다. 가화격이 성립되면 고아 혹성으로 어린 시절 남의 집에서 종노릇하며 고고하게 보냈다. 月주 형제궁에서 合이 되어 財성이 형성, 형제의 원조를 받았다.

- 인성이 공망되고 충이 되었으니 타향에서 공부할 팔자다. 자손 유학(留學)을 간다. 인성은 교육.

- 남녀 日時 帶가 刑충 원진살이면 이별 징조가 아니면 다른 하자.
- 木日생 寅卯木이 국을 이루면 도사(道士)가 된다.
- 홍염살이 있으면 10명 중 7명은 첩을 부양, 음파의 명이다. 둘 중 하나.
- 대운과 사주가 맑지 않아도 사주에 財고가 있으면 저축 재산이 있다.
- 正官이 劫財를 봉하면 귀함이 없다. 즉, 정관이 고귀(高貴)함을 잃고 소인

배가 된다. 보증직업이 아니다. 부부는 남남. 그러나 편관이 劫財나 羊刃과 합살이 되면 貴함이 있다.

▶정관이 劫財를 보는 경우 예

* 亥子丑月생은 조후를 우선시한다. 차명은 신약사주로서 子月생이다. 水운 보다 木火운을 기뻐한다. 이유는 秋冬月생은 따뜻한 일광이 꽁꽁 얼은 대지를 태양빛으로 녹여주고 난방해주는 어머니 역할이다.

◉50대 이후 女명에 印수성이 습이 되는 해는 사위가 좋은 직업 획득.

◉子午卯酉가 원진살이면 형벌, 재화다.

◉秋冬月 사주에 년주가 조후된 火성이 유력하면 선대가 영귀했다.

◉년주의 福신이 지장간에 감추어져 있으면 조상이 영귀했다.

◉地支 水국 天간에 丙丁火가 왕상이면 대귀대부〔水火기제〕.

◉天간에 丙壬이 될 때 丁戊甲이 제어하면 충이 아니 된다.

◉**해외출행** − 역마지살이 충을 받는 해 또는 원진살이 붙는 해. 年月과는 충이 되고 日간과 합이 되는 해 출행이다.

◎기신 흉성이 간습 지습이 되어 용신이 나오면 좋은 암시로.

◎女 日時 帶는 神〔성직자〕을 섬기는 사람. 년월주는 부모님, 성직자.

◎日時 子卯 형살에 囚옥살은 전과자 육친이 있다〔배우자 또는 자손〕.

◎사주에 亡신살, 신살, 원진살 있는 명조는 神기의 교란을 받아 판단력이
흐려져 매사 판단착오로 실패, 한평생 병든 인생이다.

◎日지 墓를 충시키면 더욱 발전지상이다.

◎養도 재물복이 있다.

◎年주 재성 밑에 長生이면 부귀가문.

　　 例 壬日에 辛巳생, 재되는 巳가 巳 중 庚巳 장생이다.

◎고신, 과숙살은 劫재로 봄. 日時 고신, 과숙살은 돈 실패, 혼인 실패, 신액.

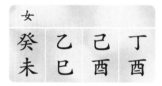

• 巳 중 庚이 日 乙과 乙庚슴으로 남편과 다정. 巳酉슴으로 관살국이 日간을 극
하지 않아 건강도 양호. 또한 乙巳日생은 官성이 상관 巳에 상해되지만 巳 중
庚이 庚巳생으로 長生의 힘을 얻고 사주에 官성이 나타나 있으면 건강이 양
호하다 했다. 月의 편관 酉酉 자형살은 형제지간 돈과 불목이요, 불행한 형제
있다. 巳는 관귀학관으로 아신 아니면 자손의 직업이 행운아다.

◎50세 이후 여자 운명에 상관이 형충되면 딸 출산 준비, 산부인과 출입. 그
렇지 않으면 사위에 대한 불미스러운 일.

◎天月 二德이 있으면 관운이 좋고 병이 적으며 흉성을 화시키며 위기를 잘

극복.

○ 日干이 상관하고 合이 되면 사경의 위험에서 벗어난다.

例 甲日에 午 상관을 보면 午 중 己土와 甲己合이 되는 경우다. 乙巳日도 巳 중 庚이 日 乙과 乙庚合으로 巳 상관도 같이 合, 사경에서 벗어난다.

○ 劫財가 원진살이면 형제나 친구로부터 원한관계로 복수 피습.

○ 羊刃, 비인이 같이 있으면 재앙이 크고 대운에서 만나면 상신 또는 돈이 죽는다.

▶ 남편의 나쁜 마음씨

● 丙辛合으로 化格 사주 같지만 파격이다. 이유는 년지 巳 중 丙火가 丙辛合을 이중 合으로 하고 있으니 사랑은 하나다. 둘은 불허. 丙辛合을 巳亥충으로 파기, 신약사주로서 戊土 인수가 용신이다. 女자는 용신을 남편으로 보라 했다. 용신 戊土가 戊癸合으로 변했다.

이 사주는 관살이 모두 4개다. 女명 관살국이면 남편으로부터 외면, 박해를 받는다. 時주에서 丙辛合이었는데 년지 巳는 日지 상관 亥와 巳亥충으로 丙辛合을 파기했고. 남편 巳는 時지 申 겁재와 合이 되니 남편은 새 장가간다. 태세 辛卯년은 남편 丙火가 태세 辛과 쟁합이 되고, 태세 卯는 絶궁에 빠져 본처와 단절, 타녀 따라 집을 나가 이혼장을 내민다.

이 女명은 회계사 직원으로〔時주 丙辛合의 특징〕직장운은 좋으나 남편운이 불길. 女명 사주에 관살혼잡은 하격사주로 본다. 또한 劫재는 남편의 첩이다. 女자 夏月 사주에 남편 자리 日지 水 상관은 조후 역할을 하여 무방하지만 사주에 財성이 없어 남편 무직이다. 日간이 合이 되고 地支가 刑合이 되면 음난, 색으로 필패한다 했다.

22 제왕가 공주 사주(후광의 자손)

⊛ 朴 槿 惠 전 대통령 사주

- 상해됨이 없는 자는 귀하지 못하고 病이 있어야 귀(貴)함이 있다. 증언을 통하여 이 운명은 년지 정관 卯[卯는 辰궁 벼슬아치, 당권이다]가 상관 辛金에 완전 파진됐다. 선친은 최후가 불행했으나 당대에서 일국의 제왕이 된 女王 박근혜 사주다.

편관이 겁재와 合이 되면[日지 寅 중 甲이 丑 중 己土와 甲己合이 되고 있다. 寅은 우두머리, 최고 높은 것, 전통으로 이어지는 것] 고귀(高貴)하게 되고 성명을 떨친다. 戊寅日은 가문패망살이다. 日지 寅 중 丙火는 年月 상관 辛金과 丙辛合으로 전통으로 이어오는 가문의 총잡이[상관] 집안이다. 편관성은 부친으로 본다. 寅 편관이 상관 辛과 合이 된 것은[상관은 군대다] 軍직에서 좌지우지하는 자리에서 국방안보에 공을 세웠다. 년月주 辛金 상관이 정관 卯를 극상하여 천간 辛은 부친, 지지 卯는 母친하여 흉지에서 비운을 당했다. 박근혜 전 대통령도 한때 피습당한 것이 한 실례다.

그러나 사주상에 상관이 상진되지 않고 劫財와 봉하면 봉의 마술에〔해악〕좌명으로 붕괴, 신왕 편관 七살 寅이 日 극하면 조상이 영귀했다. 年지 卯〔장손 동생〕는 辛金에 극상, 무사를 반납. 탕화살 대마초로 경고 처분당했다. 62세 戊申 대운에서 日지 戊寅과 대충됨은 엎드려 있는 복마록이다. 벌떡 일어서 출전을 과시!! 여유 있게 일국 대통령으로 확정.

- 女의 天乙귀인이 官에 임하면 귀격은 현부를 얻고, 財에 임하면 현부와 재복이 풍족.
- 日간이 財墓와 합이 되면 재산복이 있고 부모님한테 증여재산 받는다.
- 劫財가 天乙귀인이면 자리가 중중하다 했다〔이유는 劫財 편관 공조합이다〕.
- 女子 甲日에 午 상관은 午 중 己土와 합이 되므로 풍파는 있으나 백년해로 한다.
- 辰辰, 午午, 酉酉, 亥亥는 질액살, 財액살, 관형살, 이혼살.
- 종財격 사주는 과운이 대단히 좋다. 財가 官을 생부하기 때문이다.
- 대소운에서 관귀학관이 사주와 합이 되거나 불합이 되어 새로운 일자리.
- 劫財가 정관년을 만나면 돈 손해, 일자리 손해, 대흉이다.
- 女子 日지 己卯 편관 도화는 재혼 명이다. 卯 중 甲己합에 卯극이 되므로.
- 합된 곳이 원진살이 응하면 불합이다.
- 사주에 子卯 형살은 색정비리, 형벌재화. 귀격은 공로.
- 生과 養은 그 계통이 같은 일색의 성질이다. 고로 生 또는 養이 있는 명조

는 물질원조나 후원자가 따른다. 극파되면 무용지물.

◉도화살, 浴살, 亡신살에 刑살이 붙으면 성병.

◉병이 되는 오행은 뿌리가 없으면 귀하게 되고, 뿌리가 있으면 화액이 가중.
뿌리가 없을 때 병신을 죽이는 운이 오면 완전 제거하여 발전함. 단, 병이
되는 운은 대재앙이다.

◉木이 많고 金이 없을 때 金이 오면 위태, 재앙.

◉甲庚충이 년월주에 있으면 부모 형제가 뒷문 출입했다.

◉대운의 흐름이 인수나 편인운을 넘어 長生 또는 日干과 合이 되는 운에는
고시공부, 자격증 취득 목적으로 책과 공부하는 운이다.

◉행운의 편인은 현직을 반납하고 새로운 것을 시도.

◉신왕사주 순행운에서 君으로 흐르면 높은 위치 또는 성과를 올린다. 君이
라 함은 12겁살로 활용하는데, 日지 또는 年지를 기준하여 年지가 酉라면
巳酉丑[三合] 金 寅하여 왼손 寅자리에다 엄지손을 짚고 12겁살을 순행[시
계방향]하며 寅자리는 劫살, 卯자리는 囚옥살, 辰자리는 天살, 巳자리는 地
살하여 劫囚天地 순은 君에 속한다[그 다음은 불용]. 순행 대운에서 君에 속
하는 劫囚天地운을 만나면 대왕 앞에서 살아간다[기신운이라도 君에 속하면
발전한다고 했다].

◉運은 병신(病神)을 제복하는 운에서 발복한다

◉天乙귀인, 天덕귀인, 天月귀인은 그 주하에 12운이 흉성 또는 공망되거나
辰戌이 모두 있으면 귀인 작용을 못한다.

◉남녀 사주에 官살이 태강할 때 식상운을 만나면 소원성취. 사주에 병이 되

는 오행이 태강할 때 이 병을 설기시키는 운을 만나거나 극제시키는 운에서 발복한다는 것을 명심.

- 이 사주의 병은 金이다. 이 병신 金을 설기하는 水운에서 발복한다. 또한 이 金을 제복하는 火운에서 대발한다.

- 火가 병이다. 火를 설기시키는 官살 土운을 만나거나 火를 제복하는 水운에서 소원성취다.

- 식상이 되는 土가 병이다. 土를 설기하는 金운에서 발복한다. 또한 土를 억제하는 木운에서 대발.

- 木이 병이다. 이 木을 설기하는 火운에서 성공. 多木을 억제하는 金운은 불길. 이유는 金이 뿌리가 전무하여 金운을 만나면 多木에 金이 상한다. 이 격은 木도 병이지만 木보다 金이 더 병신이다.

이 金을 제거하는 火운에서 金이 구제된다는 것을 명심.

女
戊	庚	己	癸
寅	申	未	卯

● 신왕사주에 財卯가 인수 己未와 卯未합으로 財국을 이루고 卯는 日 庚과 合이 되어 부귀격이다. 하지만 卯申 원진살에 乙庚合을 파시켰다. 財寅은 絶이 되어 유시무종이다. 日지 간여지동 동궁에 寅申충은 가정을 파괴. 집 날리고 직장 자리도 추락. 이와 같이 財성 도화살의 원진살은 사주 전체를 흔들어 놓는다. 사주 원진살은 몸으로 손해 아니면 재산으로 꼭 손해 본다.

寅은 대를 있는 장손이요, 산소 묘지다. 寅에 흉살이 모이면 큰아들 어릴 때 죽어 山에 묻힌다. 자식 자리 時주가 絶이 되고 형충되어 자식을 사별시키고 어린 딸이 대신한다.

◉ 사주에 正 인수가 있으면 집을 소유하지만 원진살이 받쳐 있으면 내 집에서 남의 집으로 바꾼다.

◉ 女자 신약사주 正 인수성이 天乙귀인과 合이 되어 길신이 나오면 남편 최상권.

◉ 害살은 六해살로 6섯가지 해를 본다는 악살이다. 신액, 재액, 관액, 부모, 형제, 자손액.

◉ 年月주 劫재는 혈통이 끊어지고 죽은 사람 많다. 기신 劫재는 七살로 봄.

◉ 년주의 편관은 동기간이 흩어진다.

◉ 女자 운명에 인성은 사위 오행으로 봄. 인성이 合이 되거나 인성에 天乙,

天덕, 天月 또는 帶가 접목되면 사위 직업이 최상.

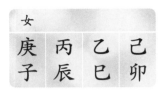

- 乙 인수(사위)가 財되는 庚과 乙庚合으로 사위 일자리 똑소리 난다. 卯 인성
  이 정관 子와 子卯형합이 되어 재복과 일자리 공신이다.

◉신약사주 白虎가 七살이면 염라대왕 앞에 있는 격이다.
◉남녀 사주 배우자궁인 日지가 조후 역할을 해주거나 戌亥가 있으면 고귀한
  명조다.

- 日, 時 사이에 戌을 공협시켜 제왕의 명이요, 月의 午는 祿을 亥 중 壬과 合하
  여 신분이 높다. 日간 丁이 丙丁亥酉 天乙귀인이 접한 것도 귀명이다. 흠이
  라면 남편은 첩과 이중생활. 이 여인도 남편 따라 바람 핀다. 亥 중 甲木 인성
  은 사위감이다. 甲이 넌지 丑과 甲己合이 되니 딸은 암애의 애인이 있다. 딸
  이 되는 丑토는 년간 辛金에 土생金하여 식 올리기 전 잉태한다. 그러나 丑
  午 원진살로 부정포태하여 유산과 동시에 이별.

◉초년 대운이 白虎대살 상관 羊刃살은 약을 복용하는 사람이다.

- 酉酉나 午午 자형살이 접하면 돈 싸움, 관액, 수술.
- 매년 운에서 日간과 合도 되고 沖 원진이 되면 친한 사람과 이별, 배신.
- 사주에 식상이 전부면 女자는 무자팔자다
- 官살이 태강하면 모친이 과부상이다. 母의 관성인 財성이 설기태심한 연고다.

- 신왕에 겁재가 중중하여 亥財를 극하니 재복과 여자복이 없고 官성의 원신인 亥財가 무력하여 官이 백수관이다. 日時月의 三주 기둥이 간여지동으로 되어 처로부터 파혼선고 받아 독신격이다. 편관 甲이 겁재 己土와 合이 되면 자리가 중하다 했는데. 본인이 불발이면 자손에게 넘어간다.

- 財성이 많은 인생은 印성을 괴롭힌다. 즉, 외국 유학(留學)시 선생의 말대꾸나 선생님〔인성은 선생님, 공부〕을 경시하면 퇴학당하여 공부 중단이다. 이러한 원리로 財성이 중중하면 진학에 실패, 공부 중단하는 예가 많다.

時	日	月	年
甲	乙	戊	丁
戌	巳	申	亥

- 巳亥충이 되었는데 이 巳亥충을 말려주는 木운을 만나면 巳申 형살을 막아주고 형살을 끌어 올리어 권위직(權位織)에서 일한다.

◉상관에 원진살은 대흉이다. 즉, 상관이 관성과 격돌하는 상이다.

◉편인은 식신을 보면 도심이 발동, 돈을 훔치거나 他女 또는 他男을 훔친다.

◉女명 식신을 편인이 도식하면 공방살이 산액이 심하다.

◉사주에 火기가 많고 刑살이나 羊刃살이 있으면 의사직이다. 火는 밝혀서 고쳐준다.

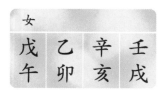

　　● 卯는 乙에 祿이 되는데 乙辛충하여 祿이 대패살로 변〔대패살은 인패재패살이다〕. 초혼 남편 사이에서 자식을 낳고 이별, 재취하여 午戌합으로 식신 자손이 새로 생겼으니 부정으로 씨 다른 자식이다. 母친도 애인과 동거. 乙辛충하면 그 지지 亥母도 파산이다. 또한 辛亥는 고란살이다.

◉식신이 편관 七살을 보면 편관은 움츠러든다. 즉, 七살은 정관으로 순진해진다.

◉財성, 官성이 충이 되면 채권 독촉.

◉원진살된 곳이 공망되면 원진살이 물러간다.

◉時상일귀격은 신왕에 편관이 時간에 있는 경우이고 또한 時지에 암장되어 있는 경우도 時상일귀격이 된다. 時상일귀격은 반드시 뿌리가 있어야 함. 時상편재격도 부귀 명조로 본다.

◉상관이 복성에 임하면〔관귀학관, 天乙귀인 등〕상관 작용 무시, 귀인 작용을 한다.

◎종살격에 종살을 刑파시키면 생명이 위험.

◎비겁이 공망이면 부부지간, 형제지간 파혼 실패.

◎官살이 상관과 봉상하면 관액, 신액, 재액, 실패다.

◎남명 신왕사주 日지가 辛亥가 되고 夏月생으로서 조후해 주니 처를 무척
  애호함.

◎용신이 入墓에 해당되고 入墓운이 오면 사망지액이다.

◎日지에 祿을 보거나 財성이 길조 역할을 하면 처덕이 있고 어진 아내.

◎正財가 害살이면 처가 병질, 正官이 害살이면 남편이 신병. 害살은 편관
  七살로도 보고, 劫살로도 본다.

◎三夏月 火日생이 火가 가득찬 염상격 사주에 水가 투간되지 않으면 영웅
  호걸이다. 즉, 고관(高官)대작이다.

◎三夏月생(4, 5, 6월생)이 부부궁 日지에 시원한 金水가 놓이면 부부 금슬이
  좋지만, 조후에 위반 木火가 회좌하면 부부 금슬이 냉냉.

◎三冬月(10, 11, 12, 1월생)에 출생자가 부부궁 日지에 차디찬 金水(申酉亥子)
  가 놓이면 서로가 얼음장 같아서 부부 정이 냉냉.

◉지장간 육친이 日간과 合

- 日간이 어느 지지와 合이 되면 合이 된 그 지장간 육친 모두는 日간과 合이

되어 길조현상이 일어나고 유정해진다. ⑩ 戊土는 財物, 庚은 직업. 남편 丙은 자손하여 돈 벌이 좋고, 남편과 다정, 자손 운세 길.

- 丁酉 대운에 병이 온 이유는 사주 財성이 많으면 印을 가상적으로 극한다. 또한 신약사주 財多 사주는 七살로 둔갑, 수술은 맡아 놓고 하며 고비를 넘긴다. 용신 酉 대운에서 병이 낫는데 酉金 인수운은 최상이지만 酉가 浴살이 되고 丑에 入고 되고 있다. 죽지 않고 살아난 것은 일주를 보신하고 天乙귀인 巳와 巳酉丑 合金으로 왕한 불기운을 감량하여 일주를 도와준 연고이다.

◎女명 官성이 入관 또는 공망이면 남편 형제 중 독신생활.

- 차명은 財성이 많은데 日지를 끼고 寅午戌 三合국으로 財국을 이룬다. 남자는 점잖은데 女자가 대신 바람 피우는 것이다. 이 남자는 火국에 庚 인수가 파극되어 백수 인생이다. 남자 사주에 財가 태과하면 남자 입장에서 볼 때 女자가 많다는 것, 부부는 동일시하므로 女자는 남자가 많다는 것. 남자 財성이 많으면 처가 먹여 살린다. 財가 많거나 官살이 태강하면 둘 중 하나 나쁜 마음써다. 즉 뒷거래, 빗나간 행동을 하게 된다.

女			
乙	己	丙	己
亥	卯	寅	亥

● 日간 己토를 놓고 지하 암장 甲木들이 경쟁적으로 투합, 쟁합되는 것을 알 수 있다. 여자가 바람을 피지 않으면 대신 남편 몫이다. 남편은 타녀와 즐기고 있다. 그곳에 아주 몸 담고 산다. 지지 木살 국이 日간을 사정없이 극하니 남편한테 주먹으로 얻어맞는 격이다. 女자는 시주에 官성이 놓이면 남편이 미워하고 외면받는 것이 특징. 이유는 여자 時주는 자손이 거처하는 식신, 상관 자리다. 식상은 金성이다. 시주에 官성 木성과 식상 金과 金극木 상생하는 현상이다. 이와 같이 극상이 되니 남편이 좋아할 리 없다. 원리 철학은 한치도 오차가 없다.

대운 壬申년은 壬은 財요, 딸 金 입장에서 볼 때 金생水 설기하니 딸의 자식이다. 壬은 丙 인수를 충하는데 丙은 사위다. 사위 입장에서 壬은 자손 편관이다. 寅申충하니 딸자식이 병원출입살(寅申충은 병원출입살)이다. 딸이 출산 준비로 산부인과 입원이다. 申酉가 공망되어 딸이 외국인과 결혼. 또 사주에 관살국으로 외국과 인연이 있는 명조다. 丙 인수는 亥가 天乙귀인으로 사회 직장 길창.

23 부잣집 출가

甲	乙	戊	庚	女
申	亥	子	子	

• 년주 정관 庚이 乙庚合으로 되면 그 지지 亥子도 乙庚合과 같이 日간과 合이
되는 이치다. 이런 경우는 기신이 변하여 용신으로 화한다. 부모 형제 시가에
게 열녀효녀지상이다. 日간 乙木은 시아버지로 보는데, 년지 正官과 合이 되
었으니 공직생활하는 남편 대신 교육공무원 교감직 시아버지 모시는 시댁으
로 출가했다. 시부모 사랑을 독차지. 남편이 무능하면 日간 나를 대신하는 시
아버지의 운기를 받는다. 그 고을에서 최고의 부잣집 땅이 만리까지 있다.
주목할 것은 년간 庚이 시지 申에 祿궁을 이룬 것이 이 사주의 명문집 집안에
시집 복을 타고난 결정적 요인이다. 인수성이 태과하여 官이 설기태심하여
불리하지만 日간과 合이 되면 무방하다. 남편은 백수 인생이다. 甲庚충으로
여자, 색난, 돈 소비 심했다. 印수되는 水가 태왕하여 식상 火가 간접적으로
손상되어 자손의 한쪽 눈이 실명, 고민이 많다.

◉合과 원진살은 合과 이별이다. 또 현직에서 물러난다.

◉남자 운명은 그런대로 잘 넘어갈 수 있는 조화인데, 여자 측에서 충격적인
운명이라면 여자 측의 불행한 기운을 받아 실종하게 된다는 것을 명심.

◉財 印이 合신 용신이 나오면 부모에 효도하고 부모를 봉양한다.

• 태세 壬辰년에 辰은 사주 식신〔자손〕戌을 辰戌충하고 있다. 식신은 자식이
다. 자식에 대한 문제가 발생했는데 辰戌 식신에서 볼 때 壬은 辰에 편재다.
즉, 자식이 여자문제로 관액수다〔辰戌은 관액〕.

◉원진살이 刑이면 스포츠, 체육선수.

◉세운의 寅申, 巳亥가 浴살이면 명도 발생, 계약, 해약.

◉多官살이 多官살의 지가 될 때 사망, 상복수.

◉三未는 공망이니 짝이 없다. 女명은 소실팔자다.

• 三未가 모두 공망되어 15년차 남자와 결혼, 후
처 인생.

◉財성이 日干과 合이 될 때 상관이 접하면 재산이 만리까지 간다.

◉日간 木이 극설이 심하면 눈이 불량품, 편두통, 머리병.

◎財官이 극충되면 결혼 후 금슬이 나빠진다. 合이 되면 복귀.

- 日간이 亥 중 甲己合으로 돈 버는 자리가 훌륭하다. 日, 時 사이 戌이 협공되어 아신 또 형제들의 입지 양호. 月지 戌은 養과 天살이 놓였으니 신분이 높다. 戌丙으로 天덕, 天月 신으로 되어 거성의 형제들이다. 결혼의 별인 酉가 파되어 만혼이다.

◎秋月 丙火가 癸水를 보면 구름 낀 날씨로 해동을 못하니 평범한 사람이다. 막히는 일이 많다.

◎辛癸丙 – 癸水가 丙火를 방해하지만 丙辛合으로 무방하다.

◎辛己甲 – 甲己합이 되어 辛金을 생하는 것을 잊어버리니 甲木이 己土에 나쁜 역할을 하고 있다.

◎財성이 많은 사주에 상관이 있고 길운을 타고나면 거부가 된다.

◎冬月 乙 日주는 반드시 甲木이 투간되어야 호운을 만나도 재물을 끌어 올릴 수 있다.

◎辛金은 己土를 쓰는데 甲木이 파土하면 무서워 한다.

◎壬水를 쓰는데 戊己土를 꺼린다. 이때는 甲木이 있어 土를 제극하면 土가 水를 극제하지 못한다.

◎水 상관이 辰고에 들면 水 상관은 火를 극하지 못한다 하였다. 女子 운명에 水 상관이 辰土를 보면 물을 가두어 둠으로 남편성 火를 水극火를 못하여

해로하고 산다.

◉역마지살이 공망이면 이민살이다〔寅申巳亥〕.

◉金이 多土에 매장될 때 甲木이 파土시키면 金이 나타나 빛을 낸다.

◉火와 물은 항상 조달되어야 한다.

◉당년 운세는 용신으로 당년 支까지 12운성으로 길성이면 발전.

◉풍수 음덕이 있으면 부귀하고 자자손손 대대로 귀영할 것이다. 산소 명당, 집터 자리.

◉卯酉충은 돈 복도 있고 여자 복도 있다. 그러나 장구하지 못함.

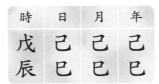

• 이 사주는 土가 마르고 있으나 辰의 水고가 되고 巳 중 三庚이 辰 중 癸水를 생하여 金水가 구비되어 생기가 있는 사주다. 그러므로 콩팥, 신장병이 없고 눈시력도 좋다.

◉년주 편인은 처가 상속권, 처가 가권, 처가 집문서 소유.

• 七살〔辛〕은 정관으로 화하고 〔丙辛合〕 상관 丙은 식신으로 化한다. 탁사주를 맑게 해주고 있다.

◉신왕 日지 괴강살이 희신 편관을 희하고 刑沖함을 봉하면 괴강이 강하여서 법권 지대에서 산다.

◉사주에 官살이 태강할 때 상관 식신이 있으면 官살이 꼼짝 못하여 위안이 된다. 또한 인성이 있어도 위안이 된다.

◉傷官 상진이라 함은 官성이 뿌리도 없고 官성을 돕는 財성이 無기한 상태에 상관이 官성을 완전 파진하였거나 상관이 財와 함께 있으면 상관 상진이라 함. 상관이 상진되지 않고 官향으로 향한다면 반드시 당주가 악질 중환으로 겨우 잔체만 유지한다. 만일 대운이 官을 극하는 상관으로 향한다면 이는 다 안락하고 형통할 사람이다.

◉日주, 時주 모두 간여지동 일색이면 부부운, 자손운 불길. 손재, 병고.

◉火도 습기 있는 土를 보아야 火생토가 잘 되지만 마른 土는 火生土가 잘 안 된다. 이때는 火가 金을 극한다.

◉시주의 劫재 상관은 논밭 문서 다 날린다. 合이 되면 무시.

◉甲木은 水가 적당히 있어야 함. 水가 범람하면 나무는 퉁퉁 불어 썩거나 부목이 되고 물에 떠내려간다.

◉財성이 상관과 같이 있으면 부친은 천명했거나, 부친 실패.

◉子는 한밤중이다. 子午충은 밤길 교통사고.

◉官살이 형충되거나 財성이 충파되면 편친 슬하나 타가생활.

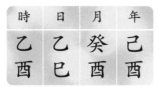

- 酉酉형이 되면 그 천간 편인 癸도 刑을 받으니 편친 슬하에서 살았다. 官성은
  부친성으로 봄. 官성이 刑도 合도 되니 부친이 두 번 결혼이다. 巳酉는 결혼
  의 별이다.

◉편인이 合이 되니 길신이 나오면 유력자의 후원을 받는다.

- 편인 巳가 식신 申과 형살을 이루면서 巳申合水 되어 길신 財가 나오니 유력
  자의 후원을 지원받아 부동산 중개업으로 성공.

◉食神이 용신이면 풍채가 좋고 얼굴이 미모다.
◉女명 상관이 正官을 보고 白虎대살이 임하면 남편 상이용사.
◉劫재 편관이 合이 되면 좋은 암시로 변하지만 악성이 될 때는〔기신〕풍파,
  손재다.
◉신약사주 비견 겁재가 合이 되어 없어지거나 비겁이 원진살이면 부부 운세
  가 남남.
◉日간과 合이 된 곳에 원진살이 가담되면 만능 일자리가 아니다.
◉사주에 自身庫가 구비되고 행운에서 사주 자신고를 압살시킬 때 死지에

끌려갈 수 있다.

◎식신 용신격은 실업가, 사업가, 교육계, 요식업, 흥행업.

◎財고에 원진살이 동림하면 재산 실패 막심.

◎時주가 무정하나 日지가 12운성 길성이면 자손의 전도가 있다.

◎合이 된 곳이 공망이면 친한 사람과 남남, 이별 징조.

◎女명 편인이 자손을 대하면 자손의 액, 실패.

◎官살이 태강하면 무능, 도심, 주먹세계. 직장에서도 우왕좌장하며 적응력
부족.

◎女명 時주 亡신살은 자손이 방탕하여 재산탕진, 관액.

◎乙 日간에 巳를 보면 巳 중 庚이 日 乙과 합이 되므로 자손이 혁혁해진다.

◎일방 오행이 주종을 이루면 부모, 배우자, 자식을 극한다.

◎편재의 養과 편인의 養은 아버지의 첩이다.

◎女명 日지가 희신 囚옥살 또는 將살이면 남편이 높은 공직생활.

◎대개 상관 관성 서로 대하면 내성격으로 외부와 차단이 많고 속이 좁다.

◎희신 亡신운에는 퇴직금, 사례금, 꽁돈이 생긴다.

◎女명 식신 상관이 공망, 死絶이면 정조 관심 없다.

* 丙火가 뿌리가 없어 종살격이다. 女명 多財 종살격은 남편복이 있다. 金水운
최길. 명이 地支에 水국을 이루고 천간에 丙丁火가 줄줄이 투출하면 대부 명
이라 했다. 水火 쌍전격으로 미모의 여성이었다.

◉女 寅공망 死絕에 胎공망 絕이면 잉태 소식 없다.

◉申은 직장, 돈 버는 자리, 친한 여자. 주택궁으로 형충년은 이에 연고 발생.

◉女 식신 상관이 충파형되면 강제 유산으로 잉태운이 막힌다.

◉財가 財끼리 상충되는 해는 하는 사업 그만, 신규사업 교체.

◉상관이 정관을 극할 때 상관이 편관과 근접 슴이 되면 정관을 해하지 않는
　다. 상관이 정관을 극할 때 상관이 墓에 入장되거나 정관이 입장되면 위험
　에서 안보.

◉女자 祿이 두 개 있고 관살이 있으면 상부를 면치 못한다.

◉女명 時주에 상관 편관 동주하거나 白虎대살, 劫살 같은 악살이 처하면 사
　생아나 병신자식을 출생할 수 있다.

◉신강 신약이 애매할 때는 초년 대운과 지나온 운세를 놓고 길흉을 가늠하
　여 판단해 신강 신약을 결정, 용신을 정한다.

時	日	月	年
辛	甲	戊	辛
巳	戌	子	亥

● 亥子丑月생은 水 왕당절로 보고 약간의 신약이라도 신강으로 풀이한다.
　타법도 동일시함.

◉秋冬月 사주 日干 丙이 癸水를 보면 남편으로부터 푸대접을 받는다. 이유
　는 癸水는 구름, 안개로 칭하여 기온을 하강시킨다.

● 지지가 寅申충 刑살로 돌아가니 그 천간도 형충이 되어 남편과 조석으로
　싸움.

◑ 남자 正財가 胎이면 처복이 있고 부모덕 有.

◑ 신강 신약 불문하고 년월주에 정재가 胎이면서 초년 대운이 길이면 부잣집
　후손이다. 胎는 잉태신이다. 성하는 과정이다. 고로 財나 인수 등이 胎이면
　절처봉생이다.

● 명조에 天라지망살(辰戌)을 보유하면 天乙귀인이 있어도 귀인이 아니라는
　것을 명심. 이 운명은 상관 卯가 劫재 子에 刑살을 업고 정관 己土를 파하여
　약을 복용. 건강도 불길, 직장운도 흉이다.

● 이 명조는 金신격에 羊刃을 구비했다. 金신이 羊刃을 가지고 운행, 火地를 만
　나면 고관(高官)대작이다. 乙巳운에서 국회의원이 되었다. 卯 羊刃이 살관

申과 合이 되면 日간과 合이 되는 이치로 자리가 위풍당당하다.

◉ 잡기 財官印격은 신왕하고 형충파해가 없으면 대운에서 형충파해운이 오면 개고되어 개운이 된다.

◉ 사주에 財고〔예 甲일에 辰을 보면 재고다〕가 있는 경우는 戌년이 와서 辰戌충으로 개고시켜야 큰 재산을 모을 수 있다.

◉ 寅이 浴살이면 평생 버릇이 못된 버릇, 방탕생활.

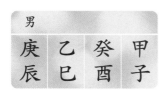

● 乙庚合에 酉가 있어 진化格이다. 또한 乙庚合을 견제하는 巳火는 巳酉合으로 무방하다.

동업직원 채용시 궁합

◉ 명궁이 상호간에 형충파해가 되거나 원진살이 되면 불가. 명궁법 보는 법
은 별첨조견표 참조. 명국법은 비단 궁합뿐만 아니라 동업을 한다든지 직
원을 채용시 사용하면 커다란 도움이 된다.

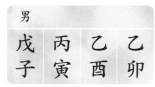

● 丙寅 日지는 홍염살〔바람살〕이다. 日 丙은 酉 중 辛과 丙辛合이 되고 正 印수
乙卯가 日干을 생조하여 좋은 일자리지만, 卯酉 子卯 형충슴으로 홍염살까지
난잡하여 처세가 문란 여색에 빠져 좋은 일자리 직무태만에 문책을 받아 귀
향살이 되었다. 태세 壬辰년의 壬은 日 丙을 극하고 편인 寅이 세년 식신 辰을
도식〔편인이 식신을 극하면 음주여색 행위〕하여 애인과 합승 음주운전 중 교
통사고로 관용차를 파손, 적발되어 형무관 옷을 벗었다. 이는 생활이 탁하고
외도가 심하면 신분 고하를 막론하고 패가 인생이 된다는 것을 명심.

◉대패살의 록이 투출되면 대패살의 작용이 배가 되어 인패재패가 막중하
   다. 즉, 戊戌日생이 巳가 투출하는 경우다.

25 종財, 종아, 종살격의 실례

○ 종財격이란 日주가 심약하여 인, 비가 제 기능을 발휘할 수 없어 부득이 자기 일주를 버리고 財의 세력을 쫓아서 살아가는 것을 말함. 印比〔인수, 비견, 겁재를 말함〕가 있어도 극설이 심하면 印比 기능을 상실하게 된다. 종 아격, 종살격도 해석상 종財와 같은 형태에서 이루어지는 격이다.

종財격의 예

辛 丁 辛 癸
丑 酉 酉 酉

● 日주가 근이 없고 인비가 없어 多金에 종한다. 木火운은 불길, 土金水운 대길하다.

○ 종살격은 日주가 근이 없고 심약하여 印比가 제 기능을 발휘할 수 없어 부득이 자기 日주를 버리고 多官살의 세력을 쫓아서 살아가는 것을 말함. 용신은 관살을 돕는 財성을 남편으로 삼고 官이 설기하는 오행으로〔인수성〕자식을 표시한다.

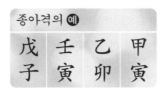

- 甲 日主가 지지에 근이 없고 비견 기능을 잃어 부득이 일주를 버리고 官살의 세력을 쫓아 의지한다. 金水운 대길.

- 壬 日主가 근이 없고 비견 子水가 木국에 설기되어 기능을 잃었다. 多木의 세력에 의지해 종 木운으로 살아간다. 金土운은 불길, 水木火운 최길.

女

庚	乙	乙	甲
辰	卯	亥	子

- 사주운명학은 호적초본과 같은 기록카드다. 대대의 행적에서 공과를 알 수 있고 미래를 조명하는데 본보기가 된다. 이 사주는 편인, 인수 양쪽으로 月令을 차지했으니 친모 외 계모성의 부양가족이다. 즉, 부친은 두 여자꼴을 본 격이다.

時주의 어린 시절 庚辰시는 정관이 帶를 받치고 乙庚合이 되니 생가의 부친〔관성을 부친으로 봄〕은 재혼〔帶가 충이나 원진되면 혼인 파기 또는 재혼이다〕하면서부터 벼슬아치〔帶는 벼슬아치〕가 되었다. 대학교수직으로 부임.

편인이 공망되면 여자가 집을 나간다. 子卯형은 정신병이다. 고로 편인 큰엄마 정신병으로 집을 나가 행방불명이다. 亥卯合하여 木 형제가 새로 출현 이복형제가 있다는 것을 알 수 있고, 亥 인수가 亡신살이면 생모는 소실로 입가, 나는 첩의 자식이다.

日지가 같은 일색이면 부부궁이 불길하지만 日간이 合이 되면 위안이 된다. 入冬月 사주에 조후가 되는 火가 없이 金, 나무, 물, 땅이 얼어붙어 냉사주로 흠이 많다. 대운에서 보좌해주면 길. 정관 庚金은 多木에 合이 넘쳐 이 다음 바람피우는 남편임을 암시. 日간 비견 겁재는 시아버지성으로 보아 乙庚合으로 직업궁은 보통이다. 子卯刑으로 시버지 음파의 명이다. 시어머니 辰土 財는 害살이 되어 약을 복용하다.

◉伏馬祿_복마록

◉酉는 도화살 미를 상징한다. 酉에 원진살은 미용수술이다.

◉태세가 月지 申이나 未와 合이 되면 돈 버는 일자리 생긴다.

◉인수가 원진이면 고소장이 날아온다.

◉남명 비견 겁재〔신왕〕운에서 처를 싫어하거나 처와 암투.

◉女는 상관년, 인수년, 日干과 合이 되는 년에 변태서 이별〔부부운이 흉일 때〕.

◉비견 겁재가 財성을 충극시키면 친구, 친척으로부터 속임수 당한다.

◉희신 공망이 合되는 년에 길사.

◉戊寅日, 戊申日은 〔타주도 해당됨〕 복마록(伏馬祿)으로 본다. 행운에서 충파해주어야 발하게 된다〔박근혜 대통령 당선〕. 즉, 복마록은 엎드려 있는 말의 록이다. 충파될 때 엎드려 있는 말이 일어서 출전한다. 戊寅은 장생인데 戊申日도 장생궁으로 본다. 戊寅과 戊申日은 성패가 왕래되는 별인데 가문폭락살의 후유증이다. 戊寅과 戊申은 장생이 받쳐 있기 때문에 잃어버린 금관을 다시 찾게 되고 진주를 줍는다했다.

◉辰午酉亥는 본시 辰辰, 午午, 酉酉, 亥亥의 근이다. 고로 사주에 辰이나 午

가 1개 있어도 자형살로 보라.

◎편관 刑살은 칼이다. 타살, 자살, 총살, 살인, 쟁투, 관송.

◎寅 浴살은 형제나 자손 결혼 실패, 酉 浴살은 딸이 실패.

- 甲日에 丙을 보면 귀한 걸로 보라. 丑月의 丙은 한기를 막아주고 병이 되는 官살을 억제하여 좋은데 丙辛合으로 빛을 잃고 있으나 合水로 왕金을 설기 하니 위안이 된다. 官살이 국을 이루면 건축업이나 철공업 또는 외국과 인연 이 있다. 남명 관살이 태강하면 사위의 첩들이다. 식상 丙火는 사위다. 丙辛 合이 되고 충이 되니 딸 결혼 실패, 독신. 財성이 三덕귀인이 되거나 12운성 이 길성이면 처복, 재산복 창대.

◎백호대살이 년주나 時주 또는 초년 대운에 출현되면 초년 나이 때 혈친이 흉사 또는 투병생활.

◎時지 劫살은 어린 시절 부모가 파산선고, 부모가 급질, 신액.

◎丙火는 하늘의 태양 불이고, 巳火는 지하에 있는 불덩이다. 丁은 촛불이 요, 午는 용광로불, 용접불이다. 그러므로 상관 丙巳는 정관을 극상시키는 힘이 약하고 午 용접불은 金을 극상하는데 무섭다.

◎甲申日, 乙酉日, 辛巳日, 壬午日, 丁亥日, 戊子日, 庚寅日 부자로 산다.

◎甲午日, 戊戌日, 庚子日은 극부 극처한다.

◎女子 財多 사주는 독수공방 운명이다. 후처 몸이 되면 안보.

◉원진살은 편관 七살로 본다. 七액살이다. 정관이 원진살이면 백수 인생 또는 계약직, 임시직, 말단 직업.

◉水는 물이다. 물은 사람의 생명줄이요, 원천이다. 사주에 辰土나 丑土가 전혀 없고 火로 가득차면 물이 고갈되어 공급이 끊어지면 콩팥, 신장병이 두렵다. 대운에서 水운을 만나면 신장병을 치료, 약발이 되어 회차할 수 있지만 그 외에는 병원 약물로 살아가게 된다. 심하면 신장이식까지 갈 수 있다.

◉戊申日은 암장 戊壬庚을 득하여 壬申 장생궁으로 부친은 수명이 천수, 또한 壬申 대패살로 부친은 크게 실패했다.

◉合이 되어 財성이 새로 나오면 부정 여자요, 부정 거래 돈이다.

◉浴살이 合이 되어 浴살 오행이 나오면 부정 거래다.

◉이민, 살인. 戊 인수가 巳戊 원진이면 외국 어머니 또는 외국에서 수학.

◉女子 운명에 인성이 식신과 合이 되어 자체 식신 오행이 나오면 딸이 부정 포태다.

● 亥未合이 되어 亥의 자체 식신 木이 나와 딸이 부정포태다.

◉사주에 水가 범람해도 바람을 맞거나 중풍환자 두렵다.

◉태세가 財를 극충하면 財는 印성을 극하니 양쪽 다 손실, 손재, 부동산 허가 취소.

◉태세가 묘을 형충시키면 형제, 자손, 배우자 연고가 발생

◉女명 식신 상관 국에 관帶가 모집되면 정신착란증, 신의 세계 몸이 될 수 있다.

◉女는 식신 상관이 원진살이면 부부 잠자리가 남남〔식상은 자궁〕.

◉甲庚충이 丙이 그 옆에 있으면 乙庚合이 아니 된다.

◉편인 원진을 부정 거래, 배임죄.

◉乙木이 戊己土를 보면 戊土와 乙木관계는 음양관계로 合이 되는 이치다. 그 러므로 己土도 乙木 형제로부터 사랑을 받게 된다. 타법도 이하 동일시함.

◉年주가 비록 기신에 처해도 年주가 日주와 合이 되면 년월주에 딸린 오행 은 모두 日주로 合신되어 조상의 음덕과 조부의 힘을 얻어 그 힘으로 복택 을 누린다. 木이 많으면 수명이 길다.

◉상관이 희신이면 약을 복용 후 치료가 된다. 또 더 이상 악화되지 않는다.

◉印이 식상을 극하면 약발이 안 든다.

◉남자 시주 천간 기신 편인은 남자 자식이 실패, 지지 편인은 딸자식이 실패.

◉財 공망을 충시키는 년도에 재물을 얻는다.

◉신강사주에 식상이 3개 이상이면 수입은 많으나 새어나가는 돈이 많다. 즉, 밑 빠진 독에 물을 붓는 격이다.

◉正財가 길신이면 官운과 財복이 많다.

◉羊刃이 있고 편재성이 많으면 애정사 복잡.

◉水왕당절〔三冬月〕이나 水가 왕한 사주에 癸 日주가 戊자를 보면 戊癸合으 로 제방을 잃어 파격이다. 戊자를 보지 말아야 아신과 자손이 벼슬관이 될 수 있다. 이 경우 癸日이 戊를 동경하여 合이 되면 관운이 없다. 자손에게

도 보직운이 미달. 실제 경험상 본인과 자손이 학벌이 있어도 계약직으로
연명.

- 상관이 형충, 극해되면 관액, 질액, 손재, 차사고, 부상.
- 財가 刑을 맞으면 편관으로 화하여 수술, 교통사고, 손재.
- 매년 태세가 日간과 合이 되면 창업 구상.
- 신약에 劫재년을 만나면 사업장 폐쇄, 파직 또는 보직.
- 비견 劫재가 合이 되어 희신이 나오면 친구의 덕이 있고, 기신이 나오면
  배우자나 친구 덕이 없다.
- 女인은 편인이 식신을 파극하면 과부상이다.
- 日지가 日간과 合이 되었으나 日지가 공망이 되면 부부운 공치거나 결함.
- 女명 官성이 충형되거나 원진살이면 며느리 혼인 파기.
- 女자 日時 공망이면 색정, 밀부 있다.
- 刑살이 원진살이면 장차 관액수 발생.
- 養이 年주에 있으면 조상의 음덕을 받는다.
- 劫재에 天乙귀인이 임하면 劫재의 흉성이 사라지고 天乙귀인 역할을 함.
- 편관 상관〔예 庚午시, 甲子日〕이 받쳐 있고 서로 상극상태 조짐은 흉질로 산
  시체와 같다. 子午충은 20세 전 부모님 불행.
- 刑살도 음독자살이다.
- 女자 日지에 길신 戌亥가 있으면 남편이 좋은 직업이다.
- 月주 식신 상관이 국을 이루면 형제수가 많고, 잘 산다.
- 劫살이 있는 궁과 劫살이 되는 육친은〔지장간 참조〕 참변.
- 女자 식신 상관에 劫살은 그 하체가 임자 없는 하체다.
- 고신, 과숙살은 人敗財敗살이다.

男

| 庚 | 甲 | 戊 | 乙 |
| 午 | 寅 | 寅 | 亥 |

● 이 사주는 비견 劫재로 편집되어 財도 파되고 官도 파손되어 가난한 운명으로서 세상과 격리된 사주로 본다. 사실 부친은 조기에 사이별하였고 당주역시 아침에 벌어 오후에 다 날리고 신병으로 고전, 늦게 회복. 문작활동에 이름 없는 이름을 날리고 있다.

년주에 장생 亥가 대를 이어가는 寅과 合이 되고 있다. 장생이 合이 되면 무궁을 상징, 성장한다는 뜻이다. 寅은 록이요, 亥의 암록이다. 자손과 후손들이 대대로 만대까지 가문을 빛낸다는 시사점을 알려주고 있다. 년주 장생이 암록을 이끌면서 자손궁 시주로 合신된 점, 개화의 문호가 암시되고 있다. 현재 사형제 자손들은 신위가 편안하고 사회적 구성원으로 근심 걱정 없이 살아가고 있다. 자손들이 잘 되면 부모 신분도 자랑이 된다.

男

| 壬 | 壬 | 戊 | 庚 |
| 子 | 申 | 子 | 子 |

● 이 사주는 水국으로 비견국이 되어 오행상 손파없이 평화롭게 合리화되어 지극히 지혜로운 사주다. 특히 戊土 편관이 子 중 癸와 戊癸合으로 당권되어 三품, 二품으로 명성을 올린 대부호가다. 호숫가에 그림 같은 집을 떠우고 한평생 풍요롭게 멋진 인생으로 살아간다. 물이 많아 끼가 강한 것이 단점이다.

男

壬	庚	乙	戊
午	辰	丑	午

● 丑月생 신왕사주에 용신은 조후정관이 되어 훌륭하게 조성되었으나 정관午
와 인수 간에 원진살로 직장운이 고정이 아니고 여러 번 변직이다. 즉, 서민
층 직업이다. 즉 보증수표 일자리가 아니다. 日간 庚이 乙과 合이 되지만 丑
午 원진살로 合이 불발이다. 日지가 기신이면 한직에서 오래 있지 않고 변화
가 많다. 日주 庚辰은 대패살이다. 申酉가 공망 대패살을 받으므로 申酉는 형
제요, 申은 坤궁 친모에 해당되어 친모가 조별하였다. 형제 누나도 독신격이
다. 正 인수 친모 丑土는 墓궁에 害살로 母는 조기에 사이별. 日지 辰의 편인
養은 아버지의 첩이다. 화개살 인성 養은 집에서 불로소득이다.

◉合이 된 곳이 원진살이면 불합으로 合과 갈라지게 되고, 원진살의 흉을 받
  는다.
◉年月주 財성이 귀인성〔天乙귀인, 天두인 등〕이 받쳐 있고 日合이 되면 부유
  층 집안 출신에 관직운이 길창.
◉兄제〔비겁〕가 財를 극제하고 인성이 兄제 신을 생부하면 부동산 일로 오판
  하여 집을 날린다.
◉인, 비에 원진살이 가하면 부동산 일로 잘못 판단, 집을 날린다.
◉인성이 많은 비겁에 설기태심하면 부동산 일로 지란이 생겨 집을 날린다.

丁　丙　丙　甲
酉　辰　子　戌

● 가문에서 태어나 부모의 음덕으로 원한 만큼 소원성취, 좋은 가정환경에서
살아가고 있다. 하지만 자식이 속을 썩여 고민. 戌과 子는 부부 중 직계에 보
직운이 길신이고, 酉는 財로서 天乙귀인 財복이 풍족. 이와 같이 복신이 구비
되고 대운이 길이면 성취하고 살아간다.

```
        官戌 ‖
父酉  父申 ‖× 世
        才午 |
        兄亥 | 天乙귀인 身
        官丑 ‖
父丑  孫卯 |
```

▶대정수 六효학 해설

父世가 왕하고 父를 돕는 官성 土성이 생父하여
世는 그야말로 왕하다. 왕자는 극世 조치함으로 재
성 午火로 용신하여 왕한 父 世를 극世 조치한다. 父
와 용신 午財의 덕이 풍만, 소원성취격이다. 용신 재를 돕는 손卯가 충이 되어
약간의 애로, 자손이 속을 썩이는 형국. 사주의 해답이 애매할 때 六효로 확인
하면 대답이 나온다.

◐인수나 편인이 극쇠 당하면 생가와 조부가 침몰, 파산선고다.

◐편관이 잔인하게 극파되면 부친이 집을 나가 흉지 사망.

◐사주 식상이 많으면 가수, 댄스, 무대활동.

◐戌亥는 감금살이다. 기신이면 관액이다.

◐사주에 인수가 유력하면서 財성이 받쳐주면 임대사업, 경제권이 있다.

◐日지는 배우자, 자식운을 관장한다. 고로 日지에 길신 복신이 있으면 배우
자, 자식운이 열리고 고신, 과숙살이 있으면 배우자, 자손이 혼자된 몸이
있다는 것.

◉**亡신살의 직업 –** 출산용품, 속옷, 목욕용품, 숙박, 목욕탕 때밀이, 성인용품, 정력제 등 .

◉**六살 –** 건설, 철거, 중고, 용역업체(생산소비에 필요한 노무를 제공하는 일), 운수, 하수도 공사, 일용직, 노무직.

◉**囚옥살 –** 의료, 사이버, 형무관, 법관, 공관직, 가두어서 키우는 양계업.

◉**天살 –** 종교, 철학, 장의사, 사찰, 도학.

◉상관이 아름다우면 예능계.

◉財성이 인성과 유정하면 임대업, 유통업.

◉편인 편관 동거는 가출살로 봄. 집을 나간 사람 있다.

◉**요식업 –** 식신과 재성이 유정하면 식당.

◉**유흥업 –** 水가 많고 상관과 財성이 合을 이룬 격.

◉**부자팔자 –** 식신이 財성을 도와 유통된 사주, 財생官하여 인성이 소통된 격.

◉**신왕재왕, 財多 신약사주 –** 財생官하고 日주를 보신하는 대운이 길.

• 己巳 대운에서 日 甲이 甲己合이 되어 소원성취 형통운 같지만 파격이다. 이유는 천간은 合이 되고 그 지지가 巳亥충으로 甲己合을 불용시키고, 巳亥충으로 편인〔亥〕이 식신 巳를 충거, 식록을 파산시킨다.

◉寅자를 대동한 甲寅, 庚寅은 강렬한 白虎대살 작용을 분사시킨다. 이 白虎 대살이 日時나 타주에서 흉 작용할 때는 직계 寅의 육친은 물론 한평생 풍

파와 신체적 결함의 고통으로 살아간다. 寅이 좋을 때는 무시무종으로 후광의 계승권이 되지만 나쁠 때는 대주, 큰아들, 장손 자손이 침몰된다.

◉ 명식에 甲寅, 庚寅 같은 백호대살이 있고 사주가 탁하면 백호대살의 병질을 얻게 된다.

◉ 사주에 가문폭락살이 투출되고 흉살이 가담하면 졸지에 다치게 된다.

◉ 時주 기신 편인이 길실 편관을 생조하면 자손이 거액을 날린다.

◉ 매년 세년과 사주와 형충파, 원진살은 근심, 신경쓰는 일, 불안, 초조.

◉ 합은 원국과 지하 암장 합이 되는지 필히 확인. 흉성이 있을 때 원국 또는 암장에서 흉성이 합이 되어 길신이 나오면 흉신이 길로 화하여 용신역할을 한다.

● 甲寅 상관 寅 중 丙火가 日지 酉 중 辛金과 丙辛합이 되어 길신이 나오니 白虎 상관을 대동 용신으로 활용, 군사, 경찰, 무사를 통솔하는 형국이다. 이와 같이 오행법을 입체적으로 활용함이 숨어 있는 해법을 찾을 수 있다.

◉ 傷官 劫財 봉은 흉지에서 변사하거나 관액으로 패소.

◉ 財星이 많은 사주는 통관 인성을 대동, 官살운에서 혁혁해진다.

◉ 사주에 관살이 태강하면 받을 복이 없어 세인으로부터 배신, 무정.

◉ 女명 日지가 死궁이면 남편 신액. 月의 死는 부모 형제 정신세계다.

◉ 편인이 식신을 도식하면 부부 이별 징조.

◉ 六살은 경계선이다. 담을 쌓고 지내는 일이 있거나 땅, 경계선 가지고 싸우는 일도 있다. 六살은 철거살이다. 극기되면 건물이 철거 또는 이직 발생.

- 상관이 관살을 보면 부친은 참변 또는 신액, 재액, 송사. 관살을 부친으로 본다.
- 상관이 있는 자리는 그 궁과 그 육친이 피해를 꼭 보게 된다는 것을 명심.
- 官살국 인수는 그림 화가, 명필가다.
- 고신, 과숙살은 강력한 편관 七살이요, 劫재신으로 본다. 손재, 신병.
- 女子 寅생이나 寅을 가진 사주는 남편과 정이 없고 별거, 이혼.
- 고신, 과숙살은 소년시절 고생이 많고, 병으로 투병생활.
- 편인에 養은 두 어머니 부양이다. 즉, 아버지의 첩이 있다.
- 정관년은 日간과 자연 合이 되므로 인수 역할이다. 주택 교체, 일자리 교체.

26 병원치료살(병부살)

○ 乙庚合, 甲庚충, 乙辛충, 寅申충, 卯酉충, 寅酉 원진살은 병부살에 병원출입살이다. 원국에 투간되면 병마와 싸우게 되고, 행운 병부살 入은 병원출입을 하게 된다. 이 살이 투출되면 수술 또는 병원출입이 자자하거나 藥으로 살아갈 수 있다. 특히 寅酉 원진, 寅申충은 한평생 병원출입과 약으로 살아간다. 병원살이 길조 역할하면 병원 의사직이다.

○ 화개살은 백호, 괴강살로 봄. 피살, 타살, 전과, 밀실부정 거래, 색란, 비명사.

○ 궁의 자체 長生이 刑살을 접했거나 長生이 자체 死궁에 놓이면 궁의 육친은 죽을 때 천명했다.

○ 寅申충, 寅酉 원진살은 항상 가정을 비우고 외지활동.

○ 女명 합이 되어 식상이 새로 나오면 씨가 다른 자손 양육한다.

女

丙	辛	庚	丙
申	丑	子	寅

● 양쪽 정관이 日간과 丙辛합하여 水성 자손이 새로 나와 비밀 자손이다. 비밀 자손은 부정포태다. 합신이 다시 寅申충하여 낙태시켜 헤어진다.

男

丁癸戊乙
巳亥子酉

- 月주의 정관은 장남이라도 장남 행세 못함. 년주 편인 식신 동주는 가운이 발전하다가 패욕. 月주 록이 공망되면 인패재패, 실패한 형제 있다. 月주 비견 六살은 형제 중 어려운 병, 죽을 고비. 戊癸合에 지지 공망 파살은 합이 불가. 日時 財殺충은 초년 타가생활. 財충은 돈 잃고 처 수술. 巳酉合 편인 재견, 계모꼴 본다.

- 사주에 水국으로 국을 이룰 때 火가 없으면 기(氣)가 돌아갈 수 없다. 어두운 사주다. 그러나 亥가 있으면 음기를 눌러주는 역할이 된다. 亥는 天門이요, 하늘이요, 태양(太陽)이다.
- 官살이 충형되면 양자나 편친 슬하, 타가생활.
- 子丑이 공망되거나 寅卯 공망은 조상덕, 부모덕, 형제, 친구덕 無. 자수성가 팔자다.
- 寅이 공망이면 대 이을 자식이 끊어지는데, 딸이 있으면 딸이 대신한다.
- 官성이 상관과 오견되면 백세(百歲)를 누린다.
- 戌戌, 寅寅, 卯卯, 申申, 午午, 酉酉, 辰辰 이런 식으로 쌍쌍이 되면 자연 대충이 된다. 즉, 戌戌이면 辰戌충, 戊戌충으로 대용하라.
- 女子 용신이 합이 되어 타오행이 나오면 둘 중 하나 변질, 각거, 이별.
- 남자 신왕한데 時에 편재가 있으면 처를 학대하고 재혼할 명이다.
- 정관이 財를 몰고 日간과 합이 되면 財官印하여 높은 직에서 근무.
- 신약사주 財성이 대소운에서 나타나면 財官印 모두 피해다.

◉官살이 태강한 명국은 財가 설기태심하여 빈한한 사람.

◉日時 卯酉충은 부부 정이 남남이다.

◉月주는 사주 허리 중심부다. 고로 月지에 용신 길신 財官印 식신이 구비되고 청명하면 근친과 원친, 부모, 형제, 친척 밖으로는 친구 사회적 운세가 좋아진다.

◉괴강日생은 미남미녀다.

◉印성이 財성에 극파되면 공부는 않고 놀러만 다닌다〔초 대운 참조〕.

◉正 印수는 長生으로 본다. 죽을 고비, 위기극복도 잘 해결, 장수 인생이다.

◉女자 운명에 正 印수 浴살에 자손이 동주하면 자손 결혼 실패.

• 자손오행〔식상〕이 형충, 공망되고 한쪽에는 자손오행과 合이 될 시는 처음 난 자손은 이별하고 나중 난 자손 따라 배우자와 동거한다. 巳酉는 결혼의 별이다.

◉日月에 丙이 壬을 보거나 壬日에 月 丙을 보면 상격이다.

◉丑寅午는 탕화살이다. 탕화살은 알코올중독, 대마초, 음독자살, 불에 흉사, 총탄. 日지에 탕화살 有면 처가 자살시도, 時에 있으면 자손이 탕화살, 年月에 탕화살이 있으면 부모 형제.

◉己 日주에 甲이 들어와 甲己合을 하려 하나 庚이 있어 甲庚충하면 合이 아니 된다. 이런 경우 부정행각 하려다 경찰서 행차.

- 卯申 원진살은 부정, 비리죄로 감옥〔卯는 震궁 감금〕.
- 신약에 官살이 많으나 그 正官이 日干과 合이 되면 형제되는 官살도 合으로 끌어 올리어 높은 직(職)에서 근무.

- 乙庚合으로 金 형제들은 맥을 같이 하여 日주로 合이 되는 것이므로 조상으로 내려온 명예 집안이다.

- 상관성은 말이 유창하고, 木이 많아도 말이 유창하다.
- 正 印수에 囚옥살이나 六살이 받쳐 있으면 친모 외 계모성 있다. 이유는 囚옥살과 六살은 담을 쌓고 지내는 살이다.
- 卯酉충은 젊어서 피상된 혈육 있다.
- 子午충, 卯酉충은 감금살이다. 구속, 납치, 포로.

◉家門폭락살

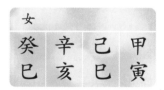

- 辛亥日은 가문이 폭락된 집안이다. 친정은 쑥대밭이 되었다. 친母는 젊어서〔년지는 母친으로 봄, 寅은 젊다, 년 천간은 부친 자리로 봄, 간지오행이 일색이면 불행 자초로 봄〕 흉사했고 부친은 좋은 직장과 좋은 집을 회사 부도로 모두 몰수당했다. 친정은 쇠망했다. 亥 상관이 정관 巳를 공격시켰다. 남편이

비틀비틀해야 하나 남편은 멀쩡, 남편은 4급 공무원이다. 財가 왕하여 상관을 억제하였고 官의 원신이 강하였기 때문이다. 천간은 남자요, 지지는 여자다. 년간 부성 甲木은 甲己合으로 부유 가정에 대기업 중견직에 종사, 金銀방을 경영 화려했다. 지지는 여자, 즉 어머니의 운명이다. 년지 甲寅은 白虎대살이다. 財에 백호대살의 흉을 받았고 寅巳刑에 巳亥충으로 천간 부성보다 지지 母성이 흉이 가중되어 母성은 젊은 나이[50세]에 뇌출혈[甲寅 백호는 머리, 뇌]로 세상을 떠났다.

● 편재 丙이 丙辛合으로 부친의 세도가 거성 집안에서 출생. 부친성은 財성이 극파되어 부친은 병자의 몸이다. 母가 두성이니 두 집에 두 어머니 꼴이다. 편인, 도화살이 받쳐 있어 나는 첩의 자식이다.

◉ 巳酉卯 충이 되나 巳酉 合으로 충이 멈춘다.
◉ 午는 離궁에 속하여 길성 역할을 하면 높은 자리다[午는 하늘을 상징].

● 차명은 丁壬合 木에 木이 연주되고 이 木을 극하는 金이 없어 정격 化格사주다. 화격사주는 평생 불행을 모르고 부잣집 사람처럼 살아간다. 日지 寅卯는

조신살이지만 이는 억부법에 해당한다. 종격, 화격사주 같은 별격사주는 조신살 같은 흉살을 무시한다.

- **저능아** – 인성과 식신 상관의 별을 모두 충파, 극제시키면 지능이 낮아 8푼 저능아다.

- 子, 午, 卯, 酉월 생이 巳日 또는 巳時면 부벽살이다. 이 부벽살은 財物이 도끼로 쪼개듯이 분산되어 재물이 산산조각.

- 인수가 劫살이면 부모님 한 분이 흉지에서 사망.

- 寅申巳亥가 오견되어도 부정 도박.

- 刑살에 편관은 공학계 운명, 체육선수.

- 女명 日간이 양이면 큰 딸이고, 음이면 작은 딸.

- 콩팥, 신장병은 三夏月 사주에 물이 되는 水기가 일절〔지장간에도 없을 때〕없거나 사주가 火염에 水기가 마르며 초·중년운이 水를 못 만나면 신장병을 얻게 된다. 水는 콩팥, 혈액이다.

- **火성**이 충이 되면서 원진살이면 총탄, 화약, 불에 흉사, 마비. **木성**이 형충파되면서 원진살이면 건축물이나 큰 나무나 몽둥이로 두들겨 맞아 참변, 흉사. **金성**이 충파되고 원진살이면 흉기 또는 차 사고, 철조물에서 피상. **水성**이 극파되고 원진살이면 약물이나 물에 투신자살. **土성**이 극파되고 원진살이면 흙더미 속에 묻혀 죽거나 압사한다. 또한 건축물에 압사, 투신. 인성이 水국에 극파되면 부모가 물에 수장된다. 인성이 火국에 극파되면 부모님이 불에 흉사.

- 正官이 도화를 가지고 있으면 귀한 것이 더 귀하게 된다〔신왕〕.

- 日주 신강에 時上 七살은 처덕이 있다.

◦財多신약 時上 七살은 악처 만나고, 女는 돈 뺏기고 배신당한다.

◦도화가 공망이면 애정사로 거금 날린다. 공망은 편관이다.

◦印수가 亡신살이면 생모는 소실로 입가, 나는 첩의 자식이다.

◦대소운에서 官살이 충되면 남녀 공히 자손 문제, 돈 문제.

● 帶가 공망되거나 충이 되면 짝을 잃은 격이다. 사주가 전부 양 오행으로 구성
되어 고독한 운명. 미혼이다.

◦남자 용신이 死絕되거나 관살이 死絕이면 부친, 아신, 자손 인패재패다.

◦女자는 식상이 浴絕되면 딸자식이 결혼 실패.

◦女명 현재 살고 있는 대운이 傷官에 浴살이면 딸 출산 준비. 식신은 아들,
상관은 딸, 浴살은 출산과정이다.

◦月, 金水 상관격은 치국할 사람이다.

◦상관에 원진살은 송사, 질액, 손재, 차 사고.

◦祿이 七살을 보면 필패. 正官이 祿과 습이 되면 흥하고 공관직에 성공.

◦土가 財성과 습이 되어 財성 길신이 나오면 건축, 땅 장사, 묘지사업 성공.

◦행운 편관이 사주 기신 편인과 습이 되어 기신 편인이 나오면 배신당하는
일을 저지른다.

● 이 운명은 巳酉丑 合으로 전부 도화살 財국에 酉酉 형살로 남녀가 모두 생활이 탁하다. 酉財가 子를 생하여 甲印 상생으로 중화를 이루니 남편직이 훌륭하다. 酉財가 長生, 天乙귀인으로 官印하여 일주를 보신하니 재복이 있는 남편이다.

○刑살이 合하여도 음난, 비리다. 巳申刑, 巳申合, 子卯형합이다.
○合은 붙는 뜻이기 때문에 부정, 음란을 일삼는다.
○申도 가정, 寅도 가정, 子도 가정, 직장이다. 돈이다. 충되면 발동된다.
○女명 상관이 刑살이면 자궁병, 하체병〔형살은 남자로 봄〕.

● 財성이 日干과 合이 되면 사주의 多財는 맥을 같이 하여 日간과 같이 合신 되는 이치다. 財성이 많을 때 상관이 財성과 동주하면 거부가 된다 하였다. 財국이 丑土에 財庫시키니 자본가, 귀족이다.

日간 壬丁合으로 巳財에 天乙귀인을 등장하여 巳는 학교다. 巳 중 庚金 인성이 日간을 생하여 교단에서 지식을 공급하는 교직공무원, 처는 금융회사 간부급으로 활약. 전답(田畓)이 만리까지 갈 정도로 천석공 부자로서 그 지방 일대에서 갑부(甲富)로 소문이 자자하다.

이 격의 장점은 丁壬 財성 合이 ㄅ 록지를 득하여 왕성한 財록격으로 대대로 물려주는 상이다.

◎사람은 살아가는 운이 나쁘면 판단력과 통찰력, 사고방식이 무능하여 주변에서 정확한 말을 조언해 주어도 오해로 받아들이게 되어 운이 나쁜 쪽으로 생활방식이 퇴행성, 퇴보, 일진이 되는 것이다.

◎비겁이 태왕하거나 官살이 태강한 명조는 난리나는 것을 좋아하고 기회주의자다. 시세를 만나면 벌떡 일어서기 때문이다.

◎壬癸, 亥子水는 어리다. 幼로 본다. 유아, 유년, 어린 시절로 봄.

◎女명 종아격 사주에 財성이 있으면 남편 요직(要職)에 발탁된다.

◎사주에 官살이 無하고 祿이 있고, 食傷이 용신이면 장군이 된다.

◎신약사주 財성이 태과할 때 財성이 印수 용신과 생合이 되면 타주의 財성들도 한뜻으로 합이 되어 財福이 많은 사주다.

◎壬日에 식상이 되는 甲乙寅卯가 태과할 때 丁이 있어 丁壬合화 화격이 되면 여러 木국은 日주와 습신이 되는 이치로 내 몸은 청렴해진다.

◎원진살에 刑살은 직장에서 문책. 刑살은 형벌이다.

◎도화살이나 財성이 三德귀인에 접하면서 12운이 길이면 재복과 돈 버는 자리 풍만.

● 多印수 종강사주다. 재·관운은 부진하고 비견, 겁재운을 만나야 혁혁해진

다. 日간이 지나치게 도움을 받아 오히려 병이 된다. 印수 태과는 편인격으로 바꾸어진다. 편인 태과는 집 소유권을 잃거나 탈이 생긴다. 庚申金이 卯 중 乙과 투합, 쟁습으로 질투 경쟁으로 선택이 늦어 미혼 상태다. 생모가 과잉보호로 키워 세상물정을 모른다.

○ 세운 겁재가 天乙귀인으로 접목되면 경사 발생.

○ 태왕한 비견 겁재가 財를 파하면 병자의 몸이요, 속전속패다.

● 戊戌日은 대패살이다. 대패살의 巳가 출현되면 대패살의 작용이 더욱 가혹해진다. 평생 독신격으로 살아간다. 辛 상관 딸은 丙辛合으로 윤택하고 아들 자손은 미혼에 백수 인생. 괴강日 女는 미녀다. 남자들의 호객에 육체미가 탁하다. 화개살과 戊戌 괴강살은 음욕살로 성관계 때 쾌감.

○ 年月주가 日간하고 습이 된 것은 부친, 아신의 돈 버는 자리 우수하다. 따라서 부모 운세도 길창.

○ 항상 오행간의 생극관계와 12운성과 12살을 중시하라.

○ 官살이 태다하고 그 官살이 日간과 습이 되면 관살 형제들도 日간과 동시 습이 되는 이치다.

○ 日간이 습이 되는 운은 인수성으로 보아 이사, 집문서, 투자문서, 변태성 발작.

⊙時주가 원진살이면 자손, 아신이 원망스러운 일 당했다.

⊙官살이 국을 이루고 무정하면 부모액, 형제액, 질액, 財액, 부부액, 七액
  이다.

⊙신왕사주 官살이 3개이면 인수 용신한다.

⊙時주가 日간과 合생이 되면 자손 효자요, 자손 일자리 넘친다.

⊙일방오행이 국을 이룰 때는 국을 끌어 모으는 오행이 있어
  이 오행이 日간과 合이 되면 그 세력은 유정해져 사주가 맑
  아진다.

예
乙丙乙癸
丑辰酉丑
合　　庚
　　　辛

⊙辰巳가 원진살이면 성공 후 공력이 숲으로 돌아간다.
  辰巳가 청명하면 기필코 소원성취. 성공적이다.

⊙劫살이 1개 있는 것은 경하나 2개 있는 것은 무서운 액살이다.

⊙亥는 금전으로 본다. 亥亥 자형살이 되거나 충절이 되면 금전손해다.

◉天乙귀인이 劫財와 合이 되거나, 劫財가 天乙귀인이면 귀명격이다.

◉亥卯未생, 즉 亥생은 巳날이 좋고, 卯생은 酉날이 좋고, 未생은 丑날이 길한 날이다.

◉도화살이 死에 해당되면 교제술이 부족하고 열등감을 갖는다.

◉月지 帶가 충파, 공망되면 낮은 직업, 서민 직업.

• 酉金은 편관인데, 日지 丑과 合金 관살로 되니 乙庚合으로 된 것과 동일하다.

◉女명 식상이 공망되거나 파절 浴살이면 식상은 남편과 같이 생산되므로 식상을 남편으로 본다. 고로 식상이 파해되면 남편에 연고가 발생.

◉壬癸日 여성은 늦은 나이에도 처녀 유방 젊다.

◉편인 편관 같이 있으면 가출살로 본다. 타향객이 있거나 공방 인생.

◉卯酉충은 사치, 쇼핑, 맛있는 음식. 卯酉충은 소리, 진동이다. 섹스 중 즐거운 비명소리. 식상에 浴살이 붙어도 섹스 중 애무소리.

◉20세 전 운세 판단은 時주, 年주 동태를 주시 판단한다. 초년 대운도 참고.

◉사주에 火성이 많을 때는 癸水가 있어도 무방함.

◉사주에 戌이 희신이면 저장하는 재물, 기신이면 번 돈 다 써버리고 죽는다. 또 번 돈 한때 다 날린다.

◉女명 식상 또는 인성이 극상되면 자손에 하자 발생.

- 신왕사주 財가 상관과 함께 있으면 사업능력이 뛰어나 호재.
- 劫재가 財를 극하면 부친이 객사. 劫재는 편관 七살로 보기 때문.
- 식신이 겁재를 보면 겁재의 악성이 변하여 후길이다.
- 식신이 正 인수를 보면 돈과 재물이 들어온다.
- 辰戌丑未생은 이혼했다가 다시 합친다.
- 천간은 정하나 그 지지가 충, 원진, 파되면 天干도 충 작용을 받는다는 것을 명심.
- 官성이 日주 또는 년월주에서 合이 되면 부친은 직업운이 길창. 따라서 유복한 집안. 그러나 그곳을 충, 파, 원진이면 부모가 실패.

◉떼인 돈을 다시 찾는 운

- 극파된 財성이 長生에 받쳐 있거나 타주 오행과 合이 되어 희신이 나오면 떼인 돈이 다시 회수된다. 타인이 떼인 돈을 찾아준다.
- 식신이 편인으로부터 충극되었으나 다시 편인 식신이 제각각 동合이 되면 충이 멈추어져 부모 재산 이어받아 평생 안락.

   예 편인(巳巳) 식신(申申)
- 女명 官살이 日간과 合이 되면 시아버지 직책이 좋았다.
- 기신 편관이 희신 편인을 생하면 길조. 즉, 기신이 희신을 생조하면 안보.
- 인성이 태왕하면 편인으로 화하여 식상, 식록을 극함으로 돈 잃고 집도 잃는다.
- 역마지살이 형충, 원진살이면 노상에서 횡액, 교통사고.
- 癸와 午는 눈 안목이다. 이 오행이 충파되면 눈 수술, 안경 착용.

◉ 殺이 많아도 인수가 있으면서 형충이 없으면 점잖다.

◉ 화개살〔辰戌丑未〕 또는 巳가 충파, 원진이 되면 교제, 거래처 중단.

◉ 편인이 식신과 合이 되어 길신 財가 나오면 부동산에서 불로소득.

◉ 편인이 상관과 合이 되어 길신 財가 나오면 건축물에서 불로소득.

◉ 丙子日 丙子생은 남몰래 살짝 이중생활.

◉ 남자 年月주 편인 편재 동거 合이 되면 제수씨와 살짝 뒷거래.

◉ 羊刃 또는 劫 재성에 편재가 중중하면 부친이 파재 또는 삼각관계.

◉ 年주는 사회, 조상이다. 年주에 희신 복신이 길 작용하면 아신 자손이 대대로 영달한다.

◉ 月 天乙귀인 또는 天月 二덕이 세운과 合이 되면 가중 부모 형제 경사 발생.

◉ 長生 또는 식신이 극파 당하면 생후 생가 침몰이다.

◉ 男女 운명에 유일한 인성이 財성에 극파되면 고아 흑성의 자손을 볼 수 있다. 또한 비겁이 태왕하여 인성이 설기태심한 경우.

◉ 乙日생이 巳년을 만나면 巳 中 庚이 日 乙과 乙庚合이 되니 경사 발생.

◉ 亥는 조상, 우두머리, 아버지, 학교, 후원자, 남편으로 일견 보시라.

時	日	月	年
丙	甲	甲	庚
申	戌	申	寅

• 외격사주는 제외하고 억부〔일반사주〕 사주에서 일방오행〔3개 이상〕이 몰려 있을 때는 무조건 태과오행을 설기시키는 오행이 일차 용신이 되고, 二차는 태과오행을 극제시키는 오행이 보조용신이 된다.

차명은 金이 태과, 金이 병이다. 多金을 설기시키는 水가 용신이 되고, 병이 되는 金을 극제시키는 丙火가 가용신이 된다. 水木火운에서 기발, 이 운명은 교차교록으로 甲庚충, 寅申충이 해제되었다. 申운이나 寅운을 맞이 할 때 혁 혁해진다.

● 庚金 正官이 日 乙과 乙庚合으로 겁재 甲木 형제도 자연 合으로 본다. 즉, 乙 의 남편 庚金이 乙의 형제인 언니 甲木도 은근히 사랑해 준다는 의미로 甲庚 충이 乙庚合으로 전환, 기신 甲乙木이 庚金에 친숙하게 되므로 년月 기신이 희신 역할 희하게 된다. 또한 年月주에 天乙, 天덕, 天月 같은 복신이 있으면 서 충실하면 부유 출신이다.

◑식상이 형충되면 과음, 술 중독〔대마초 중독〕으로 위장병, 정신분열증.
◑財가 성하여 인수성을 쇠멸시키면 고아 흑성이 있다.

● 三夏월 하왕지절에 木火로 염천한 火국은 용신 인수 辛金을 녹이니 고아 흑성이 있다. 인수 辛金 은 딸, 식상의 남편이요, 이 여인의 사위다. 사위 가 공멸되니 딸은 자손을 득하고 과부 신세가 되니 딸의 자손은 고아 흑성이 되어 이 여인의 입장에서 볼 때 외손주 꼴을 보게 된다. 고로 이 여인은 고아가 된 외손주 꼴을 본다.

○時 祿격은 신강, 신약 불문하고 식상운에 발신한다.

○원진살년에는 투자나 신규사업은 금물, 다음해 시도. 원진살은 실패, 편관성이다.

○月의 인수는 부유하고 존경을 받는다. 파되면 패물 인생.

• 乙 日주가 時 庚과 乙庚合이 될 때 년월의 비겁 형제들도 맥을 같이 하여 乙庚合처럼 동참, 친숙해진다. 亥子水는 甲乙木에 역시 흡수되어 맥을 같이 하고 있다. 이런 경우는 년월이 기신에 처하였어도 희신 역할을 한다는 것도 유념. 고로 부유층 집안 출신이며, 부모 유산 이어받는다.

용신 庚金으로 辰은 養이다. 庚金은 여자로서 친남편을 표시하지만 부친으로도 본다. 부친은 乙庚合에 辰土 재성 養을 받치고 있어 부친은 고관이요, 財星 養은 부친의 재원이 있는 자리다. 여자 용신은 남편 일자리 환경으로 본다.

○祿이 천간 또는 지지에서 합이 되면 이름 있는 직업.

• 火가 많아 火가 병이다. 火 때문에 庚金이 녹아내린다. 火를 죽이는 水가 약

이요, 보조용신이다. 2차 용신은 火를 설기시키는 辰土가 용신이 된다. 운은 水土金운에 발전.

○寅酉 원진살은 젊어서부터 부부 정이 없이 한평생 살아간다. 寅은 한평생, 寅은 젊다, 酉는 어리다. 한평생 죽는 날까지 이어지는 살이다.

○편인이 식신 상관을 보면 비리행위로 경찰서.

○丙戌, 甲午日, 戊戌日 女는 세상사람들의 처다.

○유년이 日, 月지 충, 원진살은 휴직, 이사, 이동.

○사주에 六살이 있으면 편친 슬하나 양자 운명이다.

○사주상에 상관 관성이 대하면 위용을 떨친 후 최후는 비극으로 끝난다.

○편관이 원진살이면 직계 혈친 조상이 흉지에서 변사.

○편인 인수 상충년은 해약사건, 암투.

• 月주 상관 辛金이 正官 卯木을 내리치고 있다. 그러나 상관 辛金이 丙辛合으로 상관 상진이 되어 정관 卯木은 위안이 되었다. 女자는 반드시 財성이 있어야 官이 제 구실을 한다. 無財 사주에 合이 되어 財가 나오면 부자로 산다 하였다. 관살혼잡으로 부부운은 다정치 않다.

男
甲辛庚甲
午丑午申

● 午午 편관이 丑과 원진살로 형제골육이 흉지에서 사망한다. 火염에 죽거나 괴한〔편관〕에게 피습당한 걸로 본다. 丁丑 대운은 사주와 원진살로 원통하게 죽은 혼백이 원풀이 해달라는 애원이다. 癸巳년에 년지 조상과 合이 되므로 선산 묘지 일을 하거나 재수 대길운이다.

◐ 년주 정관은 후계자요, 장남이다.

27 함지살의 조례(이 비전은 필자가 개발한 것이다)

○ 寅 酉 未 申 은 그 지장간에서 홍염살〔바람살〕이 엮어지니 그
　戊 庚 丁乙 戊壬　궁과 육친에서 확인됨을 알 수 있다. 특히 丙寅,
　丙 辛 己　庚
　甲　　　　辛酉, 丁未, 壬申으로 처한 국은 패작, 실패다.
홍염살 홍염살 홍염살 홍염살

女

時	日	月	年
癸	丙	壬	己
巳	寅	申	未

● 차명은 未 중 丁未로 홍염살이다(지장간 육친을 보고 판단). 申은 암장 壬과
壬申 홍염살로 申은 친정, 부친이다. 부친은 첩과 동거 중이다. 日지 寅은 자
체 丙寅과 寅 중 丙이 이중으로 홍염살이 가강되어 둘 중 하나 검은 거래다.

時	日	月	年
己	壬	甲	乙
卯	申	寅	巳

● 명조에 일방오행이 집결될 때는 이 오행을 설기시키는 조후오행 火가 〔출생

月을 보고 용신의 순서를 잡는다〕 일차 용신이 된다. 二차 용신은 多木을 극제
시키는 金이 용신. 다음 차는 水 비견은 설기태심 무력하다. 상관 卯가 卯 중
乙과 申 중 庚과 乙庚合으로 정이 쏠려 己土 정관을 극하는 것을 잊어버려 위
안이 되었다. 그러므로 이별운이 잠잠해졌다.

- 인수 태과하여 巳 官성이 설기태심하였고, 辛巳日이 대패살로 巳가 공망되
  어 대패살이 소급되었다. 남편과 생사 이별. 애인에게 거금을 날린 것은 時주
  겁재 庚金이 財寅을 극제하였고, 겁재 庚의 寅財는 絶궁이다.

◉ 죽어 있던 조상 땅 후손에게 제공

- 寅은 조상, 높은 산, 후계자. 亥는 조상의 암록이다. 時주 도화살의 死는 죽은
  돈이다. 年지 年간에서부터 時간, 時지까지 상생 상승으로 조상의 음덕이 말
  년과 자손에게 젖줄처럼 이어지고 있다.

  말년 나이 때 조상 땅을 발견, 인수하게 되었다. 6촌 직계까지 손을 내밀며
  조상 땅 문제로 혈투 아닌 투쟁으로 돌변. 장손 차명은 60년 이상 조상 제사,
  묘지관리 일체를 책임지고 헌신하며 조상토지세, 이전비 일절 홀로 부담.

"나 혼자 다 차지해도 너희들은 말할 자격 없어" 하고 이 땅을 소요 아닌 수목장(樹木葬)으로 개발 대체한 후 조용해졌다. 이 운명은 戊土 땅 가지고 비견 겁재 친척들이 밥 한 그릇 놓고 서로 뺏어 먹으려고 치고 받는 싸움이다. 寅에 祿이나 長生이 받쳐 있고 격국이 양호하면 대대로 財官을 계승하는 명예의 집안 출신이다.

○戊亥가 길조 역할하면 戊亥의 음덕을 받는다.
○신약에 인수가 多財에 극파되거나 多官살에 묻히면 혼인운이 없어 一人 팔자다.
○태세 편인년은 옛것을 버리고 새것으로 단장하는 해이다.
○亡신살은 부모덕, 부정 거래로 이득을 취한다.
○공망은 편관으로 본다. 고로 가출, 타향살이 등등.
○용신이 死이면 근무처가 불안, 완전치 못함. 용신을 일자리 환경으로 봄.
○비겁이 死이면 이미 죽은 형제 있다.
○女명 帶가 日時에 거듭 있고 刑충, 원진이 되면 자궁병으로 수술.
○편인, 편재, 편인, 식신 동거는 부친이 사경을 넘나든 일이 있거나 인패財패, 파산선고한 일이 있다.
○死가 合이 되면 죽었던 것이 다시 부활.
○女 식신 상관이 약하고 인수가 태강하면 며느리성인 官살이 설기태심하여 며느리가 과부가 되고, 자식은 멀리 떠난다.
○時가 형충, 겁재, 편관, 원진살, 공망이면 고향 일찍 떠난다.

女			
丙	壬	辛	庚
午	子	巳	子

● 女명 壬子日에 태어나면 과부 팔자라 무조건 하면 큰 실수. 三夏月에 태어나 日자 子는 조후역할을 하여 기쁘고, 時지 午 중 丁이 日의 壬과 合하여 금슬이 좋고, 時지 자식 자리에서 日간과 合이 되어 자식의 영화. 또한 시주 천간 丙辛合으로 자손 자리와 말년운이 태평. 月에 인수격은 남편 인격자다. 財에 天乙귀인이 놓여 재복이 유복하다.

◉남은 화개살이 2개 이상이면 一처二처하고, 女는 一夫二夫한다.

◉甲子日은 부부 상극살.

◉女자 日, 時 식상이 형충되면 유방병, 하체병.

● 여자 용신 午 중 丁火가 壬과 合이 되어 자손 木이 나왔다. 둘 중 하나가 부정포태다.

◉女명 陽日주 상관이 浴絶이면 아들 결혼 실패.

◉장남이 화개살〔辰, 戌, 丑, 未〕 띠로 출생하면 장남 노릇을 못한다.

◉天乙귀인 오행의 지장간 오행이 해당되는 날이 길한 날이다.

　例 甲日이나 戌日의 天乙귀인은 丑未다.

　丑 중→지장간 癸辛己. 癸辛己는 연월일에 모두 길한 날로 결혼식 날 택일도 사용.

　癸년 癸월 癸日 길한 날이다. 辛년 辛월 辛日 길한 날.

◉ **복날이란 무엇인가**

사람이 죽으면 3일장이나 4일장을 치르는데, 3일장이라면 3일의 日辰을 보아 3일 출상하는 日진이 白虎대살에 해당되면 이 날을 피하고 4일장을 치른다. 만약에 白虎대살이 든 날에 출상하면 三代까지 망한다는 것이니 이 白虎대살을 꼭 피해야 한다. ▶ **"명심"**

○ 년월주에 흉살〔상관, 겁재, 백호대살, 괴강살, 편관, 劫살, 대패살〕이 좌하면 그 선대가 전과기록이 있거나 불행한 일이 있었다.

○ 官이 용신이 되거나 가용신이면 神의 가호를 받아 죽을 운, 죽을 병도 구사일생.

○ 戊寅 日주는 부귀격이 아니면 유명인사직이다. 단, 원진 공망은 파격이다.

○ 남녀 日時 帶가 있으면 성관계를 좋아한다. 이유는 화개살에 帶가 되기 때문이다.

○ 財가 辰戌丑未의 墓에 임하면 이 墓를 충시킬 때 재물이 들어온다〔신왕지〕.

○ 傷관이 財성과 같이 있으면 소원성취.

○ 간여지동 일주가 합도 되고 충도 되면 인패재패 후 재활 운명이 된다.

○ 長生이 좋을 때는 좋게 보지만 흉 작용 받을 때는 生이 편관 작용을 한다.

○ 死를 충형하면 위태, 재앙, 산소 일.

○ 女子 인성이 刑살이 되거나 羊刃살과 합이 되면 사위가 의사직 또는 법관. 女子 운명에 편관이 羊刃과 합이 되고 刑살을 대동 식상과 같이 있으면 며느리가 의사직. 또한 자손 丁火의 며느리성인 申金이 卯申합에 관귀학관이다.

예 / 女

丁	甲	戊	壬
卯	申	申	子

命理易書

✿ 공군 소령 제트기 조종사

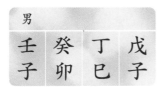

- 차명은 비행기 조종사로서 영공을 수호하는 천사다. 하지만 가정을 외면, 타녀와 동거생활이다. 사주를 보면 천간 지지 모두 쟁합과 刑살로 돌아가니 신분고하를 막론하고 천격이 되었다. 본처에 불효 행동으로 처는 속을 썩어 부패된 얼굴에 10년 차이 늙어보였다. 祿이 연주되고 天乙귀인과 刑合이 되니 귀격이지만, 財를 몰고 합신하니 여자들의 인기다.

○신약사주에 식상이 너무 많으면 두뇌 회전이 둔하다. 즉, 멍청해진다.
○寅巳는 비행기다. 申은 차다. 亥는 배로 본다.
○日지 亡신살은 검은 거래하다가 송사로 감옥.

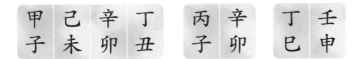

- 日간은 간합하고 지지는 刑살이 되는 것〔刑도 되고 合도 되는 것, 색정색난〕. 신분고하를 막론하고 주색으로 신명을 망침.

○帶는 祿으로 보라. 희신 역할하면 더 길조. 또 帶는 결혼의 별이다.
○원국 月살은 흉. 대운 月살은 기신이라도 최길〔月살 대운이 지나면 하강〕.
○木이 金에 극제되면 간이 나쁘거나 눈이 어두워진다.

◉ 남명 종살격은 자손이 잘 된다.

　● 丁壬슴이 되고 巳申刑에 巳亥충이 되니 첫사랑과 이별이다. 결혼의 별 巳를
　　충하고 申〔가정, 잠자리〕과 刑슴이 되니 생활이 탁하다.

◉ 女子 사주 財성은 식모다. 이 財성이 남편 官살을 생습하면 식모가 그의
　남편을 좋아한다.
◉ 日時 子는 음성 거래, 음성 돈 거래.

　● 日간 비견·겁재를 여자, 남자, 배우자로 같이 본다. 財성이 3개 이상 국을 이
　　루면 편관 편재 양 신으로 일단 가정한다. 이유는 財성은 관성을 생부하기
　　때문에 그렇다. 여자 명에 財성이 3개 있다면 남편 입장에서 볼 때 財성을 여
　　자들로 인식, 여러 여자 속에 묻혀 있어 향락을 즐길 것이고, 財성을 七살로
　　보라 했으니 한 집에 두 성을 보지 않으면 남편은 건강에 이상이 있을 수.
　　女子는 財성이 많아 좋다고 하겠지만 財성이 흉으로 돌변, 七살로 행세하여
　　본 남편 외 다른 남자가 있다는 소지. 그러므로 후처 인생이 될 수 있다. 또한
　　多財는 七살로 가정하여 수술, 부상, 정신환자, 타향객, 외국.

- 戊子년에 戊는 편인이다. 사주에 인성이 2개 있는데 태세 편인과 합세, 3개 편인 국이 되어 편인년은 옛것, 묵은 것을 뜯어고쳐 새로 단장하는 일이 벌어진다. 태세 子상관은 日지 정관 午를 子午충하여 午를 충거시켰다. 남편이 비틀비틀하는 운인데, 남편은 멀쩡하다. 상관 정관 오견되면 상해 상신되는 일이 발생하는데, 살아 있는 사람이 아니라 이미 죽은 사람으로 돌려서 죽은 사람 일을 하는 것이다. 태세 子는 12운성의 死다〔죽은 사람 일이다〕. 즉, 산소(山所) 일이다.

☞死를 형충하거나, 死와 六합이 되거나, 年주를 충거시킬 때 山所 일 발생.

☞財가 印을 파하면 혼인을 파하거나 검은 거래, 뒷거래다.

- 이 사주는 乙 인수가 酉金 재성에 극을 받아 파혼문서다.

- 이 사주는 丙火 편인이 지지에서 辰戌충으로 혼인문서 있다.

☞亡신살이 多면 귀가 어둡고 가는귀를 먹는다. 또한 방광병, 심장이 애기 심장, 숨이 찬다.

◎月주와 습이 되어 희신이 나오면 형제 우애, 친구 화목.

◎女子 식상이 공망되거나 극파되면 자손액, 부성액.

◎편인〔양 편인은 부친으로 봄〕상관 습은 부친이 간통하는 현상, 부정.

◎습이 되어 기신 타육신이 나오면 변했다는 식으로 다른 생각, 이별 징조다.

◎日간과 습이 된 곳을 沖, 원진, 공망, 死絕胎면 습이 깨진다는 것을 명심.

◎남녀 자식성이 복신 辰巳궁에 속하면 자손의 전도가 밝다.

● 자식성인 巳가 辰에 응하여 日간과 습, 자손의 영화다.

◎남자 시주에 편관 편인이 동주하면 외손주를 부양한다. 이유는 편관은 딸이다. 편관이 편인에 설기되므로 딸의 자손이다.

◎女子 시주에 상관 재성이 동주하면 외손주를 부양한다.

◎기신 편인을 억제함이 없으면 편인은 도식으로 변하여 매사 실패.

◎正官이 습이 되어 희신이 나오면 돈 문서로서 경사 발생.

◎神살이 있으면 부정행실, 부정이 발각. 年月에 있으면 부모가 부정.

◎六살은 관액수, 파산선고. 인성이 六살이면 생가 침몰, 파산선고다.

◎女子 용신 또는 正인을 충극당하는 해는 부부지간, 자손 모두 액이 발생.

◎戌, 亥는 원진살을 들이 받거나 충합을 제일 싫어한다.

◎羊刃이 있고 浴살이 있으면 가내 환자, 육친.

◎官이 용신이 되거나 官이 日주와 습이 되면 건축업, 공관직.

◎丙辛습은 권력을 암시.

○귀격 사주 羊刃에 상관은 장군의 인물.

○女子 甲寅日, 戊申日은 남편 해친다.

○**경찰관 사주** − 囚옥살에 刑살, 辰戌, 辰辰, 戌戌, 寅巳申이 있으면 경찰관, 권위직.

○**의약계** − 卯酉, 卯戌, 酉戌, 戌亥, 辰戌, 寅巳申 구비된 자.

○**甲申日, 午卯, 未申** − 의사, 한의사, 약사, 제약회사, 의료기 계통.

○편자가 붙은 편관, 편인, 편재는 편파적이고 다친다.

○시주와 日주 간에 상극 상쟁이 아니면 자손과 화목, 상극 상충은 자손과 불목. 시지가 日간과 합이 되면 딸은 부모와 화목, 친절하다. 천간은 아들, 지지는 딸.

○多金이 水에 집결되면 金은 물에 씻겨 金과 물이 맑게 된다. 金은 義요, 水는 공평정대, 즉 법관(法官)이다.

○正 인수가 天乙귀인과 합이 되면서 刑을 이루면 刑權을 잡는다.

○역마에 관이 刑을 맞으면 살인사건.

○겨울 사주는 火가 인수격인 어머니 또는 남편 역할을 하면서 모든 물체를 조명해준다.

○여자 사주 편인은 항상 새것을 좋아하고, 새 맛을 좋아함.

○年月주 편인은 부모 형제가 새것과 새 맛을 좋아함(사통).

  日時에 편인이 처하면 부부 중 하나(색정이 있는 경우).

○長生과 식상은 초년시기 수명, 명줄이다. 형파되면 사활당하는 일 발생.

○기신 편인은 인기를 쉽게 얻지만 쉽게 잃게 된다. 편인은 오래 지탱하지 못하고 포기한다(즉, 손실이다).

○사람은 경험을 얻지 못하면 실패를 연속. 장가와 시집을 가서 세상에 첫

걸음을 내딛는 것이 모두 새롭듯이 어느 것이 옳고 그른지 분간하지도 못하면서 덮어놓고 사실 그대로 모방하려 든다. 건록격이 이에 해당한다.

- 신약 신강 따질 것 없이 氣에서 순리대로 되면 보기와 같이 水生木, 木生火하여 다시 火生土 식으로 순세 길. 亥 중 壬과 丁壬合이 되어 丁癸충이 合이 되다.

- 동月 사주 日 丙火는 壬을 보면 귀를 누린다. 이것은 수없이 경험한 바 틀림 없다.
- 酉巳는 결혼의 별이다. 충파, 원진살, 浴살 死궁에 들면 혼인 파기다.
- 土가 극을 받으면 신용도 없고, 孝도 없다.
- 女명 日合이 된 正財가 공망되고, 편재가 유정하면 남편이 첩과 내통한다. 만약 남편이 점잖으면 여자가 내통.

- 여자가 트럭으로 두 트럭이다. 寅巳申 三刑살이 되니 刑살은 관살, 자손으로 대행. 고로 첩을 얻어 득자했다.

○남명 식상이 왕하면 손자 代에 대성한다.

○식신이 合이 되어 희신 財가 나오면 사업가 운이다.

○편관이 劫財와 合이 되거나 劫財가 편재와 合이 되면 배우자나 자손이 돈 버는 자리가 좋다.

○편관 편인 동림은 財화를 당한다. 時주에 처하면 자손이 財화.

○火金쌍전은 정신병, 金극木은 관절염.

○水가 설기태심 또는 왕土에 극을 받으면 꿈에 괴녀와 섹스하는 몽사. 영험하다. 이로 인하여 가는귀가 먹는다.

○日지 甲寅 日祿격 사주는 괴녀와 교미하는 꿈. 그러므로 가는귀를 먹거나 청각장애〔둘 중 하나〕.

○官살이 손상되면 죽을 때 요사함, 또 부친 형제가 요사했다.

○月주 편재가 養이면 형제의 지원을 받는다.

○月주는 타주보다 강력한 힘을 발휘하고 있다. 타지보다 2배 반의 힘을 가지고 있다. 고로 月주의 길흉은 배 이상 작용.

• 日지가 간여지동 劫財 羊刃살로 되어 있어 남편을 해하여 초년에 남편과 사별하였다. 時주 시祿을 얻어 딸은 의사직, 아들은 대기업 중견급. 月식신 戌은 식록과 복록이 가득하다. 庚金 재성이 火국에 극파되어 빈한 명 같지만 아니다. 이유는 財성 庚金이 식신 戌의 첨병 역할에 時주 巳의 庚巳 長生궁에 놓여 있어 말년까지 재물 수명이 장수(長壽) 명이다.

◉合은 꼭 껴안고 붙는 것, 즉 애인, 친한 사람이다. 사교다.

◉女子 合이 무성하면 본인 아니면 남편이 사통, 캄캄한 일을 한다.

◉남자 合이 무성하고 刑살이 진동하면 타녀와 사통을 즐긴다. 남자는 合이 무성하면 교제술이 좋지만, 女는 생활질서가 문란하고 남편에게 전가한다.

● 비견 겁재로 일색이 되면 비견 겁재는 살로〔편관〕 변한다. 즉, 관살이 日간 또는 비겁과 치고받는 활극 싸움판이다. 살이 찢어지고 뼈가 깎이는 불행을 감당해야 한다. 이런 격은 비·겁을 설기시키는 金 하나만 있어도 당권하여 사주가 맑아진다. 부부운부터 부모, 형제, 자손과도 남남이 되고 세상과도 인연이 없고 폐쇄적인 사람이다. 항상 불만을 가지고 싸움을 일삼는 폭군이 된다. 오직 구제가 있다면 진리를 탐구하는 숲속의 도인이 되는 것이 이 운명의 안전망이다.

◉기신 편인이 刑이 되면 남을 돕는 척하면서 사기행각. 무능자는 사기전술에 조종되어 피해를 당한다.

◉火가 너무 많으면 氣가 세서 혈압병이 온다. 단, 설기가 잘 되면 무방하다.

◉木은 피를 만드는 간이다. 火는 氣다. 火의 氣가 약해도 혈맥이 막히고 너무 많아도 혈압병으로 뇌출혈이 온다. 戊子, 壬子, 丁卯 뇌출혈로 사망.

◉女명 天乙귀인〔天乙귀인은 선비, 남자로 본다〕의 六合을 길명으로 취하지 말라〔불륜행동〕.

◉행운에서 天頭귀인이 사주와 合이 되면 경사 발생.

◉胎가 正印에 받쳐 있으면 천종(天從)을 누린다 하였다. 그것은 甲日에 癸酉時를 보면 酉는 胎다. 癸는 甲日의 인수다. 자손의 영화, 天從을 누린다. 또 庚日에 卯는 胎다. 未의 인성이 같이 있으면 天從을 누린다.

◉天乙귀인이 연주되면 격국 구성을 불문하고 부귀하다〔공망이면 무용지물〕.

• 乙에 申은 天乙귀인, 丙은 酉에 天乙귀인, 戊는 丑에 天乙귀인, 辛은 午에 天乙귀인이 연주되어 부귀하고 살다.

◉사주에 木이 많고 火가 있으면 피가 맑아 혈관의 유통이 잘 된다.

◉女子 己巳日생은 巳 中 庚이 庚巳 長生이 되어 친정母가 자손을 금이냐 옥이냐 하고 키워준다.

• 丁壬合이 寅酉 원진으로 丁壬合이 깨지고 寅酉가 合, 水 관살이 새로 생겨 관살혼잡으로 이별하였다.

◉財印이 合이 되어 용신이 나오면 재복 있는 사람이다.

◉女명에 壬水가 추동월에 생하고 정관 己土가 있으면 무능하고, 편관 戊土가 있고 丙火가 있으면 남편이 왕성하여 남편복이 있다.

◉女명 秋冬月 庚日생은 관살혼잡을 꺼리지 않는다. 이는 丁은 성기할 수 있고, 丙은 조온을 하기 때문이다.

◉여자 사주 官이 뿌리도 없고 官을 돕는 財도 없으면 官이 있으나마나다. 이때 운에서 식신, 상관운이 와서 뿌리도 없는 官병을 제거할 때 남편을 보호하여 흥가한다. 이유는 비겁은 같은 부부로서 병신을 제거할 때 안정된다.

◉寅卯가 충극, 원진, 고신, 亡신살이면 큰아들, 장손에게 액.

◉天간이 合이 되었어도 合으로 보지 않는 것이 있다. 그것은 甲己合이 되었을 시 지지에 辰戌丑未 중 한 자라도 있어야 合이 성립됨. 合된 오행이 있어도 극제시키는 오행이 있거나 合된 오행이 지지에서 공망되면 合이 아니다.

◉日지와 時주가 상충되면 처자를 극한다.

◉火성은 天간에 있어야 하고, 水성은 지지에 있어야 水火기제가 되어 길명.

◉공망된 자리는 공치고 귀인성도 잃게 된다. 단, 日간이 合이 되면 재활.

◉正 인수가 상관을 극상시키면 대주가 황천객 또는 부모 고향을 등진다.

◉희신 官살년, 刑살년이 오면 돈벌이도 좋고 자식운도 좋아진다. 官살, 刑살은 印을 생하여 문서운도 열린다.

◉三刑이 귀격이면 의사나 형권을 잡는다.

◉七月 庚金은 설기함이 흉이고, 丁火로써 가련함이 좋다.

◉壬癸水가 丙火를 극할 때 水의 고장인 辰土가 있으면 물을 가두워 火를 극하지 못하여 좋게 된다.

◉丙辛합이 될 때 癸가 있으면 합이 아니 된다.

◉원국에 水가 없으면 水운이 되도 발전이 별로 없다.

◉金이 水를 보면 유통이 되고 金을 물로 씻어주니 金이 깨끗하다. 즉, 얼굴이 미모다.

◉劫財가 天乙귀인과 슴이 되면 편관 七살과 슴이 되는 이치로 본다. 고로 고
  관(高官) 명(名)이다. 또한 天乙귀인이 劫財에 동참되면 역시 고관 명이다.

오행의 조화

◎冬月 사주의 상관 壬은 정관 丙을 절대 극하지 않는다. 오히려 친절감이 된다. 상관 壬은 富를 누리고, 官 丙은 귀를 누린다.

◎秋冬月 사주의 辛日에 丙이 合하려고 할 때 壬이 있으면 불合이 되어 좋게 된다. 이유는 丙火의 조후를 잃기 때문이다.

◎日月에 羊刃이 있고, 財가 성하면 처가 의사직.

◎11, 12月의 辛金은 癸水가 있으면 辛金이 얼어붙어 나쁘고, 丙火를 약하게 한다. 辛金은 戊土, 癸水를 보지 말아야 한다.

◎三冬月 사주가 壬水, 丙火를 보면 비단옷을 입고 金띠를 두른다.

◎사주에 金이 없고 水만 가득하면 물이 맑지 못하고 결국 물은 썩게 된다.

◎매년 기신 官살에 극충되면 재난, 실직, 상신.

◎甲乙日생이 時주에 申을 보면 귀자를 둔다.

◎月에 官印 상생이면 官직생활 성공.

◎財성이 墓庫에 들면 타인이 훔쳐가지를 못하여 보증수표인데, 이 庫를 충발해주어야 개고가 되어 金庫가 꽉 찬다. 충형이 불발되고 개고가 안 되면

평상인이다.

- 9月 戌月생이 회신에 해당하고 日간이 戌을 받치고 戌의 천간이 甲己合으로 곡창이 만리까지 간다.

◉고신, 과숙살을 보는 법은 年지, 日지, 時 三자로 본다.

◉공망보는 법도 年주, 日주를 기준하여 보는데 추가로 日주 공망을 알고자 할 때는 시주를 기준하여 日주 공망 여부를 알아본다.

◉戌과 亥는 같은 亥月로 보아 서로 상조함이 있다. 戌亥는 교접상이다.

◉丑과 寅과 교접되는 상이다〔丑 중 己와 寅 중 甲이 甲己合〕.

◉辰巳운이 교접한다〔辰 중 乙과 巳 중 庚과 乙庚合〕.

◉未申 역시 교접하게 되는데 이것은 절기와 절기 사이인 모퉁이에서 접목함이니 동서남북의 전각 유의의 접목이다.

◉土가 극을 받으면 효심이 없고, 金 재성이 교집되고 설기하는 오행이 없거나 제극하는 오행이 없으면 돈에 대하여 의가 없고 남의 돈을 빌려도 잘 갚지 않으며 돈 욕심이 강하다.

◉태세가 사주와 合이 되어 길신 財가 나오면 득財하는 운이다.

男

己	丙	丙	己	辛 〉대운
亥	辰	寅	酉	酉

● 日 丙이 정재 酉와 合이 되므로〔丙辛合〕관직생활, 고관이다. 대운 辛酉운은
   日 丙이 丙辛合으로 이중 合이 되면서 酉酉 형살이 合도 되고 刑도 되니 홍
   염살에〔丙寅〕바람 났다.

○지지는 지지끼리 생극〔행운에서도 이 법칙으로 활용〕하고, 천간은 천간끼리
   〔행운에서도 이 방식으로 취함〕생극한다는 것을 명심.
○용신이 역마이면 정보통신, 컴퓨터, 방송인, 신문, 언론, 우체국, 소방서 등.
○戊土 국이 辰戌이 전부 있고 印을 보면 높게 된다.
○상관이 官성과 合하여 희신 官성이 나오면 손에 병권. ◀─

壬 戌
日 卯

○남자 財성이 絕되면 결혼운이 한참 멀어지고 여자 운이 없다. 또한 직업운
   과 재운도 없다.
○식신 상관이 여러 개 있을 때 편인이 억제하거나 財성이 왕하면 식록이 풍
   성해진다.
○男女, 日이나 時에 고신 또는 과숙살이 있으면 부부 중 하나 신병 또는 재
   산탕진.
○時주의 대패살 지지가 日간에 12운 길성이면 자손은 대패살을 받지 않는다.
○財성이 국을 이루면 七살〔관살〕로 변신. 고로 財성이 만주되면 수술을 해
   본다. 고로 의사직이다. 또한 기술계열, 건축업 등등.
○冬月 사주에 丙火는 없고 丁火만 1개 있으면 丁火는 촛불이니 조후가 약하

여 신강으로 구성되었어도 火로 용신한다.

- 대운이 사주 어느 지지를 충파했어도 태세가 충파된 오행을 생조하면 평온할 수 있다.

- 사주에 木이 多면 인품이 고귀하고 학문이 깊다.

- 지장간끼리 甲庚충이 되면 그 육친이 바람 피웠다. 또 병원출입살이다.

- 寅辰이 있고 酉를 보면 卯를 가상 허충하여 용의 천문이라 하여 부부 이별이다. 외격사주는 무시.

- 日時 卯酉충은 日月의 龍虎 天門이며 출입문이다. 女는 부부 이별 암시, 月은 부모 형제 이별 암시.

- 남녀, 印星이 帶이거나 복신이 받쳐주면 자손 직장 길.

- **궁合** - 木 日간은 死지인 午생을 만나지 말 것이다. 타법도 동일시함.

명궁제시법

◉ 天乙귀인 正·인수가 원진살이면 좋은 직에서 문책받아 귀향살이다.

◉ 子 상관이 劫재와 함께 있거나 子未 원진살이 되면 밤길 교통사고 무섭다.

◉ 년 천간이 상관이면 부친 또는 남자 선대가 흉사, 흉질, 필패. 年 天간 지지
   가 상관이면 母나 여자 쪽 혈친이 죽거나 패신, 필패.

◉ 天간 陰이 흉신 작용을 하거나 충극되면 남자, 여자 모두 피해다.
   地支 陽이 흉신 작용을 하거나 충, 파, 원진, 흉살로 가해되면 남자, 여자 모
   두 피해다. 또한 간지의 영향은 그 天 干地支 모두 연계된다는 것도 명심.

◉ 명궁제시법

▶ **명국법은 月지와 時지를 기준하여 활용한다.**

月지 卯는 2다. 時지 亥는 10이다. 2+10=12다.

1차 공식은 표준수 14에서 月 時의 합수 12를 공제하면(14-12=2) 2다.

2는 오행상 卯다.

※ 최종 나온 수가 14면 2차 공식 표준수 26에서 합수 14를 공제시켜 나머지 떨어

지는 숫자가 명궁 숫자에 해당된다.

또한 최종 숫자가 13 이전 숫자로 떨어지면 일차 공식법 숫자 14에서 13을 공

제(14-13=1), 1이 명궁 숫자다.

최종 숫자가 14에서 15 이상 될 때는 2차 공식 표준수 26에서 공제시켜 떨어지

는 숫자를 명궁 숫자로 본다.

이 명궁 숫자를 오행으로 기법시켜 사주와 대결, 길신과 흉신을 판별함. 卯는

長生 天乙귀인으로 최상이다.

◉각주 자체 기둥 천간으로 12운성을 해본다.

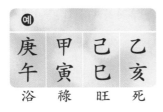

● 시주 庚을 12운성하여 午까지 浴살이다. 甲寅

은 祿이요, 己巳는 旺, 乙亥는 死궁이다.

● 차명은 丑月생에 조후되는 火가 불견. 춥고 썰

렁한 사주다. 겁재는 남편의 첩이요, 애인이다. 화

개살이 중중, 용신 財가 絶궁으로 이래저래 흠이

많아 제각각 짝을 정하고 살아간다. 時주 庚寅은

자체 寅이 絶이다. 독자. 아들이 손이 없어 代가 끊어졌다. 庚寅은 백호대살,

甲庚충 병부살이다. 寅 중 丙火 며느리 山소 이장, 탈로〔寅은 산소〕. 급병을 얻

어 백방으로 고생. 寅未 財고는 부자촌이다.

戊	壬	丁
子	子	卯

- 正 인수 丁 아래 子卯 刑살로 나라에 충신이요, 하늘이 내린 구진득위격이다. 88세 癸卯 대운에서 癸는 日合이 되면서 丁癸충하고, 卯는 浴살과 六살에 刑을 받아 서거했다. 丁 인성에 卯 囚옥살은 감옥에서 이름 냈다.

男			
壬	丁	庚	辛
寅	亥	子	亥

- 丁亥日이 亥를 다봉하고 간合 丁壬合은 거듭 지하 亥 중 壬과 음合, 투合이 亥亥 자형살로 合과 헤어지는 상극이다. 合과 刑은 부정거래다. 壬辰년에 이별, 투合과 원진살로.

- 辰戌丑未가 모여들면 성관계를 좋아하고, 미혼자는 대소운에서 辰戌丑未 화개살을 만나면 교제가 이루어진다.
- 七살이 만주되면 백번 이루어도 끝내 실패. 이 경우는 七살에 대한 인연을 맺으면 안보가 되고 성공한다.
- **浴살 -** 외국, 이별, 죽음, 색란, 음성거래, 병란, 예법을 무시.
- 日合으로 기신 조후오행이 변질되어 나오면 둘 중 하나 변심, 공방살이, 이별.
- 女명 正官을 기준하여 正官의 12운성 長生 오행을 충하는 오행이 있거나

長生이 刑을 받으면 남편이 장학생으로 최고 학부 출신에 고관이다.

- 정관 癸의 長生은 卯다. 장생 卯를 충하는 오행은 酉다. 즉, 卯酉가 남편의 학당신이다. 남편은 장학생 학부 출신으로 교감, 교직, 공무원이다.

- 丙壬충이 되나 丙이 酉와 合이 되고 寅 중 丙이酉와 合이 되어 처와 다정하고, 처의 직업이 우수 은행직원이다.

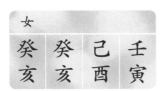

- 상관 용신에 壬 겁재를 대동하면 남편과 이별이다.

- ◉女子 용신이 원진살이면 부부 이별 암시.
- ◉대소운에서 官귀학관을 만나면 직업운이 열리거나 개운의 소식이다.
- ◉月주에 長生 길신〔天乙 三덕신, 관귀학관 등〕 등이 있으면 아신 형제 모두 형통한다.
- ◉희신 근신운은 발전, 꽁돈도 들어온다. 불로소득운.
- ◉재성이 인수와 合이 되어 길신 재성이 나오면 임대사업 성공적이다.
- ◉남녀 관帶가 충극당하면 혼담에 말썽이 생기고 결혼 생활에 장애, 이별.
- ◉간합된 오행으로 12운이 바뀐다.

- 寅 浴살이 亥와 合이 되어 浴살 寅木이 나왔다. 亥 형제도 浴살이 되어 형제들도 결혼 실패, 소실 입가.

○寅이 亡신살이면 선대가 부정을 저질렀거나 망했다.
○비겁이 多하고 설기하는 식상이 없으면 답답하고 고생 많은 운명이다.
○年月 正官 印수격은 국무직에서 교육책임자, 교육감이다.
○長生이 刑이 되면 산 생명을 끊어버리는 격이다. 즉 자살, 자해다.
○인성이 발동[형충]되면 문서 잡는 해다. 그러나 財가 인성을 극하면 문서에서 하자 발생.
○상관은 부정음식이요, 부정탈이다. 즉, 상관이 官성과 오견되면 부정음식[상가, 제사음식] 먹고 부정탈로 죽을병에 걸린다. 女는 時주에 상관 관살 오견되면 개고기 부정탈로 병신 자손, 기형아 출생.

- 甲日에 丙火를 보면 대귀 대부한다 했다. 甲己合이 되어 부모 재산 물려받아 한평생 호의호식하고 살아가며, 돈 버는 일자리 일등공신이다. 寅이 공망되어 대를 잇는 손이 끊어지는 상이다.

  신왕 식상년은 자손에게 전권을 인수인계해 주는 이양운이다. 아들은 없고 딸만 줄줄이. 辰酉가 寅을 보면 卯酉충의 문호가 막혀 가상에 혼인이 상한다 하였다. 별거생활이다. 甲寅日은 홀아비, 결혼 장애살이다. 日지 처궁도 공망되었으니 처도 없는 一人자 신세다. 甲己合으로 酉 正官도 合이 되어 10가지 기술자격증을 보유, 만사형통이다. 辰은 甲日의 財고다. 甲己合으로 財되는 土성들을 끌어 올리니 건축물에서〔寅〕불로소득이 매월 통장으로〔甲己合으로 財와 合〕거액이 입金.

- 乙辛충은 초년 부친과 사별, 남편 신병으로 병원출입자. 木日의 辰은 財고로 부유격이다. 巳 중 庚이 日 乙과 合으로 흩어져 있는 土 財성을 끌어 올리니 향락〔帶〕사업으로 재력가가 되었다.

◉辰巳의 운명 사주

○辰巳가 구비되고 흠결이 없으며 길 작용〔12운 길, 귀인성, 복신〕하면 차명과 그 육친궁이 장차 개운을 뜻하여 기필코 성공적이다. 만약 辰이나 巳가 홀로 있을 경우는 효력이 격차.

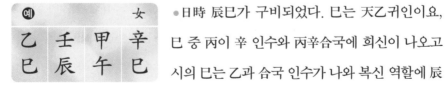

● 日時 辰巳가 구비되었다. 巳는 天乙귀인이요, 巳 중 丙이 辛 인수와 丙辛합국에 희신이 나오고 시의 巳는 乙과 합국 인수가 나와 복신 역할에 辰은 辰 중 겁재 편관合으로 자손 남편 거물급이다.

● 日지 辰은 養, 시주 자손 자리 巳는 長生 길신으로 辰巳궁이 구비되어 맨주먹으로 목재 제재소를 설립, 200억원대의 실업가가 되고 자손들도 홍가한다. 또한 寅財는 丙辛合, 巳辛合으로 귀명격이다.

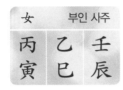

● 辰은 모두 복신이 되고 巳는 록을 취하고 乙庚合으로 金財를 생산하고 辰巳가 구비되어 남편을 성공시켰다. 편인은 자비심이 없고 은혜를 모른다. 丙寅日은 편인성이다. 형제가 은혜를 위반했다.

◎ 식신 상관이 만주되면 입이 늦게 터지는 자손이 있거나 본인도 그러하다.

◎ 희신 正財는 명예다. 관운이 좋다는 것.

◎ 상관격이 강렬하면 상식을 넘는 말과 불량스러운 말을 서슴지 않고 무례한 짓을 한다.

◎ 子午卯酉가 刑, 沖, 원진, 害살로 접목되면 囚옥살과 백호대살로 본다.

◎ 日合된 곳이 원진살, 공망, 絶 같은 흉살이 접하면 合이 패浴살로 변한다.

◎ 午가 午를 거듭 보면 午午 대충으로 午가 2개로 갈라지니 돈이 흩어지고 사랑이 갈라지고 문서를 잃는다. 또 송사, 수술.

● 이와 같이 관살이 많아도 日간과 合이 되면 다른 관살도 日간과 유정해지는 것이다. 옆의 사주는 巳火가 관살을 억제시켜 위안이 되지만 合이 넘쳐 품질이 문란.

- 火가 金을 극할 때 통관용신은 土다. 土운이 와서 중화시키면 평화.
- 合에서 나온 오행을 타신이 형극하면 合이 불발. 단, 방해자가 合이 되면 무방함.
- 남女 비견, 겁재는 양방 부부지간으로 본다. 행운에서 비겁이 형·충·파·해되면 女는 남편 또는 다른 남자의 사건 발생 또는 자식에 대한 근심. 男은 처에 대한 근심, 친한 여자와 사건 발생, 자식과 며느리에 대한 근심.

❀三星 재벌그룹 회장 李 建 熙 사주

- 丁癸충은 형제와 불목, 丑午 원진은 형제와 쟁송. 丁壬合에 午祿을 취하여 천세 만세 세습 귀족이다.

時	日	月	年
己	辛	戊	丁
丑	丑	申	酉

- 丁火는 이 사주의 병이다. 병이 있을 때 운에서 水운이 오면 병이 되는 丁火를 제거하여 남편을 보호, 홍가 창업이다. 이유는 丁火는 뿌리도 없고 丁火를 생조하는 木이 없어 무력할 때 병신으로 봄.

時	日	月	年
己	乙	丁	己
卯	未	卯	亥

- 비겁이 태왕하여 財성 土를 극제하고 있을 때 비겁이 자신의 庫에 들면 財성을 극제하지 못하여 재산을 지키게 된다.

- 寅운이 와서 寅午戌 火국이 되면서 申 기신을 寅申충하여 申을 제거시켜 감
  사가 되었다.

- 태세에서 天德 신이 들어오면 死지에서도 탈출하고 도움을 받는다.
- 辰土는 甲木이 파해야 물길이 열리는데, 이 辰土가 약함이 될 때는 파함이
  해가 된다.
- 편관이 줄줄이 있고 정관이 日간과 합이 되면 사나운 편관도 정관 형제를
  따라 日간과 합이 되므로 정화되어 후발하게 된다.
- 日時 고신, 과숙살은 재산을 숙청시킨다. 또한 질병 침노.
- 壬水를 쓰면 戊土를 꺼리게 된다. 이때는 甲木이 있어 戊土를 극제하면 戊
  土가 水를 극제 못한다.

- 水 상관이 丙火를 극하나 상관 水국이 辰土 고에 들어가 안심. 또한 편관 丙이
  겁재 辛과 합, 남편의 애호가 깊다.

- 戊土가 생金할 때 甲木이 파土시켜야 土생金이 잘 된다.
- 金이 多土에 매금 현상이 일어날 때 甲木이 破土시키면 金이 나타나 빛을

내게 된다.

- 甲庚壬 - 庚金이 甲木을 보면 충과 극이 되는데, 이때 壬水가 庚金 옆에 있으면 壬水로 정이 쏠려 甲庚충을 면한다.

- 女命 운에서 비겁이 충극당하면 자식운이 불행, 남편도 피해.

- 건록이 合되면 고시합격 또는 일복이 넘친다.

- 傷官은 글자 그대로 상할 상, 아픔 상이다. 상관은 官을 보면 더욱 날뛰어 광란기를 아낌없이 토해낸다. 官이 상관에 피상되면 건강, 재산, 돈 버는 직업까지 모두 잃게 된다. 그러므로 상관이 회좌한 궁은 그 궁의 상처와 그 육친의 피해가 꼭 있게 된다.

- 寅申巳亥가 絶이면 부동산, 재산, 결혼 모두 파산선고다. 申 祿이 충파되면 대파살로 흉재다. 酉 劫재가 寅과 원진살로 酉두의 己土 인수성도 원진살에 속하여 집문서, 결혼문서가 파파되어 독신격이다. 甲寅 대운에서 천지충이 되어 사업장이 파산, 알몸 신세가 됐다.

- 태세가 日주와 슴이 되고 그 지지는 사주와 형, 충, 파, 원진살이 가강되면 일이 풀릴 듯하다가 꼬임. 日주와 슴이 된다는 것은 官印상생으로, 즉 官은 직업이요, 印은 집문서, 사업문서, 계약문서다. 이 三字에 경사 발생, 반대는 길 중 흉.

● 사주에 財성이 많을 때 財를 끌어 올리는 官성이 日간과 合이 되면 맡아놓은 재력가다. 巳 中 庚金이 日 乙과 乙庚合으로 多財가 생官하여 財를 끌어 올리니 부유한 명이다. 七살 辛金도 合에 끌려 유정해졌다.

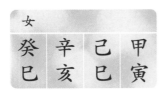

● 巳 中 丙 정관이 日干과 合이 될 때 원국에 多財가 있으면 그 財는 생官하면서 상관 亥는 상재하여 사주가 맑아졌다.

◎財성이 비겁에 극제되거나 공망이 되면 형수 또는 제수씨가 과부.

◎申에 神살 또는 劫살에 임하면 조상신이 붙어서 정신질환, 우울증.

◎용신 財가 合이 되어 財가 또 나오면 재산이 증가되고, 남자는 여자복이 많다.

◎官성이 공망되거나 官성이 合이 되면 상관을 보아도 관성은 상관에 의해 피해를 입지 않는다.

◎神살 亡신살은 마귀의 조종이다. 판단력을 흐리게 한다.

◎매년 神살이 사주와 접목되면 신병을 얻거나 손재, 검은 거래, 색정.

- 巳 劫財가 줄줄이 있어 파財운 같지만 그렇지 않다. 財고와 合이 되고 巳巳 겁재는 이리저리 合이 되어 용신국이 되어 부귀한 명이다. 日, 時에 화개살로 남편 풍류객이다.

◎ 日지 浴살, 도화살이 日간과 合이 되거나 유정하면 남편 사랑 애호가다.
◎ 日지가 合이 되어 용신이 나오면 배우자 덕이 있다.

- 이와 같이 중화된 사주는〔통관된 것〕역운이 와도 통관이 되어 길운이 된다.

◎ 女子 운명에 인수가 극충되면 사위가 실패.
◎ 天赦日 — 재화, 즉 흉살을 구해주는 길신인바 寅卯辰月에 戊寅日이 천사다.

寅卯辰月	巳午未月	申酉戌月	亥子丑月
戊寅日	甲午日	戊申日	甲子日

女명은 유흥업에 좋다. 사주에 天赦성이 있으면 의사, 간호사, 의료업, 활인업 길.
◎ 협록〔日, 時 사이 협공〕은 재물과 직업의 도움을 많이 받는 길신.

- 암록은 일생동안 금전의 궁함이 없고, 또 어려움이 있더라도 생각지도 않은 사람으로부터 도움을 받아 잘 해결된다는 길신. 행운에서 만나면 도움받는 일이 발생.
- 세년 신수를 볼 때 세년 지지를 기준하여 12신살을 각주 지지, 세년 지지에 확인

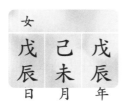

- 戊 日간의 辰은 財庫다. 辰 中 乙癸戊가 자체 合, 즉 日간과 戊癸合으로 형성되고, 財고와 관帶(관帶는 록으로 봄)가 같이 있으면 부잣집 출신에 재복과 직업운이 최상.

  골프 금메달 박인비의 사주다. 비겁이 많아도 상해되지 않으면서 길성이 받쳐 있으면 성공적이다. 비겁 왕은 인수운과 식상운 최길이다. 辰이 청명하고 복신이 받쳐 있으면 靑龍이라 하였다.

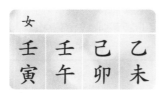

- 乙酉 대운에서 인수 酉는 사주 상관 卯와 卯酉충을 들이받고 있다. 가옥 명도〔酉 인수〕 집을 파는 운이고 상관 卯는 딸이다. 딸의 진학문제 발생. 酉는 인수로 공부, 시험과정이다.

  위 사주는 상관 卯가 정관 己土를 맹공하지만 木이 未에 入고되어 정관 己土

는 안심. 부부 해로. 卯는 天乙귀인으로 상관 작용이 해소.

○財성 合이 되어 財성이 새로 생기면 새로운 아버지가 생겼음으로 생모는
  소실로 입가. 나는 후처의 몸에서 태어난 자손이다.

○印성이 합이 되어 비견이 나오면 나와 같은 형제가 비밀로 생겼으니 생모는
  재가하여 자손을 보게 되는데, 나 자신을 부정으로 낳거나 이복형제 있다.

● 正 인수 亥가 亥卯合하여 비견 형제가 비밀로 생겼으니 친모[亥]는 재가 혹
  은 후처 소실로 입가하여 나 자신이 후처 몸에서 태어난 자손이다. 또한 이복
  형제도 있다.

○용신이 年月에 있으면 초년부터 발달하고, 日時에 있으면 중년부터 발달
  한다. 형충이 년월에 있으면 초년에 불행하고, 時에 있으면 말년에 병만
  생긴다.

● 차명은 甲日의 卯가 羊刃이 되고 庚은 七살이 되어 甲木을 극하나 卯 중 乙과
  배합되어서 甲乙木은 庚申 七살과 유정해졌다. 그래서 羊刃이 편관을 기뻐한

다는 원리가 여기에 있다. 편관 庚은 乙庚合으로 친해진 乙木 형제인 언니 甲木도 乙의 남편 庚이 언니 甲을 은근히 사랑하는 관계로 유정해진다. 그러므로 사주에 劫財나 羊刃이 있으면 반드시 편관 七살이 있어야 사주가 맑아진다는 것을 염두하시라. 편관이 劫財와 合이면 벼슬아치다.

● 이 사주는 戊癸合이 파격이 되는데, 귀격사주로 태어나 官급이 높다. 戊癸合 火성도 없고 壬水가 방해하여 불합. 刑合격이 시주에서 만나 고관 운명으로 살아가고 있다. 검사직으로 살아가고 부부궁은 결핍 상태다.

⊙日간이 태세와 合이 되었으나 그 지지가 浴살에 해당하면 해약사건이 발생하거나 친한 사람과 갈라지는 운이다.

⊙편재가 長生이면 외국 돈을 번다. 편관이 長生이면 외국과 인연 있다.

⊙희신 비겁년은 집문서, 돈문서, 자식운이 좋아지고 기신 劫財년은 손재, 신액.

⊙원진살이 天乙, 天덕, 天月신에 접목되면 원진살을 해소시킨다.

⊙女명 상관조직에 官성을 보면 남편에게 액을 주는데, 만약 상관 대운을 만나면 남편과 시가를 파멸시킨다.

⊙희신 편재가 長生이면 부자가 됨. 본인 아니면 직계 자손.

⊙劫살〔희신〕이 天乙귀인과 合이 되면 관용차 타고 다닌다. 예

癸 癸 丁 甲
亥 酉 卯 寅

◉劫財년은 무엇이던 조심. 몸으로 고통받지 않으면 손재수가 발생.

◉홍염살이 년월주에 있으면 부모 형제가 이중생활.

◉형제 신이 공망되거나 浴살, 원진살이면 결별한 형제 있다.

◉신강사주에 편재가 용신이면 큰 부자가 못되고, 정재가 용신이면 거부가
된다.

◉財성은 月주에 있어야 재벌가가 된다.

◉一색 오행이 지나치게 도움을 받거나 설기태심해도 병이 된다.

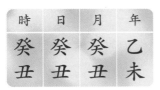

● 이 격은 계절 용신 불용하고 서방운을 기뻐한
다.

◉편인이 月주의 식신을 파시키면 부모 형제 식록을 끊어놓기 때문에 부모
형제 패운을 당했다. 日지 식신이 편인에 극파되면 배우자 또는 형제 중
패운을 당한다.

● 이 격은 辛日에 戊子時로 六陰朝陽격으로 서방운이 최길이다. 戊土는 辛金
에 正 인수지만 편인 역이다. 이유는 순진한 辛金은 산흙을 보면 辛金이 매
장되기 때문이다. 오직 논밭 己土는 辛金을 생조해준다. 사주 초년은 좋은
듯하나 부모가 필패했다. 편인이 식신을 도식하다.

○세덕부살격〔**예** 甲日에 庚년을 만남〕은 귀함이 있다. 즉, 재수 대통. 年은 조
　상이고 日은 신하의 아신이니 七살을 제함이 있으면 조상이 귀영할 것이다
　〔신왕사주에 해당함〕.

○상관격이 官성을 보면 심지가 구부러져 있는 마음씨다.

○남녀 日지 공망에 長生이면 반공망으로 이별은 피하지만 부부 정은 냉냉.

○乙日에 丙子時로 태어나면 貴로 삼는다.

○태세 인수가 사주 상관을 충하면 딸아이 진학문제.

　● 이와 같이 비겁이 많다고 흉으로 보면 큰 오산. 이 격은 염상격, 도충격이다.
　夏火가 염세하고 金이 쇠하면 고관(高官)이 된다 하였다. 辰土는 물의 창고
　다. 火기가 가득해도 설기구가 잘 되어 신체건강 체질이고, 三夏의 火염은 문
　명의 상이다. 황문에 나가 교수직이다. 첩과 合이 되어 첩으로 인해 벼슬했다.

○日지가 용신을 생습하면 남편덕, 처덕이 있다.

○劫재가 습이 되어 희신이 나오면 길조 현상이 추가되고, 기신이 나오면 劫
　재의 횡포, 배신.

○식신 상관이 財를 생재하고 용신운이면 후일 부자가 된다.

○상관 용신격에 財가 약하면 女자를 손상시키고, 선부후빈.

○女자 日지에 편인이 거듭 있으면 말년에 남편과 이별.

○신왕 正財가 충실하면 貴貴가 당당하다.

●日지와 女주가 동일 기둥이면 부부 이별수가 생기고, 부모의 유산을 파멸, 탕진한다.

●木日이 午 死지를 만나면 흉인데, 대운이 길 방향으로 진행하고 있는 바에는 死운이라도 死한 것이 아니다. 만약 퇴기 중에는 액을 꼭 당한다.

●官귀학관이 日, 時에 있으면 자손이 영락.

●財성이 〔남자〕 태과하면 결혼 늦게 하고, 자식도 늦게 낳는다.

●財성이 있으나 財를 돕는 원신이 없을 때 대운에서 만나면 혁혁해진다.

●財官이 모두 공망되거나, 戌亥가 공망되면 국제결혼.

◉ 도충격

● 이 사주는 도충격이다. 이름 있는 사주다. 丙丁 日주가 午巳를 多봉하면 官성 亥를 천간으로부터 허충함으로 귀귀가 보호하다. 단, 대운에서 亥子를 보지 말 것이다. 이 격은 대소운에서 午巳 위에 임하면 영화와 명예가 뜻대로 성취된다. 이 도충격은 亥나 子가 있으면 별격으로 추리한다.

● 乙庚化格이 되고 辰戌이 상극한다면 명문가 후손임에 틀림 없다.

● 女명 正官에 도화살이 있으면 官성 부위와 관계이니 더욱 유정하여 정직하
게 된다.

● 신약은 인수성이 꼭 있어야 함. 그래야 관살운이 오면 관인상생하여 관재를
얻을 수 있다.

● 관帶가 年月주에 2개 있고 극파되면 부모 형제 혼인 실패.

● 신왕에 月의 劫재나 羊刃이 재견되는 해〔불합되고〕는 일자리 반납한다.

● 공망이 왕상하면 공망으로 보지 말라 했다. 공망이 있는데 공망운을 만나
면 해공망이 되어 길신은 좋게 되고, 흉신은 흉조가 발생.

男			
庚	乙	庚	庚
辰	酉	辰	戌

● 乙 日주가 정관 庚金이 국을 이루어 乙庚 투합하니 파격이다. 즉, 가화격이
다. 가化格 사주는 어린 시절 고아 혹성으로 지낸 일이 없으면 풍파가 많다.
辰辰 관帶가 충이 되니 결혼이 늦고, 도화살 酉가 해살이 되어 성병으로 남성
구실을 잃었다. 나이 40이 넘어도 女자 생각이 없어 독신생활이다.

이 운명을 종살격 사주로 본다면 초대운은 불길하지만 중년부터는 개운이
되는데, 그렇지 않고 가화격이므로 七살이 포위되어 빈하고 고질병으로 살
아간다.

● 劫재에 白虎살년, 상관에 백호살년, 편관에 白虎살년은 신병 암시.

● 辛巳日은 음순한 것이니 官살보다 대운에서 金기가 래입해 주어야 현달.

● 日 寅은 月지 酉의 天덕신이고, 酉는 天乙귀인이면 원진살을 받지 않는다.

즉, 원진살 오행이 모두 天乙귀인이나 三덕신이 붙으면 원
진살이 소멸. 月지 酉에 日지 寅은 天덕귀이요, 酉는 日 丙
에 天乙귀인으로 寅酉 원진살이 소멸.

예

癸 丙 丁 癸
卯 寅 酉 丑

時	日	月	年
己	庚	丙	乙
酉	寅	辰	亥

• 乙庚合이 되면 庚金은 다른 甲寅木을 극하지 않고 유정해진다. 乙庚合이 되나
  丙火가 극하여 乙庚合이 부진. 이런 격은 높은 직업이 아니고 서민 직업이다.

◍ 月주 간지오행이 일색이면 형제의 불행이 있고, 시주 간지가 동일하면 자
  손의 연고가 발생. 日주가 동일 일색이면 부부운이 변질, 이별.

◍ 사주 長生이 있는데 둘째 대운 지지 오행이 사주 長生을 충시키면 장학생,
  학부생으로 졸업과 동시 취업운도 길.

◍ 女명 官살이 충극되면 며느리의 액, 자손이 실敗.

◍ 남명 비겁이 충극되면 며느리의 액, 자손이 실敗.

◍ 女명 시주에 亡신살이 있으면 혼전 자식을 보았거나 구멍 일을 했다.

◍ 하격사주로 태어났어도 日, 時에 12운성 吉성 또는 官귀학관 등이 있으면
  직업운 吉. 帶는 祿으로 보라. 세운에서 帶가 합이 되면 취업이 되고, 충이
  되면 휴직상태.

◍ 多병을 충거할 때 위험, 병이 한두 개 있을 때 충거하면 발전.

◍ 寅은 申申 二충이 되지만 申申이 동습되어 충이 아니다.

◍ 官성을 돈, 재물로 본다. 官성 충파되면 돈 손해.

◉日, 時에 死가 있으면 초년 부모 운세 불행.

◉도화나 亡신살이 형충, 원진살이면 부정, 비리죄로 감옥

◉남자 乙巳日생은 巳 중 庚巳 장생궁으로 결혼 후 처의 음덕으로 일자리 개운이 열린다.

◉攀안살은 비밀이다. 비밀되는 일, 감춘다.

◉12운성 길성과 三덕귀인이 받친 오행은 충파 흉살을 시정, 감소.

◉日간의 財를 태세가 극충하면 파직, 휴직, 감봉, 채권 독촉, 처와 암투.

◉女명 정관이 식신과 合생되면 남편의 사랑 독차지한다.

◉女자 편관은 남편의 형제요, 또한 남편의 女동생 남편이다. 두 씨족이 해를 준다.

◉七살이 日록 천간을 충극할 때 七살이 墓에 들면 수장되어 日간을 해충하지 못하여 위안이 된다. 즉, 극제하는 오행이 墓에 들면 상대를 해하지 못한다.

◉길신 정 편관이 기신 편인과 같이 있으면 10년 적공이 동파된다.

◉세년에 신약 비겁년은 협력자가 생기고 신왕은 인구 증가. 결혼으로 가족 수가 증가되거나 가족에 출산, 지출 증가.

◉官살이 劫재와 合이 된 것은 남편의 형제 중 벼슬아치가 있을 것이고, 직책이 높은 며느리 탄생.

● 子 하나가 여러 丑과 合할 수 없어 무방하다. 이 격은 六陰조양격으로 귀격 사주다. 서북운이 최길.

◉신약사주에 인수 용신이 있는 사주는 기신 官살운이 오면 일거리가 생겨 직업을 얻게 된다.

◉木은 신경계, 머리, 안목, 머리털로 木이 넘치거나 극파, 쇠약이면 응하게 된다.

◉長生이 충극당하면 수명의 명줄이 끊어지는데 성장이 멈춘다.

◉편관 七살이 불습이면 부모액, 관액, 재물액, 신액, 자손액, 부부액

◉대소운에서 희신을 극할 때 다른 오행이 제극하면 구제가 된다.

◉傷官이 관귀학관이면 권위(權威)직에서 일한다. 관귀학관 보는 법은 일간 의 天간 양으로 편관에 長生되는 오행을 말함.

• 음 日간 癸를 양壬으로 대용하여 壬의 편관은 戊다. 戊의 長生은 戊寅이다. 寅자가 상관에 해당되면〔寅자 공망되면 무시〕 관귀학관으로 권위(權威)직에 서 살아간다. 즉, 년주 甲寅 상관이 관귀학관이다. 4급 공무원이다.

◉正官은 상속자다. 그러나 月주의 정관은 상속을 상실한다.

◉月주에 長生이 있으면 부모덕이 있고, 중년부터 발전. 충이면 생가 후 침몰, 부모덕 無.

◉官살이 충형되면 혼담에 말썽이 있고, 결혼생활도 행복할 수 없다.

◉인수 또는 未가 帶이면 모친은 神을 섬기는 성직자〔帶는 신앙〕.

◉자손 오행에 神살과 帶가 겸하면 자손이 성직자, 종교활동.

◉女명 상관이 있어도 정관이 멀리 떨어져 있거나 상관이 財성 옆에 상진되거나 상관이 공망 또는 墓고, 辰고에 해당되거나 상관이 合이 되거나 귀인성이 막아주거나 상관을 극하는 인성이 받쳐 있으면 무해. 또 대운에서 상관과 정관을 서로 보지 않으면 길명이다. 상관이 정관을 극제하였어도 그 정관이 日간과 合이 되고 상관도 合이 되면 위기를 모면한다.

◉女 상관이 편인과 合이 되면 자식의 영화.

◉남자 편관이 劫재와 合이 되는 것은 아신 또는 자손의 계급이 높다.

◉정관이 식신과 合이 되는 것도 역시 자손의 영화.

◉財가 상관과 合이 되어 財가 나오면 부자의 명이다.

◉戊土가 辛金을 보면 정인이 아니라 편인으로 보라. 己土 편인을 정인으로 본다. 辛金이 戊土를 보면 부모 운세가 불우했고 부모덕이 없다. 己土를 보면 부모 운세 호전. 행운에서도 戊土는 편인운으로 감평. 己土운은 正 인수운으로 본다.

◉女자 운명에 多財가 正 인수를 괴멸시키면 딸이 과부가 된다.

◉명식상 合이 많으면 그곳에 정신이 밀려 자신의 본분을 망각, 판단력도 흐려져 실패, 실수를 연발 탕진한다.

◉인수가 死絕 공망은 母가 종천했다.

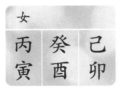

● 여명 사주 月에 정관, 정재가 같이 있으면 財官印하여 남편 일자리가 훌륭하다. 정관 癸水가 상관 己土에 극을 받고 있지만 卯木 인수가 상관 己土를 극

제하여 상관은 무력하게 되어 전화위복. 酉는 天乙귀인 日간과 合이 되고 寅
은 酉에 天덕신으로 寅酉 원진살을 해소시켰다. 癸水 남편은 天乙귀인 長生
卯가 酉를 들이받으니 드디어 문곡 학당신으로 남편은 학위가 우수했고, 입
지 단서가 되어 교육공무원인 교육감으로 성공.

◉ 희신 正財가 刑살을 안고 日간과 合이 되면 재력가 신분이다.

◉ 사주는 자동차, 운로는 자동차가 달리는 도로다. 자동차가 좋고 용신인 운
전 기술이 좋으면 도로를 잘 달릴 것이요, 그렇지 않으면 사고 발생이다.

◉ 丑遙巳格은 辛丑日, 癸丑日에 한하여 차 二日 丑자가 많은 경우다. 巳를
요하고 巳 中 丙戊로서 辛癸日의 관성을 삼는 바 귀명이니 丑자가 많아야
묘함이 있다. 만일 사주 중에 丙丁巳午가 출현하면 파격이다. 이 丑요巳격
은 서방운을 기뻐한다.

◉ 종아격은 入墓운에 크게 발한다.

◉ 祿이 원진살이면 官직운은 허물어지고, 재산 풍파가 많다.

◉ 록 같은 길성이 天乙, 天덕月이면 원진살을 감액해 준다.

　　⑩ 月지 戌의 天덕은 丙이다. 사주의 天덕 丙이 행운에서 辛을 보면 丙辛合으로 天덕 合이
　　되어 길사가 일어난다.

　• 月지 巳 財성은 天乙귀인에 庚辛 인수가 天덕, 天월 三덕이 갖추고, 상관 寅은
官귀학관에 巳財가 생재하였고, 時주 정관 戌은 日 癸와 合이 되어 사주 전체

가 길신, 복신으로 천운을 타고난 사람이다. 상관은 財를 생하고, 財는 官을, 官은 印을 통근하고, 印은 日주를 보신하니 건축가 사장으로 천金을 회롱하고 있다. 흉이라면 時주 자손 자리 정관이 劫재를 보면 자손과 당주가 혼인을 파한 일이 발생, 과연 증언되었다.

- 羊刃이 인수와 동주하면 명예는 있으나 몸에 병이 따라 다닌다.
- 女子 편관이 合이 되어 식상이 새로 나오면 재혼 남자에 의해 임신, 성이 다른 자식을 낳는다.
- 男女 사주 홍염살〔첩 얻는 살〕이 거주하면 배우자, 형제 한집에 타성 부양.
- 년주가 비록 기신이지만 正 인수나 편인에 祿이 되면 부유층 출신이다. 추가하여 초 대운, 둘째 대운의 방향을 참조해 길흉 유무와 충파극을 살핀다.
- 고서(古書)에 귀록격〔시주의 祿을 말함〕이 충이 없으면 소년에 평보로 중앙 황궁의 관직을 갖는다고 하였다.

- 시주 午는 귀록격으로 충이 무하고 신강으로 타고나면 운이 官살운으로 흘러도 대과없이 지낸다. 이 격은 동방운에도 발신.

- 女명 역마지살〔寅申巳亥〕이 合이 되면 타남과 밀애의 정을 통한다.
- 건록격은 長壽하고 자손이 잘 된다. 단, 노후에는 쓸쓸하게.
- 식상이 많을 때는 財성운과 인수운에서 발복.
- 대소운에서 長生을 충시키면 성장이 멈추거나 정체〔직계에도 해당〕.
- 財가 印을 극하면 검은 거래죄다. 고소장, 채권 독촉, 신용불량자.

◉괴강살은 편관과 白虎대살 두 가지이다. 편관에 白虎살 동주 무섭다.

◉비겁이 태왕하고 官성이 무력하면 자매가 공방살이.

◉원진살이 들어오는 해 또는 刑살이 접하는 해 차 구입.

◉財성이 왕하고 辰戌丑未 고가 있으면 대부호의 명이다.

◉刑살은 독극물, 음독자살, 수술.

◉酉가 浴살이면 巳와 合, 金국이 되면 巳도 浴살이다. 子가 浴살이면 申과 합이 되어 子浴살 水가 나오면 申도 浴살에 영향을 받는다. 浴살이 合이 되어 타오행이 나오면 浴살 흉성이 소멸.

◉상관이 편인과 합하여 희신이 나오면 소망성취.

◉통관이 끊어진 오행은 제 구실을 못한다.

◉천간은 지지보다 역량이 경하고 지지의 역량은 천간보다 배를 더한다.

◉편인이 養이면 부모 대역으로 형제들을 부양.

◉白虎나 劫살은 혈친이 비운의 역사가 있었다. 이 살이 害신에 해당되면 필연 악운과 악연을 당한다.

◉六살은 궁지에 빠져도, 죽을 위험에 빠져도 용케 살아나는 것이 특징.

◉상관은 악살인데, 상관이 合이 되거나 財성에 化하면 악이 선으로 된다.

◉女명 華개살 帶가 형충되면 애기집이 열리어 남자 관계, 남자 생각.

◉丙日에 酉는 天乙귀인이다. 酉 중 庚은 부친이요, 辛은 남편. 하여 친정 부친도 식견이 훌륭했고, 남편도 재복과 직권이 훌륭했다.

◉官食이 동림하여 합신한 과부는 애인(愛人)으로 임신.

◉日의 제왕 부부운이 박하고, 月의 제왕은 형제 왕성, 년주의 왕은 조상이 고관, 時의 제왕은 자녀의 번창, 왕성.

◉食傷이 충극되면 현재 살고 있는 집이나 근무처에 말썽이 생김.

時	日	月	年
甲寅	癸亥	癸未	乙未

● 차명은 癸日에 甲寅시로 庚申戊己가 없으니 刑合격의 진격이다. 亥水가 寅을 合반함으로 寅木은 다시 巳를 허충〔허공〕해 刑合할 수 없는것 같지만 寅亥未로 三合하여 木局이 되니 刑合의 진격으로 대귀의 명이다. 이 격은 庚申운은 파장이요, 戊己土운 또한 불길. 차격은 종아격을 겸하여 水木운 최길. 그 재지가 충출, 조년 소시에 명예를 얻고 木왕절에 대발.

◉ 長生은 출생의 별이다. 세년에 長生을 접목, 옛것을 버리고 새로운 도전. 주거이동.

◉ 도화에 刑合이 원진살이면 부정거래, 구속이다.

◉ 女명 신약에 편관이 있어 羊刃과 合살이 되면 남편 흥가하고 사랑 받는다.

◉ 羊刃은 月이나 年에 있어야 길. 日, 時는 부부를 극하여 흉. 合은 무방.

◉ 官성이 天乙귀인, 天덕, 天月을 보면 국경 수비대장.

◉ 극자가 合이 되면 극을 잊어버리고 合쪽으로 쏠린다.

◉ 乙卯 日주가 庚寅년을 보면 乙庚合이 되는데, 그 지지 寅卯와 寅卯 지장간 육친도 日乙에 합신된다는 것을 유념.

● 戊申 일주가 태세 癸巳년에 戊癸合이 되면 戊申일의 지장간 戊壬庚 육신과 태세 癸巳년의 지장간 戊庚丙 육신이 日간 戊土와 한몸이 되어 협력자로서 한 해의 실적을 올리지만, 만약 태세 지지가 사주와 충파, 원진살이 되면 合이 깨져 실패, 손실.

◌비견, 겁재로 구성된 종왕사주라도 대운이 길이면 풍파없이 잘 살아간다.

◌丙子日 女는 남편 외도가 심하다.

◌용신 인수년은 취직문서 계약, 기신 편인년은 해약문서 투쟁.

◌인수 浴살은 두 어머니꼴. 母 신병, 고독.

◌여자 상관이 合이 되면 우수한 자식을 둔다.

◌남자 편관이 合이 되면 우수한 자식을 둔다.

◌陰 편인이 많으면 조부가 일찍 가고, 陽 편인이 많으면 부친이 일찍 가거
나 병으로 고생. 陰 인수가 많거나 결함이 있으면 모친이 신병, 고독.

● 이 사주는 인수격이다. 인수격으로서 당연 우세함으로 水木 용신으로 취용
한다. 戊土 재성은 왕水에 극파되므로 이 사주의 병이다. 水木운 최길이고,
午운은 대흉. 이 같이 다수로 종하는 사주는 계절 용신 불용한다.

◌년월주가 合도 되고 형충도 되면 부모 형제 방탕생활.

◌女성 식신 상관으로 만주되면 자연유산. 또 자식 갖기 힘들 수〔무자식 팔자〕.

◌未는 도화살로 본다. 子未 원진은 부정거래, 음성거래, 밤 직업.

◌時주 또는 年주의 長生이 형충파되면 생가가 발전하다가 침몰.

◌기신 편인년은 수옥囚살로 본다. 부정거래, 관액, 친모를 멀리.

◌女자 상관에 浴살은 딸이 산부인과 간호원.

◌正 인수 亡신살은 친모가 후처로 入家, 나는 첩의 자식이다.

男			
乙	庚	癸	戊
酉	申	亥	申

- 비겁이 많으면 부친이 三각관계. 또 陽 편인을 부친으로 본다.

  年月의 편인과 상관이 습된 것도 부친의 부정, 年月의 亡신살도 부정이다. 時주의 乙庚합에 酉 도화가 받쳐 있으니 부친이 첩을 응한다. 酉와 亥는 가출살로 부친은 첩과 행방불명. 亥月에 조후 火가 무하여 동력을 잃어 공부는 기피, 방안에서 컴퓨터와 죽치는 칩거생활이다.

- 결혼의 별인 巳, 酉가 공망되면 결혼이 공망되므로 과부 육친이 있다.
- 편관이 편인을 보면 사통, 검은 거래.
- 月 편재가 관귀학관이면 부친 직업 최상이다.
- 편재가 자체 長生이면 부친 직업 우수하다.
- 酉는 오후 7시 반까지 해질 무렵이다. 酉는 한평생을 뜻한다.
- 日간과 습이 된 곳에 刑살이 접하면 刑살도 日간과 습이 되는 이치로 고위직에서 근무.
- 乙酉나 乙丑은 乙木이 손상된다. 사나운 철이 뿌리에 붙으면 乙木은 그 뿌리가 손상된다. 이때 巳가 酉丑과 습이 되거나 庚이 乙과 습신되면 乙木은 손상을 면하고 보호된다. 乙酉日이나 乙丑日은 눈, 안목 실명 위기.
- 년주의 官성이 財를 끼고 日간과 습이 되면 부친의 업을 계승한다.

- 결혼의 별인 酉 인수가 공망이고 日지 처궁 午를 子午충으로 파하여 여자도 없고 돈도 없는 독신팔자다.

◉傷관이 財성과 合이 되면 九爵 三公이다.
◉子丑合, 午未合은 기름과 물에 비유, 진짜 合이 아니다. 부부 정이 없고 이름만 부부이지 실상은 남남이다.
◉死가 되는 지장간 육친도 死에 해당한다.

- 子 상관이 丙 관을 극하나 상관 水국이 辰庫에 들어가 위안이 되었다. 그러므로 丙火 관성은 능히 활동할 수 있다.

◉將살 인수가 浴살이면 형권을 박탈당하여 귀향살이다〔浴살은 반납〕.
◉日, 時 비견의 祿은 처덕이 있고, 처가 수입을 하고 있다.
◉천간 편재가 미약하면 재물 손해 꼭 있다.

31 12신살의 작용

○ **劫살**은 12신살 중에서 우두머리 악살이다. 일명 혁명가, 전복. 五황살로 봄. 침몰, 숙청, 처형, 급질, 재산몰수, 타살, 흉질, 관액살이다.

사주에 劫살이 있으면 가족관계에서 몸에 신병이 따르고 재산을 탕진하며 관액을 당한다. 단, 劫살이 길신이면 위관급이요, 의사, 법관, 위생검열직, 공복에 근무, 외부의 적응 대응이 부족.

劫살 대운에는 구조 조정이라 하여 동산과 부동산에 질권 압류. 劫살이 있는 자리궁은 그 궁의 劫살 피해가 꼭 있다. 劫살과 白虎대살이 같이 있으면 중병 암병 등. 劫살이 亡신살과 合, 용신 財가 나오면 후일 부자가 된다.

○ **囚옥살**은 감옥, 죄인. 囚옥살이 길신이면 형무관, 고관, 배경이 좋다. 년 월주 囚옥살이 충극되면 부모 형제와 이질적. 재성이 囚옥살이면 돈 가지고 원수 짓는 일. 囚옥살 동물원 근무. 흉신이면 공산주의와 민주주의 이념 대립. 담을 쌓고 지내며 원수 짓고 살아가며 서로 이질적이다. 관액, 포로, 지명수배, 쟁투, 신액, 財액.

囚옥살이 兄제이면 兄제가 거물급이고, 기신이면 兄제와 왕래도 하지 않는다. 印성이 囚옥살이면 계모성이 있다.

자손궁에 囚옥살이 희신이면 자손이 출세. 女자 관성에 囚옥살은 성폭행 당함.

비겁에 囚옥살은 이복형제 있다. 子卯刑에 囚옥살은 사랑에 원수 짓는 일 발생.

- 天살이 日, 時에 있으면 조실 부모. 天살이 길조이면 유명인사가 있고 빽이 있고, 법권지대 활약. 天살이 있으면 화재 조심, 수액 조심. 天살은 마비병, 불치병. 天살이 충되는 년도 인구 손실.

- 편인 도화는 음적 호기심에 지나쳐 문제성. 年살[도화살]은 바람살, 탈선, 음성거래. 청명하면 호재, 총명, 재능, 사교성.

- 地살은 이사, 이동, 외국여행. 역마살은 편관으로 본다. 중개, 거래처, 무역, 정보통신, 교통수단, 해외 마케팅. 여명은 남편 또는 간부로도 본다. 역마지살이 충되면 이사, 이동, 변직, 관액, 교통사고, 가출, 조난, 시비 등.

- 月살은 달밤에 따님, 곯은 달걀. 사주 月살은 흉이고, 대운의 月살은[기신 희신 막론하고] 길조 역할한다는 것을 명심. 月살 대운은 개운이 되어 병자는 회복운이 되고 돈 버는 운이 열린다. 이 月살이 지나면 다시 하강되어 침체상태다. 시주에 月살이 있고[곯은 달걀] 害살, 급각살, 흉살이 모이면 사생아를 낳는다. 月살이 흉동 작용하면 입이 옆으로 돌아가는 삐뚜리병, 침병, 마비병 등 병원에서 예방하라.

- 亡신살은 글자 그대로 망할 망자다. 亡신살이 거듭 있으면 불치병[직계에도 해당], 가는귀 청각장애. 亡신살이 있으면 객사혼이 있다[위령제 지내주어라]. 亡신살은 돈 욕심, 색 욕심, 검은 거래, 비밀적인 일 선호, 발각. 亡신살은 병든 영혼으로 본다. 사고와 판단력이 흐려져 오판 실수, 외세 유혹으로

오판. 亡신살은 10년 적공이 하루아침에 침몰된다 하였다. 亡신살은 관액, 소송, 재판, 횡액. 亡신살이 있는 명은 정신상태가 오락가락하여 판단장애를 일으켜 대실패. 귀가 얇고 남에 곧이를 잘 듣는 것이 실패요인이다.

● 將성이 길신이면 관직이나 군직에서 대성. 羊刃 동주 생살대권, 官성 동주 官계, 財성 동주 국세청, 국가 재정. 女명 將성이 기신이면 독수공방, 신기가 있다.

● 攀안살은 성공, 출세, 참모진. 반안이 흉이면 기분만 상승되고 결과가 없다. 반안살이 길신이면 자금회전이 좋아 의식 걱정 없다. 윗사람의 신임 도움.

● 六살은 12운의 死다. 즉, 금단의 死선을 평생 여러 번 넘나든다. 六이 되는 여섯 가지 살을 받는다. 먼저 부모액, 부부액, 자손액, 형제액, 신액〔병〕, 재산액, 관송액살을 입게 되는데 六살이 길신에 해당하면 적게 당하고 흉신이면 七액을 당한다. 六살은 파산선고살이다. 六살은 가족간이나 형제, 친척간에 경계선을 쳐놓고 정의의 과오를 범했을 때 증오의 투쟁과 원수 짓는 일이 발생, 고정관념 속에서 원한으로 살아간다.

◉ 성공적 자손 운세

六살이 길신에 처하면 악질병도 치료가 되어 죽지 않고 살아나고 부부 파산, 재산탕진을 당하였어도 부부 재결합, 탕진 재산 다시 복구, 회춘한다. 六살이 길신이면 神의 가호를 받는다. 六친덕이 없다. 六살은 땅 경계선 가지고 싸우는 일이 발생. 六살은 상대에게 음덕을 베풀어도 끝에 가서는 공치사 받고 원수 짓는 일이 발생. 六살은 디스크병. 六살은 神의 세계다. 六살이 있는 명은 반드시 神을 위하고 섬겨야 가호를 받는다. 六살은 神을 섬긴 육친이 있거나 종교계, 운명가도 있다. 時주에 六살이 길신에 처하면 자손이 人敗財패한 후 다시 복구, 회춘한다.

◉신왕운에서 財가 子卯 刑살이 구성되면 애인도 생기고 횡재운이다.

◉오행이 평화로우면 평생 질액이 없고, 충극 불급되면 병자의 몸이다.

◉亡신살이 있으면 그 이유로 영혼이 병들어 판단착오, 외부 유혹에 끌려 실패작이다. 亡신살은 10년 적공이 하루아침에 무너진다 했다. 亡신살은 몸은 멀쩡해도 정신과 영혼은 병든 환자다.

◉亡신살은 반드시 대충 방향과 대충되었다. 즉, 申이 亡신살이면 寅申충으로 자동적 충살이 되어 寅 육친과 申 육신이 亡조되는 소치가 된다. 만약 申이나 寅에 12운성 길성이 받쳐 있거나 길신이 되면 망조〔亡〕된 성공을 다시 부활시켜 진주옥을 줍는다 했다. 반대 현상은 다시 일어설 희망성이 없다. 亡신살은 인패재패, 침몰살이다.

◉시주〔자식궁〕에 비견 겁재로 청명하거나 식신 상관국으로 온전하면〔충파무, 合이 되어 타오행 나오면 흉〕 아들 딸 모두 성공적 영화다.

◉華개살은 시작과 분기로서 절처봉생의 재생 재활을 띈 신살이다. 화개살은 항상 감춘 비밀이 왕래되고 있고 뒷거래, 모순점이 반복. 사주에 화개살이 一색으로 국을 이루면 캄캄한 뒷거래, 탈선, 색정과 바람 피우는 육친이 발생. 또한 종교운명가 있다. 화개살은 이별과 만남의 반복. 년지 띠가 화개살이면 이별했다가 다시 복직. 화개살은 종교에 관심. 日 화개는 육친 무정.

◉역마지살은 이동범위가 광대. 직은 외무직, 공무원, 운송, 보험, 유흥업. 역마가 충되면 환경변화.

○財성 식상 관성이 화개살로 임하고, 절처봉생 행운을 만나면 단비를 만난 격이다.

○행운의 絕은 가족관계, 대인관계가 끊어지고 소원성취도 불발이다.

○해살이 접하면 병부살로 어려운 병에 걸린다. 골다공증, 우울증 등.

○害살이 도화살이면 돈 손해, 애정과 우정 파탄, 성생활에 불감증.

○흉성 흉살에 12운성 長生이 받쳐 있으면 생기가 있어 위험을 면한다.

○해살은 육친과 불목, 서로 미워한다. 해살은 원진살, 편관 七살로 대용한다.

● 이와 같이 쌍충 쌍슴이 되었는데 쌍충 쌍슴은 충으로 보지 말고 슴으로 보라 했다. 丁火 劫재가 편관 壬과 슴이 되면 丙火 형제도 자연 슴으로 되는 이치다. 신분이 고등인물이 된다.

○인성이 식신 상관과 가까이 있어 극파되면 자손에 재앙이요, 女는 자궁병, 부동산 문서 과실.

○편인이 刑이면 투쟁, 대립, 해약사건, 주거이동, 관액.

○괴강살, 백호대살이 년월주에 있으면 선대의 형비가 있었고, 남을 해친 일이 있었다.

○女명 日주 식신이 관살과 슴국되면 부잣집으로 출가. ←── 예 癸卯日 未

○신왕 正官년은 正 인수로 취급, 새로운 일자리를 얻거나 후원자가 생긴다.

◉천라지망살 시기에는 창업 금물. 辰戌, 巳亥.

◉月지에 正官이 놓이면 공복귀인으로 공직자 운이다.

◉행운에서 천두귀인을 만나면 재복이 열린다. 충파되면 무용지물.

◉甲乙木이 金에 파극되면 편두통, 불면증, 신경계, 치아, 간장질환. 특히 白虎대살이 중첩되면 간질환과 뇌질환 증세. 甲寅, 庚寅 백호대살이 金에 파극될 때.

◉六살이 도화에 임하면 직계에 캄캄한 일 또는 관액수다.

◉卯酉충은 다시 합이 된다. 卯 중 乙과 酉 중 庚과 乙庚합이 되기 때문이다.

◉甲日에 정관 辛이 丙과 丙辛합국이 되고, 정관 辛이 지장간에 숨어 있는 丙과 丙辛합으로 투합이 되면 남편 외정.

◉乙日에 庚, 丙을 지장간에서 보면 남편 외정.

◉戊日에 乙辛을 보면 남편 외정 그것이다.

◉官 혹은 七살이 년주와 생합이 되면 천세만세(千世萬世) 이름을 남긴다.

◉羊刃과 괴강살이 합하는 것은 대흉이다.

◉식신의 帶는 미남미녀다. 자손도 미남미녀다.

◉神살은 신체 파괴살, 검은 거래, 우울증 수면장애, 변태성 발작, 색정.

◉乙 日주는 조후법 관계없이 火운을 기뻐하고, 時주에 火성이 놓이면 자식 운이 열리고, 아신 말년 운세도 좋다.

◉官살 多면 우울증, 늙어서 치매증, 죽을 때 흉질로 죽음.

◉사주에 四墓격인 辰戌丑未 순이면 반드시 국무총리 자격.

◉囚옥살은 감옥에 가두어 놓는 살이다. 모든 권리와 자유를 제한시켜 유린하는 행위다. 금지법을 위반하면 관액을 당한다. 囚옥살은 감방에 감옥이다. 동물원에서 각종 짐승들을 가두어 놓고 관광용으로 활용하는데 동물

원의 관리직 대다수가 囚옥살이 있는 명에 해당된다.

◦日지에 편인 인수가 동림, 12개 日주는〔甲子, 乙亥, 癸酉 등〕효신살로 육친 생사 이별 또는 가운 실패. 효신살 명은 집에 새의 형상과 그림 등을 없애야 가정풍파 안정. 日지 효신은 부부 인연 냉냉.

● 時주 甲辰 虎. 상관 백호대살이 辰辰 刑살이 되니 딸의 액이다. 불면증, 수면장애로 약물중독. 日지 편인 卯는 음욕살, 남편의 캄캄한 짓이다. 女명 상관이 刑이면 하체 개방, 음부병에 중독.

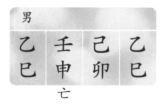

● 사주에 亡신살이 있으면 후손 없이 죽은 객사혼이 있다. 이 혼백은 양 손에 술병을 들고 후손에게 원정통곡을 한다. 즉, 천도제를 지내주어 원정을 풀어주어야 왕생극락 세계로 입성, 후손에게 빚을 받아 가지 않는다. 이 천도제는 절에서나 도인에게 위탁하면 효과적이다. 맹자가 곱게 죽었다면 1번 천도제로 끝나지만 원통하게 흉사했다면 2, 3번 정도 천도제를 해야 공이 된다. 亡신살과 劫살과 白虎대살은 모두 흉지에서 사망했다. 비단 亡신살뿐만 아니라 劫살, 白虎대살도 천도제로 풀어주는 것이 위안이 된다.

⊙신약, 신강 불문하고 官살이 3개 이상 되면 돈 실패 막심.

⊙신약사주에 官살이 合이 되어 官살이 재견되면 돈이 죽는다.

⊙남자는 財가 무력하면 아내와 자식 때문에 근심 걱정.

⊙공망된 효는 생하지도 극하지도 못한다.

● 日지 남편궁이 기신이라도 日지 지장간에 적당하게 조후가 들어 있으면 남
  편 배우자에게 구신 역할이 되어 희하다. 三夏월 사주에 日지 辰 중 癸水가
  있어 조후를 해주니 남편의 사랑을 받는다.

⊙왕한 길신이 와서 사주 기신을 충거시키면 대발.

⊙용신뿐만 아니라 육친을 적당하게 도와주어야 희하고, 과잉하게 도와주면
  해가 된다. 五行이 상생이면 孝子요, 忠臣이며, 화목을 이루는 사람.

⊙女명 상관이 將살에 해당하면 장손이 송사로 실패, 법치위반으로 구속.

⊙一격, 二격이 귀명격이다.

⊙四五격은 財官이 손상될 염려가 있어 一, 二格보다 못하다.

● 二格이다. 木火운에 발하고, 金운에는 소길.

- 신약에 財官이 있는데 合이 되어 財官이 또 나오면 부정이다.

- 辰이 있는데 辰이 入하면 손財 아니면 병고가 발생. 戌이 있는데 戌년이 入하면 戌戌 대충이 되어 괴강살, 백호대살의 살을 받는다. 즉 관액, 신액, 財액을 받는다.

- 年주 정관이 비록 기신이지만 화개살에 養이 붙으면 재원이 있는 자리로 부친으로부터 건축물을 취득, 불로소득으로 태평을 누린다.

- 天月二德은 구해의 신이다. 백재가 해하지 못하고 官성과 財성에 임하면 희함이 있다. 상관에 임하면 선천은 나빴으나 후천은 희함이 있다. 기신에 天乙귀인, 三덕귀인을 얻으면 구해의 신이 된다는 뜻이다.

- 상관이 天乙귀인, 天덕, 天月에 임하면 지위가 높다.

- 식신 상관이 있을 때 아울러 신왕하면 死絕을 만나서 재앙을 받는다. 즉, 식상이 午火성이라면 양 丙으로 12운성하여 死되는 酉 대운에서 사망.

- 신왕 日지에 財가 있고 時에 劫재가 있으면 父는 흥하나 子는 패할 것이다.

- 정관이 쟁合으로 좋을 듯하나 원진살로 파격, 소인배다. 부모 형제궁이 원진살로 형제와 활극전. 장남 구실을 기피, 부모를 멀리, 불효자식이다. 큰아들은 10년 각고 끝에 미국 변호사 취득, 日時 財가 가문폭락살에 絕궁에 빠져부모 재산 씨를 말렸다. 時주 백호살로 처는 안목병으로 눈물이 마르는 병이다. 辛卯日은 가문 패가신이다.

◉七살이 봉傷하면 말세에 성가한 자식을 잃거나 실패. 또 평생 여의치 못하고 고수(高壽)하게 된다.

◉庚金이 日간 甲木을 극상하면 주색을 좋아하고 독기가 있다.

◉명궁에서 도화살이 나오면 애인과 내통.

◉土가 능히 火를 설하지 못하면 氣가 상하여 혈관 이상, 심장병, 혈압, 당뇨.

◉金水 상관이 한냉하면 해수 기침이 발생, 콩팥, 신장병.

◉火가 열하면 열병.

◉火土가 열하면 무릎 관절염증과 풍병.

◉火金 쌍전은 창병이 생기고, 정신병.

◉金水가 상하면 신장병.

◉水木이 넘치면 뇌병 발생.

◉土가 조하면 피부병.

◉金이 약하여 火염의 지를 만나면 혈병이 틀림없다.

◉丑土는 진흙이요, 未土는 모래흙이다. 辰土는 濕土요, 戌土는 燥토다.

◉女명 多財가 日지로 모이면 배 다른 자식꼴을 본다.

◉木이 능히 水를 설하지 못하면 혈병이 발생한다.

◉
丁	辛	庚	甲	丙	庚
酉	丑	寅	辰	申	戌
시	日	시	日	시	日

● 시간 官이 祿 日간을 극하여 귀록으로 보지 않는다.

◉財성, 官성이 墓에 들면 부친이 죽거나 병자의 몸이다.

◉편관 七살이 羊刃과 습살되면 쇠한 집안에서 벌떡 일어서는 자손 출범. 즉, 원명에 병이 있으면 종신토록 있고, 잠깐 있는 명은 세운이 지나면 낫는다. 원국의 병은 기가 탁하고 신고함에서 오니 완쾌할 희망이 없다.

○ 한土가 木왕의 지를 만나면 대장, 비장과 위를 상한다.

○ 뼈에 대한 골육은 木이 金에 상한 바 된다.

○ 눈병은 火가 癸水에 극한됨이라 하였다.

○ 편인의 生은 친부모와 인연이 없으니 조기 타향객이 되어야 성공.

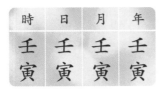

• 壬 日주가 寅자를 많이 만나면 寅 중의 甲木이 허공 己土를 암래하여 격합하므로 壬日의 官성을 삼고, 寅 중 丙火가 허공 辛金을 합함으로 壬水의 인수를 삼는다. 이때에 巳나 申자가 있어서 충래해옴을 대기하고 財官이 진실됨을 꺼린다. 대운에서 申운이 오면 寅을 파하여 실직, 강등하게 된다.

위 사주는 대권을 장악할 사람이다. 즉, 天元一氣다. 巳운과 申운만 피하면 평생 최다 길이다.

○ 戊己日에 亥卯未 木국이 되거나 申子辰 水국을 얻어 재성이 되면 이것을 **구진득위격**이라 한다. 형이 되고 살왕을 가한다. 대세운 또한 그러하다.

• 염상격이다. 火가 문명한 상을 얻은 것이다. 금관과 옥대를 띠고 붉은 자주 빛 나는 고관대작의 의상을 하는 귀명격이다.

◉종재격은 학문에도 취미를 붙이며 입신양명하는 것이다.

• 甲己합이 되어 兄도 부정하고, 卯 중 乙과 乙庚合이 되어 동생도 부정하다.

◉日주가 甲寅, 丙午, 壬子, 辛亥日은 음착양착살이면 당주가 극처 극부하거나 별거생활 등의 불행한 배우자 등을 얻게 된다. 여명이 차명을 가하면 부모 친정이 몰락되며 혹은 송사로 인해 패가한다〔본인 송사가 아니면 자손에 닿는다〕.

◉正·인수가 財와 合이 되어 財가 나오면 인심을 잃는다. 즉, 나쁜 마음씨다.

◉日간이 甲이라면 庚이 있어 제매가 부장하다. 만일 庚金이 乙과 회합하면 그 세가 甲木보다 우세한 것이니 명주가 여차하면 형은 제(弟)의 복력에 미급한 것이요, 따라서 제(弟)의 힘을 빌어서 의지하고 일어서게 될 것이다.

• 甲木〔兄〕은 庚과 충이 되어 동생의 남편은 도둑의 행세. 동생 乙은 乙庚合으로 형보다 복력이 우세하다. 따라서 동생의 힘을 믿고 투자했지만 동생의 남편은 사기쳐 버렸다.

- 女명 인수 태과 종강사주는 남편운이 없어 이별이네 하면 큰 오산. 이유는 官성이 투출되었으면 多 인수성에 설기태심하여 남편과 생사이별이 되지 만, 官성이 없고 官을 돕는 財성이 있으면 남편과 해로하고 살아간다.

- 차명의 日주 辛巳는 대패살에 인수가 태과하여 巳 官성을 설기태심, 남편과 조별하였다. 인수 태과는 자손을 극하니 자손이 위험하다. 財 天乙귀인으로 財복은 있다.

◎매년 신수에 劫살, 亡신살이 부딪치면 실물수가 아니면 몸으로 다친다.

◎남녀 日, 時 편인이 있으면 자손을 극한다. 혹시 자손을 낳아도 死孫하거 나 자손이 실패, 돈 실패 아니면 부부 실패.

◎남녀를 막론하고 자식운이 아무리 좋게 나와도 음천자의 사주라면 그 생 활이 탁하여 주색의 흐름으로 불입한 자식을 갖게 되는 것이다.

◎女자 사주에 正官이 타주와 합이 되면 남편이 외정을 갖게 되어 싸움을 하 여야 할 운명이다. 예컨대 甲 日간이 辛관을 취용하는데 甲日의 식신격인 丙이 있어서 남편 辛정관과 丙辛합함이 그것이요, 이는 지장간에서도 丙 辛합이 되는 경우도 같은 경우다.

 • 寅 중 丙火 식신이 정관 酉 중 辛과 丙辛合, 남편이 몰래 사통하고 있다. 乙 日간이 庚과 남편을 삼는데 丙을 봄이 그것이요〔지장간도 해당함〕, 戊 日간이 乙로서 辛을 봄이 그것이다. 여타의 경우도 동일하다.

◉합이 되어 종아격으로 구성되면 머리가 영리하고, 부유격이다.

◉女명은 대소운에서 상관운을 보거나 劫재운을 보면 남편의 수상한 행동을 의심하여 남편의 의심을 뒤좇으라.

◉부인이 제3결혼을 거듭하나 안정되지 못함은 八字에 상관이 있고 官성이 死絶지에 있으며 고신, 과숙이 있고 日 또는 시가 공망됨에서 오는 것이니 이는 고독한 운명이다.

◉女자 日, 시 羊刃이 있으면 남편에게 불리. 합이면 무방.

◉女자 사주에 比劫이 문득 투출하면 남편을 뺏기는 싸움이 일어난다. 女자 辰戌이 전부 있으면 음란, 파가, 상부극자, 병질.

◉암財 합에 財殺 왕은 정사, 괴변하게 된다.

◉남자 신약사주 財성이 희신 印성을 파하면 처가 어질지 못하여 한때 화를 당하거나 이혼지명이다.

◉比劫에 囚옥살은 이복형제 있다. 인성에 囚옥살은 계모성이 있다. 이는 囚옥살은 원수 짓고 살기 때문이다.

◉대개 팔자를 볼 때는 먼저 부(富)의 흥쇠를 보라. 다음으로 일시의 경중을 보라. 년월이 조기이고 일시가 본신이 되니 희한 용신이 년월에 있으면 조년에 발전의 단서가 잡히고 母가 힘을 얻고, 일시에 있으면 중말년에 흥가한다.

◉女子의 신왕사주가 財성을 용신하는데 팔자에 祿이나 劫재나 羊刃이 있으면 필히 극부하게 된다.

◉女子는 약함으로써〔신약〕안분(安分)으로 美가 참답게 된다.

◉官성이 日주와 습이 된 것은 관계가 없으나 만일 2, 3개가 日주와 암합, 쟁습되면 역시 忌하다. 이중 마음, 이중 행동.

◉男女 용신이 時를 득하면 자식의 덕을 본다.

◉대상자와 명국법으로 궁습이 좋아도 상대의 日지와 년지가 상충, 원진살되면 살다가 이별.

• 남명은 귀격사주다. 女명은 흉이다.

• 化格이다. 火土金운에 발하고, 水운은 土에 극이 되어 흉.

◉원래 財官庫를 충하였는데〔신강〕재차 운에서 충하면 도로 손해다.

◉자식성에 12운이 길하여도 沖刑되면 흉 변화다.

◉日지가 형극되면 상처 이별, 늦은 결혼, 재취. 경하면 질병 고생.

◉卯酉충이 될 때 巳나 丑이 있어 巳酉丑 습이 있으면 충파로 보지 않는다.

日간 年간 기준	甲	丙	丁	戊	庚	辛	壬	癸
천관귀인	未	巳	酉	戌	亥	申	寅	午
國印	戌	丑	寅	丑	辰	巳	未	申

▶ 天官貴人은 日간, 年간을 기준하는데 官직으로 성공한다. 國印(국인)은 결재권 도장이다.

▶ 月주 羊刃은 부친이 인패재패한다.

▶ 月에 羊刃 또는 劫재가 거듭 있으면 女는 남편 때문에 통곡.

◉ 관살이 태강하면 건강실종, 비난명이며 부부운과 부모 형제, 딸자식에게 불행.

◉ 巳酉는 결혼의 별이요, 혼인의 상징. 巳酉가 충파, 浴, 絶, 원진살이면 혼인에 갈라지는 육친이 발생. 대소운에서도 그러하다. 合이 되면 다시 합친다.

• 亥 중 甲木이 잠겨 있어 印의 구실을 못할 때 그 亥가 合이 되면 亥 중 甲을 인출시켜 인수가 튀어나와 日주를 보신한다. 亥 官살을 억제하는 상관 己土도 인수로 化하여 보신하니 재주 총명하고 소망성취다.

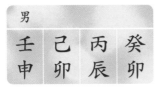

• 日지 처궁 구신〔용신을 생조해주는 오행〕 卯가 용신 丙火를 생조하거나 처의 환경 소유가 좋아짐.

◉申은 坤에 여자다. 申에 흉성이 임하면 친모, 딸자식, 처갓집, 장모, 할머니 액이 붙는다.

◉女命 정관도 있고 편관도 있으면 관살혼잡이 되는데 사주에 식상으로 제극당하면 편관은 거하여 좋게 되고, 식상운을 만나면 편관이 제복되어 발복하게 된다. ▶중요

• 편관 申을 제복하는 남방 火운에서 크게 발신했다.

• 夏月 사주 官성 火가 강렬하여 불길 징조다. 그러나 편인 戌이 火력을 설기시켜 안정. 이 경우는 多官살도 외국. 편인 戌도 외국으로 외국과 교접, 거래하면 대성공. 사실과 일치함. 차명은 日지 寅 財성이 관귀학관으로 財복과 官운이 높다〔寅은 높은 山〕. 국영기업체 중진급인사다.

• 신강 같으나 신약이다. 卯木은 풀나무, 초목이다. 이 卯木은 甲木 원목과 달

라 순식간에 타버린다. 三春 卯木은 불길을 끄는 초목이다. 그래서 신약이다. 甲寅 대운을 만나면 대길.

◎合이 되는 곳에 원진살이 접목되면 성공과 실패의 반복.

● 辛운이 오면 乙辛충이 되는데, 火가 가로막아 충을 못하여 안심이다. 반드시 충극을 당할 때는 왕쇠를 보라. 쇠약이 당한다. 왕자는 당하지 않는다.

◎인수성이 지배하면 官財는 무력. 사기꾼에 투자 손실.

● 상관 壬이 정관 丙을 충극하나 丙辛合이 되어 충을 못한다. 또한 상관 壬水는 辰고에 入고되어 丙火를 충극할 능력을 상실하였다.

● 日지 己未는 白虎대살이다. 寅은 조상신이다. 寅은 代를 계승하는 장손이다.

寅이 白虎 未와 甲己合으로 고약한 조상과 合하는 현상. 당대가 죽은 후에 山소일을 해야지 만약 당주가 살아 있을 때 山소일을 했다면 큰 화를 당한다. 白虎와 合은 대흉.

時	日	月	年
甲	辛	丙	丁
午	卯	午	未

- 未토는 생金을 못한다. 종살격이다. 水운은 필패운이다.

◉상관이 있으면 반드시 財성이 그 옆에 있어야 官이 보호된다.

◉12운의 강약을 볼 때 日간으로 하는 것은 내 자신의 강약이고, 그 자체 강약 추리는 그 자체 천간을 기준하여 동궁 地까지 12운성을 붙여 자체 강약을 통합해서 본다. 12운이 약해도 그 오행이 생조를 잘 받으면 무난하다.

時	日	月	年
己	壬	丙	丁
酉	寅	午	亥

- 丑년에 용신 酉金이 庫에 入고되고 丑은 조객살〔亥의 丑은 조객살〕이 얽혀 甲戌년에 寅午戌 재국이 용신 酉金을 극제, 사망했다.

◉財가 공망이면 그 육친이 財산 실패 크다.

● 종살로 보면 안 된다. 寅 중 丙火로 살인상생시킨다. 火土가 용신이다.

○천지덕합이라 함은 甲子가 己日을 봄이요, 丁亥가 壬寅을 봄이요, 辛亥가
　丁巳를 봄인데 月日時가 상호 교합하면 대귀의 명조다.

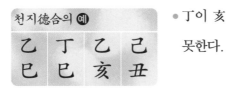

● 丁이 亥 중 壬과 合이 되어 巳가 亥를 충하지
　못한다.

○신왕사주 刑살은 패손됐다 해도 다시 회복, 재기된다는 것을 명심.

○비천록마나 정란격을 女명이 만나는 것은 복명이 될 수 없다. 즉, 화류계
　운명이다.

○도화살은 흉신에 작용하면 도화살의 작용을 한다.

○女명 식상에 浴살이 좌하면 두세 번 출가하고 재가하나 족하지 못하고, 장
　남과 딸 때문에 통곡할 사연이 있을 것이니 차명은 음란하고 상고가 많은
　명조이다.

○祿이나 帶가 日간과 合이 되면 높은 관직, 벼슬관이다.

○財가 관귀학관이면 財산복과 직업운이 길창.

○財가 상관과 合이 되어 財가 나오면 상관 상財되어 부자가 된다.

○乙 지지의 극은 중하고 甲 간의 극은 경하다.
　酉　　　　　　　　戌

- 子巳가 상합이 되니 子 중 癸와 巳 중 戊가 戊癸合이 되어 子와 巳는 상합으로 본다.
- 사주에 인성이 태과하면 부모가 병이 있거나 부모가 공방살이다.
- 남자 丁壬 화격으로 木이 나왔다면 木을 기준 土가 처가 되고, 木을 극하는 金을 자식으로 본다.
- 女子는 丁壬 화격이 木이 나왔다면 木을 극하는 金이 남편이고, 木이 생하는 火를 자식으로 본다. 종재, 종살, 종아격도 이 같은 방식으로 취함. 女子 火가 종재라면 火가 설기하는 土가 자손, 火를 극하는 水를 남편으로 본다.
- 子午충에 卯가 있으면 子卯로 형합이 되니 도리어 유정해진다.
- 合이 된 곳에 絶이 있으면 合이 깨진다.
- 甲寅, 庚寅은 백호대살이다. 戊寅은 유전살로 三代까지 변사 또는 흉질, 악질로 비명사.
- 丑戌未 刑이 되면 장 속에 있는 오행을 끌어내어 취용할 수 있으면 길이고, 취용할 수 없으면 해가 된다.
- 日지에 絶이 놓이면 부부 이별 암시다. 合이 되면 다시 합산.
- 時주에 絶이 있으면 자손이 이혼 경력이 있거나 색정, 병난.
- 태세 지지로 12신살을 따져 사주 각 지지에서 12신살을 확인한다.
- 養은 生의 임박시기로 養은 長生으로 본다. 유년에 養 生이 刑충파되면 가출살로 인구 손실.
- 신약에 帶가 형충되면 정규직이 아니다.
- 12운성 보는 법은 이중방식으로 확인한다. 먼저 日간으로 기준하여 각주 지지에 12운성을 붙인다. 각주 자체 12운성은 각주 자체 천간을 기준하여 그 지지에 붙이는 방식이다. 복식법으로 12운성하여 판단하는 것이 해석상

유리하다.

12운성을 이중으로 설치하고 두 가지 12운성법으로 사주 육친관계를 대조, 통변할 수 있다. 년주 조상 자리에 死絶이 있으면 조상이 조기에 침몰, 時주 자손 자리는 실패 자손, 이민 자손 있다.

◉浴살은 편인성으로 본다. 편인은 외국과 인연이 깊고, 공부도 외국유학, 결혼도 국제결혼. 외국이민 영주권. 그러므로 時주 浴살이 자손과 합이 되면 외국과 인연이 있다는 것을 염두.

◉祿이 공망되면 대패살로 변, 인패財패다. 부부, 형제, 부모, 혈친까지 실패.

◉月주 正官이 浴살이면 임시직, 계약직이다.

◉비견 劫재로 국을 이루었을 때 빈한 명이라고 함부로 하지 말라. 사주 劫재가 七살과 합이 되고 대운이 吉지면 부귀 공명가다.

◉편재는 劫재와 합이 되고, 정재는 충파되면 첫사랑과 이별.

◉상관은 財성이 있고 官성이 없으면 복기가 될 것이다.

◉상관 사주에 대운이 財왕 향으로 향하면 귀할 것이 틀림없다.

◉상관격은 官성을 두려워하지 않기 때문에 잘난 체하고 남을 업신여기며 말도 불량품이다.

◉羊刃은 일시에 있으면 흉함이 될 수 있으나 신이 약하고 日주가 약할 때엔 일주를 부조해주는 것이므로 흉할 수가 없다. 다만, 세운에서 거듭 만나는 것은 불가하고, 羊刃은 刑해는 무방하나 충은 두려워한다. 또 세운에서 羊刃과 합하는 것도 흉이다.

◉괴강격은 색정이 많고, 패기 왕성. 80을 넘어도 정기가 넘친다. 항상 젊음을 유지한다.

◑대패살과 劫살이 한 기둥에 속하면 그 궁의 육친은 흉사, 흉질, 필패.

◑기신 劫살은 囚옥살과 같다.

◑괴강살을 편관으로 본다.

◑공망된 巳가 酉와 합이 되면서 기신 金이 나오면 酉金도 공망 작용.

◑財官이 墓고지에 감추어져 있을 뿐 천간에 투하지 못하였다면 복력이 창성하지 못할 것이나 만일 고문을 충개해주는 오행이 있다면 결정코 부귀가 심상하지 않을 것이다. 이 고문을 열어주는 대운에서 충개해줄 때 보금이 진귀를 취득할 것이다. 官이 높고 부귀할 것이다.

◑庚金이 辰月에 출생하고 사주가 전부 庚辰 주로 구성되었다면 대귀 아니면 국경과 무력을 세울 사람이다.

◑신약사주 편관에 羊刃이 있고 대운이 흉방위는 불구자가 될 수 있다.

◑귀록격은 록을 충함이 없으면 황문에 입신한다 하였다.

◑오행상 충파 극상이 되어 악살이 있어도 납음오행상 상호 상생해주면 흉변화 길이다. 또한 운세 판단에도 일조가 된다. 납음오행과 상대되는 오행이 같은 납음오행은 대흉으로 본다.

男

壬	壬	戊	庚
子	申	子	子

```
          兄 酉 ‖
          孫 亥 ‖ 世
官 午   父 丑 ‖ ×
          兄 申 ‖
          官 午 ‖ 卯 財
          父 辰 ‖
```

●비겁으로 구성된 종왕격 사주다. 초대운부터 80세까지 충파없이 길운을 타고 나서 직장운과 행복권이 충만. 하지만 오행이 한쪽으로 치우치면 예법이 문란이다. 사주에 물이 많아 음탕성이 있고 壬申日은 대패살에 첩살이다. 癸巳 대운에서 바람나 첩과 내통 주거생계를 제공, 돈 많이 나간다. 癸巳 대운에서 상하로 합이 되어 比劫으로 형성되니 첩에게 돈 지출 多. 비겁이

태왕하여 하류인생 같지만 六爻는 孫世에 임하여 부귀 공명격이다.

◐戊甲, 戊壬, 乙己, 丁辛, 丙庚은 충살로 본다.

• 정재 癸는 日간과 合이 되었지만 그 지지 亥가 絶궁에 놓여 日간 合이 깨지는 형국이다. 또한 寅午戌 三合으로 인수국이 만주되어 官의 설기가 태심했고, 日 戊戌은 동기 一색으로 첫사랑과 이별.

◐편인이 편재를 보면 삼각관계.
◐日간의 長生이 되는 운을 만나면 영화스럽다고 단정하라.
◐己토는 논흙이고, 戊토는 山흙이다.

32 임기용배격

時	日	月	年
甲	甲	壬	丙
子	子	辰	寅

- 子요巳격이다. 계절 용신 필요없이 金水운이 최길. 이 격은 庚辛 申酉에 丑자, 午자가 있으면 파격이 되어 부모가 망하고 아신도 불발. 결혼운도 없다.

- 壬氣龍背(임기용배)격은 壬日에 辰자가 많은 것. 또 寅자가 많으면 富하는 것을 말하는 바, 대운에서 辰을 형충시키면 단명을 면하기 어렵다.

- 壬日에 辰은 辰 중 乙癸戊가 관살 戊와 겁재 癸가 戊癸合이 되므로 자손, 부부지간 높은 직에서 살아간다.

時	日	月	年
壬	壬	甲	壬
寅	辰	辰	辰

- 차명은 임기용배격으로, 진격이다. 서방 金水운 대발.

● 차명은 寅子가 三位 있음으로 대부명이다. 임기 용배격은 원진살이 있으면 파격이다. 별격으로 취한다.

時	日	月	年
庚	庚	庚	癸
辰	子	申	巳

● 정난격이다. 巳자가 방해하나 巳申合으로 무방 하여 정난격으로 성립된다.

▶노태우 전 대통령 사주다.

◉癸水가 출간하면 金이 있어야 물이 마르지 않는다.

◉甲木은 土를 극제함이 강하나, 寅木은 寅 中 丙火가 있어 土를 극제함이 약하다.

◉子丑月의 辛金 동향

◉辛金이 己土를 쓰는데 甲木이 있으면 甲己合이 되어 己土는 생金을 잊어 버린다. 그러므로 辛金은 己土에 甲木을 제일 무서워한다.

時	日	月	年
甲	己	庚	戊
子	丑	申	寅

● 이와 같이 金과 木이 싸울 때 水가 화해시킨다. 水운이 오면 金을 설기시켜 甲木을 생하니 개통되어 정계에 입문한다. 甲庚충이 될 때 乙이 있어 乙庚合 이 되면 甲庚충을 잊어버린다.

• 이 사주는 水가 없어서 木의 구실을 잃었다. 火는 火生土를 제대로 못하고 있다. 이유는 마른 土이기 때문이다. 습기가 있으면 火는 火生土하여 통관을 이어 주는데 火의 통로가 차단, 결국 火극金하고 있다.

◉ 역마가 胎를 보면 타남과 사통.

◉ 戊己 日간이 많은 火에 생조가 넘치면 土가 돌덩이처럼 굳어지니 이때는 甲木이 있어 土를 파헤쳐 疏土를 해주어야 함.

• 日간 戊土가 불土가 되어 金을 생할 수가 없어 이때는 甲木이 있어 土를 破土시켜야 한다.

◉ 時주 자손궁에 劫살 또는 六살이 있으면 자손이 실패.

◉ 11월, 12월 癸日생이 또 癸를 놓고 천간에 丙火가 있으면 해동을 못하니 평범한 사람이다. 이때 戊자나 甲木이 있으면 좋게 된다.

• 재성 丙火는 戌의 庫다. 고로 財가 되는 丙火와 관성 戌土도 入庫되어 형충이 아니될 시는 평상인이다.

●10월, 11월의 辛金은 상관 壬과 丙火를 기뻐한다.

●11월 辛金은 戊토와 癸水를 보지 말아야 한다.

●戊토가 壬水와 같이 있으면서 甲木이 지장간에 있으면 능히 戊土를 제극하지 못하니 유병무약이다. 이때는 金이 있어 설기하면 좋게 된다.

●원거리 충은 충이 잘 안 된다.

●辛金은 戊土를 싫어하고 己토를 기뻐한다. 辛金이 戊土를 보면 고통운이다.

●金이 多土에 매금현상이 일어날 때 甲木이 파土시키면 金이 빛을 내게 된다. 甲木이 없으면 丁火가 있어도 없는 것이나 다름없다.

●年月주에 財官이 天乙 三덕 또는 官귀학관이면 부친 선친이 높은 신분이었다.

· 丁壬合이 되나 庚申金이 방해하여 化木을 거절한다. 파격이다. 용신은 木火다.

· 亥卯未 木국으로 官성 亥의 氣를 지나치게 설하니 庚金으로써 木을 파하여 官성을 보호한다.

●丁午는 등불, 인공불이니 丙火의 태양과 마주보면 빛을 잃고 만다. 즉, 등

불은 밝은 대낮에는 빛을 잃고 만다.

🌑癸水는 눈안목이다. 癸水를 충하거나 土가 癸水를 극하면 시력이 안 좋다.

• 신강사주인데 日간을 설기시키는 土가 甲木으로 제土함이 시급하다. 木운도 발전한다.

🌑기신 將성 囚옥살년은 소송, 투쟁, 부상, 손재, 질병.

🌑火가 많고 水가 없는데 한번 水향에 이르게 되면 반드시 죽거나 재앙이 있게 된다. 또 木이 많은데 金이 없고 金운을 만나면 위태 재앙이다. 타법도 이와 동일시함.

🌑羊刃이 중중하면 죽을 때 좋게 죽지 않는다. 독사한다.

🌑火土가 지나칠 때 水운이 들어온들 도리어 그 불길만 격동시킨다. 즉, 많은 불덩이에 한 잔의 물을 가지고는 불을 잡을 수가 없다. 불길만 더 치솟는다〔흉화를 만나게 된다는 뜻〕.

🌑乙 日주 壬은 乙木을 생할 수 없다. 壬水는 강호의 물이기 때문이다. 乙木이 부목이 되기 때문에 壬水를 원치 않으며, 이때 戊土가 옆에 있으면 괜찮다.

🌑三冬月 사주는 반드시 丙火가 천간에 출하여야 길이고, 丁火는 촛불이 조후를 못하여 丙火를 따라갈 수 없다. 다만, 丙火는 없고 丁火만 있고 甲庚이 있으면 무난하다. 庚金 도끼가 甲木을 쪼개어 丁火에 인도하기 때문에 그렇다.

◉상관, 편관 合은 벼슬자리, 부호의 명이다.

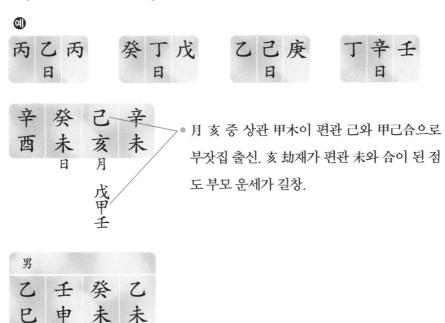

(예)

丙	乙	丙
	日	

癸	丁	戊
	日	

乙	己	庚
	日	

丁	辛	壬
	日	

辛	癸	己	辛
酉	未	亥	未
	日	月	
		戊甲壬	

● 月 亥 중 상관 甲木이 편관 己와 甲己合으로
부잣집 출신. 亥 劫재가 편관 未와 合이 된 점
도 부모 운세가 길창.

男

乙	壬	癸	乙
巳	申	未	未

● 庚辰 대운에 딸이 흉사했다. 겁재〔癸〕와 상관〔乙〕이 봉하면 골육이 흉사한다
했다. 時 자식 자리에 劫살이 있는 것도 흉물이다. 태세 庚辰년을 12겁살하면
辰을 기준 申子辰 水하여 時주 자식 자리 巳에 劫살이 붙는다. 劫살은 급질이
다. 백혈병으로 흉사하였고, 日지 처궁 申에 劫살로 처도 정신병환자다. 壬申
日은 대패살로 인패재패살이다. 대운 庚辰은 日간 壬의 12운성 墓의 살을 받
아 딸을 잃었다.

時	日	月	年
丙	壬	庚	甲
午	辰	子	寅

● 日, 時 협공된 巳는 옥당 天乙귀인이다. 巳는 財성으로 부친이 경무관이었다.

- 辰戌이 거듭 있어 군왕을 모시고 부귀쌍전이다. 木이 土를 극하였으니 통근하는 오행은 火다. 즉, 火가 용신이다. 다음은 木이다. 용신을 생하여주는 木이 처다.

- 辰은 물의 창고다. 甲乙木은 辰을 보면 木이 고갈될 염려가 없다.
- 사람 팔자가 나쁘면 반드시 風水 陰德이 있으면 대대가 부귀하고 살아간다〔조상 묘지가 보길지이면〕.

- 용신 木火土, 은행장 사주다. 고등학교 출신이지만 日時 亥를 공협, 공귀격으로 亥는 日간 壬의 祿이다. 그 지방 일대에서 은행장으로 이름을 날린 사주다. 자손들도 훌륭했다. 다만, 처궁과 형제궁이 불행. 日時 흉신 羊刃살과 동기 일색으로 독살되었고, 壬子는 가문폭락신. 또한 년月주가 丙申 대패살이 거듭 있어 부모 형제에게 불운을 주었다. 처도〔申은 坤. 처, 여자〕 兄도 정신분열증, 가산을 탕진. 가출살이 있어 집을 나가 행방불명된 형제도 있다.

- 기신 羊刃에 수옥囚살이 받쳐 있으면 白虎대살로 흉지 사망, 불치병.
- 송사점은 官성이 상관에 극파되거나 官이 무력하면 패소.

◉고신, 과숙살이 있고 화개살이 공망되면 종교계 운명. 이유는 고신, 과숙은
　독신생활이고, 화개살 공망은 성관계 애정에 대한 불감증이 되기 때문이다.

◉태세 편관이 사주 상관과 合이 되어 기신이 나오면 관액수.

　• 寅未 神살로 신경증, 불면증. 신방을 꾸미는 무당살로 본인은 무사하나 친정
　　모친(未는 坤宮 어머니로 봄)은 寅巳申 三刑살에 가출살과 홍염살로 활보하
　　는 여인. 癸水 안개 구름이 방해다.

　• 일간 戊토가 불土가 되어 金을 생할 수가 없다. 이때 甲木이 있어 戊土를 파土
　　시켜줘야 뚫어서 소통시킨다.

　• 土는 생金하여 집중되었으니 종살격이다.

◉가문폭락신 살이 원국에 투하면 당대와 가문이 흔들린다.

● 부성 入墓[丑 중 辛金] 官星이 金생水 설기태심하여 부부 이별이다. 이 사주
는 子요巳격이다. 丑이 있어 子와 合이 되거나, 午가 있어 子午충되면 파격
이 되어 부모가 망하고 아신도 불발이다. 甲己合을 乙이 방해시켜 처와 이별
했다.

◉ 日주 또는 時주가 같은 일색 동기(合이 되면 무시)가 되거나 간지오행이
상극 원진살이면 부부지간 금슬이 물과 기름.

◉ 女명 癸 日주에 戊土가 투간되어 戊癸合이 되면 남편 직장운이 충실하지
못함.

◉ 生年 浴살은 조상이 망한다. 浴살은 편인으로 보기 때문이다.

◉ 正官이 年주에 있으면 음성적인 직업이다[색시 사업 등].

◉ 비견 劫재가 국을 이루면 정신병, 자살 기도.

● 서울 법대 출신이지만 서민층 인생이다. 사주 길신 식상을 편인국이 모두 벌
초시켜 밥줄과 목줄이 끊어지는 상이다. 남의 유부녀를 훔쳐 제것으로 농락
하다 구속되는 전과가 있었고, 술과 마약[편인 식신은 술, 미약]에 중독되어
비난지사다. 사람이 색정으로 빗나가면 지위고하를 막론하고 천격이 된다.

● 편재성 巳도 외국이다. 時간 乙 자손 자체로 巳는 浴살이다. 즉, 편인 외국이
다. 巳는 天乙귀인으로 이민 간 자손이 캐나다 외국기업에서 근무, 영주권을
획득. 日간의 12운성은 당주이고 타육신 12운은 그 체로 확인한다.

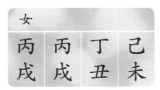

● 여자 운명이 식신 상관으로 가득 차면 남편 官성〔水〕을 극하여 남편덕도 없
고 남편과 생사이별이다. 그러나 대운이 길방으로 흐르면 남편과 해로하며
풍족하게 살아간다는 것을 염두. 이 여인의 사주 月지 丑은 財고에 養이 있어
길운만 타고나면 못난 사주라도 직업운 좋고 부자로 살아간다는 것을 유념.
月지 丑의 財고 속에 辛과 丙〔日간〕이 合이 되니 부부 직업이 길. 日지 장 속
에 희신이 있어 남편의 애호. 이 격은 종아격으로도 볼 수 있다.

◉男, 七살이 충극되고 合이 되면 자손 결혼 실패.
◉女, 七살이 日간을 극충하면 자손 결혼 실패.

● 戊 상관이 살 癸와 合이 되면 이름이 진동.

○극자가 合이 되면 극을 하지 않고 合쪽으로 쏠린다.

○木은 야채, 과일, 생산직, 판매직.

○財가 金이 되거나 寅[광산]이 되면 보석장사 또는 비석 조각.

○合이 없어도 서로 상생하면 合으로 본다. 또 같은 형제는 동합으로 본다.

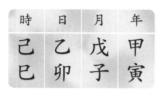

• 乙이 戊己土를 財로 삼는 바 劫財인 甲을 보면 甲己土를 분합해오고 戊土를 괴멸하고 분쇄하는 劫財이며, 당주가 가산을 파손시키지만 극처하지는 않는다. 이유는 劫財되는 甲이 正財 戊土를 괴멸하지만 己土와 甲己合이 되기 때문이다. 甲이 편재 己土와 合이 되면 正財 戊土도 合이 되는 이치다. 즉, 甲木도 乙의 본처를 은근히 사랑해주는 이치다.

○시墓격이 진실이면 재복이 많다.

○女에 고신살이 있으면 간부(姦夫)가 꼭 있다.

○**금녀살 예** − 巳日생 女子가 乙亥日생 남자를 만났다면 금녀가 붙는데, 巳亥충이 되어 금녀성의 효력이 없다. 매년 금녀가 들어오면 재산 있는 인연을 만나 물질적 도움을 받는다[신왕].

○형충은 가출 또는 피신, 망명살이다.

○남녀 寅申충은 다정다감하나 고생이 많고, 남자는 여자에게 약하다.

○고신, 과숙살이 있어도 12운성이 길성이나 귀인성이 되면 이별하지 않고 결실한다.

◉日지나 月주에 정관 정재가 日간과 합이 되면 한평생 일자리 풍족.

◉편인이 식신을 극충하면 의식주나 건강 유해.

◉명식에 官살이 태강하면 기술계열이나 건설업, 건축업, 체육선수.

◉申申이 거듭 있으면 두 어머니꼴. 申은 坤궁, 어머니, 두 여자다.

◉囚옥살이 희신이면 배경이 좋고 빽이 좋다.

◉子午卯酉생은 장손, 장녀, 장손 며느리 역할.

◉편인 편재가 봉하면 부모가 각각 상패.

◉상관이 財를 보면 상상도 못할 총명과 지혜를 가지고 부를 쌓아올린다.

◉기신 刑살년은 손재, 관액, 상패. 刑살은 편관으로 본다.

◉세군이 年月주를 충파, 원진살이면 휴직상태, 주거이동.

◉상관이 殺〔편관〕과 합이 되면 자리가 중중하다고 했다.

예

| 丁 | 戊 | 癸 | 己 | 乙 | 庚 | 辛 | 壬 | 丁 | 癸 | 己 | 甲 | 丙 | | |
|日| | |日|卯|申|日|午|亥|日|丑|寅|日|未|亥|

◉水는 지혜다. 사람됨이 총명하고 공평정대하다. 水가 많으면서 귀격이 이루어지면 의사나 형권을 누린다.

◉상관에 도화살 또는 원진살이면 비리, 뇌물죄로 문책. 상관은 형책살이다.

◉女명 官살혼잡은 둘 중 하나가 빗나간 행동을 한다.

◉신강사주에 식상이 3개 이상이면 신약으로 풀이한다.

◉왕한 羊刃에 官살이 없고 財향운으로 흐르면 羊刃과 격전이 벌어져 팔다리가 부상되거나 손가락이 잘린다.

◉三夏월에 金 日간이 신왕하면 丙火를 용하나 壬水를 가져야 중화를 이룬다.

◉財 용신이 絶이면 혼인운이 없고, 財산을 날린다.

- 戊日에 午月 午日은 羊刃으로 보지 말라고 했다. 즉, 인수로 된다 했다.
- 戊午, 丁未는 간여지동으로 본다. 색정, 실패.
- 역마나 도화 또는 화개살이 공망되면 죽임을 당한다.
- 劫財가 록살이면 병부살이 붙거나 죽임을 당한다.
- 남명 官살이 왕하면 처가 신병, 딸이 과부 신세. 이유는 多 관살이 딸의 남편신 官을 돕는 비겁을 극하여 결혼문서가 죽는다.
- 순관·순살은 귀로 보고, 관살혼잡은 천으로 본다.
- 癸酉 日주가 신약하면 巳나 丙을 보아야 성격할 것이다.
- 年月에 天乙귀인 또는 天덕 天月이면 명문가 후손이다. 그러나 형충, 원진살이면 패가한 집안이다.
- 사주에 편인이 많거나 인성에 원진 神살이 얽히면 스스로 학문을 포기.
- 庚午日은 정관인데 浴살에 해당, 빈가 후손. 정관은 문호다.
- 月의 羊刃은 형제 중 출세한다.
- 신강 日지 식신은 처가의 상속을 받는다. 그러나 편인에 극상되면 처갓집이 침몰.
- 편인이 식신을 도식하거나 식신에 고신, 과숙살이면 처갓집이 붕괴현상.
- 子午卯酉가 흉성〔浴, 死, 충, 형, 원진, 害살 등〕에 접목되면 囚옥살과 백호살로 본다.
- 正 인수가 財성과 合이 되어 희신이 되면 재운문서가 성공적이다.
- 火日생이 辰戌을 보면 소년에 불발한다.
- 辰戌丑未생은 부모의 업을 지키지 못하고 객지생활. 장손 역할 못함.
- 대소운의 공망이 사주와 충이 되면 충의 작용을 받지 않음.
- 日주 화개살은 부부 풍파, 별거, 이별. 合이면 다정.

○未申은 결혼할 어머니다. 고로 未申이 공망이면 혼인 파기 또는 결혼할 생각이 없어 어머니 신분을 박탈, 미혼母로 살아간다. 그러나 비견이 未나 申과 합이면 무시.

男

庚	壬	戊	庚
戌	辰	寅	子

● 괴강격은 관살이 형충되거나 스스로 형충되면 화액이 비상. 日時 괴강살이 연주되면서 辰戌충이 되어 불안하다. 甲申 대운에서 甲庚충, 寅申충, 천지충으로 편인이 식신을 극파, 목줄이 끊어지는 상〔식신은 목줄이다〕. 냉사주에 火가 無. 술 중독으로 뇌출, 사경에 처하고 있다.

○**객사하여 시체가 집에 돌아오는 사주** – 사주에 역마지살이 있고 상문살이 있으면서 상문살과 생합이 되거나 합이 되는 운에 객사하여 시체가 집에 돌아온다. 또 상문살이 공망되면 그 육친은 객사, 흉사한다.

女

乙	庚	癸	癸
酉	辰	亥	卯

● 女명 亥子月생이 합이 되면 부부 이별이다. 羊刃 酉가 卯와 충이 되는 것을 비인살이라고 함. 비인살은 부부운이 불길하고, 재산풍파와 신병으로 후유증이 많다. 비인살은 재난을 많이 당하는 것이 특징. 卯酉충은 囚옥살이다. 나 아니면 형제가 채권문제로 감방생활, 전과기록을 남긴다. 日지 대패살도

흉을 조장, 조후되는 火가 시급하여 남편의 사랑이 그립다. 日 庚이 卯와 合충으로 백수인 자식 자리가 아름답게 조화되어 자손도 영광, 아신 남편도 말년 운세가 길창.

◉부부 日지가 서로 충하면 서로 싸움 끝에 섹스가 더 잘 이루어진다.
◉**시아버지 풍류객 –** 비겁이 도화살과 암合되거나 도화 비겁이 관살과 合.
◉官성에 長生이 붙는 자는 남편 학식이 풍부. ◀

◉日지가 戌亥면 남편이 높은 자리에서 근무.
◉女명은 財官이 충실하고 성하면 남편복이 있다.
◉月 浴살은 부부운이 바뀔수 있다〔형제 중에서도〕. 浴살은 바꾸는 것, 교체.
◉사주에 劫재나 傷관이 있으면 돈 손해 꼭 본다.

男
戊 癸 己 癸
午 亥 未 亥

●夏月 사주에 물이 넘친다. 亥亥 형살이 되어 외국과 인연이 있다. 이 운명은 부친이 은행장이었다. 이유는 년지 亥(천문성) 겁재가 月지 편관 未와 亥未合이 되면 조정에 출입한다 하였다. 月주 천간 己 다음은 庚이다. 일주를 보신하여 신강사주다〔신강, 신약 분별이 어정쩡할 때 이 방식을 함〕. 月 관살 왕은 혈맥계통에 불치병 환자 있다.

男
壬 丙 己
申 子 丑

● 子月 水 왕당절의 己丑土는 물을 막지 못함. 고로 물만 흐릴 뿐이다. 山흙이
되는 戊土가 있어야 강호의 물을 막을 수 있다. 己丑 정관은 정관 임무가 상
실되었다. 壬申日은 대패살로 사람 실패, 물질 실패다. 申에 亡신살은 귀문관
정신병이다. 羊刃 子에 六살도 정신분열증이다. 六살이 기신이면 정신병으
로 종신병이 된다.

◉午가 午를 보는 년도는 午가 離궁을 상징하여 이사, 이동, 해약, 쟁투, 송사,
수술, 가내 하늘나라 종천, 山소일.

◉사주에 亥가 1개 있는데 행운 亥를 보면 亥亥 자형살이 되어 쟁투하는 일
이 있거나 亥에 대한 패해다.

◉女子 운명 편재, 劫재성은 가상 남편으로 본다. 고로 合충이 되면 그에 事
발생.

◉여명 天乙귀인이 日, 時에 있으면 정조가 대단히 강하다.

◉상관 劫재 봉하면 재산 손해 아니면 피상.

◉기신 將살은 鬼로 본다. 병마가 침범, 신병, 패신.

◉干支 동궁은 손재다.

예

甲　乙　壬　庚　丙　辛　癸　丁
寅　卯　子　申　午　酉　亥　巳
日　日　日　日　日　日　日　日

◉간지동궁은 그 궁의 인패재패다. 또한 바람살이다.

- 比劫에 도화가 겸하여도 사통, 밀실.

- 六살은 무거운 짐을 지게에다 짊어지고 가는 상. 즉, 노무자 생활.

- 여명 官이 생왕하면 사주가 휴쇠되어도 반드시 귀한 명조다.

- 태세 子午충년은 집문서, 사업문서, 돈문서 해약, 교체다.

- 戌은 외국이다. 이민살이다. 戌이 月에 있으면 형제 거성.

- 乙木은 庚과 辛을 제일 무서워한다. 이때 癸水나 丙丁巳火가 막아주면 무난하나 만일 그렇지 않으면 요사한다.

- 여명에 곰보의 얼굴이 됨은 戊己日이 甲乙木에 의해 파극된 때문이다〔살짝 곰보 얼굴은 사색이 강렬한 여자다〕.

- 午火는 처성인데, 午는 丑과 원진살의 편재성이다. 日지 酉는 酉 刑살로 편인성이다. 편재 편인 접목되면 三각관계다. 酉 도화살이 酉酉 형살로 동승이 되면 부정한 일이다. 배우자 둘 중 하나 밀실거래하고 있다.

- 남명 日지에 희신 정관이 받쳐 있으면 처로 인해 관직을 얻고 발신한다. 처도 공직인이다.

- 寅未 神살이 되면 寅申충으로 본다. 寅 또는 申과 未에 대한 사건 발생.

- 사주 식상국이 財를 보고 생財되면서 다시 그 財성이 兄제신과 합을 이루면 日간과 유정, 아우생아격으로 풍파없이 살아간다.

● 土生金 다시 金生水하여 최종 집결된 곳은 癸水다. 癸는 戊癸合으로 동참.

● 女명 신왕사주 日지가 白虎대살에 巳 劫재가 合되므로 남편의 건강에 이상. 년월이 劫재나 劫살로 중중되면 남편을 숙청시키는 형국이다〔劫살은 숙청살이다〕. 甲申 대운 甲은 인수요, 申은 亡신살이다. 巳 劫재와 협잡되니 남편이 염라대왕 앞에 끌려가는 형이다. 남편 술 중독으로 뇌진탕, 뇌출혈로 사경.

◐년月주가 희신 길신으로 구성되었어도 충, 絕이 되거나 그 자리가 동기 일색으로 또는 가문폭락살이 점령되면 패가한 집안으로 본다.

◐편관은 반드시 合이 되어야 재난이 없고 실패가 없다.

◐신왕사주 劫재는 반드시 合이 되어서 시정되어야 재난, 실패가 없다.

◐기신 편인성도 合이 되어 용신으로 변해야 길명이 된다〔기신 편인은 劫재로 본다〕.

◐흉신은 무조건 合이 되어 희신으로 화하면 상격이 된다.

◐日지는 부부 잠자리, 가정, 사는 집으로 형충파, 원진, 흉신이면 가정 풍파, 무정.

◐年月주, 時주 또는 운 시초가 白虎대살, 亡신살, 劫살, 상관살 중 어느 하나의 살성이 임하면 그 선대가 흉지에서 사망, 패가한 집안이다.

◉ 백호, 괴강살이 있는 궁과 원진살이 접목되면 혈친이 흉지에서 변사.

◉ 태세가 月주를 충하면 가정 이사, 직장 변화, 병원출입, 출행 등등.

◉ 생일을 충하면 부부 마찰, 병원출입, 이사, 이동.

◉ 생時가 극충되면 자손에 연고가 발생, 자손과 부부 운세가 나쁘다.

◉ 女명 편관이 日간을 극충하면 남편과 이별 아니면 남편 뒷거래다.

◉ 申이 神살 또는 원진살에 임하면 조상신으로 정신병, 우울증.

◉ 水가 용신이면 水를 돕는 金이 가용신이다. 즉, 용신의 원천 오행을 가용 신이라 함. 한신은 기신이 合이 되어 희신되거나 기신 암장에 희신이 장축 된 경우다.

▶ 반생 반극의 원리

㉠ 사주에 木아 태과하면 木이 맹호로 변, 土를 극심하게 극하며 그로 인해 官이 쇠약 해지고 기능을 잃는다.

木이 태과하면 水가 설기태심하여 물을 나무가 다 빨아먹어 水의 기능이 마비.

木이 태과하면 火를 지나치게 생조하여 도움을 주되 火가 多木에 불길이 치솟는 것 처럼 보이지만 오히려 반대현상. 불길이 꺼져 연기만 나는 현상으로 火의 불은 생 육을 잃게 될 수 있다.

木이 많으면, 金의 톱날이 많은 나무에 망가지듯이 金이 多木에 치어 金이 기능을 잃는다. 火가 많은 土를 생土할 때 土가 지나치게 햇빛에 달구어져 그 土(흙)는 돌덩 이가 되어 제구실을 잃는다. 밥과 음식을 과식하면 병이 나는 원리다. 이 원리를 알 면 오행의 생극 판단에 일조가 될 것이다.

◉육친 육신

- **육친 −** 비견 劫財는 부부지간, 형제, 배 다른 형제, 친구.

- 정관은 女는 본남편, 편관은 친한 남자, 애인.

- 正 인수는 친어머니, 편인은 계모성, 돌보미, 할머니, 이모.

- 편재성은 유통의 재산, 출납의 재산, 친아버지.

- 정재성은 보유재산, 상속재산, 돈, 큰아버지 또는 작은아버지.

- 정관은 신용을 담보로 하는 공관직, 벼슬관 재산.

- 편관은 신왕사주로서 격국이 양호하면 권세가, 관록, 벼슬관.

- 하격은 노동자, 깡패, 주먹세계, 죄인. 정관은 민주주의, 편관은 공산주의.

- 刑살이 희신이면 정관으로 보고, 기신이면 편관 독살로 본다.

- 남자 正官에 浴살이면 첫 자손을 잃거나 부모덕이 없다.

- 日주를 충하면 부모 형제덕 無.

- 년월 日주에서 비견 겁재가 제각각 合이 되면 형도 연애, 동생도 연애.

- 병이 되는 오행은 뿌리가 없으면 귀하게 되고 종말이 길, 뿌리가 있으면 화액이 비상.

- 행운에서 劫살과 백호대살이 흉동 작용을하면 사람이 상하거나 돈의 숙청이다.

- 운이 좋은 사람은 흉운을 잘 비껴 가지만 운 나쁜 사람은 외계의 유혹이나 자신 또는 근방 유혹에 흉을 만들어 패인이 된다.

- 가출살은 日時 기준 日지가 戌이라면 寅午戌 三合, 거두 寅을 충하는 申이 가출살이다. 가출살 申이 사주에 출현하면 집을 나가 비행, 방탕, 활보, 행 방불명, 타향객, 외지생활.

● 日지 寅을 三合시켜 寅午戌하여 거두 寅을 충시키는 申이 가출살이다. 申이 月지에 있어 항상 집을 비우고 팔방여인이다. 30대 초반 여성으로 너무 개방적이고 개성적이다.

◉종 火자는 火향 운을 기뻐하고 火의 死絕지 운은 흉이다. 火의 死絕墓는 용신이 火라면 양 丙을 기준 酉는 死, 戌은 絕, 亥는 墓이다.

◉퇴상이란 이른바 月령 용신이 있으나 時上에 이끌려 絕向이 되면 반운이다. 예컨대 月령에서 乙庚合이 되어 化格이 되었는데 時지가 絕地인 바 用之不用이다.

◉死絕墓가 있어도 합이 되어 生旺帶祿으로 오행이 되면 무사하다.

◉財성이 絕이면 돈 부도다.

◉女명 劫재는 순정을 일찍 뺏기고 애인이 꼭 있다.

◉비천록마격은 대소운에서 편관성을 위조하여 편관의 死絕墓지 운에서 공명이 비로소 시작되고 발신한다.

◉신강사주 時주가 刑살이면 자손의 직업이 우수하다.

◉六 丙日생이 亥자를 보면 살〔壬〕성이 인성을〔亥 중 甲〕 이끌어 중화를 이룬 것인 바 亥 중 甲木이 생火하게 된다. 동방으로 행운하여서 소원성취다.

◉대운에서 사주 희신을 충파, 원진되고 세운에서 거듭 충파, 원진되면 위험하다.

◉女자 식신 상관이 국을 이루면 후처 소실로 입가하면 안보다.

◉子午卯酉, 寅申巳亥가 형충, 원진살이면 허리, 다리, 팔 수술.

● 차명은 壬 日주에 寅을 놓아 귀격이다. 생아격이 되어 관살에 정착, 財殺격
  이다. 남편복, 처복이 많다. 寅을 충발하는 대운에서도 발복. 이유는 寅午戌
  三合이 되기 때문이다.

◉ 편관이 劫財와 合이 되어 기신 官살이 나오면 송사로 패손.

◉ 刑살을 대하고 刑살이 日주와 合이 되면 고위직, 유명인사다.

◉ 卯가 형충되면 장남 또는 집안 중심인물에 하자 발생.

◉ 土가 용신이 되거나 인연[복신이 붙는 것]이 되면 농림, 목재, 土에 관한 직업.

◉ 戌亥가 형살, 원진살이면[역마지살도 해당함] 자동차 정비업, 의료기 수리업.

◉ 木이 유력하면 목재, 농림업, 제조업, 교육사업.

● 신약에 正官이 3개면 정관이 아니라 편관으로 본다. 戊申日은 과부살이요,
  친정과 당대에서 쇠망시키는 살성이다. 과부살을 면했다는것은 巳申合으로
  申이 변질되므로 부부 다정. 남편 교통사고로 절음발이가 됐는데, 巳申 형살
  에 卯[정관] 酉충을 들이받은 연고다. 자손도 교통사고로 액을 당했다. 상관
  酉가 정관 卯를 추돌시켜 남편은 직업을 잃고 백수 인생이다. 운행 55후 단비
  를 만나 약진이 된다.

◦ 신강, 신약 불문하고 正 인수는 나를 돕는 신으로 본다. 즉, 길신으로 본다.

◦ 乙木은 넝쿨나무, 초목이다. 山흙인 戊戌 흙을 싫어하고 丑土를 거절한다. 오직 연한 未辰土를 보아야 생육할 수 있다. 남자 乙木 日주는 戊土로 처를 삼는데, 본처에 대한 진정성이 없다. 외간 女子 未辰土를 애호한다.

◦ 巳가 길신 역할하면 반드시 성공.

◦ 食신이 용신이고 강하면 노년 고수한다.

33 희신 구신의 상호관계

- 정재가 상관을 만나면 그 힘이 커진다. 상관이 흉성이긴 하지만 정재를 돕는 힘이 강하기 때문에 정재의 희신이 되는 것이다.

- 정재의 기신은 겁재다. 정재가 劫財를 만나면 그 힘이 무너진다. 劫財는 정재를 극하여 재성을 빼앗기 때문이다. 그러므로 정재의 기신은 劫財다.

- 정재의 구신은 정관이다. 정재가 劫財에게 財를 빼앗길 때 정관이 있으면 정관은 劫財를 극하여 정재를 극하지 못하도록 말려주므로 정재의 구신이 되는 것이다.

- 比견의 희신은 편인, 기신은 편관, 구신은 식신이다.

- 劫財의 희신은 정관이다. 劫財는 財를 빼앗는다. 그래서 흉성이다. 그러나 日간인 내가 약할 때는 나의 힘이 된다.

- 흉성은 제극하는 것이 좋으므로 정관이 있어 劫財를 날뛰지 못하게 하면 된다.

- 劫財의 기신은 상관이다. 劫財는 상관을 보면 劫財의 흉한 성질이 더욱 흉한 것으로 변한다. 상관은 劫財의 힘을 받아 정관을 묶어놓기 때문이다.

◎정관을 제어하는 겁재의 힘이 없어진다. 그러므로 劫재의 기신은 상관이다.

◎그러므로 상관격이 겁재운을 만나면 인패재패다.

◎劫재의 구신은 인수다. 劫재가 상관에 힘을 주어 길성인 정관을 제극하고 있을 때 인수가 있으면 그렇지 못한다.

◎인수는 상관을 제어하여 상관에 극을 주므로 상관은 인수 앞에서는 꼼짝못한다. 이에 정관이 다시 劫재를 제극할 수 있으므로 겁재의 구신은 인수인 것이다.

◎식신의 희신은 비견, 식신의 기신은 편인. 식신에게 편인이 있으면 식신은 힘을 쓸 수 없다. 편인을 도식이라 하여 식록을 파하는 흉성이므로 식신에게 편인은 기신으로 작용하는 것이다.

◎식신의 구신은 편재다. 식신이 편인에게 극을 받아서 식록을 빼앗기고 있을 때 편재가 있으면 기사회생이 된다. 편재는 편인을 제극하고 식신에게 힘을 받을 수 있으므로 편재가 식신의 구신인 것이다.

◎상관의 희신은 인수다. 상관은 정관의 길 작용을 제극하는 흉성이다. 이러한 흉성은 제극을 해야만 꼼짝 못하게 되므로 여기에 인수가 있어야 한다.

◎인수는 상관을 묶어 꼼짝 못하게 하므로 상관의 희신이 된다.

◎劫재가 흉성일 때 식신과 동회하면 劫재의 흉성이 감화되어 순진해진다. 이 경우 劫재는 식신 역할을 한다.

◎상관의 구신은 정관·상관이 劫재에게 힘을 얻어 날뛸 때 이를 말려주는 신이 정관이다. 정관은 길성으로서 劫재를 제극함으로 劫재가 상관으로부터 힘이 되지 못하게 말리는 역할을 한다.

◎편재의 희신은 식신이다. 편재는 유통의 財라 하여 길성에 속한다. 이 편재가 식신의 힘을 받게 됨은 더더욱 좋아진다.

● 식신은 편재의 희신이다. 편재의 기신은 비견이다. 편재는 비견을 보면 꼼짝할 수 없이 움추린다. 비견은 편재의 財를 빼앗는 흉성으로 작용하기 때문에 편재의 기신이다.

● 편재의 구신은 편관이다. 편재가 비견에게 財를 빼앗기고 있을 때 편관이 있으면 걱정하지 않아도 된다. 財를 빼앗길 우려가 없다.

● 정재의 희신은 상관. 정재가 상관을 만나면 그 힘이 커진다. 상관이 흉성이긴 하지만 정재를 돕는 힘이 강하기 때문에 정재의 희신이 되는 것이다.

● 정재의 기신은 劫財다. 정재가 劫財를 만나면 힘없이 무너진다. 정재의 구신은 정관이다. 정재가 劫財에게 財를 빼앗길 때는 정관이 있으면 된다. 정관은 劫財를 극하여 정재를 극하지 못하도록 말려주므로 정재의 구신이 되는 것이다.

● 편관의 희신은 식신이다. 편관은 일간 나를 극하는 흉신이다. 흉신은 제극하는 것이 좋으므로 식신이 있으면 된다. 식신은 편관을 제극하여 흉함을 억누르므로 편관의 희신이다.

● 편관의 기신은 편재다. 편관은 편재를 만나면 더욱 흉포가 심하다. 편재는 길신이지만 편관을 상생하여 주는 까닭에 편관의 기신이다.

편관의 구신은 편인이다. 편관이 편재의 힘을 얻어 발호할 때 이를 말려 설기해주는 것이 있다. 편인이 그것인데, 편인은 기를 빼주어 편관이 힘을 쓰지 못하게 하므로 편관의 구신이 되는 것이다. 정관의 희신은 정재. 정관은 인수를 돕는 길성이다. 정재를 만나면 정관은 힘을 얻어 더욱 길하게 된다. 그러므로 정관의 희신은 정재다.

● 정관의 기신은 상관이다. 정관은 길성이지만 상관을 만나면 꼼짝 못한다. 정관의 구신은 인수다. 상관이 정관을 극하여 흉포할 때 인수를 만나면 된

다. 인수는 길성이므로 일간인 나를 돕고 상관을 제압하기 때문에 정관의 구신이 되는 것이다.

- 편인의 희신은 편재다. 편인은 식록을 빼앗는 흉신이므로 이 흉의를 제극하는 것이 희신이 된다. 편재가 있어 편인을 제압하면 편인은 꼼짝 못하고 굴복하여 인수 역할을 함으로 좋아지게 된다.
- 편인의 기신은 편관이다. 편인이 흉포하는데 또다시 편관을 만나면 서로 흉성끼리 흉의가 배가 되어 난폭해지므로 편관은 편인의 기신이다.
- 편인의 구신은 식신이다. 편인이 편관을 만나 날뛰고 있을 때 식신이 있으면 편인은 힘을 쓰지 못한다. 식신이 편관을 제압하기 때문에 편인은 힘이 약해진다. 그러므로 식신은 편인의 구신이다.
- 인수의 희신은 정관이다. 인수는 정관을 만나면 힘이 배가 되어 좋아진다. 인수의 기신은 정재. 인수는 정재를 만나면 힘을 쓰지 못한다. 정재는 길이지만 인수를 상극하여 꼼짝 못하게 함으로 인수의 기신은 정재다.
- 인수의 구신은 劫財다. 인수가 정재의 극을 받을 때 劫財가 있어 정재를 제어하면 정재는 힘을 쓰지 못한다. 그러므로 인수의 구신은 劫財다.
- 劫財는 눈물 앞에 용기를 주는 경향이 있다〔신약사주는 도움이 된다는 것〕.
- 흉신을 흉신이 돕는 오행을 기신으로 보고, 흉신을 억제하는 오행이 있을 때는 희신 또는 구신으로 본다.
- 식록을 훔치는 편인을 편관 칠살이 도와주면 흉성끼리 합세하여 편인 흉폭과 편관의 흉폭은 배가 되어 난폭해진다. 기신 편인은 남을 돕는 척하면서 사기행각, 훔친다.
- 사주에 상관이 있어 제어가 안 된 명조는 劫財운을 만나면 논밭 문서 다 빼앗긴다. 백발백중. 그러므로 상관의 기신은 겁재다.

◉편인의 희신은 편재다. 편인의 기신은 편관이다.

◉劫재의 희신은 정관이다. 편인이 기신이 될 때 편인의 기신은 편관이다.

◉또 편관이 기신이 될 때 희신 편인을 보면 편인을 희신으로 본다.

◉편관이 희신이 될 때 편인을 보면 편인은 기신이다.

◉여자 신약사주에 官성은 기신이 되는데, 이를 보고 남편복이 없다고 단정하지 말라. 반드시 日지 남편궁을 보라. 日지에 희신 길신이 받쳐 있거나 日지가 용신을 상승 또는 용신이 충실하면 남편복이 있다.

◉신강사주에 日지가 기신으로 되어 있어도 日간이 정재나 정관 또는 식상과 합으로 돌아가면서 원진살이 그 지지에 붙지 않으면 가정운은 충실하다.

 ● 처우생아격이다. 土生金 다시 金生水하여 최종 집결된 곳은 癸水다. 그러므로 火土金水운은 순세하여 길이고, 관살 木운은 흉이다. 처우생 아격은 풍파없이 살아가는 것이 특징.

◉比劫에 白虎대살은 형제 요사했다. 白虎대살 붙은 육친은 흉사, 흉질.

 ● 戌月생이 실령했지만 戌月은 물의 기운이 왕함으로 戌을 亥로 보고 신왕으로 결정, 용신 水운만 피하고 木火土金운에 발한다.

◉남자 月에 정관, 정재이면 현처를 얻고 처복이 있다.

◉七살국에 刑살을 가하면 五鬼의 몸이다.

비인살

<table>
<tr><td colspan="4">女</td></tr>
<tr><td>癸</td><td>甲</td><td>丁</td><td>庚</td></tr>
<tr><td>酉</td><td>子</td><td>酉</td><td>寅</td></tr>
</table>

● 羊刃이 충시킨 오행을 비인살이라고 한다. 즉, 甲日의 卯는 羊刃살이다. 이 羊刃 卯가 沖되는 오행은 酉다. 酉가 비인살이다. 비인살은 羊刃살과 동등한 성질이 있다. 비인살은 강한 劫財성으로 손재 아니면 병고다. 이 비인살이 시주에 있으면 자손도 인패재패다. 대운에서 羊刃되는 卯가 入하여 卯酉충될 때 붕괴현상. 관살이 태강하고 神살이 가강되어 우울증으로 고생. 시주에 비인살이 접목되어 재산상 대실패했다.

◉ 巳浴살은 이어가지를 못한다는 뜻이다. 午에 死浴충, 갈라진다는 뜻.

◉ 앙금살

<table>
<tr><td>子午卯酉
日</td><td>寅申巳亥
日</td><td>辰戌丑未
日</td><td rowspan="2">● 관재구설, 劫살이나 白虎나
원진살이 동주하면 자살,
비명횡사, 낙상, 흉기로 피상.</td></tr>
<tr><td>각 지지 巳</td><td>각 지지 酉</td><td>각 지지 丑</td></tr>
</table>

●官성이 死지이거나 浴살이면 자식이 실패한다.

●자식이 패지 浴살이면 파가 탕산한다.

●상관이 형충됨은 흉지에서 사망할 수 있고, 크게 부상〔교통사고〕.

●고신, 과숙, 亡신살이 같이 있으면 관형으로 손재수, 깊은 상처를 입는다.

35 十간의 生死존망

○금녀살이 있으면 결혼운이 좋은 사람도 있고, 부덕한 사람도 있다.

○인수격은 재난이 적은 것이 특징. 그러나 그곳이 흉 작용하면 파해.

○時주 공망은 무자팔자나 다름 없다.

○七살이 合이 되어 길신이 나오면 神의 가호를 받는다.

○女명에 식신 상관이 태과해도 정관이 보이지 않으면 정결한 여성이다.

○女자 편관에 도화가 되거나 天乙귀인이 도화살이나 역마이면 애인과 동침.

○상관 용신격은 기술, 예술, 학자, 발명, 말로 하는 업무, 교육, 종교, 財를 보면 기술사업.

○양木〔甲〕은 亥에서 生하고 午에서 死하는 것으로 모름지기 존망함을 엿볼 수 있는 것인데, 乙木은 午에서 生하고 亥에서 死한다. 丙火는 寅에서 生하고 酉에서 死한다. 丁火는 酉에서 生하고 寅虎에서 死를 만나면 문득 가중에 상하는데, 寅酉는 상중한다. 호랑이는 새벽 닭이 우는 소리를 들으며 활동을 중지하고 山중에 숨어야 되므로 鷄鳴을 싫어한다. 癸는 卯에서 生하고 申에서 재앙을 만나게 된다. 이와 같이 다른 十干의 生死도 동일하니

조화를 이와 같이 추상하기 바란다.

◉將성이 羊刃과 동주는 생살대권, 官성과 동주는 관계 진출.

◉상관과 편관 같이 있으면 독살로 사각지대 인생이다.

◉女자 과숙살이 官살에 해당하면 남편과 이별 또는 남편 환자.

◉정관이 浴살이면 관직에서 배임죄로 귀향살이.

◉태세가 전투하면 흉이고 흉화를 부른다.

◉癸가 戊와 합하면 무정하고 부부 정이 없다.

◉신왕 잡기격〔日, 時에 辰戌丑未〕은 재산복이 있다.

◉大敗살이 공망되면 반쪽 대패살의 작용으로 반흉 반길.

◉세년이 사주와 원진살이 되면 경제활동 개시, 반대는 휴직상태.

◉년주 편인은 상속권을 모두 잃는다. 그러나 합이 되면 상속권이 있다.

◉남명의 財多로 신약하면 처에 의하여 조종된다.

◉편재가 출현하면 본처는 소애하고 첩을 더욱 편애한다.

◉女 日, 時 공망살은 과부된 신세. 합이면 무시.

◉사주에 白虎대살이 중중하면 병부살로 어떤 병을 품고 있다.

◉태세가 사주 財성을 충극하면 파직, 감봉.

◉이런 문구가 있으니, 상관격이 관성을 만나는 자〔김대중 전 대통령 사주, 박근혜 전 대통령 사주, 북의 김정은 사주〕는 고관(高官)하고 富가 足하다. 그것은 상해됨이 없는 자는 귀하지 못하고 病이 있어야 奇貴함이 있다 했다. 그러나 그 상해됨이 구해가 무정하면 불행한 영혼이 되는 것이다. 즉, 무모한 짓을 하지 말라.

◉正官이 劫財를 보면 귀함이 없고, 七살이 劫財를 보거나 羊刃을 보면 위풍당당하다.

◉원진살 중에서 寅酉 원진, 丑午 원진살이 강력하다.

◉木이 金에 상하면 쌍목이 못쓰게 된다. 눈 수술.

◉甲木이 丑月에 생하였다면 水多할 때 귀발하고, 金多할 때 요절한다.

◉乙木이 丑月에 생하였다면 水를 보아야 기이함이 있다.

◉사주 財多신약은 財를 경시함. 남의 일을 잘 보아준다.

◉신강사주 편관이 용신이면 각계 각층 유명인사 친구덕을 본다.

◉神살이 있고 神살년을 보면 팔다리 부상, 추락사고, 교통사고. 神살은 편관
이다.

◉역마지살이 印성과 합은 해외 나가 유학. 印성이 충, 공망은 유학 가는 사람
있다.

◉官살이 日간을 충상하면 아신과 자손 부친이 人敗財撤한 일이 있다.

◉戊己土日생은 소박하고 순진한 성격. 壬癸는 아양성.

◉申이 고신, 과숙, 六살이면 시골〔申은 시골, 농촌〕에 있는 부모 재산 친척과
마찰.

◉사주에 木이 多한 女는 얼굴이 예쁘다.

◉女자 용신 주하에 天乙 三덕 祿이면 남편 훌륭하다. 원진이면 파격.

◉사주에 火기가 많아도 똑똑하다.

◉時주에 상관 편관 동주는 자손이 관액으로 필패.

◉남녀 모두 식신 상관은 자녀성으로 본다.

時	日	月	年
丙午	壬子	丙午	壬子

● 세력이 비등하였으나 火가 득령하고 火왕당절로 득령하였으니 신약인데, 이런 격은 木운이 와서 水火 쌍전을 말려야 한다. 木운이 최길이다.

◉日주에 白虎대살 있으면 배우자 중 수술, 질병, 신병, 약 복용,

◉사주에 문창성이 있으면 글과 친숙해지고 글공부를 잘한다.

◉日간과 合이 되었는데 그 지지가 浴살이면 살다가 헤어진다.

- 日 甲이 年지 丑 중 己土와 合하려고 하나 丑 속에 辛金이 있어 불합. 庚년에 乙庚合이 되어 고시합격했다. 白虎대살은 신강은 판 · 검사, 의학계, 박사학위. 신약은 질액, 형액이다. 白虎대살이 충파되면 살 작용력이 약해진다. 그러나 白虎대살이 刑살과 동合하면 대흉.

◉女명 甲子日은 고독, 과부나 다름없다.

◉戌이 合이 되어 길신이 나오면 해외와 인연이 있거나 해외무역업 성공.

◉길신 食神이 合이 된 자는 사업으로 성공. 단, 편인과 가까이 있으면 실패.

◉女자 시주에 자손이 白虎대살이면 자손이 흉사, 흉질병.

◉年月주 관帶가 合이 되어 日주로 모이면 부모의 업을 책임진다.

◉合이 된 곳이 刑충이 가중되면 검은거래, 음성거래, 실패.

◉日지 고신, 과숙살은 남자 여자 모두 상한다. 즉, 人패財패다.

◉**미모 여성 –** 신약에 식상이 태과한 사주〔金水상관격〕. 신강에 정재나 정관이 있는 사주. 사주에 火기가 많을 때. 도화살이 日時에 있을 때. 日간이 甲乙이 될 때. 金녀살이 있을 때. 寅木이 많은 자. 水火쌍전격. 水木이 왕한 사주. 日간이 癸戊合으로 된 사주.

- 정관이 상관에 극제되었으나 그 정관이 日간과 合이 되면 위험에서 구제되어 위용을 떨친다.
- 원진살은 억울하게 당하는 人敗財敗의 가혹한 살이다.
- 辛亥는 금백호대살이다. 홀아비, 독신녀살이다. 사주에 辛亥가 있으면 혈친이 비명횡사했고, 가중에 혼자된 육친이 있다.
- 원국에 조후 구비가 안 되었어도 대운에서 보조하면 무난하다.
- 상관이 편인과 合은 부친의 검은거래, 남편의 비리.
- 편관 七살국이 시정되지 않으면 일곱 가지 살을 범하게 된다.
- 財성이 日주와 合이 되면 시모를 모시고 시모사랑, 충이면 불목.
- 日간 癸 日주가 천간 戊와 合이 되면 관운이 미미하다. 암장 戊와 合이 되면 관운이 있다는 것을 명심.
- 어떠한 오행이나 복신이 合이 되어 흉신이 나오면 그 흉신의 피해와 고통을 받는다.
- 日,時 괴강살이나 白虎대살 또는 가문폭락살, 대패살, 흉살이 조장되면 어린 시절 혈친이 흉사, 가운 패망.
- 생년은 조상, 사회. 생月은 부모 형제, 사회, 일자리, 생일, 배우자, 가정. 생시는 자식, 부하.
- 편관이 七살로 변하면 七액을 당한다. 신약 편관 七살이라 함. 신강은 편관으로 본다.
- 白虎 상관이 水 劫재와 생합이 되면 물귀신이 된다.
- 상관에 財성이 그 옆에 있으면 사업에 성공.
- 편재가 많으면 체육선수, 자기사업, 건축, 기술, 디자인, 무역, 정보통신.
- 편관이 용신이면 청탁업, 건축업.

◉편인은 기능직, 기술자, 언론, 생산직.

◉水는 해양산업, 운수업, 金 용신은 공업기사, 철도, 금속, 금융계.

◉丁未는 어느 기둥에 있어도 백호대살로 본다. 년주에 丁未가 있으면 조상이 혈광사.

◉12운성은 日간으로 먼저 하고 그 다음에 자체 천간 지지로 한다. 대소운의 12운성은 용신으로도 해본다.

◉時주의 劫살은 자손 또는 배우자에게 악운〔기신〕.

◉사주상의 생하고 극하는 것이 중요하다고 해도 음기와 양기〔조후〕의 구성이 조화롭지 못하면 잘 타고난 운명이라도 격이 떨어져 좋은 운명이라고 볼 수 없다. 즉, 夏月 사주에 물이 메마른 경우, 겨울 사주에 火기가 없는 경우다.

◉金水 상관격 사주에서 〔동절〕 火官을 보지 못하면 대발할 수 없다.

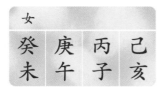

女

| 癸 | 庚 | 丙 | 己 |
| 未 | 午 | 子 | 亥 |

● 金水 진상관격에 丙午가 조후하여 남편이 은행장이다. 이 같이 상관이 왕하면 운행 木火운으로 진행하여 부부 해로. 그러나 당주는 신경증으로 약으로 살아감. 상관이 왕하면 잠을 못자는 불면증, 신경성 약을 복용하는 것을 많이 보고 있다. 子午충은 남편의 형제, 가정이 파산선고요, 정신병 환자다. 남편의 자매 형제들은 모두 불행했다. 상관이 子이면 子는 약물이다. 약으로 세상을 살아간다.

◉인수 편인은 수명이다. 인성이 생왕하면 長壽. 인성이 長生 또는 養이 받쳐 있으면 역시 長壽.

- 壬子, 丙午, 丁未日생 日간이 合이 되면 부부 해로하고 산다. 만약 合이 아니면 고독, 과부팔자다.
- 복덕격은 음일주〔乙丁己辛癸 日간이다〕에 日·月·年지를 주동, 지지에 巳酉丑 三合국을 이루면 부귀공명〔무사의 군대에 비유〕. 대운 火운을 만나면 허사이고, 水木金土운에 모름지기 명리가 成取된다.
- 年주가 용신 희신이 좌하였으나 그곳이 공망되면 부모, 선천의 유산이 없다.

● 이 사주는 天元一氣로서 귀격이다. 재성을 파극하여 부친 처궁이 불리하다. 운행이 金水운으로 흘러 처궁은 피해 없이 영달했다.

- 남녀 日, 時 편인과 식신이 봉하면 부부지간 생사이별 또는 공방살이다.
- 入墓가 공망이면 入墓 역할이 소멸.

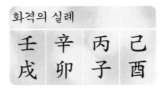

● 辛日이 丙과 合신이 될 때 戊土는 辛金에 인수성이 되어 길이고, 己土는 辛金에 편인이 되어 흉이 되고, 丙火에 상관성으로 흉이다. 이때 丙辛合 水될 때 편인 己土가 合水를 극하고 상관 壬이 방해하여 가化格이 되는 것이다. 戊土는 辛金에 正 인수성이 되고 丙火에 식신격으로 丙辛合 水를 극하지 않으므로 무방하다. 그러나 년간 己土가 辛金의 편인이 되고 丙火에 상관이 되어 丙辛合 水를 극하므로 가화격이 된다.

合이 되는 두 오행을 기준하여 편인, 편재, 상관, 겁재, 편관신이 붙으면 合 오행을 방해, 극하여 화격이 불발. 正 인수 정관, 정재, 식신은 극이 되어도 극이 아니 된다는 것을 명심.

子는 辛金에 식신이 되어 길이고, 丙火에 정관이 되어 길성. 壬水는 辛金에 상관이 되어 흉, 丙火에 편관 흉. 만약 丁자가 있어 丁壬合이 되어 흉신이 길신으로 되면 길조가 된다. 卯木은 水생木, 木생火하여 길이다.

◉祿은 合이 되어야 길명. 만약 충, 파, 공망되면 대패살로 변한다.
◉女命 식신 상관이 刑이면 하체개방 여자다〔풍류 인생〕.
◉여자 명식에 편인이 많으면 남편과 떨어져 살거나 이별〔편인은 이별성〕.
◉寅戌, 申辰, 亥未, 巳丑合이 된다는 것을 명심.

그러나 三合의 중심이 되는 제왕과 合이 되면 合의 위력이 강함. 즉, 寅午, 午戌, 申子, 辰子, 亥卯, 卯未, 巳酉, 酉丑 등이다.

즉, 寅午戌 三合의 중간 午를 주동해서 合이 되는 경우다.

申子辰 三合의 중간 子를 주동해서 合이 이루어지는 경우다. 申子辰 水局 三合의 제왕은 水局의 중간 子가 제왕 역할로 그 힘도 강하다. 고로 三合의 중간오행을 끼고 合이 이루어지면 子가 안 낀 申辰合보다 子辰合의 水局이 힘이 크다는 것을 명심.

午未合은 불변하여 약하게 본다. 子丑合은 물과 기름에 비유, 불합이라 했다. 2자로 구성된 合은 반합이라 하고, 三자가 모인 合은 三合이라 한다. 반합보다 三合의 위력이 강력하다는 것을 명심.

合의 종별 중 계절에서 따온 방합이 있는데 1월 寅, 2월 卯, 3월 辰이라 하여 寅卯辰으로 구성된 木 왕성, 계절 방합으로 강력한 木局이다. 4월 巳, 5월 午, 6월 未하여 계속 차편 참조.
◉巳午未 방합으로 강열한 火局이다.

7월 申, 8월 酉, 9월 戌하여 申酉戌 金국으로 秋월의 강력한 金국이다.
10월 亥, 11월 子, 12월 丑하여 亥子丑 방합으로 水국이 형성, 당권하여 물의 세력이 넘친다. 이 방합은 月지를 끼고 방합이 이루어지면 그 힘이 三합보다 배 이상 능가한다. 月지를 끼지 않은 방합은 그 힘이 약세다.

- 官살이 중중하면 신체가 손상되거나 신경증, 정신망각 증세로 패인이 될 수 있다. 이 사주는 乙庚合에 합으로 나온 金의 세력인 申酉가 공망되어 가化格으로 자식 자리 時주에서 일어났으니 자손이 고아 혹성이 되거나 자손의 불운을 초래한다. 化格이 파되면 日간 乙庚合도 성립되지 않는다. 이렇게 되면 乙庚合은 병원치료살로 바뀐다.

  月 申〔申은 여자로 봄〕관성은 劫살에 임하여 급질, 정신착란살이다. 女명 申酉 공망은 딸에게 불운을 준다 했다. 甲寅 대운〔甲寅은 백호대살로 봄〕에 딸이 백혈병으로 종천하였다. 이 여인도 정신착란증으로 인간성을 잃어가고 있는 한많은 운명이다.

<table>
<tr><td>庚
午</td><td>丙
午</td><td>戊
辰</td></tr>
</table>

- 官살이 日간을 포위하고 庚金을 돕는 인수성이 官살 뒤에 있으면 殺印상생의 역할이 될 수 없다. 이런 격을 역차라 한다. 즉, 인수 역할을 제대로 못한다. 운, 인성운을 보아도 별로다. 水운에서 발전.

◉여름 사주에 물이 약하면 익사할 수 있다.

◉女명 七살이 天乙귀인이면 남편과 자손이 귀하게 된다.

• 乙 日주 乙庚合은 반드시 天간이나 지에서 火성이 있어야 정격으로 안심. 火가
無하면 乙木은 庚에 잘려버릴 위험성. 상기 乙庚合은 金생水 역할로 庚金은 관
인상생하는 이치다. 庚申 자손이 日간과 合하고 刑을 이루니 의학박사다〔刑은
칼 수술〕. 위 사주는 化格으로 보아도 된다. 乙庚合에 巳午가 방해하나 巳는 合
이 되어 무방하고 午는 乙에 식신이요, 庚에 정관이다. 化格이 성립된다.

◉상관이 있는 명조는 정관년을 신중히 조심해야 한다.

• 寅申충, 甲庚충하고 있으나 교차교록이 되어 부부 해로. 이유는 甲의 祿 寅과
庚의 祿 申은 충이 아니다.

◉女명 사주에 正官을 보면 애기 낳고 남편과 생사이별이다. 재혼할 생각은
꿈도 꾸지 말고 애인을 정하여 남편이다 생각하고〔동거나 가정을 같이 하면
애기 낳고 또 실패〕 살아가는 것이 안녕을 지킨다.

己 庚 戊 乙
卯 午 子 酉

● 지지에 동서남북이 충파로 구전, 팔방인생 김삿갓이다. 남의 여자와 망신이 심하여 매맞아〔卯酉충은 매맞는 것〕죽을 뻔했다. 집을 나와 팔도강산 방랑객이다.

● 正 인수가 귀인성과 배합되고 복신이 구전되면 모름지기 좌지우지하는 사람이다.

● 時주 財성이 絕 또는 공망이면 자손이 파혼, 거금을 탕진.

● 사주에 상관이 있는 명조는 劫재운을 만날 때 피상, 불록지객이 된다.

● 사주에 일방 오행으로 국세를 이루면 병이 되어 재앙을 받게 되는데, 사주에서 병을 다스리지 못하면 사주 년주 오행을 기준하여 납음오행으로 억제하거나 설기시켜 주면 위안이 된다. 例 사주에 土성이 많을 때 년주가 乙丑이나 甲子생이 되면 해중金으로 多土를 설기시켜 위안이 된다는 것이다.

● 화격이 月주에서 파파되면 부모 형제 불행, 時주에서 파되면 자손이 불행하고 말년 운세가 풍파다.

● 女명이 27日에 태어나면 남편과 이별, 무정. 남자가 27日에 태어나면 복기가 된다 하였다〔남자는 실패 후 다시 회생〕.

● 女命 日, 時에 화개살이 있거나 大살이 있으면 남편운을 가로막는다.

● 女命 月지 상관격은 관성이 있다 해도 이별이다.

● 甲乙 日주가 申을 만나면 관위에 고등할 것이다.

● 丙日에 辛을 보거나, 酉月에 생하거나, 巳日에 辛을 보거나, 辛月생은 丙巳

가 辛과 丙辛합이 되어 三品, 二品 벼슬관이다.

◉조후가 구비된 명식은 조후오행이 거듭 만나면 피해다. 즉, 해충이다.

◉사주에 관살이 국을 이루고 대운이 곤두박질하면 채무자, 신용불량자, 지
　명수배, 망명자, 전과자, 병자의 몸.

◉女명 官성이 왕하고 겸하여 財왕하면 현부와 다시 좋은 아들.

◉印성은 없고 편인 하나만 있으면 正印으로 본다.

◉日간이 戊나 癸日생은 혼전동거, 임신 경험까지 한다.

◉女명 官살이 상관에 극을 받으면 여동생 남편이 건달, 백수인생이다. 또한
　자손 며느리에게 피해다. 심하면 자손이 人敗財散다.

◉女 官성 아래 養이 있으면 며느리 음파의 명의로 타성을 부양하고 있다.

◉사주 日, 時에 亡신, 고신, 과숙이 같이 있는 것은 대흉으로 보라〔파산선고〕.

◉식신 상관은 식기, 밥그릇이다. 양은 장사, 도자기 장사.

• 日주 丙申은 관귀학당신으로 관운이 길이다. 또한 時지 巳 귀祿격으로 약관
　30세 운에서 은행직에 입문, 간부급으로 활약. 日간 丙의 식신은 戊土다. 戊
　에서 12운성하여 巳까지 戊 식신의 祿이 되어 天頭귀인이다. 복신이 연주되
　어 돈 버는 일자리 넘친다.
　하지만 1개월 보수가 천만원을 능가하지만 빚투성이 채무자로 서민층 생활
　이다. 丙申 대패살이 되는 巳祿이 공망을 재견하여 刑살을 동반, 은행 큰집
　에서 작은집 은행으로 쫓겨나 시골〔申은 시골〕 은행에서 근무. 채무 신세는

申子辰 水국 관살로 申金 財를 설기태심하였고, 대패살의 공망 록이 재견한 탓이다.

◉女자 혼인 살夫 대기일(大忌日)

띠	子	丑	寅	卯	辰	巳	午	未	申	酉	戌	亥
月	2	4	7	12	4	5	8~12	6	6	8	12	7

▶女자 혼인(결혼식) 살夫 대기일(대흉)

㉘ 여자 午생 띠가 8월달이나 12월달에 결혼식을 올리면 살부 대기일로 결혼 후 남편이 죽거나, 상잔되거나, 재산을 날리거나, 가정을 멀리 한다. 이것만은 피해야 한다(백발백중).

甲　丙　壬　辛
寅　午　子　亥
日　日　日　日

●남女 본인, 자손 송사 실패. 女 친정 송사 실패.

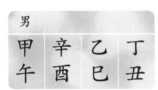

男

甲	辛	乙	丁
午	酉	巳	丑

● 日干 辛金의 부친성은 財성 乙이다. 乙 음은 양이 되는 甲木을 활용하여 甲木
의 편관은 庚이다. 庚의 12운성 生은 巳다. 그러므로 巳가 사주에 있으면 부친
은 좋은 직업으로 살아간다는 뜻이다. 직업성인 복신이 月지에 있으면 타주
에 있는 것보다 월등하다는 것도 참고하시라. 月주는 사령부, 중심자리다.

男

庚	丙	壬	庚
寅	申	午	辰

● 日 丙의 편재는 양으로 庚金이다. 庚의 편관은 丙이다. 丙의 12운성의 生은
寅이다. 寅이 時주에 있으니 부친 직업이 수준급이었다. 이 부친 직업 관이
충극되면 부친은 손상당한 일이 있었다.

⊙合祿격이라 함은 戊癸日에 庚申時를 말한다. 秋冬月에 생하면 귀명이다. 官성이 無하고 형충 無. 이 격은 丙丁火가 있으면 庚申을 극하여 흉, 합록격이 아니다. 서북운이 최길이다.

- 비천록마격이다. 玉帶하는 고관(高官)의 명이다. 午운 기(忌). 刑合격은 六癸日생이 甲寅時가 되면 寅巳 형합〔암합〕하여 巳 中 戊土를 이끌어 癸日이 관성을 삼으므로 귀명이 되는 바이다. 만약 庚寅시가 되거나 戊자나 巳가 있으면 형이 이루어지지 못하니 오직 甲寅時라야만 된다. 또 寅을 충하는 申자 대기(大忌). 또한 寅 공망 무용지물.

⊙壬 日주 신강사주는 戊土운은 대발하나 己丑, 未土운은 물을 막지 못하여 물만 흐린다. 고전하는 운이다.
⊙官이 印수를 생한 자는 정치가, 교육계.
⊙刑살이 囚옥살과 함께 만나면 법조인, 경찰관〔길조가 될 때〕.
⊙羊刃이 2개 있는데 羊刃년이 오면 편안한 최후를 당한다〔대운〕.

文曲貴人 _문곡귀인

● 日간의 長生은 문창성으로 본다.

甲	乙	丙	丁	戊	己	庚	辛	壬	癸
日간	日간	日간	日간	日간	日간	日간	日간	日간	日간
亥	子	寅	卯	寅	卯	巳	午	申	卯
巳	午(長生)	申	酉(長生)	申	酉(長生)	亥	子(長生)	寅	酉(長生)

문곡귀인은 長生과 충이 되는 오행이 구비되어야 성립된다. 만약 문곡귀인이 공망되면 격이 떨어진다.

㉑ 甲日에 亥가 있고 이 亥를 충시키는 巳가 있으면 문곡귀인으로 글문신장 우수하다. 시험 대입시 日간의 문곡귀인이 래입, 사주와 충이 되면 합격차다.

이 문곡귀인은 글공부에 열심, 우수한 성적 이수. 대입 진학시 장학생으로 선발되어 명성이 높고, 사회운이 길창. 死후에도 이름을 남긴다.

대패살은 日간에 祿이 이미 공망되었음을 확인해주는 살이다. 대패살은 인패재패살인데, 인패는 부부 사이 인연을 바꾸거나 몸으로 액을 당하는데 財패라면 돈 잃고 한 재산 날린다. 이 대패살은 일가 직계와 그 지장간 육친도 해당됨. 年月日時 대패살은 그 궁의 대패살 작용을 받는다.

㉠ 乙巳 대패살이 년주에 있는데 卯가 日, 時에 처하면 대패살 작용이 강력해져 부부궁, 자식운, 부모 형제운이 불행. 대패살 지지에 死나 공망되면 당대에서는 살을 면함.

▶**양착살**　丙子日　戊寅日　壬辰日　甲寅日　丙午日　戊午日　戊申日　壬戌日

▶**음착살**　丁丑日, 辛卯日, 癸巳日, 丁未日, 辛酉日, 癸亥日주다.

남명은 외가나 처갓집이 영락〔쇠망〕하고, 女명은 남편과 시가가 영락하고 남편 외도, 상처.

財官庫

庫＼日간	甲乙	丙丁	戊己	庚辛	壬癸
自庫	未	戌	丑	丑	辰
財庫	辰	丑	丑	未	戌
官庫	丑	辰	未	戌	辰

자신고는 甲乙 日간에 未를 보면 甲乙이 墓지 무덤에 묻히는 상이므로 죽음을 표시한다. 日간이 왕하고 비겁이 왕한 경우에는 자신고 운을 만나면 득이 되지만, 비겁이 약하고 신약인 경우에는 死지에 들어간 경우와 같다. 고로 흉운에서 자신고를 만나면 황천객이 될 수 있다. 신약에 官살이 태강한 사주는 자신고를 만날 때 황천객이 된다.

財고는 甲乙日 사주에 辰이 있으면 부유 명이다. 대운에서 財고를 만나면 재운이 열린다.

官고는 甲乙日에 丑을 보면 官고다. 女명은 日지에 官고를 띠면 남편을 무덤에 묻어놓은 격이 되어 남편과 이별 또는 남편 몸이 실종, 건강이 좋지 않다. 특히 신약사주에 官고가 있으면 건강에 이상이 생기고 직업에 마사가 생긴다. 신약은 용신운을 만나서 官고가 접선되면 일자리를 얻게 되고, 병자는 회복운이다. 신강은 官고가 사무에 있고 충발이 되면 직업운이 비상하다.

사주가 형편없는데도 재고 하나만 있어도 통장에 저축이 되어 재산복이 있다. 戊己日에 辰辰 재고에 자신고가 겹쳐 있는데 돈을 벌어도 죽는 돈이 많다.

金神格_금신격

子_생	丑_생	寅_생	卯_생	辰_생	巳_생	午_생	未_생	申_생	酉_생	戌_생	亥_생	(년지)
酉	巳	丑	酉	巳	丑	酉	巳	丑	酉	巳	未	각 지지

子생이 사주에 酉가 있으면 아신 또는 자손이 출세한다. 특히 시주나 자손 오행에 金신격이 놓이면 아신 아니면 자손이 출세. 日지에 있으면 부부 중 하나 출세.

⊙잡기財官印이 되는 辰은 水고이며, 戌은 火고, 丑은 金고, 未는 木고이다. 이 잡기재관인 고를 개고시키면 고에 있는 육신에게 뜻하는 일들이 발생, 길흉이 양분된다.

⊙天乙귀인, 天덕, 天月 등이 合이 되는 운에는 合이 되는 오행의 길사가 일어난다.

⊙태세 천간은 기신운인데, 지지가 사주와 天乙, 天德, 天月 같은 길신이 엮어지면 태세 천간 기신은 좋은 암시로 작용된다. 충이면 해약이 된다.

⊙女명, 白虎대살이나 劫살이 식상을 대하면 자손 흉사, 흉질이 무섭다.

⊙巳 상관은 정관과 合이 되고 長生이 되므로 정관을 해하지 않는다.

• 巳 상관이 申金 정관과 合이 되고 巳 중 庚이 庚巳 장생하여 극을 회피하고 있다. 巳申合으로 뒤집혀서 흉중 길이 된다는 이치다.

⊙印성이 長生 또는 화개살이면 문필, 예술. 관리는 직이 높다.

⊙인수가 충실하면 장수.

⊙인수가 극기되면 죽을 고비 넘긴다.

⊙三災년은 水액, 火액, 질액, 관액, 財액 조심.

⊙年月주 財官印에 養은 부잣집 재산으로 불로소득

⊙女자 辰戌이 모이면 무관직에 있거나 권직 남편을 만나면 부부 해로. 반대면 사별이다.

時	日	月	年
甲	甲	辛	甲
戌	寅	巳	戌

● 년주 甲이 日지 祿을 취득하여 이름 있고 재산 있는 집안 출신이다. 女子 명이라면 명갓집 남편과 결혼하는 운명이다. 이유는 甲日에 巳다〔비견표 참조〕. 財성이 天간에 있는 것보다 지지에 있는 것이 부자의 명이고, 천간의 財성은 중산층.

◉ 日, 時 충파는 초년 타향살이.

◉ 기신 七살에 刑살은 조난, 실종.

◉ 長生과 슴이 되는 년도는 경사 발생, 창업 진출.

◉ 劫재 상관 동거는 혈육이 흉지에서 사망.

◉ 女명 겨울 사주에 水국이 되고 時주 자손 자리에 차가운 水氣로 되면 냉이 심하여 불임증, 무자팔자다.

◉ 사주에 丙丁火는 없고 水가 범람, 통관이 끊어지면〔水생木〕 뇌출, 중풍, 마비병.

◉ 帶가 고신, 과숙이면 결혼문제 말썽.

◉ 세년에 日간이 슴이 되고 원진살이 발동되면 해약문서, 주거이동.

女		
壬	壬	丙
子	辰	戌

● 여명 壬子日은 과부 출신이다. 친남편은 가고 사랑만 남았다. 日지 도화 子가

습이 되고 화개살이 충이 되어 남자 꽤 탐하는 탐욕가이다. 壬子日은 본인 자손 송사 실패살로, 자손이 송사로 가산을 탕진하였다.

○ 天乙, 天덕, 天月이 財官印에 임하면 그에 대한 德을 본다.

- 時주에 가출살 申〔日지 午를 기준, 三合시켜 寅午戌의 거두 寅을 충하는 申이 가출살〕이 있어 20세 전에 집을 나가〔時주 20세 전 나이로 봄〕 丁壬합과 巳申 刑살로 방탕생활이다. 가출살이 되는 申이 亡신살이 되어 이 여인의 부패 탈선 근원이 됐고, 부친은 조기에 종천했다. 合도〔丁壬合은 애정 合〕되고 刑도 되면 생활이 문란, 부패행동을 일삼는다.

壬 日주 戊土는 음土보다 강하여 戊土를 보면 남편이 왕성하여 남편복이 있다. 印수가 月에 있고 정관〔戊土를 정관으로 봄〕 財성이 구전되어 복덕인이다. 음지생활을 접고 새로운 활로를 찾아 독서하여 大學을 이수하고 좋은 신랑과 결혼, 소박하고 행복한 생활을 한다. 그러나 時주에 편인 편관으로 부부정이 변질될 수 있다.

- 태세 丙申년 운세 →편관 丙은 壬과 충이 되나 月지 양인 酉와 丙辛合은 인

수성으로 보라 했다. 七살 丙은 양인 酉와 合水로 水는 사주 寅을 생부하여 寅은 재물이요, 주택궁이다. 어머님으로부터 주택 한 채를 증여받는 특전을 받았다. 七살이 양인과 合이 됨은 일자리와 물질운이 최상이다.

- 巳 劫財와 合이 되어 財로 변질되고 巳 中 丙이 丙辛合 水로 단비를 뿌려주고 중화를 해준다. 사주 자손 자리는 正 인수에 화개살 상관이 財고 丑을 辰丑파 개고시켜 주므로 자손들이 혁혁하다.

- 丙丁日이 辰戌丑未 식상국을 이루면 술 중독으로 패인.
- 화개살은 항상 감추고 비밀이 왕래되며, 뒷거래 모순점이 활발.
- 亡신, 고신살이 寅이면 큰아들, 큰형 재산탕진. 관액, 여색, 패신.
- 寅 浴살, 印수 浴살은 가중에 혼인 파기.
- 寅申巳亥가 구전되고 격식이 좋으면 높은 자리 신분.
- 편인이 기신이면 囚옥살로 본다. 송사, 감옥, 고소장, 지명수배, 망명.
- 편인 편관 동거하면 부부지간 또는 가중에 공방살이, 타향객 있다.
- 官살이 극해되는 년도는 돈 지출, 손재, 이주, 병원출입, 싸움질.
- 상관 劫財 동거는 약으로 세상을 살아간다〔본인 아니면 가중 혈친〕.
- 神살년은 변태성 발작, 물익사 조심.
- 女子 劫財가 1개 또는 2개 이상이면 남편에게 첩을 붙여주는 상이다.
- 女子 財가 많거나 官살이 꽉 차면 무당.

●상관 官성 동거는 가중에 관형으로 붕괴.

●신왕 지지 陽 劫재는 남자 여자 모두 상한다.

●신약사주에서 正 인수 용신이 원진살이면 내 집에서 남의 집 생활.

●巳亥충에서 巳는 여자, 亥는 남자. 하여 가중 혼인 파기 발생.

●겨울 사주, 여름 사주 조후용신이 없을 때 부부 배반, 이별.

●女자, 운에서 편인이 식상을 극충하면 자손이 비리행위로 감옥.

●자상하고 지혜가 있음은 天乙, 天덕, 天月신이 있기 때문이다.

●남녀 화개살〔辰戌丑未〕이 충형되면 비리, 색정에 사욕을 부린다.

●편인에 祿은 실패 후 다시 발복(發福).

●원진살이 刑이면 체육선수. 원진살은 해신(害神), 편관 七살이다.

●羊刃은 괴강을 싫어하고 상관을 싫어한다. 위반하면 가내 환란.

●사주에 浴살이 있으면 산부인과 간호원, 목욕탕 돌봄이.

●상관이 편인과 습이 되면 평생 길명이다〔양日생에 해당함〕.

●羊刃 또는 劫재가 원진살이면 관액수, 손재, 질병.

● 時주의 편인성이 日지 식신 卯를 충하여 남편 목줄이 끊어졌다. 또한 月 상관 甲木이 정관 辰土를 白虎와 함께 극제하니 남편 사별시키는 女자의 운명. 時 주 자식 자리 편인국은 남편과 자손을 극한다.

丁酉 대운에 丁癸충하여 외부여행 중 酉는 日 卯와 편인이 도식이 되어 맹수 의 공격〔개〕을 받아 머리 안면에 큰 부상, 대수술. 이 여인은 섹스할 때 즐거

운 비명소리에 몸을 비튼다. 이유는 卯酉충이 日, 時에 있는 여명은 거의 다 홍분소리로 자위짓을 한다.

◎기신 편인은 이중 성격, 이중 직업, 이중 생활.
◎財星 및 도화살이 형충되는 년은 돈이 움직이므로 매매나 돈의 출처 발생.

◉文曲귀인 學堂신 출신

◎甲寅, 庚寅, 丁未, 己未는 白虎대살로 본다.

● 년주에 白虎대살이 임하여 남편이 흉사했다.

● 神살이 日지 시지를 끼고 있어 잠을 못자는 불면증 환자다. 癸水 정관이 未에 극을 받고 있는 것이 불안. 지금까지 남편과 아무 이상 없는 것은 상관 未土가 寅木에 入庫되어 힘을 못쓰고 있고, 寅 중 甲木이 未 중 己와 합이 되어 상관 작용을 잃어 남편 건왕하고 남편과 해로.

● 卯가 長生 문창성이다. 문창성 卯를 충하는 酉가 文曲貴人 학당으로 구전되어 진격이다. 초등학교부터 대학 졸업까지 줄곧 장학생으로 등록금까지 면제받아 최고학부를 이수했다. 이후 국가행정고시 특채로 합격.

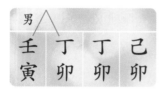

• 丁壬合에 화격사주로 진격이다. 태세 丁酉년에 대입 합격했다. 태세 酉는 丁日의 天乙귀인이요 장생이다. 즉, 문창성이다. 이 문창성 문곡귀인이 사주와 卯酉충으로 서울 명문대 합격차했다.

○ 신약하더라도 명궁이 보조 또는 官살이 약할 때 명국에서 명궁이 官이면 官의 도움. 세운에서 명궁을 파하면 대흉.

○ 사주에 印성이 많으면 서점, 문구.

• 여자 사주 官살혼잡에 정관 편관 모두 충거되고 財성이 원진살로 가담되어 돈을 탐해 동거 남자를 살해하였다.

○ 女명 天덕, 月덕이 생습한 식상은 자손이 등과급.

○ 官성이 天덕에 임하면 국경 수비대장.

○ 財官이 생왕하고 印을 보면 사법경찰관.

○ 羊刃이 록마 三奇를 보면 三公 거작.

• 月주 관인상생으로 인격자 실력을 소지한 서울대 출신. 癸日이 戊를 보면 제방을 잃어 관운에 인연이 없어 다른 직으로 전환한다. 예술 조각직에서 손을 놓고 자기사업〔財성 多〕으로 진출, 대성공한 주인공이다. 財를 천충지충하여 처가 유방수술, 유방암이었다. 時주가 천지충이 되어 무자팔자다.

甲日 寅 지지	乙日 亥子 지지	丙日 戌子 지지	丁日 酉 지지	戊日 申 지지	己日 未 지지	庚日 午 지지	辛日 巳 지지	壬日 辰 지지	癸日 卯 지지

▶복성귀인은 배우자 직계에도 해당함

官귀학관

日간 각 지지	丙午	丁丑	丁未	戊寅	戊申	辛卯	辛酉	壬辰

관귀학관은 공직에 진출, 승진이 매우 빠르고 직위가 높아진다. 時에 있으면 자손이 성공.

▶官職 비상

己亥日	庚戌日	甲申日	丙辰日	壬戌日

이 日진은 인수, 재, 관이 감추어져 있어 공부운이 없어도 기술직으로 일자리 여유

소아마비 낙상살 다리 장애

- 月지에 寅이 있고 거듭 寅이 있을 때 병신살을 받는다. 자신이 아니면 형제에 해당. 月卯에 卯, 月辰에 申, 月巳에 丑, 月午에 戌, 月未에 酉, 月酉에 巳, 月亥에 午, 月子에 亥, 月丑에 子〔단, 月지 오행에 合이 되면 당대에서는 소멸〕.
- **복음살 −** 年지나 日지에 子가 있을 때 행운에서 子를 거듭 보면 복음살이라 하여 풍파, 실패.

年支	子	丑	寅	卯	辰	巳	午	未	申	酉	戌	亥
月支	巳	申	亥	亥	巳	辰	亥	寅	申	申	寅	寅

◎맹인살

月 →	寅卯辰	巳午未	申酉戌	亥子丑
日時	酉	辰	未	戌

뢰공살

◎예컨대 甲日이나 己일생이 申酉시에 태어난 자는 뢰공살에 해당함.

◎甲일이나 己일생이 申酉 대운을 만나면 익사, 자살 심리가 발동, 자해 행위 또는 이동, 처분, 가출 심리가 별안간 발동, 전환 등의 유혹이 생긴다.

◎뢰공살이 官성에 임하면 남편에 액이 있고, 財성이면 처에 해당, 자손에 해당하거나 시지에 처하면 자손의 액은 필연이다. 인성에 해당하면 살고 있는 집을 날린다.

◎뢰공살 추리법은 日간이 甲이라면 시두법을 붙이는 식으로 왼손바닥 子자리에서 甲己하여 土를 극하는 오행은 木이니, 즉, 양 甲木으로 활용. 子자리에서 甲子순으로 甲 乙 丙 丁 戊 己 庚 辛 壬 癸순의 十간 끝 두 자리되는 申酉가 뢰공살로 해당.

◎申이나 酉가 시주에 있으면 뢰공살의 살을 받는다. 뢰공살 추리법은 차법도 동일시함.

- 丁日에 寅卯時는 자손을 조기에 외국 유학시키는 것이 자손의 액을 줄이고 성공시킬 수 있는 방법이다. 중요한 비법을 동원시켜 사주감정을 필히 하시라. 時주에 뢰공살이 있는데 이걸 모르고 지나가면 손님한테 확신을 잃는다.

- 뢰공살년은 이사, 전환, 처분 등은 다음 해에 하라. 그렇지 않으면 손해를 본다.

天德·月德귀인

月지 기준		寅月	卯月	辰月	巳月	午月	未月	申月	酉月	戌月	亥月	子月	丑月
天德	각 천간 지지	丁	申	壬	辛	亥	甲	癸	寅	丙	乙	巳	庚
月德	각 지지	丙	甲	壬	庚	丙	申	壬	庚	丙	甲	壬	庚

- 이 귀인성이 年주에 있으면 사회운이 좋고, 月주에 있으면 직업운이 좋으며, 日주에 있으면 배우자 덕이 있고, 시주에 있으면 자손 관운이 길. 흉한 것도 경사.

- 天月덕이 있으면 이름이 상부에 오르고, 충극, 효신[편인], 상관, 劫재, 七살 등의 흉이 해소되며 소원성취. 행운에서 만나면 경사 발생.

- 天덕신보다 月덕신이 더욱 길조현상.

- 天乙귀인은 玉당성으로 최고의 길신. 개운을 열어주고 출세공명, 위험에서 구제모면. 행운에서 들어오면 개운이 됨.

- 天乙귀인보는 법은 日간 年간을 기준, 양법으로도 활용.

金神格 또는 福神格

- ◉金神격은 火운에 貴命. 金水운은 상신. 女는 흉명.

- ◉金신격은 甲己 日간이 시지에 巳酉丑이 있으면 금신격이 된다.

- ◉金神격은 격국이 청순하고 金神이 뿌리가 있으며 사주에 火가 왕성.

- ◉金神격을 제복시켜 주면 자손의 영화 또는 말년 행복, 귀명이 되는 것이다.

- ◉金神격은 시상一貴격 또는 시상 관성을 귀격으로 본다. 火운에 발복. 만약 金神이 약한 경우에는 火운을 꺼린다.

- ◉女명 金神격은 싫어한다. 대흉이다. 金神이 충실하면 金운에서도 발신한다.

天頭貴人

日간	甲	乙	丙	丁	戊	己	庚	辛	壬	癸
각 지지	巳	午	巳	午	申	酉	亥	子	寅	卯

- ◉日간을 주동하여 日간의 식신이 되는 祿지를 천두귀인이라고 한다.

  - 例 日간이 甲日이라면 甲의 식신은 丙이다. 丙의 祿지궁은 巳다. 이 巳가 사주에 있으면 천두 귀인으로 복수쌍전으로 직업 성공이다.

    甲의 식신은 丙인데, 丙을 왼손 寅자리에서 엄지손을 짚고 丙寅 生하여 시계방향으로 진행. 卯자리는 浴살, 辰자리는 帶, 巳자리는 丙의 祿지궁이다.

- ◉행운에서 만나면 창업 또는 취업, 보직. 단, 원진살이되면 직업 실패다.

甲乙 日 巳 각 지지	丙丁 日 申 각 지지	戊己 日 亥 각 지지	庚辛 日 寅 각 지지	壬亥 日 寅 각 지지

● 官귀학관 추리법은 日간을 기준하여, 甲乙 日간이라면 甲乙 천간 양의 편관은 庚이다. 편관 庚의 장생은 庚巳다. 즉, 巳가 사주에 있으면 관귀학관이다. 특히 月지, 年지에 있는 것이 길.

● 官귀학관은 재산복과 관직운이 좋고 승진, 합격, 경사운이다. 日時에 있으면 자손의 관직운 길, 대소운에서 官귀학관을 보면 대호왕을 누린다.

十二 安命 福德宮法_중요시함

一 命宮_명궁	二 財帛_재백 재물복	三 兄弟_형제	四 田宅_전택
五 男女_남녀	六 奴僕_노복	七 妻妾_처첩 (여자는 남자)	八 疾厄_질액
九 邊移_변이 변신 변심, 이동수, 처신을 바꿈	十 官祿_관록	十一 福德_복덕	十二 相貌_상모 용모, 아름다움, 인기, 사교성, 정보통신

▶ **자신의 명궁 찾는 법**

❶번			
庚午	甲寅	戊寅	乙亥
4	8	8	11
田宅	疾厄	疾厄	福德

❷번			
癸酉	甲寅	庚戌	壬午
2	9	1	5
재금	변이	복덕	남녀

月支와 時支 오행의 수를 合, 즉 ❶번 사주 月支 寅은 1, 시주 午는 5. 하여 5+1=6이다. 공식 14에서 합수 6을 공제, 14-6=8이다. 8은 酉다. 酉가 명궁이다.

❷번 사주 月支 戌은 9, 시주 酉는 8. 하여 9+1=17인데, 공식 14를 초과할 시는 공식 26을 기준, 26-17=9. 9는 戌이다. 戌은 명궁이다. 또한 총수가 14가 된다면 26에서 공제, 26-14=12다. 12는 丑이다.

❶번 사주 명궁은 酉다. 酉는 8을 상징하여 十二명궁 표지에서 八번순 자리 疾厄이다. 평생 한번 건강을 잃는 일이 발생.

❷번 사주는 명궁이 戌로 9다. 명궁 표지 九번을 보면 邊移이다. 부부 정 없이 심하면 이별살이다. 부부 궁합에도 불길.

명궁법 순서〔역행〕로 사주 각 지지 명궁을 알고자 할 때는 다음과 같다.

❶번 사주 명궁은 酉다. 왼손바닥 酉 자리에 엄지손을 짚고 酉에서 역행하는데 처음 시작 一번 酉 자리는 命宮이기 때문에 불용하고 酉 다음 역행 申 자리에서 활용, 二번째 申 자리는 표지 보기와 같이 財帛이다. 사주에 申자가 있으면 申 자리에 재금을 기제, 없으면 다음 순서로 진행, 未 자리는 三兄弟다. 역행 다음은 四번에 해당, 이 사주는 午가 四번 田宅이다. 午 자리에 田宅을 표시, 역행 다음 수는 五다. 五 자리는 巳다. 巳가 없으니 통과. 역행 다음 숫자 六 奴僕, 역행 다음 숫자는 七 妻妾, 역행 다음 숫자 8은 이 사주의

寅에 해당되어 ⑧ 疾厄이다. 질액을 표시. 月支 寅도 동일하여 月支 寅도 질액을 표시. 역행 다음 숫자는 ⑨ 邊移, 역행 다음 수는 子 자리에 ⑩이다. 역행 다음 수는 ⑪에 이 사주의 亥 자리에 해당, 福德이다. 복덕을 亥 자리에 표시. 이와 같이 각주 지지 부모, 형제, 부부, 자손 자리에 길복 유무를 확인한다.

❷번 사주는 명궁이 9에 戌이다. 왼손바닥 戌 자리에서 역행시켜 戌 자리 ⑫번은 불용하고 戌의 역행 다음은 2번 酉다〔시주 酉에 표지 참조〕. ② 財帛이다. 이 사주 명궁 순서 역행은 亥 자리에서 ⑪번으로 종착된다. 이런 때는 종착 후진 一보 자리가 명국법이 된다. 즉, ⑪번 자리 福德이다. 해당 명궁의 왕약 또는 합, 沖, 공망은 貴人의 남녀 자손〔시주〕 자리에 田宅과 財帛이 있어 자손들은 부자 명이다. 남녀 日지는 疾厄과 邊移가 있어 이별 아니면 각방 각거. 月지는 疾厄과 福德이 있어 흉 중 길조. 年주는 男은 福德이 있고, 女는 男女다. 바람살이다. 疾이 年주에 있으면 부모가 해당됨〔12지 명궁법 해설 참조〕.

十二支 命宮法 해설

⒤ **命宮**___명궁 개시. 1순위로 역행되는 수치다〔명궁이 흉이 될 때 길신이 되면 길로 변하고, 길명이 흉으로 변하면 변질된다〕.

⒥ **財帛**___재물인데, 길신이면 재복이 다복할 것이고 흉신은 財산 실패, 파재 또는 다른 실패, 투자 실패, 돈거래 실패 등등.

⒦ **兄弟**___길신은 형제 친우가 형성되고 원조지상. 흉신은 형제 봉의 친척으로부터 손실.

四 **田宅**___길조는 토지, 주택을 소유하고 땅이 만리 가는 현상이다.

〔기신, 형충〕흉은 동산, 부동산, 토지 숙청, 재산 손실. 행운에서 田宅이 임하면 땅, 부동산에 대한 길사가 발생. 이 운에서 길이면 토지나 주택을 구입해도 성공적.

五 **男女**___색정. 길은 남녀관계로 협력 길사, 흉은 색정으로 망신. 기혼〔태세운〕자는 옆문 출입, 미혼자는 짝을 만난다.

六 **奴僕**___〔종 노릇〕길조는 사장직. 父〔인성〕성에 임하면 남의 집 세입자. 官이 흉조면 말단직, 길조는 부하를 고용, 채용, 사장직.

七 **妻妾**___검은거래, 비리행위. 男은 첩을 거느리고, 女는 간부를 보게 되고 색정, 탈선. 길조는 女는 남편복이 있고, 男은 처복 있다.

八 **疾厄**___질병, 곤란사, 실패, 몸살. 행운에서 財성이 질액을 보면 투자한 재산이 병을 앓고 있는 상이다. 官성이 질액이면 남편 혹은 아신 건강 또는 일자리가 병을 앓고 있는 상. 자손이면 자손의 소원성취가 몸살 받는 형국.

九 **邊移**___이별, 변질, 이사, 변동, 직업변동.

十 **官祿**___관운, 직업운 길. 흉조는 소급.

十一 **福德**___길은 복이 많고, 대소운에서 入하면 횡재운이나 재물손실이 있을 것이고, 흉조는 반대 현상,

十二 **相貌**___인기 집중. 官이 상모이면 인기직업, 財가 상모이면 돈 버는 자리 또는 財복에 인기, 女는 남자들의 인기, 男은 여자들의 인기 집중. 대운, 세운도 활용함.

38 가출살

○가출살 추리법은 주로 日지, 時지 양자를 주동하여 본다.

예 日지가 寅이라면 寅午戌 三合하여 三合의 거두 寅을 충하는 申 또는 庚金이 투간되면 가출이 된다. 집을 나가 행방불명이 되거나 외지 방탕생활이다. 日지로도 해보고 時지로도 가출살을 검색한다.

日지, 時지를 기준하여 三合의 거두(첫머리 오행) 오행을 지지에서나 천간에서 충시키는 오행이 있으면 가출살이 적용된다. 또한 별도로 편인 편관이 연대되어도 가출살로 단정. 가출살은 집을 나가 탈선하거나 외지생활(외국생활), 집을 나가 객사, 행방불명하는 혈친이 있다. 가출살은 행운에서도 적용된다.

○女자는 官성을 며느리성으로 본다. 官성이 태세와 合이 되면 며느리 보직운이다.

男

辛	癸	己	辛
酉	未	亥	未

● 편인이 많으면 공부는 뒷전. 편관 편인 가출살에 시주 酉의 三合의 거두 巳를 충하는 亥가 가출살이다. 三合의 거두 가출살과 편인 편관 가출살이 이중으로 엮어져 가출살의 작용이 강

력하다. 年, 時주에서 가출살이 등장되었으니 年, 時주는 유년 시절. 하여 중
학교 1학년 때 무단으로 집을 나가 소식불통, 부모 애간장 썩이는 불효자다.

◎寅酉 원진은 채권문제, 관액수, 가옥문제, 애정문제, 비리, 신병.

◎편재 養은 부친이 돈이 있는 자리다.

◎甲寅, 庚寅은 백호대살 기신이면 살고 있는 집터에서 괴물이 출현하여 방
해하니 동북간 방향 현주소는 가운이 막힌다.

◎슴은 六슴을 진실 슴으로 본다.

　㉖ 寅亥合, 卯戌合, 巳申合, 辰酉合. 午未合은 불변이다, 슴이 약하다, 子丑合은 물과 기름.

◎신강사주에 財년이 올 때 취직, 합격.

◎지장간 中기 오행보다 여기〔지장간 끝자리〕 오행이 日간과 슴이 되는 것이
강력한 효력을 발생. 단, 中기와 슴이 되면 여기보다는 약하지만 효력은
발생된다. 초기는 무시하라.

　㉖

◎甲寅, 乙卯, 庚申, 辛酉 전록이 흠이 없으면 一國의 장관직.

◎역마지살이 형충, 원진살은 객사한 사람 있다.

◎화개살이 되는 辰戌丑未는 역마지살, 괴강살, 백호대살로 본다.

◎日간 비견이 正官과 슴이 되었을 때 형제되는 劫재가 있다면 劫재 형제도
자연 日간과 슴이 되는 이치로 본다.

● 日지 酉와 時 사이에 戌이 협공되어 拱貴格이다. 이 공귀격은 계급이 높은 위치에서 살아간다. 고등학교 선생님이다. 亥 공망에 辰 원진살로 남편과 떨어져 직장생활이다.

◉天干에 一字가 줄줄이 고파(孤破)격이라도 福은 많고, 지지가 一字가 連하면 재혼할 명조다. 후처로 入家하면 행복.

◉年운은 干을 중시하고, 대운은 支를 중시한다.

◉편재가 편인을 충극하면 부친이 거금을 날렸다.

◉寅申巳亥가 劫살이면 교통액이다.

◉日지나 年주가 同一하면 조업(祖業)의 유기(遺基)를 파멸한다.

◉신약에 財庫를 미리 충시킴은 고빈자로 본다〔대운 길은 무시〕.

◉신강사주에 墓 財官印이 刑沖을 만나 개고가 되면 어려서 立身揚名케 한다.

◉상문, 조객살

◉**상문살** – 초상날이 발생,

◉**조객살** – 초상집에 문상갈 일이 발생.

　　年지를 기준.　例 亥생이라면 亥자리에서 순행, 3번째 丑자리가 상문살이고, 亥자리에서
　　　　　　　　　 역행 3번째 자리 酉가 조객살이다. 이하 차법도 이와 동일시함.

◉상문살은 가족관계, 근친관계에서 상문살이 발생함.

- 조객살은 근친, 원친관계, 조문, 문병 등등.
- 상문·조객살은 대운·세운에서 入할 때 살을 받게 되고, 年자를 기준해서 天살년에 상문살이 해당된다.
- 六효학으로 보면 官살, 浴살을 거듭 지世한 것은 부친의 실패작이요, 官살을 부친으로 본다. 官살이 왕할 때는 마침 자손 午火로 억제, 선천에서 후천운이 좋아졌다. 즉, 자손으로 身에 귀결되었으니 만사형통이다.

- 申에 劫살이 임하여 처는 유방을 모두 제거했다.

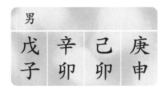

- 유순한 辛金은 편인 己土를 기뻐하지만 戊土는 辛金을 생할 수가 없다. 戊土는 山흙이다. 辛金을 매장시키는 원리다. 시주는 유년 태어나자마자 戊土의 반극과 출생〔長生〕이 형이 되어 부친은 젊은 나이〔卯는 젊다〕에 세상을 떴다.

39 공귀격

● 공귀격은 羊刃이나 官살이 없어야 하고, 협공된 인자가 주 중에 투출되거나 사주에서 협공인자를 충시키면 파격이 된다 하였다. 대·세운에서 七살을 만나 日간을 극하거나〔막아주면 무해〕日, 時 공귀포위망에서 지지나 공귀를 충파하여 그 공물을 탈주시키면 재물 혹은 소원성취가 무너지거나 관직에서 문책을 받는다.

癸	癸	戊	丙	壬	甲	壬	庚	戊	甲	戊	丙	
亥	酉戊	戌	子亥	申	午未	午	申	寅	子丑	午	辰巳	→ 祿
시	日	시	日	시	日	시	日	시	日	시	日	

● 癸酉日에 癸亥시, 甲子日에 戊寅시를 보면 위 보기와 같이 戊과 丑이 日, 時 사이에서 협공된 것을 알 수 있다. 戊 중 辛丁戊〔지장간〕하여 재·관·인을 포위하고 있는데, 학술상 포위망 또는 공귀의 공물이 충파, 공망되면 파격이라 하였다. 그러나 조직이 격국에 응하여 실제 경험상 귀하게 되는 것을 많이 발견.

◦이 격은 戌亥 천문성이 협공된 자는 天乙귀인 祿보다 더 귀귀하다는 것을 유념. 또한 이 격은 모든 흉재를 소멸하고 당대에 고귀한 지도자격이 된다 하였다.

◦공귀격은 日지가 酉이고 亥시라면 酉戌亥 순서에 입각, 순으로 엮어질 때 해당함. 日지가 申, 午시라면 午未申 순으로 공귀인자가 협공될 때, 즉 天문[戌亥]이 되거나 天乙귀인 또는 日간에 祿지가 될 때 공귀격이 성립된다는 것을 명심.

◦초대운 첫째, 둘째 간지가 희신 또는 12운성 길성이 받쳐주고[조후도 참고], 사주와 형충파, 원진살이 없으면 유복한 집안에서 자랐다.

◦男·女 비견 劫재를 배우자로 본다. 고로 비겁이 官살 또는 財와 합하면 남편 직업이 우수하다.

◦時주 天간이 충이면 자식이 실패, 지지가 흉이면 딸이 실패.

◦日지 浴살은 형제 중 불륜소행 있다.

◦비견 劫재가 많은 명조는 친구와 동업, 투자했다면 깡통 신세.

◦매년 간지가 月주와 형충 또는 원진살이면 휴직상태, 전환 변동. 이러한 해는 투자를 하거나 개업하는 일은 절대 금물. 다음 해 시도.

◦女명 日간이 습이 되고 그 지지가 刑살이나 羊刃살을 대동하면 남편 고관.

◦帶가 충극, 원진살이 되면 파직, 해직, 강등.

◦12운의 길성은 기신에 해당되어도 12운의 힘을 얻어 안전하지만, 충(沖)은 불미.

男			
戊	乙	壬	辛
子	未	辰	巳

- 辰壬에 天德, 壬은 正 인수격으로 乙木日이 辰에 財庫되고 多財가 또한 財庫로 승신되고 있다. 財星이 많아 첫사랑을 파하여 재혼女와 동거, 법률가로 변호사직이다. 결혼의 별인 巳사 공망되어 혼인이 깨지고, 甲木이 없는 乙日주는 財가 많아도 감당을 못하여 큰 부자 못된다.

◉辛金의 戊土와 己土, 壬日의 戊土와 己土

○辛金은 시장의 보석 가치로 유순하니, 정인 戊土〔山흙〕를 싫어하고 유순한 己土 편인을 기뻐한다. 고로 辛金이 己土를 보면 戊土보다 몇 갑절 생조를 받으며 사랑을 독차지한다. 그래서 辛金은 己土를 기뻐한다 했다. 辛金은 己土가 학술상 편인이지만 친숙한 正 인수격으로 보라는 뜻이다. 만약 辛金이 己土를 보지 않고 戊土를 보면 戊土는 비록 正 인수격이지만 비정한 편인격으로 변하여 부모가 나를 낳아 고아 신세로 만들거나 나와 인연이 없게 된다. 그 실례는 다음과 같다.

예			男
戊	辛	己	庚
子	卯	卯	申

- 시주는 유년 시절이다. 辛日이 戊子시로 태어나 귀격이지만 日 卯絶로 파격. 辛子 長生으로 출생과 동시, 正 인수 戊土는 고통운. 비정한 편인으로 변질되어 도식이 되고 長生에 刑살을 받으니 부친의 수명과 목줄〔식신은 목줄〕이 끊어지는 현상이다. 부친은 30세 젊은 나이에 혈광사로 천명했다. 卯

는 젊다. 子는 어린 시절이다. 마침 유순한 己土가 있어 생모는 나를 지켜주고 성실히 키워줬다. 만약 己土가 없었다면 고아 혹성으로 성장했을 것이다.

◉남녀 壬日의 戊己土

- 壬水는 강호의 물이다. 壬水日에 신주가 강하면 己土 정관보다 戊土 편관을 기뻐하는 이유는, 己土는 유순한 흙이니 강호의 壬水 물길을 제방할 수 없다. 오직 山흙인 戊土로 물길을 잡고 제방을 쌓을 수 있다. 고로 女子 운명에 壬日로 강성 사주는 己土 정관은 무능하고 남편복이 없다. 戊土 편관을 환영하고 그래야 남편복이 있는 것이다.

- 과거가 캄캄한 흠결이 있지만 戊土 남편을 잘 만나 행복권이다. 이 사주는 년주에 길신 財성이 있어 부호 집안 출신 같지만 빈한 출신이다. 년월주에 길성 있어 부호 집안으로 무조건 보면 실수. 年주, 時주는 유년 가정환경이다. 時주는 기신이요, 年주 천간合은 지지 巳亥충으로 파격이다. 戊申, 辛亥는 가문폭락살에 巳는 絶궁으로 그 천간 丁火도 절궁이다.

- 日, 時 12운의 吉은 자손도 잘 되고 아신도 여의하다. 月의 祿은 아신, 자손, 형제가 잘 된다. 年의 祿은 선대가 훌륭했고 아신, 자손 사회운 길.
- 충·파·형·해된 곳이 貴人이나 祿이 있으면 흉살이 감소된다.
- 사주에 華개살이 많으면 오락실, 예술, 학원, 절, 교회.

●겨울 사주, 여름 사주는 조후가 시급하여 절후 조후용신으로 가용신이 된다는 것을 명심. 만약 조후가 충분하면 조후를 고집 안 해도 무방하다〔행운에서도〕. 8, 9월생 사주도 조후를 기뻐하고, 金土가 영글어지는 계절이므로 자손 자리에 金土가 회좌하면 역시 기뻐한다.

하절 더운 달에 출생한 자는 기신 희신 불문하고, 행운에서 더위를 식히는 시원한 金水운을 만나면 소원성취.

동장군 추운 달에 출생한 자는 따뜻한 불〔木火〕기운을 만나면 이제까지 고전에서 벗어나 새로운 힘을 얻어 비상해지고 병자는 회복 기세다.

三夏月 자식궁의 시주에 〔기신 희신 불문하고〕 시원한 金水가 놓여 있거나 時주 지지가 습土인 辰土나 丑土가 앉아 있으면 자손은 모두 안락한다.

秋月 三冬月 一, 二月달 사주에 자식궁인 시주에 한기를 풀어주는 木火가 놓여 있으면 역시 자손은 영화가 있다.

이는 부부궁 日지에도 조후법을 활용, 년월주 모두 조후법을 활용하는 것이 일차적 성쇠를 가늠한다는 것을 유념. 대운·세운 신수법에도 조후법을 대입시켜 조후법을 떠날 수 없다. 조후법은 운명 성쇠의 원동력이다.

●희신이 공망되면 불길, 습이 되면 무시. 寅이 공망이면 午나 亥, 未 또는 丑이 있으면 寅 중 甲이 甲己合이되어 공망살이 풀린다.

●비겁이 帶祿이면 아신 형제, 처의 형제 중 부호의 귀족이 있다.

●戊土가 財이면 戊寅년 戊寅月 戊寅日에 재수 대길.

●丁酉·丁亥·癸卯·癸巳 日진은 貴가 日署貴, 夜貴로 나누어져 있는데 낮에

출생(晝貴)한 자는 癸卯·癸巳日이 좋고, 夜貴 즉, 밤에 출생한 자는 丁酉·
丁亥日생이 좋다(이유는 癸卯·癸巳日은 천간 癸水가 캄캄한 물이기 때문에 밝은
낮을 원한 것이었고, 丁酉·丁亥日생은 丁火 불이 투간되어 암흑세계를 밝혀주기 때
문에 밤에 태어난 것이 제 구실을 한다는 뜻). 이 貴를 대소운에서 회합(會合)하
면 경사가 있다. 이 貴를 충·파·형·해·공망이면 몸에 화가 일어난다. 공망
이 없고 충파형이 없으면 제왕가 밑에서 살아간다. 女人은 日귀격에 앉아
있으면 몰래 사통한다. 즉, 위인의 용무가 아름다운 해를 입는다 하였다.

 ● 운행 巳午未 마을에서 용신을 치지 않고 통관이
되어 길하였고, 一月생에 巳午未 마을은 조후를
맞춰주었기에 대발했다.

◎ 日간 또는 日간과 干合이 되고 그 地支가 刑合이 난잡하면 신분 上下를 막
론하고 주색으로 신명을 망침. 흉운은 생명이 위험, 주색에 빠지면서 난잡
하면 파란과 병고. 파재한 격이 되어도 덕이 없다. 年月에 희신이 日간과
합이 무성, 투잡. 지지에서 희신이 형합이 난잡하면 부잣집 출신이 아니라
패욕당한 집안 출신이 된다.

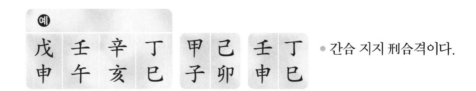 ● 간합 지지 刑合격이다.

◎ 록마격은 壬子日에 子 多봉하여 격이 이루어진 것, 庚子日에 子 多봉, 丙午
日에 午 多봉, 丁巳日에 巳 多봉을 말함. 행운에서 충이나 합을 꺼린다.

時	日	月	年
甲	甲	丙	丁
子	寅	午	巳

- 木火통명격이다. 日,時 중간에 협공된 丑이 天乙귀인이 되고, 甲寅 록에다 辛
  丑년에 丑이 天乙귀인이 되어 고시합격했다.

時	日	月	年
庚	甲	庚	辛
辰	申	寅	卯

- 이같이 官살이 통관이 잘 안 된 사주는 우울증, 신경통, 관절병, 목병, 눈병,
  머리병. 약물로 살아간다.

◉長生이 刑 또는 자체 死궁이면 객사, 참변, 흉질 사망.

◉死궁은 객사, 참변, 흉질 사망이다.

◉할머니의 浴살

女			
乙	甲	丙	甲
亥	子	寅	戌

- 日지 子는 정인 浴살로 남편 자리가 기신 편인
  국으로 남편운이 불길. 時주 長生 亥는 자체 死궁
  으로 남편은 흉사했다. 辛酉 대운에서 용신 丙辛

합으로 기신 水가 나왔고, 寅酉 원진살로 사별했다. 寅 祿은 큰아들, 높은 자
리다. 寅 祿이 합이 된 亥는 암록이다. 큰아들, 경찰 간부급이다. 時주 편인 고
신살로 딸은 출가 후 독신으로 살아간다.

日지 子는 도화살에 浴살로 82세 고령에도 남자를 너무 밝혀 걱정. 여자 얼굴 형태가 말대가리형이라 접근하는 남자가 없어 성욕을 못채워 밤이면〔子는 밤이다〕 성욕을 눈물로〔子浴살은 눈물이다〕 보내는 노망끼의 할머니 운명이다.

◉기신 劫財는 사람 실패 아니면 재물 실패다. 이 경우는 희신 劫財신도 人敗財敗하는 경우가 허다하다. 비견이 기신이면 劫財성으로 본다.

◉오행이 극제를 받을 때 극제받는 오행이 死·絕·墓 向으로 흐르면 극제를 못해 위안이 되니 대발한다는 것. 그래서 이 문구가 있다.

◉殺〔편관 七살〕이 변하여 權으로〔정관〕 변하면〔편관이 劫財와 合이 되는 경우〕 백옥(白屋)에서 태어나서 귀하게 된다.

◉丙子時에 태어나고, 乙丑·乙卯·乙巳·乙未·乙酉·乙亥日 여섯 乙 日간에 출생하고, 子를 충하는 午자나 子와 合하는 丑자가 없어야 하고, 庚申 인자가 없어야 한다. 단, 庚申 인자가 있어도 설기 통관이 되거나 억제시키면 성립된다. 이 격은 대운이 흉이라도 잘 산다고 하였다.

● 乙 日간에 丙子시로 태어나고, 子와 合하는 丑자도 없고, 子를 충하는 午자도 없고, 庚申 인자도 없어 六陰지귀격이다. 未 財성에 養으로 건물에서 나오는 한 달 수입금이 천만 원이다.

●六음지귀격인데, 庚申이 있어서 꺼리나 설기 통관하니 길조가 되었다. 행운에서 子를 충하면 위명이다.

○辛亥日생이 亥를 多봉하고 주 중에 戌자가 있으면 파격이다. 천라살인 戌

자가 있으면 성립이 안 된다.

○丙午日에 午 多봉하고 未자가 있으면 午를 허충하는 子를 子未 해살이 붙

어 午를 허충하지 못하여 파격이다.

○囚옥살이 水火에 해당되면 물과 불의 액을 당한다.

囚옥살이 木金에 해당되면 총칼, 몽둥이, 액. 土면 추락상, 전염병.

40 비천록마격

⊙ 絶은 生이 끝나는 것. 절이 財성 도화살이면 거금을 날리고, 絶이 寅申巳
亥면 부동산, 주택 소유권을 모두 잃는다. 絶은 이별, 바람, 음성적, 죽음,
재화, 풍파살이다.

飛天祿馬格 喜忌

日柱	壬子	庚子	辛亥	癸亥	丙午	丁巳
喜	多奉子 寅戌未 중 一字	多奉子 寅戌未 중 一字	多奉亥 申酉丑 중 一字	多奉亥 申酉丑 중 一字	多奉午	多奉巳
忌	午戌己丑 亥祿	午酉丁丑 申祿	巳酉丁戌 酉祿	巳戌 子祿	子未 巳祿	亥辰申 午祿

- 女子 용신이 *絕*이면 부부 이별 암시. 식신 상관이 *絕*이면 자손 혼인 해약.
- 丁巳日에 巳 多봉하여 亥자가 있거나 辰자가 있으면 파격이다. 辰巳는 지망살에 해당되고 亥를 충하니, 여기에서 알아둘 것은 壬子日에 子 다봉격이 이루어진 것. 庚子日에 子 다봉하여 격이 이루어진 것이 제일 귀하게 되는 사람이 많다. 세운에서 록마를 충하여도 길하지 않는 경우가 있는데, 이것은 祿馬와 세운이 *絕*이 되기 때문이다.

時	日	月	年
庚	庚	庚	癸
辰	子	申	卯

● 정란(井欄)격이다.

◯ 壬癸日생이 지지에 寅午戌, 巳午未로 되거나 辰戌丑未로 되면서 운이 길
이면 대발한다. 단, 형충이 없어야 한다.

時	日	月	年
甲	壬	丙	庚
辰	戌	戌	戌

● 多土가 金을 생조하여 庚金이 약할 것 같으나
戌 중 辛金이 있어 약하지 않다. 귀격사주다.

◯ 戊己日생이 지지에 申子辰 水국을 놓고 충파가 없으면서 대운이 때를 만
나면 財福이 많다. 戊己日 支地에 亥卯未, 寅卯辰 木국을 이루고 충파가
없으면서 대운이 길이면 벼슬길에 오른다.

時	日	月	年
戊	己	丁	丁
辰	卯	未	亥

● 戊己日이 지지에 亥卯未 木국을 이루어 벼슬길에 오른다.

時	日	月	年
丙	己	戊	癸
寅	未	午	亥

● 해군(海軍) 소장(小將) 사주다.

時	日	月	年
丙	壬	庚	戊
寅	辰	申	寅

● 壬辰日생으로 寅을 충하면 寅 中 丙火 재성이 튀어나와 寅午戌 三合으로 火가 되어 흉으로 보지 말고 귀히 된다는 것을 유념.

時	日	月	年
壬	壬	壬	壬
寅	辰	寅	寅

● 壬辰 또는 壬寅日생이 寅多 즉 富요, 辰多 즉 貴다. 고로 財운에 대발하니 火로 용신한다. 이런 격은 순세운에서도 발전한다. 이유는 용배(龍背)격의 특수(特殊)격이기 때문이다.

◎ 壬辰日생이나 壬寅日생으로 태어나고 辰이 다소 있고 寅이 혼잡되면서 타주에 戊戌己가 있으면 파격인데, 이 세력이 약화되거나 통관이 되면 貴히 된다. 壬辰日의 용배격은 용이 등에 올라 탔다는 뜻이다. 사주 중에 辰土가 많아 관직에 등용.

현무격은 壬寅日에 寅午戌 전부 또는 辰戌丑未 전부 구전되면 현무격이라 하여 귀히 된다. 壬辰日생 女는 눈물로 세월을 보내는 이가 많다. 壬辰日생 女는 주 중에 財성이 많으면 夫君 재산이 많아 남편 등짝이 뜻뜻하여 여자 생각이 나서 작처하는 예가 많다.

- 女命 壬午, 癸巳日생은 나이 많은 부군을 섬겨야 해로한다.
- 신약에 三合局으로 日주를 돕는 희신국이면 신강으로 풀이하고, 신강사주
  는 三合局으로 신약이 되어도 신강 그대로 풀이한다.

時	日	月	年
丙	癸	辛	壬
辰	亥	亥	申

● 丙火로 용신할 수 있다. 이유는 亥 中 甲木이 있기 때문이다. 亥 中 戊甲壬이 있는데 초기 7일 전까지는 戊土가 사령하고, 중기 甲木은 7일부터 15까지 출생한 자가 사령하고, 15일 이후 출생한 자는 30일까지 壬水가 사령한다. 그러므로 7일 전에 출생자는 戊土에 해당하여 약하고, 7일부터 15일 사이 출생한 자, 즉 中氣 甲木에 甲亥 장생국으로 강하다. 15일부터 30일 정기까지 출생자는 壬水에 해당한다. 초기는 제일 약하고, 중기는 중간 정도이고, 정기〔끝자리〕의 힘이 제일 강력하다. 이 사주 출생이 중기에 해당하면 甲木은 亥水를 끌어안고 丙火를 생조하여 용신은 그런대로 약하지는 않다.

時	日	月	年
癸	癸	辛	癸
亥	亥	亥	亥

● 귀격이다. 윤하격 사주다. 亥 天文星이 있어 총명위인이 되었다. 검찰총장감 사주다.

時	日	月	年
庚	庚	戊	乙
辰	申	子	酉

● 이같이 신강사주에 申子辰 三合局으로 설기태심하고 신약으로 풀이하면 큰 오산이다. 용신은 水다.

- 년月주에 흉신이 몰려 있어도 養이나 祿이 응하면 부모 운세가 혁혁했다는 것을 염두.

- 대운 지지가 흉신이 되나 그 지지가 12운성의 생, 왕, 대, 록, 양 같은 길성이 붙으면 흉이 길운으로 떠받친다. 天乙, 天덕, 天月, 암록, 천두귀인이 붙으면 그 덕을 본다.

- 癸酉 대운이라면 癸는 지지 酉가 생조하여 흉신 癸가 강해졌는데, 사주 천간 戊土가 戊癸合이 되어 吉신이 나오면 흉이 길로 변한다. 이 운에서 대발하였으나, 酉 대운에서 사주 상관 午가 酉를 극하여 대실패했다. 몸도 실패, 재산도 실패.

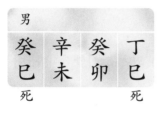

- 년주 巳 중 丙이 卯 財와 관살 형제를 동행시켜 日간과 日지로 合신시키니 선천적 복택이 충만되고 있다. 또한 日時 공협에 하자가 없어 문명의 상이다. 관살이 태강. 부친은 건축가 사장이다.

- 月간 상관 甲木은 정관 戊을 극하나 상관 甲木이 甲己合되어 그곳에 정이 쏠리니 戊土를 극하는 것을 잊어버려 戊 정관 남편이 안정, 위험에서 벗어났다. 女子 운명이라면 상관 작용을 상실하였으니 남편과 해로하고 산다.

- 土가 많아 土가 병이다. 이 多土를 설기하는 金이 일차용신이고, 多土를 甲木으로 극제시키는 것이 보조용신이다.

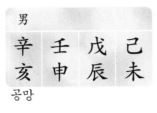

男

辛	壬	戊	己
亥	申	辰	未

공망

● 극빈자 출신 같지만 부잣집 출신이다. 年지 正官에 養이 있어 년주 養의 자리는 재원이 있는 자리다. 부모가 준 건축물에서 불로소득으로 일생태평. 月간 戊土가 辰 중 癸와 合, 즉 七살이 劫財와 合, 관살혼잡이 인수성에 설기되어 위안이 되고 있다. 대패살과 살성이 중하여 해외에 나가 손실이 많았다. 부친은 건축사업으로 성공적.

時	日	月	年
丁	癸	乙	癸
巳	巳	卯	卯

● 水생木, 木생火하여 財로 종결되었다. 酉운은 충이 되어 흉이고, 金운에서도 金생水하여 통관되어 길. 이 사주는 水木火운에서 발전. 이같이 식상이 태과할 때는 財되는 火운에 부귀 공명이다.

時	日	月	年
己	甲	甲	乙
巳	辰	申	丑

● 庚년에 乙庚合이 되어 고시합격이다. 이유는 化格을 방해시킨 甲乙을 庚년이 甲을 충거시키면서 甲己合이 되고, 乙庚合이 이루어지기 때문에 경사(慶事)가 일어난다.

◎女는 官살이 충극당하면 며느리 연고 발생〔이별. 단, 合은 무시〕, 男은 비겁이 충극당하면 며느리 연고 발생.

時	日	月	年
乙	庚	庚	丙
酉	戌	申	申

● 丙火 때문에 乙庚合化格이 무너졌다. 壬운이 오면 丙을 제극하여 乙庚合이 성립되므로 소원 성취한다.

● 사주에 丙火가 없고 丁火만 있다면 甲寅木과 庚金이 있어 庚金이 甲木 통나무를 쪼개어 丁火에 인도해야 촛불 丁火가 꺼지지 않는 법. 만약 丁火만 있고 乙木이 많은데 庚金이 있으면 좋지 않다. 왜냐하면 乙木은 풀나무 넝쿨나무이기 때문에 庚金이 있으면 벌초하는 현상이다. 春夏月 乙木은 丁火에 인도한들 丁火는 제구실을 잃어버린다. 이때는 丙火가 있어야 한다. 다만, 秋冬月 乙木은 丁火에 인도할 수 있다. 寅月 丁火는 乙木이 많이 있고 庚金이 있으면 대기하는 것이다.

時	日	月	年
丙	己	甲	戊
寅	卯	寅	寅

● 金운이 오면 대단히 위험한데〔多木과 金의 싸움〕무사히 지나면 크게 발전. 왜냐하면 金운이 와서 甲木을 쪼개어 용신 火를 생조하기 때문이다.

● 음욕살

● 日에 있으면 배우자 부정
時에 있으면 자식이 부정

● 女명은 음욕을 범하고
男은 종명하기 어렵다

● 劫살과 七살이 같이 있으면 재화를 당함〔災禍〕.

時	日	月	年
壬	癸	丁	戊
戌	卯	巳	寅

● 이 사주는 天덕지재다. 戊는 戊癸合으로 日 癸를 극하지 않고 생조하는 편이다. 즉, 日간과 통근이 되고 인수 역할을 한다. 시 壬은 丁壬合으로

생火하니 天福지재다. 즉, 壬水 친구의 원조를 받아 큰 財産을 형성. 종재격이다. 木火 용신.

時	日	月	年
庚	庚	丙	壬
辰	午	午	申

● 火가 병이다. 이 병을 제극하는 오행은 水다. 水가 용신인데 丙火가 가로막아 金水운이 온들 별 효과가 없다. 이같이 용신 옆에 방해자가 없어야 호운을 제대로 얻을 수 있다. 용신이 살지에 있거나 용신이 12운의 절지에 있거나 용신이 무력하면 福이 감소된다.

◉상관 刑살이 가중하면 불면증, 정신질환.

◉一月 木은 어린 나무요, 春夏月 金은 쇠약하고, 夏月 木은 木생火하니 쇠하고, 秋月 木은 낙엽이 지니 쇠하고, 冬 木은 冷木이다.

◉一月, 二月달 사주도 金으로 용신할 수 있다.

〈참고〉 꼭 季節 용신만 고집하면 안 된다.

● 이 사주는 金이 木을 치고 있으니 金이 적이다. 金 때문에 신약이 되었으니 金을 억제하는 丙火로 용신. 二차용신은 金을 설기하는 水가 용신이다.

●종살격은 比劫운이 오면 金이 찍어내니 감옥, 또는 도적부터 피살.

時	日	月	年
丙	癸	辛	壬
辰	亥	亥	申

- 亥 중 甲木으로 용신하여 물을 흡수시켜 丙火로 인도해야 된다.

◉초대운이 길하면 부모 환경 소유가 좋았다.

◉겨울 三冬月 사주에 신강사주로 구성되었는데 火로 위용신한다고 고집하면 큰 오차를 범한다. 순리대로 용신이 갈려진다는 것을 명심.

時	日	月	年
壬	丙	癸	壬
辰	午	丑	子

- 비겁운보다 인수〔木운〕운에서 더 발달한다. 이유는 木운이 와서 水氣를 줄이고 식상되는 土를 억제, 신주를 보호하기 때문이다. 비겁이 되는 火운이 오면 水火쌍전이 되어 시끄러운 일이 발생.

時	日	月	年
辛	癸	甲	癸
亥	亥	子	酉

- 천지사방이 물바다이니 木으로 용신한들 부목(浮木)이 되어 왕水에 순세(順勢)한다. 비겁이 꽉 차면 종왕격이다. 인수로 꽉 차면 종강격이다. 이 명조는 木운이 와도 길해진다.

◉女命 劫財와 정관이 같이 있으면 남편 무능, 무례, 남편과 금이 간다.

時	日	月	年
乙	乙	辛	辛
酉	酉	丑	巳

- 종살격이다. 未년에 불록지객이 된 이유는 丑未충하여 未 중 乙木이 왕신 金에 얻어 맞기 때문이다.

時	日	月	年
甲	癸	壬	丙
寅	巳	辰	戌

● 水生木, 木生火하여 火生土로 최종 관살에 귀착되니 종살격이다. 종살격은 종살을 충거시키면 대흉. 종사주는 일방 오행으로 구성된 것보다 財傷食으로 구비되면 훨씬 좋은 운을 기대할 수 있다. 지나치게 생조를 받아도 생조받는 오행이 더 약해진다는 것을 염두.

時	日	月	年
己	癸	丁	丁
未	亥	未	卯

● 丁癸충이 亥卯未 합으로 멈추고 다정하게 됐다.

時	日	月	年
辛	壬	庚	癸
亥	辰	申	酉

● 『적천수』에서 말하기를, 이같이 종강사주는 사주가 심히 냉하면 설기하는 木이 있거나 火가 있으면 이를 이용하라 했으니 용신 잡는데 유의하시라.

◉ 三奇, 四奇, 五奇 성상격으로 구성된 것보다 잡기로 구성되면 흉운이 와도 사주 오행을 통관시켜 흉운을 면한다〔다리 역할을 하기 때문〕.

時	日	月	年
庚	甲	壬	甲
午	子	申	午

● 이같은 子午 쌍포를 충으로 보지 말라 했다. 강한 자는 전투에서 죽음을 택한다. 그러나 약한 자는 비겁하게 항복한다. 역사주에서도 마찬가지다. 신왕에 殺官이 있으면 羊刃이 있어야 귀하게 된다. 殺權하고 羊刃은 무기(武器)다. 劫財는 羊刃으로 본다.

時	日	月	年
乙	甲	乙	癸
巳	子	卯	未

● 사주에 양인살이 없어도 비겁이 꽉 차면 比劫을 羊刃으로 본다. 이같이 羊刃과 官살이 合하여 유정하다. 女명 比劫이 많다고 이별이네 하면 큰 오산. 이같은 사주는 巳 중 庚이 卯중 乙과 乙庚合으로 다정하게 산다.

◉女자 사주 財성이 극상되거나 공망, 絕이면 외손주 고아 흑성이다.

時	日	月	年
壬	丙	丁	壬
辰	寅	未	寅

● 이같이 쌍충쌍합이 되었는데 雙沖雙合은 충으로 보지 말고 合으로 보라. 이유는 日간의 丁은 劫재요, 壬은 살관이다. 劫재와 살관이 合이 되기 때문에 충으로 보지 말고 合으로 본다. 대권을 잡을 사람이다. 남편 직업이 좋다는 뜻이다.

女			
丙	戊	乙	丁
辰	寅	巳	酉

● 女자 戊寅日은 명가집 남편과 결혼이라 했지만 火기를 견제하는 水가 없고 辰에 寅酉 원진살로 귀함이 천격이 되었다. 남편은 좋은 직에서 문책을 받고 퇴직, 택시운전 사고로 머리 부상〔寅酉 원진은 병원치료살〕으로 약을 복용. 女명 식상 申酉가 공망되면 자손에게 하자 발생, 자손들의 결혼이 불발. 時주 辰에 寅은 가출살이다. 자손들이 외국생활이다.

◉戊亥는 나랏님이 사는 청와대다. 戊亥는 天門으로서 天의 官門이다. 즉, 戊亥는 天王이다. 天關地軸이란 사주에 戊亥, 未申이 있으면 해당되는데, 특히 사주에 戊자나 亥자가 공협되면 궁중출입을 하게 된다.

時	日	月	年
戊	戊	戊	甲
午	申	辰	午

● 공협된 未가 천관지축으로 日간 戊에 天乙귀인
   이다. 큰 인물격이다.

◎곡직격, 윤하격, 종혁격, 염상격 사주는 크게 되면 크게 되고, 고생하면 크
게 고생한다.

時	日	月	年
辛	辛	辛	辛
卯	丑	卯	巳

● 이것이 바로 천지 교차다. 이 말은 日 天간은 金
   국으로 되어 있고 지지 천간〔巳丑合金 또 巳 중 乙
   과 合金〕과 같은 金局을 놓였기에 天地교차다. 天
간이 一字로 줄줄이 모두 있고, 지지에 뿌리가 있으면 귀격으로 본다.

時	日	月	年
甲	丙	丁	戊
午	午	巳	寅

● 戊土로 설기시켜야 한다. 용木火土.

時	日	月	年
甲	丙	戊	癸
午	辰	午	酉

● 水가 용신인데 戊土가 방해하고 戊癸合으로 운
   이 길하여도 별로다.

時	日	月	年
丙	丁	乙	丁
午	丑	巳	酉

● 이같은 사주는 부모 조상이 도와주고 있고, 부모
   재산 이어받는다. 이유는 년주 酉 財성이 月日과
   三合국 財성이 日지로 모여들기 때문이다.

◎羊刃은 왕하고 殺이 약할 때 그 羊刃이 歲君과 합할 때는 대흉이고 충할 때

는 무방하다〔즉, 신왕사주 羊刃이 습이 되어 羊刃이 왕해지면 財를 분탈하기 때문에 흉이고, 왕지를 충시키면 무방하다는 뜻〕. 반대로 羊刃은 약하고 殺이 왕할 때는 그 羊刃을 충함은 대기하고, 약한 羊刃과 합이 되는 合歲君을 希한다.

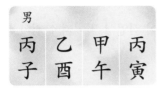

● 夏月 사주 火국이 되는 식신 상관국은 진상관격으로 재주 총명하여 午식신 長生이 劫재 寅과 합이 되니 기술개발 재테크 노하우 직전 단계다. 유망사업이다. 머리가 좋으면 돈다고 하였다.

● 羊刃 丙과 壬水 官살과 충이 되었는데 다시 丙辛합이 되었으니 충이 멈추고, 午 중 丁 羊刃이 壬 또는 亥 중 壬과 丁壬합으로 다정해졌다. 대권을 잡을 사람이다. 왕한 羊刃을 보강 또는 합沖하면 비명으로 간다는 것을 명심.

時	日	月	年
庚	甲	甲	戊
午	寅	寅	寅

● 이런 사주는 정관 酉金운이 오면 위대하다. 신왕하고 官살은 약한데 官살운이 오면 왕한 比劫에 얻어 맞아 상하 전체가 패망한다는 것이다. 이 사주는 金이 병이다. 火운이 와서 병신 金을 제거할 때 안락하여진다. 金운을 만나면 재앙이다.

戊	戊	戊	庚
午	午	子	子

戊	丙	丙	丙
午	子	午	子

● 이런 격은 沖으로 보지 말고 귀격사주로 본다. 午午동합, 子子동합. 雙包쌍충. 養生法에서 귀히 된다는 것이다. 충으로 보지 말라 했다. 午午동합, 子子동합한 탓이다. 午 중 丁과 子 중 壬과 합, 귀명격이다. 그러므로 쌍충이 쌍합되었다.

時	日	月	年
乙	己	庚	己
亥	巳	午	丑

● 이 사주는 亥水 처가 巳亥충하고 있으나 충이 정전됐다. 이유는 진귀왕래法으로 亥 중 甲이 日간 己와 甲己合이 되고, 巳 중 庚이 時간 乙과 乙庚合이 되었기 때문에 이별하지 않고 정답게 잘 산다는 것이다. 이런 경우는 亥財와 巳 인수성에 대한 문제 발생 또는 남편이 직업상 떨어져 살거나 외지 근무다.

時	日	月	年
庚	乙	戊	乙
辰	卯	寅	亥

● 이같이 남편복이 없는것 같으나 진귀왕래법으로 卯 중 乙과 乙庚合이 되어서 남편과 해로하고 산다. 또 남편은 乙庚合으로 남편 직업이 좋다는 것을 알 수 있다.

時	日	月	年
乙	甲	丙	癸
亥	寅	辰	未

● 癸丑 대운은 日간 甲의 丑이 入官, 入墓가 원국 未와 충형하여 위명이다.

時	日	月	年
乙	乙	乙	乙
酉	亥	酉	亥

● 亥酉, 亥酉로 각각 중간에 戌土를 협공하고 있으니 戌土 財가 생金 殺하여 殺印상생하니 처복, 남편복이 넘친다.

時	日	月	年
戊	庚	甲	庚
戌	寅	申	子

● 甲木은 去하고 寅申충이 되나 申子合 水가 중매하여 정전이 되었다. 즉, 재물 손재를 보았으나 후일에 복구했다.

● 남편덕이 있다. 乙卯 정관은 日 戊와 습이 안 되었지만 乙卯는 음, 戊는 양. 하여 습으로 본다. 그 해답은 卯와 戌이 卯戌습으로 증명되고 있다. 일간 戊와 癸는 불합으로 불문.

◉**아우생아격**이란 日간이 木이라면 木이 의지할 곳이 없어〔비견·인수가 없을 때 일주를 버리고 다른 세력에 의지, 최종 종결된 오행에 귀착된 것〕 木생火하여 다시 火생土, 土는 土생金 식으로 金에 종결되었다면 이 金이 유력할 때 金이 용신이 되는 것이다.

● 日간 甲木이 근이 없고 甲木을 생하여 주는 水 도 없다. 이때는 日주를 버리고 타에 의지, 최종 결집되고 종결된 유력한 오행으로 용신을 택하는 법이 아우생아격이다. 즉, 木생火하고 다시 火생土하여 辰土에 집결되었으니 辰土가 유력한 용신이 되는 것이다. 庚金은 火에 극을 받아 무력함으로 불용. 아우생아격은 부자로 산다 하였다.

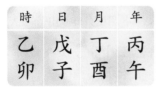

● 이같이 동서남북〔子午卯酉〕 방향으로 갖추고 격국과 용신이 길이면 크게 출세한다. 도화살 이 많으면 사교성이 능대하다.

◉財성이 囚옥살이면 돈 가지고 원수 짓는 일이 발생한다.

신강은 殺을 權으로 본다. 人間은 건강해야만 균을 삼켜서 영양으로 취하 는데, 사주도 신왕해야 한다는 것. 고로 신약사주에 官살이 왕하고 대운이 흉이면 이 사람 처세도 병자요, 몸도 오귀의 몸이다.

 ● 月지 丑 중 癸水 財는 壬水 투간으로 正財격이다. 財성이 왕하여 日지 亥 중 남편 甲木을 생조하였고, 정관 甲木은 日간 己와 甲己合이 되니 남편의 사랑과 직업이 일등공신. 申 상관이 財를 생하면 거부가 되고, 글공부 일등이다.

 ● 쟁습은 할 수 없다. 이런 경우 乙木은 丑 중 金이 있어 乙木은 살지에 앉아 있고, 月간 甲木은 申金 살지에 앉아 있다. 살지에 앉은 甲乙木은 쟁습과 방해를 포기. 이런 경우 日간 甲木만 습을 할 수 있다. 만약 질투하는 오행이〔쟁습, 투합을 말함〕 있거나 극제하는 오행이 없으면 甲己습의 화격이 불발된다.

◦상관 劫財 동거는 상관 편관으로 감평〔劫財는 편관〕, 불행한 일을 당했다는 증거다.

時	日	月	年
甲	乙	壬	癸
申	亥	戌	亥

● 日주의 병은 水다. 이 병을 제거하는 오행은 일차 土이고 2차는 木火다. 甲乙日이 申을 보면 귀격사주로 본다. 이유는 乙이 申 중 庚과 습이 되므로 甲木도 습이 되므로 귀격으로 승격.

時	日	月	年
壬	乙	丁	癸
午	巳	巳	巳

● 水인수 용신이다. 종아 같으나 신약으로 판단.

◦夏月 사주라고 무조건 조후용신 고집하면 안 된다. 日주를 심히 괴롭히면
 이 병을 제거하는 약신으로 용신한다는 것을 명심.
◦夏月 사주라도 때에 따라서 火로 용신할 때가 있다. 冬月 사주도 水로 용신
 할 때가 있다.

● 戊日이 申 중에 뿌리는 있지만 多金에 종한다.
종아격이다. 이같이 比劫이 많다고 부부운이 흉
이네 하면 큰 오산. 정관 남편 입장에서는 卯가
庚에 財로 되어 女는 내 재복으로 남편이 출세한다. 乙庚合.

◦2, 3월 사주에 火가 있으면 火로 용신하고, 만약 水가 없으면 水로 용신한
 다. 2, 3월은 만물이 육성하는 계절이니 물이 있어야 한다.
◦사주에 戊土나 未土, 즉 건土가 있어도 주 중에 水기가 가까이 있으면 건土
 는 水의 도움을 받아 생기가 된다는 것을 명심.

● 水木은 병이고, 火土金은 용신이다. 이 사주는
가상관격이다〔신왕에 상관이 있는 것을 가상관격
이라 함〕. 가상관격은 정관운을 보거나 인수운에
위험하다는 것을 명심. 즉 庚년, 壬년운 대흉.

◦종살격은 건강체질이다.
◦대패살〔庚辰, 丙申 등〕이 공망되면 대패살의 작용이 어느 정도 소멸.

時	日	月	年
甲	辛	丁	壬
午	丑	未	辰

● 이같이 丁火 편관이 合이 되어 편관이 없어지고 관살 午火 1개만 남았다. 위안된다.

女			
癸	甲	丙	辛
酉	寅	申	亥

● 관살혼잡으로 흉명이다. 정관 辛이 식신 丙과 合이 되는 것은 남편이 여자 치마 속에 숨어 있는 격이다. 女명은 官을 돕는 財성이 있어야 남편이 구실을 한다. 재성이 무하고 官살혼잡에 寅酉 원진살과 시주에 비인살이 놓여 있어 남편 앞길을 차단. 거금을 날리거나 송사로 패가 운명이다.

女			
癸	壬	辛	丁
卯	子	亥	丑

● 여자 壬子日은 고독한 운명인데 日간이 合이 되므로 고독. 과부 신세는 면했지만 比劫이 태왕하여 뒤집혀서 부부운, 남편운 모두 상실. 丑土 남편은 白虎대살에 앉아 있어 그 남편은 물에 수장당했다.

◉夏月 사주에 물이 많거나 메마르면 마약 중독이다. 즉, 알코올중독인데 약을 먹는 것도 중독이다. 과음을 하는 것도 중독이다.

◉女자 상관이 편인과 형충되면 타남에게 성폭행을 당했다.

● 巳申合, 巳申刑이 뒤집히면서 財刑을 몰고 日주를 도우니 入官했다.

◉쇠신이 희하게 될 때 흉운이 와서 충시키면 화가 생기고, 왕자가 희신일 때

충하면 발하여 길하게 된다. 왕자가 아닌 길신이 될 때 충시키면 길신이 얻어 맞아 흉하게 된다.

◎財가 충을 받으면 官살도 충을 받는 이치다. 즉, 官살도 피해가 있다. 財는 官의 다리 역할을 하고 官의 원천이다.

◎羊刃을 놓은 자는 편관운을 기뻐한다.

◎신왕에 양 日간 劫財가 편관과 合, 음 日간 劫財가 편재와 습이면 고관(高官)대작이다.

● 가상관격이다〔신강사주 상관은 가상관격으로 보고, 신약사주는 상관이 月주에 놓이면 진상관격이라 함〕. 가상관격은 인수운이 오면 피상 당한다는 것을 명심. 또한 子 편인이 식신 午를 도식하니 알코올중독 환자다.

● 子운이 와서 子午충하여 午의 두간 戊土 관살이 동하여 日간을 극하니 죽임을 당했다.

◎진급, 승진운은 대소운에서 祿이나 帶나 財고, 官고 또는 官성이 日간과 유력할 때 승진, 직급운이다.

● 직업 추리는 사주에 없는 오행을 추리하여 그 오행으로 선별하기도 하고, 보기와 같이 乙庚습이 되면 그 지지 丑土 인성을 자연습으로 끌어 올리니 인성에 대한 직업이다. 刑을 끌어 올리니 인성은 활인공덕하는 의사, 刑은 수술하는 의사박사다.

○ 土金 상관격은 다른 상관격보다 더 영리하다. 년월주가 습이 되었다고 바람 피웠네 경솔하게 하지 말라. 습은 도움을 주었다고 해설.

時	日	月	年
庚	丙	己	庚
寅	申	卯	戌

● 이같이 年지 戌이 月과 卯와 六合이 되고, 卯 인수는 日간을 생조하고 卯는 申과 습, 戌은 申에 합생되면 조상이 내 자손을 도와준다는 뜻. 자손도 사회운이 좋다.

女			
甲	己	癸	甲
戌	亥	酉	申

● 남편 甲木이 戌 天문성에 앉아 있으니 의업에 종사한다.

時	日	月	年
丙	癸	壬	庚
辰	卯	午	申

● 時간 자손궁에 財성이 있고, 辰土가 조후 역할〔辰 中 癸水 또는 辰은 물의 창고〕을 하여 자손이 부귀하다.

男			
丙	戊	壬	甲
辰	辰	申	寅

● 명암으로 官財가 多하여 첩을 얻어 득자한다. 日간이 지지 암장 癸와 암습이 되고, 장간에 官살이 있고, 天간에 官살이 투출되면 첩을 얻어 득자한다. 남자 사주 官살이 많으면 자손이 많다는 결론인데, 자손은 여러 여자를 상대로 탄생하는 이치로 여자관계가 심하다는 뜻.

男			
戊	戊	己	乙
午	午	丑	巳

● 이같이 인수성이 多해 학계, 언론계, 정가 출신이다. 巳酉丑 습으로 金 식상이 되어 총명하고 믿음직스럽다. 신문사 사장이다.

● 신강사주에 식상이 있으면 총명한 머리다.

● 七殺이 많은 사주는 印星이 있어야 살인상생이 되어 길조 사주가 맑아진다. 만약 印星이 없으면 殺은 통관이 끊어져 난폭하여 폭군이되거나 몸이 상신. 도둑의 행세.

女			
丁	丙	戊	庚
酉	寅	子	申

● 길복 사주다. 남편은 水인데, 水를 돕는 오행은 金이다. 金은 財요, 고로 남편은 은행계 근무. 金은 쇠붙이니 은행계 근무다. 길복 사주 이유는 日 丙은 酉〔財성〕에 天乙귀인이요, 酉 중 辛과 丙辛合이다. 또한 日丙의 申은 관귀학관이다. 이러한 복신이 연주되었기에 길복 사주다.

時	日	月	年
丙	庚	己	甲
戌	戌	巳	寅

● 공업계 운명이다. 외가〔己土〕는 벼슬 집안이다. 이유는 己土 인수가 甲己合이 되었기 때문. 본인 집안도 가문 있는 집안이다. 甲己合은 편재가 인수가 合, 길신 인수가 나왔으므로 배경이 좋다.

女			
壬	辛	庚	丁
辰	丑	戌	卯

● 인성이 辰土파하고 丑戌刑이 되는데 이것은 모친 조모님이 흉지 사망, 의사 팔자다. 壬 상관이 편관 丁과 合이 됨은 자손이 부자.

男			
戊	癸	甲	辛
午	丑	午	酉

● 丑寅午는 탕화살이요, 午는 처. 그 처가 탕화살 亥살을 끼고 있어 음독자살했다. 이같이 財성에 도화살에 원진살이 있으니 처첩간의 풍파가 많다.

時	日	月	年
辛	丙	乙	丁
卯	申	巳	丑

● 이같이 巳申合이 되어 巳의 두간 乙木도 日간과 合이 된다. 고로 財印이 合이 되고 충이 되면 모친이 재취했다. 신왕사주 년주에 劫財 상관 동주는 그 집안 부모 형제가 패망했다.

女			
甲	庚	庚	辛
申	子	子	亥

● 申子合이 되면 申의 두간 甲木도 같이 따라서 日간과 合이 된다는 것을 명심. 고로 水는 자손이다. 딸자손의 자녀는 水생木하여 甲木이 딸의 자손이다. 庚申金에 극파당하여 외손주는 고아가 되었다. 財 甲木은 나로 보면 외손주다. 즉, 외손주 양육하고 산다.

男			
庚	辛	戊	庚
寅	巳	子	申

● 이같이 寅申충이 되는데 寅도 손상, 申도 손상되어 木은 신경계, 눈안목, 관절염. 申은 다리, 허리. 이 사주는 巳 中 丙이 日 辛과 丙辛合으로 계급이 있는 사람이다. 財寅과 刑을 안고 日간과 合이 되니 財福도 많고 官운도 좋다. 冬月 사주 처궁에 巳火가 조후하니 처도 벼슬.

時	日	月	年
辛	丁	丁	甲
亥	巳	丑	辰

● 이같이 눈안목인 巳火를 巳亥충하니 눈시력 흉.

時	日	月	年
壬	辛	戊	癸
辰	丑	午	卯

● 이같이 午火가 害살이 되어 火는 눈안목이다. 눈시력이 흉. 또 午는 재물이다. 손재가 많다.

○ 水 日主에 辰고가 있어 물이 막히면 물이 썩어 당뇨병, 혈압병. 辰고가 있을 때는 甲木이 辰土를 파헤쳐 水를 흐르게 해야 한다. 그래야 물이 썩지 않는다.

● 이같이 官이 약하다고 관직생활 불발이라고 하면 큰 오산. 金은 儀다. 多金이 공평하게 이루는 水를 설기하니 법관이다.

● 戊寅日에 巳時, 戊申日에 巳時생은 법관이다.

● 水는 공평정대, 지혜다. 木은 仁이다. 刑은 살관이다. 변호사다. 劫財 상관 合은 귀명격이다.

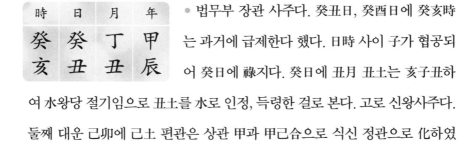

● 법무부 장관 사주다. 癸丑日, 癸酉日에 癸亥時는 과거에 급제한다 했다. 日時 사이 子가 협공되어 癸日에 禄지다. 癸日에 丑月 丑土는 亥子丑하여 水왕당 절기임으로 丑土를 水로 인정, 득령한 걸로 본다. 고로 신왕사주다. 둘째 대운 己卯에 己土 편관은 상관 甲과 甲己合으로 식신 정관으로 化하였고, 지지 卯는 식신에 天乙귀인 長生지로 되어 좋은 대학 입지가 열렸다.

○ 항공계 운명은 巳나 寅이 되고 역마가 대하면 항공계 운명이다.

- **男명 본처 해로 못하는 사주 –** 시상 상관성이 있거나 日지가 간여지동에 〔숨은 무시〕 비겁이 태왕한 자. 時지가 공망이 된 자 또는 日,時에 원진살이 있는 자.

- **長生이 있으면 의식 걱정 없이 살아간다.**

- **女명 乙巳日, 己亥日생들은 명궁에 官살이 있고 다시 암습하면 바꾸어보자는 뜻이 되어 품행이 좋지 않다. 女명 日주가 간여지동으로 되어 있거나 비겁이 태왕하거나 官살이 상관에 극파되거나 식상이 태왕하면 소실팔자다.**

단교살

1月	寅日 寅시	7月	辰日 辰시
2月	卯日 卯시	8月	巳日 巳시
3月	申日 申시	9月	午日 午시
4月	丑日 丑시	10月	未日 未시
5月	戌日 戌시	11月	亥日 亥시
6月	酉日 酉시	12月	子日 子시

▶ 이 살은 다리 병신, 벙어리, 불구자

女			
壬	壬	辛	丙
寅	申	丑	辰

● 이렇게 寅申충이 되었으면 申은 편인성이고, 寅은 식신이다. 女는 편인이 식신을 충하면 하체를 부끄러움 없이 남자에게 바치는 형이다. 편인은 도화살로 본다. 식신은 자손인데, 자손은 자궁에서 나온다. 자궁, 유방이다.

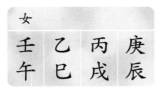

● 이같이 상식이 왕해도 財生官하여 중화가 되면
남편과 이별하지 않고 해로한다.

● 女명에 식상이 財성과 동주하여 생조하면 요리 솜씨 대단하다. 김치 맛도
좋고, 요리 솜씨 맛있다. 또한 애기 낳고 부자된다.

● 재혼한 女명인데, 丁 劫재가 七살 亥 중 壬과 丁
壬合 木이 나와 日 丙을 생조하니 금슬이 좋고
명가집으로 출가했다. 丙日 亥는 명가집 출가.

● 부친은 조별하였고, 모친은 丁壬〔亥 중 壬과〕合
이 되어 재취했다. 남편은 불에 횡사〔丑寅午 탕화
살〕했다. 女명 인수 태과는 官이 설기태심하여 남
편과 이별 징조. 맑은 등잔을 홀로 지키며 밝은 보름달을 우러러 본다.

● 寅巳형을 맞았다. 寅 중 丙火는 처요, 巳 중 庚
金은 모친이다. 刑을 맞아 뜻이 안 맞다. 그 처는
시母 때문에 신경성(寅未 神살)이 걸려 음독자살
했다. 丑寅午는 탕화살로 음독, 약물.

● 이같이 金녀가 2개〔戊日 未는 金녀살이다〕가
있어 다정하지만 자식이 없어〔辛金 자손이 불에
타고 있다〕남편이 첩을 얻어 산다〔실제 사실〕. 이
사주 日 戊午는 간여지동으로 본다. 간여지동은 물과 기름.

女			
己	甲	丁	癸
巳	申	丑	亥

- 삼각관계로 칼침 맞아 죽었다. 辛巳년에 당했다. 역마 官이 刑을 맞으면 살인사건. 甲日이 상하로 음습된 점, 癸 인수가 상관을 충시킨 것, 편인 亥가 식신 巳를 충시킨 것. 목줄이 끊어진다.

男			
戊	辛	己	庚
戌	酉	丑	午

- 女子 운명은 남편과 이별곡을 부르지만, 남명자는 평생을 대과 없이 살아가는 운명이다. 사주 인수성이 多면 만인의 신망을 얻는다.

時	日	月	年
丁	乙	癸	癸
丑	未	亥	亥

- 丑 중 辛金 남편이 충출되니 물에 빠져 수장되었는데, 그 시체는 영원히 水장되었다.

女			
己	己	癸	辛
巳	卯	巳	酉

- 남편이 납치당했다. 이유는 卯酉는 철쇄살로 쇠고랑을 매는 살이다.

時	日	月	年
丁	乙	己	乙
丑	丑	卯	卯

- 丑은 官庫다. 관고가 동림하여 日지로 모여드니 관직이 높다. 신왕사주에 官고가 있으면 관직운이 길로 봄. 신약은 길운을 만나면서 官고를 동림시켜 日주에 보신해주면 관직운이 열린다. 그 외는 흉.

時	日	月	年
庚	壬	己	丁
子	戌	酉	巳

- 戌은 壬日의 財고다. 巳는 財다. 巳火 財는 官고 戌土를 생조하고 丁火 財는 丁壬合 木하여 日支로 모여드니 財·政界 근무할 팔자다. 명문가 집

안 출신이다. 년주가 희신 재국으로 형성.

● 辰丑파하였으나 그 천간이 乙庚合하여 동림으로 본다. 財土는 官殺인 庚金으로 합신하고 다시 乙庚合으로 내 몸으로 돌아오니 재정계 팔자다.

시주 자손 자리에서 乙庚合이 되니 자손도 벼슬감이요, 아신도 말년 영화.

○ **法조제** – 검찰(檢察)관직에 있는 자는 丙庚日생이 格이 이루어진 게 많다. 水는 冷이요, 지혜다. 물은 높고 낮은 곳이 없다. 물은 언제나 수평을 이룬다. 法의 水는 물이다. 去는 갈 거자다. 물이 흘러가는 의미다. 즉, 공평정대하다는 뜻이다.

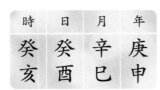

● 변호사, 경찰국장이다.

○ 卯酉충은 충돌됐다가 다시 합이 되어 화해된다. 즉, 卯 중 甲乙이 酉 중 庚辛과 뒤집혀서 습이 되므로 화해가 됨. 이별했다가 다시 합친다.

○ 女명 日時 과숙살은 일찍 청춘에 고민이로다.

○ 庚戌日생 女는 평생 한도 많다. 남녀 형제 중 독신, 고독. 외격은 본인 무시.

○ **철칙살**(女는 기생, 男은 첩) – 壬子日, 戊辰日, 辛酉日, 丙寅日, 庚戌, 甲午日, 壬申日, 丁未日

○ **陰착살** – 癸丑日, 辛卯日, 丁未日, 辛酉日, 癸亥日, 丁丑日

陽착살 – 壬辰日, 丙午日, 壬戌日, 丙子日, 戊寅日, 甲寅日, 戊申日

상기 철칙살, 음·양착살은 결혼 파란살이다. 단, 日·時·月주가 진귀왕래법으로 습신되면 무시.

◉의약계 운명 – 金약 火강 사주, 卯酉, 卯戌, 酉戌 刑살이 있는 사주.

◉金약 火강 사주는 공업계 운명. 財가 많아도 공업계 운명.

◉戌時, 戌亥는 天문성이다. 고로 의학계 운명이다.

◉刑살, 羊刃살 있는 자는 의학계 아니면 공업 미술.

◉건축업 운명 – 대개 寅申巳亥가 刑살을 대동하고 인수격이 된 자. 辰戌丑未 화개살에 인수격이 刑살을 대동한 자가 유력하다.

◉생月에 官살 왕은 형제 고독하고, 형제 잘 사는 사람 없다. 이런 경우 그 지지에서 三合 식상국이 형성, 극제하면 무시. 그 官살이 설기태심하면 역시 무시.

◉甲乙日생 奉 戌亥는 의원으로 가라.

◉金日간 火 종살격은 의도가에 입문한다.

◉春夏月에 甲乙日생 의원가다, 점술인이다.

◉財多국은 구변술이 좋다.

◉壬癸日 木왕 역학계 운명.

◉金火쌍전 경찰, 군인.

◉사주에 물이 왕하면 법관, 의사. 사주에 火多면 법조계.

◉사주 官살 왕은 식품공학계, 운전정비, 철공업, 철도사업.

◉月주 편관이 日주를 극충하면 부친 형제가 연애하다.

◉불구 자손 – 남자 사주에 官살이 심약하거나 식상이 왕하거나 官살이 時주에서 형충극파, 급각살, 공망이 놓인 자. 단, 이 살이 있어도 귀인성이 붙으면 자손 건강하다.

時	日	月	年
丙	戊	壬	甲
辰	辰	申	寅

● 자손되는 寅木이 刑을 당하고, 시주에 물의 창고인 辰辰 水액살이 있어 물에 익사했다.

時	日	月	年
戊	庚	乙	癸
寅	申	丑	丑

● 寅申충이 되나 木의 형제인 乙이 庚과 乙庚合으로 충이 멈추었다. 時주 戊土 편인과 寅 편재 동주는 三각관계다. 유년에 총각이 식을 올리기

전에 득자하는데, 만약 이런 경력이 없으면 후에 재취하여 두 부인 몸에서 애가 나와 본처 해로 못한다. 이유는 정재, 편재 있고 日주가 간여지동이다.

◉天乙貴人이 길 작용하면 관직에서 성공.

◉破살도 충 작용으로 액이다.

◉희신끼리 충극되면 누명죄로 억울한 일 당한다.

◉財가 印을 극하면 횡령죄로 고소, 고발 사건.

◉刑도 되고 合도 되고 원진살이 가담하면 부정이 있음을 암시.

◉운행에서 조후 역할을 하는 운이 오면 희신 역할을 한다는 것을 명심.

◉편인, 편관은 부정이다. 또 이별, 가출살이다.

◉태세가 天乙귀인을 형충시키면 징계처분, 문책, 관액수.

◉비겁이 형충, 원진살이면 편관 七살로 化하여 투쟁, 관액.

◉女子 甲子日은 말년 흉.

◉편인이 식신을 파극하면 처갓집이 붕괴. 女명은 자식이 실패.

◉편인에 養은 부친이 타성남자 부양. 즉, 아버지의 첩.

◉정관은 상속의 별로 일견 財성으로 본다. 행운에서 정관년이 入하면 투자

운이다. 원국에서 정관이 기신 편인과 동주하면 투자로 인하여 손실 막대하다.

◎대소운에서 墓되는 기신 官고를 충시키면 병자는 회복기세, 퇴원한다.

◎女명 羊刃이 있으면 눈이 크다.

◎궁合 - 白虎大살이 배우자 日지에 같이 있으면 신약사주가 백호대살을 입는다.

• 丁壬合으로 木이 나왔는데 사주에 木도 없고 合된 木을 金이 극하여 合이 불발이다. 아우생아격으로 감평한다. 火생土, 土생金하여 金이 유력, 金이 용신이다. 壬水는 土가 극제하여 불용한다. 식상이 財를 생조하니 부를 쌓아 올리겠다.

◎역마지살이 合이 될 때 이사, 이동.

◎사주에 조후가 안 되었을 시 질병이 오면 대운에서 조후 역할을 해줄 때 병이 회복, 차도가 온다. 또한 사주 병균을 치료하는 운이면 차도가 온다.

　예 金이 병이면 火운을 만날 때 병을 제거, 회복운이다.

◎女명 正 인수가 死絕墓이면 딸 결혼 실패.

◎女명 時주에 財印이 동주하면 사위가 불효자식이다.

• 女명 인수는 사위감이다. 未土 財가 극하니 사위성인 癸水가 흔들리고 있다. 사위가 결혼문서를 파한다.

◎女명 日時 고신·과숙살이 있으면 자손이 결혼 실패 또는 미혼지경.

◉고신·과숙살은 日지 외 타주에 비겁에 받쳐 있으면 日간 아신과 연계되므로 고신·과숙살을 받아 아신 형제 혼자 몸이 된다.

◉女명 正 인수가 死絕, 공망되면 딸자식 혼인 실패.

● 戊辰 虎살이 日지와 同合했으니 남편이 흉사했다. 辰은 官고요, 과부살이다.

● 출가 후 남편이 돈을 잘 번다. 용신이 財이고 申 지장간에 남편 오행 壬이 있기 때문이다.

◉七살이 충되면 타성남자 자식꼴.

● 七살 丑이 丑戌형으로 타성남자 자식꼴을 보고 있다.

◉多財가 殺을 생하면 타향객이 있다. 외국과 인연이 있다.

◉劫재가 편관과 合, 도둑의 친척에게 사기당하여 도산.

◉지하살 官은 사주 원국 劫재가 羊刃과 합하여도 부부 다정하여 일자리가 좋다.

◉戌이 길조 역할하면 고위직 실업가.

◉길신이 死지면 손해이고, 흉신이 死지면 좋게 된다.

○상관이 死지면 길흉이 번복된다.

● 化格사주다. 金水木土운 길, 火운은 흉. 충과 원진살운은 대기. 화격은 도화살을 싫어한다.

● 祿이 時주, 년주에 귀착되어 있고 丑에 관帶가 있어 입지 단서가 있는 사람이다. 甲寅 대운에 고시합격. 왜냐하면 甲木은 왕水를 통관하고 寅 중 丙火는 官살을 생조하고 관帶와 甲己合이 되어 영달했다.

○사주에 羊刃이 多면 벙어리, 장님.

○夏月 戌未土는 火의 창고로 취급한다. 戌未土는 불로 보라는 것이다.

○申子辰은 아이디어가 좋고, 寅午戌 三合국이면 사교성에 벗이 많고, 女는 무능한 배우자 한탄.

○女명은 財 용신 속에 官이 암장되면 출가 후 남편이 돈 잘 번다.

○용신년에 財庫, 官庫운에 합격, 승진, 취업운이다.

○계절을 불문하고 가뭄이 심하게 짜여져 있으면 물로 용신하고, 火가 강열 하면 설기 또는 火를 제극하는 水로 용신한다.

⑩ 一月 사주가 건조하게 짜여 있으면 물로 용신하는 경우도 있다. 다만, 외격사주는 그렇지 않다는 것을 명심.

時	日	月	年
丁	甲	壬	庚
卯	辰	午	辰

- 甲申 대운에는 甲木은 日간을 돕고, 申金은 羊刃 卯와 乙庚합으로 고시합격했다.

○官살이 印을 생조할 때 승격.

男			
庚	丙	癸	庚
寅	辰	未	戌

- 辰은 官고요 관帶다. 항상 일자리는 유지, 丁酉년에 취업했다. 丁은 日간을 돕고 酉財는 寅 중 丙과 丙辛합이 되어 三星 취업이다.

時	日	月	年
甲	丙	庚	己
午	午	午	巳

- 庚金은 巳의 長生궁에 놓였으니 용신이 생기가 있다. 부친의 수명이 길다.

時	日	月	年
辛	己	辛	己
未	未	未	巳

- 辰운에 고시합격. 財고되는 辰 중 물과 乙木 관살이 겹쳐 있으니 단비를 만난 격. 만약 戊己운에는 불발. 未는 관帶, 벼슬관이다.

간단한 신수법

時	日	月	年
庚	癸	庚	壬
申	丑	戌	戌

- 土로 용신하면 안 된다. 土생金하고 있다. 고로 종강사주다. 용신은 土金水다.

예 64세 1월 4일생이라면 나이 64+1월=65다

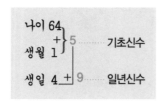

첫머리 거두 6은 불용하고, 끝자리 절미 5만 활용한다. 즉, 一차 신수법 활용 숫자다.

나이+생월 합수가 10이 나왔다면 거두 1은 불용하고 절미 0만 활용, 운명숫자로 한다. 나이+생일=합수가 11이라면 거두 1은 불용하고, 절미 1을 운명숫자로 활용한다. 일차에서 최종 숫자가 一차 신수법의 기초가 되는 것이다.

다음 二차 신수법의 조례는 一차에서 나온 숫자+생일숫자를 합수시켜(숫자조례법에 의거, 10은 0으로 활용, 11은 1로 활용, 10이 아닌 9, 8, 7은 그대로 9 ,8, 7로 활용, 13, 14, 10초과시는 13은 3, 14는 4로 활용) 최종 나온 숫자가 二차 신수 활용 숫자다.

즉, 64+1=65 거두 첫 자리 6은 불용하고 절미 5를 활용, 一차 신수법 활용. 다음 一차 5를 생일숫자 4와 합수시킨다(10은 항상 1은 불용하고 0이 된다는 것을 명심). 5+4=9 二차 신수 활용 숫자다. 〈조견표 참조〉, 신수 판단 요.

◉12운성 통변성은 대운·세운의 천간을 기준, 사주 年月日時 세운의 支에 각각 대조함.

● 편인〔양 편인은 부친으로 봄〕辰은 養이다〔養은 부양한다는 뜻〕. 부친이 첩을 얻어 두 어머니 성이다. 卯 財성이 子卯형도 되고 슴도 되니 아버지의 비행은 높은 신분〔지방법원 서기급〕을 망각시켰다. 卯는 높은 신분〔卯月생의 卯는 동쪽 震궁〕, 子는 검은 거래, 캄캄한 일이다.

◉女명 正官이 財 장 속에 감추어져 있음이 최고 복명이다.

◉年月主 甲寅 상관은 조상이 끔직한 범죄 행위.

◉편관이 劫財와 합이 되어 기신이 나오면 탁사주가 된다.

● 化格 사주다. 土金水길, 火운은 化格 金을 극하여 대흉. 남자 화격은 여자 하는 대로 살아가야 함.

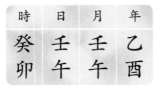

● 壬 日주에 寅을 놓아 귀격이다. 木火土운 길.

◉未土가 官성으로 되었어도 未는 坤궁에 해당하여 처성으로 감평한다. 만약 未土 관성이 상관에 극제되면 남편과 처가 해를 입는다.

時	日	月	年
癸	壬	壬	乙
卯	午	午	酉

● 癸는 劫財요, 卯는 天乙귀인이다. 劫財 간두에 天乙귀인이 있으면 감옥생활을 한다 했다. 뇌물죄로 감방에 갔다 왔다.

財官雜氣_재관잡기격

◉가세격, 염상격, 곡직격, 종혁격, 윤하격 사주는 빈하면 한없이 빈하고, 부하면 역시 부하다. 이 격은 기를 뽑아내는 설기운을 만나면 발복한다.

❶ 가세격은 전국이 火土로 구성된 사주

❷ 염상격은 전국이 木火로 이루어진 운명

❸ 곡직격은 전국이 木국으로 이루어진 것

❹ 종혁격은 전국이 土는 한두 개 정도이고, 金국으로 구성된 사주

❺ 종살격은 관성으로 지배된 것

- 진학운이 되는 둘째 대운 지지가 길성이 되어도 본 사주 명식에서 正 인수가 財성에 극파되거나 원진살, 신살이 되면 진학운이 막힌다.

- 財官雜氣격은 신왕에 해당되고, 月·時에서 이루어진 것을 인정하며, 辰戌丑未 장간에 財나 官 또는 印성이 포장되고, 이미 辰戌丑未가 충형이 안 되었을 때 대운에서 沖發하면 그때 출세한다. 만약 대운에서 충발이 없을 때는 미리 사주 원국에서 沖發이 되면 평생 다복(多福)하게 살아간다. 신약은 신왕운에서 충개할 때 길조가 발생하고, 그 이상은 충개됨을 꺼린다〔풍파가 많고 실패수〕.

- 辰戌丑未가 흐트러져 있지 않고 순으로 되면 반드시 국무총리 이상 자격이 될 사람이다.

- 自身庫는 甲日의 未가 자신庫다〔이하 동일시함〕. 자신이 묘지에 들어가는 상. 그러나 자신고되는, 즉 甲木이 기신 역할을 할 때는 甲木이 未에 入고됨으로써 甲木의 기신이 기능을 잃어 甲木의 횡포가 사라지게 되고, 기신 작용을 못하여 상대를 극하지 못한다. 그러나 甲木이 쇠약하거나 희신이 될 경우는 甲木이 入고되면 甲木이 기능을 잃어 산 시체와 같다. 대운에서 入고된 인자가 희신이 될 때 충발하면 출옥하는 이치로 해방감을 맞이하는 기분이고, 기신 入고를 충발하면 죄수가 탈옥하여 혼란을 자초시킨다. 財성이 자신고에 入고되면 財물과 父가 쇠망한다.

時	日	月	年
癸	癸	癸	壬
亥	卯	亥	戌

● 법관 사주다. 水는 공명정대하고 총명과 지혜를 겸비. 水는 玄武다.

時	日	月	年
乙	癸	戊	癸
丑	卯	午	未

● 관성 未土가 食神 卯와 合이 되어 食神 木이 나와 자손이 새로 생겼다. 처녀가 또는 타남과 임신하여 몸을 망쳤다. 즉, 女官食이 合이 되어 자손이 새로 생기면 부정포태다.

時	日	月	年
辛	壬	己	己
亥	戌	巳	未

● 이같이 多土가 日간을 괴롭힐 때는 신강·신약 불문하고 식상운이 와서 즉, 木운이 와서 多土를 제압할 때 발전한다.

女			
丁	庚	癸	甲
亥	申	酉	寅

● 癸수 상관이 정관 丁火를 극충하는 것이 이 女자 운명으로서 남편궁이 실망스럽다. 甲寅 財성이 왕하여 상관 癸水의 횡포를 억제하고 있지만 月의 상관 劫재의 악성으로 독살이 되고 있어 丁火 남편은 화살 맞은 새와 같다. 女인이 이러면 독수공방이다.

時	日	月	年
甲	癸	癸	丙
寅	丑	丑	寅

● 未년에 죽지 않고 살아난 것은 丑未충하여 丑 중 辛金 인수가 나와 나를 도와 구사일생이다.

時	日	月	年
丙	乙	癸	丁
子	巳	卯	巳

● 木火를 비교할 때 火가 강하면 설기태심하니 신약 인수 용신이다.

◉冬月 사주는 물의 강도가 높으니 약간 신약이라도 신강으로 풀이, 조후용
신한다. 여름 사주도 신강사주로 약간〔甲乙 日주 해당함〕구성되었어도 신
약으로 풀이, 조후용신하는 경우도 있으니 참조.

● 신왕사주 같지만 신약. 甲戌일은 대개 별거, 각
거.

◉正財가 正印을 파하면 파직 가옥 명도.

◉음 劫財가 天간에 있으면 남자 여자 모두 상하거나 실패 경험.

◉지지 양, 劫財가 있으면 남자 여자 모두 상하거나 실패.

◉사주팔자가 다 구비되었어도 통관이 멀리 떨어져 연락이 잘 안 되는 격은
중화가 안 된 걸로 단정.

● 가세격도 되고 종왕격도 된다. 이런 사주는 官
살 甲木이 오면 甲己合이 되어 소원성취하는 운
이다. 卯운이 오면 卯未合이 되어 역시 길운이다.

水운은 고통운이다.

◉건록격, 귀록격 日주의 祿은 식상 財가 없으면 쓸모없는 사람이다. 七살만
보지 않으면 길명이다.

◉日·時 養은 이복형제, 두 어머니, 타성남자 자식.

◉日지 간여지동의 비겁이 合이 되어 비겁이 없어지면 日주 간여지동이 풀린
다. 그러므로 부부궁이 지켜진다.

◉비겁이 天乙귀인 三덕이 되면 친구로부터 후원을 받아 소원성취다.

<table>
<tr><td>男</td></tr>
<tr><td>辛
未</td><td>甲
辰</td><td>乙
未</td><td>辛
亥</td></tr>
</table>

● 財가 태왕하여 亥水 인을 극한다. 辛이 생조하고 日 甲에 長生지로 친모는 살아 있고, 財국 가출살로 집을 나가 행방을 감췄다. 甲日이 未와 合신 되고 天乙귀인에 天덕, 天月에 싸여 있어 부친도 교수직이요, 아신도 KBS 사진기자다. 日지 甲辰은 대패살인데, 부부궁은 이상 없으나 부친이 재취해서 이복형제[亥卯未 木이 출현] 꼴을 본다. 日지 辰은 財庫다. 재복, 처복 유복하다.

<table>
<tr><td>男</td></tr>
<tr><td>癸
酉</td><td>己
未</td><td>癸
丑</td><td>丁
未</td></tr>
</table>

● 金神격이다. 金신격은 신강·신약 불문하고 木 火운에 발신. 水운은 침몰이다.

<table>
<tr><td>男</td></tr>
<tr><td>乙
未</td><td>辛
未</td><td>辛
卯</td><td>丙
辰</td></tr>
</table>

● 뫼제[비견]가 도화살 財성을 극하면 형제가 첫사랑을 포기한 것. 형제가 편인을 보면 외국인과 국제결혼이다[편인은 외국 여성]. 白虎 未가 형충되면 외가 혈친[未는 조모, 외갓집 할머니 등]이 흉지에서 사망. 卯 財성이 絶되어 만혼할 운명. 卯 편재가 將살인 부친은 국방에 충효.

<table>
<tr><td>時</td><td>日</td><td>月</td><td>年</td></tr>
<tr><td>戊
寅</td><td>庚
午</td><td>辛
酉</td><td>戊
戌</td></tr>
</table>

● 신왕사주에 년주에서 時주까지 寅午戌 三合국으로 길신이 성국되니 대대로 물려받는 명가 출신이다.

◉養은 길흉이 양분, 나쁜 뜻은 가중 혼인 실패 육친 있다.

○ 巳생이 巳년을 보면 반극현상이 일어나〔대충〕흉이 될 수 있다.

○ 행운에서 사주 財성과 합충이 되면 투자처가 열리거나 일자리 생긴다.

● 金이 日간을 치니 신경통, 관절염. 직업은 刑을 맞고 甲己합이 되었으니 여경(女警). 甲日에 巳를 보니 명가집으로 출가. 甲日에 丙火를 보고, 丙辛 합으로 보라 했으니 귀명격이다.

● 甲庚충, 寅申충하고 있으나 양자 祿을 응하여 충이 되지 않는다 하였다. 즉, 甲寅 록과 庚申 록끼리 충은 충으로 보지 말라 했다.

● 甲日생이 寅月 4日에 태어났다면 寅 중 戊丙甲 이 있는데, 4日 출생자는 초기에 해당하니 戊丙甲 의 戊土가 4일생의 몫이다. 이 초기 戊土가 천간 에 투간되면 편재격으로 본다. 그러나 月지 祿〔甲日에 祿寅〕은 健祿격으로 본다. 만약 7日을 넘어서 15일 전에 출생했다면 지장간 戊丙甲의 중기 丙火에 해당. 丙丁火가 투간되면 식신 또는 상관격으로 보고, 15일 이후 출생하면 정기 甲木이 해당된다. 그러나 비견 劫재는 격이 해당 안 되며 불용하고, 健祿격이 되면 다른 격을 무시하고 健祿으로 추리한다.

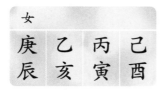

● 년月주에 상관 劫재 동주는 그 조상 형제가 끔 찍하게 참변당했다는 증거다. 丙火는 친할머니 인데 그 丙火가 劫재 寅을 동거하고 寅酉 원진살

로 친할머니는 자식과〔이 여인 아버지〕 공모하여 이 여인의 출생 때 생후 막 낳은 생명을 죽으라고 보자기에 싸서 방구석에 익일 아침까지 엎어 놓았음. 딸만 줄줄이 난다는 이유로 살인미수 기도, 악마 짓을 했다. 이 여인은 죽지 않고 성장했지만 혼인을 포기하고 일편단심이다. 결혼을 해본들〔丙이 庚을 극함〕 여의치 않기 때문이다.

◉비견 겁재가 습도 되고 충도 〔원진살도 되면〕 되면 형제 결혼 실패.

● 비견 劫財가 공망되어도 형제 결혼실패.

甲	甲	丁	壬
戌	寅	未	子

戊	丁	癸
日	月	年

● 이같이 생습이 된 경우에는 丁癸沖이 아니라는 것을 유념.

丁	丙	辛
亥	寅	丑

● 丙辛合이 되어서 丁火는 辛金을 해하지 않는다.

時	日	月	年
丙	丙	辛	丁
申	午	亥	酉

● 亥水는 남자다. 申金은 재물, 돈. 애인 남자한테 돈을 빌려주고 사기당했다. 丙辛合 水하여 辛金 재물은 亥의 남자에게 설기되어 돈이 나간다. 年 간 劫財 丁火가 辛金을 극해하여 돈 손해다.

◉財庫가 습도 되고 刑충도 되는 해에 경사. 합격, 승진.

壬	丁	壬	丁
時	日	月	年

• 남자 丁壬 年月, 丁壬 日時 대귀대부.

◎ 三夏月 甲乙 日주 신약은 비겁운이 오면 불만 성하여지는데, 木이 되는 비겁운보다 水운에서 발전한다.

◎ 女명 사주에 官살이 혼잡되고 도화살이 刑충습되면 젓가락 두들기는 술집 기생, 시녀 노릇한다.

男		
乙	辛	庚
巳	巳	寅

• 巳巳 浴살로 두 번 결혼이다. 외양내양으로 습도 되고 刑충도 되니 여자 치마 속에 숨어 있는 격이다. 寅은 형제다. 형이 되고 공망되어 탕화살〔寅〕 연탄가스로 자살했다. 庚寅은 白虎대살이다. 여동생을 가혹하게 학대했다. 乙辛충은 부친도 참변, 형제도 참변, 결혼도 파혼. 乙庚습에 관살이 새로 생겼으니 刑살까지 가담하여 첩에서 난 자식이다.

◎ 상관 劫재 동주는 상관 편관으로 감평〔劫재는 편관으로 본다〕. 불행을 당했다는 증거다.

◎ 女명 時주가 편관 편인을 놓으면 자식을 극하여 자식운이 불길. 여차하면 불임증이 될 수 있다.

◎ 寅이 기신으로 독살 작용하면 이 여자는 한평생 풍파의 운명이다.

時	日	月	年
戊	丁	壬	甲
申	巳	申	戌

• 丁이 三壬을 암습하니 반드시 음행을 범하겠다. 즉, 財가 형충, 원진살이 되니 돈 손해 꼭 있겠다.

- 辰 중 乙木은 비밀자손이다. 즉, 남의 자손이
  다. 日지로 모여드니 남의 자손 키운다.

○ 남자 사주에 식상이 왕하면 손자대 대성(大成)한다.

○ 사주에 華개살이 많으면 남의 밥 많이 먹어본다.

- 천라살인 辰辰이니 감옥에 한 번 가 보리라.

○ 여성의 사주에서 식상이 왕하거나 財성이 왕하면 배 다른 자손 키우며 재
  혼을 하지 않는다.

- 財성에 丑戌형이 되니 처첩으로 인하여 송사.

- 辛金이 火에 잘 제련되어 가히 쓸만한 그릇이
  다. 즉, 직업이 훌륭하고 얼굴이 미모라는 뜻.

○ 女성에 官성이 태강하거나 財성이 태강하면 친정이 패가한다.

42 秋命歌_추명가

◎ 지지에 陰 도화가 공망이면 女子 또는 딸이 실패〔도화는 사랑이다〕.

時	日	月	年
丙	庚	辛	壬
子	子	亥	戌

• 子子가 동합하였으니 時上 丙火도 日 庚과 합하는 현상이다. 백년을 살자고 맹세를 굳게 했건만 실은 없도다. 구석방, 소실 몸이로다.

◎ 女명의 사주에서 물이 넘치면 물은 검은색이니 월경 불순.

◎ 甲申日에 태어난 자는 직업운이 좋다. 女명 甲申日은 남편의 직업이 튼튼하다.

男			
庚	庚	甲	癸
巳	申	寅	酉

• 식신은 장모다. 官살은 아들이다. 官食이 合〔巳申合〕이 되면 자손이 외가에서 살아본다.

時	日	月	年
戊	己	庚	丙
辰	丑	子	子

● 이같이 財가 왕하면 부친이 조사하는데, 그렇지 않으면 부친이 첩 얻어 산다. 친모는 고독 신세 또는 소실로 들어가 나는 소실 몸에서 태어난다.

女			
辛	戊	庚	丙
酉	午	寅	申

● 식신 상관이 태강하여 官성을 극하는 것은 남편에게 액이 있는데, 만일 그렇지 않으면 남편이 재산 손해다. 그러나 자세히 보면 寅申이 관귀학관으로 남편 자손 돈 버는 자리가 후하다. 년주 丙은 天月덕으로 자식 자리 辛과 습이 되고, 月지 寅 중 丙이 시주 酉 중 辛과 습이 되어 사주자 맑아졌다. 시주 상관이 시정되어 저손의 영화다. 태세 丙申년은 丙이 辛과 습, 申 관귀는 月지 관귀와 충되어 가출살로 직업활동이다.

◉女명 乙巳日은 巳 중 庚金이 있는데, 그 火에 상하여 상부 또는 남편 불구 아니면 병자다. 그러나 사주에 官살의 형제가 있으면 남편은 건강하다.

◉時주에 편관이 있으면 자식이 반항적 기질, 불효. 습이 되면 효자.

◉육친이 자체 多 관살에 피상되면 그 육친은 전과 죄명으로 사형이다.

◉비견국, 관살국, 財국 또는 인수격으로 이루어진 化格 사주는 처덕, 남편 덕이 없는 것 같아도 일반 사주와 반대로 처덕, 남편덕이 山과 같이 높다 는 것을 유념.

● 남편은 술〔물은 술이다〕에 취하여 좁은 호수 〔물가〕가 길〔戊土〕을 가다가 水 중의 神이 나와 익사했다. 亥 중의 甲木 남자를 물장사 영업 중에 새 남편으로 만나다. 女자 운명 財가 많으면 남편에게 불운을 준다.

時	日	月	年
甲	癸	丁	癸
寅	卯	巳	亥

• 亥 북방으로 여행하는 길에 巳 차 안에서 애인이 사고로다. 애인은 가고 밤마다 꿈자리〔巳亥충은 꿈자리〕에 원한의 정〔寅 亡신살〕을 호소한다.

亡신살이 있으면 객사혼이 나타나서 원한의 정을 풀어달라는 호소다. 즉, 내 주변 앞에서 항상 꿈자리가 사납다.

◦노년(老年)에 生旺帶祿운으로 흐르면 겨울나무가 푸르게 되고 꽃이 피는 원리로 반대적인 현상으로써 푸른 것이 꽁꽁 얼게 되어 뿌리가 상한다. 즉, 사람을 괴롭히며 잔인함이 있다. 때문에 흉한 것이 많고 길한 것은 적다.

◦辰巳는 바람이다. 즉, 풍으로 辰巳가 刑冲되면 풍질병.

◦浴살이나 亡신살이 天乙귀인과 동주하면 은인의 구제를 받아 횡재운이다.

◦劫財 편재가 합이 되어 길신 관성이 나오면 첩으로 인해 벼슬.

◦女명 사주 印성이 상식과 日지로 모여들면 생모를 모신다.

時	日	月	年
庚	壬	庚	庚
戌	戌	辰	申

• 女명 壬戌 日주라고 흉하게 보지 말라. 土생金, 金생水하여 좋은 옷, 보배를 지니고 산다. 戌은 財庫다.

時	日	月	年
庚	戊	甲	戊
辰	子	子	子

• 子子가 동합하였으니 天간 甲木 관살도 동합이 된다. 官財가 합이 되면 총각이 득자한다.

時	日	月	年
壬	己	戊	丙
申	丑	戌	寅

• 비겁이 多일 때 반드시 설기하는 식신 상관이 있으면 영리하다.

時	日	月	年
戊	丙	庚	戊
子	申	申	辰

● 日지 암장 남편과 日간이 충이 되고 주 중에 申子 水국의 남편 오행이 새로 생겼으니 소실로 입가.

時	日	月	年
乙	丙	辛	乙
未	申	巳	亥

● 巳는 동생이다. 동생이 교통사고 아니면 관액수. 수술 한번 해본다.

時	日	月	年
戊	己	己	己
戌	未	巳	巳

● 흙이 메말라서 어찌 농사지어 추수할 수 있겠는가?

時	日	月	年
丙	庚	辛	丙
戌	申	丑	辰

● 辛金은 형제다. 형제가 合하니 연애 한번 해본다.

時	日	月	年
己	甲	甲	壬
巳	辰	辰	午

● 辰 중 癸水는 모친이다. 辰辰 동합하였으니 모친이 재취했다. 이런 것도 덮어놓고 하면 실수니 상황주시하여 판단. 이 사주는 甲辰 虎가 거듭 있다. 辰土는 부친이요, 虎살은 혈광살이다. 고로 그 부친은 참변을 당하였으니 모친은 외롭게 되어 母친이 재취했다는 것이다.

時	日	月	年
己	甲	丙	丁
巳	午	午	卯

● 종아격이다. 이같이 여름 국 중에 물이 없다고 탓하지 말라. 종 사주는 조후 필효 없다는 것을 유념.

時	日	月	年
庚	庚	庚	乙
辰	辰	辰	巳

- 이같은 사주는 처복이 있다. 乙木 처가 乙庚合이 되었으니 만약 合이 아니면 처복 無, 교수 팔자다.

⊙년주 식신이 時주 정관과 合이 되어 희신이 나오면 조부의 의식주가 풍족.

時	日	月	年
甲	己	癸	甲
戌	亥	酉	申

- 남편 甲은 戌亥 천문성에 앉아 있으니 의업(醫業) 계승. 만약 의업에 계승(繼承)하지 않으면 그의 자손이 의업에 계승.

時	日	月	年
丙	癸	癸	甲
辰	卯	酉	申

- 卯辰合이 되니 辰 天간 丙 財성도 合하는 현상이다. 이러면 食財가 合하는 상이 되어 장모 모신다.

⊙官살도 직업이고, 印수도 직업이다. 공문이다.

時	日	月	年
甲	己	癸	癸
子	亥	亥	丑

- 水氣가 왕하여 항해하는 현상이다. 부친은 외항선 선장으로 바다를 누비었다. 日지 亥 中 甲이 甲己合이 되니 처도 좋은 직업.

時	日	月	年
丙	甲	壬	辛
子	申	辰	巳

- 신약이 신왕으로 化했다. 본래 官살이 왕하여 남편덕이 있다. 팔다리 쑤시는 병은 몸더워지는 약〔쑥시황〕을 쓰면 효력.

時	日	月	年
己	丙	辛	甲
丑	戌	未	戌

● 식신은 애기집이다. 식상이 깨지면 유산되는 경우가 많다. 이같이 日주 쇠약에 식상이 태강하면 무자 팔자다. 丙辛합도 불발이다.

時	日	月	年
乙	丙	庚	辛
未	午	寅	未

● 이같이 암장된 寅 중 甲이 未 중 己土와 합이 되니 조모님이 재취로 있다는 것을 알 수 있고, 日주 간여동으로 배우자를 극하는 상이 되어 불미하다. 丙辛합은 未土가 극하여 불발이다. 乙庚합도 되고 乙辛충은 남편의 부정이요, 부모님도 역시 비리다.

時	日	月	年
壬	甲	辛	丁
申	寅	亥	未

● 부군 차에 흉사하거나 수술 또는 납치당한다. 刑살은 관액, 납치, 감금, 수술, 입원. 역마가 흉작용하면 납치, 감금, 가출. 상관 丁이 정관 辛을 극하였으나 丁壬합으로 해결.

女			
甲	庚	甲	戊
申	寅	寅	戌

● 甲申 財木이 동합하고 寅木 財가 동합하였으니 두 집 사위 노릇한다. 寅은 三八 木이다. 애를 가진 지 석 달만에 유산하였다. 이유는 申 중 壬水는 식신 자손이다. 형충되었기에! 女 財多 사주는 남편이 첩과 동거.

◑女명에 劫재, 상관 같이 있으면 남편과 이별 징조.

時	日	月	年
壬	癸	乙	丙
子	丑	未	辰

● 癸는 음이다. 즉, 딸이다. 壬은 양이다. 아들 또는 남자다. 女명 日간이 陽이면 큰딸이다.

○상관에 도화살이면 뇌물죄로 구속. 상관이 빗나가면 경찰서 출입, 탈선, 흉악범, 살인, 무법자가 된다.

○편인은 작은엄마, 큰엄마, 계모성 할머니, 이모, 부친의 첩, 부친으로 본다.

• 상관〔亥〕이 亥月에 태어나고 3金이 발수하니 진상관격이다. 丁火는 無근이요, 남편이 작처했다.

• 辛은 남편이다. 辛 밑에 未가 日지로 방합되어 日지로 들어오는 상인데 未 두간에 辛金 남편이 동주하니, 즉 官食이 合하게 되어 처녀가 잉태, 몸을 망치고 기생이 되었다. 巳는 결혼의 별이요, 巳 식신은 애기집이다〔자궁이다〕. 결혼의 별인 巳를 亥 편인〔해약하는 것〕이 巳亥충으로 혼인문서 갈라진다.

○충살은 교제살로도 보고, 교제 후 이별살로도 본다.

○女명 정관이 日간과 合이 되었는데 행운 상관운을 만나면 남편 필패, 상신.

時	日	月	年
壬	乙	庚	戊
午	巳	申	辰

• 乙庚合이 되면 그 지지도 合하는 이치로 본다. 辰巳는 合이 안 되었어도 서로 다리 역할로 상생하니 合하는 이치로 본다. 어떤 오행이든지 서로 극이 아닌 상생지면 생합이 되는 것으로 본다. 庚은 아들이요, 申은 딸이다. 天간은 남자요, 지지는 여자다. 아들, 딸 의학박사다. 刑살이 받치고 있기 때문. 日간 乙木이 庚申金과 무정할 때 이 오행이 日간과 合이 되면 희신 인수 역할을 하여 최고 길신으로 본다. 즉, 서로 협동, 협력, 동반자가 된다는 것을 유념.

◍행운에서 財의 자체 자신고가 入고되면 손財수가 발생.

● 財성이 약하다. 財성이 약하면 부친이 일찍 조별하거나 부친에 문제가 생긴다. 壬水 母친은 戊土財가 日지로 合생되니 모친은 재취로 왔다.

● 이 사주는 처복이 많다. 合水하여 寅木 財를 생조하니 대학교수다. 신강사주로 본다. 인수가 있고 식상이 있으면 교원가(教員家) 팔자다. 인수는 선생님, 식상은 제자다.

● 甲木 인수가 남편궁인 日지 丑 중 己土와 甲己合이 되어 가정환경이 좋았으나 墓궁으로 파격, 교원가다. 즉, 戌月 丁丑日생은 교원가다. 그의 남편은 丁丑 虎에 암장하고 있는데, 丁丑은 식신이다. 丑은 탕화살이요, 끓는 물, 음독, 총탄이다. 丑月은 12월이요, 눈 오는 겨울이다. 亥는 역마다. 즉, 노상(路上)이다. 그의 남편은 겨울철 눈 오는 날에 車를 타고 가던 중 괴한〔상관 虎살〕으로부터 총탄에 맞아 죽임을 당했다.

◍상관에 원진살이 엮어지면 흉지에서 사망.
◍印수가 合이 되어 기신이 나오거나, 편인이 식신을 극하면 母의 마음씨가 불량품이다.

- 본인이 교통사고〔寅申충〕 아니면 자손이 교통사고. 이상과 같은 사주는 자손이 가출〔辰에 寅은 가출살〕 또는 실종되어 구곡간장 찢어진다.

- 이 사주는 日지와〔日지 子 중 癸와 日간 戊와 合〕 암합하고 다시 天간 癸와 合이 되었고, 상관이 月령에 있어 태왕. 소실 몸으로 입가.

○ 戊은 河괴라 하고, 辰은 天羅라 한다. 이 말은 辰戌이 모이면 天地가 멸망(滅亡)한다는 뜻이다. 天은 남자요, 河地는 여자다. 辰은 물이요, 戌은 火다. 그러므로 女명 日지가 辰戌이 충하면 독수공방이다. 만약 남편이 경찰이나 권위직에 있으면 무방하고, 본인이 경찰이나 권위직에 근무하면 부귀 해로한다.

- 日간이 지지 암장과 合이 되고 쟁合이 되면 재혼, 재취하여 득자한다. 日간이 지지 亥 중 甲과 合이 되면 亥 중 戌甲壬 장간 육친도 日간과 合이 된다는 것을 유념.

- 이 사주는 쌍 亥 중 壬과 암합하였으니 소실 몸으로 입가.

● 이 사주는 甲己合이 天간에서 이루어졌는데, 未 중 己土와 암슴하였으니 몸을 함부로 망친 사주다.

◉ 편관 七살은 祖上神으로 본다. 官살이 무력하고 충상이 심하면 직계 혈친이 흉지에서 불행하게 사망. 또한 조상신의 사후세계가 불안정.

◉ 刑충살도 祖上神으로 본다. 매년 운세에 刑沖살이나 원진살, 官살이 형충되면 조상신이 발동하여 조상 산소일 발생.

● 丁未는 간여지동이다. 부부궁이 흉. 巳酉丑 三合 財국으로 乙印을 파하니 혼인문서 갈라지다. 여자가 두 트럭이다. 여자복, 財복이 넘친다. 金리 놀이, 사채업자다.

◉ 死絕墓 오행 육친은 생기를 잃었으니 제 기능을 못한다.

◉ 하격사주로 구성되었어도 대운이 용신 방향으로 잘 타고난 운명은 성공적으로 살게 된다. 후천적 대운이 좋으면 사주 악살을 소멸시키고 기신이 시정되어 대과없이 살아간다.

◉ 상관이 天乙귀인과 슴이 되면 사해에 이름을 얻는다. 女명은 훌륭한 남편과 살게 된다.

● 午는 상관이다. 상관은 車다. 丑午 해살이 붙었으니 교통액이 있겠다. 상관에 원진살이 되면 무서운 교통살이다.

時	日	月	年
丁	辛	癸	乙
亥	未	未	巳

女

● 巳火가 남편이다. 巳火가 日간과 合이 되었는데 巳의 두간 乙이 日간 辛과 乙辛충으로 合과 갈라지는 형이다. 女子 사주 관살혼잡은 부부 인연이 물과 기름으로 제각각이다. 未 중 암장 애인과 丁火 七살이 역시 뒷거래 남자다. 편인 未토가 식신 癸水를 극하니 아래 하체〔자궁〕가 험하다.

時	日	月	年
壬	壬	庚	甲
寅	午	午	子

● 午午는 같은 형제이므로 동합으로 본다. 충을 잊었다.

時	日	月	年
乙	乙	戊	庚
酉	巳	子	午

● 庚金은 남편이다. 庚金 남편 밑에 자손 오행이 있는데 子午충이 되어 처음 자손이 이별하고, 日지 巳火 자손과 酉金 남자와 合이 되어 나중에 난 아들과 두 번째 남자와 동거한다.

時	日	月	年
丁	乙	戊	戊
丑	未	午	辰

● 부모님 두 분 중 한 분이 참변당했다. 財성이 왕하니 친척집에서 자랐다. 재혼 명이다. 평생 재물복은 많다.

時	日	月	年
庚	丙	丙	壬
寅	午	午	午

● 부모님 임종할 때 참변을 당했다. 寅 母친이 寅午合이 되어 寅에서 볼 때는 비겁 午는 식상 자손이요, 日간으로 볼 때는 비겁이 되니 이복형제다. 寅午合이 되면 庚金 財도 合하는 현상. 모친이 재취했다.

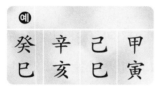

時	日	月	年
庚	甲	壬	庚
午	辰	午	午

● 식상이 왕하니 두 장모님에 절하여 본다. 남명 사주에 식상이 많으면 첩을 얻고 산다는 뜻이다. 장모는 여자다. 고로 식상이 많으면 여자가 많다는 것이다.

時	日	月	年
戊	戊	己	乙
午	午	丑	巳

● 만약 학계(學界) 또는 언론계 아니면 정계(政界)에 오르리라. 이같이 印성이 왕하면 증손자 代에 발한다.

◉상관이 財성과 合이 되면 성명을 얻거나 부자가 된다.

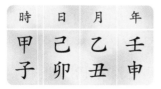

예			
癸	辛	己	甲
巳	亥	巳	寅

● 亥 상관이 寅 재성과 合이 되므로 그의 남편이 고관이요 돈벌이를 잘한다.

時	日	月	年
甲	己	乙	壬
子	卯	丑	申

● 日지 卯 중 甲과 압合하고 다시 甲己合이 되니 소실 몸으로 入家하거나 연정관계를 맺는다.

◉日지 화개살은 부부 중 하나 사통비리. 그렇지 않으면 형제가 사통비리, 탈선.

時	日	月	年
丙	壬	丁	戊
午	戌	巳	戌

● 戌 官살이 태강하여 소실 몸으로 入家.

●女명 壬戌·癸丑日생은 반드시 財官이 구비되면 부부 해로하고 산다. 단, 壬戌·癸丑日생 官성이 충·파·형·해·원진살이 접하거나, 虎살에 임하면 그의 남편은 흉사한다.

● 부군이 흉사했다. 官살에 虎살이 있고, 刑害를 맞았고, 丑午 원진, 丑午 害刑이 되면 그 天간 癸水도 형해살이 닿는다는 것을 명심.

● 辰 중 官살, 丑 중 虎살에 임하여 부군이 흉사했다.

● 암장 丙火 官살이 日간과 合이 되었고, 주 중 丙火와 合이 되었고, 丁火 관살이 또 있으니 품행이 좋지 않아 애기 낳고 소실로 들어갔다.

●巳는 역마살에 운송계통의 역마 사업으로 도로공사, 정비사업이다. 사주에서 巳申刑에 巳申合이 된 자는 고장난 도로공사, 정비사업이다.

●태세 정관이 형충되면 가택문서 해약에 주거변동, 이사수다.

●金녀살 - 甲 乙 丙 丁 戊 己 庚 辛 壬 癸
　　　　　 辰 巳 未 申 未 申 戌 亥 丑 寅

즉, 日간이 甲이고 辰이 사주 지지에 있으면 金녀살에 해당함. 매년 운에서 辰日생이 甲년을 보거나 甲日생이 辰년을 만나면 女자는 남자, 남자는 여자의 도움을 받아 자금의 도움과 사랑을 받는다. 이 金녀성이 있어도 辰戌이 모여 있으면 金녀성이 파괴된다.

時	日	月	年
辛	乙	辛	庚
巳	未	巳	申

● 바람 피우는 사주인데, 이런 사주는 집을 나가 가출하는 예가 많다. 관살혼잡에 刑殺이 되기 때문이다. 未를 三合 亥卯未하여 三合 거두 亥를 충하는 巳가 가출살이다. 巳가 사주에 있으면 가출살이다.

◎ 乙 辛 癸 癸 丁 己 甲 丙 戊 己 庚 庚 壬 壬 日생
   巳 巳 巳 未 亥 亥 申 子 寅 卯 午 戌 午 戌

女는 흔히 그늘진 생활을 하는 것을 많이 본다. 이 日辰은 주로 地支 암장과 合, 地支 官살을 놓은 六十甲子 중에서 더욱 강력한 것을 추려서 경험한 결과이다.

時	日	月	年
癸	庚	丁	己
未	午	卯	巳

● 사주를 작성해 놓고 지장간 中기, 여기 오행이 日간과 合이 되는지를 확인하라. 月지 卯 中 乙은 日 庚과 乙庚合이 되니 일자리 풍족. 편재 부친 甲은 甲庚충이 되나 甲己合으로 부친도 돈 버는 직업이 좋다.

時	日	月	年
壬	壬	庚	丙
寅	申	申	申

● 寅申충이 되나 申申 동合이 되었으니 충이 아니다. 또한 丙壬충이 되나 申申 동合으로 그 힘을 받아 丙壬충도 동合으로 본다. 그 이유로 부모 재산 이어 받아서 평생 행복하게 산다. '**실화**'이다. 이러한 비법을 주시하라.

時	日	月	年
庚	丁	壬	甲
戌	丑	申	子

● 처가 음독자살을 했다. 刑殺에 財성이 있다.

1, 6	水	① ⑥ ① ⑥ 壬 癸 亥 子
2, 7	火	⑦ ② ② ⑦ 丙 丁 午 巳
3, 8	木	③ ⑧ ③ ⑧ 甲 乙 寅 卯
4, 9	金	⑨ ⑨ ④ ④ 庚 申 辛 酉
5, 10	土	⑤ ⑩ ⑤ ⑤ ⑩ ⑩ 戊 己 辰 戌 丑 未

9	3	5	8
庚	甲	戊	乙
午	寅	寅	亥
2	3	3	1

●성명학 행운숫자 번호 중시

길흉숫자는 행운번호 산출시 적당히 골라 택한다.

㉠ 2, 7 행운번호 앱난에 (행운번호 표지 참조) 2357, 3211, 2992 행운번호 숫자에서 우측 조견표 숫자의 길흉을 참조하여 2357을 택하였다면 2는 흉이지만 3은 발전, 5는 복덕, 7은 위력 등 길성이 많아 좋은 행운번호다.

숫자의 길흉	
1	희망, 부귀영화, 고귀한 인격
2	조업파산, 부부인연 박, 생사이별, 고독, 수심, 번뇌
3	발전, 용감무쌍, 명철두뇌, 입신양면, 노력형
4	용두사미격, 손실, 경제적 낭비, 배우자 이별, 패가망신, 재앙
5	복덕격 5는 매우 길한 숫자다. 지와 덕이 겸비, 양명부귀, 만인의 상, 중심인물
6	풍부순성, 대업계승, 성취, 조상의 풍부한 가업계승, 물려받은 재산으로 오히려 화를 당할 수 있음으로 조심, 분산파기
7	독립과 인내의 수리, 위력이 강하여 좋을 때는 좋지만 잘못 자초
8	개척격, 자력 발전지상, 인내 정신으로 대업성취
9	대재무공지상, 성공 후 좌절
10	소득없이 분주, 발전 이룬 후 정체, 형액, 불구, 질병, 흉한 물길수

時	日	月	年
戊	癸	壬	庚
午	丑	午	午

● 財살혼잡이다. 丑 중 辛金은 모친이다. 午火는 처다. 丑午 원진 害살이 되어 그 처와 母친과 불화 끝에 음독자살했다. 자살은 神살에 원진살과 害살과 탕화살이 있기 때문이다.

時	日	月	年
丁	辛	癸	乙
亥	未	未	巳

● 이 사주는 신주가 약한데 未月 未土는 불土이기 때문에 辛金을 생조하기는커녕 반극하는 상극이다. 未月 未土는 火의 창고로 본다. 이 火氣를 막는 丙년이 와서 丙辛合 水로 二차 용신은 辰丑〔물土〕土다.

◉사주에 申申이 있거나 정인, 편인 섞여 있으면 두 어머니꼴이다.

男			
丁	癸	丙	丙
巳	巳	申	寅

● 巳 중 戊土는 비밀 자손이다. 巳巳가 동합하고 寅申沖이 되어 두간 丙丙도 沖이 되었다. 두세 번 인연이 바뀐다.

時	日	月	年
己	壬	戊	壬
酉	申	申	戌

● 申申이 동합하면 申 중 戊土도 같이 따라서 동합하게 되고, 天간 戊己土도 같이 동합하게 된다는 것을 유념.

時	日	月	年
甲	己	丁	甲
子	未	丑	寅

● 天간이 合〔甲己〕이 되면 그 지지도 같이 따라서 合이 되고, 지지가 合이 되면 그 天간도 合이 된다는 것을 명심. 丑月 子時 단교살이 있으니 다리를 절뚝거린다.

時	日	月	年
丁	甲	戊	甲
卯	子	子	子

● 자녀의 눈 시력이 안 좋다. 丁火는 자손이요, 눈안목이다. 사주에 물이 왕하여 丁火를 극하는 상이 되어 자녀가 안경을 쓴다.

◎ 女명 괴강日생은 섹스에 미친 격이다. 그렇지 않으면 남편에 해당.

男		
己	丙	壬	丁
丑	戌	寅	卯

● 의대교수다. 주사와 침으로 萬人間을 살린다. 신왕에 丑戌 刑살로 인수가 구비되어 의대교수이다.

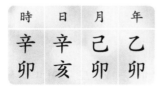

時	日	月	年
乙	戊	癸	丙
卯	申	巳	辰

● 日時지에 단교살[卯]이 있으니 다리 저는 사주다. 卯申 원진살은 申 역마살이 가담되었기 때문에 교통사고로 다리 부상.

時	日	月	年
辛	辛	己	乙
卯	亥	卯	卯

● 戊己土가 극파되면 위장병, 위경련, 위 수술을 해본다. 土가 지나치게 도움받아도 위장병이 온다.

時	日	月	年
丙	戊	己	己
辰	辰	巳	巳

● 土가 많고 생조를 많이 받으니 위가 약하다.

◎ **남녀 財官 공망법** – 女자는 官성, 男자는 財성. 이 財官이 공망되고 대운에서 女는 官 공망, 男은 財 공망운을 만나면 필히 이별이다. 공망된 財官

이 사주에 나타나지 않았어도 대운에서 만나면 그 나이 때 이별이다. 공망
법은 년주, 日주, 양법으로 활용함.

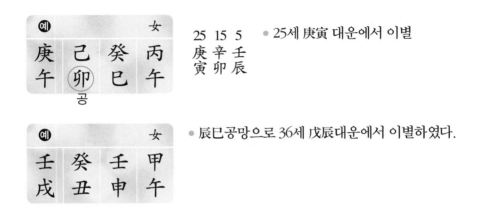

25 15 5　　● 25세 庚寅 대운에서 이별
庚 辛 壬
寅 卯 辰

● 辰巳공망으로 36세 戊辰대운에서 이별하였다.

◐長生은 養과 비슷하다. 養보다 長生이 있는 자는 양식하는 것을 흥미로 하
여 동물, 화원, 목축업, 물고기 해초류, 양식업에 취미.

陽曆	陰曆	日辰
	1일 五黃 △	
	24일 九紫 ▽	
1	26	辛丑
2	27	壬寅
3	28	癸卯
4	29	甲辰
5	4月1일	乙巳
6	2	丙午
7	3	丁未
8	4	戊申
9	5	己酉
10	6	庚戌
11	7	辛亥
12	8	壬子
13	9	癸丑
14	10	甲寅
15	11	乙卯
16	12	丙辰
17	13	丁巳
18	14	戊午
19	15	己未
20	16	庚申
21	17	辛酉
22	18	壬戌
23	19	癸亥
24	20	甲子
25 一白	21	乙丑

2008년 戊子생 4月 21日
乙丑 日진 수성을 알고자 한다.

음력 4월 21일은 양력으로 5월 25일이다. 25일까지 헤아려
보는 것이다.

그럼 만세력 양력 1일부터 五黃으로 △순행시켜 양력 24일
부터 九자로 ▽역행되었으니 1일부터 5 6 7 8 9 1 2 3 4 5 6 7
8 9 1 2 3 4 5 6 7 8 9하여 양력 23일까지 순행은 마침이 되고,
24일부터 九자로 ▽역순 25일은 8이 해당, 8은 八白土다.

생일이 21일이고 양력 25일과 음력 21일〔乙丑日〕이 교차되
고 있다. 그러므로 乙丑日의 구성수는 八白土성이다. 이 8은
乙丑 日진에 해당된다.

三碧	1일 四綠 ▽ 14일 一白 △		
陽曆	陰曆		日辰
1		17	辛亥
2		18	壬子
3		19	癸丑
4		20	甲寅
5		21	乙卯
6		22	丙辰
7		23	丁巳
8		24	戊午
9		25	己未
10		26	庚申
11		27	辛酉
12		28	壬戌
13		29	癸亥
14		30	甲子
15	十二月 2흙	1	乙丑
16		2	丙寅

日　月　年

乙　丁　己
丑　丑　丑
2　　　9

2009년 己丑생 12月 1日

乙丑 日辰 수성을 뽑고자 한다.

2009년생 음력 12월 1일생은 양력으로 2010년 1월 15일생이다. 구성학란에 1일부터 4록이 ▽역순하여 13일까지 역순이 끝나고, 14일부터 一白순으로 △순행하라 하였다. 1일부터 4역순은 3 2 1 9 8 7 6 5 4 3 2 1하여 양력 13일까지 역행순은 끝마침되고 조견표 보기와 같이 14일부터 一白순으로 하라 했다. 그러므로 1, 2순에 음력 12월 1일 乙丑일이 2흙土성에 해당된다. 양력으로는 15일, 음력으로는 十二月 1일 교차지점이 된다.

사주 日支 성수 뽑는 법

△ : 순행시키라는 표시　▽ : 역행하라는 표시

九星	陽曆	1	2	3	4	5	6	7	8	9	10	11	12	13	14	15	16	17
九紫									十二大							六白金		
1일 一白 △ 2일 二黑	陰曆	23	24	25	26	27	28	29	1	2	3	4	5	6	7	8↓	9	10
	日辰	庚子	辛丑	壬寅	癸卯	甲辰	乙巳	丙午	丁未	戊申	己酉	庚戌	辛亥	壬子	癸丑	甲寅	乙卯	丙辰

△ 순행은 1, 2, 3, 4, 5, 6, 7, 8, 9하여 10을 불용하고 1로 붙이면서 순행식으로 1, 2, 3, 4, 5, 6, 7, 8, 9 −1

▽ 역행은 1 하면 2로 불용하고, 1의 후진 9로 붙이면서 역행. 8, 7, 6, 5 4, 3, 2, 1 하여 2로 불용. 1역행은 9로 붙인다. 9의 역행은 8, 7, 6, 5, 4, 3, 2, 1 −9, 8, 7, 6, 5, 4, 3, 2 ,1

▽최초 출발 기성이 7이라면 7부터 역행하여 6, 5, 4, 3, 2, 1 − 9, 8, 7, 6, 5로 역행하다가 6부터 순행△하라 표시되었으면 6, 7, 8, 9, 1, 2, 3, 4, 5, 6순으로 진행하다가〔양력 日진을 기준〕15일 日진에 자신의 甲寅日 음력 8일과 교차되는 곳인 甲寅日의 기성을 뽑는다. 반드시 양력을 기준하여 음력인 생日 또는 생시 日의 오행과〔양력 − 음력(오행)〕교차 지점에서 자신의 기성을 뽑는다. 예컨대 1일 一白, 2日 二黑 △▽순행과 역행은 양력으로 활용한다.

日	月	年
甲寅	癸丑	丁亥

2007년 丁亥생 12月 8日 甲寅 일진 수성을 알고자 할 때 음력 12월 8일은 양력으로 12월 15일이다. 양력을 기준하기 때문이다.

※만세력 구성기학란에 1일 一白△, 2日 二黑으로 표시하였다. 양력 1일부터 순행△하여 2일 二黑 순으로 양력 31일까지 순행시켜 태어난 日辰에 기성수가 붙는 것이다. 12월 8일 甲寅 日진은 양력으로 1월 15일이다. 15일 甲寅까지 순행, 甲寅日 닿는 곳에 기성수가 붙는 것이다. 즉, 양력 15일과 甲寅日 8일이 교차되고 있다.

실험 1일 一白水 순행 2일, 二黑土로 순행, 3일 4, 5 6, 7, 8, 9하여 10을 불용하고 9의 순행수는 1이다. 양력 10일부터 1을 붙여 2, 3, 4, 5, 6 식으로 순행, 15일 甲寅 日辰은 6 기성이 붙는 것이다. 그러므로 甲寅 日진은 6白을 활용하여 61세 이후 말년 운세를 보는 것이다.

44 집터 및 사업장 길지 알아보는 법(풍수지리학)

이사할 집터 자리가 명당인지 또는 사업장 매장위치가 좋은 자리인지 알아보는 방법은 풍수지리학을 빌려서 하지만 여기에서는 또 다른 방법을 제시하니 많이 활용하시라.

우선 집터나 점포 자리는 재산권을 행사하는 문서권자를 기준으로 한다. 즉, 집 명의가 남편 앞으로 되어 있는지 또는 여자가 별도로 사업장을 운영하고자 한다면 여자를 기준하여 보는 경우도 있으니 참고하시라.

이사 가는 해의 남편의 나이와 생월, 생일을 기재한다. 예를 들면 남편의 현 나이가 52세, 8월 22일생이라면 5+2+8+2+2=19이다. 즉, 토막 수치 숫자로 분리시켜 보기와 같은 방식이다. 이 공식법으로 습수시켜 19가 나왔다면 19÷9(9는 기본공식 활용숫자다)=2...1(나머지)이 떨어진다. 만약 공식수로 나누어 딱 떨어진다면 공식수인 9로 활용한다. 예 27÷9=0, 이때는 9로 활용.

19÷9=2...1에서 1을 활용하는 숫자인데, 다음의 삼각형 보기와 같이 좌측 모서리 하단을 출발지점으로 개시하여 1을 붙여 등산, 하산하는 식으로 순행 배치시킨다. 삼각형을 세워놓고 좌측 모서리 하단에서 개시, 출발 1을

붙이고 2, 3, 4, 5순으로 등산, 하산하는 식으로 배치한다.

이와 같이 작성해 놓고 이사 가는 집의 번지수를 착안하여 수를 뽑는데,

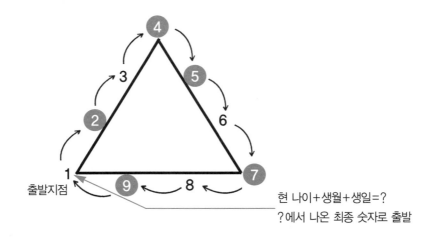

예를 들면 광진구 자양 1동 23번지 대동APT 102동 705호라면 숫자를 분리해서 1+2+3+1+0+2+7+0+5=21, 21÷9=〔9는 공식숫자〕 2...3〔나머지〕. 여기에서 나온 숫자가 길지, 흉지를 가늠한다.

※만약 18÷9=2...0〔나머지〕과 같이 딱 맞아 떨어지는 경우는 공식숫자를 9로 활용한다는 것을 유념

상기 조견표와 같이 ● 표시에 앉은 숫자는 길지 자리로 본다. 단, 하단은 길 자리라도 소길·중길로 본다〔하단 9는 중길로 봄〕. 하단은 水맥 자리이기 때문에 중길로 본다. ● 표시가 되어 있지 않은 1, 3, 6, 8은 흉지 자리로 본다. 최상 길지는 삼각형의 꼭대기 자리이다. 죽은 사람이 명당자리에 묻히면 자자손손이 영귀할 것이며, 산 사람은 좋은 안택자리에서 생기를 얻고 운기를 받아 하는 일이 잘 된다.

○ 구성학의 오행 해설[558페이지 참조]을 숙지하여 사주의 운명 육친 육신에 대입시키면 통변성의 격을 높이는데 일조가 되니 완전 숙지하시기 바란다. 구성학의 육친 해설의 식견이 없으면 사주를 통변하는데 입이 막힌다.

예 -白水성 坎궁 子의 해설

子가 극상받으면 고난의 별이다. 子는 어머니로 본다. 子는 잠자는 가정. 子가 길신이면 번창, 성공. 子는 이합집산, 지혜, 계약, 해약, 돈, 재물. 子는 병난 수술, 약물, 관형, 송사, 즐거움, 밤 일, 검은 거래, 술, 도박, 도적. 子는 밤 12시. 子는 물조심, 불조심. 子는 비밀계통, 몰래, 둘째아들, 애인, 이성문제, 침체, 젊은 사람, 여자 자궁 일 등등.

○ 寅은 艮궁의 八백土성인데 오행상 재성 또는 인성 등으로 되었어도 寅은 큰아들, 장손, 대를 이어가는 상속권자. 寅이 귀격이면 높은 산꼭대기, 높은 위치에서 살아간다. 만약 寅이 파극 흉살에 덮이면 큰아들, 장손에게 연고 발생.

○ 이와 같이 구성학 육친은 오행상 뜻이 절묘하고 그 범위 지표가 넓다. 숙지하시어 통변하면 달변이 되어 입이 막히지 않는다.

○ 寅이 인수성이고 양호하면 높은 건물빌딩이다. 丑도 寅으로 본다. 고로 丑이 인수성에 養이 동림하면 높은 건물빌딩에서 불로소득, 세돈 받는다.

당사주 보는 법

▶ 초년 · 중년 운세법 생략함. 말년운을 중시.

▶ 말년운이 좋으면 한평생 여여분으로 살아간다.

● 甲寅생 3월 10일 亥시생

먼저 띠〔생년 띠〕에서 시작, 띠가 寅생이니 왼손바닥 寅자리에 엄지손을 짚고 생월 숫자까지 시계방향으로 짚어나간다. 생월이 3월생이니 寅자리에서 1, 卯자리에서 2, 辰자리에서 3월 하여 辰자리에서 마침, 멈춘다.

다시 생일이 10일이니 辰자리에서 1일, 巳자리에서 2, 午자리에서 3, 未자리에서 4, 申자리에서 5, 酉자리에서 6, 戌자리에서 7, 亥자리에서 8, 子자리에서 9, 丑자리에서 10 하여 생일 10일을 마치고 멈춘다.

다음 순서는 태어난 '시' 가 亥시이니 생일의 마침이 된 丑자리에서 12지가 시작되는 子순으로 寅자리는 丑, 卯자리는 寅, 辰자리는 卯, 巳자리는 辰, 午자리는 巳, 未자리는 午, 申자리는 未, 酉자리는 申, 戌자리는 酉, 亥자리는 戌, 子자리는 亥시생의 마침이 된다. 태어난 時가 子자리에 해당하니 子는 天貴성이다. 귀하게 될 것이며, 말년운과 평생운이 귀하게 된다는 뜻이다. 天貴성은 부귀와 명성을 떨치는 운명가다.

당사주로 현 나이 운세 보는 법

띠[생년 지지 기준]를 기준한다. 띠가 寅생이니 寅자리에 엄지손을 짚고 생월수까지 시계방향으로 진행, 즉 寅자리는 1월, 卯자리는 2월, 辰자리는 3월, 3월생이니 辰자리에 멈춘다. 멈춘 자리에서 생일수까지 시계방향으로 짚어나간다. 辰자리는 1일, 巳자리는 2일, 午는 3일, 未는 4일 하여 짚어나가는데 丑자리가 생일 10일에 해당한다. 여기에서 현재 나이가 39세라면 공식 12를 활용, 12가 39세에 몇 곱이 들어 있나 환산해본다.

39세를 초과하지 않는 선에서 산출한다. 즉, 12 × 3 = 36이다. 즉 공식숫자 12에 3곱은 36으로 현 나이 39를 초과하지 않고 39세 미만의 숫자로 36은 39세의 모방되는 숫자로 36이 활용되는 숫자다.

전반에 생일이 10일이 마침이 되는 丑자리에서 일보 후진, 즉 子자리다. 엄지손을 후진 子자리에 짚고 12의 제곱이 되는 활용숫자 36을 후진 子자리에서 36세를 붙이면서 전진, 시계방향순으로 현 나이 39세까지 짚어나간다. 즉 子자리에서 36세 전진, 丑자리에 37세 다음 寅자리는 38세, 卯자리는 39세 현 나이에 해당된다.

卯는 이 사주의 희신, 기신, 복신 여하를 판정. 卯는 이 사주의 天乙귀인 長

生으로 길신이다. 또한 충, 파, 형, 해, 원진살도 점쳐 본다. 또한 당사주 최종 짚은 나이 오행이 사주와 辰巳 또는 관귀학관이 설정되면 기쁜 소식이다.

당사주의 一年신수

▶72세, 5월 19일, 巳시

- 총체 운명은 띠 巳자리에 엄지손을 짚고 생월 5월이 닿는 곳까지 시계방향으로 짚어 나간다. 巳자리에서 1월, 午자리에서 2월, 未자리에서 3월, 申자리에 4, 酉에 5월 마침. 다음 마침 酉자리에서 1일, 戌자리에서 2일, 亥자리에서 3일, 子자리에서 4 순으로 진행, 卯자리가 19일이다. 다음 卯자리에서 子, 辰자리 丑, 巳자리에 寅 하여 순서로 짚어 申자리에 巳시에 해당하여 申은 고신살이다. 申은 이 사주의 편인이다. 희신으로 희하다.

▶一年 신수법은 생月이 닿는 순차법에서 一보 후진 자리를 활용함

진행방법은 생년 띠를 기준하여 巳생이라면 巳자리에 엄지손을 짚고 巳자리에서 1, 午자리 3, 未자리 3, 申자리 4, 酉자리가 5月생의 자리다. 酉자리에 엄지손을 짚고 酉자리에 1일을 시작 순하여 戌자리 2, 亥자리 3, 子자리 4, 丑자리 5순으로 진행, 생일의 19일까지 닿는 곳이 卯자리다. 즉, 생일 자리가 卯자리다.

이때 현 나이가 72세라면 72세를 초과하지 않는 선에서 공식 12제곱으로 환산한다. 즉, 12 × 6 = 72다. 72세를 초과하지 않았으니 능히 활용할 수 있다. 이때 생일 자리에 닿는 卯를 一보 후진시킨다. 卯의 一보 후진 자리는 寅자리다. 寅자리에 72세를 붙인다. 현 나이가 72세이니 寅자리가 72세의 당년 운세다. 寅은 巳와 刑이 되니 이사, 이동 다발사다.

▶57세, 9월 26일, 寅시

一年신수 추리법

- 생년 띠를 기준, 酉자리에 엄지손〔왼손〕을 짚고 酉자리에서 1로 출발, 시계방향으로 진행. 酉자리에 1, 戌자리 2, 亥자리 3, 子자리 4 순으로 생월의 9까지 닿는 곳이 巳자리다. 이 巳자리에서 엄지손을 짚고 巳자리에 1일, 午자리에 2, 未자리 3, 申자리 4, 酉자리 5, 戌자리 6, 亥자리 7 순으로 진행하여 생일의 26자리가 닿는 곳은 午자리다. 이 午를 머릿속에 염상하고 있어라.

이때 나이 57세를 주동하여 57세를 초과하지 않고 공식 12를 활용, 57세에 몇 곱이 들어 있는지 환산해본다. 즉, 12×4=48. 48은 59세를 초과하지 않고 57 미만 숫자이다. 12×5=60. 60은 57을 초과해서 불용. 생일이 닿는 午자리에서 一보 후진, 巳자리에 48세를 짚고 전진. 午자리는 49세, 未자리는 50세 순으로 진행, 57세 닿는 자리는 寅자리다. 寅巳刑 寅酉 원진살로 변동, 전환정리다.

女

甲	甲	辛	癸
戌	子	酉	卯

▶8월 1일, 戌時생

말년운 검색방법 추리

- 먼저 띠를 기준, 띠가 卯생으로 왼손바닥 卯자리에 엄지손을 짚고 생월〔8월〕의 수를 순행시킨다. 즉 卯자리에서 1, 하여 두 번째 자리는 辰자리, 세 번째 자리는 巳자리 순으로 진행 조치, 8월의 8수가 닿는 지점 戌자리가 8월생의 지점이다. 이 戌자리에서 출생일수 1을 붙이고 다시 戌자리에서 12지 子 丑 寅 卯 辰 巳 午 未 申 酉 戌 순으로 진행시켜 태어난 時, 戌이 닿는 곳이 申자리다. 申자리는 **時天孤星**_시천고성으로 종착, 말년 운명이다.

- **時天孤星**이 해당되면 대다수 홀아비, 과부살에 해당하여 고독과 어려운 생활을 하지만 이 별의 자리는 申자리로서 사주 日간에 용신 희신이 되거나 12운성의 길성 복성이 붙여 있으면 흉살을 무시하고 반대현상으로 부귀공명의 운명이 된다는 것을 명심.

◉ 天藝星의 별은 戌이다. 戌이 사주 日간에 용신 희신이 되거나 12운성의 길성이 받쳐 있으면 길명으로 소원성취다. 만약 별이 공망, 絶이 되면 길성도 흉신이 된다. 이하 참조.

時天孤星의 별은 申이요, 時天厄星은 丑자리요, 時天貴성은 子자리다. 이하 동법.

時天孤星
(申) 눈이 깊은 골짜기에 가득 찼는데 소나무가 홀로 서 있는 격이다. 오귀가 침입하여 들어오니 모든 일이 잘 되지 않는다. 자손 없는 사람 제사를 지내면 가히 이 액을 면하게 되리라. 운이 동방으로 회전하게 되면 조금 편안한 것을 얻으리라. 길한 별이 운명에 비치게 되면 추운 골짜기에 봄이 온 형상이다. 時 고신살 운명은 남녀 불문하고 홀아비, 과부살로 부부운이 바뀌거나 같이 산다 해도 물과 기름 사이다. 혼자 사는 몸과 같다.

時天厄星
(丑) 뒤에는 바다요, 앞은 山이다. 큰 액이 앞에 당도하였으니 뜬구름이 해를 가리우게 되어 음과 양이 화합하지 못하니 쓴것이 다하고 단것이 오게 된다. 먼저 손해가 있은 뒤 이익이 있다. 일생이 흐르는 물과 같은데 한번은 슬프고 한번은 기쁘더라. 길한 별이 운명에 비치게 되면 화가 굴러 복이리라 하겠다.

時天貴星
(子) 상산에 노인들이 있는데 바둑을 가지고 날을 보내더라. 봄에 남쪽 나라에 돌아오니 백 가지 꽃이 다투어 피게 된다. 위와 아래가 화목하게 되니 가택이 안락하게 되어 가더라. 바다에 들어 구슬을 구하니 꽃이 피어 열매를 맺게 되더라. 흉한 별이 문에 들어 오게 되면 하천한 사람이 되리라. 건강에 신경.

▶ 天孤星의 별은 申이다. 申이 사주 日간의 인수성이면 친모가 고독한 몸이요, 사주 日간의 財성이면 처가 고독한 혼자 몸, 申이 官성이면 자손이고 고독, 女는 식상이 申이면 자손이 혼자 몸이다. 申은 坤궁이므로 친모나 가중 혼자된 여자가 있다.

時天奸星
(辰)

잔나비가 나무 아래 있으니 온갖 재주를 다 부리고 있더라. 흥하고 파하는 것이 많고 많으니 평생에 편안하지 못하리라. 두 손에 떡을 쥔 현상이나 스스로 뜻을 결정하지 못한다. 술과 여자를 즐기면 좋지 못하니 패가망신수가 있게 된다. 길한 별이 비춰주게 되면 재물과 비단이 상자에 가득하다.

時天權星
(寅)

큰 매가 나뭇가지에 걸터앉았으니 떼꿩이 다 엎드리게 되었다. 좋은 땅을 가리어 살게 되면 복과 록이 스스로 오게 되리라. 천년이나 큰 가뭄이 있었는데 기쁘게 단비를 만나게 된다. 일이 뜻과 같은 것이 많으니 어찌 아름답지 않겠는가. 흉한 별이 문에 들어오게 되면 천구살이 해를 짓게 되더라.

時天破星
(卯)

남자는 지고 여자는 이고 타향으로 옮겨가게 되더라. 산길도 있고 물길도 있는데 가고 갈수록 태산이 있더라. 뜻은 있으나 이루어지지 못하니 하늘을 쳐다보고 크게 웃겠다. 우연히 귀인을 만나게 되니 늦게야 빛이 나게 되리라. 길한 별이 문에 들어오면 고기와 용이 물을 얻는 것과 같다.

時天文星
(巳)

십년이나 글을 읽고 남자가 뜻을 이루게 되었더라. 뜻밖에 성공을 하게 되었으니 돈과 재물이 진진하게 되더라. 천리 길이나 되는 타향에서 기쁘게 친구를 만날 형상이다. 태을이 운명에 비치게 되면 의식이 풍족하게 되어 가리라. 한번 흉한 별이 들어오게 되면 만사가 허망한 데로 돌아간다.

時天福星
(午)

금방에 이름을 걸게 되니 비단옷을 입고 고향에 돌아온다. 고기가 큰 바닷물을 얻은 격이니 만사가 뜻대로 잘 되리라. 상서 빛이 오게 되니 경사가 문으로 들어오게 된다. 흉이 들어오면 바람 앞에 등불과 같다.

時天眼星
(未)

말이 성 머리에 서있으니 길이 두 갈래로다. 속히 하고자 하나 되지 않으니 가히 탄식하고, 열 번 살고 아홉 번 죽게 되니 어찌 곤액이 이렇게 많은가. 두 여자가 동거하고 있으니 그 뜻이 불합. 길명이 문에 들어오면 화가 굴러 복이 되게 될 것이다.

時天壽星
(亥)

천년이나 사는 거북이다. 화한 바람이 불어 오게 되니 꽃이 산마다 피어난다. 우연히 귀인을 만나게 되니 천금이 스스로 오게 되더라. 사나운 호랑이가 숲속에서 나오니 그 세력이 당당하게 되더라. 흉한 별이 문에 들어오면 형액수를 면하기 어렵게 된다.

四字評 推算 實例_사자평 추산 실례

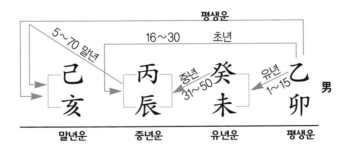

간법은 년주 천간 乙과 時주

간지 己亥와 합하여 乙己亥가 평생운이니 제일 중요시하고, 다음 년간 乙과 月건 癸未를 합하여 乙癸未가 幼年운이다. 즉, 부모운이다. 1세부터 15세까지 운이다. 또 년간 乙과 日주 丙辰을 합하여 乙丙辰이 된다. 초년운이 16세에서 30세까지 운이다. 또 月간 癸와 日주 丙辰을 합하여 癸丙辰이 중년운이다. 31세에서 45세까지 운이요, 또 日 丙과 己亥時를 합하여 丙己亥가 말년운이다. 46세에서 60세까지 운이다. 현대운 유년법은 사주 대운 계정수에 의거하여 접목시킨다.

＠ 남자 乙卯생 현 나이가 37세라면 己卯 대운에 살고 있는데, 31세 己卯 대운에서 41세 戊寅 대운까지 유년법을 추리하면 31세 己卯를 시작하여 천간 己는 변동없이 己를 연속시켜 역차대운까지 己를 활용하고 지지 卯만 변동시킨다. 卯의 후진은 寅인데 천간 己와 寅을 합해 보면 六十甲子순이 어긋난다. 이때 寅의 역행은 丑이다. 천간 己와 丑은 六十甲子순이 응하여 성립이 된다. 己卯 역행은 己丑으로 유년계수는 32세에서 33세 2년간의 계수를 붙여준다.

46 41	44 45	42 43	41세	바꾸어지는 대운 40세	38 39	36 37	34 35	32 33	31세 현대운
戊 申	戊 戌	戊 子	戊 寅	己 巳	己 未	己 酉	己 亥	己 丑	己 卯

보기와 같이 대운 속에서 유년법을 추리한다. 대운은 순행으로 유년 오행과 유년 계수를 접목시킨다. 역행과 순행을 구분한다. 여타 방법도 동일시. 이는 현재 살고 있는 대운의 10년 거치는 유년법을 찾아 세밀하게 추리하는 해답인데, 참고용으로 활용하라.

▶10년 단위 대운을 2년 단위로 분해하여 확인

男③

| 壬寅 | 丁卯 | 丁卯 | 己卯 |

| | 33 | 23 | 13 | 3 |
| 庚申 | 辛酉 | 壬戌 | 癸亥 | 甲子 | 乙丑 |

	20	18	16	14	
	21	19	17	15	13
	甲辰	甲午	甲申	甲戌	甲子

46 구성학의 오행 해설

구성학의 구궁, 육친, 육신 소재는 명리학에서 나온 寅卯가 비견 겁재로 부부지간, 형제, 이복형제, 붕의로 표시한다면, 구성학의 九궁 육친, 육신 명제는 寅은 큰아들, 조상, 형제, 친척, 부동산, 높은 위치, 한평생, 가옥, 대를 계속 이어감, 상속, 머리, 허리, 다리 등의 구체적이고 세밀하게 명시되므로 이에 명리학의 육친법을 섞어서 활용하면 운명학이 심오 있게 밝혀져 통변상 장점이 무한지명이다.

운명학 해설은 나무나 어려워 여러 명리학의 비전을 대용하지 않으면 소재를 밝히는데 오류가 발생하는 일이 허다하다. 그래서 九성학의 구궁 육친법을 개발한 것이 다행이다. 구성학의 육친법을 대용하지 않고 사주 육친법으로만 활용하면 운명학 통변술이 빈곤하여 매력감을 잃게 된다.

一白水성 坎궁 오행子

子의 육친 육신법은 다음과 같다.

子는 북쪽 방향으로 동면에 들어간 엄동설한의 차가운 겨울이다. 子는 밤

12시, 고난의 별, 잠자는 가정, 어머니, 이합집산, 지혜, 돈, 재물, 은혜, 성공, 번창, 외국, 계약해약, 몰래 감춤, 암거래, 캄캄한 일, 병란, 수술, 약물, 술중독, 관형, 송사, 즐거움, 도박, 물조심, 불조심, 비밀계통, 둘째아들, 애인, 원조, 이성분제, 침체현상, 젊은 사람, 이중 마음, 갈라지는 것, 이중생활, 부업, 주택, 이종업종, 임신, 통곡, 눈물, 이별, 젊은 나이, 초년, 초기, 은둔생활, 들어갔다 나왔다 하는 여관 일, 비리죄로 구속, 밤길 교통사고.

본명성이 坎궁에 좌하면 본업 외에 부수입이 되는 부업을 갖는다. 또 본명성이 坎궁에 좌하면 바람기가 강하여 배우자 뒤에 꼭 다른 상대가 있다. 매년 운에서 坎궁을 점하면 병이 걸리기 쉬우며, 蟇血이라 하여 죽음을 초래하기도 하고 병원출입을 하게 된다. 또는 뒷문출입이 된다.

二黑土성 坤궁 오행未申

다른 육친으로 되어 있어도 未申은 직업, 직장, 사업장의 자리다. 가정, 어머니, 처, 처첩, 나이 먹은 여자, 시모, 할머니, 외할머니, 장모, 돈, 토지, 주택, 낮은 보수, 사역부, 노무자, 무상의 보수, 농촌생활, 농산물, 시골 땅, 시골주택, 소개업, 중개업, 배우자, 생활력이 강함을 나타낸다. 열애에 집착해도 가정을 꼭 지키며 야외생활, 산소일, 주거이동, 건축부동산, 수술, 병난, 연애, 집문서, 땅문서, 사업문서이다.

申은 2흑土성이므로 자영업, 땅문서, 집 문제가 꼭 있게 되고, 땅이나 집을 팔 때도 조심스럽게 해야 손실이 없다. 2흑土생은 양식업이나 가축 기르는 것에 소질, 현금, 돈, 취업, 일, 노동, 유부녀.

坤궁과 未申이 암파되거나 형살, 浴살, 絕이 되거나 형충습이 되면 캄캄한 거래다. 부정 비리 문제로 관액수가 있으며 또한 시모나 친모, 처에 대한 문제가 있게 되고 땅 문제, 집 문제, 명도발생 문제가 생긴다. 행운에서 未申이 형충파, 원진살이 되면 일자리, 사업장 교체, 가옥명도가 발생한다. 2·2는 검은 거래, 2는 여자 앞으로 암 거래, 명의도용. 坤궁은 처첩(2).

二黑土성의 未申은 무상의 보수 사역부로서 자신의 몸을 희생하면서까지 일하고 남을 위하여 희생을 바친다. 즉, 어머니가 자식에게 배푸는 무상의 모성애로 보면 된다. 내실이 없고 죽음의 표시다. 남을 위하여 희생과 봉사를 해도 그 은혜는 물론 공치사를 받게 되고, 끝에 가서는 서로 원수가 되는 경향이 있거나 배반을 당한다. 즉 인덕이 없다는 것.

2·2 대충이나 申申 대충 또는 申未 형충은 시골 농촌으로 낙향하는 것이며, 坤 방향이나 未申 방향을 잃게 되면 처 없는 집이라 하여 귀문이라 부른다. 불로소득이 강하다. 특히 색정으로 인해 애정이 꼬이면 마찰이 일어나기 쉽고, 남성은 왕성한 봉사력과 정력을 불태워 많은 여성의 사랑을 받게 되고 열애에 집착하여도 가정을 잘 지키는 편이며, 남녀 섹스를 상당히 즐기는 편이다.

三碧木성 震궁 오행卯

장남, 권위직, 국가공무직, 중앙공무원, 소망성취, 진출, 입지단서, 눈부신 발전, 눈부신 직업, 발명가, 명예, 유명인사, 관재구설, 구속, 개발, 투쟁, 젊은 사람, 미성년자, 젊어서 피습, 도피, 망명, 여자 하체, 자궁, 기술, 청춘, 폭행, 구타, 빛내주다, 애정에 일찍 눈을 뜬다, 허상, 허망, 거짓말, 교통사고, 수술, 비밀은폐, 부정행각, 기쁨, 즐거운 비명.

3벽木은 번개 치고 우뢰를 쳤으나 빛과 소리는 금세 사라진다. 즉, 이별했다 또 실패했다. 연인은 다시 안 온다는 것. 卯는 눈안목이다. 극상되면 눈 수술, 비밀노출, 비밀폭로, 성취. 卯卯 대충(3·3), 卯酉충은 놀람, 화재, 충돌, 교통사고, 수술, 소송, 장남, 이별, 애정 문제, 손재, 개혁, 변동, 도약, 신규사업, 병원출입, 술주정, 알코올중독, 유행에 민감, 기술계열. 자신의 연기성이 동쪽 震궁에 회좌하면 권세에 관심이 있어 중앙공무원의 출세욕인데 평상이면 기술계열, 전자전기, 컴퓨터, 정보기술, 음악, 가수.

3벽이 조심해야 할 일은 내가 거짓말을 하든지 누구의 말에 속는다는 것이다. 사진기자, 방송. 3벽木은 부친과 인연이 없다. 신세대, 폭발물 조심, 부정음식 조심, 정신이상, 이름을 얻는 것.

四祿木성 巽궁 오행辰巳

결혼의 별이다. 연애, 결혼, 장녀, 여자, 교제, 번창, 자격증 취득, 사업, 정보기술, 해외, 타향, 정리, 무역, 취업, 승진, 신용, 평판, 관액, 피신, 도피, 망명. 辰巳가 모이면 반드시 성공한다는 뜻. 중매, 중개업, 운수사업, 이별, 이동, 이전, 교통사고, 청산정리, 폐업. 巳는 역마살이다. 발전과 수습, 거래처, 학교, 공부, 외국여행, 바람, 풍, 거금. 巳는 바람 따라 외출하는 것을 좋아하며 사람과의 교제술이 원만. 유통업, 비행기 승무원, 차량운수, 조종사.

4가 극기, 애정 풍파, 사업 풍파. 부동산업, 자신도 모르는 헷갈리는 일을 하여 실수, 실패, 화장품, 자금, 시판, 출입왕래, 통신업, 근방, 원방.

4(巳)가 파가 되면 첩이다. 정보요원, 자동차수리, 외국유학, 巳(4)는 바람을 뜻함으로 중풍 조심, 巳(4)록은 관광업, 巳(4) 충파와 원진은 결혼해약, 4(巳)록은 외국과 관계가 깊다. 옆문출입, 출판물, 구금, 항공기술직, 외국무역, 외교관.

五黃土성 中宮 오행상 제왕격(태과된 오행을 五황살로 봄)

편관, 상관, 양인살, 劫살

중심인물, 자기중심, 양면성, 잘 되면 잘 되고 안 되면 안 되는 양립성이 있으며 자기중심적. 받는 것은 잊어버리고 준 것은 꼭 받아내는 계산성. 또한 주기도 하고 뺏기도 한다는 양립성. 자기 손해 보는 일은 결코 하지 않는 욕망의 제왕권. 폭음, 폭식으로 식중독. 五는 신체의 하자품.

五황은 강렬한 작용으로 길과 흉이 양분된다. 부패물, 투쟁, 마찰, 붕괴, 무덤, 墓지, 비명사, 장례식장, 공동묘지, 폭력강탈, 겁탈, 겁살 작용, 시체, 사기, 방해자, 불량품, 하자품, 제왕가, 칼부림, 욕망의 제왕권은 계속 누린다. 가출, 집 짓는 건축 일, 큰 일을 할 수 있는 용기와 패기는 본받을 만하다.

일반적으로 본명 五황성이나 타의 본명성이 中宮에 入하면 팔방이 막혀 흉으로 보지만 五황성인은 도리어 五황의 작용으로 天운이 왕성하여지고 일에 대한 추진력이 생겨 좋은 결과를 낳는다. 하지만 극기를 사용하면 흉이다. 五황이 북방(子 방향)에 있을 때가 좋다. 五황살은 자신의 잘못으로 인한 재물적 피해, 생기를 잃으면 부패되어 노쇠, 늙은 사람, 식중독, 건물의 부패, 건물의 소유권을 잃는다.

坤궁에 五황이 좌하고 (5·2) 극기가 되면 모친, 처가 죽어 나간다. 또는 가옥이 하루아침에 붕괴, 차압됨, 사람의 노쇠, 건물 신축. 五황이 中宮에 入하는 年月에 건물 신축, 이사, 확장, 결혼식, 수리, 보수 등은 피하는 것이 좋다. 전업도 이행하지 말라. 도적, 폭력사태, 방해자, 경쟁자, 파괴자. 五황이 손궁(巳)에 좌하면 사업하는 자는 경쟁자가 갑자기 출현하여 사업에 지장, 우울증. 兌궁에 五황살이 좌하면 음식 먹고 체하여 큰 병을 얻는다. 본명이 五황과 동회하였을 때 극기가 되면 도적이나 폭력을 만나기 쉽고, 그 방향에서 도인의 침범을 당하기 쉽다.

선조의 墓를 어떻게 썼느냐에 따라 자신의 운이 좌우된다. 墓는 가문의 뿌리다. 墓지 옆에 큰 나무가 없어야 좋은 묘지가 된다. 사채업자 고리대의 피해 조심, 폭풍의 대지진, 해일, 화재, 대폭발, 전쟁, 투쟁, 관재구설. 본명이 中앙에 있을 때 신축수리, 전업, 확장, 이사 등의 구조변경이나 교체를 범하면 1년 내 뇌출혈, 심장질환으로 사망에 이를 우려가 있는 것이 五황살이다. 화장실, 시체, 전멸, 붕괴, 장례. 五황이 흉 작용을 하면 죽음을 표시한다. 남녀 모두 정열적이고 성욕면에서 강하게 작용함. 五황살의 흉 작용은 五황인은 피해가 없고 타성인이 극기되면 五황의 흉 작용을 받는다. 남녀 五황살로 태어나면 부모 형제에게 효심이 지극하고 우애 있게 지낸다.

女명이 五황성으로 태어나면 남편복이 없지만 운명 구조에 따라 다르다. 坤에 五황이 극기되면 여자 형무소. 女자 乾에 五황이 극기되면 남편 죽을 때 악사. 五는 죽을 고비를 넘겼다. 五는 칼부림, 五는 큰집, 높은 빌딩, 높은 자리, 높은 위치, 제왕가 명이다. 五는 나이 많은 남자. 女자 乾에 五가 있으면 나이 많은 신랑, 늙은 남자. 坎(감)궁에 五가 있음은 높은 위치에서 살아가고 이루지 못하면 자손에게 넘어간다. 특히 寅亥가 五황이면 대대로 가문이 융성되는 집안이다.

六白金성 乾궁 오행戌亥

태양 6백금[戌亥]은 온 만물에 빛을 내리 쬐어 만물을 육성, 생명을 유지시키나 그 태양 빛은 도로 받아갈 수 없는 빛이다. 즉, 남에게 봉사정신으로 살아가라는 뜻. 주택, 신축투자, 대건축, 차량, 태양.

天은 6백[戌亥], 地는 二黑. 따라서 태양 빛이 땅에 내리므로 주는 것에 해당된다. 6백〔戌亥〕이 극기되면 다리 부상〔乾궁도 해당함〕, 다툼, 마찰, 법률, 재판. 戌亥는 正官성. 병원의사, 약사, 의료기, 돌봄이, 교직생활, 거성, 권력자, 재력가, 재벌가, 국가공직, 국회의원, 대통령, 통솔권자, 남편, 군인, 윗사람, 조상, 후원자, 명예직위, 경찰, 검찰, 수준 높은 교육, 거금, 금융, 주식, 증권, 승진, 주색, 불륜관계, 패기왕성, 소송 문제, 폭행, 구타, 교통사고, 직장, 사업장. 女子는 남편 대역〔乾궁에 6, 五 3이 있을 때〕, 학교 교육, 교회, 복지활동, 재판관, 관청, 공공기관. 자존심이 강해 일확천금을 노리는 것은 배제, 고개를 숙이는 자세.

七赤金성 兌궁 오행酉

돈, 먹는 것, 말, 소녀, 막내딸, 며느리, 사랑스러운 여자. 酉가 길신이면 불로소득, 세로 돈 받는 것도 불로소득, 사채놀이, 은행, 증권, 현금, 레저, 의사, 기쁨, 향락, 약사, 이빨, 치통, 선전물, 오락, 저금통장, 가무, 노래, 가수 1/3 부족됨, 수술, 칼, 보석, 맛있는 음식, 고급음식, 여자 유방, 자궁, 진동소리, 성관계할 때 즐거운 비명소리, 주색, 치과병원.

酉는 결혼의 별이다. 교통사고, 대마초, 알코올중독, 술, 노래방, 아이디어, 소비성, 도박, 예술, 색정, 연애, 즐거운 기쁨. 酉나 7적이 파되면 결혼 해약, 멋을 낸다. 신용불량자, 관액송사, 피신, 속임수, 사기, 허상, 불로소득, 투자, 부정음식, 제사음식, 상가음식 먹고 병남, 임산부는 개고기 먹으면 부정탈로 사생아 출생, 미용업, 화장품, 음식 장사, 액세서리, 유흥업, 악기, 음악, 가수 생활, 금융계, 연애나 향락에 도취되어 저금통장 바닥 나면 자신의 인생 1/3밖에 안 되는 생활이 되어 돈 쓰는 것, 먹는것, 노는 것, 연애하는 것을 절약, 검소하게 살아가야 함. 단, 돈을 저축하는 것은 병원 수술비로 필요한 것이다.

七적금성인은 누구를 막론하고 신장, 콩팥에 이상이 생겨 합병증, 몸이 부패된다. 七적金성인은 입과 말과 관계되어 변설, 담화, 연주, 독창을 잘한다. 평생 문화적 생활. 七적金성인은 성공을 타인으로부터 부여받는 것이 특징. 七적金성인은 약물복용, 불로소득이 있다. 七적金성인이 남방 離[이궁 午火] 궁에 좌하면 불치병 환자다.

八白土성 艮궁 오행丑寅

> 사주에 寅자가 있거나 寅자가 유력시된 자는 조상과 인연이 있거나 후계자 감이다.
> 임야, 시골, 토지에 인연

조상의 뿌리, 조상의 기원, 부동산 상속, 후계인, 후계자, 가문을 이어가는 후계자 자손이다. 즉, 큰아들, 장손. 가족, 가정, 형제, 친척, 상속권자, 저축의 재산, 가옥, 부동산, 집문서, 부동산 소유권, 주거지, 임야, 토지, 건축물, 조상 산소, 조상신, 조상의 뿌리인 묘지, 높은 산 꼭대기, 머리, 뇌병, 정신병, 친척집, 추락사고, 번창, 한평생, 무궁, 계승, 변화, 전환, 개업, 폐업, 조상의 음덕 유무, 부활이다. 다시 한 번 성공, 오르기는 어렵지만 성공률이 많다. 상위권, 삶의 시작, 변심, 변화, 이별, 임야, 토지, 시골, 전원주택, 번창, 번영, 사장, 큰아들 장손 역할.

명리학을 감정할 때 寅과 申이 엮어지면 寅은 8백, 申은 2흑토로 대용한다. 8·2에 대한 구성학 해설과 명리학의 오행법으로 묶어서 통변하는 습관을 길러라. 타법도 이와 동일시. 형제, 친척, 자식, 외출, 가출, 시골 전원주택, 추락사고, 높은 지위에 오를 수 있으며 중지하면 다시 시작하여 성공하는 이가 많다. 七전八기의 오뚝이 인생, 성공률이 많다고 본다. 八백인이 寅생으로 태어난 자는 거의 성공률이 많다. 寅祿이 충실한 자는 높은 지위. 八백인이 남에게 고통을 준 대가로 거부가 되면 八백土성의 대를 못 이루게 되고 흥청망

청 써 버리게 될 것이다. 친척, 가족, 친구, 동업자의 고난을 벗으려면 八백인은 四록木성인을 우기로 사용하는 것이 좋으며, 三碧木성이라도 희망적이다. 소년, 교환, 개혁.

八백土성인은 가정의 별로 가정과 가족에 대한 이해와 인내를 아끼지 않으며, 차남으로 태어나도 가문을 계승하는 운을 갖게 된다. 집안의 계승권을 가지므로 자연 상속권을 갖기 쉬워진다. 대를 이어 간다는 뜻이 있고, 寅이 흉동 작용하면 가정의 별이 떨어지는 상으로 한평생 못된 버릇, 못된 습관으로 살아갈 수 있다. 8백은 艮궁 寅이다. 寅은 한평생을 뜻하므로 寅이 좋은 역할을 하면 한평생 좋은 역할을 하고, 반대면 한평생 버릇이 나쁘다. 寅은 대대로 이어주는 맥줄이자 대대로 이어받는 맥줄.

九紫火성 離궁 오행午

중女, 딸, 애인, 여자, 재판, 계약, 해약, 실패, 성공, 교양, 명예, 학벌, 공부, 책, 허가문서, 도장인감, 재산, 높은 자리, 하늘나라, 애정, 열풍, 변태성, 기쁨, 슬픔, 시험, 우두머리, 최고, 승진, 통곡〔통곡이란 이유는 坎궁을 바라보기 때문〕, 파기, 바꾸어 보자는 것, 정신병, 신경성, 화재, 수술, 시력, 눈, 교통사고, 선생님, 교육, 죽음, 종천, 해직, 부정 탄로, 낙상주의, 아이디어 개발, 폐업, 개업, 멀어지는 것, 가까워지는 것, 이름 얻는 것, 의사, 법관, 송사, 관재구설, 이별, 다시 합산, 비밀. 離궁과 坎궁이 대충되거나 암파되면 송사 또는 무엇이든 합쳤다가 다시 헤어지는 이합집산이다. 출판, 서적, 연구개발, 투쟁, 싸움, 계속.

3, 6, 9는 연구 개발이다. 3은 卯, 6은 亥, 9는 午다. 사진, 화재, 문구점, 미용실, 조명, 신문, 잡지, 문명의 상, 사찰, 직위명성, 출세, 관찰능력의 정

찰, 의사, 법관, 기쁨, 손실. 九는 최고로 높은 숫자이고, 紫色(자색, 옛날 이조 때 왕족들의 자주색 의상, 색깔)으로는 모든 색 중에서 가장 뛰어난 색으로 기예와 식견과 관찰력이 뛰어난 것도 九자火성이다. 남방〔午〕에서 생산되는 제품은 그 품질을 최고로 친다.

九자火성은 명예, 벼슬관이다. 九자火를 극기로 사용하면 명예를 잃게 된다. 사채, 어음증서, 서적, 서화, 화장, 미용, 장식품, 귀금속은 九자火성 몸체가 하나로 合쳐지는 것을 合이라 하며, 合은 坎궁 1白水성을 말한다. 본명성이 離궁 南方에 있을 때나 坎궁에 있을 때는 가족 중에 죽음으로 사별하는 사람이 생기거나 직장에서 해고를 당하거나 이사, 이동 또는 법적 문제가 발생한다.

九자火성〔午〕은 더운 물이요, 정열의 열애이다. 坎궁 一白水는 차가운 물이요, 밤 일하는 하체다. 남성〔午〕이 女자〔子〕에게 밀착하면 온몸이 더워지고 여자궁이 달구어져 흥분이 교착되는 원리는 離궁과 坎궁의 조화다. 그러므로 이〔午〕궁과 감〔子〕궁〔子午충〕의 표현을 들어갔다 나왔다 하는 여관출입이라 하였다. 남녀 모두 여자 치마 속에 숨어 있는 격으로 캄캄한 일을 무차별하게 하는 것이다. 7적金성인이 남방 離궁에 좌하면 불치병 환자다.

※離궁에 8·9가 있고 8·9 丁丑, 甲寅. 오행상 甲寅木은 9에 木생火하여 離궁과 9자火에 火생土되니 명예가 山과 같이 높다. 이런 식으로 감평, 기성과 오행이 상생되고 회자궁과도 상생되면 최고작이다.

본명성이 離궁 南方 또는 坎궁의 나이 때는 가족 중에 죽음으로 사별하는 사람이 생기거나 직장, 사업 등에서 해고를 당하거나 재산상 소유권을 잃거나 부부간 또는 친한 사람과 이별, 법정 문제로 패소하여 구속, 손실이 발생.

예부터 南地성은 이별을 알리는 것으로 보고 있음. 즉, 離궁의 9자火성[午]과 坎궁[子]에 子午충이 있을 때 부부지간 아니면 자식간에 이별의 사건발생. 九자火성의 女성이 가정의 주도권을 잡는 경우가 많고, 남성은 정력이 부족하여 상대에게 기쁨을 주지 못함. 九자火성이 남북간에 五황살, 암검살에 걸리면 색정에 대한 고민, 실패, 부부간에 한평생 정없이 살아가고, 적당한 일은 발각이 잘 안 되고 음성시는 표면화되기 쉬우며, 금방 열정적이 되었다가 금방 그 열정이 식어버리는 면도 강하며, 모든 일에 지속성이 부족하다. 이궁에 3·7이 있다면 3과 7이 극이 된다. 離궁 9도 3·7 극의 여파로 9도 극을 받음으로써 문서를 조작하여 구속 당함. 9는 바꾸는것, 교체하는 것, 이별하는 것, 종천하는 것.

三合局 線, 氣星의 성별

一白水	둘째아들	六白金	조부, 부친
二黑土	아니 먹은 여, 처, 친모, 장모	七赤金	막내딸, 며느리, 女자
三碧木	장남	八白土	대를 이어갈 후계자, 아들
四祿木	장女	九紫火	둘째 딸
五黃土	제왕권(흉은 죽음)		

▶三合局 線

三合선은 生月의 지지 오행을 기준, 三合의 중간 오행을 중심궁에 놓고 三合의 오행과 三合선을 형성시켜 준다.

예 酉月생이면 酉를 兌궁에 놓으며 酉의 三合은 巳酉丑이다. 기준이 되는 兌궁 酉와 손궁 巳와 艮궁 丑과 巳酉丑 방식으로 三合선을 설정시키는 것이다. 이와 동일시함.

三合선은 매년 신수 또는 평생운 설정 때 꼭 필요함

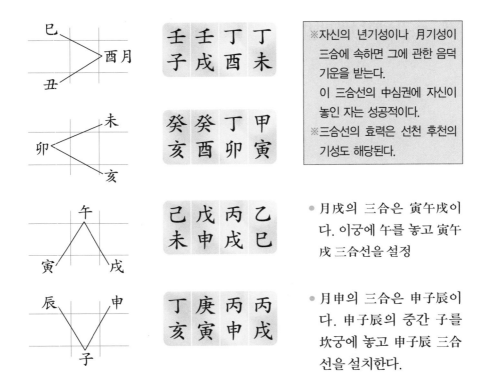

壬 壬 丁 丁
子 戌 酉 未

癸 癸 丁 甲
亥 酉 卯 寅

己 戊 丙 乙
未 申 戌 巳

丁 庚 丙 丙
亥 寅 申 戌

※자신의 년기성이나 月기성이
 三合에 속하면 그에 관한 음덕
 기운을 받는다.
 이 三合선의 中心권에 자신이
 놓인 자는 성공적이다.
※三合선의 효력은 선천 후천의
 기성도 해당된다.

● 月戌의 三合은 寅午戌이
  다. 이궁에 午를 놓고 寅午
  戌 三合선을 설정

● 月申의 三合은 申子辰이
  다. 申子辰의 중간 子를
  坎궁에 놓고 申子辰 三合
  선을 설치한다.

암검살, 대충살, 五황살이 자신의
년월 명반의 三合선 중심권에 있으면 흉의를 더욱 가중시킨다.

구성학 배치법

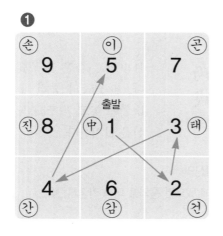

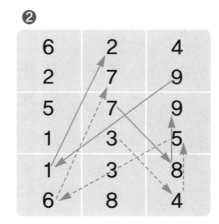

❶번의 구성학 배치 진행법 참조.

中宮에 있는 숫자를 기준하여 순차식으로 배치법에 의해 진행시킨다.

中宮 숫자 1에서 출발, 조견표 보기와 그 방향으로 진행. 다음 순차는 3이 있는 방향으로 진행. 다음 순차는 4가 있는 방향으로 진행. 다음 방향은 5가 있는 방향으로 진행. 다음 향방은 6이 있는 쪽으로 진행. 다음은 7이 있는 방향으로, 다음은 7에서 8이 있는 쪽으로 진행. 다시 8은 9 순위로 하여 9는

'손' 궁에서 끝마침이 된다는 것을 유념.

※년기성, 월기성의 숫자나 첨부된 오행 배치는 동법 배치순으로 취한다.

❷번 우측 상단 구성표를 실례해 본다.

中宮 7의 다음 순차는 건궁 8이다. 8이 건궁에 2번째 순서이고, 8의 다음 방향은 兌궁 9다. 9 다음은 10의 순서가 되나 구성학에서 9를 종시로 하여 9의 역순 1로 취한다. 9-1의 진행 방향은 ❶번 배치법을 참고하여 艮 방향에 1이다. 1로 시작하여 1, 2, 3, 4, 5, 6, 7, 8, 9에서 마치고 역행 1로 시작한다. 배치법은 ❶번 수의 순차식 방식을 암기하여 배치방식을 활용한다. ❷의 中宮 7의 순차 배치는 '손' 궁에서 6이 종시되고, 中宮의 3의 배치순은 손궁에서 2가 종시된다.

※배치법과 9의 다음 순서는 1로 전환시키는 방법만 암기하면 착오가 없다.

6 丁亥	2 癸未	4 乙酉
2 己卯	7 乙亥	9 丁丑
5 丙戌	7 己卯	9 辛巳
1 戊寅	3 辛未	5 癸酉
1 壬午	3 甲申	8 庚辰
6 甲戌	8 丙子	4 壬申

1939년 5월 26일, 戌

丙	庚	辛	己
戌	戌	未	卯
	8	3	7

만세력을 참조하여 사주를 작성해 놓고 년기성은 1939 己卯년 7적金성이다. 월기성은 보기와 같이 3벽木이다.

차명은 년기성 己卯가 7적金이고, 月기성 辛未는 3벽木이다. 년기성 7과 년주 己卯를 보기와 같이 中宮에 삽입시켜 숫자와 그에 따른 오행을 동시에 배열시킨다. 년기성 숫자 배열은 앞서 이론대로 7, 8, 9, 1, 2 하여 손궁 6이 끝마침이 된다. 7적에 따른 己卯 오행을 배치하는데 독자와 시범해 본다.

中궁 己卯에서 출발, 맨 처음 지지에서 개시, 卯를 주동하여 12지 순으로 진행한다. 만약 중도에서 12지가 끝나면 다시 12지를 이어준다. 辰 巳 午 未 申 酉 戌 亥는 '손' 궁에서 마침이 된다. 7적金의 지지 순은 끝났으니 7적金의 己土 천간을 주동하여 十간 순으로 붙여준다. 己 다음은 庚이다. 숫자 진행 방향에 따라 十간도 그림자처럼 따라 다니면 궁승이 된다. 생月의 월기성 숫자와 그 오행 설치법도 동일 기준으로 한다. 기성〔숫자〕과 오행을 대입시켜 검색하면 의문점에 해답이 나온다. 구성학은 사주학의 입체 학문이다. 사주학의 미행을 구성학에서 명확히 밝혀주고 있다.

五黃의 암검살

⑨ 五黃이 坤궁에 좌하면 五黃자리의 반대쪽 방향이 五황의 암검살을 받게 되는 것이다.

암검살 받은 위치는 五黃살의 흉 작용이 강하게 작용하며, 五黃살이 회좌한 자리도 五黃살의 작용을 받는다.

五黃자리는 타동적 피해, 즉 다른 사람으로 인해 피해를 봄. 암살은 자동적 피해다.

즉, 천재지변이나 시대적 피해, 환경의 피해 등등.

1-1 대충			5-5 대충			4-4 대충			3-3 대충			2-2 대충		
8	4	6	6	2	4	1	6	8	6	2	4	3	8	1
1	6	8	2	7	9	5	1	3	7	3	5	8	4	6
7	9	2	5	7	9	9	2	4	5	7	9	2	4	6
9	2	4	1	3	5	4	6	8	6	8	1	7	9	2
3	5	1	1	3	8	5	7	3	1	3	8	7	9	5
5	7	3	6	8	4	9	2	7	2	4	9	3	5	1

손 1, 1 건 대충은 離궁과 坎궁의 장애를 받게 되고, 손궁·건궁도 대충살을 받으며 회좌한 기성도 피해다. 손 건 1-1 대충이 일차 이궁과 감궁의 장애를 받는 이유는 1-1 대충은 坎궁에서 발생된 대충으로, 즉 이궁·감궁의 대상이 되는 것이다. 진궁·태궁 2-2 대충은 坤궁과 艮궁을 대변하여 일차 장애를 받게 되고 진궁·태궁도 대충살을 받으며 회좌한 기성도 같이 피해를 본다. 대충살을 받으면 2중으로 피해가 발생한다. 차법도 이와 동일시함.

3, 6, 9가 길 작용시 1이 대충되면 명성을 얻는다. 4가 길 작용시 9·7이 대충되면 4는 길 작용한다.

㉠ 4·7과 3·7이 되면 7은 3·4를 극하여 대흉인데 7-7 대충으로 3·4는 회생, 부활하는 이치다. 다른 예도 동일시. 본명 기성을 극할 때 극자가 대충되면 안보다.

파1	6	8파
5	1	3
9	2	4
4	6	8
5	7	3
9	2	7

庚　甲　戊　乙
午　寅　寅　亥
　　6　　2

파살법은 년지를 기준하여 년지가 亥라면 亥와 상충되는 巳가 파살에 해당되고, 二차 파살은 月지 오행이 寅이라면 寅과 상충되는 申이 파살이다. 一차 파살이 巳가 되니 손궁이 파이고 二차 寅이 상충되는 申, 즉 坤이 파살에 해당된다.

파살은 충살로 총알 맞은 새와 같다. 巽이 파가 되었으니 결혼에 말썽, 坤에 파살은 寅申충으로 대변하여 주거환경과 직장운이 불길, 형제와 불목 등등.

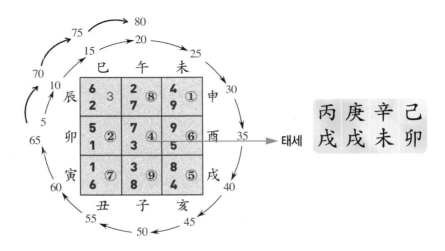

운명계수를 표시하는 방법은 생년 지지의 띠 오행으로 시작하여 5를 표시, 5년 단위 간격으로 순행〔시계방향〕시킨다.

년지 卯는 진궁자리다. 진궁〔卯〕자리에서 5년을 시작하여 5년 간격으로 방위를 짚어 가며 시계방향으로 계수를 표시한다. 辰에 10, 巳에 15, 午에 20, 未에 25, 申에 30, 酉에 35, 戌자리에 40, 亥자리에 45, 子〔坎宮〕에 50, 丑에 55, 寅자리에 60, 卯〔진궁〕자리에 65, 辰자리에 70, 巳〔손〕자리에 75. 현 나이가 74세라면 손궁 巳자리에서 巳의 운명을 받고 사는 것이다.

辰巳궁에서 살면〔손궁〕辰巳궁의 회자기성 6·2와 대치궁인 건〔戌亥〕궁의

4·8의 운기가 상대가 되어, 즉 손궁과 건궁의 생극조화에 따라 길흉이 정해진다. 따라서 암, 파 여부도 확인한다.

※이 구성학 운명을 대신하여 당년 신수운을 붙이는 법을 소개하면 당년 태세가 4록이라면 4를 중궁에 삽입시켜 4를 기준하여 순행으로 '손'궁까지 배정시킨다. 이때 자신의 본명성(년기성)인 7적金이 어느 위치 궁에 회자했는지를 보라.

보기와 같이 艮궁 본명성인 7적金이 회좌했다. 본명성이 회좌한 자리가 암, 파나 대충이 되는지를 필히 확인한다.

본명성이 앉은 艮궁과 대치궁인 坤의 1이 7적이 앉은 艮의 1과 1-1 대충이 되고 있음을 보여주고 있다. 1-1 대충은 坎, 離의 기성숫자를 파괴시키는 이치다. 즉, 집문서, 사업문서 잃는 것, 건강 문제. 또한 7적이 앉은 艮의 1·6과 대치궁인 坤의 4·9는 사업장문서, 돈문서 물에 흘러가는 형국으로 곤란을 받고 있다. 74세 자리 손궁에서 건 5황의 암검살을 받으니 사업장에서 사기를 많이 당하고 있다. 3·2는 직장폐쇄, 사업장이 갑자기 폐쇄됨.

기성과 그 오행의 상생 상극관계

상 생	상 극	상생관계
3. 4 → 9 木 생 火	3. 4 → 8. 2 木 극 土	3·4는 木성, 9는 火성. 木생火로 상생 6·7은 金이요, 1은 水성. 金생水로 상생 6·7은 金성, 8·2는 土성. 土생金으로 상생
6. 7 → 1 金 생 水	6. 7 → 3. 4 金 극 木	
6. 7 ← 8. 2 金 생 土	9 → 6. 7 火 극 金	**상극관계**
9 → 8. 2 火 생 土	8. 2 → 1 土 극 水	3·4는 木성, 8·2는 土성. 木극土로 상극. 4는 火로도 봄.
4. 3 ← 1 木 생 水	1 → 9 水 극 火	8·2는 土성, 1은 水성. 土극水 상극상태다. 1은 水성, 9는 火성. 상극관계다.

<table>
<tr><td>四</td><td>九</td><td>二</td></tr>
<tr><td>三</td><td>五</td><td>七</td></tr>
<tr><td>八</td><td>一</td><td>六</td></tr>
</table>

손궁 4木은 건궁 6金에 金극木하여 흉이고, 간궁 8백 土는 坎궁 1水와 土극水하여 흉. 兌궁 七金은 이궁 9 와 火金하니 흉이고, 진궁 3은 2와 대결해보니 木극土 하여 2흑이 피해를 본다.

兌궁 7金은 坎궁 1백水와 金생水하여 길이고, 坤 2흑土는 6·7 金에 土생金 하여 이사 길 방위다. 이궁 9火는 艮궁 8土와 火생土하여 이사방위 모든 면 에서 활용하는데 길이다. 震궁 3벽은 坎궁 1과 상생하여 이사방위 또는 다른 목적에 길이다. 손궁 4木은 이궁 9火에 木생火하여 다목적에 길이다.

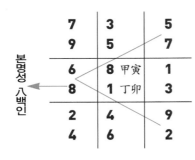

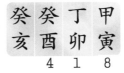

▶ 三合線

8백土성인이 卯月에 생하여 亥卯未 木국으로 동방 震궁을 위시하여 亥卯 未 三合선이 설정된다. 8백 본명성이 三合선 중심권 震궁에 회좌하였고 거성 인 6백이 본명 8과 동회, 震卯를 대동하여 三合선이 연결된 坤 5·7과 乾 9· 2를 木국으로 합세시키니 지도자 격이요, 통솔권이다. 행정고시 출신이다.

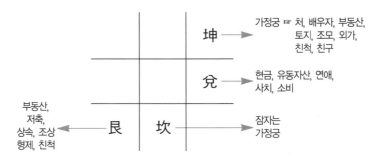

乾궁은 조부, 부친. 女는 남편 자리로 본다. 건궁의 자리에 들어간 기성의 수리로 부친, 남편의 상태를 알 수 있고, 坤궁은 조모, 모친. 남자는 처의 자리로 가정궁으로 본다. 그 자리에 들어간 수성으로 坤궁의 상태를 알 수 있다. 艮궁은 재산, 저축 정도, 부조의 유산, 양자, 형제, 친척, 친구, 부동산, 임야, 토지, 상속. 자식궁에 天道·天德·月德 三合선이 있으면 장래 성공이 기대되고, 부자 관계가 좋으나 흉살, 암살, 파살이 있으면 부자간의 사이가 좋지 않으며 자식이 거역, 반항이 생긴다.

1㉠파	6	8㉠파 암
5	1	3
9	2	4
4	6	8
5	7	3
9	2	7 암

庚 甲 戊 乙
午 寅 寅 亥

▶자식이 부모에게 孝不 확인

坤궁 3·8은 木극土 상극관계요, 암살·파살을 받으니 8은 상속권자 큰아들이요, 8백인 자손이다. 3은 장손이요, 3벽木성 자손이다. 坤은 처궁이요, 모친궁이다. 처도 정이 없고 친모도 정이 없다. 손궁 1은 둘째아들이요, 큰딸이다. 파를 맞았으니 둘째아들 또는 장녀한테 불효

자식이다. 이 운명은 자식들한테 배신받는 고독한 운명이다.

손궁과 兌궁은 결혼의 별자리로 본다.

손궁과 兌궁에 2, 5, 8이 앉아 있으면 만혼. 또 4와 7은 결혼의 별이다. 이 두 가지 중 하나라도 암살 또는 파살, 대충살을 받으면 결혼운이 흉. 그렇지만 결혼의 별인 4·7, 4·2, 4·9, 4·1, 7·1, 3·4가 되거나 무시. 손, 건 양쪽이 완전 파파되면 결혼운이 절대적으로 흉임.

대충의 작용

대충이 될 때는 대충되는 본궁을 찾아서 회좌성과 대치궁도 확인.

(예)

1	6	8
5	1	3
9	2	4
4	6	8
5	7	3
9	2	7

震궁에서 9·4를 대하고 태궁 4·8과 4-4 대충이 되고 있다. 이때 대충된 진궁의 卯되는 3을 주시하며 3이 어디에 있는지 확인, 태궁은 7이니 7이 어디에 회좌하고 있는지 확인, 건궁에 3·7이 회좌하고 있다. 3·7은 金극木이다. 서로 살지에 앉아 있다. 즉 3도 비리, 7도 비리, 배임죄로 구속. 4-4 대충은 4의 본궁을 확인한다. 즉, 손궁이다. 손궁 1·5와 대치궁인 3·7이 암살을 받으니 사업장이 도산됐다. 4-4 대충 결혼의 별이요, 결혼문서, 이혼이다.

대충이 될 때는 대충되는 본궁을 찾아서 회좌성과 대치궁도 확인한다.

◎ 곤궁에 6·4가 있다면 곤궁은 2다. 2가 어느궁에 있는지 확인, 태궁에 2가 2·9로 동회하

였다면 6·4와 2·9를 비교해 결정내린다. 9·4가 건궁에서 파파되었다면 건궁은 6이다.

6이 어느궁에 있는지 찾는다. 1·6이 진궁에 회좌하고 태궁의 1·5와 1-1 대충이 되었다

면 진궁·태궁은 비리죄로 감옥, 송사다. 1-1 대충은 검은거래, 비리죄다. 1-1 대충됐을

때 자신의 본명성이 회좌한 나에서 관액수로 불행을 당한다.

선천 후천성

⑦4	⑥9	④2
⑨3		7①
③8	1②	⑥8

4록은 고달픈 사역부 자리. 坤궁을 생각하면 평생 일만 죽도록 할 뿐 무상의 노동이다. 즉, 활인 공덕하라. 어머니는 자식을 위하여 무상의 모성애를 발휘하는 상으로 살아가라는 뜻.

3벽은 간궁의 뜻을 살아가라는 뜻. 형제, 가정, 상속, 대를 이어가는 후계자 역할이다. 빗나가면 상속권, 재산권 모두 잃는다.

6백은 離궁에 뜻을 품고 살아가니 항상 높은 위치에서 살아가는 것을 갈구하고 있다. 1백은 태궁에 소속되어 7적의 선천이다. 1백은 태궁의 7적金을 몸으로 의지, 사건과 연관성이 있어 7적은 질병을 항상 품고 있을 것이다. 즉, 7적의 선천은 一白水다. 또한 7과 1은 성관계를 표시하여 바람살이다.

8백土성은 乾궁 六백의 뜻을 가지고 있다는 뜻이고, 二黑은 坎궁의 一白水를 연상함. 七적은 四록 손궁자리가 선천이다. 사업능력이 탁월, 교제와 신용을 우선하여 兌궁 一白을 의지하므로 연애, 먹는 것, 즐기는 것이 과다하여 남는 것이 없다. 九자화성은 동쪽 震궁자리에 앉아 선천이 三벽기가 있다. 장남의 역할을 분담하고 출세의욕이 강하며 속성으로 빛을 천하에 일거하는

뜻. 一白은 兌궁 七적이 선천의 뜻으로서 놀고 먹고 노래부르고 연애로 기쁨과 즐거움으로 유행 따라 흘러가는 인생이다. 四록은 坤궁에 좌하여 二黑의 선천 운명이다.

종합운명 또는 매년 신수감정시 선천과 후천을 겸하여 보는데, 후천을 7로 보고 3은 선천으로 환산하면 된다. 7·4가 극이 되나 선천, 후천성을 띠고 있어 상생한 걸로 본다. 이는 4의 본궁인 손궁에 7·4가 있을 때 서로 상생으로 본다. 다른 궁에 있으면 상극으로 본다〔이는 中궁에 5·8이 될 때 해당함〕.

氣星의 변수

1·1	離 궁	5·5	男 - 兌궁 女 - 乾궁
2·2	乾 궁	6·6	坤 궁
3·3	巽 궁	7·7	艮 궁
4·4	震 궁	8·8	兌 궁
		9·9	坎 궁

※年기성이 10이고 月기성이 10이면 中궁에 1·1로 삽입. 1·1은 離궁 보기와 같이 9와 1을 대변한다.

① 9 9	男 ⑦ 5 5 ⑥ 女	⑧ 7 7
⑦ 8 8	1 1 ⑨	④ 3 3
③ 4 4	② 6 6	⑥ 2 2

1·1을 中궁에 入하면 구성 전체가 쌍둥이 숫자로 형성됨. 이 경우 조견표 참조.
坤궁이 7·7이면 7·7은 8로 변수되어 8과 7의 운명 작용을 한다. 따라서 7·8에 대한 해설을 접한다.

취업이 되는 기회는 坤궁에 본명성 또는 月명성이 동회하는 년월에 된다. 예컨대 3벽木성인이 2015년 취업운을 볼 때 만세력의 매월 月건 기성을 보고 자신의 3벽이 坤궁에 회좌하는 月에 취업이 되는데, 양력 10月달은 六백금성 月이다. 六백을 중궁에 入하면 坤궁 자리에 자신의 본명성 3벽이 회좌되어 양 10月, 十一月달 취업이 되는 걸로 판정. 또 태세 六백년에 취업이 된다. 8백인은 2흑이 中궁에 入할 때 坤궁에 8이 회좌되어 취업운이 열린다. 또한 사주 日간에 官귀학관년을 만나면 취업운이다. 본명성이나 月명성이 坤에 회좌하면 일자리 운이 있다.

○구성학을 설정해 놓고 자신의 생월을 기준, 三合선을 설치하고 태세의 三合선을 설정한다. 직업운이 좋은 사람은 자신의 연명성이나 월명성이 **三合선 중심권**에 앉아 있으면 특수직에서 일할 사람이고, 특히 동방 진궁·卯궁에 자신의 년명성이 **三合선 중심권**에 앉아 있으

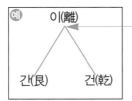

면 좌지우지할 사람이다. 년명성이나 월명성이 三合선 중심권 아닌 三合선에 앉아 있어도 평생 일자리가 계속된다(月명성보다 본명성의 파워가 강한 힘이 된다). 月명성이 三合선 중심권에 앉아 있으면 일자리가 넉넉한 걸로 본다.

○시험 합격운은 자신의 년명성 또는 월명성이 매년을 기준으로 하여 三合

선에 해당되면서 3, 6, 9나 3, 3, 3 또는 6, 6, 6에 해당되면 합격차다. 승진운은 자신의 년명성 또는 월명성이 태세를 기준하여 三合선에 속하면 승진운이다.

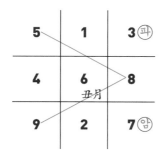

6백金성이 中궁 月반 丑月생으로 8백은 兌궁에 앉아 있는 三合선의 중심권으로 장래성이 좋으나, 3백은 파살이 있어 기대할 수 없으며, 4록은 震궁에 있어 장래 발전이 기대된다. 7적은 암살이므로 막내딸은 기대할 수 없게 된다.

※五도 국가요, 6도 국가다. 매년 신수에 五六의 동태를 보아 기능 상태를 본다.

財운을 볼 때는 乾궁과 坤궁을 승하여 참작하는 것이 정확하다.

1	6	8
5	1	3
9	2	4
4	6	8
5	7	3
9	2	7

- 坤 5-7은 상생
- 乾 9-2는 상생

재산복이 있다.

五황은 太極이니 八卦를 생성시키는 근원이요, 천지창조의 지상이다. 본명성이 五황과 동회가 되든가 암검살 궁에 본명성이 동회하는 때는 필연적으로 五황 土의 작용을 본명성이 더욱 많이 받는다.

五黃의 중궁상의 작용

수구, 보수, 보선에 힘을 쓰고 절대로 움직이지 않고 있으면〔이사, 이동, 변동 등〕전성기의 과시. 만약 변동, 변화 작용을 하면 재산 파괴, 멸망을 초래한다. 이는 五黃 土만 그런 것이 아니고 타성인도 년기성 혹은 월기성이 中궁에 入할 때는 五黃과 동일한 흉 작용을 받는다. 여타 人도 본명성이 中궁에 들어오면 五黃살의 살 작용을 받으니 움직이지 말라〔이사, 변동, 혼인, 결혼, 재건축 등〕.

이 五黃살의 피해는 백발백중이다. ▶중시

夫婦 중 년기성, 月기성, 日기성 중 어느 하나의 기성이 中궁에 들면 외부

로부터 여러 가지 유혹이 생겨 그 유혹에 빠져 정신상태가 불안정, 정신적 동요로 수구 정신을 지키기 어렵다. 또 자기 자신을 너무 과신하거나 적극성을 띠어 욕심이 지나쳐 무리하게 사업을 확장하든지 집을 신축하든지 후회하게 된다. 또 범법, 범죄, 싸움, 큰 병, 실업, 도산, 파산.

※이 五黃살을 피하는 것은 부부 중 一人주의가 부부 공동으로 취함.

㉖ 남편은 2흑土성이고 처는 4록이라면 남편 2흑이나 처 4록이 中宮에 入하는 년도는 변동을 일체 금지함.

50 이사방위

죽은 사람은 명당 보길지로 묻히게 되면 산 자〔후손〕가 잘 되고, 살아 있는 사람은 길 방위로 이주하게 되면 명당자리에서 사는 기운을 받아 그 집터에서 일어서게 된다.

※四록 木성인이 乙酉년에 이사를 하고자 문복하러 왔다면 소유권을 가진 문복자의 년기성, 月기성이 中궁에 들어간 년도는 이사, 이동, 변직, 확장, 개업, 신축, 개축, 결혼 같은 변화성은 일절 중지하고, 수구(守舊), 보수(保守), 보선에 힘을 쓰고 옛것을 지키며 움직이지 않고 있으면 전성기(全盛期)의 과시를 한다. 만약 변동, 변화를 강행하면 五黃살의 작용을 받아 재난, 질병, 멸망을 초래한다. 四록 木성인이 4록년에 이사방위를 감정하면 四록 木성인의 년기성이 中궁에 入하였으니 변동, 변직 모든 것을 중지하고 옛것을 지키며 다음 년도에 시작하는 것이 성공적이다.

1 본명성이 中宮에 들어가는 해는 모든 것을 휴직하는 마음으로 옛것을 지키고
다음 년도 시작한다.

2 태세가 충시키는 방위를 피한다.

3 암검살 맞은 방위와 五황살이 앉아 있는 방위는 피한다.

4 삼살 방위와 대장군 방위를 피한다. 본명성과 상극이 되는 화좌성 방위도 피한다.

5 년지 기준, 將살 방위는 필히 피한다.

時지 성수 뽑는 법

1 동지에서 시작하여 하지 전에 출생한 자는 循陽 항목에서 해당된다.

2 夏지에서 시작하여 冬至 전까지 출생한 자는 循陰 항목에 해당된다.

時支의 九星早見表

음양	循 陽			循 陰		
日 \ 時	子卯 午酉	辰丑 戌未	寅巳 申亥	子卯 午酉	辰丑 戌未	寅巳 申亥
子시	1	4	7	9	6	3
丑시	2	5	8	8	5	2
寅시	3	6	9	7	4	1
卯시	4	7	1	6	3	9
辰시	5	8	2	5	2	8
巳시	6	9	3	4	1	7
午시	7	1	4	3	9	6
未시	8	2	5	2	8	5
申시	9	3	6	1	7	4
酉시	1	4	7	9	6	3
戌시	2	5	8	8	5	2
亥시	3	6	9	7	4	1

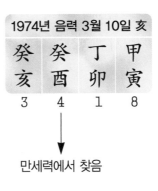

1974년 음력 3월 10일 亥

癸　癸　丁　甲
亥　酉　卯　寅
3　　4　　1　　8

↓

만세력에서 찾음

상기 사주는 출생月이 3월 10일에 태어났으니 동지 이후에서 하지 이전 출생자이므로 循陽에 해당된다. 태어난 時가 亥시이니 時란에서 亥를 찾아본다. 조견표 하단에 亥가 보인다. 亥시를 놓고 循陽日란을 활용, 출생日이 酉다. 출생日 酉를 기준하여 출생시 亥까지 3이 연결된다. 즉, 亥시의 기성수는 3이다. 3을 時주 亥 밑에 적시하고 61세부터 구성학 설정은 년지, 시지 수성을 표출시켜 말년 운세를 감정한다. 초년부터 60세까지 구성학 설정은 년지, 월지, 일지 수성을 표출하여 三字 수성으로 감평한다.

三字 수성의 해명

• 사주 日지 성수 표출법은 542~544페이지 참조.

초년과 60세 이전 운세 판단은 사주 년지, 월지, 성수로 표출시켜 판단하는데 그치지만 정확한 감정은 日지 성수를 합류한다. 즉 년지, 월지, 日지성수三字로 활용하여 검색한다. 따라서 月지 기준, 日지 기준하여 三合선을 설치한다[三合선의 작용을 살핌]. 구성학에서 성국된 三字의 동태를 살핀다. 크게 나누어서 대충살과 암검살, 파충살을 중시하고 여기(餘氣)를 다룬다.

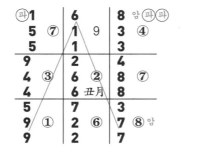

亥생인으로서 초년 乾궁에 3·7·7이 8로 변수되니 3·7은 오행상 卯酉충이

다. 乾 7·7은 8로 변수되어 오행상으로는 7은 酉, 8은 寅하여 寅酉 원진살이
다. 3·7도 상극이요, 3·8도 상극이 된다. 3·7·8의 오행상 卯酉, 寅酉원진살
이 되니 초년 부모 운세와 집안 운세를 알 수 있다. 부친이 젊은 나이[3, 7, 8은
젊다] 천명하였고, 본명은 고아흑성이 되었다. 아래 坎宮에 본명성 2·2로 잠
복하고 있으니 坎宮은 차가운 물이요, 북방의 냉물이다. 누구나 坎宮에 살면
고난의 별이요, 죽음과 같다. 모든 것은 정지상태이고, 밤 12시 잠자는 시간이
다. 발전이 없고 2·2·7로 구성되어 여자를 좋아한다. 坤宮 3·3·8이 극기가
되니 자손이 실패. 또한 이름을 떨치는 자손 있다. 三合線 중심부 6은 8로 상
징, 자손이 이름 떨친다. 동서 4-4 대충은 장손 관액이요, 결혼에 말썽이다.

❀朴槿惠 전 대통령 사주

주인공은 四록木성인으로 6백을 대하여 震宮에 본명성 4록이 회좌하고 月
명성 6백이 三合線 중심권의 파워가 동쪽 본명성 4록과 써버하는 식으로 상
대를 이루고 있다. 震宮 4는 본궁 손궁에 5·3으로 乾宮 5·7과 5·5 대충함
을 알 수 있다. 선친은 영도자[5는 높은 뜻, 제왕가 명, 부친으로 봄]로 군림하다
가 불행한 최후로 마감. 누구나 본명성이 辰宮에 회좌하면 막강한 세력이다.
소인은 공직생활, 국가직이다.

박근혜 전 대통령이 제왕가가 된 이유는 본명성이 震궁에 회좌하고 본명성〔4〕의 본궁〔손궁〕에 3·5로 등장, 즉 본명이 4의 본궁인 손〔4〕의 위치에서 거성인 3·5가 4록木성을 대변해 주었기 때문이다. 대칭궁인 아버지 자리 乾궁 5·7과 5-5대충으로 부모님과 같은 悲운은 물러가고 부친의 후광을 이어받아 아버지와 같은 최고 지도자가 되었다. 태세 壬辰6백년은 하늘과 조상이 택했다. 月이 6백이면 부유층과 거성의 집안 출신이다. 태세 6백년〔壬辰〕에 6을 中궁에 入시켜 성수 5·4가 본명 4록木성 震궁과 손궁에 귀착되어 여왕을 탄생시켰다.

년주 상관·정관은 부모의 불행이고 한때 테러공격을 받은 것도 상관·정관의 극상에서 연류된 것이고, 미혼 독신격은 정관을 파하였고 乾궁에 5·7은, 7은 결혼의 별이요 애정을 표시하여 5황으로 인해 결혼 생각없다는 뜻으로 애정 불감증이다. 寅 편관이 있어 애인 있는 걸로 봄. 대개 큰 인물격은 상관·편관이 싸우는 사주가 많다. 김대중 대통령 사주도 그러하다.

⊛ 국무총리 지명자

❶
7	3	5
4	9	2
6	8	1
3	5	7
2	4	9
8	1	6

(61세 이후 운명)

❷
7	3	5
1	6	8
6	8	1
9	2	4
2	4	9
5	7	3

(60세 이전 운명)

辛未　72세 대운

戊	癸	戊
辰	亥	寅
5	2	8

亥卯未 동방 木국 三合선 坤궁에 본명성 8이 8·5와 艮 2·5, 5-5 대충으로 거성이다. 대법관 출신. 대대로 이어 가는〔8〕 벼슬 집안이다.

❶번 61세 이후 구성학 본명 8이 좌한 艮 坤 2-2 대충으로 암살에 모든 직을 내려놓고 낙향(2.2)하여 초야에 묻혀 지명권이 탈락. 2-2 대충은 처의 땅문서, 검은 거래로 발각.

6	2	4
1	6	8
5	7	9
9	2	4
1	3	8
5	7	3

동〔진궁〕 서〔태〕 9-9 대충은 一차 離궁 2·6과 坎궁 3·7이 장애를 받게 된다. 이궁의 2·6은 두 번 결혼 혹은 두 여자 거느리는 상. 부부가 각각 坎궁 3·7은 남편, 자식과 인연이 없고, 차가운 물에 씻어내리는 격으로 가정이 냉냉하다. 본명 7적金성人이 坎궁에 좌, 동·서 9-9 대충으로 혼인문서, 애정문서 모두 흘러갔다.

3	8	1
3	8	1
2	4	6
2	4	6
7	9	5
7	9	5

男

乙	戊	戊
丑	午	午
8	4	4

壬辰년 6백 태세년에 본명성 4록 손궁 $\frac{3}{3}$·4에 태세 성수 5황이 임하여 건 $\frac{5}{5}$ ⑦과 5-5 대충이 되면서 4록의 선천 $\frac{3}{3}$ ④의 효과로 행정고시 합격, 출세의 운명이 되었다. 태세 壬辰에 壬은 단비를 내려주고 乙木의 財고되는 辰이 丑 官고를 개고시켜 소원의 단서가 되었다.

※坎궁 나이에서 피해를 봤다면, 1이 회좌한 궁에 자기 기성이 동주할 때 坎궁과 같은 번복의 피해를 당한다. 동서 2·2 대충은 곤궁과 간궁의 대충을 대변한 것이다. 본명이 회좌한 8이 흠이 없어도 艮궁이 암파, 흉조이면 자신의 8이 닿기 때문에 액이 붙는 것이다. 그러면 8의 본궁되는 艮궁 기성을 살펴야 한다. 艮궁에 4·8이 있다면 집안 친척 형제와 부동산 토지 관계로 싸움이 일어난다.

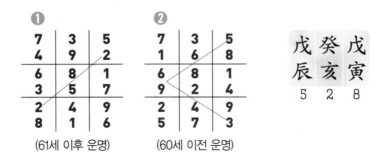

❶			❷		
7	3	5	7	3	5
4	9	2	1	6	8
6	8	1	6	8	1
3	5	7	9	2	4
2	4	9	2	4	9
8	1	6	5	7	3
(61세 이후 운명)			(60세 이전 운명)		

戊 癸 戊
辰 亥 寅
5 2 8

❷번의 60세 이전의 운명을 감정하면 亥卯未 동방 木국 三合 끝자락에 坤궁 日기성이 회좌하고 본명 8일 坤에 5를 대동, 艮궁 5와 대충되니 한평생〔8은 한평생〕 대법관 출신이다. 또 대대로 이어 가는〔8은 대대로〕 벼슬관 집안 출신이다.

❶번은 61 이후 운명으로 본명 8이 艮에 임하여 2-2대충과 암살로 처〔2는 처〕의 땅문서, 검은 거래로 지명탈락. 8이 2-2 대충은 모든 직을 반납하고 낙향〔2〕하여 초야에 묻다.

직업 적성

5	1	3
1	6	8
4	6	8
9	2	4
9	2	7
5	7	3

본명성과 月명성의 경사 동회에 따라 그 적성이 나타난다. 본명은 6백金성이고 月명은 2흑이다. 離궁에 본명성 6과 1이 동회하고 있고 月명성 2흑은 坎궁 7·2에 동회하고 있는데, 離궁 6·1이 적성에 적응하여 대학교수로 있다. 이궁은 학자, 교육, 지도자, 명예 등.

6이 坤궁에 좌, 艮궁의 6과 6-6 대충되면 직업궁〔坤궁〕을 대충하니 직업이 교체되거나 건축업에 종사한다. 離궁과 坎궁의 본명은 음성거래업이나 보수, 수리, 학계, 의사직 등. 자영업은 손궁·건궁이 되므로 본명이 4나 6을 대동하고 이러한 궁에 회좌했을 때 활용하면 성공적이다. 五황이 기신이면 수입면에서 불안정하다〔이는 五황살에 접한 오행과 사주의 용신과 희신, 기신으로 판단〕.

◉ 암검살은 刑살로 본다. 행락자, 바람, 검은 거래. 파살은 沖살로 본다. 이별, 별거.

◉ 부부운은 女명은 乾궁을 주시하고, 남자는 坤궁을 본다.

◉ 결혼운은 손궁과 兌궁을 본다. 또 4록이 어느궁에 앉아 있으며, 길흉이 있는가를 찾아본다. 四록이 中궁에 있을 때는 7적의 회좌에 따라 감정한다.

◉ 본궁 기성이 본궁에 회좌하면 본궁 기성은 타의 상극되는 해신과 동주해도 상극이 서로 친해져 상생관계로 이어진다는 것을 염두에 둔다. 이런 격은 한평생 불행을 막아주어 여의하다.

五황이 中궁에 入하면 본궁의 본명수는 자기 본궁에서 지분을 지키게 된다. 보기와 같이 坤 본궁 2가 2·1을 동회하여 2는 1을 극하지 않고 서로 상생관계로 본다. 그 혜택으로 坤 모친은 동쪽 3·2에 비유하여 공직생활이다. 乾궁 부친 6·5는 6이 본궁에 임하여 외국기업 간부급이다. 주인공은 乾 중 5·6에 4를 보아 영도자 아니면 대기업가, 실업인이다.

7 辛酉	3 丁巳 ㉧	5 己未 ㉠㉠
8 癸酉	4 己巳	6 辛未
6 庚申	8 癸丑	1 乙卯
7 壬申	9 乙丑	2 丁卯
2 丙辰	4 戊午	9 甲寅
3 戊辰 ㉧	5 庚午	1 丙寅

女

乙 未	辛 丑	乙 丑	癸 丑
2		9	8

女자 운명을 감정해 보자. 년기성인 본명성이 8백, 月기성이 9다. 女자는 남편의 상징인 乾궁을 주시, 건궁 회좌 동태를 살피는 것이 우선이며, 二차는 가정궁인 坤궁의 동태와 坎궁의 동향을 살핀다. 三차는 6을 남편으로 보고, 6이 어느 궁에서 회좌성과 관계 유지를 하는지 확인. 다음 대충살을 필히 확인, 암검살과 파살을 본다. 이상과 같은 필수요인을 검증하며 차차순으로 진행한다.

乾궁 남편 자리를 보니 9·1 남편 사이별, 아니면 타녀에게 팔려나갔다. 坎궁 잠자리를 보니 4·5로 결혼문서와 사랑문서, 잠자는 애정이 모두 5황살에 부패되어 죽은 생리나 다름없다. 더하여 남북이 4-4 대충으로 손궁·건궁을 대변하여 손·건이 날아가 버렸다. 혼인문서 깨지고 사랑문서 날아가니 볼짱 다 본 것이다.

坤궁을 보니 坤에 5·6은 女자로서 두 남편을 모시고 살라는 것이 입증. 본 남편은 5황살에 부패되어 생기를 잃었고, 오직 편관 남편과 즐기면서 살라는 것. 坤에 5·6은 경찰서 출입이요, 부정과 음성거래로 감옥에 한번 가볼 수 있다. 본명 8백은 손궁 7·8과 맥을 같이 하여 젊은 사람[7은 젊다] 상대하는 업종이 타당할 것이다. 향락업이나 들어갔다 나왔다[7은 그러한 뜻] 하는 여관업, 고급음식업 등등.

구성기학 해설할 때 사주 동태도 같이 버무려서 통변하면 더 유익하다. 자손의 운세는 艮궁을 위주하여 艮궁 회좌성과 12운성, 복신, 刑, 충, 파, 해, 五황살, 암살, 파파 등등으로 본다.

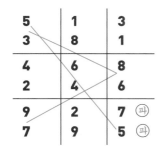

● 자손운 보기. 艮궁을 중시하고 대치궁인 坤궁도 참조. 艮궁 5 · 9는 火생土하여 이상 없으나 고신, 亡신살로 자손이 재산 실패. 刑살은 관액수 있다. 祿이 있고 巳 天두귀인으로 출세 자손 있다. 坤에 絶이 되어 인연이 박하고 부동산 손해다.

사주의 일색 오행이 두 개로 구성되면 그 일색 오행끼리 대충이 되는 걸로 판정한다. 상기 사주의 巳巳는 4-4 대충으로 본다. 巳와 4는 혼인의 별이다. 결혼문서가 해약되고 갈라졌다는 뜻이다. 60 이후 운명은 時주 성수와 年지 성수를 주동하여 보기와 같이 구성학을 설치한다.

五황살은 악과 선으로 분리되는데 큰 인물격은 五황살이 善으로 되지만 그 이하 서출은 五황살의 악살을 받는 것이 그 유래다. 그러므로 5-5 대충이 되면 五황의 흉성이 물러가게 되므로 안보가 되는 것이다. 즉, 소강상태로 조용해진다는 뜻이다. 여타 타성(例 6-6)끼리 대충되는 것은 흉 작용을 받지만 유독 5-5 대충만은 흉이 조용해진다는 구성학을 설정한 다음 자신의 명반〔년기성을 말함〕과 月명성 아닌 실행 중인 時주의 성수가 어느 궁에 회좌성과 동회하고 있는지 확인하라. 본명 6백金성인은 兌궁 8·6과 동회하고 있음을 확인해 주고 있다. 兌궁 자리는 레저활동, 먹고 마시고 즐겁게 놀며 소비지출이 심한 자리다. 또한 증권, 펀드 투자처다. 兌궁에 앉은 6·8은 상생하여 다시 兌궁 酉金과도 상생, 생합하니 운기가 좋다.

대치궁 맞은편 동쪽 震궁을 보니 4·2로 동회하여 4는 木, 2는 土다. 木극土하여 상극하지만 震 3벽木이 3·4로 친숙되어 2흙土 극을 외면한다. 이는 본명 당주에만 해당하고 큰아들〔震궁은 큰아들 대신 역할이다〕은 4-2 극파로 기대하기 어려운 아들이다.

본명성 6백인은 兌궁에 8·6과 동쪽 4·2를 대하니 8과 2는 가정집, 마누라다. 4는 역마, 외국이다. 마누라와 항상 동행하여 노래방〔酉 兌궁은 노래방, 향락〕 출입도 하고, 고급음식〔兌궁은 고급음식〕을 취하며 山도 오르고〔8은 山이다〕, 외국 나들이〔4는 외국, 외지, 출행〕하면서 향락에 도취함. 손궁 5와 건궁 5의 대충은 손궁은 외국, 해외다. 해외 나들이, 해외 펀드〔건궁에 7이 있어 투자다〕로 재미를 보고 있음. 三合선 중심권의 본명 6백이 회좌하여 금전운과 불로소득〔兌궁은 불로소득〕이 만창하다.

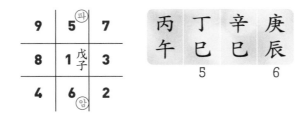

본명성 6백人이 戊子년 一白水성 년운을 볼 때 본명서 6백이 坎궁에서 암파되고 日기성 五가 이궁에서 파파되고 있다. 북쪽으로 이사 가서 1억 정도

펀드 손실보았고, 병난으로 신고 막심했다. 이사 잘못 가면 망한다.

　※남북으로 1-1 대충은 차가운 애정의 눈물로 살아간다. 암파는 수술이다. 1-1 대충

　의 길조는 하는 일이 활발해진다.

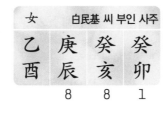

구성학 설정 후 다음과 같은 조건을 순차적으로 확인한다.

❶ 자신의 본명성과 月기성이 어느 궁에 회좌, 동회하는지 확인.

❷ 대충된 궁과 기성을 확인. 그 기성의 본궁을 찾아 대치관계 동회성을 검증함.

❸ 암검살과 파살을 확인.

❹ 女는 乾궁의 동향, 男은 坤궁과 坎궁을 확인.

❺ 운명계수로 현재 어느 궁에 살고 있는지 확인.

❻ 당년 태세를 기준, 자신의 본명성이 어느 궁에 동회하는지 여부.

❼ 자손의 본궁과 자손의 기성과의 상극관계 혹은 자손의 회좌궁의 동회 관계.

❽ 三合선 확인 등, 이상의 요건을 확인하는 것이 필수적이다.

총체적 자손 운명은 艮궁을 보라 했다.

이 여인의 남편궁인 乾궁을 보니 2·9에 손궁 9·7과 9-9 대충이다. 즉, 손

궁·건궁이 9-9 대충으로 혼인을 파하거나 시끄러운 결혼이었다. 손궁 7은

건의 2를 대하여 생습이 되어 가정과 훌륭한 남편을 생각하니 9-9 충은 다시 합친다. 손궁은 장녀, 딸의 자리다. 9·9 대충은 이름 있는 재력〔9·7〕으로 출가하였고 손궁·건궁 9·9대충은 이궁·감궁을 대변하여 남북이 三八선으로 허리를 갈라놓았다. 즉, 부부 정이 없고 각방 각거이다. 坎궁 6·4 金극木이 되나 坎궁 水가 말려주니 극이 해소되어 위안이다.

坎궁 6 남편은 연애박사, 캄캄한 일을 몰래 한다. 4는 여자, 연애요, 감궁은 잠자는 밤 12시다. 즉, 밤일을 많이 한다는 뜻. 이궁 5·3은 자손들이 높게 된다는 뜻. 본명 1白水는 兌궁에 앉아 있어 사치품이나 향락업 또는 미용 계통에 유망함. 본명1 백인은 坎궁에서 살고 있어 고전이다. 춥고 어둡고 침체상태다. 몸에 병도 입는 운이다. 坎궁을 벗어나는 55세부터는 입춘의 기운을 받아 생기가 될 것이다.

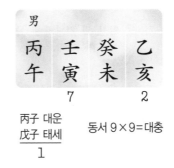

태세 1백년에 艮 坤에 4-4 대충되고 있다. 4-4는 결혼의 별이지만 사업, 직장, 돈 버는 자리로 대용한다. 4-4 대충으로 艮-坤 8-2도 대충 작용을 받는다는 것을 염두. 고로 주거환경〔집 이사〕이 바뀌거나 재직〔사업장, 직장〕자리가 해약되거나 교체, 수물이다. 몫이 좋은 점포자리를 반납하고 낮은 단계 자리로 이사했다. 태세 1백을 활용하면 본명 2흑이 건궁 8·3에 동주하여 乾궁 8·3의 극제를 받으니 2흑은 갑자기〔3은 갑자기〕떠나야 할 처세다. 그러나 손궁 대치궁의 9자火가 乾궁 3을 설기시켜 본명 2흑土를 생하여 주니 구사일생이다. 낮은 단계 자리지만 그런대로 할 만한 위치다.

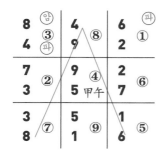

- 69세, 庚寅 白虎대살에 五황살로 흉지에서 사망.
- 태세 甲午년 4록에 의하여 남북이 9-9 대충, 최후를 마치다.

본명 9자火성에 月명성은 五황이다. 丙辛합은 권세가의 벼슬 합이다. 이 벼슬 합이 음습으로 합이 되니 권세가의 계통 계급의 집안이다. 하지만 이중으로 암습되면 권력의 암투로 좌천될 수 있다. 9는 최고의 높은 숫자요, 높은 위치다. 본명 九자火성이 五황살을 대하고 三합선 중심권 離궁 최고 제왕가 자리에서 위용을 떨친다. 坎궁 5·1은 제왕가를 표시하고, 처와 밤일하는 것은 너무 차가웠다. 진궁·태궁 7-7 대충은 제왕가 위력이 진동했지만 이것 역시 처와 남남 사이다. 7-7 대충은 흉기로 타살 또는 총살형이다. 庚寅은 白虎대살이다. 白虎대살에 五황살은 흉지 사망. 태세 甲午년 4록에 본명 9자 火가 坎궁 북방에 앉아 있어 독자님들의 연구용으로 제하였으니 양해바란다.

- 8-8 대충은 艮궁과 坤궁을 대충시킨 것이다.
- 8-8 대충은 가장이 외지생활.

여명 40세 坎궁 대운에서 남편이 바람 났는데, 즉 甲子 대운에 바람 났다.
甲子 대운 지지는 午를 충하여 離궁에 암살이 되고 離궁에서 6·9가 되어 남
편 6은 9를 회동하니 여자 치마 속에 숨어 있다. 甲子 대운은 離궁이 암살에
해당되고〔암살은 바람살〕, 子午충을 연상하여 들어갔다 나왔다 하는 여관, 침
대, 비즈니스 사업이다. 女子 사주 관살혼잡은 남편이 외면한다.

坤궁 8·2는 8은 대주, 즉 남편. 2는 여자. 2는 두 여자이니 남편이 두 여자
꼴을 보는 상이다. 坎 7-1. 7도 밤일, 1도 밤일. 그러나 본 배우자와는 차가운
정이다. 艮 8-8 坤 대충은 남편이 집을 나가 외지에서 탈선. 8-8 대충은 친
척과 친척 형제와 돈 싸움, 땅 싸움. 坤궁 8·2에 艮궁 8·5는 8-8 대충으로
동네 女子와 연애.

6 7	九	2 3	五	4 5	七
5 6	八	7 8	一 태세	9 1	三
1 2	四	3 4	六	8 9	二

丙　庚　辛　己
戌　戌　未　卯
　8　　3　　7

7적金성人은 손궁에서 살고 있다. 손궁에 6·7을 대하고 대치궁인 乾 8·9
를 접하였는데 손궁 6·7은 사업 투자 자리에 앉아 있으니 지방〔8은 지방 乾〕에
서 농작물 가공사업을 한다.

中궁에 7·8은 죽는 날까지 약〔7〕으로 〔8은 죽는 날까지, 한평생〕 살아간다.
離궁·坎궁 남북으로 3·3 대충이다. 3·3 대충이면 진궁·태궁을 대충시킨
요인으로 결론. 이때 진궁·태궁의 회좌성인 동회를 살펴본다. 해답이 아니
나올 때 진궁의 5나 6이 어느 궁에 있는지 확인. 6은 손궁 본명성 7과 동회하

고 있다. 그렇다면 3·3 대충은 본명성 7적金이 해당되어 수술할 일이 발생. 태세 一백으로 활용, 艮 坤에 7적을 동반 4-4 대충으로 坤궁 5황살을 제거하니 수술은 좋은 결과가 되었다.

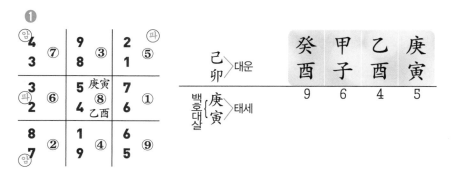

이 사주는 金이 3개인데 合이 되어 金이 추가되니 金 4개가 되었다. 金은 이 사주의 관살 七살이다. 官살이 기신이 되고 官살이 태강하면 官살보다 사악한 七살로 변하여 七액을 감당하게 된다. 즉, 七살은 악령과 귀신으로 돌변, 속세를 괴롭힌다. 위 사주는 庚寅 白虎대살에 五황살이 동주하였으니 무서운 악령에 싸인 몸과 같다. 정신분열증으로 보호실에서 지내고 있다. 火운을 만나야 생기를 얻을 수 있다. 이유는 왕한 金을 火로 억제하기 때문이다.

구성학 운명은 9를 보거나 3·6·9 대치선을 만나면 차도가 온다. 이 운명은 60세 坎궁 나이에서 병을 얻었다. 누구나 坎궁 나이에서 병을 얻으면 중병이다. 몸으로 잃지 않으면 재산으로 손해를 보거나 침체상태로 보내는 것이 허다하다. 坎궁 운에서 부부 이별, 가정 파탄, 송사, 관액, 비행, 비리, 수술, 병난, 약물복용 등등.

❷

1	6	8
5	1	3
9	2	4
4	6	8
5	7	3
9	2	7

공 속에 있는 성수는 태세 庚寅년의 숫자다. 태세 庚寅은 백호대살로 출생년과 동일하여 병을 가중시켰다. ▶중시 中궁의 5·4 寅酉 원진살을 중시. 寅

백호는 8 艮궁이며 酉는 7 兌궁, 4는 巽궁으로, 즉 艮궁과 兌궁과 巽궁을 주시하라. ❷번 65세 艮궁 나이에서 살고 있는데 坤궁과 3·6·9를 형성, 하늘의 태양빛과 태양열을 가열하여 사주의 金을 억제하고 조온을 해주니 이 艮궁 운에서 완치되리라.

❶번 참조. 60세 되는 해 坎궁 나이에서 병을 득하였는데 9-9 대충살을 받은 연고이고, 離궁 8·3은 3벽木이 8백土를 극하여 집〔8〕 이사를 잘못 가서 집에서 갑자기 떨어지면서 무릎 수술과 마음에 병까지 왔다. 이와 같이 불이 없는 여성은 몸이 더워지는 숙지황을 보약으로 복용하면 여의하다. 甲乙日생 여자는 火가 자손이다. 火가 없는 명조는 자손과 같이 살아가는 것도 약이 된다.

3 辛巳	8 丁丑	1 乙卯
4 戊午	9 甲寅	2 丙辰
2 庚辰	4 癸酉	6 乙亥
3 丁巳	5 庚戌	7 壬子
7 丙子	9 戊寅	5 甲戌
8 癸丑	1 乙卯	6 辛亥

중궁에 년기성과 日기성을 기준해서 구성학을 입문할 시는 보기와 같이 년기성의 년주 오행과 日기성의 日주 오행을 붙여서 활용한다는 것을 명심! 대충됐다고 무조건 나쁘게 보지 말라. 운명의 길흉에 따라 평가한다. 또한 운명계수 나이에서 암살이나 대충살의 작용을 받을 시는 그 조화에 따라 경사와 흉화가 양분되니 판단에 오차가 없어야 한다.

9-9 대충 자리 離궁에서 대를 이을 자식〔8〕은 명예〔離궁과 9는 명예다〕 얻기를 바라는 간절한 소망으로 볼 수 있다. 이와 같이 그 기성에 인자〔오행〕를 사주와 대조, 육신 풀이도 하고 희신, 기신 역할을 하는 지도 확인한다. 충, 파,

형, 해, 원진살도 필히 활용함.

坎궁 나이에서 암살, 파살을 당하면 坎궁은 1이니 어느 궁이든 1이 회좌한 운에서 자신의 본명성이 개입될 때는 坎궁과 같은 액을 번복하게 된다. 암살은 자동적 피해살이다. 즉, 내 잘못도 아닌 운명적인 피해다. 9는 명예, 3은 연구다. 3-3 대충이 기신이면 소리만 있지 형태는 없다는 뜻이니, 말뿐이고 행동은 뒤따르지 않는 것〔즉, 3(卯)과 -7(酉)은 허상이 많고 실을 뒤집는다〕이 특징이며 5酉 5兌 5·3 5 震궁에 동회하면 말의 불량품이다. 즉 거짓말, 사기꾼이다. 坎궁에 9가 있으면 南쪽〔離. 8〕의 연구 개발로 북쪽〔坎, 北〕을 새롭게 발전시키기 위한 수단이다〔즉, 잠자는 가정과 여자의 자궁을 새롭게〕. 북쪽에 9가 있으면 북쪽레 갑자기 해가 뜨니 눈이 부셔서 눈을 감고 있는 형태이다. 즉, 시력이 좋지 않다. 안경 쓴 자손도 있을 것이고, 눈 수술 한번 있을 것이다.

兌궁에 3·9가 암살을 맞으면 금전과 장남〔3〕이 암살을 맞고 있으니 돈 걱정, 아들 걱정. 兌궁의 3·9가 암파되었다면 3·9에 대한 해설만 하지 말고 회좌궁, 즉 兌궁〔酉〕에 대한 묘도 살려서 같이 엮어 해설하는 것을 유념하라.

구성학으로 매년 운세를 참조하여 자손 또는 본인, 배우자의 본명성 또는 月명성이 암살이나 세파살〔태세가 충된 방위〕 또는 五황살〔본명 五황인은 무시하고 단, 본명의 月명성의 동태 작용 여하〕에 해당되면 사기, 실물수 등 타인 또는 자작으로 피해를 입게 되고 매사 불성, 교통사고, 투자부도, 관재수, 파산, 가정불화, 이별수, 신병, 풍파, 재앙을 당하게 되는 악운살이다.

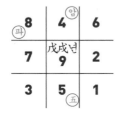
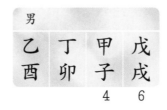

▶구성학 설정 참조

❶ 6백金성인의 月명성 4록을 소지한 九자火성의 戊戌년 운세 판단을 검색

본명성 6백金이 坤궁에 회좌하였다. 6백인의 月명성 4록이 이궁의 4와 동참꼴이 되어 암검살을 받으니 불미하다. 더하여 月명성 4록木의 본궁자리 손궁을 보니 戊戌년의 戌이 辰戌충으로 辰궁의 4록 손궁을 충극시켰다. 즉, 4

록의 손궁이 세파를 당하여 4록이 이중으로 다치면서 피상되어 본명성 6백 金은 비록 암파가 되지 않았어도 月명성 4록이 이중으로 가격되어 본명 6백 金성은 치명적 이중 피해다. 태세 戊戌년은 戊이 辰戌충으로 암충이 되어 손궁을 극침시킨다. 극충이 될 때는 맞는 사람이 피해가 크지만 때리는 사람도 아프다. 즉, 때리는 사람은 약간의 피해를 입는다. 이 운명은 戊戌년에 부도 처리되었다〔이러한 해는 유혹에 끌리어 실패를 당한다〕.

❷ 본명 1백水성인이 月명성 6백金을 소지한 九자火성년(戊戌년) 운세

본명 1백水가 乾에 회좌했다. 乾에 회좌한 1백水의 본궁을 보니 五황살이 앉아 있어 1백水성인이 간접적으로 五황살을 입을 때는 五황살의 피해가 소강상태로 본다. 月명성 6백金은 하자가 없어 이유가 없고, 다만 1백의 본명이 본궁 坎궁의 五황살로 죽어 있어 밤일을 회춘하기 위해 그간 자식과 한 방에서 살던 방을 넓은 집으로 옮겨 부부의 정을 불태운다.

```
┌────┬────┬────┐
│ 八 │ 四 │ 六 │
│(파)│(암)│    │
├────┼────┼────┤
│ 七 │戊戌년│ 二 │
│    │ 九 │    │
├────┼────┼────┤
│ 三 │ 五 │ 一 │
│    │(五)│    │
└────┴────┴────┘
```

본명성 8백土성인이 月명성 1을 대하고 9자火성년 운세를 검색하면 8백인은 손궁에 회좌하였다. 손궁은 세파를 당해 손의 8백土성인은 투자나 창업을 시도했다면 대재앙살을 당하게 된다. 더하여 月명성 1백水 가 본궁인 坎궁에서 五황살의 작용을 받아 모든 것을 소진, 장례식장으로 가는 형국으로 모든 것을 잃게 된다. 2중고를 당한 셈이다. 반드시 본명성과 月 명성이 이중으로 암파를 당할 때 인패재패의 상처를 받게 된다.

본명성은 하자가 없고 月명성 하나만 암, 파, 五황 작용은 소강상태로 소흉 운이 되고, 본명성과 月명성 양쪽이 직·간접적으로 피상되면 재앙이 크다는 것을 명심한다.

3 (파)	8 (암)	1
2	乙酉년 4	6
7	9 (五)	5

2흑생이 月명성 6백金을 소지한 자가 4록木성이 되는 乙酉년에 동쪽 震궁 방위로 이주했다. 태세 乙酉년의 酉는 卯酉충으로 진궁 동쪽 방위를 충거한다. 파살 방위로 이주, 즉 자살 방위로 죽음과 같은 파산 선고를 당했다. 月명성 6백金은 兌궁에 회좌하여 태평하지만 6백金의 홈이 되는 본궁인 乾궁에 五황이 앉아 있으니 五황살의 백호살을 받아 저승사자한테 끌려가는 형국이다. 이 운에서 멀쩡한 집을 잃고 가산이 침몰되었다.

※九성학은 본명이 흉살 방위를 맞거나 그 태세년에는 무엇이든지 시도하지 말고 쉬었다가 다음에 진행하는 것이 안전망이다. 이사방위도 필히 조심.

구성학의 강점을 예를 들면 寅은 오행상 비견, 겁재로 되었지만 寅을 대용시켜 조상, 우두머리, 상속, 계승권, 큰아들, 높은 위치. 寅이 기신이면 한평생 나쁜 버릇 등등의 이러한 육친 육신 표준 대수로 활용되어 운명학의 통변상 안테나 역할을 제시해주고 있다.

구성학 一年 운세에서 五황살, 암살, 파살의 흉살이 임하여 파산을 암시할 때 미리 예방조치 방법은, 본인의 사주와 이름이 새겨진 종이컵 안에 자신의 머리카락 5개와 손톱, 발톱 깎은 것, 나이 수만큼 동전을 넣은 다음 사람이 많이 왕래하는 사거리에 던지고, 오색천사와 붉은 팥을 세 주먹 뿌리고, 침을 세 번 뱉고 악살소멸 퇴치라고 소리하며 돌아보지 말고 집으로 온다. 또 하나의 예비 대책의 방편은 컵을 포장하여 저주살되는 바늘이나 침 뜨는 침바늘로 봉안된 몸통을 여러 군데 찌르고 다시 포장하여 침대나 장롱 속 또는 속팬티 속에 넣어 1년 이상 보관 후 산에 가서 땅에 묻는다.

구성학으로 암, 파, 五황살을 짚어본다.

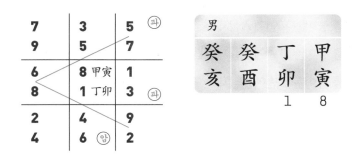

본명성과 月명성 다 같이 암, 파, 五황살에 걸리면 한평생을 통하여 필연적으로 액을 당하는 것이 일례다. 특히 月명성보다 본명성의 작용이 크다.

차명은 寅생 8백土성인으로 寅은 坤궁 申을 파하였다. 보기와 같이 五황살이 동회하여 파살과 五황살의 흉 작용을 받는다. 丁卯월의 1백水는 卯가 酉 兌궁을 파하였다. 즉, 卯酉충으로 兌궁도 파시키고, 진궁 8백인도 대충시켰다. 坤궁 파는 5·7이 파되고 5는 五황살로 7金은 돈이요, 투자처다. 五황살이 7金을 완전 숙청시킴으로 모와 처가집이 함몰되는 이치다. 처가가 쑥대밭이 되었고, 친모 가운도 실패.

본명성 8백인이 月 丁卯의 卯가 卯酉충으로 대충되고 兌의 3벽이 본명 8을 자해하였음으로 8백의 파살 작용은 강력하다. 진궁 8은 6백金성을 대동하여 6백은 거금이요 실력자의 돈이다. 9-9 대충으로 손·건이 파괴현상으로 8백인이 운 나쁠 때는 손·건에 회좌될 때 큰 액을 당한다. 실제 戊戌〔2018년〕년에 영·호남지방 방위에서 투자처로 공세하다 큰 실패를 하였다. 구성학은 방위학으로 방위를 잘못 이용하면 큰 손실, 실패다.

1 申子辰생은 申을 충하는 寅년에 입삼재➡卯년에 中삼재➡辰년에 出삼재

　　寅卯辰 방合으로 추리함

2 巳酉丑생은 巳를 충하는 亥년에 入삼재➡子년에 中삼재➡丑년에 出삼재

3 寅午戌생은 寅를 충하는 申년에 入삼재➡酉년에 中삼재➡戌년에 出삼재

4 亥卯未생은 亥를 충하는 巳년에 入삼재➡午년에 中삼재➡未년에 出삼재

5 일찍이 처신이 부족하면 기술계열이나 소질 방향으로 진출한다.

▶ 삼재년은 물조심, 불조심, 병난, 손재, 관재수, 풍파다.

▶ 三재살은 入삼재와 出삼재 때가 가잘 가혹하다.

◉ 삼재풀이

본인의 속옷 상하에 삼재부적, 본인 생년월일시, 성명을 첨부시키고 삼재팔란 소멸 발원 기제.

나이 수만큼 붉은 팥알을 통북어 입 속에 넣고 돌돌 말아 꼭꼭 싼다. 이것을 간단한 의식을 한 뒤 (의식은 삼재소멸 소리냄) 당사자의 몸을 8번 두드린 뒤 집 밖으로 멀리 가지고 가서 불에 태운다.

52 구성학 통변술

구성학에서 자신의 년지를 기준해서 巳생이라면, 辛은 巳의 天덕귀인이고, 巳의 庚은 月덕귀인이다. 巳酉丑생은 三合의 중간 제왕이 되는 酉가 庚에 羊刃살이 된다. 그러므로 구성학에 庚 또는 辛이 어느 궁에 배속되었는지 확인, 三덕이 접목된 나이 때 발전과 소망이 이루어진다.

자신의 본명성에 三덕이 같이 받쳐 있으면 평생 天덕, 月덕으로 복된 생활을 한다. 이 三덕신이 대치궁과 슴이 되거나 세운에서 슴이 되면 경사가 있다. 艮 9·5는 가정에 불빛이 꺼진다. 震궁 4·2는 남편과 찰떡 궁슴이다. 이유는 진궁 본이 되는 3과 3·4 슴이 되기 때문이다. 6·2 여자 선생님〔6은 선생님〕. 9·1-2·1 대충은 싸우지 않는다. 이유는 1-1 대충되면 9는 1을 보지 않기 때문. 3·2가 극기될 때 대치궁에서나 中궁에서 9를 보면 3과 2는 극이 해제됨.

6은 건축일, 자재상, 운수업, 의사직, 중견기업. 坎궁 6·1 교통액, 자살. 1은 독극물, 약물. 乾은 5·7 부친 피습, 비명사. 6·1 어린 시절 부친과 이별. 1은 어린 시절, 1은 흘러가는 물. 6·2 교통경찰, 2는 직업 표시함. 乾 3·7 극기가 되어 官과 인연이 없다. 6·2 건축, 부동산. 2-2는 일자리 파직. 6-2

타지 발령. 2는 외지, 지방, 타지. 女子 乾에 2가 있으면 나이 많은 남자 섬김. 이유는 2는 나이 많은 여자.

艮궁에 寅巳申 연결되면 다리, 허리, 머리 수술하는 것이 특징. 손·건 대충은 대개 높이 되는 승진운. 離궁 6-6 대충은 관운이 없다. 6·6-8·8 건축일, 높은 평가. 艮·乾은 조상 땅이다. 인성에 巳가 받쳐 있으면 자격증, 공부운이다. 巳는 공부, 자격증. 日간이 合이 되는 운도 시험, 공부운이다.

※ 방치된 선친 묘지들을 신규가족 墓지로 모신 후손들의 정성은 자손 만대까지 墓 바람이 일어날 것이다.

8이나 2가 극기를 사용하면 부동산 사업에서 실패. 坤궁에 5나 6이 좌하면 나이 많은 신랑하고 산다. 년기성, 월기성이 7-7로 되면 치과의사직. 8·3은 젊어서 죽은, 묘지 함부로 손을 대면 부정탈로 집에서 갑자기 소리치고 죽는다.

사주와 坎궁 오행과 원진살이면 자궁 수술. 乾궁에서 (파)(암)되었다면 乾궁 오행상으로 戌亥다. 이 亥자나 戌자를 만나면 乾궁의 기운을 받아 또다시 수술이다. 3·3 대충은 아이디어 활동. 五는 썩는 것, 부패된 것. 五는 건축, 수리, 집수리. 8은 부동산. 2는 임야, 대지. 五는 욕망, 욕심.

건궁에 9·1이 있을 때 건궁의 6이 타궁에서 5·6이 동회하면 부친이 일찍 돌아가신다. 대개 坤궁과 乾궁 간의 대충은 부동산 사건이 많이 일어난다. 또 부동산, 건축사업을 많이 한다. 艮·坤 7-7 대충은 동네 여자와 연애다. 艮에 3·7은 친척이나 형제의 제수씨와 연애한다.

예 艮궁 3·7 제수씨를 성폭행. 坤1은 밤, 몰래 도둑질 연애다.

<table>
<tr><td>8
1</td><td>4
8</td><td>6
1</td></tr>
<tr><td>7
2</td><td>9
4</td><td>2
6</td></tr>
<tr><td>3
7</td><td>5
9</td><td>1
5</td></tr>
</table>

◉中宮 5·8에 寅巳 刑살은 寅은 8艮궁이며, 巳는 巽궁 4다. 즉, 艮궁과 巽궁을 주시하라.

<table>
<tr><td>1
5</td><td>6
1</td><td>8
3</td></tr>
<tr><td>9
4</td><td>2乙亥
6甲寅</td><td>4
8</td></tr>
<tr><td>5
9</td><td>7
2</td><td>3
7</td></tr>
</table>

中宮 2-6에서 寅亥 파가 되었다. 亥는 乾궁을 대변하여 3·7이 동회하니 3·7은 오행상 卯酉충이다. 巽궁 5황살의 암검살을 받으니 흉살이 가중되어 부친은 젊은〔3·7은 젊다〕 나이에 참사했다. 또한 亥에 2가 있으니 坤궁을 대변, 坤궁에 8·3이 암겁살을 받고 있다. 8은 조상, 부친, 형제, 친척. 3은 젊어서 참변. 6백에 寅〔甲寅은 백호대살〕은 8의 艮궁이다. 艮궁에 5·9가 있으니 조상, 형제, 친척이 조기〔8은 조기〕에 종천하였다. 9는 하늘나라 종천. 이와 같이 대변, 해설하는 습관을 유념.

艮 9-9 坤 대충은 친척과 재판으로 문서 날리는데 땅과 집 팔아서 재판비로 날아간다. 乾궁의 7·4는 한통속, 離궁과 坎궁도 애정문제이다. 이곳에서 1-1 대충, 7·7 대충은 차가운 애정이 눈물로 살아간다. 1은 차갑고 눈물.

九성기학의 대운은 방위 오행으로 사주와 연결하며 길흉 결정. 그리고 회좌한 동회기성과 기성에 딸려 있는 오행이 사주 용신의 기신, 희신 작용과 형, 충, 파, 해, 원진살, 합, 12운성, 복신을 접목시켜 보는 것도 일조가 된다.

본명 五黃土이고 8백년에 이사 불가. 만약 했다면 五黃살이 8백을 극하여 이사 후 집에서 병 초래. 3·3 대충은 모든 꿈이 허망하게 끝난다. 3·3 대충은 아들 걱정.

震궁의 9·8은 다 같이 높은 숫자임으로 높은 건물에 올라가 떨어져 자살〔9는 하늘나라〕. 8은 높은 것, 높은 산. 8은 추락사고, 다리, 허리 부상. 乾궁의 2·7 암, 파 흉은 여자가 아버지 또는 남편 대역을 한다. 6·6 대충에 2가 연관되면 모친, 처 병원출입. 3·6·9가 연결되면 마음의 변태성이 발작함. 즉 이혼, 다른 마음, 종천.

여자는 남편운을 볼 때 먼저 乾궁을 본다. 건궁이 ㉠되었다면 坤궁과 坎궁을 찾아서 해설, 그의 대치궁도 주시한다. 選궁은 4이니 4가 위치한 곳을 찾는다. 離궁에 4·5가 있으면 4·5에 대한 해설 요. 다음은 坎궁에서 판단되었으나 一白이 있는 곳을 찾는다. 乾궁에 1·2가 있다면 1·2에 대한 해설. 다음 乾궁에서 하자가 있으니 6이 어느 궁에 있는지 찾는다. 坎궁에 6·5가 있다면 이에 대한 해설. 乾궁의 2가 있으니 2는 坤궁을 대변하니 坤궁에 회좌한 7·6 ㉠㉠다. 해설을 하고 다음은 坤궁의 대치궁 艮궁의 기성을 보아 해설. 이런 식으로 연결시켜 통변하면 귀신같이 밝혀낸다.

3·6은 남편이 갑자기 떠난다. 3은 卯인데 3번 숫자다. 卯가 더욱 받쳐 주었다. 여자 年月이 9·9로되면 남편운이 없다. 五황은 자신의 잘못으로 재화를 말하는 반면 암검살은 다른 사람에 의해 재난을 당하는 것. 3木이 타궁에서 암·파·극이 되어도 3벽의 본궁 震궁에 회좌한 기성이 3木을 생합해주면 장남 출세다〔이때는 本궁이 암, 파가 되면 무용지물이다. 단, 3·6·9로 형성되면 3·6·9는 극을 받지 않는다〕.

3벽이 극을 받았으나 3·6·9로 형성되면 3·6·9는 극을 받지 않는다. 8백土가 타성에 극파되었으나 3·6·9에 회좌되면 극이 소멸된다.

예 타궁에서 3·7이 극기되었을 때 3木 本궁 震궁에서 1이나 9가 있으면 통관이 되고 억제해 주니 3이 생기를 얻어 활로를 얻는다. 자신의 기성이 坤궁 기성과 승생이 되면 직업운이 길.

7	3	5
2	7	9
6	8	1
1	3	5
2	4	9
6	8	4

예 8백土성인이 3벽을 대하고 坤기성과 생승이 되니 직업운이 길창이다.

1도 가정, 坤궁도 가정이다. 坤궁 五는 남편이 제왕권 또는 본인이 가권을 쥐고 살아간다. 坤궁이 암·파되면 어린 시절 편친 슬하에서 살았다. 2·2 대충이 되어도 편친 슬하에서 살았다. 본인이 면하면 부모가 해당함. 2가 암검살에 해당되어도 편친 슬하에서 살았다.

5·3 도약의 장애. 坎궁이 암·파되면 결혼 전에 연애. 1·3·5는 사기성이다. 1은 약이다. 1은 자살이다. 1·9는 동일성으로 갈라지는 것, 합치는 것, 헤어지는 것. 1·5는 뇌병이다. 坎궁은 일찍, 조기. 坎궁 5·2는 조기에 떠나는 것. 1은 춥고 어둡고 죽음과 같다. 1은 눈물, 병, 수술, 고민, 고통. 1·6은 부친과 정이 없다. 1은 준비기간, 8은 가정. 8·1은 선택을 개성 있게 하라는 경고 메시지다. 8은 계속, 개혁. 1은 가정, 발전, 성공, 거래처. 1은 역마살이다. 8은 친구다.

乾궁이 기능을 잃으면 공부 중단하고, 남편과 인연이 없다. 選궁이나 東, 西에서 5·5 대충은 남의 남자와 만남, 교제. 자신의 기성이 되는 궁이 암·파되면 결혼운이 늦다. 즉, 자신의 기성이 2흑土라면 坤궁이 암·파되어 결혼이 늦다. 女子 月에 3·9는 정신병, 신경증. 9·6이 艮이나 坤에 있으면 家相 자체에서 나쁜 일이 발생. 특히 艮 坤에 9·6이 모두 구비되면 나쁜 일이 가혹하다. ▶중시 집을 바꿔라.

		파
4 5	9 1	2 3
3 4	5 6	7 8
8 9 파	1 2	6 亥 7 酉

女			
辛 未	己 酉	己 未	戊 申
	9	6	5

申 상관에 五黃살이 접하면 남편이 흉사했음을 예고한다. 未는 坤궁 二흑이다. 2는 두 번이다. 두 번째 재혼하면 거성〔6〕의 남자와 인연을 맺게 된다. 月의 六白은 거성의 집안 출신이다. 부잣집 태생이다. 女명은 남편운을 볼 때 먼저 乾궁을 본다. 건궁의 기성과 오행을 사주와 대입시켜 형·충·파·해·원진살을 확인한다.

乾6은 사주月 6과 대충됨을 알 수 있다. 6-6 대충은 남편의 하늘나라다. 乾의 酉 長生은 사주 長生 酉와 酉酉 刑살이 접목되니 산 생명〔長生〕을 刑살로 끊어버리는 비운이다. 酉는 약물이다. 그의 남편은 未土 불土로, 즉 丁火 편인이다. 편인이 식신 酉를 극하여 그의 남편은 약물로 자살했다.

6 4	2 9	4 2
5 3	7 5	9 7
1 8	3 1	6 寅 亥

庚 午	己 卯	癸 巳	丙 午
		5	7

月 인수가 五黃살이니 거물급 집안 출신이다. 그러나 결혼문서 巳가 五黃살이니 부패되고 생기 잃은 혼인문서다. 女자는 인성이 태과하면 官의 설기가 태심하여 남편과 생사이별이다. 時주 庚午는 상관, 편인이다. 자식을 낳고 혼인문서를 파기했다. 午火가 庚金 자식성을 극하니 자식을 낳고 부부 애정이 변질〔편인은 변태성〕되어 갈라지는 결과다.

乾궁 8의 寅 정관 남편성은 사주 결혼의 별인 巳와 寅巳 刑살에 害살이 되니 혼인문서〔巳는 혼인문서〕가 영원히〔寅은 영원히〕 바람〔巳는 바람〕에 날아가 흐려진다. 7적金성 본명이 兌궁에 9·7과 동회하며 7金이 午火 9에 극을 받으니 애정이 죽고 돈벌이도 미미하다. 9자火가 본명 7을 극하니 약을 복용할 수 있다. 兌궁 본명 7적金이 9에 극이 되고 암살이 되니 9인 본궁 離궁 2·9는 혼인문서 갈라졌다.

본명성이 8-2를 대동하면 건축사업이다

1이 극기를 사용하면 질병 또는 부정적인 일로 탄로. 6·2는 사장직에서 시골 농촌으로 낙향. 이 경우 6은 오행상 亥, 2는 申으로 극기가 되면 亥는 재력,사장직. 申은 농촌 낙향하여 자연생활. 2는 집문서. 사업이면 사업문서. 2는 건축업. 2는 결혼, 여자. 2는 임야, 대지. 3·7은 도피, 망명, 피신, 실패. 3은 상승세를 말함. 3·5 입신 준비. 3·2 부정으로 싸움, 비리, 송사. 3·2는 일터에서 부정으로 퇴직. 3은 새 직업, 새 가정. 3·6·9는 갑자기 떠나버리는 것. 8·3 대를 빛내주다. 3·3 대충은 변심, 깨지는 것, 미련 없이 떠나버린다. 3은 직장. 7도 직장. 3·7 직장해고. 3·3 허위행위. 3·4 청춘사업. 3·2 강간. 3은 사랑. 3은 용이 꿈틀거리다, 용트림하다. 3은 폭행, 구타, 싸움, 소리.

  ㉠ 乾에 1·9가 있으면 乾 6金을 9·1이 극하지 못함.

  ※사주학상 酉가 있는 곳에 酉가 공망되고 자신의 본명 또는 月기성이 兌궁 공망 자리에 임하면 결혼 파기 당한다.

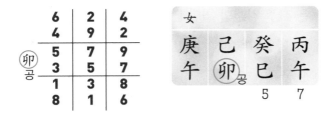

6 4	2 9	4 2
5 3	7 5	9 7
1 8	3 1	8 6

月기성 5가 공망된 震궁 卯자리에 회좌하니 남편과 이별했다. 一차 검색은 년지 오행〔午〕과 기성〔7〕을 알아본다. 午는 離궁이다. 이궁에 9·2가 있다. 2는 부부, 가정. 9는 이별하여 부부 가정을 떠나가는 것. 다음은 7을 본다. 7은 본명성이다. 兌궁자리 7을 보니 9·7로 되었다. 9가 7金을 극하니 애정이 갈라지는 형이다. 다음은 月지 巳를 본다. 巳는 손궁이다. 손궁을 보니 6·4로 되어 있어 6金과 4록木이 극해되고 있다. 4는 혼인, 6은 남편. 그래서 혼인문서 파산이다. 다음 5를 보라. 5는 동쪽 震궁에 회좌하여 3·5가 대조하니 3은 木이요, 5는 土다. 즉, 木극土다. 3과 震궁 卯는 남편을 표시하여 극상을 받고 공망되니 남편과 해로하기 힘든 운명이다. 이러한 논리로 감정하여 검증하기 바란다.

五五 대충은 건설계통 근무, 건축업. 乾에 五는 시집 식구와는 담을 쌓고 지낸다. 坎궁에 五가 있으면 남의 자식꼴을 보든지 내 자식 문제로 골치. 五가 생기를 잃으면 모든 물건을 부패시켜 죽어 山으로 간다. 5·1은 우울증, 부상, 약물. 震궁을 암·파하는 해에 이 방향으로 이사하면 큰아들에게 피해를 준다. 乾 5·1은 부친이 사망시 약물 먹고 자살. 3은 희망, 젊음, 갑자기, 싸움, 새것, 새롭게, 사기 전도가 밝다. 3은 폭행, 진출, 의사, 형권, 출세, 기술 발명, 개발, 눈부신 발전, 소리.

손궁이 암·파되면 결혼 후 바람 피우는 남편. 손·건에 五가 있으면 시끄러운 결혼, 결혼할 때 말썽이 생긴다. 4·8이 오행상 상승이면 일자리 풍족. 손궁에 2가 극파되지 않으면 해외 취직. 9는 폐업, 개업, 이혼, 결혼, 잃는 것.
3·8은 생활방침을 개혁하고자 하나 만약 진출했다면 실패다. 이때는 9火가
들어오는 해에 시도하면 성공.

　3·6·9는 갑자기 쓰러지는 병. 3·9가 서로 상생이지만 오행상 극이 되면 3
은 갑자기, 9는 떠난다. 또 문서 싸움. 1은 정리다. 1은 음성적, 兌궁도 음성적.
4는 번창, 1도 번창, 발전. 5·4, 6·4, 6·3은 늦은 결혼. 2가 극기되면 母가 둘
로 된다. 2-2 대충도 마찬가지. 4·3은 반드시 성공, 동업관계. 3·4가 대치궁
과 연결되어도 3·4의 효과가 일어난다. 3은 진동이다. 요란한 것. $\frac{5乙}{3庚}$〉合이
면 3·5는 친절로 본다. 3·2는 극이 되나 소망성취다.

　坤궁 9·1이 극이 되어도 $\frac{乙丑}{癸未}$〉丑未가 1 水를 억제하고, 坤 2흑土가 억제하
므로 9火는 충실하다. 1·2가 극기될 때 2-2 대충이 되면 1을 극하지 않는다.
1은 직효는 없으나 서서히 발전. 1은 젊은 사람이다. 1은 역마성이다, 외국생
활. 1-1은 의사직. 1·5는 죽음보다 더한 고생. 2와 1은 가정으로 본다. 1은 사
기성, 1은 지혜다. 1은 교제, 교역이다. 水가 많으면 하체병, 구명병, 신장병.
坎궁에 좌한 본명은 대개 본업 외 부수입이 되는 부업을 가지고 살아간다.

　3·6에 부성이 좋으면 아들이 안 좋고, 아들이 좋으면 부성이 나쁘다. 3·4
가 극기되면 사업자금을 사기당한다. 3·4가 같이 동회하고 있을 때 대치궁에
서 3이나 4가 새로 출현, 대충되면 3·4의 효과가 일어난다. 9·7이 암·파되
면 병원 신세를 지는데, 7의 본궁인 兌궁 나이에서 또 한번 병원 신세를 진다.
6·3은 장남의 사장 형세.

　대충이 될 때는 대충되는 본궁을 찾아서 대변, 해설하라. 木火가 용신이 될
때 3·3, 9·9대충이 되면 길조다. 여자 乾궁에 4-4가 있어 그 지지 오행이
사주 日과 刑沖되면 6백이 어느 궁에 있는지 확인.

坎궁에서 6·6 파가 되면서 3·6·9로 연결되면 남편의 병으로 하늘나라 간다는 것. 五에 암검살은 암병 조심. 신강사주는 구성학 지지가 상호간 충을 기뻐한다. 또 파살도 무난한 걸로 본다. 신약은 재앙이다.

乾궁에 7이나 1이 있으면 여자 문제가 복잡한 남자와 결혼하던지, 결혼 후 바람 피는 남편임을 증명해 준다. 巳가 乾에 있으면 巳亥충되어 혼인 파기. 離궁 9가 1과 동회하면서 1이 대충되면 명성을 얻는다. 3·6·9가 길 작용시 1이 대충시는 의사직. 4가 길 작용시 7·7 대충되면 4는 길 작용한다.

坎궁 五황은 자식에 대하여 기대하지 말라. 9·1-1·2 대충은 싸우지 않는다. 兌궁에서 4-4 대충은 손궁과 겸하여 대충이 된다. 艮궁 五는 자녀 근심, 또 출세 자녀, 형제, 친척과 담을 쌓고 지낸다. 離궁 또는 坎궁 五는 공부운을 막고, 반대는 학창 시절 우등생. 五-2는 혼자 사는 사람. 3·6·9는 갑자기 떠난다. 2가 中궁에 들면 처가 사장 노릇. 艮궁 암·파 또는 五가 있으면 저축 無. 7이 坎궁에 있으면 말이 얼어붙어 말의 횡포가 심하다. 애정선이 암·파 되면 애정 문제 복잡〔동서남북〕. 희신이 암·파되면 더욱 발전한다. 3·4는 서로 돕는 사이다. 3·4는 교제다. 누구나 坎궁에서 죽을 운을 겪게 된다. 동서 (東西) 암·파는 늙은 나이까지 고달프다.

사주학상 辰巳가 공망일 때 자신의 7적金성이 辰巳자리 巽궁에 좌하면 결혼 실패다. 4는 자금, 중개인, 역마성, 거래처, 애인, 바람, 결혼, 사업. 4-4 대충은 혼인에 말썽, 사업 파산, 교통사고, 무역거래, 피신, 망명. 4록을 이용하면 기회를 얻을 수 있다〔사업이나 결혼〕. 離궁 9·4는 이혼할 생각. 4·9는 상생이라도 자신의 기성이 6이라면 4-9는 극이 된다. 6·4는 오행상 巳亥충이다. 즉, 병원 신세, 비밀노출. 자신의 년기성이 坎궁에 좌하면 음성적인 직업 또는 부업.

五-五는 사장 노릇을 원한다. 또는 제왕가가 되고 싶어 한다. 五가 극기되면 우울증, 유혹. 五는 냉정, 차갑다. 五는 편관, 제2 남자, 애인. 五는 출세욕, 교통사고, 자살. 손·건에 五가 있으면 결혼에 말썽. 坤에 5-2는 재취여자다. 2·5는 여자와 싸움. 五가 암·파·극기될 때 음식으로 병. 五는 범법자다. 5·4는 돈 시비. 五五 대충은 죽을 고비를 넘긴다. 3·5는 폭행 소리. 五는 건강을 훼손시킨다. 3·5가 극기될 때 五-五 대충되면 3·5는 좋게 된다.

離궁의 五는 문서, 도장, 결재운이 없다. 五는 신용불량자. 離궁 5와 坎궁 5가 대충되면 離궁과 9를 대변하는 것이니 9가 어느 궁에 있는지 확인. 그 궁의 동회관계를 살피고 대충궁도 살핀다. 다음으로 坎궁 五는 坎궁을 대변하는 1을 추적, 상호관계를 살핀다. 6·7은 의사직. 6·6은 높은 평가. 6은 권위 있는 직업. 6·6은 남편 병원 신세. 6·6 中宮 入은 남자 행세 못함. 6은 본남편. 五는 애인, 연애하는 남자. 6은 정관, 五는 편관이다.

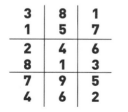
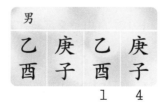

본명 4록이 艮궁에서 7·4를 접하고, 坤궁 7·1과 7-7 대충으로 사업가 출신이다. 7-7 대충은 돈 버는 아이디어가 최상급이다. 4·7은 合이 되고 7·1도 생합하니 거금을 모았다. 坤1은 사주子 도화가 死궁에 있어 死는 무덤이다. 坤1, 子水도 死궁 墓다. 7-7 대충은 금고가 진동하는 격이다. 7-7 거금을 1子水의 死궁으로 무덤에 들여놓은 금고지기다. 즉, 거金을 땅 속에 묻어놓았으니 자손을 위하여!

9 1	5 6	7 ⑧ 암 파
8 9	1乙卯 2己丑	3 4 파
4 5	6 7	2 3 암

庚　甲　己　乙
午　戌　丑　卯

甲己合이 되었으나 다시 甲庚충으로 이혼과 재혼의 문제 발생. 艮궁 5는 丑 방향에서 五黃살이 이루어지면 丑未 刑살로 연상하고 艮궁 寅방은 대치궁인 申과 刑살 및 沖살이 중복되어 刑沖을 인출시킨다. 그 기성과 오행을 묶어서 통변하시라. 3·4가 극기되면 서로 뜻이 갈라져 파산 선고. 2-2 대충은 집을 떠난다. 모친이 중년에 떠난다. 坤궁이 암·파가 심하면 직업의 변화가 심하고 주거이동이 심하다. 坎궁도 동일시다. 암살은 刑살을 뜻하고 파살은 沖살이다.

⑨

8辛巳 암　坤궁이 이와 같이 암파가 되면 巳가 암살이면 寅巳申 刑살로
3甲申 파　되고, 申이 파이면 寅申충으로 된다는 뜻이다. 兌궁이 암·파
되면 兌궁 酉는 酉酉 刑살로 보고, 兌궁이 파되면 卯酉충으로 본다. 震궁이 암·파되면 子卯 刑살로 보고, 震궁이 파되면 卯酉충으로 본다. 그러므로 刑의 암은 결혼, 연애, 재판 문제로 시끄러운 일이 발생. 卯酉충은 돈 문제, 애정 문제, 교통사고 등등. 艮궁이 암파되면 자식, 형제, 친척간, 집안간에 마찰이 생긴다. 5·1은 죽을 고비.

乾궁의 2·7은 여자와 연애하는 남편이다. 2·9는 여자가 떠난다는 뜻, 또 수준 높은 여자. 離궁 6·4는 이혼. 乾궁에 3·1 파는 건궁 본성 6의 파살로 보며, 3과 1은 희망이 어렵다는 해석. 坎궁에서 병이 나면 중병, 불량품이다. 2는 농산물, 농촌에서 생산되는 농축업[불고기집, 과일장사]. 兌의 3·4는 사

업 또는 애정, 협조해 준다는 뜻. 震궁의 오행과 兌궁 간에 원진살이 붙는지 확인. 艮궁 6·8의 8이 어느 궁에 있는지 확인.

　　⑩ 坤궁이 파되면 艮궁(대치궁)을 보고 艮궁에 6·8이 있다면 6의 본궁인 乾궁을 보며, 건궁

　　의 대충선인 손궁도 보아야 하고, 艮궁 6·8의 8이 어느궁에 있는지 확인.

　五황土성이 坤이나 艮궁에 좌하고 艮坤이 대충되면 대건축가 명이다. 坎궁이 암·파되면 애정 문제, 가정 문제 복잡, 불화. 3은 아이디어, 발명가. 五는 집을 비워둠. 五는 역마살로 봄. 7·2는 재취해서 난 딸. 3·3 대충은 이성교제, 6·6은 더 확장. 3·3은 교제를 더 적극적. 坎궁에서 병이 깊어지고 병이 발생. 암살은 파괴와 건설이다. 충파, 암파는 더 확장. 離궁의 9·6은 같은 불이니 완적 극이 아니다. 五는 병살이다. 재판에서 水〔1〕기가 火〔午〕를 극상하면 패소. 4-4 대충은 운수업. 3·6·9는 관운을 표시한다. 3·6·9 중 3이 극기되었어도 사주 日간이 3이 딸린 오행과 용신이 되면 관운이 좋다.

　7·9는 선생님 앞에서 말을 함부로 함. 兌궁 9는 돈 손해다. 坎궁 6-3은 교제. 7-7 대충의 길은 돈 벼락 맞는 격이다. 그의 반대는 돈 날린다. 7은 소리, 싸우다. 7·7은 교통사고. 7·7은 과음, 수술. 7·7은 약국, 약사. 7은 囚옥살이다. 7·7은 자궁병, 자궁수술.

　8은 가족, 2도 가족. 8은 평생을 말함. 8이 극기되면 친구로부터 사기당함. 7·8의 中궁 入은 한평생, 연애. 8은 집, 가정, 집안, 재산, 개혁, 생활방침 변동되다. 8은 직업으로 본다. 8은 조상의 음덕. 8은 부동산. 8은 대주. 8은 다리부상〔극기될 때〕, 추락사고. 6·8은 형제의 돈, 아버지의 돈. 9는 이합집산, 소유권을 잃기도 하고 원상회복하기도 한다, 인감문서. 9는 둘로 된 물체다〔이합집산〕. 9·5는 9가 죽는 것이나 같음, 음성시는 노출. 9·9는 파직되어 다시 복직. 9는 자동차 정비. 9는 해약문서, 재계약문서. 9-1은 대립되

다. 3·6·9는 소리, 싸움. 9는 여관업. 9·9-3·3, 6·6은 법권(法權)지대에서 살아감. 권위직. 卯酉충이면 亥도 거래처다. 9-1은 눈물.

※누구나 年반과 月반 작용이 중요. 다음은 日반이다. 예를 들어 자신의 年반이 四라면 손궁과 四록이 회좌한 궁과 동회하고 있는 기성간의 상의 작용을 꼭 보라. 예를 들어 四록木성인이 손궁에서 3·5가 암파되면 사업실패, 교통사고, 결혼. 장남(3)과 큰딸(손궁)의 결혼문제, 직장문제 말썽.

女

4	9	2
6	2	4
3	5	7 ㉑
5	7	9
8	㉙	6 ㉙
1		8

● 손궁을 대하고 6-6 대충으로 큰딸 혼인실패, 사업실패
● 兌궁 암파로 막내딸 혼인실패

2·2 대충은 이성문제 복잡. 兌궁 6에 2-2 대충은 남편의 이성문제 복잡. 2·2 대충은 처가 나가서 돈벌이. 震2-2兌 대충은 젊어서 저물어가는 늦은 나이까지 돈벌이 고생이다. 4·3은 서로 돕는 사이다. 3·4는 역마살, 교제. 3·2는 직업상 엄마가 되는 것이 늦어지는 것[미혼]. 7·4는 서로 짜는 것[슴이 됨]. 그러므로 사기성이다. 6·3은 패기왕성한 남성. 3·3 대충은 소리만 있지 돌아오는 것이 없다.

坎궁이 암파되면 애정문제, 가정문제로 불화. 3은 7과 유사하다. 3·3 대충은 이성교제, 청춘사업. 3·3은 교제이[적극적. 3이나 6 또는 9가 대충이 되거나 ㉑㉙ 극기를 사용하면 신경 쓰는 일에 과민. 남자 여자가 坤궁을 ㉙하면 자기 자신의 운명을 파한다. 女자 乾궁이 五이거나 ㉑㉙되면 남편 하는 일이 막힌다. 坤궁 귀문관이 암파되면 무당, 도인, 승녀. 4-4 대충은 생명을 걸고 하는 직업. 여자 6-6 대충은 결혼이 늦거나 조혼. 3·4가 극기되면 사

업자금 사기. 乾궁이 암파되거나 五가 있거나 극기가 되면 공부의 뜻을 다 이루지 못함.

8백이 離궁에 좌하고 8의 본궁인 艮궁에 7 또는 1·2가 붙으면 계속적인 연애. 교제선 손궁에서나 동서에서 五五 대충은 연애, 교제의 흥정거래를 유지한다는 뜻. 離궁의 4와 坎궁의 4가 대충함은 손궁을 대변하는 뜻이 되어 손궁을 대충시킨 것이나 다름없다. 그러므로 一차 손궁의 장애를 받게 된다. 손궁의 회좌성을 주시하고 대칭성을 살핀다. 여자 자신의 년기성이 6이나 8을 동반하고 離궁에 있으면 항상 다른 남자를 생각한다.

기성의 해명이 어려울 경우에는 그 기성을 오행으로 표출시켜 판단한다. 즉, $\frac{8은\ 寅}{7은\ 酉}$〉寅酉에 대한 해설과 寅酉 원진살을 통변한다. $\frac{7은\ 酉}{3은\ 卯}$〉卯酉충과 卯酉에 대한 해설을 붙인다. $\frac{9는\ 午}{1은\ 子}$〉子午에 대한 해설과 子午충에 대한 통변 요. $\frac{8은\ 寅}{2는\ 申}$〉寅申의 설명과 寅申충에 대한 해설. $\frac{2는\ 申}{3은\ 卯}$〉卯申에 대한 해설과 원진살 또한 3·2에 대한 해설. 兌궁이나 坎궁의 1-1 대충은 음성적인 직업, 비밀직업, 감추고 숨기는 직업.

艮궁의 기성이 상극상태 또는 흉신〔五황 같은 것〕이 있으면 못사는 형제가 많다. 艮궁의 오행상 건록과 天頭귀인이 회좌하면 자손이 귀하게 된다. 현 나이 궁에서 흉신 역할을 해도 방위오행이 조화해 주면 길운으로 판단. 7·7 은 돈의 기쁨이다. 兌궁이 ㉜㉜㉠㉠가 되면 말 못하는 장애인이 있다.

坎궁이 파·암이 되면 자식문제 또는 남의 자식 키우던지 또는 여자 자신의 하체에 이상. 남자 坤에 2·5는 처와 정없이 살아감. 손궁은 결혼, 애정, 바람, 사업, 외교, 역마성이고, 兌궁은 현금, 연애 중이다. 艮궁의 기성을 坤궁으로 끌고와서 통변하라. 항상 대충궁의 기성을 끌고와서 통변하라. 곤궁 5·8-2·5 艮궁 5-5 대충 암파는 가장〔坤2〕의 변화, 집안〔8艮〕의 변화, 형제의 변화, 坤(2)궁의 직업의 변화, 괴로움이다.

五黃살은 자신의 잘못으로 재화, 암검살은 다른 사람에 의해 재화를 당함[천재지변, 시대적 피해다]. 五황살이 있는 궁과 회좌된 기성의 관계를 보고 자신의 탓을 범하지 않도록 지혜를 활용해야 한다. 자신의 기성이 손궁에 있으면 교제술이 뛰어나다. 여자 坤궁과 乾궁에 6·2가 있으면 여자가 사장직이다. 암파살이면 돈벌이를 하는데 고달프고 힘들다. 女子 巽궁에 2·7이 있으면 먹는 장사. 7은 먹는 것을 취미하며, 8은 저축이다. 巽궁에 1·7·2가 있으면 결혼 전 연애경험이 풍부하다.

坤궁이 암파되면 모친 근심. 4·5는 좋지 않은 결혼. 7·5나 3·5로 동회하고 극기가 되면 갑자기 죽거나 괴변을 당한다는 것. 1·9·7·3은 수술, 1은 병, 9는 비밀을 밝히는 것. 고로 수술, 의사. 8-8은 계약포기. 8·3은 가정파탄. 5·2, 5·8도 가정파탄. 4·5는 결혼 후 이별, 4·5는 죽은 결혼이다. 2·7은 처가 돈을 벌어들인다. 2·7은 부부간 번 돈을 병의 약값으로 다 날린다는 뜻. 6·7은 병원비로 큰 돈 나간다. 6·7은 교통사고로 수술비용이 많이 나간다. 子생 1백水성인은 이성문제 복잡.

본명인 년기성을 가장 중시하고, 다음 月기성을 중시한다. 따라서 본명 년기성 본궁의 동태와 月기성의 본궁을 주시. 회좌성의 상의[생, 극, 암살, 파살 등] 작용을 필히 확인하라. 만약 흠이 발견되면 본명 년기성이 회좌한 나이에서 본궁의 흠집을 매섭게 받는다. 다음으로 月기성 본궁이 흠[생, 극, 암살, 파살 등]이 있다면 月기성이 회좌한 나이에서 月기성의 흉의를 받게 된다는 것을 유념하고 명심하라.

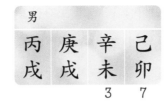

6 2	2 7	4 9
5 1	7 3	9 5 ㉕
1 6	3 8	8 4

男 丙戌 庚戌 辛未 己卯
　　　　　　3　7

59세 坎궁 나이에서 죽을 병

● 본명 년기성 또는 본명 月기성에 회좌한 나이 때 대치궁에서 본명 년기성이
나 月기성을 마주보면 치명적 환란을 당한다.

본명 7적金성의 본궁 兌궁을 확인. 9·5 五황살에 암검살에 파살을 당하여
불길한 7적金성인이다. 본명의 月기성은 坎궁에서 8·3으로 동회, 역시 불
길. 59세 坎궁 나이에서 본명 月기성 3을 대하고 대치궁 본명성 7을 마주보
니 수술은 따놓고 한 것이다〔坎궁은 수술, 죽을 병에 걸리는 자리다〕. 본명 7과
月기성 3은 卯酉충이다. 콩팥 완전 제거 수술.

艮궁, 坤궁과 3·6·9로 형성되면〔3·6·9는 갑자기 죽거나 사고〕 艮궁 8을 대
동, 8이 회좌한 손궁 나이에서 3·6·9의 흉함을 받아 갑자기 세상을 떠난다.

5 8	1 4	3甲辰 6乙丑
4 7	6 9	8 2
9辛丑 3壬戌	2 5	7 1

男 丙辰 戊戌 己未 戊戌
　　　　　　9　6

6백金성인이 坤궁에 회좌, 艮궁과 3·6·9로 이중되어 막강한 파워다. 일자
리도 풍족하다. 의사나 법관이나 권위직 팔자. 3·6·9가 화염에 싸여 있어 불
조심, 벼락조심. 정신이상자 발생. 장남 3은 명성을 떨치고 9의 딸은 이름 있
는 높은 집에서 살고 6백 本人은 세력을 과시. 일확千金 욕심으로 과욕이다.

艮坤에서 3·6·9로 형성되어 8이나 2가 회좌한 나이에서 인구손실, 山일.

乾2는 어머니가 아버지 대역 또는 아버지가 다른 여자와 밀애. 어머니가 사회활동. 3·7을 보면 거짓말, 사기를 당함. 8또는 艮을 대동, 2·7·1이 따라다니면 늙어 죽을 때까지 바람. 震궁·兌궁 2·7·1 평생 바람. 그러나 대충이 되면 그렇지 않다.

> 例 艮坤에 7-7 대충은 대충이 되었으므로 바람 피우는 걸로 보지 않는다는 것을 명심.

희신이 암파이면 더욱 발전한다. 경쟁으로 승부를 가름하는 세상이라 이 책에 나온 비전을 공개하는 것은 역학계의 모순이지만, 동경하는 독자에게 일조가 된다면 이 비전을 감추고 싶지 않다.

坎이 파가 되면 반드시 대치궁 離궁 九자火를 연상하라. 자신의 본명이 되는 년기성의 본궁이 암파되면 결혼운이 늦다. 33, 66, 99 짝을 지어 연결되면 정신병. 3·6·9가 연결되면서 이중 어느 하나가 대충되면 불조심, 교통사고, 정신병. 9도 변심, 8도 변심. 구성학으로 천간 지지 모두 생습으로 돌아가면 웬만한 일은 무사히 넘긴다.

$\frac{7\ 丁酉}{3\ 壬辰}$合. 7과 3은 극이 변하여 오행상 상습이 되니 상생으로 본다. 그러므로 새로운 직업변화다. 더 좋은 일자리와 돈도 많이 받는다. 암살은 고장, 수리, 고쳐준다는 뜻. 정비, 개혁, 구조조정. 離궁 9·1- 坎궁 1·2의 1-1 대충은 고통과 고난을 많이 당했다는 증거인데, 9·2도 같이 沖 작용을 받는다.

> 例 坎궁의 3·9가 파되면 장남의 뜻은 이루지 못함. 그러나 타궁에 좌한 3木이 충실하거나 3벽의 본궁인 震궁 회좌성과 상생이면 희망은 있다.
> 例 6·3이 艮궁에서 파파되면 8이 어느 궁에 있는지 확인.
> 例 손궁 나이에서 8·2가 있다면 艮궁의 흉 작용을 받는다. ▶중시

1	6	8 파파
5	1	3 암
9	2	4
4	6	8
5	7	3
9	2	7

2흑생이 坤궁 8·3에 극파되고 암파파되어 坤궁 나이에서 몸과 재산 피해를 당했다. 坎궁 나이 7·2에서 坤궁의 흉 작용을 장손이 크게 당했다는 것을 미지수 방정식인 구성학에서 답해 주고 있다.

8백土인은 선천이 3이다. 3이 중궁에 들어갈 때 윗사람이 산에 가는 일이 발생. 2흑土성인은 8이 2와 동회하는 운에 가중의 사람이 나간다. 8이나 3을 대동하고 艮土궁에서 3·6·9로 형성될 때 조객살 운이다. 대충궁과 5-5 대충은 잘 이용하면 자기중심으로 일이 잘 처리되고 기회도 찾아온다. 즉, 대충과 5-5 대충은 五황과 암살이 면제된다고 했다. 즉, 흉이 변하여 길조로 변한다는 뜻. 그러나 실제 경험상 100%는 아니다. 여자는 坤궁도 보고 坤궁을 대변하는 坎궁도 꼭 보시라. **坤궁이 깨끗해도 坎궁이 탈이 나면 부부운, 가정운 없다.** 7-1은 가정이 부서지고 애정이 깨지다. 즉, 1은 가정이다. 6·9는 남편과 이별이다〔극이 될 때〕. 9·1은 울며 떠난다. 손궁·곤궁·건궁·간궁 운에서 집을 장만하거나 집을 늘려간다.

9 파	5 암파	7 甲午
8	4	6 壬辰
8	1 戊子	3
7	9 丙戌	2
4	6	2
3	5 암	1

女
戊	癸	丙	戊
辰	酉	戌	子
	6	9	1

이 구성학에서 坤궁이 깨끗하여 아무 이상이 없는 것 같아도 坤궁을 대변하는 坎궁을 보면 암파살이 남북으로 오르내리고 있다. 이는 坤궁은 坎궁과 동일성. 坤궁의 7·6은 金金으로 보나 6백金은 艮궁 3과 3·6·9로 불로 형

성됐다. 고로 坤궁 6金은 火로 본다. 그러므로 6金은 火극金으로 남편과 상극되는 이치로 6백 남편은 7금 술에 의해, 술먹고 여자〔곤궁〕에게 술주정과 소리〔7은 소리, 술, 주먹〕 지르며 매질〔艮3은 폭행〕하는 남편이다. 그리고 坤궁 午는 사주 子와 충하니 가정이 부서지고 애정도 부서진다. 잠자는 坎궁 6·5는 암살에 5-5 대충으로 4·6이 파되어 이별문서다. 남북 5-5 대충에 4·6의 본궁 손·건을 보니 9·1이 대치. 9는 떠나간다는 이별, 1은 눈물. 하여 울며 떠나다. 손·건 5-5 대충은 죽은 결이다. 8백이 8-8로 坎궁에서 대충되면 대를 이을 자식이 없다.

〔예〕

7 2 ②	3 7 ⑦	5 9 ⑨
6 1 ①	8 3 3 태세	1 5 ⑤
2 6 ⑥	4 8 ⑧	9 4 ④

● 태세 기성을 기준으로 8괘 전체 기성이 쌍쌍으로 대충되면 흉이 물러가고 소원성취한다.

8·8 대충의 길 작용은 높게 되고, 재산이 늘고, 여자 乾巽 9-9 파살은 남편과 이별이다. 자신의 기성이 파살이 되면 자신의 잘못이다. 손궁에서 5-5 대충은 암살을 받지 않아 부정이 발각되지 않는다. 여자 坎궁에서 4-4 대충은 손궁의 결혼을 방해하는 요인이 되므로 결혼운이 늦다. 4-4 대충은 연애로 끝난다. 1·9 癸戊合이 되니 1·9는 극이 아닌 습으로 다정하다.

남자나 여자는 坤궁이 암암파파가 되고 그 오행상 사주와 충·형·원진살이 얽어지면 가정운, 배우자운, 친척운, 일하는 운 모두 실격이다. 坤궁 5·2, 5·1은 죽을고비 넘겼다. 5가 극기되면 죽을고비 넘겼다. 여자 乾궁 5는 남편운이 없다. 3·4는 쇼핑이다. 5는 편관으로 본다. 여자 건궁과 손궁에서 1-1

대충되면 우선 1의 본궁 坎궁을 본다. 坎궁과 離궁을 겸하여 본다. 6·4가 있으면 남편이 해외로 나감. 6·4는 해외다. 坤궁은 직업궁이요, 坤에 6·4가 있으면 남편 직업상〔坤2는 직업〕 해외 근무. 여자 坤궁이 五가 있거나 五五로 되면 친정집 걱정 태산. 7과 酉가 파가 되거나 원진살이면 말과 입이 불량품. 2는 낮은 직업, 낮은 보수, 서민층, 낮은 자세, 고개숙인 자세로 생활화. 4-4는 외국 무역과 길. 3·6·9는 정신병이다.

여자는 乾궁에 암파살이 없으면 결혼운이 좋다. 암살은 五황과 암살을 겸하여 본다. 坤궁에 6·4가 있으면 坤궁은 2에 해당되니 2가 회좌하고 있는 궁을 찾는다. 2가 兌궁에서 2·9와 같이 있다면 6·4와 2·9를 비교. 2는 집안, 9는 수준급. 하여 수준 높은 집안 남편〔6〕과 결혼〔4는 결혼〕. 이런 식으로 해석한다. 4·2에서 4는 결혼, 2는 집안. 하여 離궁에 회좌하면 수준 높은〔9〕 집안과 결혼. 2는 집안, 가정, 일자리. 내 인생의 아픔과 고통은 바로 자신의 조상님들이 저승에서 아파하고 고통스러워 일어나는 일이다.

艮궁과 坤궁 간에 3·6·9로 연결되면 높은 위치에서 살아가는 직계 손이 있다. 艮 5·5는 6.25전쟁 때 가족이 혹사당했다. 5는 신용불량자. 4-4는 손님이 오지 않음. 4-4는 충돌, 싸움, 관액. 8·6이 극기면 남편과 이어가지 못함. 여자 기성이 6이면 남편이 남자 행세를 못함. 6도 집, 부동산으로 봄. 이궁·감궁에 6·9가 있거나 마주보면 이별. 9는 공부. 4도 공부, 자격증. 7·2는 법적문제.

3	8	1
6	2	4
2	4	6
5	7	9
7	9	5
1	3	8

艮 7·1-坤 1·4의 1-1 대충은 1의 본궁 坎궁과 離궁을 대변하여 대충시킨 것이다. 고로 이궁 8·2, 감궁 9·3이 대충살을 받았다. 8은 대를 이어가는 큰아들, 3은 장손. 하여 이궁·감궁 대충은 송사, 재판이다.

비리죄[이궁, 감궁은 부정, 비리]로 재판, 송사에 모든 재산이 물에 흘러갔다. 여자 坤궁 1·4는 艮궁 1·7에 대충선의 4·7이 찰떡궁합이 되고, 1-1 대충은 친정으로부터 농산물[坤은 농촌, 농산물] 원조[1-1 대충 원조]를 제공받고 있다. 7·4 찰떡궁합으로 불로소득이다. 즉, 7은 兌궁을 위시하여 힘 안 들이고 수입되는 불로소득 자리다. 고로 7의 운세가 좋으면 7-7 대충으로 벼락부자가 된다. 7·3 은 더 좋은 일자리로 수입면이 좋아지고, 동서 암파 대충은 부정거래 송사로 재산 날리고 병난. 신왕사주 암파 대충은 더욱 빛을 낸다. 7·4는 외국말, 외국거래.

장래의 희망성 여부는 震궁의 기성 오행과 巽궁의 기성 오행이 희신이면 장래성이 있는 사람이다. 본명성이 離궁에 좌하거나 震궁에 좌하면 공직자 운명이다. 震궁에 3·7은 극이 아니고 친절로 본다. 고로 법권지대에서 살아가는 변호사 직이다. 5 가정, 6 가정, 8 가정, 2 가정. 7·7 대충은 돈 벼락, 딸, 처로 여자로 본다. 5는 편관이므로 외지다. **동서가 암파되면 결혼해약.** 1·7 대충은 인연문서 갈라지는 것.

女子 운명에서 9가 坎궁에 있으면 남편 정력이 부족, 성교에 적극성이 없다. 부부간 일이 죽는다. **자신의 명성이 1과 동회하거나 坎궁에 좌하면 건강이 한시적 불행을 당한다. 坎궁이 암파되면 건강 흉.** 4-4는 혼전 이별한 일 있다. 4는 1과 같은 역마성 성질, 계속성. 8은 계속. 4는 역마. 고로 8·4는 계속, 연속. 1-1 충은 암거래, 7-7 암거래, 9·9 암거래, 3·7 암거래. 8·2는 집 소유권 다시 찾는다. 2·2는 어머니가 둘로 된다.

본명 4가 진궁에 회좌했지만 본명 4의 본궁 손궁이 대충되면 진궁 4도 대충되는 결과로 진궁 4의 임무를 박탈, 낮은 급수 직업이다.

암살이 회좌한 나이 때는 몸이 부패현상이 일어나니 요주의 관액수도 발생.

손궁·건궁 2-2 충이 되면 2에 대한 해설을 요구할 때 2는 坤궁이니 곤궁에 회좌한 7·9와 艮궁에 4·6을 보아서 결정을 내린다. 7·9는 수술이다. 坤궁을 위시하여 대치궁과 3·6·9로 형성되면 부부간 변태성이 일어나 서로 다른 마음. 길 작용은 높은 위치에서 살아가며, 3·6·9가 암파되면 명예실추다. 五는 山에 묻히다. 坤 5·8은 처가 죽음으로 山에 묻히다. 乾궁이 암파되면 손궁이 대충되니 손궁은 역마살이 되어 하체 다리마비 또는 절음다리가 될 수 있다.

五황살과 五황살 간에 五-五 대충되면 암살이 없어지므로 암살의 흉 작용은 면한다. 乾 3·2는 어머니가 둘이다. 3·5는 피습, 자살, 폭행, 조난. 5·4는 사업장이나 일터에서 사기행각. 5·2는 처, 가정과 별거. 5·2는 남의 전셋집. 5·2는 처가 이혼할 준비. 5·8은 대가 끊어지다. 5·8은 가정붕괴.

남녀 모두 月에 6은 부자, 특권층. 2·3은 가정파괴. 4·2는 극이 되지만 4·2가 震궁에 좌하면 震 본궁 3이 3·4 슴으로 4·2는 친해진다. 즉, 찰떡궁 슴이다. 또 4·2가 극기될 때 대치궁에서 3을 마주보면 3·4 슴으로 4·2는 극이 해소된다. 1·1 대충이 갈라질 수도 있고, 협력자 발생. 1·2는 직장실패. 1·4는 밤직업. 손·건 파충은 실직, 휴직, 타향 진출. 4·2는 이별, 재혼. 4·7은 같은 선천수다. 극이 아니다. 2·4도 극이 아니다. 9자火성인이 離궁 남방 또는 坎궁에 이를 때, 9자火성인이 中궁에 入할 때 가족 중 사별.

3·9		
태세 9		
1·9		

즉, 9자火성이 離궁 남방에 있거나 坎궁에 있을 때, 태세 9자火가 中궁에 入할 때 [9자火성의 본궁이 암파를 받음] 가족 중 사별이다. 2흑생이 5황과 동회하는 년도에 모친이 세상을 떠난다. 艮에 5가 있으면 큰형은 일찍 山에 간 지 오래다. 艮 5·5는 장애자 형제 있다. 동쪽에 5가 있으면 화재조심. 5는 폭풍, 지진, 화재, 폭발, 전생살이다.

子午충도 반드시 성공. 4-4는 갈라지는 것. 巳가 길이면 반드시 성공.

女子 坤에 6·1이 있다면 乾궁 자리를 본다. 乾궁에 5·1이 있다면 남편이 병자 몸, 죽어서 이별. 다음 1의 坎궁을 본다. 坎궁에 9·5가 있다면 남편이 무직에 뒷문 출입하는 남편이다. 6·3이 震궁에 있으면 극이 아니다. 서로 친절. 타궁에 6·3이 같이 있으면 극이 된다. 이유는 震궁 본궁에 3이 회좌할 때 타기성과 극이 되어도 친절로 본다.

6백이 있는 자리나 乾궁이 부서지면 아버지가 천명을 못하고 하늘로 종천. 坎궁 방위가 결함이 있다면 병으로 고생. 또는 생활이 가난한 채 자식에 불행. 月명 1은 병이 있다. 1·9는 이별, 통곡. 이궁·감궁 무엇이든 잃거나 다시 찾게 된다. 乾 1·9는 부친 재판. 9·1이 극기되나 그 오행상 상승이 되거나 희신이면 水火기제상이다. 2·1은 밤직업, 음성적 직업. 2-2 대충은 가정을 이어가지 못함. 震5는 장손 관액수, 외국생활. 巽 4·6은 청춘사업. 2·9는 실직, 처와 별거. 9는 별거. 2·9는 여자 치마 속에 숨어 있다. 2·9는 이혼문서, 농촌생활, 낙향.

동쪽 震궁이 암파되면 큰아들 바람. 5·7은 딸 의사. 5·3은 아들 의사직 또는 공직생활. 震궁 본명성은 공직자 운명, 艮 8·6은 저축 자산 많다. 8·6, 2·9, 7·5는 상가 집세 받는다. 3·2는 소망이 성취된다. 3은 눈부신 발전. 3·1은 갑자기 병. 3은 우위. 3·1은 정열을 불태운다. 3·2는 가출, 모친 가출. 3·2는 피신, 신용불량자, 지명수배, 갑자기, 명도. 3·2는 교통액, 소리치는 직업. 3·3은 조난, 사춘기 일찍 왔다. 3·3은 안과의사, 안경점. 3·3은 하체병, 자궁수술, 교통사고. 3·3은 돈 손해 막대하다. 1·1 대충시 사주 日간이 戊土라면 水에 대한 손실, 처, 여자, 병난, 교통사고. 3·3은 정신병.

月명성이 3·6·9를 끼고 등장하면 항상 젊은 생각, 젊은 마음, 어린 행동.

특히 8과 3이 본명성과 동주하거나 본명성 본궁에 동주하면 한평생 젊은 마음으로 살아간다. 3은 허상이 많고 사기성. 3은 희망성이 비쳤다가 희망이 붕괴되었다. 3·5는 큰아들, 가출, 이민. 본명성이 1·3·7을 동반하면 항상 젊은 마음, 젊은 생각.

2가 극기되면 母가 둘로 된다. 두 어머니. 9는 1과 동질성. 고로 9가 극기되면 모든 문제가 멀어지기도 하고 합치기도 한다. 8도 4도 계속성이다.

坤6·5 여자는 다른 남자 섬기고, 남자는 첩과 암거래. 2·2 대충은 남편, 자식 실업자 신세. 이유는 2는 坤궁 남편과 같이 사는 가정이요, 坤궁의 대치궁은 艮궁이다. 艮궁은 자식의 자리다. 2·2 대충은 친정, 母친, 신방, 우울증, 치매. 8·2는 지방으로 발령. 8·2는 오행상 寅申충이다.

5황살은 死人, 변사, 자살인, 사형, 흉악범, 전과자, 전사자, 전쟁, 파산자, 패인, 강정, 폭욕, 폭력, 주먹세계, 마약중독, 방해자, 강도, 살인범, 사채처리업자, 독재자, 쓰레기 청소, 마약밀매인, 연구원, 토목개척업, 토건업, 건축업, 대재액, 최고통솔권자, 부패물, 열병, 백수인, 도산, 파산, 식중독, 화장실, 부패음식, 죽은 사람, 음식 먹고 기절, 뇌병, 정신병, 우울증, 환청, 암병, 뇌출혈, 악성 전염병, 극심한 질환. 이와 같이 5황살과 동회하던가 본명성이 5황과 동회하는 년도 또는 자신의 본명성이 5황살의 암검살 방향에 회좌하는 나이와 년도는 필연적으로 5황살의 상의 작용을 받아 본명성이 더욱 많이 받는다.

자신의 본명이 兌궁에 좌하면 투자처를 생각하고 있다. 兌궁은 투자하는 곳이다. **당선 합격운은 본명성의 본궁에 五가 회좌하거나 본명성이 震궁에 회좌할 때 당선 합격운이다.** 본명성이 7과 생습이되면 불로소득운이다. 艮궁 또는 坤궁에 4·7이 동주하거나 4·7이 연결되면 집세에서 불로소득. 3·7은 즐거운 돈벌이다. 고관직. 坎궁에서 살면 성장을 멈추게 된다. 혹시 성장과정에 꽃잎이 무성했다 해도 추위에 잔인하게 된다. 즉, 성공한 것 모두 잃는다는 뜻. 艮·坤에 6은 집안에 거성이 있다. 년지, 월지 3·6·9가 되면 거성의 자손이 있다. 사주 日간의 祿이 艮궁에 있거나 天頭귀인이 있으면 가문을 빛낼 자손 있다. 3·4는 반드시 성공, 1·9도 반드시 성공.

3은 권세, 출세, 희망, 돈, 진출, 재판, 송사, 피습, 도피, 압류. 3·6은 돈문제, 남편문제, 소송. 3은 노래방. 3·7은 휴직상태, 병난, 부정거래 발각. 자신의 명성이 3·6·9로 되면서 3·6·9로 형성되면 높은 자리 근무, 자손, 형제영접. 4·3 암파는 송사로 재산 날린다. 4·3은 이혼. 5에 도화살이나 財성이 9, 3, 7, 1, 4에 해당되면 이성관계 복잡. 5는 물질을 부패시키고 생기를 잃어 묘지로 보낸다〔흉조시 해당〕. 5는 형무소, 경찰서. 5·4는 결재, 독촉장. 5·4는 이민. 5·4는 남의 남자능욕. 4는 연애, 혼인, 능욕. 5·4는 자녀 가출. 1은 둘째아들, 8은 대를 잇는 큰아들, 3은 장손, 4는 큰딸, 9는 중녀, 2는 모친, 여자, 할머니, 외할머니, 외가. 7은 막내딸, 며느리. 5·4는 붕괴현상.

坤궁에 5황살이 있고 坤 오행이 寅申충, 甲庚충, 乙辛충, 卯酉충, 乙庚合, 寅酉 원진살 등이 사주와 엮어지거나 그 궁에서 병원출이 붙으면 그 나이 때 필히 조심. 5·4는 결혼 해제. 5·5 대충은 흉성을 파하니 길조로 변하여 5황살을 받지 않는다. 5·5는 암병, 뇌병, 정신병. 5·5는 신체 하자. 天乙귀인이나 劫재가 長生과 合은 제왕가 운명이다. 동서 암파는 도적의 마음이다.

女자 震궁·兌궁 5는 다른 가정을 무너뜨림〔女〕. 5·6은 작은 직장, 작은 돈이다. 5는 외국. 坤 5·6은 부모님 외국생활. 5는 편관, 6은 역마지살. 5는 나이 많은 남자, 늙은 남자 섬긴다. 女 乾5는 남편 부패물〔흉조시〕. 5황이 있는 자리는 흉조일 때는 5황의 살기를 받고, 길조일 때는 제왕가의 길조 현상이 더욱 일어남. 5·7은 치과병원, 5는 병원. 5·7은 돈 과소비. 5·7은 사채, 고리채 피해. 5·7은 휴직상태, 뇌물죄. 5·7 구멍도 불량품.

坤5·7 흉조시는 가정이 시끄러운데 그 원인을 찾고자 할 때는 반대쪽을 보고 시원치 않을 때는 7적의 兌궁 자리를 본다. 兌궁에 6·7이 있다면 남편이 타녀와 즐기고 있기 때문에 집안이 뒤집혔다. 五황이 닿는 나이 때는 무엇이든 조심. 9가 坎궁에 있고 태세에 자신의 명성이 坎궁에 임할 때 가족 중 종천. 암살은 부정부패다. 震궁과 兌궁에서 4-4 대충이 되면 진궁 또는 兌궁 나이에서 결함이 발생하니 손님께 당부. 3·2는 남편과 각거, 직장해고. 3·2 길조는 희망성이 있는 직업.

3	8	1
5	1	3
2	4	6
4	6	8
7	9	5
9	2	7

乾궁 5·7은 巽궁 5·3과 5-5 대충으로 사후 부친이 물려준 오피스텔 빌딩 건물에서 집세 받아 불로소득하는 재력가 운명이다. 본명은 집세 받는 비전 기성이 3개나 구전되었다. 하나는 乾궁에 5·7, 두 번째는 艮궁에 9·7, 세 번째는 坎궁에 2·9다. 이와 같이 한 개도 아닌 세 개의 多數로 빌딩 보유자가 된 것으로 본다.

本명 四록이 本궁 巽궁이 암파되고 결혼궁인 손궁에 五황이 자리하고 兌궁에 8이 있어 나이 50이 가까워도 짝이 없는 독신이다. 辛亥日은 고신살이다. 9午는 離궁의 火다. 3은 벼락을 말하여 불이고, 6은 태양이기 때문에 불로 본다. 3·6·9는 불로 본다. 고로 수술, 정신계통. 五황이 손궁에 있으면 사업하는 자는 경쟁자가 갑자기 출연하고, 兌궁의 五는 음식 먹고 체하여 큰병. 坤궁에 8·8은 兌궁 7로 변하여 조상 산소 또는 형제 묘를 보수작업한다. 동토 부정을 타 처로부터 부정음식, 즉 제사음식 먹고 체하여 쓰러지다. ▶주의

巳戌 원진살은 손궁과 건궁을 대변, 사업과 직장이 바람처럼 날아가다.

離궁의 7·4는 그 나이 때 딸의 교통사고로 수술, 4·7·9는 딸로 본다. 여자 9·9나 3·6·9로 태어나면 우울증. 1·7은 자궁수술이다. 6·7에 未자가 받치면 두 번 수술, 未는 2다. 고로 두 번이다. 6·7에 乙이나 卯가 받쳐주면 세 번 수술, 卯는 3이다. 一白水성인이 坎궁에서 암파되면 자신에게 직접 해당되어 자궁을 수술하거나 다른 병으로 수술.

본명성의 본궁이 하자가 있으면 본명성이 하자의 피해를 꼭 당한다는 것을 염두. 자신의 년기성이 3이면 우선 震궁을 확인하라. 震궁에 1·7 암살이 있다면 震궁 나이에서 조심[교통, 수술 등]. 3이 회자한 궁에서도 조심, 3은 震궁과 같은 맥이다. 또한 1이나 3이나 7이 회좌한 나이에도 조심해야 함. ▶기억 艮궁에 6·3 파파로 되면 艮궁 나이에서도 조심. 8·6·3이 회좌한 궁에서도 조심해야 함. 대치궁 나이에서도 조심. 대치궁의 회좌한 나이에서도 조심.

9와 원진살이 되어도 수술.

자신의 명반이 震궁에 좌하면 기술·기능직에 종사하는 사람이 많다.

53 대정수 조견표

육효점의 대정수 총합산 수에서 거두절미하는데, 즉 거두절미라는 뜻은 2326이라면 첫머리 2와 끝자리 6은 불용한다. 중간 3과 2를 활용하는데 좌측 3은 6으로 변수되어 6으로 활용하고, 좌측 숫자는 上괘로 정한다. 우측 2는 불변 숫자로 그대로 2로 활용하고, 우측 숫자는 下괘로 정한다. 좌측 上괘와 우측 下괘로 설정 가설시켜 괘산표를 설정, 동효와 그 이상의 내용을 점친다.

총 합산 숫자에서 두 개의 숫자를 활용하는데 변수는 변수 숫자로 활용하고, 불변 숫자는 그대로 불변 숫자로 활용한다는 것을 유념.

총 합산 숫자에서 2001로 되면 중간에 00이 되니 첫머리 2와 끝머리 1을 활용. 첫머리는 좌측 숫자이므로 上괘로 설정이 되고, 끝머리 1은 우측이므로 下괘에 해당, 上下괘로 설정이 된다.

또 총수가 4301로 되면 총수 중간 30을 활용하는데 0은 3으로 간주하여 3·3으로 활용. 3·3은 6으로 변신되어 6-6괘, 즉 六 감수괘로 활용한다.

총수가 2002면 중간 00이 되었으니 00을 불용하고 첫머리 2와 끝머리 2를 활용, 즉 2-2괘로 설정, 2-2괘 二태택괘로 활용한다.

총수가 5883이면 중간 8은 불변 숫자이므로 8-8 八곤지괘로 활용한다. 또 5803이라면 중간 8에 0이 있으니 0은 불용하고 0을 8로 대용시켜 8-8 대정수로 활용, 8-8 八곤지괘로 활용한다.

총수가 6042라면 중간 0은 불용하고 우측 4를 활용, 0은 4로 대용시켜 4-4 괘로 활용되는데, 4는 3으로 변수되므로 변수된 3으로 활용, 즉 3-3괘로 변수되어 3-3괘는 三리火괘가 된다.

합수가 9001이면 중간 00은 불용하고 첫머리 9로 활용하고 끝자리 1을 활용시켜 9-1이 되는데, 9는 1로 변신되어 1로 활용되고 1은 7로 변신되니 7로 활용되어 1-7괘로 설정된다. 즉, 1-7괘는 [보기 참조] 천산돈괘로 활용된다.

변수 참조표

	1	3	4	5	6	9	7-7은 七艮山괘,
변수	7	6	3	4	5	1	8-8은 8곤지괘, 2-2는 二兌택괘로 산정한다

▶ 7-7, 8-8, 2-2는 불변 숫자로 그대로 활용되고, 그 외 숫자는 별첨과 같이 변수됨을 참고 하시라.

이 학문이 기억, 입력하는데 어려워도 극복하시면 명리 사주 운명보다 백발백중 효과가 있다. 미리 예방하는데 다목적 효과를 얻을 수 있음. 일을 저질러 놓은 뒷처리보다 미리 알고 대처하면 이것이 보약이 된다.

月별 운세를 보고자 할 때는 사주 각주 대정수와, 현재 살고 있는 대정수와, 태세 대정수와, 당月 대정수를 총합산시켜 거두절미하고 중간 숫자로 육효 괘성을 설정하는 법식으로 확인.

대정수 조견표(大定數 早見表)

干支	年柱	月柱	日柱	時柱	干支	年柱	月柱	日柱	時柱
甲子	31	49	211	1831	乙丑	90	108	250	1690
甲戌	35	49	175	1435	乙亥	86	98	206	1286
甲申	39	55	199	1639	乙酉	84	98	224	1484
甲午	37	55	217	1837	乙未	90	106	250	1690
甲辰	35	49	175	1435	乙巳	82	94	202	1282
甲寅	33	49	193	1633	乙卯	88	102	228	1488
丙寅	73	87	213	1473	丁卯	28	40	148	1228
丙子	71	87	231	1671	丁丑	30	44	170	1430
丙戌	75	87	195	1275	丁亥	26	36	126	1026
丙申	79	93	219	1479	丁酉	24	36	144	1224
丙午	77	93	237	1677	丁未	30	44	170	1430
丙辰	75	87	195	1275	丁巳	22	32	122	1022
戊辰	55	65	155	1055	己巳	102	115	232	1402
戊寅	53	65	173	1253	己卯	108	123	258	1608
戊子	51	65	191	1451	己丑	110	127	280	1810
戊戌	55	65	155	1055	己亥	106	119	236	1406
戊申	59	71	179	1259	己酉	104	119	254	1604
戊午	57	71	197	1457	己未	110	127	280	1810
庚午	97	114	267	1797	辛未	50	65	200	1550
庚辰	95	108	235	1395	辛巳	42	53	152	1142
庚寅	93	108	243	1593	辛卯	48	61	178	1348
庚子	91	108	261	1791	辛丑	50	65	200	1550
庚戌	95	108	225	1395	辛亥	46	57	156	1146
庚申	99	114	249	1599	辛酉	44	57	174	1344
壬申	19	32	149	1319	癸酉	64	75	174	1164
壬午	17	32	167	1517	癸未	70	83	200	1370
壬辰	15	26	125	1115	癸巳	62	71	152	962
壬寅	13	26	143	1313	癸卯	68	79	178	1168
壬子	11	26	161	1511	癸丑	70	83	200	1370
壬戌	15	26	125	1115	癸亥	66	75	156	966

코팅하여 평상시 사용함   〈2·7·8은 불변〉

오늘의 日진 운세 확인법도 사주 각주의 대정수와, 현재 살고 있는 대운 대정수와, 태세 대정수 그리고 오늘 日진의 대정수를 모두 총합산하여 거두절미〔첫머리 숫자와 끝머리 숫자 불용〕하고 중간 2개 숫자로 육효법을 설정시켜 감정하면 오늘 日진의 길흉판단이 귀신처럼 밝혀 나온다는 것을 명심.

※사주의 각주 대정수만 각주 기둥에서 산출하고 그 외는 대정수 조견표 년주에서 차출, 대정수를 활용한다.

육효 대정수 산출법

먼저 사주 네 기둥의 각주에서 나온 대정수를 활용하는데, 먼저 년주 오행 대정수 활용. 다음 月주 오행 대정수 활용. 다음 日주 오행 대정수. 다음 시주 오행 대정수를 활용, 산출한다. 그 외는 현대운에서 살고 있다면 현대운 간지 오행 대정수를 활용함. 다음 차는 매년 태세 간지 오행 대정수를 활용. 다음 차는 매월의 신수를 확인하고자 할 때는 매월, 즉 당月 간지 대정수를 활용. 다음 차는 오늘 日진 신수를 보고자 할 때는 日진 오행 간지 대정수를 활용. 산출하는 방법은 무조건 대정수 조견표 년주 오행에서 대정수를 활용, 산출한다.

현재 살고 있는 대운 지지가 己巳 대운이라면 대정수 조견표에서 참조, 년주란에서 확인. 년주 대정수 己巳 대정수는 102다. 102를 활용한다. 다음 당년 태세가 戊戌년이라면 대정수 조견표 년주란에서 戊戌은 55 대정수로 활용하고, 月운·日운이 庚申이라면 조견표 년주란에서 庚申은 99다. 또 日진이 壬子일이라면 대정수 조견표 년주란에서 壬子는 11로 되어 있다. 고로 현

대운 세운 月운·日운의 대정수 차출은 무조건 대정수 조견표, 년주 조견표를 기준해서 대정수를 차출하여 홀용한다.

태세 운세보는 법은 먼저 사주 각주 대정수와 현재 살고 있는 대운 대정수와 당년 태세 대정수를 모두 합산시켜 거두절미하고 중간 두 개의 숫자로〔변수 또는 불변수 확인〕上下 괘성을 설치, 육효법 운을 보면 백발백중이다.

변수일람표						
정수	1	3	4	5	6	9
변수	7	6	3	4	5	1

2와 7과 8은 불변

丁巳 〉대운

甲寅 癸巳 辛亥 丁酉
1633 152 57 24

먼저 사주를 작성해 놓고 평생운과 태세운을 적시해준다. 대정수 조견표를 보면서 사주 연·월·일·시에서 나온 대정수를 뽑아 총합산시킨다. 보기 1866 총수 첫머리 거두 숫자 1과 총수 끝자리 절미수 6은 무조건 불용한다.

1866 중간 잔여수 8과 6을 활용한다. 변수가 되면 변수된 숫자를 적용, 점괘를 설정한다. 상괘 8은 불변이니 8을 그대로 활용하고, 6은 5로 변수되어 5가 활용되는 숫자다. 그럼 8과 5를 활용하는데 8은 8곤지 上괘요, 5는 5손풍 下괘로 왼쪽 보기와 같이 괘를 점찍어준다.

```
24 — 년주 대정수
57 — 월주 대정수
152 — 日주 대정수
+1633 — 시주 대정수
─────────
1866
```

木
```
 6   官酉 ▌▌ ┌ 八 ┐ 上괘
 5   父亥 ▌▌ │ 곤 │
 4   才丑 ▌▌ 世│ 지 │ 午孫
 3   官酉 ▐  │ 五 ┐ 下괘
 2   父亥 ▐  │ 손 │
초효  才丑 ▌▌ └ 풍 ┘ 寅巳
```
地風升

그럼 上괘 8은 8곤지 끝자리 地를 활용하고 5는 5손풍하여〔八괘산정표 참조〕5손풍 下괘 끝자리 風을 활용시켜 8곤地의 地와 5손풍의 風을 合거시켜 묶어준다. 그럼 地風 升〔지풍승〕괘로 묶어진다. 그런 다음 上下괘로 점을 찍어 보기와 같이 수직 으로 설정시킨다.

다음 차는 육친과 오행 설정법 팔괘일람표(八卦一覽表)를 참조하여 上괘 八곤地의 地와 下괘 五손風과 合거시키면 地風升〔지풍승〕괘가 되는데 필자 가 개발한 괘산표를 참조하여 숙지하면 편리하다.

地風升 점괘를 찾으면 地風升 상단 머리 위에 木궁이 나와 있다. 木을 日간 으로 대용하여 육효의 육친을 정한다. 육친법 같이 해본다〔보기 참조〕.

地風升괘의 최상단 6효 자리 酉金은 木궁에 官살이다. 官을 기제. 5효 자리 亥는 木에 인수가 되니 인수를 六효에서는 父라 칭한다. 4효 丑土는 日간 木 에 木극土가 되니 才성이다. 3효 자리 酉金은 日간 木에 官이다. 2효 亥水는 日간 木에 父다. 마지막 초효 丑은 日간 木에 才다. 이와 같은 방식으로 육친 을 정한다.

八卦一覽表

一	二	三	四	五	六	七	八
重	重	重	重	重	重	重	重
天	澤	火	雷	風	水	山	地
乾	兌	離	震	巽	坎	艮	坤
金	金	火	木	木	水	土	土
戌 I	未 II	巳 I	戌 I	卯 I	子 II	寅 I	酉 II
申 I	酉 I	未 II	申 II	巳 I	戌 I	子 I	亥 II
午 I	亥 I	酉 I	午 I	未 II	申 II	戌 II	丑 II
辰 I	丑 II	亥 I	辰 II	酉 I	午 II	申 I	卯 II
寅 I	卯 I	丑 II	寅 II	亥 I	辰 I	午 II	巳 II
子 I	巳 I	卯 I	子 I	丑 II	寅 II	辰 II	未 II

▶암기방법은 화살표 진행 방식으로 숙지함.

● 八坤地   ● 八坤地의 地가 활용되는 별이다. 즉, 끝자리 별이 활용된다는 것을 명심.
● 七艮山
● 六坎水
● 五巽風
● 四震雷
● 三離火
● 二兌澤
● 一乾天

```
      ㉡
┌─────────────────┐
│ 官酉 ‖×          │
│ 父亥 ‖           │
│ 財丑 ‖ 世午孫    │
│ 官酉 ∣           │
│ 父亥 ∣ 寅巳      │
│ 才丑 ‖ 응        │
└─────────────────┘
```

地風升 편 2효 亥 자리 옆에 寅木이 음복됨을 알 수 있다. 木은 日干 木에 비견이므로 비견을 兄이라 붙임. 四爻 丑 옆에 午가 있으니 午는 木궁에 식상인데 六효에서는 孫이라 칭한다.

다음 차례는 世를 붙이는 방법이다. 世는 본 六효의 주인공을 상징한다. 별첨 괘산표를 참조하여 地風升 편에 ○표 찍은 자리 4효 丑 財에 世가 해당됨을 알 수 있다.

다음 차는 應을 붙이는 것인데, 응은 世 자리에서 다음 3번째 자리인 초효 丑 자리가 應이 해당, 응을 기제.

```
    ①            ②
    311          35
6)1866       6)1834
  18           18
   6           34
   6           30
   6            4
   6
   0
```

다음 차는 동효를 붙인다. 동효를 찾아내는 방법은 최초 사주 대정수인 총수 1866을 공식 6으로 제하여 남는 숫자가 없이 딱 떨어지면 무조건 ①번 참조. 무조건 공식 6을 활용한 6이 동효 숫자가 된다. 만약 공식 6으로 제하여 딱 떨어지지 않고 ②번처럼 4가 남게 되면 4가 동효에 해당됨. 이 산출법은 공식 6으로 나누어 0이 되었으니 공식 6이 동효 숫자다. 6이 되는 동효 숫자 붙이는 법은 하단 초효에서 세어 올라가면서 여섯 번째 6효 자리(‖×)에 동효를 표시해준다.

```
      ㊍
┌─────────────────┐
│ 兄寅 官酉 ‖×     │
│ 父亥 ‖ 命        │
│ 財丑 ‖ 世午孫    │
│ 官酉 ∣           │
│ 父亥 ∣ 身寅巳    │
│ 財丑 ‖ 응        │
└─────────────────┘
```

초효에서 6번째 자리가 동효가 되니 보기와 같이 ‖× 동효를 표시해준다. 보기와 같이 ‖×괘가 동하였으므로 음괘(‖)가 동하면 양괘(∣)로 변하게 되고 양괘(∣)가 동하면 음괘(‖)로 변한다는 것을 명심. 6효 ‖[음]이 동하여 양(∣)괘로 되었으니, 즉

上괘 → 八坤地괘가 → 上괘 七艮山괘로 변한 것이다〔찾는 방법은 八卦일람표에서 찾음〕. 上괘인 七艮山 편에서 上괘 6효는 6효의 오행이 寅으로 되었으니 발동된 6효 官 옆에〔보기 참조〕 寅을 붙여주고 육친은 兄이다. 兄을 붙여준다. 먼저 六爻 통변 기초학을 숙지하시라. 여기에서는 六爻 설정 방식만 제공.

다음 차는 身과 命을 붙이는 방법이다. 身을 붙일 때 世의 오행〔身命조견표 참조〕을 보라. 世에 丑〔상기 보기〕이 있다면 丑을 충하는 오행은 未다. 未를 상징하고 하단 초효에서 무조건 子 丑 寅 卯 辰 巳 午 未까지 세어 올라가면서 未가 닿는 효에 身이 붙여진다. 즉 子는 초효, 丑은 2효, 寅은 3효, 卯는 4효, 辰은 5효, 巳는 6효, 상단 다음 순서는 초효 하단에서 이어준다. 초효는 午다. 다음 2효 자리는 未다. 즉, 未 자리가 身이 해당된다. 身이 되는 육친을 꼭 확인하라. 身은 世와 같이 한몸의 역할을 한다. 즉, 世 자리 육신이 나쁠 때 身 자리 육신이 좋으면 世를 대신해준다. 고로 身에 財나 孫이 붙으면 재산복이 있는 사람이다. 제일 흉한 육신은 世에 기신 官귀다. 재직자는 官을 환영, 여의하다.

命은 身 자리에서 전진해 4번째 자리, 즉 5효에 命이 붙는다. 命은 수명과 생명. 기신 官에 命이 붙으면 중병 또는 불치병, 죽을 고비. 비록 世는 兄이나 官이나 父가 지世하여도 身에 孫, 財성이 임하면 財산복이 있는 사람이다. 世나 身에 財나 孫이 三合국이 형성되면 더욱 강세운이다.

평생 운세, 현대운, 10년간의 운세, 당년 태세 운세 간단히 보는 법은 이 六효로 활용하시면 된다. 世에서 얻은 효과가 크다는 것을 명심. 世나 身 옆에 은복된 財나 孫은 世와 유정하면 길, 음복된 孫이 劫살 또는 공망되면 성공한 자식, 실패이다.

현대운	태세						
							24
							71
							258
甲	壬		丁	己	戊	丁	+ 1228
寅	辰		卯	卯	申	酉	1581
33	15		1228	258	71	24	4.8

사주 대정수의 총수 1581 첫머리와 끝자리를 거두절미하여 중앙 5 8의 5는 4로 변, 8은 불변하여 4·8이 활용되는 괘다. 중앙 첫자 4는 上괘 4로 上괘, 四震雷 점괘다. 보기와 같이 四震雷 점괘를 찍어준다. 다음 下괘 八坤地 점괘를 보기와 같이 찍어준다. 上괘 四震雷 끝자리 雷와 下괘 八坤地 끝자리와 合거시키면 雷地豫〔뢰지예〕 괘로 구성됨을 알 수 있다〔산괘법 조견표 참조〕. 雷地豫편을 참조하면서 오행과 육친, 육신과 世와 잠복〔은복〕신을 발견하여 조목조목 기재한다.

雷地豫괘는 木궁이다. 木궁은 木을 사주 日간으로 취하여 6효 戌은 木극土하니 財다. 5효 申은 木궁을 극하니 官이다. 4효 午 식신·상관을 六효에서는 孫으로 활용, 孫이다. 3효 卯는 木궁의 비견에 해당하여 비견은 兄이다. 2효 巳는 자손이다. 孫. 초효 未는 財다. 은복된 오행이 있는지 없는지 확인. 雷地豫편을 보면 초효 자리에 子가 은복됨을 발견, 子는 인수인데 六효에서는 父로 칭한다.

이와 같이 육친 육신을 붙이고 世는 산괘법 조견표에서 발견한다. 초효 未 자리에 동그라미 찍은 곳에 世가 붙는다. 동효는 사주에서 나온 대정수 총수인 1581을 공식 6으로 나누어 제하여 떨어지는 숫자가 동효에 해당. 즉, 3이 동효에 해당되어 초효에서 3효 자리에 동효가 된다.

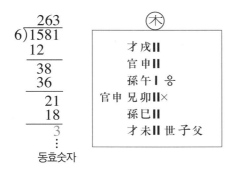

$$6)\overline{1581}$$

263

12
38
36
21
18
3
...
동효숫자

才戌‖
官申‖
孫午Ⅰ 응
官申 兄卯‖×
孫巳‖
才未‖ 世子父

㊍

즉, 3효 자리 음〔‖〕괘가 변동되면 음〔‖〕은 양〔Ⅰ〕으로 변한다는 법칙을 명심. 반대로 양〔Ⅰ〕이 동하면 음〔‖〕으로 변한다는 법칙을 명심.

그럼 下괘 八坤地 ‖ 괘가 下괘 ‖ 七艮山 괘로 변한다는 것을 알 수 있다.

알아내는 방법은 八괘성 일람표를 참조하여 下괘 七艮山 3효 자리 오행을 찾는다. 즉, 申자가 해당된다. 申은 木궁에 官이다. 官을 기재한다.

㊍

財戌‖
官申‖命
孫午Ⅰ 응
官申 兄卯‖×
孫巳‖身
財未‖ 世子父

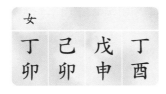

女

丁 己 戊 丁
卯 卯 申 酉

身을 붙이는 방법은 世의 오행을 기준하여 世의 오행이 좌기처럼 未라면 未를 충하는 丑이 身명에 해당된다. 六효 초효에서 丑이 닿는 곳까지 12지로 세어 올라간다. 즉 초효에서 子순으로 시작, 2효에서 丑하여 未를 충시킨 오행이 丑이니 2효 자리가 身명이 된다. 身을 기재한다. 身 자리에 孫이 받쳐 있으니 부자의 명이다. 七액살도 孫이 막아주므로 일신이 편하겠다.

身 자리에서 4번째 자리가 命이다. 응(應) 붙이는 방법은 世를 기준해서 전진,, 4번째 자리에 해당한다.

※매년 신수보는 법은 사주 대정수 총수+현대운 정수+태세 정수=총합산시켜 총수에서 거두절미하고 중간 두 개의 숫자로 변수시켜 이하 제시한 실례법으로 활용하면 된다. 사주와 대정수 육효법으로 매년 신수법을 꼭 활용하시라.

정수	1	3	4	5	6	9	7	8	2
변수	7	6	3	4	5	1	7	8	2

〈2와 7과 8은 불변이니 명심〉

승수된 정수가 3201이라면 첫머리 3과 끝자리 1은 불용, 중앙 2 0두 개의 숫자만 활용. 중앙 두 개의 숫자가 2 0일 때는 2-2로 간주하여 괘는 二澤兌괘로 설정된다. 중앙 숫자가 0 4일 때는 0은 4로 간주하여 4-4괘로 된다.

중앙 두 개의 숫자가 0 0이 될 때〔예 6001〕는 총수 첫머리 6과 끝자리 1을 활용, 6은 5로 변수되고 1은 7로 변수하여 5-7괘가 된다.

총수가 4000일 때는 4-4로 칭하여 4의 변수는 3. 고로 3-3쾌가 된다. 7과 8은 불변하니 명심.

동전을 던져서 神점을 치는 六효점은 神에 영험을 얻은 사람 아니고는 하나의 장난점에 불과하니 대정수 괘점으로 활용하시면 믿음직하다. 六효 비법으로 대정수 六효점에 밀착시켜 활용하면 무난하다. 대정수 六효학은 卋가 묘이나 父가 있어 흉으로 보면 오판. 반드시 체와 용, 12운성, 귀인성 등을 접목, 六효 비법을 접목시켜 풀어나가면 된다. 사주학에서는 財복이 무분별로 나왔지만 六효에서 득지되면 재복 있는 걸로 본다.

청룡은 구원과 도움을 주는 신이다 　　　　　직업에 유용함

6효청룡 **靑龍**	甲乙日	주색, 방탕	천우신조, 구원과 도움을 받는다 문서, 문관, 행정, 작가, 거물, 거성	**육수 예**
5효주작 **朱雀**	丙丁日	관재구설, 소식	언론, 방송, 배우	白父未 ‖ 七兄酉 ┃ 句孫亥 ┃ 朱兄申 ┃ 世 龍官午 ‖ 玄父辰 ‖
4효구진 **句陳**	戊日	심술	농업, 토건, 건축	
3효등사 **七등사**	己日	정신착란, 횡액	공예, 기능, 기업	
2효백호 **白虎**	庚辛日	관재구설	무관, 군경, 법관, 의약	
1효현무 **玄武**	壬癸日	송사, 도적	유흥, 창기, 바람	

※六爻는 지장간 中氣, 여기를 중시하시라

癸 癸 丁 甲　　❶ 대정수 六효점 사주 日간을 기준함
亥 酉 卯 寅　　❷ 神점은 당일 神점일을 기준함

　사주 日간을 기준하여 戊 日간이라면〔보기 참조〕句陳에 속한다. 句를 초효 자리에 句, 2효 자리는 七사, 3효는 白虎, 4효 자리는 玄武, 5효는 청룡, 6효 자리는 朱雀 종결.

　사주 日간이 甲乙 日주라면 보기와 같이 甲乙은 청룡이다. 청룡을 초효 자리에 붙이고 2효는 朱雀, 3효는 句陳, 4효는 七사, 5효는 白虎, 6효는 玄武로 종결. 사주 日간이 庚辛이라면 초효 白虎, 2효 玄武, 3효 청룡 순으로 진행함. 이 육수는 다른 것은 생략하고 청룡만 활용하시라.

六爻점을 칠 때는 손을 깨끗이 씻고 향불을 피운다. 먼저 神께서 계시하오니 神께 정성된 마음으로 고합니다. 여기 아무개 누구나 병점을 알고자 하오니 神은 감응하시어 그 여하를 소상히 밝혀 주시옵소서. 물비소시 물비소시 고한 다음 10원짜리 혹은 100원짜리 동전 3개를 왼손에 쥐고 3번 던져 초爻, 2爻, 3爻〔하단은 上괘 또는 내괘라고 함〕까지 내괘로 정하고, 다음은 오른손에 동전 3개를 쥐고 3번 던져 4, 5, 6효의 외괘〔上괘〕를 정한다. 10원의 아라비아 숫자 면은 음으로 보고, 글자 면은 양(+)으로 취한다.

- 1번 던져 양, 음음이면 **∥** 초爻
- 2번 던져 음, 음음이면 **╲** 변통 2爻
- 3번 던져 양, 양양이면 **╲** 변통 3爻
- 4번 던져 음, 양양이면 **∣** 4爻
- 5번 던져 양, 음음이면 **∥** 5爻
- 6번 던져 음, 음음이면 **╲** 6爻 동효

※六爻 비전만 어느 정도 기초가 되면 능히 해설할 수 있습니다.

- 동전의 면이 3양이면 → **∣** ×
- 동전의 면이 2양이면 → **∣**
- 동전의 면이 3음이면 → **∥** ×
- 동전의 면이 2음이면 → **∥**

동효를 정하는 법은 동전 3개가 양으로 되면 **╲**표시하고〔양이 동하였다는 표시다〕동전 3개나 음으로 되면 **╲**표시하고〔음이 동하였다는 뜻〕그러므로 척천법의 동효는 3양과 3음만이 이루어지는 것이다.

현대운
辛
巳
42

당년태세
乙
未
90

男
己　戊　丙　乙
未　申　戌　巳
1810　179　87　82

차명 乙巳생의 태세 乙未년 신수를 대정수 六爻법으로 감정해 본다.

먼저 대정수 조견표를 참조한다. 년주 乙巳는 보기와 같이 82, 月주 대정수는 87, 日주 대정수는 179, 시주 대정수는 1810이다. 다음 차는 현재 살고 있는 대운을 기준하여 辛巳 대운 대정수는 조견표 年주 항목에서 추리한다. 辛巳 대운의 대정수는 42다. 다음 차는 당년 태세 乙未년의 대정수는 역시 대정수 표지 년주 항목에서 추리한다. 태세 乙未년 대정수는 90이다.

이와 같이 사주에서 나온 대정수를 총합산시켜 현대운 대정수와 태세 대정수를 같이 묶어서 합산시킨다〔보기 참조〕.

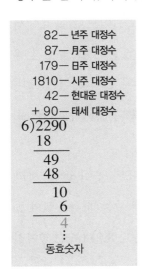

82 — 년주 대정수
87 — 月주 대정수
179 — 日주 대정수
1810 — 시주 대정수
42 — 현대운 대정수
+ 90 — 태세 대정수
6)2290
18
49
48
10
6
4
동효숫자

총수 2290을 공식 6으로 무조건 나누어〔÷〕준다. 나누어서 딱 떨어지지 않고 나머지 잔수가 되면 그 잔수 숫자가 동효가 된다는 것을 명심. 잔수 4가 동효 숫자가 됨을 알 수 있다.

다음 총합수가 2290이라면 첫머리 거두 숫자 2와 끝머리 절미 숫자 0은 불용한다는 것을 명심. 중앙 숫자 2와 9를 활용한다는 것을 유념. 중앙 첫 숫자 2는 불변하니 그대로 2를 활용한다〔만약 변수가 되면 변수로 활용〕. 중앙 첫머리 2는 上괘로 정한다는 것을 유념. 2는〔643페이지 팔괘일람표 참조〕2태택괘다. 2태택의 점괘는 보기와 같이 ▌▐ 점괘를 찍어준다.

다음 차는 9는 1로 변수되니〔642페이지 변수일람표 참조〕一건天의 下괘에 속한다. 즉, 중앙 첫수는 上괘에 속하고 두 번째 수는 下괘에 정한다는 것을 착오없기 바람. 下괘 一건天의 점괘는〔643페이지 팔괘일람표 참조〕▐ 보기와 같이 점을 찍어서 1차 上괘 아래 수직으로 세워준다.

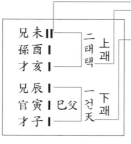

二태택 上괘 끝자리 택과 下괘 一건天의 끝자리 天을 활용하여 上괘 二태택의 끝자리 택과 합거하면 택天괘로 간소화됨을 알 수 있다〔841페이지 六효괘산표에서 찾아 제반요식을 취한다〕.

괘산표에서 찾아보면 택천괘는 초효에서 6효까지 오행이 왼쪽과 같이 子 寅 辰 亥 酉 未로 결성됨을 알 수 있다. 택천괘의 오행을 살려주고 택천괘의 최상단 土는 택천괘의 궁이다. 택천괘 궁의 土는 사주 日간으로 취하고 택천괘의 오행을 육친으로 뽑는다.

택천괘의 6효 최상단 未는 궁의 土를 日간으로 취하고 未는 비견이므로 육효에서는 兄으로 칭하여 兄을 표시. 酉는 土생金하여 식신이므로 육효에서는 孫으로 표시. 亥는 土극水함으로 財다. 財를 표시. 辰은 兄이요, 寅은 土에 官성이다. 子는 土에 財다. 財로 표시해 준다. 2효 寅 옆에 巳가 끼어 있으니〔택천괘 참조하면 寅 옆에 巳가 끼어 있음〕巳는 궁 土에 인수다. 인수는 父로 표시한다. 이와 같이 육친을 표시해 준다.

世를 붙이는 법은〔世는 아신의 주인공〕택천괘에서 ○표된 곳이 世의 자리다. 즉, 五효 酉에 孫이 지世하고 있다. 다음 身을 표시해 주는데〔身은 世와 동질성 같은 운명이다. 世가 흉조인데 身이 복신에 있으면 처음은 나빴으나 수는 좋아진다는 대신역〕世의 오행을 기준하여 世의 酉 오행을 충하는 卯에 身이 붙는데

⊕土 일간잠정

	兄未‖	
靑	孫酉 l	世
孫申	才亥 l×	身
白	兄辰 l	
七	官寅 l	巳父
句	才子 l	

世 오행을 충하는 효 자리가 身이 해당.

身을 붙이는 방법은 초효에서 무조건 子丑寅卯辰巳午未 순으로 세어 올라가면서 世酉를 충되는 자리가 身에 해당된다. 즉, 4효 亥 자리가 世의 酉를 충시켰으므로 4효 亥 자리 財星에 身이 표시된다.

다음 차는 대정수 총수를 6으로 나누어 잔수 4가 동효되었음으로 초효에서 네 번째 자리가 동하게 된다. 상기와 같이 ×표시를 해준다. l 양이 동하면 음 ‖으로 변하고 음(‖)이 변하면 양 l 괘로 변한다는 것을 명심. 상기 상괘 2태택 (l)은 上괘 六 감수괘로 변했다. 이때 八괘표지판을 보시라. 八괘표지판 上괘 六감수 4효 자리를 보면 申으로 표시되었다. 申자를 보기와 같이 표시. 申은 土궁에 土생金하여 식신인데 육효에서는 孫으로 규정, 申 옆에 孫을 표시.

다음은 육수를 붙인다. 사주 日간을 기준하여 日간이 戊土라면 戊는 句진이다. 句진을 하단 초효에서 句 七 白 玄 靑 순으로 육수를 붙여 世와 身에 어떠한 별이 붙는지 확인. 世 자리에 靑龍이 임하게 된다. 孫에 靑龍은 자손도 경사, 본인의 경영사도 경사다. 동한 효 孫申이 亥財를 身과 世에 생합하니 乙未년은 대호황의 대길운이다. 실제 신규 사업운이 열렸고 자손 대입합격, 처는 좋은 직업 취득.

※대정수 태세 신수법을 사주와 결부시켜 통변하면 커다란 도움이 된다.

※대정수 육효학은 총체적 대목에서 적중률이 명확하고 탁월하다.

※六효를 정할 때 반드시 쟁점이 되는 12운성, 12신살(12신살은 亡신살·六살·劫살만 활용함), 공망살, 육수되는 靑龍같은 것을 필히 활용하시라. 또한 사주학의 비법을 끌어올려 六효학에 대변하시라.

※정신병, 불면증되는 귀문관살이 사주에는 없는데 육효에서 귀문관살이 출현되면 불면증, 정신병, 채매증, 병액을 당한다. 신왕사주는 무시하고 신쇠사주에 해당함.

사주에 복성귀인이 없고 六爻에서 복성귀인이 출현되면 복성귀인이 있는 걸로 본다. 사주에서는 복성귀인이 있으나 六爻 괘에서 복성귀인성이 없을 때는 없는 걸로 간주한다.

소인배가 지世 官을 소지하고 자손과 충극되면 자손에 액이 있다.

六爻의 비전

대정수 六爻점은 사주팔자 오행에서 뽑아낸 수치법으로 계산된 학문으로서 사주의 비전을 六爻의 八卦법에 섞어서 통변한다.

身命 붙이는 법은 世에 亥가 있다면〔世 오행을 기준함〕亥의 충은 巳다. 초효에서 子 丑 寅 卯 辰 巳 순으로 세어 올라가면서 충된 巳효가 닿는 곳이 身에 해당된다.

世는 주인이요, 身은 몸이다. 世身은 일체의 체계다. 世가 있는 위치에서 身에 財나 孫이 임하면 필연 끝에 재산복이 있는 사람이다. 世兄이면 흉인데 身에 財나 孫이 있으면 초빈후부 팔자다. 그러나 世 또는 身이 공망 극제되면 만사불성 실패작이다.

_身命_

世의 오행 身命	子 午	丑 未	寅 申	卯 酉	辰 戌	巳 亥
身	초爻	2爻	3爻	4爻	5爻	6爻
命	4爻	5爻	6爻	초爻	2爻	3爻

命을 정하는 방법은 身을 기준하여 身 자리에서 上단 쪽으로 세어 올라 다시 내림순에 세 번째 자리가 命이다. 또 身의 위치에서 下단 쪽으로 세어 내려가면서 세 번째 자리가 命이다.

命이 있는 곳에 官귀가 있으면 중병 또는 병을 품고 있는 사람이다. 命의 오행이 충극을 받거나 死絶墓나 공망, 劫살이 붙으면 一급환자다. 단, 官에 속한 命의 오행이 생부를 받거나, 長生지나 자손과의 암습이 되면 중환자라도 죽지 않고 長壽의 명이 될 수 있다. 응의 官귀 命이 世와 암습이 되면 처의 동력으로 구사일생이다.

六爻의 비전을 어느 정도는 암기해야 통변, 해설할 수 있다. 六爻학은 사주보다 명수다. 사주학에서는 해답이 어렵지만 六爻학은 고시학문과 일치한다.

◉ 공망된 爻는 만사가 불성. 合이 되거나 長生이면 여기가 있다.

◉ 탐생망극된 爻가 世나 용신을 생합하면 길조.

◉ 원신이 발동해 퇴신이 되면 용신을 생해 주어도 효력이 없다.

◉ 동일한 오행의 爻가 발동되면 같은 일색 오행도 같이 발동된 걸로 본다.

◉ 초爻나 2爻에 父성이 世와 생합관계가 되면 주택 보유권이 되지만, 초爻나 2爻에 기신 官귀나 兄이 있으면 내 집에서 남의 집으로 바뀐다. 그러나 그 괴살이 공망되면 그 괴살의 흉 작용을 잃어 좋게 된다. 이곳이 공망도 되고 長生이 접하면 기회가 있다. 長生은 父성 인수나 동일시한다. 즉, 주택궁이 생장된다는 뜻이다.

◉ 초爻나 2爻에 養이나 長生이 있으면서 정(靜)하면 보유주택이다.

◉ 合쳐 봉충은 시작은 좋으나 끝에서 실패.

◉괘 내의 동성 卯가 양쪽으로 갈려 있을 때 卯가 발동하면 다른 위치의 卯 도 같이 발동한 걸로 본다.

◉父爻가 많으면 부모덕이 없고, 女자는 남편과 이별 징조.

◉財가 父를 극하면 집문서, 부동산문서, 혼인문서, 투자문서, 부모 실패, 돈 실패. 남자는 처에게 액이 발생.

◉世孫을 父가 극제하면 재물과 자손과 건강이 등분으로 갈라진다. 또한 집 소유권을 잃는 경우도 발생.

◉兄이 財를 극할 때 官이 발동하면 兄이 財를 극하지 못하여 안정, 손財를 면한다.

◉5爻가 2爻를 극하면 가정이 편안하고, 2爻가 발동해 五爻를 극하면 장자 가 불길, 집안 풍파, 질액, 재난. 5爻는 장손, 큰아들 자리다.

◉내괘의 財가 宅爻와 생부하면서 공망이 아니면 부잣집 남자와 결혼.

◉宅爻에 兄이 있으면 재원이 빈곤, 집에 대한 일이 발생. 여기에 孫이 가까 이 있으면 兄은 자손 역할로 화하여 희하게 된다.

◉世가 초爻나 宅爻에 임하고 생부를 받으면 세주고 있다.

◉초爻나 宅爻 父성이 兄과 같이 있고 兄이 孫世를 생부하면 고급주택에 세 주고 있다.

◉내괘의 兄이 孫世를 생부하면 타인의 음덕이 풍족하고, 부동산 건축물에서 도깨비 부자형.

◉官이 지世하고 官직생활이면 재복이 있다.

◉世가 3爻에 임하면 실력자나 권세가 운명이며 책임감이 왕성한 사람이다. 만약 3爻의 극제가 심하면 파격이 된다. 타궁 世爻가 3爻 오행과 비화되고 일색을 이루면 世는 3爻 자리 위치에 대입된 걸로 판정. 가족관계, 사회관

계 관심. 부모 형제 책임감이 있다.

　🔘 4爻 戌世가 3爻 辰을 보는 경우 비화일색이다.

◉女명 官이 入고되면 남편과 이별. 그러나 入고된 官이 그 궁에서 암습이 되면 다시 합쳐진다. 같이 동거하게 된다. 실례로 壬辰日에 辰 중 乙癸戊는 戊癸合으로 入고가 면제되는 상이다.

◉소송점에서 世는 원고요, 응은 피고다. 즉, 상대다.

◉世는 동효의 생부를 받거나 태세의 생부를 받아야 좋고, 응은 태세나 타의 충극이나 휴수가 되어야 원고가 유리하다.

◉용신이 무력 또는 극제받아도 靑龍이 임하면 강력한 힘을 자랑, 생동력이 넘친다. 청룡이 辰에 임하면 구름 속에 용이며, 바다 속의 용궁이다. 그야말로 위용을 떨친다.

◉官살끼리 刑이 되고 습이 되면 남편이 바람.

◉女명은 世가 공망되거나 官이 공망되면 10중 8구는 남편과 이별.

◉女명 자손이 발동, 官을 극하면 남편과 이별. 아니면 남편 실패.

현재 살고 있는 대운의 10년간 운세 작성법_유념하시라

庚 辰	현 대운	己 未	戊 申	丙 戌	乙 巳
95		1810	179	87	82

보는 매년 운세보는 방식과 동일하다. 다만, 세년의〔대정수〕활용은 불용, 현재 살고 있는 대운의 대정수를 활용한다는 것을 유념. 사주에서 나온 대정수와 현대운 대정수를 총합산, 보기와 같이 총수는 2253이다. 총수 2253을

공식 6으로 제한다. 2253÷6=3. 총수에서 ÷6으로 제하여 딱 떨어지면 공식 6으로 활용, 6이 동효 숫자가 되고 제하여 잔수가 나오면 잔수를 동효 숫자로 활용한다.

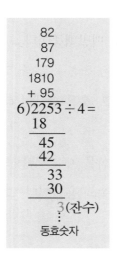

사주와 현대운 대정수를 총합산시켜 총수 중간에 위치한 양자 숫자를 기준, 그 숫자의 변수 또는 불변수를 확인하여 그 숫자에서 좌측 숫자는 上괘로 설정하고 우측 숫자는 下괘로 설정하여 上괘는 상단에 해당되고 下괘는 상단 밑 아래쪽에 설치한다. 총수 중앙 좌측 2는 二태택의 상괘다. 총수 2253 중 총수 우측 5는 변수 4로 되니 4는 四진뢰(四震雷)궁으로서 下괘 四진뢰를 上괘 아래편에 四진뢰 木궁을 가설해준다. 그럼 괘의 이름은 택뢰수 괘가 되는 것이다.

다음 보기와 같이 上괘 二태택은 끝자리 택을 활용, 下괘 四진뢰는 끝자리

뢰를 활용. 上괘 '택'과 下괘 끝자리 '뢰'를 활용하여 上괘 택을 下괘 뢰를 합류시켜, 택뢰수 木궁이 된다는 것을 알 수 있다.

표지판 괘산표에서 木궁[최상단 보기]을 찾아 택뢰수 편을 찾아서 육친을 붙여준다.

```
┌─ 木 ──────┐
│ 才未 ‖     │
│ 官酉 ∣     │
│ 父亥 ∣     │
│ 才辰 ‖     │
│ 兄寅 ‖     │
│ 父子 ∣     │
└───────────┘
```

보기와 같이 접목된 오행 木궁을 사주 日간으로 가정하고 未는 木극土이니 才성이다. 보기처럼 才를 기재하고 酉는 官, 亥는 父, 이런 식으로 육친을 붙여준다. 亥 옆에 午가 있으니 보기와 같이 午는 점괘 우측에 기술한다. 午는 孫이다. 子는 木 日간에 인수인데 六효에서는 父라고 칭함. 世 붙이는 요령은 ○표시 자리가 世가 된다.

身 붙이는 요령은, 가령 世가 辰土라면 초爻에서 子 丑 寅 卯 순으로 上행시켜 다시 아래 초爻에서 시작, 辰을 충하는 자리가 身이 된다.

동효 붙이는 방법은 3이 동효가 되면 초효에서 上단으로 세어 올라가면서 세 번째 자리에 동효 ×표를 해준다. 이 설명은 여기까지 생략하고 10년간의 대운세법을 설명한다. 世身을 붙이는 방법과 동爻를 설정, 다음은 世의 강약을 추리해 용신을 정한다. 단, 財 또는 孫이 世에 임할 때는 별도의 용신을 취하지 않고 財世, 孫世로 용신한다는 것을 유념.

본명 10년 운세 설명을 간단히 검진하면, 世는 3효 辰土 財를 대동, 청명하여 재수 있는 괘다. 父가 왕하여 世가 소지한 辰土 財가 왕한 父성을 극제 조치하니 父성도 발전, 世財도 발전지상이다. 財를 돕는 원천 午火와 未土가 비화가 되어 財성은 동력을 얻어 10년간 소원성취 길운이다.

月별 운세 작성법

月별 운세 작성법은 종래 육효의 조례 작성법과 동일시한다. 먼저 사주 각 주 대정수를 총습산시키고 다시 현재 살고 있는 대운의 대정수를 습산, 다시 당년 태세 대정수를 합친다. 합친 대정수를 당년 月별 운세, 즉 5月달 운세를 보고자 할 때 5月달 오행의 대정수를 모두 습산, 습산된 총수를 거두절미하고 六爻괘산을 설치하여 世身, 동효, 각종 절차법을 배정시켜 놓고 5月달 운세를 착안한다.

己巳 > 대운	戊戌 > 당년	戊午 > 5月	庚午	甲寅	戊寅	乙亥
102	55	57	1797	193	65	86

```
      86
      65
     193
    1797
     102
      55
   +  57
 6)2355
     18
     ──
     55
     54
     ──
     15
     12
     ──
      ?(잔수)
```
동효숫자

（水）

```
兄子 ‖
官戌 ∣ 응
父申 ‖
官丑 官辰 ‖× 午才身
孫寅 ‖ 世
兄子 ∣ 청룡
        공
```

5月달 운세를 보면 2爻 寅을 대한 世는 孫이 소지되어 官살국을 극제 조치함으로 世孫은 약이 되었다. 병자는 회차운이요, 5月달 운세는 회복운이다.

官살이 중중하여 초爻 兄子를 극하는 것은 초爻는 산소, 묘지다. 묘지 잔디 입히는 작업이 발생. 처궁 午火가 官살에 설기태심, 처의 신수가 약세하지만 寅午戌 三合으로 재성이 왕, 동력을 찾는다. 이같은 방식으로 매월 운세 집중함.

日진 운세법

日진 운세법은 사주 각주 대정수를 총합산시키고 다시 현대운 대정수를 합산, 다시 당년 태세 대정수를 합산, 다시 당월 月건 대정수와 당 日진 대정수를 모두 합산시켜 공식 6으로 제하는 법식으로 6효법을 설정해 世와 동효와 身을 정하고 청룡, 록, 왕, 12운성, 공망, 絶을 표출, 길흉을 판단한다. 택일법도 중요시함.

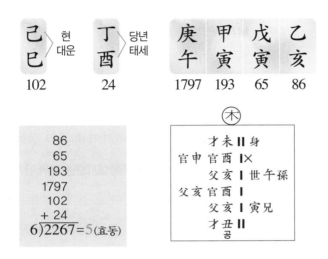

亥亥父世를 官귀 酉酉申이 도우니 水되는 世는 무지무지하게 강하다. 강世를 누르는 丑未土 財를 용신한다. 하지만 왕水를 극제 조치하는 丑未土를 官귀 金성이 가로막아 金성 官귀가 丑未土를 흡수, 丑未土는 왕世를 극제 못하고 官귀만 왕성케 해주는 역발상이다. 財가 官귀에 설기되면 돈이 신병〔官귀는 신병〕으로 소진되고 몸으로 재앙. 酉酉 官형살로 처가 세 번 수술했다. 한평생 이러한 운명은 빈한 명이요, 신병으로 고생.

대정수 총수에서 공식 6으로 나누어진(÷) 잔수나 딱 떨어진 잔수를 동효〔효동〕라 하여 발동된 효로 본다. 동한 효〔오행〕는 상대를 사정없이 극한다〔만약 합이 되면 소급해진다〕. 극파되면 극을 받는 오행이 극을 준 오행보다 무력하면 크게 손실을 받는다. 상대러부터 극을 받은 효〔오행〕는 홧김에 상대를 극제한다는 것도 유념하시라.

여섯 번째 6효 자리 兄 未土가 발동되어 兄 未土는 상대의 亥才를 사정없이 극하게 되어 돈 부도로 돈의 고충. 남자는 처의 근심. 매매관계는 손실을 보거나 여타 발생. 또한 극파된 亥는 되받아 홧김에 父巳를 巳亥충으로 극하게 된다. 父가 극충되면 부모 근심, 계약 해약, 명도 발생, 이사수, 일자리 중지. 자손 근심〔이유는 父가 극을 받으면 자손 酉金을 火극金으로 극하기 때문이다〕 등등.

```
例
兄戌 兄未 ‖×
    孫酉 ┃ 世
    才亥 ┃ 身
    兄辰 ┃
    官寅 ┃ 巳父
    才子 ┃
```

▶ 대운 10년 단위 운명을 2년 단위로 분해하여 운세 판단(555페이지 2년 단위 운세 참조하시라)

현재 살고 있는 己巳〔乙亥생의 역순법 활용〕는 81세다. 己巳를 역순시키면 己卯다. 그 다음은 己丑, 己亥 식으로 진행, 즉 천간 己는 불변하고 지지만 2단계로 역순시킨다. 분해 己卯는 82~83세까지 2년 단위 대운 운세다.

己卯의 대정수는 108이다. 사주 각주 대정수와 己卯의 108을 합산시켜 6효를 설정, 82세에서 83세 대운 운세를 확인한다. 84세에서 85세 2년 단위 대운법은 己丑에 해당, 己丑의 대정수는 110이다. 사주 각주 대정수 총수와 己丑의 110을 합산시켜 6효를 설정, 84세에서 85세까지 대운법을 확인한다.

◉ 공망 태世년은 출입, 여행, 투자시 돈 손해를 꼭 본다.

55 육효 용신 정하는 법

○世의 왕상으로, 왕한 世爻를 극世하는 오행으로 용신을 정한다. 만약 용신이 世의 비중에 미급할 때는 용신 운명은 소인배 운명으로 살아가게 된다. 世는 왕하고 용신이 世를 제압하는 힘이 부족할 시는 용신을 돕는 원신으로 보조용신을 대용한다. 만약 보조용신마저 정하기가 어려울 때는 왕世爻 오행을 설기시키는 오행으로 보조용신한다. 이런 경우는 용신이 둘로 나누어져 운명을 조명할 수 있다. 이와 같이 대용용신이 되거나 차용한 용신격은 소원대로 발하지 못한다는 것을 유념.

먼저 世 오행을 기준하여 世의 오행을 생부하는 오행 또는 合을 이루어〔世와 世를 돕는 오행에 청룡, 록, 왕, 養, 帶 12운성 길 참조. 길성이 받쳐 있으면 보너스 1점이 가산됨〕나온 오행이 상대성 오행보다 압도할 시는 世가 왕한 걸로 판정하여 이때 왕한 世를 극世시키는 오행이 용신이 된다. **만약 世의 오행이 약할 때는 世와 世를 돕는 오행이 용신이 된다는 것을 명심.**

또한 世의 오행이 극도로 왕할 시는 왕世를 극世하는 爻가 一차용신이 되고, 왕世를 설기시키는 오행을 보조용신으로 가용하여 一人二역 용신이 될 수 있다.

◉ 世에 財나 자손(孫)이 지世한 명은 별도 용신을 찾지 않고 世財나 世 자손 그대로 용신하여 世財 자손의 왕世로 운명 조명한다.

◉ 世의 강약 숫자 환산법은 世를 기준하여 世를 돕는 오행이 3개 이상 되어야 世가 당권되는데, 世의 오행을 돕는 오행이 2개가 될 때도 世가 우세 숫자로 되는 경우가 있는데 이 경우는 世 또는 世를 돕는 오행에 청룡, 장생, 록, 제왕, 養, 관대, 별 같은〔사주에서 천거함〕신이 접목될 때는 보너스로 추가하여 1. 나의 오행 숫자를 두 개의 오행 숫자로 추가시켜 합산 계산하여 世의 우세 숫자로 가산된다는 것을 명심〔실무학에서 자세히 밝힘〕.

官世

```
     才戌 ‖ 身
官申 官申 ‖×
     孫午 ┃ 身
     官酉 ┃ 世
     父亥 ┃ 寅兄 청룡
     才丑 ‖
```

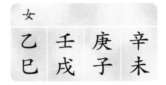

世의 강약을 볼 때 장생을 대동한 官성이 3개이며 官성을 돕는 財성 土가 2개. 하여 官世는 대단히 왕하다. 왕世 金을 극世하는 오행 午火 자손이 용신이 된다. 寅이 용신 자손을 생부하니 寅木 형제와 午火 자손이 영달. 또한 金성 官성도 출세영전이다. 官이 지世한 명은 문복자에게 직업이나 신분이 좋으냐고 물어본다. 만약 직업이 소인배라면 문복자는 하류인생에 재앙이 많은 사람으로 단정.

이 괘는 서울시 시경 경찰국 경무관이다. 巳酉丑 金국 官살국에 寅午戌 자손 火국으로 자손도 잘 되고, 3爻 중심자리에 世가 임하여 가족관계와 사회적 봉사가 철저하다.

三神이 점지해준 신명의 운명

男

辛	甲	丁	辛
未	午	酉	未

```
        孫酉 ‖
  兄戌 才亥 ‖×
        兄丑 ‖
        兄辰 ‖
  官寅 ‖ 巳父
  才子 ┃ 世身
        청룡
```

世에 財나 자손이 소지되면 다른 용신을 취하지 않고 그대로 世財나 자손으로 용신한다. 世에 財가 임하고 청룡을 대하여 복분자 운명이다. 5爻 亥가 발동, 父는 음복되어 무방하다. 다만 亥財가 불미하지만 世財는 청룡을 대동하고 왕하니 공격을 받아도 받아칠 수 있다. 제재소 사장 아들 사주이다.

父世

男

庚	丙	癸	庚
寅	辰	未	戌

```
        父戌 ┃
        兄申 ┃
  父未 官午 ┃× 제왕
        兄酉 ┃
  孫亥 ┃ 寅才身
        父丑 ‖ 世
```

용신 정하는 법 알기 쉽게 훈련용으로 제시

먼저 世의 왕쇠를 확인함. 父世는 초효 丑을 대하고 있다. 父성인 丑土 형제성이 未土 戌土성 2개이고 4효 午火가 世를 생부하여 世를 돕는 오행이 3개다. 여기에 午火는 사주 日간의 丑으로 1점이 추가되었고, 최상단 戌土가 청룡을 띄워 1개가 추가되어 본래 3개의 父성 土에 추가 2개를 합산, 모두 5섯 수량이 世를 생부하니 世는 그야말로 왕상을 띠었다. 왕한 父世 土성을 극世조치법으로 비중 있는 용신을 정한다. 즉, 亥 아래 寅木으로 용신한다. 여기에서 알아둘 것은 寅木 용신이 왕土世를 능히 괴멸시킬 능력이 있는지 확인.

寅木 용신은 寅木을 돕는 원천 亥水가 父성 丑土에 극을 받아 寅木 용신이 고목이 된 격이다. 즉, 용신이 약하여 父성 왕土를 누르지 못해 처복과 재산

복, 자손복 모두 상실. 처, 자손 모두 이별했다. 이와 같이 용신이 왕世를 누르지 못하면 父성도 망하고 모두 실패다. 이때는 財 용신 자격이 없으므로 보조용신을 찾는다. 즉, 왕한 父世 土성을 설기시키는 兄金성에 귀착시켜 극제 받은 亥水를 통관, 다시 寅木을 통관시킴으로 兄의 용신을 대용한다. 酉金 가용신은 6父청룡이 생조하여 일자리는 있다.

동한 父가 어느 爻를 생극하는지 판단, 생극이 되었을 때 극하는 오행이 合을 이루거나 극제받은 오행이 合을 이루면 탐생막극이라 하여 서로 극하는 것을 잊어버려 위안이 된다.

```
兄世

孫戌  ▮
才申  ▮
兄午刃 ▮ 世
兄午刃 ▮▮ 亥官
兄 孫辰 ▮
巳 父寅 ▮▮✕ 身
    장생
```

세의 강약을 볼때 兄을 지닌 世 午火를 돕는 오행이 午午 刃에 寅巳 오행이 장생, 록을 대동한 世를 생부하니 世를 생부한 오행이 본래 3개인데 장생, 록, 양인의 추가로 힘을 입어 총 7, 8 수치로 생부하니 世는 그야말로 강화 위강 왕상을 띠었다. 왕자는 극世조치법으로 世가 소지한 午火를 무너뜨리는 水 亥官을 용신으로 정한다.

용신 亥官은 財성 申金이 생관해주고 巳申合이 되어 官성 水가 나오니 午火 世를 견제한다. 처가 의사직이요〔寅巳申 三刑살이요, 寅申충, 병원치료살로 처가 의사직〕 당주는 기술직에 종사. 초爻 寅父가 宅爻 辰을 극파하여 부친이 한 재산과 집을 날렸다. 이후 寅木 父는 6爻 戌. 戌는 戌寅으로 부친이 잃어버린 재산 다시 복구, 회생하였다.

```
男
辛 庚 乙 乙
巳 午 酉 亥
```

兄戌 ‖
孫申 ‖
父午 ｜ 世
父丑 兄辰 ｜✕
官庚 ｜
才子 ｜ 身

世의 강약을 본다. 父世 午를 돕는 오행은 寅木 1개뿐, 상대성 6개의 숫자에서 世의 숫자는 2개뿐이다. 6개의 비중에서 6-2=世로 약世로 처하였다. 이런 경우 合을 통하여 世의 경중을 살핀다. 父성 午火 世를 기준, 寅午戌 三合局으로 위강하여 왕火世를 누르는 子水 財로 용신한다.

동효의 작용과 원신

발동된 본효는 다른 암동효보다 상대를 생하고 극하는 작용이 두드러지게 크다는 것을 명심. 발동한 동효는 혁명가로서 혁신을 주도, 복지나 파괴성이 왕래되고 있다. 또한 동한 효가 화출하면서 변효의 효가 본효와 생합이 되어 이신(利神)이 되거나 본효를 회두극 작용으로 이신, 흉신으로 분류된다. 또한 발동하여 世身 또는 용신에 이신, 흉신을 점친다. 발동한 효가 世身 또는 용신의 주역이 되는 孫, 財, 官, 父, 兄의 생극관계를 확인한다. 世身 또는 용신효를 돕는 원신의 지원세력이 보증되어야 제 기능을 발휘할 수 있지만 원신이 미미하면 世身 또는 용신은 무력지상, 제 기능을 잃는다. 혹시 파된 효나 원신이 타효와 三合을 이루어 보충되면 위안이 된다. 괘 내에서 일색 오행으로 다수가 되면 소수는 다수의 힘에 무너진다. 이때는 이중 피해를 준다.

※世身 또는 용신이 하자 없이 무사 통과하면 큰 실수, 즉 원신이 손파되면 원신의 뒷받침받은 용효는 이미 탈이 생겼다는 암시이다.

원신은 젖줄이요 어머니의 친손이다. 본효는 비록 미약해도 원신의 지원세력이 뒷받침되면 본효는 힘이 있다. 육효의 중추 역할은 世身을 대신하는 용신과 용신을 지원하는 원신 하나만 파괴되어도 반쪽 인생이다.

※동한 효가 상대를 극할 때 合이 되면 친해져서 상극이 해제된다.

※회두극이 되어도 동한 본효와 合이 되면 극이 해제된다.

원신의 지원세력이 파괴된 운세

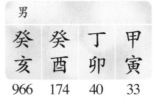

男

癸亥 癸酉 丁卯 甲寅

966 174 40 33

2018년
태세 戊戌년 운세

```
         父未 ‖ 身
         兄酉 丨 응
         孫亥 丨
兄申 才卯 ‖ × 장생
         官巳 ‖ 世
         父未 ‖
```

世의 巳官〔4급공무원이다〕을 돕는 원신 財의 卯가 발동한 兄 申金에 회두극을 당하여 가까운 친구〔申金〕에게 거금을 숙청당했다. 卯가 극충받으면 卯는 상대되는 父성 未土를 극한다. 父성은 살고 있는 집, 부동산이다. 살고 있는 집과 투자금이 부도처리되고 있다. 兄되는 申酉金은 서쪽 방위다. 서쪽 방위 친구와 투자 거래하였다. 世와 巳와 申金, 酉金이 合을 이루었지만 회수하기에는 많은 노력이 첨부되어야 어느 정도 회수할 수 있다.

```
父戌 父未 ‖ × 世
     兄酉 丨
     孫亥 丨
     父丑 ‖ 응
     才卯 丨 身
     官巳 丨
```

世의 父성 未土가 자체 발동하여 화출된 戌土에 3효 일색 丑土 父성이 合세하여 자손되는 亥水를 괴멸시켜 身의 용신 財卯의 원신 亥水가 고갈되니 身卯도 무력지상이 되어 돈 난리고 정신병까지 얻어 백수 몸이 되었다.

```
兄子 ‖
官戌 ┃
父申 ‖
官辰 ‖ 午財身
孫寅 ‖ 世長生
官未 兄子 ┃✕
```

寅木 자손을 대한 世는 편안했지만 寅木 원신인 兄
子水가 발동하여 화출된 未官에 회두극되어 寅木은
원신을 잃고 무력지상이다. 寅은 장생궁으로 여유는
있지만 원신이 직접 극을 받은 것이 화이다. 申子辰
水국으로 기대는 되지만 官귀가 3개되어 돈을 벌어
도 저축이 힘들다.

10년 단위 대운 운세

```
官未 ‖ 身
父申 父酉 ┃✕
兄亥 ┃ 世
兄亥 ┃ 午才死
官丑 ┃ 공망
孫卯 ┃
```

亥亥 水국에 父申 酉金이 생조하여 계산할 것 없
이 亥水 兄世는 왕상을 띠었다. 왕世는 극제조치법
으로 官성 丑土를 눌러 제방을 쌓고 방패가 되지만
官성 丑土는 음土에 약土로서 도저히 강호의 물을
막아낼 수 없어 다른 용신을 찾는다. 이때는 강호의
물을 설기시키는 卯 자손으로 대용 용신한다. 이렇게 되면 용신이 둘로 되어
官성 土성과 자손 木으로 용신하여 午火 財성도 지키고 소통시켜 피해를 줄
인다. 실제 亥卯未 자손국이 되어 재앙도 거두고 우환도 쫓고 근심에서 해방
되었다.

女

癸甲庚壬
酉寅戌午

```
父戌 ‖
兄申 ‖
官午 丨 亥孫命世
兄申 丨
官午 ‖ 卯才
才卯 父辰 ‖Ⅹ 身
```

官이 지世에 접한 소인배는 官귀의 재앙이다. 더하여 지世 官에 命을 대하면 신명이 위태, 귀신이 이미 내 몸을 접령한다. 소인배가 世에 官귀를 접할 때 재앙이나 어려운 병, 불치병이라도 이 官귀를 물리치고 죽이는 약물은 왕한 자손으로 용신이 구비되면 병마와 官귀를 물리치는데 걱정 안 해도 된다. 용신 자손 亥는 사주 甲日의 장생이다. 막강한 힘이다. 병원에서 두 번 수술을 하고 약발[孫]이 잘 되어 신속히 회복되어 퇴원했다. 병자는 孫이 약이다. 官귀의 약도 孫이 약이다. 孫이 용신이 될 때는 父의 발동 꺼린다. 父가 발동하면 孫의 약효가 무용지물이 되기 때문이다. 이때 財가 발동하여 父성을 누르면 父성은 꼼짝 못한다. 이렇게 되면 孫 약효는 영약이 되어 약발도 잘 들고 치유와 쾌차도 빠르고 다른 사유도 막아낸다.

月별 운세

男

己戊丙乙
未申戌巳

```
父未 ‖ 世
兄酉 丨
兄申 孫亥 丨Ⅹ 絶
父丑 ‖
才卯 丨 공망 身
官巳 丨
     록
```

月별 운세는 먼저 현재 살고 있는 대운과 태세 정수와 사주 대정수 요식법으로 태세의 六효를 설정하여 月별 운세를 판정한다.

父世의 世를 돕는 신은 丑土 1개, 官巳 록 2개, 합하여 3개의 숫자 오행이 世를 돕지만 발동된 亥가 巳를 충거시켜 왕한 世가 강등되는 이치로 世는 약세로 하강, 용신은 世와 丑土 巳로 활용한다. 이 괘는 世의 비화가 된 土성이 丑未충으로 파파되고 일자리되는 巳火가 충거되어 태세운이 대흉이다.

1月 운세는 초효 巳록인데 孫이 파되어 부모와 언쟁사 발생. 2月 운세는 2효 공망 財卯가 4효 亥와 世未 三合 개운 소식. 3月 운세는 丑土 父로서 世와 비화가 되어 丑未충으로 일자리 또는 문서 대란. 4月 운세는 孫亥가 충 작용으로 병원출입. 5月 운수는 酉兄에 공망된 卯를 충하여 길하였다. 7月 운세는 초효로 시작한다. 巳록이 발동된 亥를 충시켜 경영하는 일이 부진, 돈줄이 막혀 채권독촉이다. 이런 식으로 月별 운세를 타진한다.

◐사주日간을 기준, 六爻 내 홍염살〔첩 얻는 바람살〕이 있는지 확인하라.

부잣집 출가 운명

```
          양
      父未 ▮▮
      兄酉 ▮
      孫亥 ▮
才卯   兄申 ▮✕  世身
      官午 ▮▮    卯才
      父辰 ▮▮
        청룡
```

女
甲 乙 戊 庚
申 亥 子 子

女명 신왕사주에 정관이 日간과 합이 되면 남편 직종이 우수한데, 그렇지 않으면 시가 시아버지〔日 간은 시아버지로 봄〕로 보아 시아버지 乙이 乙庚合이 되었으니 남편이 아닌 시아버지 직업이 우수했고, 정관의 록이 되는 申金이 世身에 임하여 명에 있는 부잣집으로 출가한다. 만약 정관의 庚金 록이 되는 申金이 없으면 시아버지 관록은 미미했을 것이다.

世의 왕쇠를 볼 때 世의 申金에 酉 兄제와 酉 兄제를 돕는 未土 辰土가 합세해 생世함으로 世로 돕는 숫자가 3개 이상이므로 世는 왕상을 띠었다. 왕자는 극世조치법으로 2효 午火 官성으로 용신한다. 官성 午는 장생에 해당, 무한한 잠재력에 亥卯未 木국으로 용신 午를 생조, 그야말로 용신은 世의 兄

金을 누르고도 힘이 남는다. 이때에 손님에게 남편 직종이 훌륭하냐고 질문, 만약 남편이 보통사람이라면 시아버지나 시어머니의 직종이 양호하며 부호의 명가 시가 집안으로 출가했다고 해주면 손님으로부터 박수를 받는다.

　女性의 부잣집 출가 명은 내괘의 財가 내괘의 官을 대하고 왕한 兄世를 누르면서 청룡이 世官에 생습이 되면 시집운이 좋은 걸로 판단. 4효 亥〔자손〕가 死궁에 처하여 자손 하나가 눈 한쪽 실명, 전답이 萬里까지 가는 대농가 고을 집안이다.

孫世

才戌 ｜ 世
才未 官申 ｜Ⅹ 死
孫午 ｜ 世絶
才辰 ‖ 양
兄寅 ‖ 공망 청룡
父子 ｜ 身

男

甲　癸　丙　甲
寅　丑　寅　辰

자손이 지世합으로 태평을 누리는 운명이라 하겠다. 하지만 世의 午火는 絶궁에 처하고 世 午火의 원신인 2효 寅木이 극상되고 공망되어 世의 午는 무력한 중, 초효 子〔父〕가 암동 世의 午火 자손을 극하여 화살 맞은 새와 같다. 財가 지나치게 많아도 자손이 설기태심하여 世午는 비틀비틀 요지경이 된다. 申子辰 水국에 寅午戌 火국은 父성이 孫을 극하는 상이다. 父가 자손을 피격하면 父모도 망하고 아신도 손상을 입는다. 財성이 태과하여 사업하다가 거金을 날렸다. 財성이 충파되면 돈 잃고 수술 한번 해본다. 財성이 3개나 되어 그 財국이 父성을 극하므로 어린 시절 고아흑성으로 자랐다. 財가 지나치게 많으면 父성, 인성을 극하여 인성 교육을 못받아 무례, 무식한 행동, 나쁜 마음을 갖는다.

　3효 辰財에 養이 받쳐 있어 처의 수입이 있다. 子손이 絶되면 자손과 인연이 없고 자손의 결혼 실패다. 이유는 父성은 딸자식 결혼문서다. 고로 父가 극상받거나 자손과 충극이 되면 결혼문서 파파된다. 외괘에 財가 있어 시골 농촌에 부모 유산 토지가 있다. 世가 길처에 처해도 공망 또 絶墓는 거품과 같다.

甲戌 대운 10년 운세(31~41세운)

庚　甲　戊　乙
午　寅　寅　亥

```
父 未 ||
兄 酉 |
兄 申 孫 亥 |×
兄 申 | 世身
官 午 || 卯才
父 辰 || 청룡
```

世의 金국에 父성 土성이 개입하여 생부 兄金 世는 왕상을 띠어 당권되었다. 왕世는 극世조치법으로 午火 官성 왕世를 눌러준다. 즉, 午火가 용신이 된다. 이 나이 때는 집도 있고 사업도 융성하였다. 그러므로 官 용신 자격이 갖추어졌다. 六爻에서 世가 지나치게 강世가 될 때는 용신을 쌍방 두 개로 정한다. 보기와 같이 왕한 三兄제 金신 世가 독점되었으니 극하는 것보다 설기시키는 亥水 자손으로 후보 용신한다. 즉 官도 용신이요 자손으로도 용신한다는 것을 유념. 30세에서 45세까지 도깨비 부자가 되어 50평짜리 집 세 채를 장만하고도 사채놀이 하다가 모두 잃었다. 10년 단위 운에서 3爻에 世가 임하여 큰 몫을 했다.

▶부동산 매매 여하 이사운

먼저 사주 대정수 총수와 현대운 대정수와 당년태세 대정수를 총합산하여 육효를 설정, 초효나 2효가 발동되거나 공망, 浴살이 되거나 父성이 충파되면 매매나 이사운이 발생. 이때 財가 발동되어 父성을 극하면 손해문서요, 매매계약이 부진. 月별 매매 여하는 해당 月의 대정수를 전반 대정수와 합산하여 육효를 설정, 父성이 극파되지 않고 온전하면 매매 여의하다.

행운에서 世에 官을 소지하거나 官이 용신에 처하면 직장의 기득권이 있거나 실력자 또는 재력 있는 사람, 새로운 직업을 얻는 사람은 환영하지만 보통 사람은 고충받는 사람, 어려운 사람.

世官의 귀천

● 世에 官이 접한 명주[身官도 소급 해당]는 신분이 우세하면[사회적 실력 또는 직업이 완고, 재력여여분] 世官身을 높이 평가해 환영하지만 소인배는 世의 왕한 官귀[미약할 시는 무시]를 기신으로 규정, 官귀의 七액을 당하여 고통운이다. 소인배는 世의 官귀가 접했을 때 官귀를 누르는 자손 오행으로 世官을 제극시켜 주면 이제까지 고통운에서 해방, 기회를 얻게 된다. 그러므로 소인배 운명은 世官을 가장 꺼리는 것이 특징.

세운이나 대운에서 하격인이 世에 官이 入할 때는 몸에 중병이 되거나 재액, 자손액, 부부액을 당한다. 마침 官귀가 공망되거나 약이 되는 孫이 눌러주면 소강상태로 조용해진다. 世의 官귀를 누르는 자손 오행이 극파를 당하면 병자가 官귀를 억제 못하여 官귀는 더욱 날뛴다.

● 소인배의 官이 지世 명은 그 官이 공망되거나 合이 되어 길신으로 나오면 위안.

```
孫酉 ‖ 世 장생
才亥 ‖
兄丑 ‖ 身 공
孫申 官卯 ‖✕
父巳 ‖
兄未 ‖
```

비견과 劫재가 많고 劫재와 상관 같이 있어 자궁살이 두 개. 여자 팔자가 대단히 세어 남편이 조사하였

고 재산을 탕진하였다. 3爻 官이 발동 身을 극하고, 世의 孫 장생을 충거시켜 孫의 장구함이 정지 처분되어 한평생 즐거움을 잃고 살아가는 여인의 운명. 3 爻 관卯 중 乙이 申 중 庚과 극합으로 바람기가 강하여 몸 주고 돈 많이 날렸다. 최상단 6효 자리에서 世兄이 木이라면 5, 4, 3효 하강식으로 木生火, 火生 土, 土生金 식으로 순서된 괘는 장래성이 기대되고 후발하게 됨.

- 墓地에 入장된 육신은 상대가 극하지도 못하고, 墓地 오행은 상대를 해하지도 못한다.
- 財가 동하여〔男〕 兄이 화출, 회두극되면 첫사랑과 이별. 만약 본인이 당하지 않으면 자손에 해당, 혼인 실패다.
- 행운에서 내괘 財가 외괘를 충파시키면 재력가인 형제나 친구로부터 재원 원조지상이다.
- 財되는 辰戌丑未가 내괘에서 외괘를 극충시키면 재력가, 형제, 친구로부터 재원 원조지상이다.

현대운 기준 10년간 운세법
66세 乙巳 대운에서 76세 甲辰 대운까지
10년간 운세법

己 乙 壬 丁
卯 酉 子 丑

```
父 戌 ▏
兄 申 ▏
官 午 ▏
兄 申 ▏
孫 亥 官 午╍ × 寅 才世
父 辰 ╍ 子孫身
```

　　보통사람이 世에 官귀를 소지하면 재앙인데 공망이 되어 위안이 되었다. 오히려 神의 가호를 받는 형국이 되었다. 午午 장생에 寅이 생하여 주고 三合국 官성이 성하여 世는 무진상왕상을 띠었다. 왕世 火 국을 극제시키는 효가 바로 용신이 된다. 申子辰 三合 자손국에 亥 자손으로 왕世 火국을 능히 눌러준다. 水국 亥 용신 실력은 100점이다. 10년간 이 운에서 가출하여 맨주먹으로 일구워 소, 돼지 등 축산농장으로 30억 이상 재산가가 되었다.

▶제왕이 없는 三合 반습은 불습이다

선천적인 충파는 습으로 탐생망극이 되어 시정되지만 선천적 충파극은 태생으로 감수한다. 반습보다 三合국은 강렬한 작용을 한다. 三合이나 六合이 되면 정에 쏠려 상대를 극하는 것을 잊어버려 위안이 된다. 따라서 극을 받는 쪽도 습을 이루어 탐생망극이 되면 상대를 극하는 것도 잊어버리고 상대로부터 극을 받는 것도 모면되어 양자가 서로 평화를 이룬다. 작전상 극하는 오행이나 극을 받는 오행상 합을 이루지 못하면 세력이 없어 단신 그대로 두들겨 맞는 격으로 피해를 당한다. 마침 가해자나 피해자 한 쪽이 墓宮에 처하거나 공망에 처하면 한시적 피해는 줄일 수 있다.

- 申子辰 水국으로 火성을 극하지 않는다. 卯未 木국 습으로 土성의 위험성은 면했다. 여기에서 午火가 불습이 되어 申金을 극한다. 申金이 손상되어 피해가 크다. 본시 충파극은 그대로 활용함.

- 이 괘의 六沖괘는 선천이므로 그 선대에서 피상된 걸로 보고 당대에서는 습국으로 위안이 되었다. 寅午戌 火국으로 申金을 극하는 것을 잊어 위안이 되고, 申子辰 水국으로 午火를 극하는 것을 잊어 서로가 위안이 되었다.

<table>
<tr><td>巳</td><td>寅
子
戌
亥
丑
卯</td><td>申
午</td></tr>
</table>

● 寅午戌 火국은 申金을 죽는 날까지 극하는 것을 잊어버려 위안이 되고, 申子合에 巳申合 水로 午火를 극하는 것을 잊어버려 위안이 되고, 卯戌合으로 戌土를 보호하고 위안, 丑土가 불합이 되어 亥水를 극하는 것은 한평생 가해자가 되고 피해자가 되고 있다.

◉ **人패財패살** – 사람 실패, 건강 실패, 혼인 실패, 재산탕진

1️⃣ 孫〔식신, 상관〕또는 財성이 원진살에 엮이면 거액의 재산을 날린다.

2️⃣ 孫에 원진살이 붙거나, 孫이 官귀와 원진살이 되면 본인 또는 자손이 거액의 재산 몰락.

3️⃣ 도화살이나 官이 충파 또는 浴살이 임하면 人패財패다.

4️⃣ 행운에서 이 살이 래입되면 문복자에게 알려주고 자문을 받아 모면케 하라.

5️⃣ 그 실례

男

壬申	현대운	戊戌	태세	癸亥	癸酉	丁卯	甲寅
19		55		966	174	40	33

사주 네 기둥 대정수와 현대운 대정수와 당년 태세 대정수를 총합산하여 그 총수를 공식 6으로 (÷)제하면 3이 동효가 된다. 육효를 설정하면, 2효 世청룡 官을 대하여 높은 관직 공무원이다. 3효 卯재가 발동 兄 申金을 화출, 회두극을 받으니 친구의 유혹에 거액의 재산을 卯申 원진살로 사기당했다.

	父未 ‖ 身
	兄酉 ‖ 응
	孫亥 ‖ 공망
兄申 死	才卯 ‖× 長生
	官巳 ‖ 世 청룡
	父未 ‖

◉부모 운세로 자식운을 판단한다면 다음과 같다.

```
兄戌 兄未 ‖✕
    孫酉 ┃ 世
    才亥 ┃ 身
    兄辰 ┃
    官寅 ┃ 巳
    才子 ┃ 청룡
        공망
```

행운에서 世가 孫을 소지하고 청명하면 당년 운세가 최고 호운이다. 世에 孫이 임하여 본인과 자손운이 득지되어 길한 운명 같지만 孫酉가 寅과 寅酉 원진살로 자손 하나가 거액을 날렸다. 男명은 孫을 처갓집으로 가정하여 酉손이 寅酉 원진살로 처가의 직계 중 병부살로 환자의 병원 신세다.

```
      공망
兄戌 兄寅 ┃
    才子 ‖
    兄戌 ‖
兄丑 兄辰 ‖✕申孫身
공망 官寅 ┃ 世午父
    才子 ┃
```

3효 兄辰土가 발동 兄을 화출, 그 兄辰土는 才를 극하여 돈줄이 막막하다. 子子才가 父午를 子午충하여 집을 파는 매매 명도 운이다. 2효는 주택궁이다. 2효가 공망되므로 살고 있는 집을 비워〔공망〕주는 형국으로 매매, 이사운이다.

◉長生(청명하면서)은 도움과 구원을 받으며 원조지상의 음덕이 있다. (행운에서도)년주에 長生이 있으면 조상의 음덕이 있다.

丙　庚　辛　己
戌　戌　未　卯

시주 자식 자리에 백호〔丙戌〕대살이 있으면 자손이 혼인 실패한다. 백호대살이 있는 궁은 그 궁의 백호대살을 받아 혼인 실패 또는 변사, 황사한다. 또한 재산 실패도 해당된다.

官卯 ｜
才子 父巳 ｜× 子 才
兄未 ‖
孫申 ｜ 世身 청룡
父午 ‖
兄辰 ‖

世에 자손이 임하면 평생 영화가 부귀 명이다. 世孫에 청룡이 임하면 고관 거물급이다. 未月生 35도의 더운 계절생으로 午父 兄 未土 화력이 世 申金을 극하니 목줄이 끊어지는 상으로 콩팥 이식으로 一급환자다. 日 庚金에 巳는 長生을 얻어 천수를 누리는 장수의 명이다. 5효 양쪽 子子 재성이 있어 시골 농촌 원방지에 재산 땅이 그물망을 이루고 있다. 子午충되어 도깨비 부자 횡재운이 거액을 날린다. 3효 世의 申金이 午未月生 화력에 극을 받아 자손이 실패, 두 딸이 혼자 몸으로 살아간다. 孫申이 卯와 원진살로 딸들이 거액을 날렸다. 집까지 반납했다.

○부모 운명으로 자손이 실패, 재산탕진 여하 감정

父戌 官巳 ｜×
父未 ‖ 世身
兄酉 ｜
才卯 ‖
官巳 ‖
父未 ‖ 子孫
　　공망

女

癸　甲　庚　壬
酉　寅　戌　午

초효 父성 未土가 未 아래 子되는 자손과 子未 원진살이 되어 자손이 거액을 날렸다. 또한 혼인도 파혼했다. 父성 未土가 子水를 극하여 水원이 고갈되니 자궁병이 있어 고질병이다.

男

己 乙 壬 丁
卯 酉 子 丑

孫酉 ‖ 世 절
才亥 ‖
父午 兄丑 ‖× 身
官卯 ‖
父巳 ⊹
兄未 ‖ 子孫
　공

▶부모 운명으로 자손 성공, 실패 여하?

世가 자손을 대하고 있어 신위가 편안하고 한평생 부귀 명이다. 하지만 酉 도화살이 絶궁에 임하여 팔도강산 방랑객이다. 60 나이〔6효〕에 입지가 개통되어 자수성가하였다.

식신과 상관을 표시한 酉손이 官성과 卯酉충이 되어 본인은 일어섰지만 저손들은 파재파패된 자손들이다.

⑧朴根惠 공주

71 61 51 41 31 21 11 1
己 戊 丁 丙 乙 甲 癸 壬
酉 申 未 午 巳 辰 卯 寅

癸 戊 辛 辛
丑 寅 丑 卯

父子 兄卯 ｜×
　孫巳 ｜ 身 청룡
　才未 ‖
　才辰 ‖ 世 酉官 공
　兄寅 ‖ 亡 長生
　父子 ｜

2爻택효 寅은 사주 日간 戊寅의 長生궁이다. 寅은 높는 山, 높은 자리 계급 집안 출신으로 이어지는 가문 집안이다. 택효 寅은 日 戊에 가문폭락살이다. 왕상한 財世에 청룡 身이 世를 생부하고 6爻 원진 친구 兄卯가 子卯 형살〔부정, 비리〕을 대하고 발동, 世 辰土를 극한다. 6爻 兄卯는 갖은 비리〔子卯〕를 조직적으로 감행, 卯 자신의 딸 자손에게 암습〔卯巳는 合〕하여 子卯 권력을 행사하며 卯생火, 火생土하여 박대통령에게 신용과 믿음을 인정케 하고 권력과 돈에 대한 사익을 취하면서 박대통령에게 오명을 주고 불발케했다. 박대통령 남동생 卯는 子卯 刑살로 대마초를 복용, 한때 구치소〔卯는 囚옥살〕 생활. 대운 61세 戊申 대운에 戊

寅은 엎드려 있는 목마다. 申이 충발하여 엎드려 있는 말이 일어나 출전하므로써 당선된 것이다. 대운 戊申도 엎드려 있는 목마다. 같은 一색의 목마를 충하여 출전, 전투태세다. 년주 상관이 정관과 싸우면 대개 큰 인물로 성공 후 좌천된다고 하였다. 최상단 6효 운명 계수 60세 후반 나이에서 卯兄의 발동, 世財를 극제시켜 박대통령의 비운이 몰아쳤다.

◉六爻 오행은 지장간 오행으로 구성되었다. 지장간의 중기·여기 오행을 출현시켜 각주 爻의 중기·여기 오행과 合충 확인, 사주 日간 또는 世身을 기준 合충과 장생, 養, 록, 帶를 확인하고 日간에 공망지를 확인한다. 장생이 공망지면 성공 후 실패다. 하지만 생부를 많이 받으면 다시 일어서게 된다. 長生과 養을 중시하라. 養은 장생과 동질성이다. 장생과 양이 충거되고 공망을 만나도 合이 되거나 생부가 후하면 필패 후 다시 회춘, 일어서게 된다. 당대에 부활을 못하면 자손대에서 빛을 본다. 지장간 여기가 중기 힘보다 강하다. 이는 당주가 태어난 일진이 15일 이후이면 여기의 힘이 우세하고 15일 이전이면 중기의 힘을 받는다. 태어난 日진이 7일 이전이면 초기의 힘을 받는다〔지장간 중시함〕.

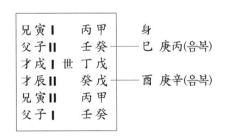

世의 戊가 2爻 寅에 장생이고 사주 戊 日간에 역시 장생이다. 戊寅日과 世의 戊寅은 부모대, 당대 가문폭락살로 침몰, 子와 戊은 戊癸合으로 극이 合으로 친해졌다.

2효 寅 중 甲이 酉 중 庚과 甲庚충이, 寅 중 丙이 酉 중 辛과 丙辛合으로, 또한 戊寅 장생으로 형제 거물급이 있다. 寅 중 丙甲이 世戊財를 木극土로 극하지만 丙火가 甲木을 설하여 世財戌을 생부하여 구사일생이요, 세력의 친구의 원조지상이다. 지장간의 접전에서 통변 비전 해법을 알려주고 있다.

◉世나 身에 兄을 대하고 발동하여 자손신이 화출되면〔아래 참조〕그 년도에 자손이 취업하거나 일자리를 얻는다.

◉世나 身에 長生, 록마, 청룡이 임하면서 身 옆에 음복된 육친〔◐ 자손〕도 귀인성이 해당되어 자손이라면 그 자손은 경사가 발생한다〔태세에서도 해당〕.

▶자손의 취업정보

己
巳 〉 대운
102

丙
申 〉 태세
79

庚 甲 戊 乙
午 寅 寅 亥
1797 193 65 86

```
孫卯 兄子 ‖× 身
    官戌 ｜
    父申 ‖
    官丑 ‖
    孫卯 ｜
    才巳 ｜ 世
```

●태세 丙申년 운세

6爻 兄子가 身을 대하고 발동 자손 卯를 화출, 孫卯를 생조하여 휴직 상태에 있는 두 자손들이 일자리를 취득했다. 비겁이 되는 兄은 자손 卯 입장에서 볼 때 인수 역할이다. 인수는 취업문서요, 일자리문서에 주택문서다. 인수되는 子水가 戌土에 극을 받고 있다. 해설은 자손 주택문제에 어려움을 당하고 있거나 이사문제 발생 또는 자손 일자리 변동. 兄되는 오행, 즉 인수에 대한 손상을 입지 않으면 자손들의 주택을 확장, 늘려가거나 새집을 장만할 수 있다.

○태세 육효 신수법에서 초효나 2효에 父성 또는 官성이 있을 때는 자손 액
　운, 돈 실패, 다른 실패.

○초효나 2효에 兄이나 孫이 있고 충실하면 자손의 경사 발생, 혹시 주택구
　입, 확장, 취업 등등.

▶모친 운명으로 자손 취업(태세 丙申년)

```
官卯 ┃
父巳 ┃ 子才
兄未 ┃┃
兄辰 兄丑 ┃┃╳申孫世身
官卯 ┃
父巳 ┃
```

癸　甲　庚　壬
酉　寅　戌　午

身과 世가 왕한 兄제신을 대하고 자손 申과 같이 있으니 자손들의 일자리가 열린다. 휴직 상태에 있는 두 자손이 정규직으로 취업했다. 자손 申金을 기준, 未는 財물창고다. 급여와 보수 많이 받는 회사에 취업했다. 자손되는 申金이 두 官성 卯 중 乙과 乙庚合으로 관직, 취업운이다. 官과 인연이 되니 정규직이요, 고정수표다.

▶본인 취업년도

戊
子 ＞ 대운　　丁
　　　　　　　酉 ＞ 태세

男
庚　丙　癸　庚
寅　辰　未　戌

```
兄巳 ┃ 世身 청룡
孫未 ┃┃
才酉 ┃
官亥 ┃
孫丑 ┃┃
孫辰 父卯 ┃╳
```

戊子 대운과 丁酉 태세 대정수를 사주 대정수와 총합산하여 기본 6으로 제하면 초효가 동爻된다. 동한 爻는 父성이다. 3爻 官亥가 초효 父성을 생부하고 父성은 다시 6爻 世身록을 생부하니, 즉 관인상생하는

이치로 世와 생습이 되어 三성 반도체 일자리 취업했다. 世에 록이 있고 청룡이 가담되어 그 일자리는 최고 수준이었다. 취업이 되는 운은 父성, 즉 인성은 합격을 말한다. 父와 官이 맥을 같이 하여 일색이 되면서 世나 身에 응하여 주면 관직운이 열리고 시험합격운도 열리게 된다.

世財

```
兄子‖ 身
官戌┃
父申‖
官丑‖
孫卯┃ 長生 청룡
孫寅 才巳┃✕ 世
  浴
```

신왕사주 용신에 財성이 世에 임하고 사주 용신과 일치되니 귀격사주다. 世財하여 자손(寅卯)이 생재하니 부귀격이요, 일품사주다. 그렇지만 자세히 보면 財를 소지한 世財를 돕는 원신 卯 자손이 4효 申金 父성 卯와 습도 되고 刑도 되어 金으로 변질, 金은 父성이다. 父성 金은 자손되는 木을 극제하여 자손은 불발상태요, 자손의 전무다. 초에서 화출된 寅 자손은 寅申충에 퇴신으로 世를 생각하다가도 취소하는 형국이다. 여러 자손이 있어도 자손덕이 없다. 世財巳를 기준하여 寅巳申 삼형살로 들이받아 우환과 수술로 두 몸이 의사 집도칼에 여러 번 죽을 고비를 당했다. 世응이 습신되어 능력 있는 형제로부터 집을 제공받았다. 世가 父와 습이 되어 유년 나이 때 근친부모 밑에서 살았다.

◉4효 자리는 친母자리다. 4爻에 身養이 동거하면 어린 시절 타부모, 타가생활, 타부모 밑에서 양육, 생장한다.

◉습 또는 발동으로 새로 탄생된 父성은 타부모 밑에서 타가생활 전력.

◉父성에 養이 동거하면 타부모 밑에서 부양.

● 父를 대한 世가 암동 자손(孫)과 같이 있을 때 죽지 않으면 가운이 침몰, 대소운에서도 해당함.

| 戊申 | 丁酉 | 癸卯 | 丙申 | | 癸丑 | 戊寅 | 辛丑 | 辛卯 |
| 대운 | 태세 | 月 | 日 | | | | | |

```
孫酉 ‖ 世 공망
才亥 ‖
兄丑 ‖ 身
官卯 ‖ 응
兄辰 父巳 ‖×
兄未 ‖
```

박대통령 탄핵판결 운명 감정

2017, 03, 10 운명을 좌기 六爻 판세로 검진.

孫을 대한 世(박대통령)를 2효 父성의 왕한 巳가 발동해 박대통령이 소지한 世의 孫을 극파시키고 있다. 女왕은 국법을 승복 하야, 권좌에서 벼슬을 버리고 낙향. 박대통령을 응호하는 친박 집단들(兄土성들)의 저항력이 굴하고 있다. 하야 이후 6爻 손酉(박대통령 소지)가 囚옥살이 되어 구치소에 감호되고 있다. 대통령의 붕의들 丑未 형제들도 酉금 囚옥살에 동참되어 중벌을 받게 된다. 특히 財에 대한 범죄는 모두 몰수다. 官卯가 흡수하기 때문이다.

2효 父성이 발동, 박대통령 酉金을 극하니 양자 피해다. 응이 世와 상충되므로 최후 판결문(巳 판결문)도 世보다 우세하여(官卯가 巳에 생부하여 巳는 世酉를 극한다) 승복하게 되어 있다. 본래 자손을 대하고 父가 발동, 자손을 극제시키면 성공한 사람이 하루아침에 막을 내린다 하였다. 丑兄에 養은 여우짓하는 붕의로 권좌에 해충물이 되어 박대통령은 女왕 자리를 반납했다.

```
孫世                          男
                    丙 庚 辛 己
      응              戌 戌 未 卯
   官卯┃ 命
才子 父巳┃×子才長生
   兄未┃┃
劫 孫申┃ 世身 청룡
   父午┃┃
養 兄辰┃┃
```

世에 孫이나 財가 임하면 용신을 다른 방법을 취하지 않고 그대로 世를 기준하여 왕약을 살리고 피상을 입었는지 확인하여 운명을 판단한다.

世에 자손(孫) 身과 합세, 청룡을 3爻 허리 중심자리에서 대하고 있어 武力을 행사하는 총잡이와 같다. 거물급인 청와대 사정관으로 관용차를 타고 다녔다. 孫 지世하면 兄제신들이 孫爻에 따라오므로 근방 원방할 것 없이 친구 친척들이 협력하고 도와주며 동참해 준다. 즉, 인덕이 있고 만인의 칭송.

2爻 午火 불덩이[未月 더운 달] 용접불이 申金 자손 世를 녹이니 이 사람 몸이 2급환자다. 게다가 5爻 父성이 발동 世 申金을 극제하니 신체[孫은 생명, 밥줄, 생명선, 젖줄]와 생명이 저당된 몸이다. 하지만 청룡을 대하고 청룡의 위력으로 죽지 않고 덕을 보고 있으며 5爻 巳는 사주 日간의 長生궁이요, 초爻 兄에 養[養도 장생으로 봄]이 있어 장수 명이다.

또한 世나 身에 孫을 대하면 孫은 병균을 작멸시키는 살로서 죽을병 환자라도 죽지 않고 병균을 물리치므로 병을 이겨내며 사회활동도 충실히 한다. 불구자 아닌 이상은 사회활동 활발. 다만, 약을 먹는 것은 불치병 환자에 해당, 이 사람은 신장병으로 콩팥 2개가 완전 소진되어서 첩의 신장이식으로 사회활동이 기성세대와 같다.

世의 官살

```
      官寅 ┃ 身
  父巳 才子 ‖×
      兄戌 ‖ 養
      才亥 ┃ 申孫
      兄丑 ‖ 午父
      官卯 ┃ 世命
```

男

庚 甲 戊 乙
午 寅 寅 亥

世의 卯木이 寅木을 대하고 官살 木을 생조하는 水성이 2개가 있어 世의 官살 木은 왕하다. 왕木 官살을 억제하는 용신을 申金 자손으로 활용한다. 申金 자손은 午火에 극을 받아 무력하여 왕木 官살 世를 능히 제극을 못하니 世의 官살 木은 호랑이처럼 기습하고 있다. 용신이 극을 받아 힘이 없으면 왕世를 대적하지 못한다. 이때 왕世는 무법자가 되어 사주 운명을 교란시키고 극상을 일삼는다. 그러므로 용신이 강해야 世도 발전, 용신도 성공한다.

申金 용신은 絶이 되고 父성 午火에 극을 받으니 선대의 죗값을 이 사람이 대신 희생하였다. 예수님은 이 세상 죄를 대신하여 수난과 희생으로 죄의 심판을 거두고 가셨다. 용신 申金이 무력하여 官살의 횡포로 돈 잃고 정신병까지 당했다. 자손의 재액과 처의 병액으로 官살의 횡포를 당했다. 마침 申金 자손 용신이 世의 관살 卯와 乙庚合으로 안정을 취해 주어 자손이 거물급 출범에 아신도 위안.

宅효 兄은 망한 집이다. 兄이 되는 土가 亥子水를 극제시켜 번 돈이 다 나갔다. 父성〔午〕 아래 丑과 원진살, 백호대살로 부친은 흉사했다. 兄제도 백호대살에 형충, 참사했다. 모은 돈은 없고 의식 걱정 없이 살아간다. 이는 申金 용신격이 장생 亥財를 생부해준 역할이다. 그러므로 용신이 왕해야 世의 흉질을 통제시킴으로 용신도 발전, 世도 발전하는 공조가 된다. 이 격은 父성 午火도 가용신된다. 왕世를 설기시키기 때문이다.

父世	
父未 ‖	世
兄酉 ┃	공
孫亥 ┃	청룡
父丑 ‖	응
才卯 ┃	身
才寅 官巳 ┃×	
亡 亡	

女
庚 己 癸 丙
午 卯 巳 午

父世 未는 帶를 대동, 자체 왕하다. 丑土 兄이 비화이고 초爻 巳火 官이 世를 도우므로 권력과 명예 있는 출신이다. 世의 기운이 무척 왕하므로 왕世를 누르는 財卯로 용신, 世를 극제 조치한다. 용신 財는 왕상하나 巳火에 설기태심하였고 財를 돕는 亥水가 丑土에 가로막혀 財卯 용신은 부잣집 가난뱅이다. 財가 官 옆에 밀착되면 재물과 돈이 타인에게 몰수당한다. 실제 집 한 채 값을 친구 남자에게 사기당하여 몰수당했다. 남편되는 관성 巳火 亡신살에 巳酉丑 합류 巳官 남편이 공망 酉에 종결되어 남편과 이별이다. 酉는 辛으로 돌려 亥는 가문폭락살이다. 친정이 망하고 당주도 망했다. 酉 중 辛은 財卯에 폭락살이다. 형제도 망하고 財산도 날렸다. 二父성으로 계모가 있다. 가문폭락살과 자궁살을 접목시켜 통변하면 구변술이 터진다.

⊙사효는 친모 자리다. 4효가 공망이면 친모는 외로운 인생이다.

官世	
孫酉 官寅 ┃×	世
才子 ‖	
兄戌 ‖	
孫申 ┃	身 청룡
父午 ‖	
兄辰 ‖	

男
戊 辛 癸 丁
子 巳 丑 未

官이 世에 앉아 있을 때는 손님에게 본명이 관직 생활 또는 사회 저명인사 또는 중견기업 재직자라면 신분이 높거나 보증수표의 위치. 환경 소유자는 世 官을 환영, 높이 평가한다. 만약 관직이 아닌 보통 사람이라면 官살 世는 칠살의 살을 받아 살을 당하고 살아간다. 본명은 身이 3爻 중심자리에 자손되는 孫과 청룡을 대하여 자손도 영광, 아신도 거물감이다. 한평생 경영사가 태평생활이다. 외국기업에 전산프로그램 개발직으로 해외를 이웃집 다니듯 왕래가 활발. 3爻 자손 申金 아래 父성 午火가 극하고 있다. 부모가 실패한 것은 사실이지만 丑月의 午는 조후가되어 가정에 문명상이다. 3爻 申金 청룡은 5효 처 재성 子를 金생水로 생부해주므로 처성도 통계청 국가직이다. 世나 身에 자손이 임하면 兄의 신이 孫을 생부해주므로 형제 친구가 많이 접선되어 친구도 많이 따르고 화목, 사교성이 깊다. 그러므로 벗이 많고 윗사람, 아랫사람 가리지 않고 인간미가 넘친다. 6爻 寅官이 자손을 화출, 金극木하지만 寅 중 丙火가 酉 중 辛과 丙辛슘으로 경쟁 강화 속에서도 오뚜기 인생. 寅은 한평생 높은 자리. 하여 장수직급이다. 身孫에 戌이나 亥가 밀착 받쳐주면 효력이 증가, 자손 발전 무진장이다.

보살님, 불화명가

```
        才戌 ‖ 養
        官申 ‖ 공
        孫午 ∣ 청룡
  官申   兄卯 ‖×
        孫巳 ‖ 身
        才未 ‖ 世子父
          고신
```

女			
丁	己	戊	丁
卯	卯	申	酉

世와 身에 財孫이 응하여 이름 있는 여자다. 辰戌丑未는 화개살이다. 화개살에 공망, 고신, 과숙살을 접한 世命은 스님, 종교, 신앙가 운명이다. 독신격으로 神을 모신 불자다. 身 또는 火에 인연이 있고 왕한 火가 金을 火극金하면 그림화가 명품이다. 불화를 솜씨 있게 명작으로 그리어 시판한다. 관성이 공망이고 世가 고신살이 되어 독신격이다.

청룡 孫이 내·외괘에서 世로 집중되어 명주는 브랜드감이다. 자손이 왕하고 많으면 명주는 타성남자 자식꼴을 보고 부양한다. 외괘 財는 외지에 있는 돈이요 토지나 부동산이다. 養이 받쳐 있어 그 돈은 자양성이 있어서 힘 안들이고 불로소득이다. 官이 되는 남자도 많지만 자손되는 불로 지져대니 남자들이 하룻밤 자고 나면 이 여인과 무정하게 대한다. 그러므로 남자복이 없다는 뜻. 자손 불로, 즉 자손 火국과 官성 金국과 火극金은 명필화가라 했다. 사주 官살 卯卯는 震궁의 번갯불이다. 즉, 불로 본다. 그러므로 申酉金과 卯卯 번갯불과 대치하는 상이다.

⊙지극히 쇠극상태인 兄世가 身에 자손이 임하고 자손의 身과 생습이 되면 재수 풍만, 경사 발생.

父世

```
兄卯 ▮       청룡
父子 孫巳 ▮× 공망
   才未 ▮▮
   才辰 ▮酉官
   兄寅 ▮
父子    ▮   世身
      絶
```

世에 공망 또는 絶墓는 부부운이 불길, 심하면 이별이다. 공망된 효(爻)의 부분은 양쪽 모두 공망살로 취한다. 즉, 3爻 辰土 財가 공망되면 음복된 酉 官성도 공망된 걸로 본다. 5爻 巳손이 공망되면 화출된 父성 子도 공망살에 해당된다. 父가 공망되면 부모덕도 없고, 父는 혼인문서다. 혼인문서 파기다. 초爻 世父子가 절궁에 빠져 결혼문서 해약이다.

父世를 돕는 酉金은 공망에 처하고 子水 父는 절궁에 처해 허약하여 財로 극世조차 불가하니 子水 父성으로 용신한다. 父가 용신되고 官이 도우면 교직이나 문화계통에 종사하면 길명이 되지만, 평보 인생은 시행착오만 연속, 실효성이 없다.

◉특별한 계층이 아닌 소인배가 행운에서 世 또는 용신에 官귀를 띠면 새로운 창업이
나 일자리를 얻는 기회가 되는데, 만약 무정하면 官귀에 대한 액을 당하거나 신변에
영향을 받는다. 단, 행운에서 官귀가 世에 임할 때 官귀가 공망에 처하면 기득권을
잃거나 실패. 무직자는 연고발생하지 않는다.

◍행운에서 兄이 지世하면〔실력자나 관직인은 제외〕 빈한 명으로 간주. 다만,
兄이 자손과 같이 있으면 실력이 유망한 걸로 본다.
◍태세에서 宅효 父가 역마지살이 되거나, 외괘 世와 合이 되거나, 父 공망이
되면 이사, 변동수.

국회의원 사주

```
    才子‖
    兄戌∣
    孫申‖    身
孫申 官卯‖× 世
    父巳‖   청룡
    兄未‖
```

女

辛　壬　癸　壬
亥　申　卯　辰

官이 지世했을 때 명주에게 관직 또는 사회적 명성
을 소지했느냐고 물어본다. 관록인이라면 신분이 높
다는 것을 인정한다. 반대로 보통사람이라면 빈한
명이요, 풍파가 많은 사람이다. 본명은 지世 官하여 身에 자손까지 소지했다.
世身이 한몸에 이르니 거물급이다. 국회의원 요직에서 이름을 날리고 있다.

3효 동효 자손되는 申金이 世의 官성 卯와 극하면서 암合 乙庚合으로 身世
가 서로 일체되고 있으니 괘신이 모두 유정하다. 世나 身이 孫을 대하면 兄제
신들은 자연 孫과 협신이 되어 세인들의 존경과 신임을 얻어 인심을 얻고 청
탁이 많이 들어온다. 官성과 子손이 世身과 合이 되면 좌지우지하는 신분이
된다. 자손이 되는 孫은 父성만 피하면 모두 재앙을 막아낼 수 있고 중병환자

도 약효가 영약으로 구명되게 된다. 孫은 병균을 작멸시키는 살이다. 사주에 식상국이 되거나 식상, 용신격은 병균을 작멸시키는 살로 위태와 재앙을 잘 모면. 단, 인성 또는 편인과 식상과 상쟁되면 약발도 없고 패신이 된다. 식신, 상관과 孫은 전술, 무기, 총검이다. 身 또는 世에 官귀와 孫이 극슴이 되면 큰 인물들은 이 격으로 위용을 떨친 후 비운으로 끝난다.

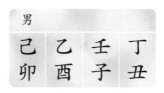

```
孫世

官巳 兄酉 ||× 巳官
死   孫亥 ||  世 고신
     父丑 ||
     兄申 |
     官午 ||  卯才
     父辰 ||
         청룡
```

世의 길신 또는 용신이 내괘에 있으면 젊은 나이 초년부터 전도가 열리면서 발전의 단서가 잡힌다. 반대로 외괘에 용신 또는 世가 접하면 늦은 나이에 소망성취다. 孫이 지世하여 〔5효〕 55세 나이 때 기반이 잡히며 발전하기 시작 했다. 5효 亥 밑에 父가 암동, 孫世를 극한 것이 자손에게 해도 되지만 만회한 것도 이유가 된다. 용신 世가 충, 파, 극, 공망, 死, 絕 등이 접하면 육친간의 하자와 흠결도 있지만 발전도상이 소기의 성과를 크게 이루지 못하여 중화권에서 멈춘다. 이 괘는 官살이 태강, 형제운을 손상시켜 불행한 형제들도 있었다. 官살이 많으면 돈을 모아도 빈 통장이 되어 부잣집 가난뱅이다.

六효 酉金이 발동, 巳酉丑 형제국이 2효 財卯를 잔인하게 극하여 처를 괴롭히고 女란을 일삼았다. 木日에 辰은 재고요, 청룡이 임하여 재복과 여자운은 있다. 운명 계수 55세 자손 亥운에서 집을 나와 가출, 맨주먹으로 귀촌 생활로 뛰어들어 영농 축산물 실무현장에서 무급으로 고용생활을 시작 기회를 얻어 자기자립으로 소, 닭, 돼지, 고철, 파지 등의 수집과 양목 육축으로 여기서부터 돈을 만지게 되어 지금은 1년에 1억이상의 잉여金이 수입되고 있다.

父世

父未‖ 世
兄酉┃
孫亥┃
父丑‖
才卯┃ 身
才寅 官巳‖X 청룡

世가 父성을 소지하고 있으나 身에 財성이 받쳐 있으면 재복이 있다는 것을 유념. 父世를 돕는 丑土와 초爻 官성 巳의 두 개 숫자가 世를 생조한다. 巳는 청룡에 임하고 청룡은 2개의 힘을 가지고 있어 2+2=4개가 世를 돕는 형국이다. 이렇게 되면 世는 왕상을 띠어 왕世를 극世조치할 수 있다. 즉, 財卯로 왕상한 父世 土성을 극世시킴으로써 父성 世도 소원성취요, 극제조치한 財성도 소원성취하게 된다.

卯才가 약한 중 록을 얻어 왕하다. 내괘의 才가 외괘와 충극되면 남의 재물을 얻는다 했다. 寅卯 財가 청룡 巳官을 생조하여 다시 父世를 생父하니 재복과 일자리 운이 풍족하다. 巳亥충이 되면 巳는 兄酉와 합이 되고 亥는 卯와 합이 되므로 이 경우를 탐생망극이라 한다. 즉, 충이 화해되었다. 5효 酉 중 辛이 巳 중 丙과 합水로 다시 亥水 孫을 생부하여 5월생의 조후와 머리회전을 시키는 亥水 자손에 중역 역할이 되어 두뇌박사로, 개발 연구 사업이다. 財 용신이 왕世를 극世조치한 명은 財운을 만나거나 財의 원신인 자손운을 만날 때 千金을 얻는다.

```
父世
        장생
    官 巳 ┃
    父 未 ‖ 身
    兄 酉 ┃
父 丑  父 辰 ┃✕世 청룡 養
    才 寅 ┃
    孫 子 ┃
```

男

辛	庚	壬	庚
巳	辰	午	寅

용신을 정한다. 世를 기준하여 辰土 父世를 도와
주는 爻는 巳의 長生으로 2개 숫자다. 丑未 2개가
도와주고 養이 받쳐 있어 3+2=5개의 총수다. 巳는
본래 1개인데 長生이 되어 2개로 인정, 다음 丑土·辰土 2개 숫자에 辰養이
있으므로 1개 추가하여 3개다. 고로 총수는 5개다. 5 숫자가 世를 돕고 世의
일행이 되니 世는 무척 왕하다. 왕世 극世조치법으로 역시 왕상을 띤 2효 寅
木 財로 왕世 父성 土성을 木극土시켜 능히 寅木 재용신이 된다. 財로 일차용
신이 되고 子水 孫으로 보조용신이 된다. 용신이 너무나 훌륭하다. 이렇게 되
면 父성도 발전되고 재성도 발전되며, 孫의 길 작용도 三位일체가 소원성취
하게 된다. 왕한 財로써 극世조치함은 한평생 실패없이 하고자 하는 일을 모
두 성취하게 된다.

3효 父世 辰土가 발동하여 초효 자손 子水를 극하니 첫 아들을 출생과 잃
었다. 財성 寅으로 극世조치하여 寅은 한평생 재복이 山처럼 높다. 맨주먹으
로 상경하여 목재소 사장이다. 200억 재산가다. 년지 寅 중 丙이 시주 辛과
丙辛합이 된 것이 조상의 특전이다.

```
兄世

父未 ||
兄酉 |   공망
孫亥 |   世身
兄申 |   卯才장생
청룡 官午 ||
才卯 父辰 ||
          양
```

男

癸 癸 丁 甲
亥 酉 卯 寅

신약사주에 용신은 金水요, 대체용신은 多木을 설기시키는 火가 가용신이다. 먼저 世의 왕世를 판단한다. 世의 兄이 되는 金성을 돕는 원신의 숫자가 酉, 未, 辰으로 3개의 오행이 辰養에 받쳐 있음으로 1개를 추가한다. 모두 4개의 숫자가 世를 생함으로 世는 단연 우세 숫자다. 우세 숫자라면 6효는 6개의 숫자에서 4개의 숫자를 비교해서 나온 과반 숫자를 말하는 것이다. 世는 단연 우세 숫자임으로 世가 왕상을 띠었다. 왕자는 극世조치법으로 2효 午火 官성으로 용신한다. 官 용신이 될 때는 반드시 문복자에게 신분고저를 물어본다. 관리인이나 사회적 실력이 있거나 재력이 어느 정도 여유분이면 官 용신 규정을 환영하고, 소인배라면 현직이 미미하여 官귀의 용신이 불안하니 두 개의 용신을 차출, 활용한다.

본명은 官 용신 午火에 청룡을 띠었으니 높은 자리 계급이다. 亥卯未 木국 財가 午火 官을 생부하니 官 용신은 무지무지하게 강하다. 世 金국을 누르고도 여여분 힘이 있다. 이와 같이 왕한 용신이 왕상한 世를 눌러주면 世도 성공, 용신도 무한 발전지상이다. 행정고시 150 대 1의 경쟁률을 뚫고 수석으로 합격, 현재 정부청사에서 어린 나이에 4급서기관으로 배테랑급을 좌지우지하고 있다. 대졸시까지 장학생으로 이수하였다. 4효 자손 亥가 공망되어 一남一女도 없이 무자팔자가 흠이다.

世가 3爻에 회좌하면 3爻는 내괘·외괘의 중심자리가 되므로 차남이라도 장손 역할하며 外괘는 사회가 되므로 사회적 공동체 인물이 된다.

```
          官世

    官寅공 |
    才子 ||
    兄戌 ||      공
    兄辰 |    申孫
兄丑 官寅공 |✕ 世午
    才子 |      父
         청룡
```

```
  女
庚  乙  丙  己
辰  亥  寅  酉
```

世의 왕쇠를 보면 世官 寅을 돕는 오행 子子水에 청룡을 대하고 寅이 거듭 있으니 世官은 무척 왕하다. 왕자는 극世조치법으로 자손 申金으로 용신한다. 자손 용신이 공망이면 자손과 인연이 없고 혼자 몸이 된다. 世 아래 父성 午火가 용신 申金을 극하고 있고 寅 공망살은 연대된 父성 午火도 공망살에 해당. 父는 결혼문서다. 결혼문서가 공망되면 혼인문서 불발. 女는 官이 공망되고 자손 용신이 공망되면 독신생활이다. 4효 兄戌 운명 계수 49세까지는 큰 발전이 없고, 5효 子〔才〕대운 50세에서 59세까지 개통운이다. 3효 兄辰土는 日 乙에 財고가 되어 30세에서 40세 사이 집도 장만했을 것이다.

- 官이 世에 임하고 官이 三刑살이 되거나 형, 충, 파, 병원출입살이 되면 병마가 침노.
- 발동된 爻가 命을 파(破)하면 위독 명이다.
- 六爻학에서도 가문폭락살을 필히 활용. 六爻괘 중에서 폭락살이 각 爻간에 접목되는 육친과 구성학 육친을 이용하여 살 작용을 대변한다.

```
 예        女
壬  癸  壬  甲
戌  丑  申  午
```

- 사주학에서는 폭락살이 전연 없으나 六爻학에서 출현되고 있다.

```
才子 ‖
兄戌 |
才亥 孫申 ‖ 身
    官卯 ‖ 世 공망
    父巳 ‖
    兄未 ‖
```

兄戌와 자손 申과 戌申 폭락살로 형제가 불에 타 죽었다. 申 자손은 혼자 몸이 되었다. 부모 巳가 子 중 癸와 癸巳로 접목되어 파살 작용으로 친모가 낙동강에 투신자살. 巳는 결혼의 별이다. 살을 받아 파혼, 혼자 몸이다.

兄世

```
父戌 官巳 |×
    父未 ‖
    兄酉 | 世身
    才卯 ‖
    官巳 ‖
    父未 ‖ 子孫
```

酉 世兄이 약한 중 合으로 인하여 강世兄이 되었다. 강世兄을 극제조치법 官귀로 용신 世兄을 누르지만 官성 巳도 財의 근원이 없어 官 용신 불용이다. 이 여인 또는 남편 직업운이 소인배요, 백수다. 그래서 官 용신을 불용. 이때 용신은 子水 자손으로 한다. 손 子水는 未[父]에 극을 받아 용신이 살아있는 시체와 같다. 子水 용신이 극을 받아 신장병으로 살아가고 있다. 卯未 卯未 木국 재성이 크게 이루어져도 財의 근원인 子水가 고갈되어 財는 아무리 벌어 쌓아놓아도 저축이 없고 통장이 빈털터리다. 마침 초爻가 청룡이 되어 자손은 모두 성공하였다. 父성 未土가 子水를 극제하지만 日간 또는 土성 戌로 12운성하여 未가 墓궁에 처한 것이 子水를 보호하고, 巳酉丑 합金 형제국이 子水를 구해주고 있는 것이 아름답다.

◉女 父성이 3개 이상 국을 이루고 世의 자손과 밀착되면 자손과 世를 극하여 남편과 혼인문서 파기다.

● 女명 국을 이룬 父성 화개살이 世의 孫을 극파시키면 캄캄한 구멍일 사업에 종사. 또는 색시 종업원을 두고 유흥업이나 밀렵사업을 한다.

● 女명 世에 子卯 형살은 캄캄한 음욕살이다.

父世

```
    才卯 |
    官巳 ‖ 申兄
    父未 |  世
兄申 才卯 ‖×
    官巳 ‖
    父未 |  子孫
```

男
甲　甲　丁　壬
戌　寅　未　子

신강·신약 공분으로 되어 있는데 未月 출생으로 木은 火에 死宮이 되므로 신약으로 추리, 金水운을 요한다. 世를 기준 六爻上에서 木生火, 火生土하여 世로 집중되고 초爻 2효가 世를 생부하여 世가 왕상을 띠었다. 父世 왕土를 극世시키는 木 財성으로 용신한다. 왕世父를 財로 눌러준 명은 힘 안 들이고 소원성취한다는 것. 용신 財木이 약한 중 巳申合 水로 생출, 용신의 근원이 되어 기쁘다. 이 격은 용신이 財로 되었지만 身이 官성에 접하여 관직인이다. 즉, 국가공직인이다.

3爻 財가 발동, 兄제 申金이 화출, 申金으로부터 회두극을 당하여 첫사랑과 이별했다〔즉, 財가 발동 兄이 화출이나 회두극을 당하면 첫사랑과 이별 또는 兄제 중 이별 兄제 있다〕. 3爻 화출된 兄제 申金을 초爻 청룡이 생부하여 큰형이 벼슬관이다. 내외괘 父성이 양쪽으로 있으니 계모성이 있다. 초爻 未父가 청룡이 되어 父친은 거물급이다. 父성 未土가 자손되는 子水를 극하니 부친은 약물중독으로 세상을 살아간다. 父 未土가 子水되는 孫을 극하니 父친은 검은거래로 사익을 취하다. 이 괘는 풍지관 괘로 卯卯, 巳巳, 未未 一색이 되어 한평생 돈 걱정없이 경영사가 순조롭게 이루어지고 한평생 행운아다.

財가 世에 임하거나 孫이 世에 임하면 그대로 世가 소지한 財나 孫으로 용신을 취하고, 왕약을 가려내 운명을 판단한다. 財가 지世한 명은 거의 사업가운명이다. 반드시 世身의 위치와 동한 爻의 동태 파악, 즉 동한 爻가 어느 육친을 극상했는지를 확인한다. 만약 官 아래 財가 보조용신이면 처음은 직장생활을 하다가 자기 사업가로 진출한다.

未月 火왕절에 태어난 자는 반드시 물이 근원이요, 원산지이다. 水원이 용신과 가까이 있어야 젖줄이 된다. 3爻 財되는 卯木에 록이 받쳐 있으나 2爻와 4爻 七살이 록궁 卯를 파하고 官에 설기태심한 중 2爻 巳 중 庚과 卯 중 乙과 암합하니 한때 남편이 수입면에서 호황을 누렸으나 장구하지 못하고 하차했다. 본래 財성이 官과 같이 있으면 官에 설기가 심하여 재복이 없다. 마침 巳申合 水로 水원을 이루고 있어 대운에서 水운을 만나면 좋은 소식이 올 것이다.

초爻 子水 孫이 父에 극상되고 원진살이 되어 혼인문서가 파기되고 자손과 고아 신세가 되었다. 父가 子되는 孫을 극제시킴은 술 과음으로 위까지 상한다. 丙년은 사주 辛과 丙辛합 水로 七살이 숙녀로 변하여 사랑도 만나고 일자리가 좋아진다.

```
兄卯 |
父子 孫巳 |×공망
    才未 ||
    才辰 |  공망酉官
    兄寅 |
    父子 |  世身
```

女

丁 丁 癸 辛
未 酉 巳 亥

3爻 비신 辰 공망 아래 官이 음복되면 官성도 공망에 해당되어 남편과 이별.

예 5효 巳 자손 자리가 공망되면 巳와 연대된 子父도 공망살에 해당함.
3효 財辰 아래 酉官이 공망되면 동거된 財辰도 공망살로 봄.

世財

```
    父戌 |
    兄申 |
    官午 |  身
兄申 才卯 ||× 世
    官巳 ||
    父未 ||  子孫
```

男

丙 壬 癸 乙
午 寅 未 亥

世가 財를 소지하고 있으니 재복은 있다고 볼 수 있다. 하지만 財성 卯가 夏月생 불이 되는 官성이 양쪽에서 설기태심하고 회두극이 되어 財복이 없다. 화출된 申金이 世의 卯 재성을 회두극하여 극합을 이룬다. 돈 잃고 정신병이요, 본인 아니면 자손이 재혼할 명이다.

世의 財성이 12운의 死이면 재복이 없는데, 死는 다시 회춘한다 했다. 하지만 世의 財성 卯가 兄의 申金에 극도 되고 합이 되므로 일자리 환란 끝에 정식 정규직과 같은 형국으로 일자리는 유지된다.

身이 官귀에 임하면 돈 손해요, 관액병을 얻게 된다. 卯申 神살이 있어 돈〔卯재〕 잃고 신경증, 약물복용. 초爻 父성 未土는 자손되는 子水를 극하여 자손이 혼인문서 파기다.

```
```

官巳 |
父未 ||
父戌 兄酉 |× 世身
才卯 ||
官巳 ||
父未 || 子孫
　　청룡

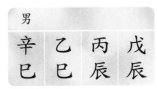

신약사주 七살이 丙辛合, 정관으로 化하고 乙은 巳 중 庚과 합하여 길조. 世에 兄酉가 巳 중 丙과 丙辛合으로 길명이다. 世에 酉金을 도와주는 未土가 2개 있고, 2개의 巳가 巳酉丑 合으로 생世하니 世는 그야말로 왕처다. 고강 世를 극世조치함이 상격. 이때는 손님에게 직종을 타진한다. 三星 중역으로 있다고 대답하니, 고강 兄世 酉金을 극제조치하는 官성 火로 용신한다. 官성 火는 卯가 밀착 생부하므로 재복도 있고 직업운도 길창 연장선〔巳는 역마길개〕이다. 초爻 父성 未土가 자손 子水를 극하니 자손에 근심, 즉 자손이 혼인 파기다.

⊙초爻는 조상의 뿌리요, 조상 자리다. 또한 씨를 뿌려주는 자손 자리다. 이곳에 청룡 같은 길성이 임하고 청명하면 가문의 집안 출신이요, 거물급 집안 출신이다. 日간이 초爻와 合이 되어 청룡 자손이 화출되면 아신과 자손의 영화요, 가문을 빛낼 수 있다. 본시 초爻 청룡이 기신으로 밟히면 당주는 성공 후 실패, 자손은 성공을 거둔다. 3爻(3효는 형제궁)에 길신이 임하면 호걸형제 있다.

世財

```
父戌 ∣
兄申 ∣
官午 ∣   身生
兄申 才卯 ∥×  世
官巳 ∥
父未 ∥  子孫
        청룡
```

女

丙	乙	壬	辛
子	未	辰	巳

女명 身에 官이 임하면 직업 여성으로 남편 대역이다. 兄제 申金이 世卯와 암습되면 형제, 친구와 다정다감하여 영업손님도 많은 돈을 주고 간다. 世卯는 사주 日간의 祿이다. 財가 祿이 되면 재력가 부호의 명이다. 世卯가 발동, 화출된 兄 申金이 世卯재를 극하고 합하고 있다. 이는 본주가 아니면 자손이 첫사랑과 이별 징조다.

2爻 巳관이 申과 巳申합으로 남의 남자 아니면 남편 형제의 도움으로 돈 버는 일자리가 마련, 축재를 하였다. 이유는 世의 재卯가 巳 중 庚과 乙庚合이 된 탓이다. 실제 실화다. 巳申合 水로 水가 나와 世卯를 생부하였고 官살을 억제시켜 실財를 막았다.

초爻 父성 未土가 자손되는 子를 극하여 자손이 혼인을 파하여 독신격이다. 초爻 父성〔부동산, 건축물〕에 養이 받쳐 있어 건축물에서 불로소득이요, 셋돈이 한 달에 천만 원 정도 들어오고 있다.

◉六爻는 사주에서 맥이 이어졌기 때문에 六爻와 사주를 견주어서 동향을 살펴 통변하는 것이 성과적이다.

```
        官卯 |
        父巳 |  才子청룡
父午  兄未 ||×
        孫申 |  世身
        父午 ||
        兄辰 ||
```

世身이 孫을 소지하여 행운아 같지만 파격이다. 이유는 世의 申金을 未月생 불덩이 土와 3개의 용광로 불이 申金을 녹이니 金이 녹아내린다. 孫은 父를 보면 염라대왕 앞에 끌려가는 형국이다. 孫은 약물이요, 약사직을 버리고 일확千金을 벌고자 행상으로 소개업을 했지만 뜻대로 되지 않아 셋방살이에 소용돌이로 한계에 부딪혀 약물을 먹고 자살 시도, 고비 고비를 넘기고 있는 막다른 인생이다. 4爻 未가 화출하여 퇴신 午는 未土 생조를 거절하고 身世 申金 명줄을 극하니 孫은 밥줄이요, 약물이다. 약물로 생명을 자해, 생명의 존엄을 위반하고 있다. 가세격은 성공, 실패 양분이다.

○ 午火는 용광로 불이요, 용접불이다. 巳火는 하늘의 태양불이다. 金이 午火에 바짝 밀착되면 金이 용접불에 흘러내려 午火보다 金이 몇 배 손상을 입는다. 특히 三夏月생 午火가 金을 보면 金이 완전 소진되어 신체적으로나 재원문제는 구제대상이 희박하다. 신체적 병이라면 죽거나 불치병으로 살아간다. 三夏月이 아닌 金이 午火 용접불과 밀착되어도 그 상처는 막대하다. 하지만 상처의 뿌리가 깊지 않아 차차 회생 치유되므로 여여분이 있다. 하여튼 金이 午火에 바짝 있으면 金은 상처를 입는다. 다행이 午火를 죽이는 水가 말려주면 속쾌할 수 있다.

패거리 자손궁이 官살을 피상

```
        고신
   兄巳 ┃ 世身
   孫未 ┃┃
   才酉 ┃
孫辰 官亥 ┃✕
   孫丑 ┃┃
   父卯 ┃ 청룡
        공刀
```

兄世巳가 자손에게 설기태심하고 쇠약함으로 兄世를 돕는 父성 卯로 용신한다. 다음 식신, 상관이 되는 자손이 국을 이루어 官성을 극제하니 官을 보호하기 위해서는 財되는 酉金으로 대용하여 식상 자손을 상제시킨다. 世에 兄이 지世했다고 빈한 명이라 단정하지 말라. 兄巳는 酉재와 巳酉丑 슴으로 財국을 이루어 실제 형편은 부호의 명으로 본다.

3爻 亥官이 동하여 辰土〔자손〕에 회두극을 받으면서 2爻 자손되는 丑土와 5爻 未土〔자손〕 자손국에 三전국을 받으니 亥水 官살 남편은 참변을 당했다. 식신, 상관 자손신이 기신이면 북쪽 괴뢰군 병사다. 6.25 동란 때 남편은 고을 면장급이었다. 민주인사라는 우익파로 공산당 패거리들한테 총살당했다. 이 여명은 90세 亥 운명 계수 운에서 세상과 마감하였다. 즉, 남편이 처형당한 운명 계수에서 당했다.

6번째 6爻는 60세, 다시 초爻는 70세, 2爻는 80세, 3爻 亥는 90세다. 운명 나이 계수는 이 방식으로 추리함. 초년 남편과 사별한 여성의 나이는 36세, 즉 3爻 亥운에 사별했다.

父世

```
        官戌 ‖
        父申 ‖ 世
官丑  才午 |✕
        兄亥 | 身
        官丑 ‖
        孫卯 |
       청룡 공
```

女

丁　甲　甲　乙
卯　辰　申　卯

대우그룹 조카

먼저 확인 순서는 동한 爻가 어느 爻를 극하는지 확인. 4爻 午 財성이 동하여 申金 父世를 극하고 있다. 남편이 얼마나 미운짓을 했으면 40세 전후에 처와 이별했다. 財되는 午는 사주 日간 홍염살이다. 바람둥이로 소문난 사람이다. 卯戌合과 午戌合으로 내연의 첩들이 많다.

申金 父성을 돕는 土성 3개와 養이 추가되어 4개가 申金 世를 협조하므로 申金 父世는 왕상을 띠었다. 왕世를 극世조치하는 오행은 재성 午火다. 재성 午는 원신 卯〔孫〕 청룡이 지원하므로 재복이 후하고 申金 父성도 소원성취다. 따라서 자손되는 운명도 역시 희하다.

또한 官살이 3개나 되어 刑살까지 가미되니 권세가 집안이요, 빽이 있는 집안 출신이다. 이 운명은 사주 시주에 상관 劫재가 동승하여 패가 집안으로 나왔지만 부부 이별로 다른 액은 소멸.

丑 중 己가 亥 중 甲과의 甲己合도 명문가 집안이요, 世申 중 庚金이 초爻 卯 중 乙과 乙庚合도 명가집 출신이다. 6爻 戌官 養은 부모 조상의 재원이 아신에게 불로소득이다.

財世

```
    兄寅 |
    父子 ||    巳身孫
官酉 才戌 ||×世
    才辰 ||    酉官
    兄寅 ||
    父子 |
```

女
丁 丁 丁 己
未 未 丑 亥

財나 孫이 지世이면 世가 딸린 爻를 용신으로 정하고 강약을 살핀다. 4爻 戌 財가 지世 발동하여 父성 子를 극하니 부모에게 액이 있을 것이고, 父성은 혼인문서로 보는데 1번 실패 아니면 처녀 때부터 소실 몸으로 입가했다면 다행이다.

父성 子는 북방 물인데 자궁에 이상, 밤일을 기피하며 적극적이 아니다. 官귀가 화출 酉金 長生으로 남편은 辰戌충으로 병자의 몸, 수술병 환자다. 財성이 충극, 원진살은 부부 중 수술병 환자 몸이 될 수 있다. 또한 酉金 관성은 酉酉형을 맞아 역시 약물중독이요, 수술병이다. 水성이 극을 받으면 혈액병이요, 콩팥 신장병이다. 남편은 콩팥을 이식하여 죽지 않고 사회활동을 하고 있다. 酉金이 장생이니 죽을 병이 들어도 죽지 않고 명대로 장수한다.

남편성 酉는 寅酉 원진살에 酉酉 형살이 되므로 병원출입이 2중으로 되었고, 寅은 한평생이다. 그래서 한평생 죽는 날까지 병원출입실에 약물로 살아간다.

◉世兄에 청룡, 장생이 임하면 그 위력과 힘이 농후하다.

父未 ‖
兄申 兄酉 Ⅰ✕
孫亥 Ⅰ
兄申 Ⅰ 世
官午 ‖ 卯 才
父辰 ‖

世 申金을 돕는 신이 未土 1, 초효 辰土 1, 5효 酉兄이 발동 申金을 화출 2, 하여 모두 4개다. 4개의 父兄제가 世 申金을 협신하니 世는 왕상을 띠었다. 왕세극세조치법으로 官 午火로 용신하면서 卯木과 午官용신에 맥을 같이 하여 용신 官도 왕世를 극世조치함으로 官 용신은 당권되었다. 건설회사 부동산 분양 책임 인력으로 취직했다. 卯 才성이 官 용신에 밀착되어 돈 수입도 따봉이다.

女
壬寅 丁酉 庚午 甲辰

官寅 Ⅰ 世 청룡
父巳 才子 ‖✕
兄戌 ‖
孫申 Ⅰ 身
父午 ‖
兄辰 ‖

태세 丙申년은 천간 丙이 사주의 天乙귀인 酉와 合,水 관성이 나와 보직운이다.

寅巳申 삼형살을 대한 寅世〔寅은 높은 자리, 한평생〕는 운전교육 공무원으로 합격했다. 世가 청룡에 임하였고 身孫이 世寅과 상충함은 내 운세가 요동치는격이다. 자손운도 좋은 소식이 있으리라. 이유는 身에 자손이 첨부되어 청룡 寅과 충이 되니 확장되는 격이다.

```
父世

        官 戌 ▮▮  공망
        劫
        父 申 ▮▮  世
   官未 才午 ▮✗
        兄 亥 ▮
        官 丑 ▮▮
        孫 卯 ▮
           청룡
```

男
戌 乙 壬 壬
寅 未 寅 午

　父성이 入庫〔자신고〕되면 조실 부모요, 父가 공망이 되어도 조실 부모다. 父성 申金은 모친으로 보기 때문에 친모와 일찍 사별했다. 申金은 劫살에 임하고 사주 寅과 형충이 되어 젊은〔寅은 젊다〕 나이에 사별했다.

　父世 申金의 왕약을 보면 戌土·未土·丑土 3土가 世 申金을 도우니 世는 왕상하다. 왕世는 극世조치법으로 財성 午火로 왕世 金을 억제하니 소원성취요 부명이다. 하지만 土성이 되는 官살이 3개로 午火 재성 용신이 설기태심하여 축재를 못한다. 또한 2효 丑이 午火 財에 財고가 되어 부자격이지만 택요에 官이 있으면 돈 손해가 많거나, 처의 午火가 설기태심하여 처가 병이 있다.

　내괘 3효 兄이 身에 임하여 가까운 친척 오촌한테 1억 이상 사기당하고 무보수로 3년간 일해 주고도 유감없이 사이 좋게 지낸다. 사이 좋게 지낸다는 것은 년月주가 충파도 없고 식신국 용신으로 변한 탓이다.

　초효 자손〔卯〕이 청룡에 임하여 자손들은 성공적이다. 財가 동하여 父성을 극하면 자손 혼인점에 말썽이 일지만 父성이 공망되어 극을 피하게 되고, 자손이 청룡에 임하면 자손들은 성공하므로 자손의 불행은 무시하라.

●동한 爻가 三合국을 이루어 世를 생부하거나 世와 동기 일색〔兄제〕이면 世
　는 왕상된 걸로 인정, 왕世를 극世조치할 수 있다.

```
兄卯 |  世 청룡
孫巳 |
孫午 才未 ‖×身
　　官酉 |
　　父亥 |
　　才丑 ‖
```

　　4효 未가 발동하여 父성 亥와 世卯가 三合으로 世
와 같은 동기 木국을 이루어 世는 왕상이 되었다. 왕
木〔兄〕世를 극제조치하는 金성 酉官으로 용신한다. 이유는 사주 時주에 정
관이 슴이 되었으므로 직운이 좋다는 것을 인지하여 六爻에서 官을 용신으로
정하는 것이다. 三夏月 未土는 불덩어리 土로 꼭 보시라. 불덩이 未土에 金
〔남편〕이 밀착되면 金과 火가 싸우게 되므로 女는 남편과 이별이다. 女명 官
이 世 또는 용신이 되면 남자 행세하며 살아간다.

공무원 시험 합격 여하

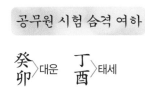

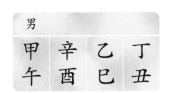

```
父未 ‖ 世
兄酉 |
孫亥 |
父丑 ‖
　　才卯 | 身
才寅 官巳 |×
```

　　父世 소지하여 공무원 시험준비라 하겠다. 시험운
은 三合을 통해서나 六合을 통해서 財국을 이루면 父
를 손상시켜 불리. 또한 자손이 발동하거나 兄제국이
조성되어도 자손을 생부, 그 자손은 官을 부순다.

　　시험운은 兄이 지世하여 왕한 父가 생世하거나 父
世에 청명 官이 생부될 때 합격차다. 또한 世나 父가 청룡 같은 복신이 받쳐
있거나 三刑을 띠면 수석으로 합격한다. 父성이 공망되면 불합격이다.

男

$$壬\ 丁\ 丁\ 己$$
$$寅\ 卯\ 卯\ 卯$$

官 寅 ┃ 청룡
才 子 ‖
兄 戌 ‖
兄 丑 ‖ 申 孫 世
官 卯 ‖ 身
官 寅 父 巳 ┃×

화격사주로 특수격이다. 兄을 소지한 世는 왕한 父성이 世를 생부함으로 능히 합격차다. 申子辰 水財가 방해되지만 寅卯 官이 흡수하였고, 兄이 되는 土성이 財국을 묵살시켜 父는 더 완벽해졌다. 청룡이 官살국을 대동, 父성을 생조하니 정말 희하다. 또한 왕한 청룡과 父성이 三刑을 이루어 三개 대학에 수석 합격, 최종 본인의 선발학교는 과학기술대학으로 입문.

世財 운명

女

才 戌 ‖ 世
官 申 ‖ 身
才 丑 孫 午 ┃×
才 辰 ‖
兄 寅 ‖ 청룡
父 子 ┃

世財를 소지하고 辰戌丑未 財가 墓궁에 처하면 재물이 무덤 창고에 入庫되어 부명이라 하였다. 천석공 부자 명이다.

자손이 발동 財를 화출하고, 申金 관성 남편을 극하는데 남편은 중병환자다. 마침 申 장생에 申子辰 水국으로 자손국 火성을 억제하여 申金은 위안이 되었다. 자손국 火는 3의 土성 財를 생조하고 다시 土財는 父성 水국을 견제, 午火 성국은 위안이 되었다. 戌申과 戌寅은 가문폭락살로 친정과 시가가 몰락. 시가는 남편이 중환자요, 친정은 침몰되었다. 水국 父는 火국 자손과 견제되어 자손과 부부지간에 혼인 말썽에 딸들은 모두 이혼, 혼자 몸이다. 2爻

兄寅이 자손 火국으로 견인되어 고층건물 소유자다.

○2효나 초효에 父가 되면 자손이 피상되어 자손 실패, 무능.
○초효나 2효가 타주와 合이 되어 父가 되면 역시 자손이 실패. 타주의 父가 암동, 초효나 2효 자손을 극파시키면 생가 침몰.

2220은 二兌澤 괘다.
二兌澤 괘에서 6번째 상단 자리가 효동이 된다.

父戌 父未 ‖× 世
　　兄酉 ‖囚
　　孫亥 ｜
　　父丑 ‖ 응
　　才卯 ｜ 身
　　官巳 ｜

▶世의 강약을 추리

　世의 未土를 丑土·戌土〔養〕 2개의 신이 世를 생世, 또한 戌의 養을 추가하여 3개의 숫자에 초효 巳가 생世, 모두 4개의 생世로 世는 왕상을 띠었다. 왕자는 극世조치법으로 당연히 財되는 卯木으로 木극土하니 財 용신은 왕하다. 용신 財의 덕으로 이 운에서 千金을 희롱, 대박을 이루었다. 하지만 世의 타동적 작용으로, 즉 왕父世 土가 발동하여 孫亥水를 잔인하게 극파시켜 이 운에서 돈 잃고 정신병을 얻었다. 즉, 父성 土는 편인 작용 도식이요, 자손 亥는 식신으로 간주하여 편인이 식신을 치면 목줄을 끊어버리는 상이다. 부정음식, 제사음식을 먹고 병을 얻었다.

　내괘의 응 丑土는 가까운 친척이요, 5효 酉金은 수옥살로 해충물이 되는 친척의 사기전술에 거金을 날리고 신병으로 젊은 날을 백지세월로 보냈다.

그 나이 때 죽지 않고 살았다는 것은 극제받은 孫亥가 사주 日甲에 장생을 얻어 亥水가 왕한 탓이다. 대소운 평생운에서 자손 또는 孫이 극파당하면 후유증이 많은 재앙을 당한다는 것도 유념.

조후

◎반드시 世 또는 身 오행이 출생月의 조후에 위반되면 발전속도 침체현상으로 미터의 핵이 부진 또는 정체. 단, 조후를 위반했으나 타효와 合이되어 조후가 보강되면 시정된다. 그러나 合된 오행을 타효가 충극시키면 무효로 간주. 조후는 그 오행의 지장간 속에 조후되는 오행이 숨어 있으면 조후가 구비된 걸로 간주한다. 내괘에 조후가 조성되면 가정궁이므로 희하게 된다. 각 육친궁에 조후가 구비되면 길명.

			운명 계수
6爻	父 戌	50세 ~ 60세 전후	
5爻	兄 申	40세 ~ 50세 전후	
4爻	官 午	30세 ~ 40세 전후	90세 ~ 100세 전후
3爻	父 辰	20세 ~ 30세 전후	80세 ~ 90세 전후
2爻	才 寅	10세 ~ 20세 전후	70세 ~ 80세 전후
초爻	孫 子	1세 ~ 10세 전후	60세 ~ 70세 전후

운명계수 나이를 전후해서 世나 身에 이신이 되거나 청룡, 장생, 養, 록마, 제왕 같은 복신이 받쳐 있으면 흉신에 해당되어도 복신의 영향을 받아 世나 身의 운세가 가호를 받는 걸로 봄. 단, 그곳이 충파되면 액을 당한다. 복신이 世나 身과 合생이 되면 복신의 영향으로 소유환경이 좋은 걸로 봄.

운명 계수 나이에서 길과 흉이 얽히므로 자세히 관찰.

世나 身이 기신에 처하였으나 타효에서 合을 이루어 이신이 나올 때는 곤고하다가 회복지세운으로 본다. 형, 충, 파, 원진살이 얽히면 그에 대한 하자가 발생.

최상단 6효 운명 계수는 말년운을 조명하는 역할로 본다. 6효에 묁이 있고 충실하면 자식운이 열려 좋게 된다. 지장간 오행도 중시. 이신, 기신의 작용 중시. 6효 60세 나이에서 70세 운은 초효에서 시작 진행순으로 함. 2효는 80세 운, 3효는 90세 운, 4효는 100세 운. 악살을 끼고 흉동 작용하는 나이에서 사망한다.

● 月別 운세법은 사주 전체 대정수를 현대운 대정수와 당년 태세 대정수를 모두 합산하여 六爻 괘산법으로 정리, 아래 표지의 月別 현황을 참고한다.

月別 용신법에 의거, 길흉을 판단한다. 복신〔청룡, 장생, 양, 록, 제왕, 천을귀인 등〕도 접목. 또한 충, 파, 형, 원진살, 병원출입살, 교통사고살 등을 접목시켜 판단한다.

月別 운세법은 초爻가 1月달 운세이고, 2爻는 2月달 운세, 3爻는 3月달 운세 순으로 세어 올라가면서 6爻 자리에서 다시 하강시켜 초爻에서 7月달 운세, 2爻에서 8月달 운세, 3爻에서 9月달 운세 순으로 이어준다.

6爻 父戌	6月달 운세	12月달 운세
5爻 兄申	5月달 운세	11月달 운세
4爻 官午	4月달 운세	10月달 운세
3爻 父辰	3月달 운세	9月달 운세
2爻 才寅	2月달 운세	8月달 운세
초爻 孫子	1月달 운세	7月달 운세

○世爻가 변하여 兄이 화출되거나 官살 같은 기신이 화출되어 世爻에 위반되면 世는 불리현상이 된다.

○六爻는 오행상으로 지지 오행으로 형성되었다. 지지 오행은 지장간 오행이 따라 다닌다. 이때에 상대 오행과 상극과 상생이 되지만 상대간 오행의 지지가 정기되는 끝자리 오행과 상생 상극 유무를 꼭 확인하여 판단한다. 지장간 중기도 참조. 中기보다 여기의 효력이 크다.

○財성이 刑살에 들이받거나 충이 되면 수술경력이 자자하다.

○世나 身이 길지에 처해 있어도 원신이 허약하면 본爻는 장구성이 없다. 원신이 왕해야 본爻의 기능을 발휘. 길신이 合이 되어 기신이 나오면 기신의 피해를 본다.

○合과 충을 중시한다. 길신이 合이 되어 흉신으로 변하면 배신을 당하게 되고 무정.

○世 官귀를 身孫이 충극시키면 世 官귀는 물러감으로 이제까지의 근심에서 해방, 身孫이 주관되어 소원성취한다.

○선천적 운명에서나 행운에서 父가 兄世를 생습해 주거나 世의 父성이 兄을 생부하면서 財가 발동되지 않으면 수석으로 합격차다.

○世효가 Ⅰ〔양〕인데 Ⅱ〔음〕으로 변하면 이중성격이요, 겉마음은 호인으로 대하지만 속마음은 거칠고 야성적이다.

○財성에 Ⅰ - Ⅱ으로 괘가 이중적이면 남의 돈을 돕는 척하면서 갈취하는 성격. 손바닥을 엎었다가〔엎으면 야간, 흑색으로 부정, 사기, 도둑질〕 하늘을 향해 뒤집어 양심선언하는 겉과 속이 다르다는 뜻이다.

○六爻에서 Ⅱ - Ⅰ이중괘를 소상히 밝혀 그 육친의 성격과 내용을 알 수 있다.

○구성학 육친을 빌려서 巳는 큰딸. 午는 중녀. 申은 여자, 친모, 처. 酉는 막

내딸. 亥는 남편, 조상. 子는 둘째아들, 잠자는 일자리, 신병. 寅은 장손, 높은 위치, 상속권자. 卯는 큰아들, 길신이면 공복인, 권세가 등등.

○孫世가 발동하여 官을 화출하거나 내괘의 官을 극하면 남편이 무력, 무정, 독수공방격과 같다.

○2효[宅효]가 극파되거나, 공망에 처하거나, 亡신살이 임하면 부모대에서 망한 집 출신이다.

○병자는 지世 官을 자손으로 대응하여 파극시키면 무사하다. 또한 官귀가 死궁에 처하면 구사일생이다.

○官귀가 왕하면 入墓될 때 회복운이다.

○왕한 官이 父世에 생부해주면 일자리 운이 열린다.

○응의 父성이 世와 비화되면 부동산에서 상속권.

태세 운세(중시)

辛
巳 〉대운   丁
酉 〉태세

```
父 未 ‖ 世
兄 酉 ┃ 청룡
兄 申 孫 亥 ┃×
父 丑 ‖ 응
才 卯 ┃ 身
官 巳 ┃
```

世의 소지 父성 未土의 강약을 볼 때 養 丑土에 추가 1 하여 두 개의 힘을 보유하고, 巳官은 록궁으로 역시 두 개의 힘을 과시. 丑土 巳火 두 개가 4개의 힘을 보유, 世를 생부함으로 世는 왕상을 얻어 극世조치법으로 財성 卯로 용신한다. 내괘 財 용신이 암동 외괘를 극파시키면 친구나 재력가의 원조지상이다. 실제 친구로부터 사업자금을 지원받아 APT 단지 상가 부동산 중개업을 개장, 혁신 신도시 주택 거래권을 확보해 전망이 밝다.

未土 丑土는 天乙귀인이요, 五효 酉兄은 청룡이요, 申은 관직학관이요, 丑土는 養으로서 父의 문서운에 중개사업의 상속권이다. 巳火 官은 록궁이요, 왕이다. 亥손이 발동, 巳官을 충거시켜 초운에는 고전하였다. 본래 충이 되고 합이 되면 탐생망극이라 하여 충이 합으로 조용해진다.

```
孫世

官寅  孫酉 ‖✕  世死
장생
     才亥 ‖    絶
     兄丑 ‖    身養
     官卯 ‖    응浴
     父巳 ‖    록
     兄未 ‖
```

孫世함으로 태평아다. 孫이 흠이 없으면 경영사도 소원성취한다. 孫에 死궁이 처하여 초년 고생, 실패했지만 중년 이후부터는 성공을 한다 했다. 孫 자손이 財되는 亥를 생조함으로 거부격이지만 亥가 絶이 되어 큰 돈〔亥는 거금〕을 벌어도 돈줄이 끊어지는 상이다. 즉, 돈의 부도다. 즉, 官兄에 압박이 심하여 나가는 돈이 많다. 이때는 午운을 만나면 絶처봉생이다. 4爻는 생母 자리다. 4爻 身養은 혈친의 양육을 받아 생장했다. 巳 父성이 록마가 되어 언젠가는 고급주택을 소유할 것이다.

친남편 卯는 浴살로 사랑면에서는 애정을 불태워주어 쾌락을 독차지한다. 浴살이 있어 잠시 분리 현상이 있지만 이별이라는 것은 없다. 世에서 화출된 寅 官성은 원진살이 되어 한평생 직업여성이다. 寅酉 원진살이 丙辛합으로 더 친해졌다. 혹시 愛人과 밀애하는 현상이다. 世 아래 絶은 사통이다. 딸〔酉〕은 寅酉 원진살로 염려가 된다. 본시 世官이 발동하여 孫을 화출한 것은 부귀격이고, 孫世가 화출 官을 보면 흉명이라 하였다.

◉초효 자리가 발동하거나 官효가 발동하면 조상 및 귀신이 발동한 징조다.

◉내·외괘 가출살이 世, 응 또는 世身과 접목되면 집을 나가 행방불명이다.

◉羊刃은 살상업, 도살업, 정육점, 군경, 권위직.

◉官이 지世하면 재앙과 질병이 내 주위에서 머물고 있다는 것〔관직자가 아닌
보통사람〕.

◉식신, 상관은 육축으로 본다.

◉길신 財官孫이 入墓되면 재앙.

◉世와 응이 생습하면 부부가 화합하고, 충극하면 갈라지거나 불화.

◉兄이 孫이나 財를 대하고 원진살이면 사기를 친 일이 있다.

◉世가 絕이 되거나 官이 絕되면 나이 많은 신랑 섬기고 후처 몸이다.

◉자손이 복신이면서 劫살에 임하면 성공한 자식 실패다.

◉태왕한 官귀가 쇠한 世를 극하면 그 집안이 질병.

◉발동한 父효가 世나 용신을 극할 때 타효가 발동하여 극한 효와 생습이 되
는 경우는 탐생망극이 되어 극하지 않는다는 것을 명심.

◉官이 화하여 자손이 되면 실자함을 면치 못하리라.

◉모든 점은 世와 身을 기준하여 대결한다.

◉財와 世와 관계가 없지만 財가 身과 생습하면 世身이 같은 운명으로 관계
가 된다.

◉財가 入고되면〔자신고〕 재복이 없고, 世효가 공망되고 世를 생부하는 爻가
入고되면 世를 생부해 주어도 극히 미약한 걸로 본다.

◉官성과 자손이 서로 봉하면 관액, 질액, 손재.

◉官귀와 자손이 암습하면 자손이 송사로 실패, 官귀와 자손이 충되면 자손
이 송사 실패.

○世에 孫이 임한다고 무조건 길조로 보면 큰 실수. 世의 자손을 극하는 父를 마주보거나 官귀를 보면 世와 자손이 상하여 소망성취가 불발 혹은 몸에 신병, 자손의 액도 따른다.

○자손이 官귀와 근접상쟁하면 타성과 함께 동거하고 있는 상이다. 六살이 외괘에 있어도 타성남자 자식꼴을 보거나 내연성이 있다는 것을 염두.

○진학이나 대학 입시운은 兄世에 청명한 父가〔財가 발동해 극파되지 않음〕생 世하면 합격차다. 공채 취업운은 兄世에 청명한 父가 官을 대동, 생世할 때 장원급제다.

○財효가 공망, 백호, 흉살이 있으면 처가 질액이다.

○六효에서 가출살이 世身과 연결되면 본인이 이 살을 받게 되고, 자손 또는 남편과 연결되면 이 육친이 살을 입게 된다.

○世 응이 비화〔같은 일색 오행, 즉 世가 戌이면 응에 戌〕되면 身위가 편안하고 재수풍만, 근심걱정 없다.

```
父未 ▮▮
兄酉 ▮
孫亥 ▮
兄申 ▮ 世
官午 ▮▮ 卯
父辰 ▮▮
```

태세 丁酉년은 酉가 卯와 암동되어 4급으로 승진했다. 丁은 午에 록마다. 卯는 天乙귀인이다.

◉왕한 官귀가 발동하면 孫의 원신 兄을 극하여 자손에게 액이 있다.

○복신(청룡, 장생, 록, 양, 제왕, 관대 등) 또는 흉신(공망, 死, 絶, 墓, 고신, 과숙, 백호 등)이 걸친 자리에 또 다른 효가 출현되면 그 출현된 효도 복신

또는 흉신 작용을 동시적으로 받는다.

예

```
官 巳 |X
父 未 ||
兄 酉 |
才 卯 ||
官 巳 ||
父 未 || 子世공망
  청룡
```

● 초효 未土父 청룡의 未 아래 子의 자손도 청룡의 기운을 받는다. 子공으로 父未도 공망살을 받는다.

예

```
父 戌 ||
兄 申 ||
父 丑 官 午 |X亥孫고신
   丑 ||
   卯 |
   巳 |
```

● 4효 午官에 丑이 화출하고 복신 亥 자손 고신살은 午官과 丑 父성에도 고신살이 처한다. 타법도 이와 동법으로 활용한다.

○ 白虎가 길신이면 해하지 않고 청룡이 임하여도 官귀 흉살이면 도리어 흉.

○ 동爻가 공망인데 화한 父가 공망이면 흉한 일이 생긴다.

○ 宅爻에 자손이 있으면 자손이 성공.

○ 財가 발동하여 父성을 극하면 자손 혼인점이 불발, 파혼, 미혼지경이다.

○ 財 용신에 官살이 3개 이상이면 돈 손해 막심, 재복이 추락. 부자 명은 아니다.

○ 官이 養, 장생이면 직업운이 길창.

○ 청룡이 초효나 택효에 생습을 이루거나 내괘에 청룡이 있으면 남의 집이 아닌 자기집 소유권에서 산다.

○ 지世 孫을 父가 지나치게 극하면 병자의 몸이다.

○ 공망된 방위는 씨가 나지 않아 거주할 용지로는 삼가.

◉官살이 상하면 집안이 기울고 이름이 상한다. 질액, 무직. 행운에서 자손이 발동하여 官살을 상하게 하면 집안 형편이 기우는 증세.

◉財는 음식, 자손은 약이다.

◉官귀가 자손과 습하면 가중 계급이 높은 가족 있다. 官귀가 劫재와 습하면 가중 계급이 높다.

◉財가 왕상하고 財의 入墓나 왕財가 왕世를 극世할 때 千金을 얻는다. 대소운에서 財爻를 얻을 때 소원성취다.

◉비겁이 되는 兄이 국을 이룬 명은 자손운을 만나거나 官살운에서 대발한다는 것을 유념.

◉자손궁에 六살이나 劫살이 임하면 자손이 실패.

◉財가 兄에 극파되면 돈 잃고 우울증, 신경증.

◉지世 官을 자손이 파극시키면 생명이 위험, 습이 되면 구사일생이다.

◉자손이 父에 극을 받으면 자손이 불효, 자손대 실패.

◉왕한 官이 父世를 생부해 주면 관리의 덕을 보거나 관청의 도움을 받는다.

◉초爻나 宅爻에 養이 있으면서 世와 생습이 되면 부동산에서 불로소득이 들어온다.

◉世 응이 상습은 부부 화습, 충극은 갈라지거나 불화. 그러나 응이 墓이면 무시.

◉발동한 爻가 世나 용신을 극할 때 타爻가 발동, 극을 한 爻와 생습이 된 경우는 탐생망극이 되어 극하지 않는다는 것을 명심.

◉자손(孫)을 대한 世나 身이 공망이나 死絕墓이면 孫世身의 가치성이 추락, 왕상의 빛이 어두워질 수 있다.

◉劫살과 관살이 동하면 재앙의 징조.

●官爻에 귀인이나 청룡이 있으면 관직인이다.

父未 ‖	
兄酉 丨	
孫亥 丨	
兄申 丨 世身	
청룡 官午 ‖ 卯才	
父辰 ‖×	

● 午官에 청룡이 있으니 官직 신분이 높다. 4급 서기관이다. 午는 2·7火다. 2급까지 성공 기대가 된다.

●시험합격은 父로 하고, 官운은 官으로 용신한다.

●官귀가 교중에 발동하고 그 官귀가 용신의 死絶墓가 되면 해당하는 사람이 꼭 죽는다.

　　例 金이 官귀이고 용신이 火일 때 火의 양 丙으로 12운성을 따지면 官귀 金이 되는 酉 자리가 死에 해당, 戌 자리는 墓에 해당되어 官귀되는 金성인 가족이 죽는다는 것이다.

●兄이 養이면 친구나 형제로부터 원조.

●대소운에서 世와 응이 상극되면 부부 암투.

●동한 爻가 상대를 극할 때 다른 爻와 三合, 六合을 이루면 용신 상대를 극하지 않는다는 것을 명심.

●보통사람은 官이 지世하거나 官이 발동함을 꺼린다.

　　例 태세 丁酉년의 丁은 官성인데 六爻 卯와 卯酉충이 되면 天干 관성 丁火도 발동된 걸로 본다. 관성이 발동되면 兄을 극하여 兄에 대한 악사 발생. 官직자는 경사가 붙지만 보통사람은 신액, 실몰수 발생

●官성과 자손이 밀착되면 상쟁이 되어 七액을 당한다.

●財물과 인연이 있다 함은, 財가 생世하거나 財가 발동해 생世 또는 왕世를 극世조치할 때 재물과 인연이 있다.

○官이 지世할 때 財 발동을 기대한다. 이유는 官은 兄을 극함으로 財가 발동
  하면 官과 서로 상승하여 한몸이 되므로 兄을 극하지 않고 財는 父성을 극
  하지 않는다.

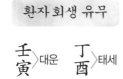

보통사람이 世에 官을 대하고 命과 같이 있으면 한
평생 불치병 환자로 살아간다 했다. 태세 운세에 보
통사람이 世에 官을 띠면 재산 실패 또는 관형을 당
하거나 몸에 신병이 점령된다. 이 여인은 신장병으로
확인되었다.

  世 午 官귀에 午午 자형살을 받으니 官귀의 악성에 더욱 독을 주고 있는 격
이다. 게다가 午 官귀가 死가 되고 命이 官귀 午에 접하니 병약은 난감하다.
이 官귀 午午를 죽이는 약인 亥水 자손으로 용신한다. 약발은 잘 듣지만 병명
이 신장병이라 장기치료를 요한다. 午午 官귀를 戌基궁에 묻어버리니 다소
위안이 되고 있다. 태세 亥子운에서 약발이 되어 완치되리라 믿는다. 오줌을
호수로 받아내는 방광병이다.

○10년 단위 운에서나 태세운에서 평보인이 官世하거나 官이 용신이 되어
  왕하면 새로운 직업을 얻거나 창업하면 입지가 열린다.
○장생지가 공망이면 성하다가 필패.
○兄爻가 世를 생하면 형제, 친구덕 있다.

●응이 世를 생하면 형제덕, 친구덕 있다.

●官爻가 世를 생하면 관리의 덕이 있고, 神의 가호가 있다.

●官이 왕하고 길신이면 영화가 있다.

●世가 동하여 왕하면 자수성가.

●쇠한 世가 타의 원조를 받으면 남의 덕으로 잘산다.

●官귀가 동하여 世를 극하거나 合 중에 형, 해, 극, 파를 범하면 일이 될 듯
   하다가 방해가 있어 이루지 못한다.

●世가 자손에 임하면 덕망이 높고 군자의 상으로 일생동안 험난한 일을 당
   하지 않으며 편안한 일생.

●父爻가 왕하여 世를 생해 주면 부모 조상의 음덕, 윗사람의 도움.

●父가 공망이면 부모덕 無. 공망된 효의 회좌신은 모두 공망으로 본다.

●자손이 世나 身을 생해 주면 자손의 음덕 또는 아랫사람의 도움.

●兄官이 지世했다고 무조건 천하게 보면 큰 오산. 이때에 兄世가 발동하여
   자손을 화출하거나 자손을 보면 자손은 財를 생하여 길하게 된다.

●질병점에서는 身이나 命위를 주동하여 본다. 身위나 命위에 공망 또는 백
   호, 官귀나 刑살이 임하면 낫기 어렵다.

●財世에 백호를 대하면 생애가 부유하다.

●世가 父하고 생합하면 부모에게 효도하고, 兄과 생합하면 형제 우애.

●財나 孫이 身과 생합하면 世와 생합하는 이치로 재복이 있다.

●世 응이 충극하면 부부간에 이별 또는 불화.

●배우자 응이 충극, 백호를 띠면 반드시 상처.

●자손 爻가 자손을 화출하여 身이나 世와 생합하여 외괘에 있으면 남의 자
   식을 기르게 된다.

◎官爻가 世와 같이 왕상, 귀인, 록마가 붙으면 문서로 더불어 고시합격.

◎괘 내 父성이 교중하고 父효가 발동하면 식신〔자손〕을 극하여 신병과 재산을 잃는다.

◎동한 회두극이 入고되면 무해, 위기모면.

◎財爻에 玄武가 같이 있으면 처가 음란하다.

◎음(Ⅱ)爻가 상합이 될 때.

◎女점에 응爻가 玄武를 대하고 刑살이 붙으면 기생.

◎女자 점에 내괘 官귀가 世에 入고되면 남편과 이별.

◎2爻에 孫이나 財가 임하면 집안이 편안.

◎宅爻에 兄이 있으면 질병과 손재, 빈가.

◎宅爻에 父가 있으면 자손에게 액이 있다.

◎2爻에 官귀가 있으면 자손이 돈 실패.

◎宅爻에 兄이 있으면 자손이 성공.

◎世가 宅爻를 극하면 집안이 편안치 못한다.

◎초효나 宅爻의 효가 응과 같이 있으면 타성과 함께 한 집안에 같이 살게 된다〔초효나 宅爻의 효가 응과 비화되어도 타성〕.

◎초爻〔초爻도 宅爻로 봄〕의 효가 응과 같이 있으면 타성과 동거의 상이다.

◎世 또는 응에 兄이 있으면 배 다른 형제가 있다. 또한 두 성이 한 집에 동거하는 상이다.

◎財爻가 내괘에서 동하면〔충〕 형제나 남이 재물을 보내준다.

◎응爻의 官귀가 世나 身과 三합이 되면 음란 배우자.

◎女자 운명에 외괘의 官귀가 世와 생습하면 남편 음란행위. 응에 養이 있으면 남편이 타녀 부양.

●응효가 財와 合이 되거나 世나 응이 財효와 충이 되면 부부간 생이별.

●命에 死가 임하고 충이 되면 사망지액.

●宅효가 공망되거나 劫살이 되면 선친이 흉지에서 사망.

●身이 官귀와 같이 있으면 송사, 형벌.

●초효에 辰戌丑未가 임하고 日진의 충파를 만나면 가택이나 그 집안 산소에 탈이 있는 명조.

●초효를 가택, 집안, 山소 자리로 본다.

●宅효 父가 合이 되어 財로 나오면 집세 받는다.

●3효에 財나 자손이 청명하면 형제 중 부자복 있다.

●초효가 世나 身을 생하면 가택이 윤택하고, 山소의 음덕이 있다.

●兄효가 世와 생합하면 형제덕, 친구덕 있다.

●초효에 寅卯木 官귀가 임하면 집안에서 괴물이 출현, 부정탈로 큰 병을 얻는다.

●宅효에 火가 있으면 불조심.

●宅효가 官귀를 대하고 형충되면 관재수.

●句진과 父효가 劫살을 만나면 토지나 가옥문제로 송사.

●五효가 宅효를 극하면 가정이 편안하고, 宅효가 발동 五효를 극하면 장자가 불길.

●6효의 世는 자수성가로 살아간다.

●世효에 官귀가 있으면 관재, 손재, 질병. 그러나 관직자는 여의하다.

●午 官귀가 身을 극하면 교통사고 조심.

●兄효 官귀는 미약함을 요하는바, 만약 왕성해 있으면 극제조치가 있어야 길하다. 그렇지 않으면 손재, 질병이 따라다니게 된다. 관재구설수.

- 財가 劫살이면 재물관계로 인한 송사, 관재.
- 身에 官귀가 임하면 世에도 官귀가 임하는 것과 동일시함. 즉 관재, 손재, 질병.
- 宅효 父성이 祿이면 고급주택이다.
- 財가 인수를 극하면 딸 혼인 파기다.
- 父가 발동, 財를 화출하여 父가 회두극을 받아도 딸 혼인 파괴.
- 財성이 태과하면 父를 손상시켜 兄의 원신이 고갈되어 형제가 불우하고 형제액.
- 父가 동하여 財를 화출, 父가 회두극이 되면 부모 재산탕진, 파산선고다.
- 世나 身이 (Ⅰ)양이면 강직하고, (Ⅱ)음이면 여성적 성격이다.
- 세가 약할 때는 世를 돕는 운을 맞이할 때 또는 世가 비화되는 운에 발사한다.
- 3爻에 청룡이 임하면 형제 중 거물급 인사 있다.
- 자손이 지世하면 경영하는 일이 모두 성취된다.
- 世나 용신이 墓고〔辰戌丑未〕에 들어간 효는 동효의 극제나 충이 없으면 대발할 수 없다.
- 官이나 흉살이 世나 身 위에 임한 것은 충파시키지 않으면 편치 못하다.
- 기신이 世나 용신에 임하면 장애가 많다.
- 공망이 발동하여 다시 공망으로 변하면 비록 공망이라도 공망이 아니다.
- 辰戌丑未가 많으면 캄캄한 일을 많이 한다.
- 흉성 악신이 많아도 墓지에 들면 수장되어 길하다.
- 死와 絶은 身효에 있으면 불리.
- 父가 공망이면 매사에 두서가 없어 과실을 부른다.

◦은복된 효는 아무런 힘이 없다고 했지만 그렇지 않다.

◦자손이 너무 많으면 흉.

◦재물점에는 財효가 왕성하고 자손이 길하면 공사를 막론하고 여의하다. 이는 世와 身이 관계가 아니면 남남.

◦財효가 왕성하고 발동하면 모든 사업이 순조롭게 성취된다.

◦財가 공망을 만나면 불리한데, 공망을 충거하는 년도나 공망운을 만나면 재물운을 만날 수 있다.

◦財가 동하여 官을 화출할 시는 財를 충하여 주는 것이 길이다.

◦父와 兄이 같이 발동하면 아무리 노력해도 헛수고에 그친다.

◦兄이 교중되면 財물운이 박약한데, 이런 경우에 자손만 있으면 도리어 재물 구하는 일에 희망이 있다.

◦世財가 임하여도 官귀에 포위되면 재복이 없다.

◦회구극이 되어도 본효와 변효가 습이 되면 구사회생이다.

◦복신〔자손〕이 공망이면 일이 뜻대로 되지 않는다.

◦비신이 공망을 만난 복신은 출현이 가능하다.

◦墓궁에 있는 爻는 충하지 않으면 발하지 못함.

◦기신이 身에 임하면 막히는 일이 많고 공과도 없다.

◦응효가 養이면 여우의 뜻이다.

◦墓고가 중체되면 수장되는 날이 길하다.

◦일에 장애가 많은 것은 가까운 효 때문이다〔방해자〕.

◦동효가 변효와 비화가 되거든 마땅히 진신, 퇴신 확인.

◦응이 世를 생하거나 습하면 노력하지 않아도 자연히 이루어진다.

◦兄이 天乙귀인 祿이 있으면서 世와 습하면 꾀하는 일이 성취.

◎ 괘 중에 자손이 은복되면 官귀를 제하지 못하는 고로 약을 먹어도 효험이 없고, 기도해도 영험이 없는 것이다.

◎ 官귀가 命에 같이 있으면 중병이다.

◎ 官귀가 身에 있으면 낫기가 어렵다.

◎ 玄武가 命에 있어도 낫지 않는다.

◎ 世나 용신이 발동되어 회두극이 되면 파산 또는 사망.

◎ 초효나 宅효에 극파충이 되면 가운 패망.

◎ 은복 官귀가 世를 대하면 병 뿌리가 깊은 상태.

◎ 병점에 官귀가 은복되고 공망이면 회생 불가능.

◎ 官귀가 발동했어도 일진이나 괘 내에서 충하면 생명은 지장없다.

◎ 世가 공망, 파가 됐어도 世의 원신이 발동되어 왕하면 병이 회복.

◎ 月건의 생부를 받은 효가 일진의 충을 받으면 힘이 강해져 다른 효를 생부하거나 극할 수 있다. 이런 경우 괘 내에서도 같은 원리로 작용한다.

◎ 父는 문서다. 世가 父를 대하면 내가 먼저 고소하고, 응이 父를 대하면 상대방이 먼저 고소한다.

◎ 태세운이 兄世하고 외괘의 兄이 발동하여 兄이 나오면 손재가 크다. 또한 財복신이 공망되거나 劫살이면 회수하기 힘들다.

◎ 世에 財가 임하여도 충극되면 재복이 없다.

◎ 동한 효가 관을 극하면 건강 이상, 財를 극하면 손재다. 孫을 극하면 자손에 액이요, 父를 극하면 부모에 액이다.

◎ 발동하면 이미 행동함이니 소장을 낸 것이요, 응이 官을 대하면 상대방에게 관재가 있다.

◎ **귀신점 –** 官귀가 왕한 상태에서 지世한 것은 이미 귀신이 내 몸을 점령했

다는 뜻이다.

◉태세가 財를 극하면 財는 父를 극하니 양쪽 다 손실이다. 즉 손재, 부동산 손재, 사업장 허가 취소, 실직, 고소장.

◉宅효에서나 父효가 자손을 충시키면 부친이 재산 실패.

◉태세가 孫을 극충시키면 자손이 발동하여 자손이 官을 극하여 양쪽 다 손실이다. 자손 근심, 건강 이상.

◉태세가 兄을 형충시키면 형제 근심, 자손의 사업장 취소.

◉兄이 형충되면 財를 극하여 돈줄이 끊어지거나 손재수, 소비지출.

◉財가 발동, 官을 화출하면 관청 송사로 돈 손해 크다.

◉財가 비신 아래 官이 은복됨은 財生官하여 財가 官에 설기되므로 돈이 官청에 몰수되니 송사로 손재 크다.

◉내괘는 내괘끼리, 외괘는 외괘끼리 상호 길 작용이 활발하다.

◉3爻는 내괘의 중간 허리다. 그러므로 내·외괘 중심역할을 한다는 것을 명심. 그러므로 3爻의 財가 외괘와 충이 되면 내괘는 형제, 친척 도움 원조. 친구, 타인의 원조지상이다.

◉3爻에 길신이 지世하면 이는 호괘이다.

◉財가 辰戌丑未의 墓에 임하면 이 墓를 충하는 날에 재물이 들어온다.

◉財가 지世하고 世가 발동하여 官을 화출하면 송사 관청에서 말썽이 생기고, 들어왔던 재물이 모두 나가버린다.

◉六爻에서도 병부살을 꼭 확인〔311페이지 참조〕. 12안명법〔463페이지 참조〕 차용. 질액살은 12안명법에서 더 유효하다.

◉世가 동하여 비화가 되고 형제신이 일색으로 비화되면서 身효가 응과 비화되면 쌍둥이 운명이다.

○女명에 자손이 많으면 타성남자 자식꼴을 본다.

○財효가 月건과 같으면 당月 안으로 재물이 생간다. 신점.

○財효가 태세 財와 형충되면 하던 사업 그만, 새로운 사업 교체.

○財가 괘 중에 없고 兄제가 발동하고 자손이 있으면 발동한 兄효는 財를 극하지 않고 자손을 생하며, 다시 자손은 은복된 財를 생하게 되므로 재물 구하는 일이 유망하다. 이런 경우를 탐생망극이라고 한다.

○일방 오행이 태과하면 불리한 것이니 이때는 괘 중에 辰戌丑未의 墓고지가 지世하거나 괘 중에 있으면 유익하다.

○발동해야 상대를 생하고 극한다. 정(靜)하면 상대를 극하지도, 생부하지도 않는다.

○괘에 兄이 발동될 때 자손도 같이 발동하면 兄은 자손과 합작하여 財를 극하지 않는다는 것을 유념.

○財효에 자손이 三合을 이루면 경영하는 일에 수익이 배가 된다.

○財가 발동하여 官귀로 변하거나 兄으로 변하면 실물 손해 막심하다.

○청룡이 동하면 경사가 있다. 世孫이 祿이면 본인 자손 벼슬.

○官귀가 청룡이면 벼슬이다. 官귀가 祿이면 벼슬이다.

○父효가 동하면 이사, 이동수.

○世효가 왕하고 타의 생부를 받으면 일생 형통하고 부귀격이다.

○身 또는 世命에 官귀를 띠면 재앙과 질병.

○財효가 世효와 생합하면 꾸준히 재물이 생긴다.

○재물점에 官이 발동하면 막히는 일이 많다.

○官귀가 발동하고 財가 생왕하여 世와 합하면 무해하다. 官귀가 世에 지世하면 막히는 일이 많고, 병이 내 주변에서 떠나지 않는다.

◉방위의 길흉은 世효가 길신 卯라면 木으로 규정하여 金국 방위는 흉이다.

◉財성에 養이 지世하고 宅爻와 三合이 되면 재복이 넘치고, 건축물에서 불로 소득이 들어온다.

◉五효는 노상인데, 官위가 五효에 임하면 외출하지 말라.

◉官효에 귀인이 있으면 관직인이요, 그 외에는 중개인이다.

◉世財가 극충되면 손재요, 수술을 해본다.

天喜귀인

月지	각효	月지	각효	月지	각효
寅	未	卯	午	未	寅
亥	戌	辰	巳	申	丑
子	酉	巳	卯	酉	子
丑	未	午	辰		

※世身과 연관되면 길

◉死絶墓도 世를 주동하여 財성이 되는 방향과, 년이 되는 방향과, 생극을 참고하여 방위 길흉을 본다.

◉世身命에 백호가 있다 해도 자손이 발동하면 무사하다.

◉世 또는 용신을 돕는 원신이 발동함을 가장 기뻐한다.

　例 官이 발동하면 兄을 극하는데, 兄을 돕는 父성이 생부를 받으면 별 문제가 없다.

◉자손의 병점에서 자손의 괴살은 父다. 자손이 발동하여 父를 화출하면 자손은 회두극이 되어 자손은 흉하지만 이때에 財가 발동하여 父를 억제하면 자손은 회춘된다.

◉괘에 財가 3개 이상 교집되고 財가 지世하면 부잣집 가난뱅이다.

●자손이 지世하면 형액이 없다.

●官귀가 世를 상하면 신병이 따르고, 身은 世보다 우세하니 身이 상하면 마땅치 않다.

●동爻는 변爻와 서로 다투는 것이 대흉.

●공망이 충이면 공망이 아니다. 유용하다.

●슴이 충파를 만나면 공력이 없고, 괴이한 일이 생긴다.

●공망이 왕하면 공망이 아니다.

●世가 死絶墓 공망이면 부부 이별이다.

●매매점에는 財효가 내괘에 있음이 좋으며, 외괘에 財가 임하고 발동하면 매매가 순조롭지 않다. 財에 역마기 임하면 매매가 잘 된다.

●**꿔준 돈 받는 경우 –** 응효가 공망을 만나면 상대가 능력이 없어 받기 어렵고, 또 世응에 모두 兄이거나 財가 絶이면 받지 못한다.

●왕상된 財효가 왕한 世를 극제시키면 이익이 있다.

●財효가 발동하여 官이나 兄으로 화하면 손해를 보아야 매매가 된다.

●財효가 동하여 자손으로 변하거나 자손이 동하여 財로 변하면 매매이익이 있다.

●용신 효가 世 또는 身을 극하면 도저히 돈을 못 받는다.

●財효가 身을 극하고 청룡이 財나 身에 임하면 金玉이 가득하다. 父가 왕하여 身을 생하면 과거시험에 합격한다.

●財에 官귀나 兄이 같이 있으면 관액을 만나거나 실물수.

●財성이 墓이면 墓된 효를 충하는 날에 재물이 생긴다.

●世에 백호가 임하면 풍파가 중중.

●벼슬점에서 구관·구직에는 財효를 꺼리지만 승진점은 도리어 기뻐한다.

●財효는 구관이나 시험에사는 문서를 극제하는 성질이 있다는 것이고, 이는 합격에 대한 것이 아니고 단순히 벼슬관계를 보는 까닭에 官으로 용하니 財生官이 된다. 그러므로 財효의 발동을 얻으면 영전되고, 록봉이 올라간다.

●왕한 관귀가 발동하면 孫의 원신을 극제하여 자손에게 액이 있다.

●신분이 중위권 이상 계층이 되거나 공직자는 世官성에 원진살을 기뻐하지만 그 외는 官성 世에 원진살의 흉살을 받는다.

●官직자는 官효가 왕하면 고관이다. 휴수되면 말직이다.

●兄효가 발동하면 남의 비방으로 명예 추락.

●태세는 군주다. 태세가 世를 생습하면 승진, 世를 태세가 충하면 낙직되거나 관액수, 파직, 흉직 상태.

●태세나 일진이 世를 충하면 과실을 저지르고 문책을 당한다.

●관직자가 아닌 사람에게 官귀는 적이다.

●**소망점**은 내괘가 외괘를 극하거나 世가 응을 극하면 소원하는 일이 성취된다.

●복덕〔자손〕이 은복되면 하는 일이 뜻과 같지 못하다.

●官귀가 흉신으로 하나 은복되면 무기력하여 관계가 없고, 자손이 괘 내에 많으면 오히려 공력이 없다.

●白虎가 길신이면 해하지 않고, 靑龍이 임하여도 흉살 官귀를 만나면 도리어 흉. 玄武는 관귀로 본다.

●官귀가 흉살이면 비애가 생기고, 출행에 무서운 것은 공망살이다.

●습으로 멈추면 충파를 얻어야 성공.

●世身命에 官귀가 임하면 병.

●청룡과 자손이 3효에 임하면 가중 희사, 경사.

●白虎가 살을 띠고 世효에 임하면 질병 침범.

●父가 世를 극하면 피·고소.

●원신의 생부를 받아도 그 원신이 墓에 입고 되면 죽은 것이나 다름없다. 효력이 없다.

●兄이 왕하면 재물과 신명이 다친다. 이때 官이 발동하면 구할 수 있다.

●財가 父효를 극하면 검은 거래죄다.

●괴살이 財 아래 복신이면 재물로 인한 병이요, 그렇지 않으면 처첩으로 인한 병이다.

●玄武가 財에 임하거나 官귀에 임하면 도적, 비리, 뇌물죄. 즉, 財효가 官귀에 근접으로 봉하면 도적, 비리, 뇌물죄.

●父가 世를 생하면 부모 조상의 은혜를 입고, 자손이 世를 생하면 자손의 도움을 받는다.

●財爻가 世를 생습하면 처첩의 덕이 있고, 官효가 世와 생합하면 관리직업 운이 있으며, 官이 왕하면 영화가 있다.

●兄효가 世를 생합하면 형제자매 붕의덕이 있다.

●財가 비록 약하나 생부하는 孫 원천이 있으면 사업가 운이다. 자손이 습이 되어 財가 나오면 사업가 운.

●官귀가 世를 극하면 수명이 단하고, 官과 父효가 왕하면 문장으로 명성.

●世가 공망이나 파를 당하면 빈한지사다.

●世가 왕상하면 장수한다.

●世가 지나치게 성하면 극世시킬 때 이루어지고, 부족한 자는 생합해 주어야 유의하다.

●괴살이 진신이면 병세가 악화되고, 퇴신이면 병마가 물러간다〔액운·흉운도 물러간다〕.

●기신이 身에 임하여 제거되지 않으면 불안하다.

●世가 동하여 변효, 비화되면 말이 머리를 흔들고 눈동자를 굴리는 현상, 즉 교만성.

●동효가 공망인데 화한 효가 공망이면 흉한 일이 생기고, 형극을 당한 父가 合을 만나면 처음은 무관하나 마침내 괴이한 일이 생긴다.

●흉신 官이 世身에 임하고 官이 入고〔入墓〕되면 官의 흉살을 면한다.

●六효에서 父성이 辰戌충되면 부모가 실패, 財성이 辰戌충이면 재물 실패이다.

●合이 충되면 멈추어진다.

●흉살이라도 長生이면 성하여진다.

●父가 자손에 임하면 자손이 실패.

●財爻가 왕상하고 辰戌丑未되면 대부호.

●靑龍 자손이 같은 효에 거하면 부귀쌍전.

●복신 아래 비신〔은복된 효의 옆 효를 비신이라 함〕이 서로 상극하면 복신 또는 비신이 해를 입고, 복신이 희신·비신을 생부하면 길.

●효(爻)가 공망되거나 입고에 해당되면 극하지 못하고 생하지도 못한다는 것을 명심.

●시험합격은 父로 판단. 지世 생世에 극世하면 유망하다. 그러나 世와 父와 관계가 없으면 안 된다. 父는 財의 발동을 꺼리고 孫이 발동하면 안 된다. 父의 원신인 官이 극상되기 때문이다.

●비겁되는 兄이 충이 될 때 財를 극한다는 것을 명심.

◉財 용신에 兄이 발동하면 손재.

◉공망은 충을 기뻐한다.

◉왕한 財나 왕한 용신이 왕한 世를 극世할 때 소원성취.

◉世官은 흉하나 은복됨은 무방함.

◉원신이 日이나 月과 충이 되면 암동이라 하여 극하고 생할 수 있다는 것을 명심.

◉퇴신은 힘이 없어 원신을 해하지 못함.

◉용신이 발동해야 생할 수 있는 힘이 크다. 발동하면 반드시 생하고 극할 수 있다.

◉승진점에서 官이 지世하면 관운이 있다.

◉문호[三爻]에 지世하면 입지전도가 있는 사람이다.

◉관직에는 官이 용신 또는 官이 世를 생하면 소년등과. 父가 그 다음이다.

◉동한 효는 반드시 상대를 극한다.

◉보통사람은 官이 지世하거나 발동함을 꺼린다.

◉승진점에서 兄世하고 日月이 생부할 때 왕한 兄世를 극제시키면 소원성취. 그러나 世가 약한 경우 극世하면 대흉.

◉비신이 복신을 생하는 것만 길하고 모두 흉. 복신이 月파 또는 공망이면 이미 끝난 일이다.

◉원신이 형극, 공망되면 만사 불길.

◉용신이 내괘 卯 외괘 卯 두 개로 되었다면 내괘에서 발동하면 내괘에 있는 卯를 용신으로 정한다[신점에서 활용].

◉자손이 발동하면 兄을 설기시키고 생財하니 좋다. 그러나 父가 동하면 흉이다. 용신 財를 극하는 兄을 생할 뿐 아니라 財의 원신인 자손을 극하기

때문이다.

◎용신이 발동하여 변爻가 絶지에 빠지면 흉.

　　예 世에 子라면 子를 양으로 壬申하여 변爻 巳가 絶지다. 世子는 絶의 흉을 받는다(神점의 법

　　칙 외는 사주 日간으로 12운성함).

◎世와 응이 함께 동한 것은 서로 생각이 다르다는 뜻〔神점〕.

◎공망은 의사가 없거나 의사가 불투명이다.

◎용신의 원신이 용신을 생해 주어도 극파를 당하면 용신이 무력하다. 즉,

　극하는 오행이 공망이면 출공일에 흉사 발생.

◎兄이 동하면 財를 극한다. 이때 孫이 발동하면 좋다. 兄이 孫을 생하고 孫

　이 財를 생하기 때문이다.

◎宅爻가 공망된 년도는 주거 이동, 이사수.

◎충된 관살이 父성과 합이 되면 양자로 입가.

◎兄이 왕하면 財를 극하니 나쁘지만 官이 발동하면 괜찮다. 그러나 다시 孫

　이 발동해 官을 극하면 손해를 피하지 못한다.

◎생부를 받는 효가 충이나 刑이 되면 암동이라 한다. 世나 용신을 극하는

　爻가 암동된 爻와 생합이 되면 다른 爻를 극하지 않고 다시 연대상생법으

　로 최종 世를 생하여 협력자가 되는 것이다.

```
才 戌 ‖ 응
官 申 ‖
　　孫 午 ❙ 身
官 申 官 酉 ❙ 世
　　父 亥 ❙ 寅兄
父 子 才 丑 ‖ ✕
```

●2효 복신 寅兄이 5효 官申과 형충 상극이 되고 寅木 兄
은 丑戌 財를 극한다. 이때 4효 午가 초효 子와 子午충으
로 발동되어 발동된 午는 兄寅과 寅午戌 합이 되고 다시
火국은 土財와 상합하여 화해가 되고 5효 申官은 초효
子와 申子辰 합이 되므로 寅木 兄을 잊어 다시 寅木을 생

조한다. 다만 발동이 되어야 생합이 된다는 것을 명심. 발동이라 함은 상기 申과 형충이 되는 寅을 볼 때 발동이라 함. 발동이 되어야 힘이 생겨 승충이 이루어진다.

◉財物과 인연이 있다 함은 財가 世에 임하거나 財가 발동하여 생世 또는 왕世를 극世하는 경우를 말한다.

◉공망 爻는 출공시 해제된다.

◉財世해도 日月의 생조가 없거나 財의 원신이 日月의 父성에 극을 받으면 財의 원신이 끊어지고 또한 兄이 동하면 財를 극한다.

◉본괘에 財가 없고 孫만 있으면 兄과 孫이 승생이 되어 도리어 財원이 강해지니 재수가 유망하다.

◉官이 지世하면 財 발동을 기대한다. 官은 兄을 극하므로 財가 발동하면 財官이 서로 상승하여 상대를 극하는 것을 잊어버리기 때문이다.

◉孫이 발동하면 官을 극하는데 이때 財가 발동하면 官과 서로 상승되어 상대를 극하는 것을 잊어버리고, 자손과 財가 어울리면 부를 쌓아 올린다.

◉財가 발동하면 父를 극하는데, 官이 있어 官이 발동하면 財官이 상승하여 다른 효를 극하는 것을 잊어버린다.

◉兄이 발동하면 財를 극하는데 자손이 같이 발동하면 탐생망극이 되어 안정. 이유는 兄이 자손에 설기되면서 兄의 흉폭은 좋은 암시로 변한다. 또 官이 발동, 兄을 제압해도 좋다.

◉父가 발동하면 자손에게 해가 된다. 이때 兄과 같이 발동하면 탐생망극이 되어 좋게 되고, 財가 발동하여 父를 억제해도 안정. 이때에는 父가 왕할 때 해당.

◉官귀가 교중에 발동하고 그 官귀가 용신의 死, 墓에 해당하는 사람은 꼭 죽는다. 그러나 괘 내에서 官귀를 파극하면 무사하다.

◉공망된 爻는 상대를 생부해도 생하지 못하고 극하지도 못한다. 그러나 공망된 爻가 다른 爻와 合이 되면 공망이 해제된다.

◉官운점에서 官 용신이 발동, 변爻가 官 용신을 생조〔회두생〕하면 대발. 효를 月이 생부하고 日이 충극하면 암동이라 하여 생극하는 힘이 크다.

◉日진이 동爻를 극충하면 충산이라 한다.

◉동爻가 月건에 충을 받으면 충산이라 하여 흩어지는 상으로, 힘이 없어 용신을 극할 수 없다. 다만, 계절이 바꾸어 발동〔충〕 月이 오면 흉사일.

◉회두극은 기신에 해당하면 길. 그러나 世와 용신의 원신이 회두극을 당하면 만사가 어그러짐. 용신이 많을 때는 공망 爻, 月파 爻, 동한 爻로 용신을 잡는다. 또 파공이 되지 않을 때는 世가 위치한 爻에서 용신을 잡는다〔神점〕.

◉극하는 오행이 사주 日간으_ㅣ 墓궁에 처하면 상대를 해하지 못하여 위안이 된다. 반대로 극을 받는 오행이 墓궁에 임하면 안보가 된다.

◉**용신이란** – 자손점을 하고자 할 때 괘 내에서 孫爻가 외괘에도 있고 내괘에도 있을 때 어떤 孫爻로 용신을 정할지 분별이 어려울 때 앞서 설명한 해답에서 용신을 정하라는 뜻이다.

◉世에 兄이나 官귀가 있다고 무조건 흉으로 보면 큰 오산.

◉대정수 六爻점은 世 또는 身에 財나 孫이 있으면서 극파 아니면 재산복이 있다. 또한 財나 자손이 발동, 世를 생하면 복이 있다.

◉官귀가 발동, 父世를 생부하면 정치가, 교육가, 명예직이다.

◉身官을 극하면 남편과 상쟁, 불화.

◉兄이 養이거나, 兄身에 養이면 형제나 친구의 원조를 받는다.

◉태세운에서 宅爻나 世와 자형살이 엮어지면 가정불화. 世와 宅爻간에 원진살이 엮어지면 이사, 이동.

◉태세운에서 世와 응이 상극이면 부부 암투.

◉日진과 月건이 둘 다 용신을 극하면 매우 흉하다. 그러나 다른 爻가 동하여 용신을 생하면 절처봉생이다.

◉日진이 용신을 극하고 月건이 용신을 생할 경우 지장은 있으나 역시 무해.

◉변爻는 오직 동爻만을 생극할 수 있으나 동爻가 日이나 月과 三合이나 六合을 이루면 용신 또는 상대를 극하지 않는다는 것을 명심.

◉구신은 기신을 생하는 육친 또는 오행을 말한다. 다시 말하면 원신을 극하는 육친 또는 오행을 말한다. 예컨대, 용신이 父라면 기신은 財가 되는데 이 財를 생하는 孫이 구신이다.

◉극을 받은 오행이 사주 日간의 長生지에 놓이면 몸살은 받지만 금세 회복되어 더욱 왕성하게 된다. 그러므로 父辰이 자손 子를 극할 때 子가 日간의 長生지에 놓이면 子는 생기가 있어 성하게 된다.

◉世가 日月의 생부를 받고 왕할 때 용신이 발동, 극世하면 소원성취.

◉화출된 변爻가 회두생을 하였으나 日月이 화출된 爻를 극하면 회두생을 못하고 발동하면 대흉〔神점〕.

◉인수가 많으면 식상을 극하여 약발이 없다.

◉刑살도 발동으로 봄. 沖도 발동으로 본다.

◉宅爻 官이 왕한 상태에서 내괘 世를〔왕世〕극世하면 官직이 높다.

◉官이 발동하면 兄이 불안하고 兄제 역시 불안하다. 孫도 괴로우며 농어업도 불안하다. 송사에서도 관재가 두렵다. 그러나 승진점에서는 좋고, 구관에도 길하다.

◉소원점에서는 왕世에 극世가 가장 좋다. 世도 왕하고 극世하는 효도 왕하면서 극世하면 소원성취다.

◉官世하고 왕한 財가 발동, 생世하면 승진.

◉孫이 발동하면 官을 극하여 흉인데, 이때 財가 같이 발동하면 도리어 승진한다. 양쪽이 발동하면 극하던지 서로 생습이 된다.

◉약한 爻가 日진의 충을 받으면 日파라 하고, 강한 爻가 日진의 충을 받으면 암동이라 한다. 암동은 강한 것이다. 암동은 충형을 말하고, 日月과 발동은 동한 것.

◉시험합격은 父로 보고, 官운은 官으로 용신한다.

◉암동은 日月의 용신을 생하면서 刑충됨을 말함.

◉兄官이 世에 임하고 財성과 같이 있거나, 財가 世에 임하고 世財가 충파되면 손財가 크다.

◉내괘 父성이 공망되거나 宅爻가 극충되면 망한 집안이다. 父가 자손(孫)을 대하면 아버지의 첩이다. 내괘 외괘 父가 양쪽으로 있거나 내괘 父가 외괘와 습이 되어 父가 새로 생기면 양부모 섬긴다.

◉괘 내에 습과 충을 정밀분석.

◉자기가 점할 때는 世가 용신이 되고, 부모점할 때는 父가 용신이다.

◉財물점은 처財가 용신이 되고, 시험점에는 父가 용신이 되며, 兄점에는 兄이 용신이 되고, 자손점에는 孫이 용신이 된다. 용신을 잘못 잡으면 괘상이 엉터리로 해석될 수밖에 없다.

◉兄제가 용신이면 父가 원신이 되고, 자손이 용신이면 형제가 원신이 되며, 父가 용신이면 官이 원신이 된다. 처가 용신이면 자손이 원신이 되고, 官이 용신이면 財가 원신이다.

●진신은 무엇인가?

동효와 변효와의 관계로 보는 것이다. 변효가 동효와의 오행이 동일하고 子丑寅卯辰巳午未申酉戌亥의 12지지 순서로 대응시켜 동효의 본 효를 기준하여 본효의 전진순으로 진행된 경우를 진신이라 한다. 진신은 힘이 강하지만 퇴신은 힘이 없어 가다가 되돌아간다는 뜻으로 실패를 의미한다.

> **예** 寅이 동하여 卯로 화출되거나 申이 동하여 전진 酉로, 亥가 동하여 전진 子로 화출된 경우를 진신이라 함. 퇴신은 卯가 동하여 후진, 역으로 寅이 화출된 경우다. 酉가 발동하여 후진 역순인 申으로 화출된 경우다.

동효 酉의 전진은 戌인데 반대 방향인 역순 申으로 가는 경우를 퇴신이라 칭하여 병자는 퇴신이면 회복운이다. 퇴신은 물러간다는 뜻으로, 이 신은 흉이지만 흉신이 물러간다는 뜻이다. 申酉 기신이 진신(전진)이 되면 재앙은 계속적이다. ▶**중요시함**. 동효와 화출된 변효가 비화가 아닌 다른 오행으로 될 때 진신, 퇴신을 구별하여 동일시한다.

●내괘의 官이 왕世를 극世하면 관직인이다.

●父성이 내괘 외괘 양쪽으로 있으면 타부모 타가생활.

●만약 변효가 동효에 회두극될 때나 흉신 조작이 될 때 이 흉신이 퇴신이면 재앙은 1회 겪은 후 물러가고, 만약 흉신이 진신이면 계속적이다. 특히 진신 흉신이 寅이면 한평생 죽는 날까지 재앙으로 살아간다.

●官世 寅이 동하여 진신 卯로 화출된 관직자는 한평생(寅은 한평생) 장수직으로 살아간다. 寅이 길조이면 높은 자리다.

●財가 발동하여 父世를 극하면 명줄이 끊어지거나 필패.

●財는 본이요, 孫은 이가 된다. 따라서 이 둘이 충파되면 구재는 불리하다.

⊙世가 약할 때는 財가 발동하여 世를 생습하면 길이고, 世가 왕할 때는 財가 발동해 극世하면 큰 재물을 얻는다.

⊙財가 지世하면 財와의 인연이 있으니 財가 왕한 시기에 재물을 얻을 수 있다.

⊙財가 용신이 되거나 世財하면 財를 돕는 시기에 재수 대길하고, 財가 형충되는 해는 손재, 파산.

⊙財가 많이 나타나 있으면 墓庫에 입고되어야 길이다. 특히 財고가 지世하면 큰 財물을 얻을 수 있다. 世가 구財의 주인이니 財가 지世하거나 생世할 때 財와 관계가 되지만 그렇지 않으면 世와 財는 전혀 관계가 없다.

⊙財가 지世하고 財의 원천을 복신 아래 비신이 극하면 財의 원천은 완전히 고갈된 것이다. 단, 발동한 효가 복신의 비신을 제극하면 무난하다.

⊙官효가 변하여 자손 효로 나오면 죽을 수 있다.

⊙자손이 거듭 있고 청룡이 임하여 동하면 쌍둥이 아들을 낳는다.

⊙태세가 초효 가택궁을 충극 또는 습을 하면 선산 일, 산소 일, 가택에 대한 일 발생.

⊙財가 발동하여 父를 극하거나 父효가 발동하여 자손되는 孫을 극하면 부친 또는 부부 중 하나 삼각관계, 밀실, 밀월관계 심하다.

⊙자손이 巳로 되고 寅을 보면 巳 중 丙이 寅과 장생이 엮어진다. 자손 성공적이다.

⊙官귀가 항상 괴살은 아니다. 괴살은 용신을 극하는 기신 병을 말한다. 형제 점에서는 官귀가 괴살이다. 괴살은 용신을 극하는 기신으로 父성이 용신이 될 때는 財가 괴살이요, 孫이 용신일 때는 父가 괴살이요, 財가 용신일 때는 兄이 괴살이다. 官이 희신 용신이 될 때는 孫이 괴살이다.

◎世를 중심하지 않고도 괘 중에 官귀가 많거나〔3개 이상〕父성이 많거나 孫이 많거나 兄이 주종을 이룰 때는 무조건 극제 또는 설기시키는 조치로 가용신한다. 용신이 강하면 왕한 것을 누를 수 있어 안보가 되지만 용신이 약하면 많은 세력을 억제 못하여 그 세력에게 재앙을 받게 된다.

```
父 戌 ∥ 응
兄 申 ∥
父 丑 官 午 |× 亥 孫  고신
養 父 丑 ∥ 世靑
공 絶 才 卯 | 身
才 卯 官 巳 |
```

● 父世를 돕는 오행이 4개다. 그러므로 世는 극도로 왕하다. 왕世는 財로서 극世조치함이 상격이다. 父世 청룡이 있어 고충건물에 官이 世를 생부하니 공직자이다. 父성은 건축물. 養이 받쳐 있어 고층건물에서 불로소득. 2효 財성이 공망 絶궁에 있어 40세가 넘은 나이에도 여자가 없어 독신격. 4효 官성과 孫이 상쟁하고 있다. 이는 부부운이 불길하다는 뜻. 건강 이상. 또 사주에서 丑土 父가 亥 자손을 극제한 연고도 결혼 후 혼인 파기. 부친은 일찍 천명.

◎月지가 寅이면 丁은 天덕이요, 丙은 月덕이다. 천덕 丁이 壬을 보면 丁壬合으로 天덕合이요, 月덕 丙이 辛을 보면 丙辛合으로 月덕合이다. 길신이 돕는다는 것.

◎제반 태세 운세는 필자가 제시한 대정수 六爻태세법을 활용하면 명확하다.

◎世나 身에 死가 임하면 살아 있는 시체와 같은 현상이다. 소원성취 부진.

◎官이 동하여 자손이 출현, 官이 회두극을 받으면 남편과 이별. 또는 돈 버는 자리가 서민층인데 그곳이 청룡신이 놓이면 낮은 직업이라도 유지된다.

◎財가 공망이면 재복이 없다.

◎은복된 官이나 父가 왕상을 만나면 여의하다. 태세와 官이 같이 世爻를 생

합하면 시험에 합격.

◎신약사주일 때는 世身에 兄父를 이신으로 본다.

◎身이 길지〔일주 희신 또는 복신〕에 처하여 왕으로 化하거나 生으로 化하면 입신한다.

◎결혼은 남자는 財로 용신하고, 女子의 집은 응으로 정한다. 女子의 경우는 官을 남자로 정하고, 응으로 남자의 집을 정한다. 世와 응爻가 상생 비화되면 길이고, 世응이 상극이면 불길〔비화는 같은 일색〕. 財爻, 父爻 官귀는 모두 동하면 불리하다. 財爻나 官爻가 공망이나 파를 만나면 상대가 현명치 못하고, 성립되어도 해로하기 힘들다.

◎**이사점 -** 靑龍이 孫爻에 임하면 이사 후 흥가. 六爻가 모두 난동하면 이사 불리. 世가 공망이면 이사를 그만두는 것이 좋고, 世응이 상생이면 길하다. 財가 父를 극하면 재앙이다. 孫이 동하면 이사 후 흥왕하고, 兄이 동하면 화액이 따른다.

◎질병은 身爻나 命位를 주로 본다. 官귀가 身命에 있으면 낫기가 어렵다. 身命이 같이 공망이면 사망, 靑龍이 孫에 임하면 쾌차, 命이 死지이면 어렵다.

◎남편 官 병점에서 孫兄이 발동하면 과부운이다.

◎내괘의 財는 본처이고, 외괘의 財는 첩, 애인이다.

◎未의 天月덕은 甲인데, 寅卯를 甲으로 대응함.

◎官이 동하여 孫이 되면 실자함을 면치 못한다.

◎**소망점 -** 내괘〔초효·2爻·3爻〕는 소망의 대상이다. 내괘가 外괘를 극하거나〔例 내괘가 乾金이고 외괘가 巽木궁이라면 金극木이다〕 世가 응을 극하면 묘사가 성취된다.

◎官귀가 동하여 世응을 생하거나 合을 이루면 타인의 권세를 빌어 성취한

다. 타인의 권세를 빌어 성취하는 것은 왕한 官이 世 혹은 身을 생합하고 孫이 정하고 발동하지 않으면 타인의 권세를 빌어 성취한다.

○ 모든 일에 있어 兄爻가 지世 또는 동함을 불리한 것으로 보나 만일 兄爻가 귀인, 록마 등의 복신 또는 희신을 띠고 世身을 생하면 兄은 곧 소개(紹介)인과 같은 것이 되어 오히려 모사가 순조롭게 풀려 소원성취된다는 것이다.

○ 매사에 있어 孫爻기 동하면 좋으나, 다만 官직이나 명예를 구하는 일에는 孫爻가 동함을 꺼린다.

○ 父가 동하면 간신히 성취되는 수가 있으나 대개 중도에서 실패.

○ 응爻가 내괘에 있으면 가까운 친척, 친한 사람이다. 외괘에 있으면 먼 친척이다. 만약에 내괘 응으로부터 世爻가 상극되면 가까운 친척한테 손실을 당한다.

○ **신문 –** 官爻에 귀인이나 靑龍이 있으면 관직이다.

○ Ⅰ爻가 동하여 Ⅱ효로 변하면 신속하고, Ⅱ爻가 Ⅰ爻로 변하면 더디다. 응爻가 卯酉에 임하면 신속하고, 辰戌에 임하면 더디다. 초爻·2爻가 동하면 신속하고, 그 외의 동함은 더디다.

○ 용신이 月지와 같으면 1개월을 넘지 않는다.

○ **대인접 –** 응爻가 동하거나 용爻가 동하면 三合·六合日에 온다. 용신이 내괘에 있으면〔찾는 사람 자손이면 孫, 남편이면 官으로 용신한다〕 가까운 곳에 있고, 용신이 은복〔암장〕되어 있으면 먼 곳에 있으며, 괘에 출현되면 가까운 곳에 있다. 용신이 乾괘에 있으면 서북쪽이요, 坤괘는 서남간, 兌괘는 서쪽, 震괘는 동쪽, 坎괘는 북쪽, 離괘는 南쪽, 巽괘는 동남간이다.

찾을 수 있나? – 용신이 동하면 찾을 수 없으나 정하면 찾을 수 있다. 동한다는 것은 용신이 발동되거나 형충됨을 말하고, 정은 부동자세다. 용신 또는 응이 世와 생습하면 출가인이 돌아올 마음이 있다. 충극되면 돌아오지 않는다. 용신이 공망, 절, 묘되면 찾지 못한다. 용신이 퇴신이면 돌아오다 가 다시 숨어버린다.

- **소송점 –** 劫살이 身을 극하거나, 劫살이 身과 같이 있거나, 六害가 身에 임하면 관송을 면할 수 없다.

- 청룡이 官귀에 임하면 귀인을 만나 송사에 이롭다. 태세가 官을 극하면 석 방한다. 世에 官이 임하면 刑을 받는다. 劫살과 官살이 동하면 재앙의 징 조가 있다. 世에 官이 임하면 아신이 불리하다.

- 六충괘는 생애가 평범하고, 六습괘는 만사형통이다.

- 父爻가 왕하여 身을 생하면 과거에 습격한다.

- 兄제가 世를 생하면 형제 자매의 덕이 있다.

- 孫世에 父성이 그 옆에서 직접 극하면 알코올중독자, 병자의 몸이다. 약물 중독자.

- 財가 世를 생하면 처첩의 덕이 있고, 官이 世를 생습하면 귀인·관리의 덕 이요, 神의 가호가 있다. 官이 왕하면 영화가 있다.

▶**分爻_분효**

六爻	奴婢, 사내, 계집 종노릇, 독립적이 아니고 남의 밑에서 록봉
五爻	家長, 장남, 五爻가 二爻로부터 극파를 당하면 장남이 실패
四爻	外門, 母, 外여자, 四효가 길신이면 사회운 길
三爻	門戶(출입문), 兄弟, 입지전도, 三爻가 길신·복신이면 가문을 빛내고 형제 발전
二爻	家宅, 처, 첩, 二爻에 財官父孫 또는 청룡 길신이면 부명가다.
初爻	墓(선산), 조상뿌리, 子孫, 가택, 초효에 길신·복신 조후용신이면 조상, 자손영화, 山소길지

- 財효는 처, 여자, 재물, 음식, 금전.

- 父爻는 가옥, 문서, 부모, 시험, 명예, 고소장.

- 官은 관직, 관사, 송사, 남편.

- 타인 및 상대편은 응으로 본다

- **복신** − 괘내외 몰신〔음복된 신〕.

- 용신 또는 世身 응이 생극을 받을지라도, 동한 효가 용신을 극할지라도 괘
  내의 제효가 생부를 얻으면 구원이 된다.

- 극자가 三合이나 육합이 되면 용효를 극하지 않는다. 탐합망극하는 원리가
  있는 까닭이다.

- 父가 동하면 자손의 액이다. 매매점에는 불리하고, 송사점에는 취하가 되
  고, 몸에 병이 침범해 약효가 없다. 벼슬점에는 과학수가 있다.

六살의 유형(六살은 차단벽이다)

六살은 금단(禁斷)의 사선을 넘나든 일로 죽을 고비를 몇 번 당하는 살이
다. 즉, 파산·침몰살이다. 六살은 건강액, 재물액, 관액, 부모액, 부부액, 자
손액, 형제액 살인데 사주 구성이 나쁘면 온전히 다 당하고, 보편적이면 소
수의 흉재를 꼭 당한다. 六살은 특히 돈〔여자〕 가지고 원수 짓는 일이 발생,
이내 미움과 질투로 왕래도 끊어버린다.

```
    官 寅 ｜
父 巳 才 子 ‖×
    兄 戌 ‖ 身응
    才 亥 ｜ 申世
    兄 丑 ‖ 午父六
    官 卯 ｜ 世
```

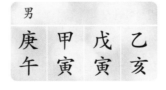

男

庚 甲 戊 乙
午 寅 寅 亥

● 부모되는 父성이 六살이
되어 부모덕이 없고, 부모
는 금단의 사선에서 횡사

하였다. 내괘에 六살이 있으니 가까운 친척한테 돈을 사

기당하여 돈으로 매제와 원수 짓고 왕래도 끊어버렸다. 애정문제도 가까운 동네 여자와의 암투로 역시 담을 쌓고 지낸다. 왠지 여자친구는 오래 지속되지 못하고 중간에서 헤어지고 끊어진다.

- 소인배가 지世 官을 소지하고 자손과 충극되면 아신과 자손이 불행.
- 財爻가 世와 같이 있거나 財가 왕世를 극하면 매매나 수입면에 있어 백배 이익을 얻을 수 있다.
- 왕한 財효가 왕상한 世나 身을 극제하고 靑龍이 같이 있으면 金玉이 만당.
- 財爻가 내괘에서 동하면 남이 재물을 보내준다.
- 世응이 비화되면 身位가 편안하고, 재수가 평온하며, 근심이 없다.
- 劫살이 身 위에 있으면 사기당할 수 있으니 조심. 財성이 역마이면 매매 여의하다.
- 靑龍이 亥子와 같이 있으면 해외의 재물을 취득한다.
- 12운의 長生 같은 길성은 金谷의 동산보다 더 좋고, 사·절·묘·공망은 진 흙탕 구덩이와 같다.
- 3爻 자리가 극파, 공망되면 불행한 형제 있다.
- 世는 내 몸이요, 응은 타인이니 서로 合함이 좋은 것이다.
- 궁合에서 응이 世를 극해할 때 世응이 모두 왕상을 띠면서 응이 청룡, 록 지를 득하면 상대방이 힘 있는 거물급이다. 배우자감으로 더욱 조화를 이루게 된다.
- 복신이 공망 맞으면 일이 뜻대로 되지 않는다.
- 복덕이 지世하면 모사가 되지 않는 일이 없고, 기신이 身에 임하면 제거하지 않으면 불안하다.

◦용신이 養이면 여우의 의심이다. 해충이다.

◦長生 자리는 성한다는 뜻.

◦괘爻가 발동하여 변爻 비화가 되거든 마땅히 진신인지 퇴신인지를 밝혀야 한다. 흉신은 퇴신이 되어야 길이고, 이신은 진신이 되어야 덕이 된다.

◦絶은 생을 받으면 일이 성사된다.

◦官귀가 은복되면 무기하여 신경 안 써도 된다.

◦玄武는 쟁송과 도적지사로 본다〔기신〕. 즉, 官귀다.

◦내괘 財와 외괘 財는 유첩. 내괘 官과 외괘 官은 두 남자. 靑龍과 자손이 같이 있으면 부귀쌍전.

◦靑龍이 父에 임하고 왕하면 가격이 높은 집.

◦財가 왕하고 辰戌丑未가 되면 부귀쌍전.

◦등사가 외괘에서 동하여 孫이 나오면 양자.

◦寅卯 木신이 왕이 되어 지世하면 道士.

◦초爻는 墓·자손, 二爻는 가택·처첩, 三爻는 형제·문호, 五爻는 가장·장남, 六효는 노복·종노릇.

◦父가 많으면 하자가 생기고 자손을 극하여 자손이 귀하다.

◦世가 동하여 왕하면 자수성가하고, 약世가 타의 원조를 받으면 남의 덕으로 잘산다.

◦孫이 동하면 벼슬점에 불리하고, 병자는 괴가 물러가니 회복되며, 매매점과 혼사 등에는 길하다.

◦官귀가 동하면 兄제를 극하므로 불리하고, 혼인점에는 마사가 붙고 말썽이 일어난다. 혼인하여 불성같이 산다 해도 서로 냉냉. 병자는 가중한다.

◦官이 부서지면 명리가 없다.

◎財가 동하면 문서를 극한다. 명리는 불길하고, 경영사에는 대길하다. 병자
  는 더 악화되고, 실물수가 있게 된다. 兄효가 동하면 매사 불길하다. 재물점
  에 불리하고, 병점에는 치료가 더디다.

◎용신이 발동하면 비록 휴수되어도 흉하지 않고 생부를 받으면 모든 일에
  대통.

◎원신이 동하면 의지가 양양한 현상. 원신은 강해야 힘이 있다.

◎靑龍이 동하면 재물점, 관록점에 길. 여기에 天乙 三덕 등과 같이 있으면
  더욱 길하다. 그러나 청룡이 기신이면 주색으로 인한 실패.

◎주작은 활전 시비. 句진이 동하면 토지관계. 등사가 관귀면 횡액수, 공망
  이면 길사.

◎白虎가 官귀와 같이 있으면 대흉. 즉 관재송사, 시비. 玄武가 동하면 매사가
  막히는데, 官귀를 띠면 실몰수.

◎世는 자기 자신, 응은 상대인.

◎世爻가 왕상 비화 되어야 길. 극, 해, 형, 충, 공망은 모두 불길.

◎내괘 財가 극파되면 가까운 친척한테 손財 사기. 외괘 財가 극파되면 먼
  친척, 친구한테 사기를 당한다.

◎형제가 財를 극하면 가까운 친척한테 사기, 손財.

◎世身에 관귀학관 또는 天頭귀인이 임하면 그 덕을 본다.

◎자손이 지世하면 구관·구명에 불리하고 소송은 유리하다. 자손이 지世하
  고 극을 받으면 흉, 생부되면 범사 대길.

◎官귀가 지世하면 구관·구직에는 최길. 재물점에는 손재요, 신수점에는 신
  병 아니면 관액이 따른다.

○財가 지世하면 재수점에 길, 구직에 돈을 써라.

- 世가 동하여 兄이나 官으로 변하면 만사 대흉.

- 兄이 지世하면 재물운이 불리하다.

- 공망은 제효의 힘을 상실시킨다.

- 공망이 충을 보면 능히 그 효력을 발생할 수 있다. 공망이 왕상을 받으면 무방하다〔청룡, 長生 같은 것〕.

- 복신은 비신을 극하거나 희신이 극형시키면 發한다. 만일 복신이 발하지 못하면 실패작이다. 복신이 공망을 만나면 실패작이다. 孫이 복신이고 공망을 받으면 성공한 자식 실패작이다.

- 世爻가 墓, 절, 휴수되면 성패가 빈번.

- 世爻가 충을 받으면 재앙이다.

- 父효가 世爻를 생부하면 등과급제한다.

- 世爻가 기신 靑龍과 같이 있으면 주색으로 인한 손재.

- 世爻가 부족한데 타爻의 원조를 받으면 남의 덕으로 이익을 본다.

- 태세가 天月 二덕이면서 世와 刑이 되면 남의 덕으로 이익을 본다.

- 財가 공망이면 경영사 실패. 財 공망은 충이 되는 년도에 재물을 얻을 수 있다.

- 孫이 복신이고 괘에서 충형이 없을 때는 사주에서 충시키면 發한다.

- 財가 官귀와 같이 있으면 남편이 손재, 사기당한다.

- 女명 宅爻 官이 외괘 官爻와 동일하면 남편이 바람꾼이다.

- 女명 내괘 官이 외괘와 合도 되고 충이 되면 남편이 바람꾼이다.

- 괘 중에서 爻가 자체 형충되면 형충된 爻는 암동이 되어 다른 爻를 극하고 생한다.

- 비견이 되는 兄이 財와 상쟁되면 도둑의 형제 친구가 내 돈을 훔쳐간다.

○官직생활이 아닌 보통사람이 世官을 대하고 비견이 되는 兄과 상쟁이 되면 내가 크게 미워하는 형제, 친구가 있다.

○女명은 財효를 남편으로 본다.

○발동한 爻로부터 극파된 爻는 다른 爻를 극하지 못하고 생하지도 못한다.

○財성이 심하게 극파를 받으면 돈 잃고 정신병을 얻는다.

○世에 기신이 되는 兄官父가 임하여도 사주 日간에 용신이 되거나 관귀학관, 靑龍, 長生, 祿 같은 귀인성이 받쳐 있으면 길성 역할로 본다. ▶명심

○孫은 많은 이익, 이익의 증가.

○兄이 득세하거나, 官이 득세하거나, 財가 왕하거나, 식상이 득세할 때 가주 명이 생년 오행을 기준, 납음오행으로 억제 또는 설기시키면 재앙이 없다.

　⑩ 육효에서 巳가 기신 관귀일 때 가주 명이 壬辰생이면 水命이 火官을 억제하여 면하게 되고, 世爻가 약할 때는 생년 납음오행이 世爻를 생승하면 힘이 있다. ▶중시

○官성이 자손 孫과 암습하면 자손이 거물급이다. 양자의 신분이 높다. 만약 지世官에 入官했으면 역시 거물급이다.

○兄이 왕世면 자손되는 孫으로 용신 또는 官으로 용신할 수 있다. 이때는 孫官이 왕해야 함.

○官성은 조상신으로 본다. 기신 官성이 宅爻나 초爻에 임하고 충상이나 공망이 되면 직계혈친이 흉지에서 사망, 또 조상신의 사후세계가 불안정. 刑충살도 조상신으로 본다.

○초효나 宅爻는 조상 자리로 본다. 이곳이 극파되거나 공망, 劫살이 되면 조상이 흉지에서 사망.

○世나 身을 기준하여 괘 중에 天月德이 구비되면 그 덕을 꼭 본다.

○劫살이 身위에 있으면 사기당할 수 있으니 조심.

◉도화살이 刑도 되고 슴충도 되면 바람살이다.

◉世에 官귀가 도화살이면 바람꾼이다.

◉財爻가 왕상하고 天祿이 같이 있으면 女家가 풍부하고, 官爻가 왕하고 天乙귀인이면 남자가 현명하다.

◉宅爻를 태세가 극하거나 父를 극하면 이사수, 집문제, 교체.

◉자손 오행을 기준하여 괘 중에 財고가 있으면 부자 자손이 있다.

◉세운에서 나온 爻가 官귀[기신]를 생부하면 그 官귀가 힘을 얻어 그 官귀로부터 극을 받은 爻가 병을 얻거나 쟁투사건 발생.

◉兄이 지世하거나 官이 지世하여도 身에 財나 孫이 임하고 균형만 잡히면 처음은 곤하나 후분은 소원성취한다는 것을 명심.

◉父성이 자손을 극하고 父가 入墓나 入고되면 후손에 고아가 있다.

◉官귀가 공망이면서 음복되면 과부가 많다.

◉財성에 극파되면서 공망이면 과부가 발생.

◉宅爻에 兄이 있으면 평생 손財 한번 꼭 당한다. 집에 대한 일도 있다.

◉宅爻에 財가 발동하여 화출, 퇴신, 반음살이 되면[회두극제] 재복이 없다.

◉宅爻가 공망이고 父성이 극파되면 父는 고아로 컸다.

◉年주를 기준해 世나 身에 고신·과숙살이 임하면 재산탕진, 부부지간 보기 싫어하고 남남, 냉냉.

◉財爻가 辰戌丑未 墓에 임하거나 이 墓를 충하는 날에 재물이 들어온다. 단, 財墓가 왕해야 덕을 본다.

◉世에 官이 임하여도 世가 약하지 않으면 건강체질이다. 병이 침범해도 퇴치시킨다. 청룡이 같이 있으면 힘이 강력하다.

◉父가 靑龍귀인이면 사위가 고위직이다.

◉지世 孫을 父가 직접 극하면 병자의 몸이다.

◉官이 공망되어도 靑龍이 임하면 관직 출세.

◉왕재가 파없이 入고되면 재물 축적.

◉공망된 방위는 씨가 나지 않으니 거주로 활용을 삼가라.

◉官살이 상하면 집안이 기울고, 이름이 상한다. 또 질액.

◉父와 世가 왕상하면 선조의 혼백이 편하고, 응이 世를 극충하면 가운이
   쇠망.

◉官귀가 자손을 보고 合이 되면 자손의 계급이 높다.

◉財가 왕상할 때 財의 入墓나 世의 비견 兄을 왕상한 官이 극제시키면 千金
   을 얻는다.

◉은복된 복신이나 공망은 육친이 없는 것과 같으므로 허상이다〔그 자체는 아
   니다〕.

◉병점에서 官귀가 지世하면 귀신이나 기도나 제사를 바라고 있는 것이다.
   따라서 기도나 제사 후 약을 써야 한다.

◉財官 응이 형충되면 결혼 후 금슬이 나쁘다. 合이 되면 정상.

◉자손궁에 劫살이나 六살이 임하면 자손이 실패.

◉財가 兄에 형파되면 돈 때문에 우울증, 정신병.

◉世身 양쪽 모두 兄이나 官귀이면 말년까지 빈곤.

◉**소송점 -** 世응이 서로 생合하면 화해할 뜻이 있다. 世가 응을 생하면 내가
   화해할 의사가 있다는 뜻이요, 반대로 응이 世를 생하면 먼저 화해를 요청
   한다.

◉父가 발동하여 자손을 극하면 부모가 재산탕진.

◉공망된 효는 극제를 받아도 피해가 없다.

- 世의 자손을 대하거나, 世의 財성 또한 世官을 소지했거나, 世의 용신이 3 효나 내괘에 있으면 30세 안에 입지전도가 열린 사람이다. 왜괘 4효〔40세〕나 5효〔50세〕에 世의 용신이 받쳐 있으면 그 나이 때 기발한다.

- 宅효나 초효에 과숙살이 있으면 母가 독신 몸, 형제 신에 과숙살이 있으면 제수나 형수, 여자 형제 중 과부. 고신살은 남자가 닿는다.

- 공망된 궁은 독신격이다.

- 남명 財성이 충파극되면 약혼에 말썽, 혼인 말썽.

- 女는 官이 미약하고 官이 형충되면 약혼에 말썽.

- 양은 발전의 단서다. 養이 있는 자리는 물질적 재원이 있는 자리다. 불로 소득이다.

- 父성에 養이 받쳐 있으면 부친이 타성 부양.

- 女명 官성에 養은 남편 여우짓, 즉 남편 애인과 밀애〔남편이 타성을 부양한다는 뜻〕.

- 각 궁 나이 때 길신, 흉신으로 길흉 판단한다. 초효에 흉신, 길신이 섞여 있으면 어린 시절 가운이 성하다가 침몰.

- 3효에 길신 청룡이 임하면 30 전후 입지 처세가 열린다.

- 각 궁 나이 때 劫살, 공망살, 원진살, 병원출입살, 제반 12운성 12신살을 붙인다.

- 6효에 長生, 청룡이 임하면 말년 행복. 고신, 과숙살이 임하면 말년 고독.

- 신왕사주 劫재가 원진살이면 형제와 원수 짓는 일 발생.

- 10년 단위 대운에서 亡신살이 비추면, 즉 財성에 亡신살이 되면 돈, 여자, 몸 손해, 관액수로 망하게 된다.

- 3爻는 형제궁이다. 3爻에 복신이 있거나 길지에 처하면 형제 입지대성.

○長生에 養이 있으면서 충실하면 씨가 터져 생명의 음이 나오는 것처럼 거목이 된다. 養이 자손을 생하면 거목 자손이 있을 것이고, 財성이나 官성에 임하면 재복과 일자리 운이 길창.

◉ 예

• 二효 官 아래 卯 재는 長생이다. 초효 父辰은 養이다. 長생에 養이 급이 되고 충실하니 명예〔父〕와 官운과 재복이 만당, 4급 공무원 거목이 되었다.

• 사주에서 庚巳 장생궁에 辰養을 대하고 六효에서도 장생 巳와 辰양을 출현하여 목재소 사장으로 거목이 되었다.

○世兄이 발동하여 자손으로 화출하면 兄世가 자손에 의존하여 운명이 바뀌는 이치다. 世兄은 뒤집혀서 자손으로 소지되어 자손 운명으로 살아간다. 이 자손을 생부하는 왕성한 兄제성이 새로 소지된 자손 世를 뒷받침해야 世가 훌륭해진다는 것을 명심.

○戌과 子는 상극이지만 암장된 戌癸合으로 진지하게 다정한 合이니 상극으로 보면 큰 오산.

孫卯 兄 子 ‖×世
　　官 戌 ┃
　　父 申 ‖
　　才 午 ‖ 응六
　　兄 辰 ┃
　　孫 寅 ‖ 身
　　　　청룡

女
辛 甲 癸 乙
未 申 未 未

●兄世가 변하여 孫卯가 화출, 卯를 왕상한 水국이 생부하니 孫卯는 왕하다. 世는 팔자를 고쳐 자손을 소지, 한평생 평화롭게 산다. 戌官과 子와 암장 合으로 친절, 다정한 부부 사이다.

六爻 지장간 중시

○六爻는 지지 오행으로 구성되었다. 지지 오행에는 지장간 오행이 숨어 있어 오행을 조하는 변화성으로 묶여 있다. 그러므로 六爻 지지를 단일 오행으로 간소하게 취급하면 해설에 부족함을 가져올 수 있다. 그러니 지장간 오행 형태를 중시하여 타의 지지 효와 극, 파, 형, 충이 되어도 지장간 오행과 合이 되는지를 필히 확인.

예 世가 財를 대한 戌土는 부성(부모) 子水를 직접 극하게 된다. 양쪽 다 상처를 입게 되는데 子水가 더 피해를 입는다. 그렇다면 財산도 실패, 부모님도 실패, 부동산도(父성 부동산으로 봄) 실패. 하지만 戌 중 戊土가 子 중 癸와 암合되어 희신이 나와 世나 身에 원조가 되면 실패의 손실을 다시 복구하여 희하게 된다.

○女명 官이 兄과 合이 되어 자손이 나오면 며느리가 공직생활 공무원이다.

○孫이 발동 父성을 화출시켜 회두극을 당하거나, 孫이 父와 같이 있으면 자손이 결혼 실패.

○財가 발동하여 父성을 극하면 자손이 혼인 실패. 三合을 통해 兄제국을 이루면 빈한 명이다. 단, 자손은 성공한다.

◉합을 통하여 財국을 이루면 父성을 극하니 혼인문서가 불발 또는 일자리 운도 서민층.

◉世가 財를 소지하면 재복이 있지만, 世財가 공망되면 재복도 없고 여자복도 없다.

◉世와 身이 같이 원진살이면 부부간 권태증, 이별수 발생.

◉12운의 胎의 별을 중시하라. 胎는 구사일생이요, 부부 이별도 무시한다. 胎는 養과 비슷한 별이다.

◉남자 兄이 동하여 財를 접한 世身 동기를 극파시키면 일자리 운도 없고, 여자운도 없고, 백수인과 같다.

◉六효에서 父가 財에 손상되거나, 孫이 父에 극을 받거나, 父가 공망, 원진살이면 자손이 혼인 실패. 거金을 날린다.

◉남자 財가 兄 발동에 극파되면 돈 잃고 처가 병치레. 심하면 조기 이별.

◉女는 官이 공망 또는 官이 자손에 극상되면 남편 종사하기 어렵다.

◉劫재와 상관이 같이 있으면 자궁살로 이별.

◉신분이 우세하고 世官을 자손이 눌러주면 한평생 재앙을 모르고 살아간다.

◉공명의 등급은 길신 官 오행으로 정한다. 가령 水官이면 1−6 水가 되므로 계급이 6급 아니면 1급 신분 가치성이다. 火官은 2−7 火다. 7급 아니면 2급 신분 위치다. 木官은 3−8 木이다. 金官은 9−4다. 土官은 5−10이다.

◉자손이 극파충을 받으면 자손이 인패재패.

◉자손이 관성과 합을 이루어 관성이 나오거나 財성이 나오면 자손이 영전.

◉자손이 청룡에 임하면 자손이 영전.

◉초효〔초효는 자손 자리로 봄〕에 청룡이 있으면 자손이 출세, 성공.

◉초효에 청룡과 자손이 임하고 극충되면 성공한 자손도 있고, 실패한 자손도

있다.

◎ 내·외괘가 서로 비화되고 世응이 비화되면서 앙상하면 재물이 넉넉하다.

```
才 卯 l
官 巳 l
父 未 ll 世
兄申 才 卯 ll
官 巳 ll 身
父 未 l 子(자손)
```

● 이 괘는 내·외괘가 서로 비화되고 世응이 비화되면서 왕상하니 부잣집 자손이다. 木生火, 火生土 식으로 父성에 종결되어 父가 왕하다. 왕자는 극世조치가 용신이 된다. 즉, 木〔財〕으로 극世시키니 소원성취, 부귀격이다. 木이 약한 중 왕하다. 卯未 卯未 이중 合으로 財가 넘친다. 왕한 財墓는 未로 世에 財의 墓가 있으니 부귀격이다.

◎ 財卯가 父와 合이 되어 財가 나오면 착함이 위선, 돈을 뺏는 사람이다. 상기 괘성 父未土가 財卯와 合하여 財되는 木이 나오니 본명이 아닌 부친이 위선으로 남을 가슴 아프게 한 천벌을 받는다. 또한 초爻 父성未土 아래 子를 대하고 있다. 子는 캄캄한 밤, 12시다. 子는 孫으로 재물이다. 검은 짓과 음성적 탈법으로 남의 돈을 사기친 사람이다.

◎ 기신에 養은 해충물로 여우짓, 음성적 행위다.

◎ 官귀가 동하여 世身 또는 응을 생하면서 응이 世와 合을 이루면 타인의 권세를 입어 이익을 취하거나 성취한다.

```
兄 寅 l
父 子 ll 巳孫
才 戌 ll 世
才 辰 ll 酉官
兄 寅 ll
父 子 l 응
```

● 태세 丙申년 丙은 世를 돕고 申 관귀는 戌世의 관귀학관이다. 관귀학관 申이 공망 寅을 충하고 寅은 戌〔世〕의 戌寅 長生이다. 世와 合이 되고 申은 관귀학관이니 대기업에 취업했다.

●기신爻가 지世하면 일신이 고단하다.

●복신〔암장된 爻를 말함〕은 비신을 극하거나 타신이 극제시키면 발한다.

●비신 아래 복신은 충시키는 년도에 복신이 발하게 된다는 것을 염두. 또한 음복된 복신을 괘 내에서 충시키면 복신이 출정하여 발하게 된다는 것을 염두.

●왕상한 世나 身을 청룡이 극제하면 金玉이 만당.

●父를 대한 世나 身이 외괘에 있고 원신도 外괘에 있으면 유력자의 원조로 성공.

```
官 巳 ┃   응
父 未 ┃┃  身
兄 酉 ┃┃× 世
父 辰 ┃   世 청룡
才 寅 ┃
孫 子 ┃
```

男
辛 庚 壬 庚
巳 辰 午 寅

●世身이 모두 父를 대하고 외괘에서 원신 巳官이 응을 묶어 世身을 도우니 맨 주먹으로 상경, 목재소 종업원에서 기술을 연마 목재 재소를 설립, 거부가 되었다.

●자손이 왕하고 왕한 자손을 父〔왕〕가 극제시키면 자손이 출세.

●왕한 爻는 왕한 爻가 극제시키면 양쪽 모두 소원성취한다는 것 명심.

●상쟁이 되어도 서로 왕한 상태로 극제되면 성취를 이루고, 한쪽이 밀리면 양쪽 다 실패라는 것을 명심.

●男은 財 공망이면 처와 이별, 女는 官 공망이면 첫사랑과 이별이다.

●兄이 합을 이루어 형제국을 이루면 재복이 없는데, 이때 官살운을 만나거나 자손운을 만나면 발복한다. 비견운은 대흉이다.

●三刑살을 대동한 戊寅이 世未土와 합이 되면 법조인 또는 거물급이다.

◉世財에 官을 보면 손財가 많고, 世官에 財를 보면 직업과 재물복이 길.

◉태세가 초爻 또는 家宅궁을 충극해 원진살이 되면 주거변동. 또한 선산일, 가택에 대한 일 발생.

◉父가 많거나 父가 孫을 극하면 약발이 없다.

◉世가 청룡을 띤 자손이 록과 長生을 봉하면 도깨비 부자로 대박난다.

◉官이 용신이고 財가 성하면 직업운도 좋고 부귀공망.

◉官이 비견이 되는 兄과 合하여 官이 나오면 10년 적공이 하루아침에 무너진다.

◉父가 兄과 같이 있으면〔父 자리에 合된 兄을 보아도〕집문서, 부동산 문서관리 소홀로 집을 뺏긴다. 즉, 사는 집 소유권을 잃는다.

◉身이 길지에 처하면서 생왕생부되면 입신출세하거나 성취한다.

◉청룡이 용신과〔世〕유정하거나 용신 또는 世에 원신이 되면 소원성취다.

◉왕한 청룡을 충파시키면 청룡이 움직여 용트림하면서 위용을 떨친다.

• 길신 자손 申이 기신 卯관과 乙庚合이 되어 길신 자손이 나오니 부귀공명이다.

◉官끼리 극제, 충하는 시기에 소원성취.

◉극제시키는 것보다 충살이 더 무섭다.

◉世응이 상극·상충되면 두 사람이 변하고, 응이 世를 극하면 타인의 꾀임에 실패.

◉宅爻나 초爻가 合하여 兄이 나오면 배 다른 형제, 다른 성이 한 집에 동거

하는 상.

◉世가 宅爻를 극하면 집안이 편안치 못함.

◉괘 내에서 合하여 兄이 나오면 남편에게 첩을 붙여주는 상이 되어 남편이 음란.

◉世官이 자손과 合하면 타인의 권세를 빌어 출세한다.

◉화출 또는 合하여 父가 새로 생기면 계모가 있거나 타부모 양자.

◉財가 태과하면 父를 손상시켜 兄의 원신이 고갈되니 형제가 불의하고 형제액, 자손액, 부부액이 따른다.

◉兄제가 合하여 兄이 나오면 손재수 크다.

◉父世가 財官父로 상생되면 부호의 집안 출신.

◉財가 화출〔변효〕하여 兄이 나오면 첫사랑과 실패.

◉자손이 지世하면 경영하는 일이 모두 성취된다.

◉공망은 충파시켜야 얻을 수 있다.

◉父와 兄이 같이 발동하면 아무리 노력해도 헛수고에 그친다.

◉官귀가 청룡이면 벼슬이다.

◉世 또는 용신을 돕는 원신이 발동됨을 가장 기뻐한다.

◉원진살 닿는 爻도 암동된 걸로 본다.

兄 寅	
父 子	巳 孫
才 戌	世
才 辰	
兄 寅	
父 子	

• 태세 丁酉년 운세 丁은 世財를 생조하여 좋다. 그러나 지지 酉는 巳와 合, 官살국에 寅酉 원진살의 병원출이 되어 가중 두 몸이 병원 입원했다.

◉현재 살고 있는 운명 계수 나이에서 초爻에 조객살이 있으면 가중 또는 가

까운 친척 병문안, 조문하는 일이 발생. 상문살이 있으면 가중 사람이 죽어 산소 일을 한다.

◉ 초爻는 생아기. 형충되면 죽을 고비.

◉ 2爻가 형충되면 다리, 무릎, 관절병. 하체 이상.

◉ 3爻는 허리. 형충되면 허리 디스크.

◉ 4爻, 5爻가 형충되면 배, 위장, 가슴 이상.

◉ 6爻가 형충되면 머리, 뇌병.

◉ 5爻 자손이 청룡에 임하고 2효 宅爻를 극하면 큰아들이 입지대성.

◉ 초爻나 2爻에 父성이 임하였어도 타爻 청룡 자손이 초爻나 2爻를 극하면서 왕하면 청룡 자손은 더욱 발전상이다.

◉ 길신이 타爻와 合하여 흉신으로 변질된 육신 爻는 불발, 침체상이 된다.

◉ 행운에서 官성·財성이 충이 되거나 형살이 얽히면 수술을 해본다.

```
  兄 巳 |
  孫 未 ||  巳 孫
  才 酉 |   世
  官 亥 |
  孫 丑 ||
官 子 父 卯 |×
```

• 초효 卯가 발동하여 2효 자손 丑土를 심하게 극하고 있지만 子卯형 合살로 合 쪽으로 친하게 부둥켜안고 있으니 극하는 丑을 잊어버려 2효는 극이 해제 되었다.

◉ 흉살[기신]이라도 長生에 임하면 길신 역할을 한다. 長生은 길신 중에서 청룡 다음이다.

◉ 3爻에 지世한 명은 입지전도가 있는 사람이다.

◉ 시험합격은 父로 판단. 왕상된 父世를 극世하면 유망하다.

◉ 兄이 충이 될 때 財를 극한다는 것을 염두.

◉ 발동해야 생할 수 있고 극할 수 있다.

- 世에 청룡이 임하거나 청룡이 世를 생부하면서 청명하고, 또 청룡이 왕世를 견제하거나 청룡이 官世와 습생이 되는 경우 世官이 財를 업고 父와 관계가 되면 권세가이다.

- 身官을 극하면 남편과 상쟁, 불화.

- 왕상한 兄이 지世하고 왕한 官살이 兄世를 극世조치하면 거물급이다.

- 만약 兄世는 왕한데 官살이 약해 극世조치가 무력하면 파란만장이다.

- 신강사주에 官살 寅卯가 공망되었다면 寅卯운을 만나면 출공이 되어 신왕 사주는 더 좋아지고, 신약은 흉한 일이 발생.

▶16세 나이 丙子 초대운에서 가운이 침몰

```
孫戌  兄巳 |X 世身
      孫未 ||   身
      才酉 |
      官亥 |    공망
      孫丑 ||
      父卯 |
```

庚甲戊乙
午寅寅亥

世의 강약을 볼 때 巳를 돕는 오행은 초효 父성 卯木 하나밖에 없어 世는 약하지만 亥卯未 卯未 木국으로 世의 巳火를 도와 약화 위강이 되어 世가 왕하다. 왕자는 극世조치법으로 亥水 官을 용신한다. 3개의 자손국 土성들이 합세, 용신 亥水 官을 극제함으로 官亥는 침몰되는 상으로 長生의 목줄이 끊어지는 상이다. 또한 亥卯未 父성 木국에 巳酉丑 財국 金국이 父성 木국을 파시키니 父母와 생가가 폭락, 침몰. 또한 초효 卯가 암동하여 2효 자손 丑土를 극하니 생가는 침몰. 공망으로 이 운에서 부친은 사망, 가족은 고아 신세.

- 평생 총체 운명에서 택효에 청룡이 임하면 고급주택에 산다〔충파무〕.

○태세운에서 身 또는 世가 초효나 2효에 청룡을 띠고 인연(상합)이 되면 살고 있는 주택궁에서 경사 발생.

○매년 世가 兄을 극하면 형제와 암투.

○六爻 운명학에서 원진살이 있으면 허리 디스크. 허리 수술하는 것이 태반이다.

○행운에서 官성이 동하거나 官성이 충극되면 자손에게 돈에 대한 문제 발생.

○행운에서 兄이 발동하거나 兄이 충발되면 돈 버는 일자리 변동 또는 남편이 불상사.

○寅申충은 가정 박살, 일자리 박살, 돈도 박살. 다리, 허리병(귀격은 무시).

○世의 청룡이 卯나 酉가 되면 관리인 아니면 이름 있는 사람이다.

○청룡이 회두극당하면 벼슬을 버리고 낙향.

○官이 지世하면 才 발동을 기대한다. 이유는 官이 兄을 눌러 才가 발동하면 才官이 서로 생습하므로 상대(財는 여자, 官은 남자. 서로 포옹)를 극하는 것을 잊어버리기 때문이다.

○孫이 발동하면 官을 극한다. 이때 財가 발동하면 孫은 재와 서로 상습되어 상대를 극하는 것을 잊어버리고, 자손과 才가 어울리면 부를 쌓아 올린다.

○才고가 지世하면 才복이 있다.

　　예 寅木이 世에 임하고 辰 財고가 나타나 있으면 부귀 명이다.

○六爻에서 외괘 才가 있으면 원방에 재산이 있다. 토지나 건축물 따위.

○世가 3爻에 있지 않고 身에라도 있으면 10분의 5할은 중심인물이요, 실력 행사할 수 있다.

○女명에 자손이 많거나, 암습하여 자손이 출현되면 타성남자 자손 양육.

○소원점에는 왕財의 극世조치가 가장 좋다. 양쪽 모두 왕상할 때 해당함.

만약 財 용신이 약하면 재물도 손해, 부명이 못된다.

◉官世하고 왕한 財가 발동, 생世하면 승진.

◉내괘 父성이 공망되거나 택효가 극충되면 망한 집이다.

◉태세의 官이 父世를 생습하면 시험습격.

◉世爻가 부족한데 타爻의 원조를 받으면 남의 덕으로 이익을 본다.

◉질병에서 命이 死이면 어렵다. 六살이 있으면 구사일생.

◉**이사점** – 청룡이 孫에 임하면 이사 후 흥가, 兄이 동하면 화액이 따른다.

◉世가 浴살이면 부부 이별 암시.

◉世官이 자손과 습신하면 자손 출세, 아신도 출세.

◉宅爻 父가 습하여 財로 나오면 집세 받는다.

◉兄爻 官귀는 미약하지만 만약 왕성해 있으면 손재, 질병이 따라 다니게 된다. 왕성되면 극제조치를 시켜야 안보.

◉身에 官귀가 있으면 世에도 官귀가 임한 것과 같다.

◉父가 공망이면 매사에 두서가 없이 과실을 부른다.

◉응이 世를 생습하면 형제덕, 친구덕 有.

◉일방 오행이 태과하면 불리한 것이니 이때는 괘 중에 辰戌丑未의 墓고지가 지世하거나 괘 중에 있으면 유익.

◉男명에 兄이 발동하여 財를 극하면서 兄을 막아내지 못하면 처음 결혼 실패다.

◉財에 養이 있으면 불로소득이다.

◉墓궁에 있는 爻는 충하지 않으면 발하지 못한다.

◉父가 世를 극하면 피고소다.

◉命궁이 현무(玄武)와 습해도 낫기 어렵다.

◦財가 父를 극하거나 父가 습국이 되어 財로 되면 시험운이 없어 불발. 이유는 財는 父를 극하기 때문이다. 시험운은 父가 건강해야 하고 官이 원신이 된다.

◦태세는 君주요, 태세가 世의 이신으로 길신 역할을 하거나 생습이 되면 재수대길.

◦청룡이 임하여도 흉살 官귀를 만나면 도리어 흉.

◦청룡과 자손이 三合, 암습하면 가중 희사, 경사.

◦원신이 생부를 받아도 그 원신이 墓에 入고되면 죽은 것이나 다름없다. 효력이 없다.

◦才효가 世를 생습하면 처첩의 덕이 있고, 재복이 있다.

▶친척한테 침몰당한 운명

◦왜괘의 응이 내괘 世와 상극이 되지만 습을 이루면 가까운 친척으로 본다. 단, 습을 통해 외괘의 兄이 되는 응이 내괘의 世와 습이 되어 나온 爻가 응의 兄제신을 생조하여 돕는 爻가 되면 이 爻는 착함을 위선하는 친척으로 인정한다. 그 친척과 돈 거래 등 모든 거래 행위는 조심. 그 친척은 돕는 척하면서 돈을 뺏는 친구 친척이다.

예

官 寅 ┃
才 子 ┃┃ 응
兄 戌 ┃┃ 申孫
才 亥 ┃
兄 丑 ┃┃ 午父
官 卯 ┃ 世
合火

◦내괘 世卯는 외괘 응〔상대〕4爻 戌土〔兄〕와 상극 상태인데 世의 卯와 卯戌合으로 먼 친척 해신〔兄〕이 가까운 친척으로 변신되었다. 이때 습을 중시하라. 습을 통해서 희신이 나와 그 爻가 응의 兄爻를 극제시키면 가까운 친척한테 음덕을 받지만, 만약 응의 兄을 돕는 爻

가 나오면 친척들은 착함을 위선으로 돈을 빼앗는 사기꾼이다. 매제와 사촌들한테 사기를 당하여 침몰된 운명이다.

▶ 合이 많으면 패욕살이다

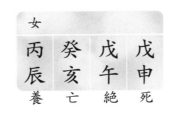

木

才 戌 ‖	응	
官 申 ‖ ▶함지살		
孫 午 丨	身囚絶	
官 酉 丨	世	
父 亥 丨	寅 청룡	
父子 才 丑 ⫯		

공 ... 공

女
丙辰 癸亥 戊午 戊申
養 亡 絶 死

● 우선 사주를 보면 신약사주에 관살이 많은데 多官살은 財를 빨아 먹어 財가 없는 것과 같다. 戊癸合이 천간 지지의 암장에서 이루어지니 女子 행실이 문란하다. 合이 많으면 욕패로 망한다 했다. 꼭 껴안고 쾌락을 즐기니 있는 것 없는 것 다 바친다. 午도 화살에 絶궁이 되니 애정, 사랑, 친한 사람이 거금을 두 갈래로 갈라놓았다. 午 絶에 받쳐 있는 戊土 친남편도 갈라놓았다. 日지 亥 亡신은 부부운을 망쳐놓고, 午 絶은 囚옥사 관액으로 침몰. 日지 癸亥는 가문폭락살이다. 가정이 해체. 年지 申금 인수는 홍염살로 바람꾼 女자다. 정 인수가 死궁이 되고 午火가 극하니 혼인문서 파기다.

● 六爻감정 — 官世하여 직업궁은 부동산 중개사업으로 돈을 그런대로 잘 벌고 있어 世官을 환영하지만 4효 손, 午가 극제하여 돈 잃고 사랑 잃고 욕패로 경험. 말년 60 이후는 큰 돈을 희롱하리라.

◒3爻는 내·외괘의 중간허리다. 그러므로 內·外괘 중심역할을 한다는 것을 명심. 그러므로 3爻의 財가 외괘와 충이 되면 내괘는 형제, 친척의 도움인 원조지상이고 외괘는 친구, 타인의 원조지상이다.

- 世가 동하여 비화로 되고 兄 일색으로 비화되면서 身爻가 응과 비화되면 쌍둥이가 분명.

- 父가 자손을 극하면 父도 손상, 자손도 피해. 건강, 질액, 재산손실, 인패 재패다.

- 財가 父를 극하면 부부지간 남남, 삼각관계. 부동산 관리처리 실수로 집의 소유권을 잃게 되거나 역시 인패재패다.

- 六爻점에서 자손과 官귀가 밀착되었거나, 父성과 자손이 상쟁되거나, 財 가 父를 극제한 상황을 주시하라. 또한 은복된 爻가 비신과 상쟁된 상황도 자세히 살핀다.

▶태세 운세 감정

```
  才 未 ‖ 身
官 申 官 酉 ┃×
      父 亥 ┃ 世 午 孫
      官 酉 ┃
      父 亥 ┃ 寅 兄
      才 丑 ‖
```

• 五爻는 큰아들 장손자리다. 五爻가 官을 대하고 발동 했으니 큰아들의 변화성이다. 五爻 金이 발동하여 2爻 寅木을 극한다. 寅兄을 극하면 비신亥 父성도 같이 따라 서 극이 된다는 것을 염두에 두어야 한다.

寅은 兄제신인데 寅은 큰아들, 자손 대를 계승하는 장손 으로 본다. 고로 큰아들의 연고 발생. 또한 世자리 왕한 父〔亥〕가 은복된 약한 午 火 자손을 극하니 자손의 연고다. 양쪽이 왕하면 피해없이 성취되는데 자손 爻가 약하므로 父성도 피해, 자손도 피해다. 父성은 부모님, 가정, 주택문제 표시. 世가 앓고 있으니 부부 중 하나가 피해를 보게 된다. 또한 초爻 財가 암동〔암동은 스스 로 충형을 말함. 丑未 암동형〕2爻 父〔亥〕를 극한다. 극제시키는 財 丑土 힘이 무력 상태에서 왕한 父를 극제시킴은 약한 丑土〔財〕가 다운당한 이치로 본다. 고로 財 는 처궁이요 돈이다. 처가 병원 신세, 자손도 병원에 입원하였다. 병원출입살이 이

중으로 더 심하다. 자손 午와 초爻 재성 丑土가 2효 父성 亥를 극하여 주거 이동수 발생.

- 財물점에서는 官이 발동하면 막히는 일이 많다. 이유는 官은 兄을 극하여 財의 원신 孫의 목줄을 차단하기 때문이다.
- 身은 世보다 우세하니 身이 상하면 마땅치 않다.
- 회두극이 되어도 본爻와 변爻가 合이 되면 구사일생.
- 兄에 天乙귀인, 祿이 있으면서 世와 合하면 꾀하는 일이 성취.
- 초爻나 宅효가 극파, 충, 공망되면 가운이 패망.
- 은복 官귀가 世를 대하면 병 뿌리가 깊은 상태.
- 財 복신이 공망이거나 劫살이면 회수하기 힘들다.
- 동한爻가 官을 극하면 건강 이상.
- 父爻가 世爻를 생부하면 등과급제다.
- 世 자리가 三형살과 병원출입살이 되면 수술이 많다.
- 5爻 자손이 청룡에 임하고 宅爻를 극하면 큰아들이 입지대성.
- 초爻나 宅爻가 자손을 극하였어도 그 자손 爻에 청룡이 임하고 왕성하면 자손은 더욱 발전지상이다.
- 宅爻가 5爻를 극하면 망한 집안이고, 큰아들 실패.
- 길신이 타효와 合신되어 흉신으로 변질, 世에게도 흉극이 되면 만사불발.
- 내괘의 父가 자손과 가까이 잇으면 근친, 타부모 밑에서 의탁.
- 女명에 官이 지世하고 공망, 死가 되면 官귀의 흉살을 받지 않는다.
- 官귀와 孫이 같이 있으면 상극이 되는데, 장간에서 서로 合하는 것은 길조 현상이 되어 희하게 되고, 불合이 되면 상극 상태로 본다.

◎父성이 宅궁을 극제시키면 파산당한 집이다.

◎父성의 근원인 官성이 合으로 없어지면 집문서의 소유권을 잃는다.

◎청룡이 寅卯, 亥子에 임하면 식구가 는다. 청룡 자리가 合이 되어 木이 되거나 水가 나와도 해당도니다. 즉, 타성남자꼴을 본다.

◎父가 자손을 대하면 아버지의 첩이다.

◎태세 응이 世를 극충하면 상대로부터 배척, 갈라지는 운.

◎官직에는 官이 용신, 官이 世를 생合하면 소년등과, 父가 그 다음이다.

◎용신이 발동하여 변爻가 絕지에 빠지면 흉.

　　⑩ 申이 발동하여 辰을 화출, 辰은 申이 絕지에 해당

◎孫이 官귀와 合하면 자손 관직인이다.

◎내·외괘 父가 양쪽으로 있거나 내괘의 父가 외괘와 合하여 父가 새로 생기면 양자로 입가 또는 양부모 섬긴다. 타가생활, 타부 밑에서 성장.

◎진신·흉신이 寅이면 한평생 죽는 날까지 재앙.

◎官世寅이 동하여 진신 卯로 화출된 관직자는 한평생 장수직으로 살아간다.

◎官世寅이면 한평생 장수직업에 높은 자리에서 근무. 寅은 산꼭대기, 높은 자리.

◎午도 높은 자리. 午는 자주색 의상이다.

● 초爻에 財나 자손을 대하고 世나 身이 동거하면〔극파되지 않아야 함〕부모 재산 증여받아 불로소득이다.

● 자손이 官귀와 근접 상쟁하면 남편과 이별수 또는 둘 중 하나 몸이 상패, 병원출입.

● 六살은 내연상이다. 즉, 캄캄한 일을 한다.

● 초爻나 宅爻에 응〔응은 타성〕이 있으면 한 집에 타성과 동거상. 六살도 해당함.

● 財爻가 공망, 백호살이면 처가 질액, 손처.

● 官爻와 財와 같이 있으면 관액수, 실물수, 질액으로 병원비.

● 官이 화출하여 兄世를 회두극하면 10년 적공이 일조에 허물어진다.

예

官 寅 ┃
才 子 ┃┃
兄 戌 ┃┃
才 亥 ┃
卯 兄 丑 ┃┃× 世
官 卯 ┃

● 官이 화출하여 兄世를 회두극하여 10년 적공이 일조에 파산선고 당했다.

● 財爻가 발동하여 官귀로 화출되면 그동안 태평했는데 官액으로 침몰이다. 이때 財가 형충되면 재앙과 손재는 물러간다.

● 五爻에 身이 임하고 괴살이 동림하면 백약이 무효다.

● 財世가 발동하여 兄이나 官귀로 변하면 신수가 대흉.

● 태세가 世爻를 생하면 관청이나 기타의 원하는 일이 잘 풀린다.

● 女性 괘에서 財성이 父를 극하면 딸이 이혼, 사위가 흘러갔다.

예

```
才 戌 ‖ 世
官 申 ‖
才丑 孫 午 |×
才 辰 ‖
兄 寅 ‖
父 子 |
```

- 孫이 발동하여 財를 화출하고 申官을 극한다. 官이 부서지면 父는 근원을 잃어 父도 망가진다〔사위〕. 子午충으로 3개의 財국 土성이 父성 子를 극하여 사위는 흘러갔다. 丑寅午 탕화살로 독약으로 자살했다.

○財世에 白虎를 대하면 생애가 부유하다.

○官爻가 世와 같이 왕상하고 귀인 록마가 붙으면 문서로 더불어 고시합격.

○동일한 一색의 爻가 발동하면 같은 爻도 발동한 걸로 봄. 즉, 괘 내 동성 卯가 양쪽으로 갈려 있을 때 卯가 발동하면 다른 卯도 발동한 걸로 본다.

○財爻가 발동, 父를 극하면 집문서, 혼인문서, 투자문서, 부모 실패.

○내괘의 財가 宅爻 官을 생부하면서 공망이 아니면 부잣집 남자와 결혼.

○宅爻에 兄이 있으면 재원이 빈곤. 여기에 孫이 밀착되면서 兄이 孫을 생부하면 희하게 된다.

○官이 지世하고 직업이 우수하면 재복이 있고, 그 외는 빈한 명이다. 단, 官이 공망이면 무시.

○남女 모두 世 공망, 財官 공망이면 10중 8구 이별.

○청룡을 띠고 왕한 官귀가 왕世를 극世조치하면 제왕가 명이다.

○戌寅이 世와 연결되고 申년이 와서 寅을 극제조치할 때 제왕가 운이다.

• 戌의 世는 戌로 취하고, 寅은 戌寅 長生궁지에〔戌寅은 엎드려 있는 말이다. 즉, 伏馬라 칭함〕申년이 와서 복마를 충하니 엎드린 말이 일어서 출정함으로 제왕가 운을 얻어 대기업에 취업했다.

● 父가 청룡을 대하고 귀인 록마이면 사위가 고위직.

● 女子 兄이 국을 이루면서 官이 무제극되면 백수 남편이다.

● 孫世에 父성이 밀착되면 孫이 극을 받아 알코올중독자, 병자의 몸.

● 사주 日·時·년지를 기준, 고신·과숙살이 世나 身에 임하면 부부 정이 냉냉.

● 兄이 왕하면 재물과 신명을 다친다. 이때 官이 발동하면 구할 수 있다. 官운을 만나면 대발, 이 운이 지나면 번 돈을 까먹는다.

● 원진살은 충파 刑살로 본다.

● 世가 기신에 처하고 기신이 왕할 때는 극世조치가 용신이 되는데, 만약 미약할 때는 世의 운명은 공허하게 된다. 世의 기신을 설기시키는 爻로 용신을 정한다.

● 財 공망은 불리한데, 財 공망을 충거하는 년도나 財 공망운을 만나면 재물운을 얻는다.

● 응이 世를 생하면 형제덕, 친구덕, 처덕 有.

● 財爻가 世爻와 생습이 되면 꾸준히 재물이 생긴다.

● 身에 官귀가 임하면 송사, 형벌, 질액, 파재.

● 청룡이 자손을 대하고 財世하면 자손은 자연 생財가 되므로 世도 청룡 자리에 임하는 것과 동일시한다.

○兄이 養이면 형제나 친구가 원조.

○世와 宅爻간에 원진살이 엮어지면 이사, 이동.

○六살 해설법을 중시한다[380페이지 참조].

○3爻 자리에 絕궁이 임하면 갈라진 형제가 있다.

○六爻 모두 난동을 부리면 이사 불리. 世가 공망이면 이사 그만두는 것이
좋고, 다음 해로 미룬다. 世응이 상생이면 길.

○자손의 병에는 父가 동하여 孫을 극하거나, 官이 동하여 孫이 되면 실자함
을 면치 못하리라.

○官귀가 동하여 世응을 생하거나 合을 이루면 타인의 권세를 빌어 성취. 왕
官이 世 혹은 身을 생습하고 孫이 정하고 발동하지 않으면 권세를 빌어 성
취한다.

○응爻가 내괘에 있으면 가까운 친척, 친한 사람이고 외괘에 있으면 먼 친척
이다. 만약에 내괘 응으로부터 世爻가 상극되거나 내괘 응의 爻가 자손을
극하면 자손이 가까운 친척한테 손실을 당한다.

• 내괘 응의 父가 자손(子孫)을 극하였다. 가까운 친척
고모부한테 자손이 금전거래를 하다가 사기를 당했다.

천벌을 받아 죽을 것이요, 3代까지 망할 것이다.

● 응 戌이 내괘 世와 습이 되니 가까운 친척이다. 卯戌습

하여 父성 火로 둔갑하여 申金 자손을 극하고 있다. 외괘

응은 먼 친척인데, 내괘의 世와 습하면 가까운 친척으로 본다. 응의 戌이 습하여 父

성 火로 되었다. 가까운 친척 매제한테 자손(申금 자손)이 금전거래상 사기당했다.

이유는 응 戌土가 습으로 火가 되어 申金 자손을 극한 탓이다. 내괘의 世 당주는 외

괘 응과 습이 되어 매제를 믿고 신임한 것을 매제는 착함을 위선, 돈을 뺏는 악질

도둑이 되었다. 3대까지 망할 것이다.

※대운 10년 단위 운명 계수를 2년 단위로 분해, 똑똑한 운세 판단(555페이지 참조).

○**소송점 −** 劫살이 身을 보거나, 六살 身에 원진살이 되면 관송을 면할 수

없다.

○태세가 官을 극하면 석방된다. 世에 刑官이면 刑을 받는다. 世에 官이 임하

면 아신이 불리.

○도화살과 습이 된 오행은 도화살 작용이 강화되어 바람살이 심하다.

○3효는 六효의 중심허리다. 3효 오행이 충극을 당하거나 병원출입살 또는

원진살이 되면 허리병, 허리 수술.

○3효 財가 형살이 되면 허리 수술.

○六살이 초효에 있으면 유아기에 죽을 고비 경험.

○六살이 외괘에 있으면 원방 외지에서 죽을 고비.

- 六살이 2효에 있으면 사춘기 나이 때 죽을 고비 당한 일이 있다.

- 子水에 父성이 같이 있거나 부성이 극제하면 부친이 약물중독 환자 또는 약물로 죽거나 물에 수장된다.

- 육친성이 탕화살에 받쳐 있으면 약물환자이거나 총탄, 불, 화염에 죽거나 화상.

- 宅爻나 초효에 탕화살이 官귀를 대하면 선친이 총탄이나 불에 흉사했다.

- 劫살은 숙청살이다. 죽을 때 악사하거나 선친이 흉지에서 비명으로 죽거나 악질병[암]으로 죽는다.

- 父성이 자손을 극하면 혼인에 말썽, 파기.

- 女명 官이 宅효에 있으면 25세 이전 결혼. 官이 극파되면 가난한 남편, 무능한 남편, 남편덕이 없다.

- 남자는 財성이 宅효에 걸치면 조혼, 3효에 있으면 30세 전후 결혼.

- 女는 자손이 공망이면 남편과 잠자리 서로가 냉냉, 물과 기름.

- 자손이 子로 되고 공망이거나 父에 극제되면 여자의 자궁이 차가워서 서로가 불감증, 밤일이 죽어간다.

- 남자는 財효나 孫이 퇴신이면 처와의 잠자리가 냉냉.

- 世財에 官을 보면 재산복이 없지만, 世官에 財를 보면 부귀 명이다.

- 官이 용신이고 財가 생하면 부귀공명이다.

- 官이 비견과 合하여 기신 官이 나오면 10년 적공이 동체가 된다[신약사주].

- 청룡, 長生, 록마 같은 왕성한 爻는 태세에서 충파를 당해도 피해 받지 않는다는 것도 상식적으로 유념.

- 官이 변하여 孫이 되면 부귀하고, 孫이 변하여 官귀로 변하면 재앙이다.

- 기신 흉살이 공망, 死, 絶, 墓이면 무해(無害).

●世에 孫이 임하면 복덕이 되는데, 官이나 父가 봉하면 상쟁이 되어 불길.

●자손이 世를 생하면 자손덕 有.

●괘 중에 병원치료살이 부각되거나 官귀가 世에 임하면 병원 신세.

●六爻점에서 매년 병원출입살이나 孫이 官世를 직접 극하거나 官성이 충형되면 병원출입살이다.

●허가나 문서는 왕한 父爻가 世身을 생습하고 財가 정(靜)하면 된다.

●매년 官살이 많으면 가중 수술 환자 발생.

●극자가 三습이나 六습이 되면 용爻를 극하지 않는다.

●父가 동하면 매매점에 불리하고, 孫이 동하면 매매점에 길하다.

●孫이 복신에 처하고 공망이면 성공한 자식 실패작이다.

●兄에 祿마나 天乙귀인 같은 복신이 있으면서 世와 생습하면 꾀하는 일이 성취. 만약 이 운명 계수에서 벗어나면 그 이후 운명 계수 나이에서 성취.

●응이 世를 생하거나 습이 되면 노력하지 않아도 자연히 이루어진다.

●도화살이 공망이면 부부 정에 구멍이 생긴다.

●財가 父와 습하여 財가 나오면 착함이 위선, 돈을 뺏는 사람이다.

●世爻에 三형살이 얽히고 우월 신분이 아니면 관액이나 수술을 많이 한다. 여기에 병원출입살이 가담되면 무차별로 당한다.

●財에 官귀나 兄이 같이 있으면 관액을 만나거나 실물수.

●官爻에 귀인이 있으면 관직인이요, 그 외는 중개인이다.

●五爻는 로상인데, 官귀가 五爻에 임하면 외출이나 차 사고 조심.

●비견이 되는 兄이 財와 상쟁이 되면 도둑의 친척 친구가 내 돈을 훔쳐간다.

●劫살은 사기성이다. 남에게 사기친 일이 있다.

●사주 日간을 기준하여 괘 내에 첩살이 있으면 첩을 응한다.

◎태세가 宅爻를 극하거나 父를 극하면 부모에게 재앙〔원진살도 해당〕.

◎父가 자손을 극하고 入墓되면 후손에 고아가 있다.

◎宅爻나 초爻에 兄이나 官이 있으면 평생 손재 한번 꼭 있다.

◎의사 팔자는 병원출입살이 있거나 刑살을 구비, 官世 또는 官이 용신이 될 때 의사직 운명이다.

```
        蓋
孫 戌 ▮응身 청룡
才 申 ▮浴亡
兄 午 ▮
孫辰官 亥 ▮X 世
孫 丑 ▮▮財고
父 卯 ▮ 子(자손)
```

男
丙 丁 辛 庚
午 巳 巳 辰

● 사주에서 일색 거듭을 복음살이라 한다. 복음살은 사람 실패 아니면 돈 손실. 결혼의 별이 복음살로 첫 부인과 갈라졌다. 재혼하면서 첩의 음덕으로 관직에 진출, 성취한 사람이다. 5효 申財가 浴亡에 임하여 첫부인과 이별. 卯申 원진 神살에 본처는 정신병으로 가출, 행방불명. 身에 청룡이 임하고 財申을 생부, 다시 財申金은 世를 생부하니 청룡의 부귀 명이다. 왕한 자손 土성이 世를 극하지만 亥卯合의 방어, 안보다.

◎官이 자손과 서로 봉하면 신액, 관액, 재액, 실패다.

◎世에 자손이 임하고 무조건 길조로 보면 오산. 世孫에 父가 이중, 3중 대하면 자손 世가 父성에 상하여 신액, 재액, 자손액 등 만사 불행.

◎사주에 비견 겁재가 태강하면 식상을 과도하게 도와주므로 자손이 해를 입는다. 과잉보호는 반격 상태다. 그러므로 자손들이 가난한 출신이라도 세상물정을 모르고 온상에서 자라다가 세파 속 세상살이에 적응을 못하여 실수, 패인이 될 수 있다.

- 世兄을 대한 궁의 나이에서 자손 직장운이 열린다.

- 兄世하고 父성이 생조해주면 직업운이 길창. 장생과 습이 되거나 습한 자를 장생이 받쳐주면 역시 자손이 장수 직업이다.

- 世나 身에 청룡이 임하면 용이 되어야 하는데 청룡을 파시키면 용이 하늘로 승천을 못하는 상으로 고배를 당한다.

- 長生에 養이 받쳐 있으면 씨가 터져 생명의 음이 나오는 것처럼 거목이다. 그래서 長生이 있는 자리는 거목이 된다는 뜻이다. 행운에서도 이 법을 사용함.

- 병점은 身이나 命爻에 白虎를 만나면 흉. 官귀가 身爻에 있으면 낫기가 어렵다. 申酉는 官귀로 申命에 임하면 골절상이요, 刑살에 임하면 중병.

- 기신 흉살이 공망, 墓, 絶이면 무해.

- 世爻를 충극당하는 운이 가장 무섭다.

- 世에 子孫이 임하면 복덕이 되는데, 官귀나 父를 봉하면 상쟁이 되어 여의치 못하다.

- 공망된 흉신이 世를 극하면 무해하다.

- 12운성, 12겁살 활용.

- 世爻 또는 필요로 하는 육친 자리에 12운성, 12겁살을 붙인다.

- 음복신이나 공망, 絶이 임하면 이루어지지 않는다.

- 父성은 노력을 많이 하나 공력이 없고 중도 실패.

- 내괘는 가까운 친척, 외괘는 먼 친척. 타궁의 내괘는〔世가 외괘에 있을 때 내괘를 타궁이라 칭함〕 근방인, 외괘는 원방인.

- 官 위에 귀인이나 祿이 있으면, 즉 寅이 祿官이면 형제나 자손이 관직인이다.

- 身世에 官귀를 띠면 일생 재앙과 질병.

- 자손이 世를 생하면 자손덕 有.

- 자손이 지世 동하여 財가 나오면 財는 官을 생하여 옛 직업을 버리고 새로운 직업을 얻는다.

- 財물점에서 官이 발동하면 막히는 일이 많다. 혹시 관공서 재물을 구하는데에는 길.

- 괘 중에서 병원출입살이 世身과 부각되면 병원 신세. 상충되는 오행에서 병이 발생.

- 보통사람이 世의 官귀가 공망이거나 入고되면 官귀의 피해를 입지 않는다. 다만, 생가는 붕괴된 집안이다.

- 보통사람이 10년 단위 대운에서나 세년운에서 官이 지世하면 취업을 하거나 새로운 창업 문서가 열린다. 만약 무정하면 官귀에 대한 몸살을 득한다. 이때 財나 父가 발동하면 官에 대한 재앙은 없다.

- 태세 父성이 浴살이거나 合, 충, 원진살은 이사, 이동, 집문서, 다른 문서 교체다.

- 官과 자손이 함께 있으면 손재 또는 관액, 신병.

- 신분이 우세하고 世官을〔왕상〕 자손이 눌러주면 한평생 권위직으로 살아간다.

- 자손과 官성이 동주하면 항상 손재가 있다는 것.

- 劫살은 질병, 손재, 관액, 숙청, 몰수 살인데 세운에서 기신이 劫살에 해당하면 상기와 같은 흉재를 받는다.

- 世身에 長生이 관계되고 長生이 괘 중 炎와 충이 되면 학당신이다. 장학생으로 최고 학부.

○世와 身은 내몸이요 내 가정, 응은 타인의 집.

○父는 조부모, 부모, 선생, 윗사람, 주택문서, 계약, 고소장.

○兄은 형제, 친구, 바람. 孫은 자손, 손자, 사위, 며느리, 제자, 충신.

○官은 공명, 구직, 귀신, 남편, 남편의 형제, 혁명, 병난, 요사, 시체, 관재,
  송사.

○財는 처, 첩, 제수. 외괘 財성 극, 파, 공망은 제수나 형수가 독신팔자, 노복,
  재산.

○天乙귀인, 祿, 각종 복신 12운, 12신살은 사주에서 정한다.

○상문살은 띠를 기준해 전진 3번째 닿는 곳, 조객살은 후진 3위다.

○잉태 – 자손 爻가 왕상하면〔女자 기준〕길, 胎爻가 출현되면 잉태 소식. 그
  러나 胎가 白虎에 임하면 잉태운이 없다.

○자손신이나 처 용신이 양(Ⅰ)은 남, 음(Ⅱ)은 여아다.

○女는 父성을 사위로 보고, 남자는 孫을 사위로 본다.

○초爻나 2爻가 형살을 받으면 붕괴된 집안 출신이다. 원진살도 해당된다.

○보통사람이 官귀를 띠면 액을 당하는데, 만약 官이 공망이거나 孫이 막아
  주면 액을 면한다.

○보통사람이 행운에서 官이 청룡이 되거나 귀인성을 대하면 일자리 생긴다.

○財효가 내괘에서 동하면 남이 재물을 보내준다.

○왕상한 財가 왕한 身을 극하고 청룡이 임하면 金玉이 만당이다.

○청룡이 身에 임하면 해외의 재물을 득한다.

○官효와 財효가 같이 있으면 관액수, 실물수.

○자손이 음복되었을 때 비신에 財효가 官귀로 변하면 흉인데, 반대로 官귀가
  財로 변하면 부귀하다.

예

```
(金)

才 寅
孫 子
父 戌 ┐ 合火
才 卯 ┘     水극火
官 巳   子孫
父 未
```

• 3효 才卯가 戌과 합하여 火 관성이 나왔다. 官성 火는 음복된 자손 子水와 水극火되어 흉이 된다는 뜻이다.

○世財(卯)에 官귀 午火를 보면 財가 午火에 설기되므로 재물이 나가는 형이 되어 흉. 반대로 世官(巳)에 財(卯) 견은 부귀하게 된다는 뜻. 즉, 타의 財가 世官의 인수 역할로 도와주어 재물이 들어온다는 이치다.

○충도 되고 합도 되면 처음은 곤고하나 후분은 개운된다. 또한 탐생망극이 되어 해제가 된다.

○身이 길지에 처하여 생왕생부를 받으면 입신한다.

○청룡이 기신에 해당하면 주색으로 곤하다.

○청룡이 용신에 유정하거나 용신 世에 원신 역할을 하면 청룡의 음덕을 본다.

○등사가 동하고 官귀를 띠면 관형.

○父가 世 또는 身과 합하여 용신이 나오면 창업문서, 집문서, 일자리 문서 잡는다.

○세년에 財가(왕하고) 극파되면 투자처나 창업문서 열린다.

○父가 자손(孫)을 대하면 아버지의 첩이다.

○자손이 父성에 극파되거나 자손과 官성이 대동하여 상쟁하면 자손이 거금을 날린다.

○五爻에 身이 임하고 괴살이 동림하면 백약이 무효다.

○내괘는 소망 대상 사업의 경영 성패 여하. 내괘가 외괘를 극하거나 世가 응을 극하면 만사가 성취.

- 官이 지世하여 財가 상생하면 재물 구하기가 용이하다.
- 청룡이 寅卯亥子에 임하면 식구가 늘게 된다. 또 청룡 자리에서 合이 되어 木이나 水가 나와도 식구가 늘게 된다. 남명은 타성 꼴을 본다는 뜻. 女명은 타성 자손을 맞이한다는 뜻. 청룡 자리에 木이나 水가 출현해도 마찬가지.
- 부호의 명은 財가 왕상, 財고한 까닭. 庫는 金고·食고를 말합. 財고 알아보는 법은 사주 日간을 기준. 예 庚辛 日간은 未가 財고다. 壬癸日은 戌이 財고다.
- 외괘에 응이 있고 내괘에 世가 있어 응이 世를 생하거나 내괘의 世·응이 모두 왕상 비화되면 소망성취.
- **재물 구하는 점 –** 왕한 財가 世 혹은 身을 생합하고 원신이 생왕하면 여의하다.
- 모든 일에 兄爻가 동참함을 불리한 것으로 보나, 만일 兄爻가 귀인 祿마 등의 희신을 띠고 世를 생하면 묘사가 성취된다.
- 父世가 같이 있으면 일신상 노고가 많으며, 여기에 財爻가 발동하면 父를 극하여 뇌물죄로 구속.
- 世가 財에 임하면 경영사는 길하나 직장관계는 불길. 여기에 財世가 발동, 兄이나 官귀로 변하면 신수가 대흉이다.
- 태세가 世爻를 생하면 관청이나 기타 원하는 일이 잘 풀린다.
- 官성이 養이면 만능직업이요, 기능직이다.
- 兄에 청룡이 임하고 世나 身에 유정하면 친구의 구원을 받는다.
- 辰戌丑未가 養이면 토지나 건축물에서 불로소득.
- 六살이 화개살에 놓이면 땅이나 토지 경계선 가지고 싸움질.
- 六살이 내괘에 있으면 어린 시절 중병으로 신고 막심, 죽을 고비 당했다.
- 女명 合이 되어 자손이 새로 생기면 타성남자 자식꼴.

○財성이 養이면 투자나 증권에 많은 이익.

○官성이 祿이면 남편이 고관, 즉 庚金이 정관이라면 庚金의 록이 되는 申金이 사주에 투간될 때 해당함.

○女명 자손과 官성이 合하여 용신이 나오면 남편이 고관.

○長生은 다른 길신보다 최고의 길신이다. 극파가 되어도 생육을 잃지 않고 다시 성장한다. 長生이 있으면 빈곤 명이라도 의식 걱정 없이 인생 대길 운명이다.

○초爻나 宅爻에 財고가 있으면 집을 지니고 산다.

○世 또는 응에 兄이 있으면 배 다른 형제 있다.

○응 官성이 世나 身과 三合하면 배우자가 음란하다.

○女자의 운명에 외괘의 官귀가 世와 생合하면 남편이 음란, 응에 養이 있어도 남편이 음란.

○世응이 비화되면 身위가 편안, 근심이 없다.

```
卯
巳
未   世
卯
巳
未   응
```

● 초爻 응 未가 世의 未와 비화되어 재력가의 자손이다.

○世가 辰 또는 戌을 소지하고 寅이 가까이 있으면 戌寅을 소지한 걸로 보고 戌寅은 가문폭락살로 실패한 성공을 다시 부활, 회춘한다는 역전승.

○기신이 養이면 여우의 의심이다. 해충물.

○官귀가 동하면 兄제를 극하므로 불안하고, 혼인점에는 마사가 붙고 말썽이 일어난다.

◉보통사람이 官世하면 배우자 중 하나가 무능, 병자, 손재 등등.

◉女명 官이 변하여 퇴신 官이 나오면 소실 팔자, 재혼 남자와 결혼.

◉태세 父가 天乙귀인이면 문서나 허가 합격에 경사.

◉兄世가 父를 화출하면 구직 합격증이다.

◉宅효나 초효 父가 청룡이면 고급주택.

◉財가 父를 극하면 검은 거래죄다.

◉世나 身이 자손과 합하여 자손이 나오면 씨 다른 자손 꼴을 본다. 그렇지 않으면 연인과 밀애 현상, 검은거래다.

◉父가 자손을 극하면 가중 타성남자 자손 혹은 밀애 현상, 자손 실패.

◉官귀가 손에 극파되었어도 孫에 長生이면 구사일생이다.

◉宅爻나 초효가 괴살이 해당되어도 청룡이 받쳐 있으면 부모대에서는 실패 했지만 당대에서는 부흥한다.

◉자손이 靑龍과 같이 있거나 자손이 청룡과 생습하면 자손들은 큰 인물.

◉父가 자손을 극하거나 父가 동하여 자손을 생출 극제하면 자손 결혼 실패, 본명도 불화 아니면 이별 징조.

◉복신은 비신을 극하거나 타신이 극제하면 발한다. 만약 복신이 소통의 통 로가 차단되면 실패작이다.

```
寅 |
子 || 巳孫자손
戌 || 世
辰 ||
寅 ||
子 |
```

● 五爻 자손 巳가 비신 子에 극파당하고 있는데 마침 戌 土가 비신 子를 극제시킴으로 巳 자손은 통로가 개통 되어 發하게 되었다. 만약 戌土가 멀리 있거나 보이지 않을 때는 子水가 巳火를 극제시킴으로 자손은 실패작 이요, 아신도 근원을 잃기 때문에 붕괴하게 된다.

◎財 공망은 충시키는 년도에 재물을 얻는다.

◎孫이 복신이고 괘에서 충형이 없을 때는 사주에서 충시키면 發한다.

◎복신은 충시켜야 발한다는 것을 잊지 말 것.

◎財官이 습신이 되었을 때 행운에서 습생된 父를 충하는 운에서 성취한다.

官 巳
父 未
兄 酉
才 卯
官 巳
父 未

● 財 중 卯乙이 巳 중(官) 庚과 습이 되고 있다. 卯는 酉충이 되어 재차 酉년이 卯를 충거시키면 재앙이다. 그러므로 酉년은 재앙이고, 亥년은 巳를 파시킴으로 성취된다는 것.

◎財官 용보다 孫 용신이 재복이 넘친다.

◎왕상한 世나 身을 청룡이 극제하면 金玉이 만당.

官 巳 ┃	
父 未 ∥	
兄 酉 ┃	
父 辰 ┃	世 청룡
才 寅 ┃	
孫 子 ┃	

● 청룡을 소지한 왕한 父世를 왕한 財寅木이 극世조치하니 청룡과 재복이 곡창에 그득하다. 목재소 사장으로 수백억 재산가이다. 알몸으로 상경하여 자수성가한 사람이다.

◎父성이 공망 또는 亡신살이면 한쪽 부모가 실패.

◎자손이 父와 생습하면 부모에게 효도, 효자 자손.

◎父성이 兄을 생조하면 부동산 일로 실패작, 곤란사.

◎용신은 世의 밥그릇이요, 환경 소요물이다.

◎용신이 성하면 환경 소요가 좋고 부자의 명이다. 그 반대는 빈한 명.

◎재성이 官성에 설기당하거나 兄제신에게 극제받으면 돈 실패 막심.

- 괘 중에 父가 많으면 자손의 액, 부모액.

- 부성 申金은 모친으로 본다. 申父가 공망이거나 死절묘이면 모친이 조별 또는 타부 밑에서 자랐다〔외괘에서 그러하다〕.

- 世는 주인이요, 身은 몸통이다.

- 死絕墓에서 死의 피해가 크다.

- 대소운에서 世財가 父를 극하거나 身 자손이 官을 극하면서 世의 財가 官 성에 설기태심하면 투자손실 막심하다.

- 자손이 官살과 암습하면 자손이 권위직이요, 직급이 높다.

- 기신 官살이 내괘에 있으면 근방 친척한데 사기당하여 손재다.

- 女 官귀가 養이면 남편이 여우짓.

- 쟁송은 응이 世에 의하여 養, 生 12운성의 길성이면 상대가 승소.

- 쟁송에서 世와 괴살〔기신〕과의 중간 오행이 증인이다. 기신 괴살이 상대를 생부하면 상대를 유리하게 증언해주고, 반대는 世에게 불리한 증언. 世를 생부하거나 비화이면 아신을 유리하게 증언한다. 즉, 변호사.

- 世에 兄을 소지한 자는 兄제신을 강조하지 말고 배우자신으로 꼭 보라. 즉 兄이 극, 파, 원진 등이면 먼저 자손에 연고가 발생. 두 번째는 배우자에게 연고가 발생. 兄은 자손의 맥줄이다.

- 六爻에서 괘가 이중으로 三合국을 이룰 때〔예 申子辰 水국이 되고 한편으로는 寅午戌 火국이 되면〕 水국이 火국을 극하면서 상쟁이 되는데 화국의 육친성 을 비교하여 실태를 타진한다.

- 발동한 爻가 〔예 未가 발동하여 괘 중의 亥卯未가 형성되면〕 亥卯未 木국이 財 성되는 土성을 극상시키면 가혹하게 파해. 또한 亥卯未 木국이 世나 身에 생습이 되면 世나 身이 왕상을 띠게 되어 대적할 수 있다.

◉**申의 劫살** − 劫살은 재개발 지역의 신살이다. 劫살이 世나 身에 유정하면 劫살의 전수를 받는다. 申金 劫살은 지방토지, 야영주택, 지방사업장, 임야, 토지를 상징한다. 시골에 있는 건축물이나 임야, 토지 재개발 지역으로 묶여 손이면 손, 이로우면 이익의 증가로 양분된다. 申 劫살이 世 또는 身에 생슴이 되면 시골 부동산이 재개발로 묶여 많은 이익을 얻게 된다. 특히 타효의 養이 申 劫살을 생조 비화되면 그 개발권에서 많은 이익과 불로소득으로 횡재수가 일어난다. 부동산이 개발권에서 손이면 속히 처분하는 것이 좋고, 이익이면 처분하지 말고 증식될 때까지 묶어 놓아라.

◉父가 자손(孫)을 파극하면 부모는 파산선고, 본인 자손은 재산탕진, 혼인파기.

◉財가 父를 손상시키면 부모 파산선고, 아신도 재물로 인한 파산선고, 실명 아닌 차명으로 인한 부동산 관리 허술로 소유권을 모두 잃는다.

◉공채, 관직시험은 먼저 官성이 世와 인연이 있는 것을 우선하며 태세운에서 世가 財에 임하거나 財가 발동하여 父世를 극제시키면 불합격. 父효나 官효에 신살, 원진살 같은 것이 접하면 시험에 불합격 운이다.

◉財가 官성과 같이 있고 태세가 財를 극충하여 몰아내면 합격할 수 있다. 天乙귀인, 官학관도 중시.

◉孫은 외가 쪽 부모로 본다. 孫이 손상되면 외가가 침몰. 孫이 世나 身에 관계되면서 孫에 養이 받쳐 있으면 외가에서 부양, 성장.

◉子孫이 官성을 극할 때 서로가 슴을 이루면 극하는 것을 잊어버리고 더욱 친절해진다. 이때 슴을 이룬 오행으로〔희신〕 의지하고 살아간다.

◉파직 또는 퇴직운은 官성이 水성이라면 관이 되는 水를 극제시키는 운명 계수 운에서 퇴직하게 된다.

- 兄제신이 浴살이라면 이복형제로 보고, 형제와 불목.

- 남자는 財성이 官에 설기태심하면 여자친구와 오래가지 못하고 단절 상태가 심하다.

- 신왕사주 世兄이 좌하거나 兄이 쌍쌍으로 일색되면 여자 욕심 대단. 배우자를 극하여 갈라지는 경우가 있다.

- 2효가 원진, 형충, 공망이면 일찍 타향, 객지 생활.

- 세운에서 財가 父를 극하면 부모에게 액, 재물액.

- 장生, 養이 있는 자리가 극파되었더라도 뿌리는 살아 있으므로 재가하여 일어선다는 뜻이다.

- 항상 상호간에 극파되었어도 암습이 되는 자를 확인하라.

    예 戊土가 子를 보면 암장에서 戊癸습이 됨을 알수 있다. 戊癸습이 되면서 희신이 나오면 기대가 있다.

- 출생月의 조후가 世나 身에 오행상 위반되면 격이 떨어져 지각 인생이다. 이때 습이 되어 조후에 맞는 오행이 나오면 위안.

- 제일 무서운 것은 공망살과 원진살, 劫살, 상극살, 상형살이다. 흉신에 공망은 좋게 되지만 그 지장간 육친의 피해가 따라다닌다.

- 世가 비록 기신과 접하였으나 자손과 습하여 자손이 나오면 世도 자손 역할을 함으로 소원성취할 수 있다.

- 父성 土가 水되는 자손을 극제하면 父는 약물로 독사하거나 물에 수장. 자손은 父에 극상되면 부동산에서 크게 실패, 집을 날리거나 배임죄로 구속, 신용불량자 신세.

- 탕화살 오행이 父와 형, 충, 파, 원진살이 되면 父는 불, 총기, 흉기, 독약으로 사망.

⊙태세운에서 기신의 자손이 3개 이상 출현하면 官을 극하여 일자리 파직 또는 몸에 부상 수술, 신수 불길.

⊙타궁에 청룡이 자손과 생습하면 자손이 거물급이다.

⊙자손 자리에 長生이 임하면 자손이 고관이 된다.

⊙長生과 養은 고관으로 본다.

⊙長生이나 養이 내괘에 있으면 근친이 고등인물.

⊙자손이 내괘에 있으면서 청룡과 같이 있으면 초년부터 입지 출세.

⊙복신〔청룡, 장생, 養, 록 등〕이 내괘에 있으면 근친 가족이 조년에 입지단서. 외괘에 있으면 늦은 나이에 소망성취.

⊙외괘의 복신〔청룡, 長生 등〕이 내괘의 爻와 생습을 이루면 근친 가족이 입지 전도 예고.

⊙보통사람이 官世가 공망 또는 死絶墓이거나 자손이 발동하여 官世를 제압하면 官귀의 재앙은 없다.

⊙女子 官성이 공망, 死, 絶, 墓이면 남편과 이별.

⊙世官이 자손과 습하면 타인의 권세를 빌어 출세한다.

⊙남편성인 官성 옆에 財성이 死, 絶, 墓, 공망이면 남편이 재산탕진했다.

⊙지世官하고 官살이 국을 이룰 때는 자손으로 용신한다는 것을 유념.

⊙재성이 兄과 같이 있으면서 내괘에 있으면 가까운 근친한테 돈 소진 막심, 외괘에 재성이 兄과 같이 있으면 친구나 먼 친척한테 재산탕진.

⊙父성이 자손을 극하면 부동산 관리 잘못하여 집을 날리게 된다.

⊙父土가 자손水를 극하면 자손이 알코올중독, 女는 하체병 수술.

⊙운명 계수 나이에서 兄제신이 정하면 자손 하는 일이 뜻을 이루고 대발한다. 혹시 집을 장만하거나 확장한다.

- 운명 계수 나이에서 기신 官살이 놓이면 兄제를 위협하여 자손의 액이 발생하는데, 실물수가 있거나 건강에 이상.
- 태세 父성이 형, 충, 파, 원진살이 되면 주거변동, 이사수.
- 子〔孫〕 병에는 官이 동하여 孫이 되면 실자함을 면치 못하리라.
- 官귀가 동하여 世나 응을 생하거나 합을 이루면 타인의 권세를 입어 성취한다. 관응이 공망이면 무정.
- 발동한 孫이 世를 극하면 부부 이별.
- 財가 공망이면 부부 정도 공망살로 남남이다.
- 官이 兄世를 극하거나 가정궁 내괘 孫이 官을 극하면 부부가 냉냉.
- 발동한 財가 내괘〔가정궁〕父를 극하면 이별 징조.
- 응이 공망살이면 부부 정도 공망살로 남남이다.

```
官 巳 |X
父 未 ||
兄 酉 | 世
才 卯 ||
官 巳 ||
父 未 || 응子孫공망
```

● 초爻 응未 父성 아래 子손이 공망이면 응未 父성도 공망살을 받으므로 부부 정이 물과 기름이다. 또한 친정 부친과도 정 없이 살다가 출가했다. 응이 世를 생습하면 남편과도 사이좋게 지내지만 공망되면 무정하다.

- 官귀가 孫과 합이 되는 해에 구진구관.
- 초爻나 2爻에 官귀는 평생 한번 관액수 또는 실물수.
- 世보다 身이 더 우세하다. 즉, 財가 世에 있는 것보다 身에 있는 것이 財복이 유망하다.

○劫살이 身을 극하거나, 身과 같이 있으면 관액살을 피할 수가 없다.

○청룡이 官귀에 임하면 귀인을 만나는 것처럼 송사에 이롭다.

○父성 土가 子水 자손을 극하면 자손 중 알코올중독.

○世나 身에 三刑살이 얽히면 관직생활이 아닌 보통사람은 刑을 받는다.

○劫살, 官살 동림은 재앙의 징조. 공망은 무시.

○보통사람은 官이 지世한 것은 불리하지만 官이 世를 생합하거나 官이 용신
이면 귀인 관리의 德이다.

○보통사람이 행운에서 官의 용신이 되거나 官이 世를 생부한 조명은 실력자
의 조력을 얻거나 귀인의 德이다.

○용신 또는 世身 응이 생 또는 극을 받을지라도 절후의 왕상 또는 복신 長生
등이면 힘이 되고 이신 역할을 한다.

태세운

癸 〉대운   丁 〉태세
卯   酉

男

丙 庚 辛 己
戌 戌 未 卯

兄寅 |
孫巳 父子 ||✕ 巳孫장생
　　 才戌 || 身
　　 官酉 | 世 청룡
　　 父亥 | 財백
　　 才丑 ||

● 官世에 청룡이 임하면 특권층 계급 출신이다. 외괘의
父〔身〕가 자손을 극하거나 외괘의 才身이 외괘의 父를
극하거나 외괘의 父가 발동하여 자손을 극하면 원방의
투자처나 원방의 재산이 활력을 잃어 곤란지사다. 초
효나 2효가 내괘 청룡과 생합이 되면 살고 있는 주택에
서 경사가 발생하거나 돈으로 불로소득이다. 또한 태세世〔청룡〕官은 돈 버는 새
로운 일자리 창업이다. 역시 世官酉가 사주 財卯를 충하여 돈 버는 자리가 형성되
고 있다.

◉태세의 世가 장생을 띠면 옛것을 버리고 새로운 출발, 도전, 거주 이동.

◉왕財가 왕世를 극世조치하는 명은 빈주먹으로 소원성취, 자수성가, 一人 지상이다.

◉자손에 흠결이 없고 자손 지世 명이 내괘에서 발휘되면 바야흐로 젊은 나이에 부귀공명이 열리게 된다.

◉財世 身孫급의 명이 격국이 양호하면 국가의 동량이 된다.

◉왕한 官이 극世조치하는 명은 거물급이다.

◉동한 효의 오행은 상대를 극하는 동시에 동하여 화출된 효의 오행도 상대를 극한다는 것을 명심.

| 官 卯 ┃ |
| 才子 父 巳 ┃× |
| 兄 未 ┃┃ |
| 孫 申 ┃ 世 |
| 父 午 ┃┃ |
| 兄 辰 ┃┃ |

• 5효 巳火가 동하여 3효 世金을 극하여 흉. 5효 巳火가 동하여 화출된 子水는 午巳火를 극하여 世의 자손 申金을 회춘하는 상이다. 행운에서도 이 방식을 취한다.

◉兄 오행은 형제신으로 보지만 배우자신으로도 본다.

◉女명은 父성이 왕하면 남편에 해를 주고 자손을 극한다.

◉행운에서 官살이 집중되면 돈 나가는 일이 많고, 우환질고.

◉각 육친궁에서 자신고를 중시. 예 金의 자신고는 丑이다(즉 墓궁이다). 官살이 많을 때는 자신고의 墓가 임하면 좋게 되지만 官살이 미약시 자신고가 있으면 대흉이다.

◉六살은 요충지, 전투 충돌지이다. 길신이면 승자운이고, 기신이면 패를 당한다.

◉**내괘 외괘 작용 중시 -** 내괘는 30 이전 나이, 외괘는 30 이후 장년 나이. 내괘에 길성 복신이 있으면 30 이전 입지조성, 길신이 외괘에 있으면 중년

나이에서 운이 열린다.

- 비견이 되는 兄이 官귀와 합하여 兄으로 변하면 兄과 官귀와 상쟁이 되어 형제도 다치고 남편도 다친다. 부부지간 불화쟁론. 재물이 들어와도 다 나가버린다.

- 행운에서 官이 발동하면 兄을 극한다. 兄은 형제신으로 보지만 사주학상 日간을 표시, 부부지간으로 본다. 그러므로 남편 또는 처에 대한 불상사가 발생하게 된다. 두 번째로 자손에 대한 근심이 발생한다. 세 번째로 형제에 대한 연고가 발생.

- 兄제신과 자손(孫)이 바짝 밀착되고 충실하면 부부 운세, 자손 운세, 형제 운세 모두 번창한다. 만약 형제신이 행운에서 극파당하면 자손의 운세가 기울게 되고, 부부 운세도 파란이 생긴다.

- 兄이 동하면 財를 극하여 실물수도 발생하고, 자손의 애로사항 발생. 이유는 자손의 통로가 차단되므로 일자리와 가정운이 불길.

- 父가 동하면 매매점에는 불리하고, 송사점에는 취하가 되고, 병점은 약효가 없다. 벼슬점에는 과학수나 시험에 기대가 된다.

- 身命이 같이 공망이면 사망.

- 官귀가 동하여 世나 응을 생합하면 타인의 권세를 빌어 성취한다.

```
官 卯 |   응
父 巳 |
兄 未 ||
孫 申 |   世身
父 午 ||
兄 辰 ||
```

- 응의 官귀가 世身과 생합을 이루어 타인의 권세를 빌어 청와대 사정관이 되었다.

- **이사점** – 世의 공망 해는 이사를 접고, 世응이 상생되는 해에 하라. 상생되는 日에 유의.

- 財가 父를 극하면 재앙이다. 兄이 동하면 화액이다.

- 12지 命宮법을 六爻에 사용하면 운명이 추가된다〔465페이지 참조〕. 태세 행운 六爻법에 12支 명궁을 제시하였음.

```
孫 酉 ‖    청룡 田宅
兄戌 才 亥 ‖×   財錦
    兄 丑 ‖ ⎫
    兄 丑 ‖ ⎭ 養 相貌
    官 卯 ┃  世 官福
    父 巳 ┃  病厄
```

男

己 戊 丙 乙
未 申 戌 巳

- 酉孫에 田宅이 되어 世와 연관 亥財금은 世에 생合, 직원들이 협력해 준다. 兄丑 相모는 인기손님이 養에 재운이 된다. 世官 관복은 돈 버는 자리가 복이 되고, 父성에 질액이 되어 부모님의 질액으로 근심 받고 있다(실제 그러함). 巳 록이 되어 쾌차.

12운성과 12신살에서 해명 자료가 중요

- **劫살** 흉지 사망, 흉사, 숙청살, 재산몰수, 급질, 악질병, 검열관
- **囚옥살** 구속, 감방, 법조계, 경찰, 검찰, 형무관, 형액살, 동물원 관리사 근무, 포로, 납치
- **天살** 형벌, 신병, 종천, 불조심, 물조심
- **地살** 정보통신, 간판, 선전
- **年살** 미, 총명, 사고, 바람
- **月살** 곯은 달걀 상징, 신병, 무당
- **亡신살** 망한다는 뜻, 여러 모로 실패, 색정, 병란, 겁살 성질과 일치

- ◉ **將성살** 무관, 장군, 치안, 내무부장관, 將살이 기신역이면 편관 작용
- ◉ **攀안살** 편안한 생활, 감춘다, 소득, 보석함, 증권 투자
- ◉ **六살** 죽을 고비, 관액수, 신의 세계, 경계선, 囚옥살과 비슷, 길성은 오복
- ◉ **萃살** 문장, 총명, 바람, 신앙, 변화성
- ◉ **역마살** 교통수단, 해외, 외교, 외지, 타향

▶이름 없는 민요가수

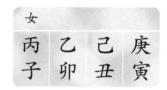

```
              絕
     官 寅 ▮ 世
     才 子 ▮▮ 공망
     兄 戌 ▮▮
     孫 申 ▮ 身
  官卯 父 午 ▮▮ 장생
     兄 辰 ▮▮✕ 청룡
```

● 女명 世에 寅 관귀를 대하고 3효 孫身을 득지하여 고등 인물처럼 보였다. 하지만 패작인의 여자 운명이다. 그 이유는 여자로서 소지한 寅 官이 絕궁에 임하면 절의 흉을 받아 부부 이별이요, 고등 일자리도 좌절당하게 된다. 초효 辰土 兄의 청룡이 官卯에 회두극을 받아 초혼 남편과 이별하고 재취, 남자와 동거하다가 10년만에 또 이별했다. 午火 父성은 장생으로써 결혼문서 한평생을 뜻한다. 하지만 子午충으로 장생을 좌절시켜 혼인문서 해체 요소다. 女子 申金 孫이 火력에 극을 받으면 남편이 여자 자궁을 냉대, 외면한다. 世官이 絕이 되면 일자리도 보증수표가 아니다. 민요활동에 종사했으나 관심과 인기를 얻지 못해 하차, 지금은 병원 환자 도우미, 간병생활.

● 초혼 남편은 주먹世界 전과자였다. 이유는 子의 囚살과 초효 화출된 官卯가 子卯 형살. 子卯 형살은 유공자가 아니면 전과자, 지명수배자다. 초효 辰土는 청룡인데 회두극을 당하여 벼슬이 낙향하는 상이다.

```
官 寅 ▮ 絶
才 子 ▮▮
兄 戌 ▮▮
土辰 兄 丑 ▮▮  世申孫×청룡
官 卯 ▮  身
才 巳 ▮
```

●世에 兄이 왕하면 자손이 잘 된다. 3爻는 중심허리 역할이다. 3爻에 世가 임하면 가정과 사회적 역할에 최선을 다하고 관심을 갖게 된다. 처와 부모를 극진히 사랑하고 관심을 갖는다. 庚巳로 이름과 명예를 父성과 巳가 世兄丑을 생조하기 때문이다. 왕世 兄을 극世조치는 卯木 官귀로 억제, 官이 용신이다. 官父 패널에 관인상생하여 世를 도우니 구의원 당선작으로 확실하다. 초효 父성 巳가 世를 협신하면 과거급제한다. 택효〔2효〕官卯가 사주 日 庚과 合, 권세가 유망하다.

●官귀가 많으면 재물복도 없고 병부살로 약을 복용, 병자의 몸.

●자손이 많으면 女는 남편운이 없어 혼자 몸이 되거나 마음도 병자, 몸도 병자.

●兄이 많으면 빈한 명이다. 자손은 잘 되어 발복한다.

●兄이 발동 官을 생출, 官이 兄을 회두극하면 10년 적공이 하루아침에 침몰.

●財가 발동 兄을 생출, 兄이 財를 회두극하면 10년 적공이 하루아침에 무너진다.

●내괘의 父성이 世 또는 身과 생합을 이루면 주택 보유자다.

乙 〉대운   丁 〉세년
亥   酉

```
        父 未 ‖
        兄 酉 ∣
兄 申  孫 亥 ∣×
        兄 申 ∣  世身
        官 午 ‖    卯才
        父 辰 ‖
```

女
甲 庚 庚 己
申 申 午 亥

● 먼저 世의 왕쇠를 본다. 世는 申金하여 3개의 金兄이 대동, 金兄을 돕는 父성 土성 2개가 생조하여 世의 兄金은 막강하다. 왕자는 극世조치법으로 용신을 정한다. 당연히 관성 午火로 世의 왕金을 억제시켜 용신한다. 官 午火는 卯才가 받쳐 있어 午火도 힘은 있다. 하지만 3개의 왕金을 억제하는데 午火 관이 역부족, 한계다. 60세 만연 나이 여성으로서 구직운이 되었다. 4효 자손 亥가 발동하여 午火官을 극제하고 있는데, 그의 남편이 그 해 파직당하고 이 여인은 구직운이 되었다.

兄世

```
        兄 卯 ∣  世 청룡
        孫 巳 ∣
孫 午 才 未 ‖×  身
        官 酉 ∣  장생
        父 亥 ∣
        才 丑 ‖
```

女
壬 丁 庚 甲
寅 酉 午 辰

● 世에 청룡이 卯나 酉에 좌임되면 전도가 있는 사람이다. 즉, 관리 아니면 이름 있는 사람이다. 자동차 운전 교육 공무원직이다. 世에 子午卯酉로 청룡이 받쳐 있으면 색란이 깊다.

官 寅 ┃ 世 청룡
父 巳 才 子 ‖✕
　　兄 戌 ‖
　　孫 申 ┃ 身
　　父 午 ‖
　　兄 辰 ‖

● 차명은 乙丑 대운과 丙申 세운에 1775의 대정수를 맞이. 왼쪽의 표와 같이 6효 寅官을 世가 소지, 청룡을 대하니 고등 일자리, 평생〔寅은 한평생을 뜻함〕직으로 합격했다. 寅은 높은 자리다.

```
        父未 ‖ 응
        兄酉 ┃
        孫亥 ┃
        兄申 ┃ 世身
청룡   官午 ‖    卯才
才卯   父辰 ‖×
  天乙          天乙
```

男

癸　癸　丁　甲
亥　酉　卯　寅

3효 申金兄이 지世하여 흉으로 보면 오산. 兄世가
왕하고 宅爻 왕한 官귀가 왕世申을 눌러주어 官직이 높다. 청룡이 官과 관계
가 되니 높은 자리에서 일한다. 초효 辰土父가 3효 世身을 도우니 행정고시
장원급제다. 4급서기관이다. 초효 財卯가 父辰을 극하니 부모 선대가 패망
한 집안 출신. 父는 고아로 성장하였다.

```
        兄巳 ┃ 응
才申   孫未 ‖×
        才酉 ┃
        兄午 ‖ 世亥官
        孫辰 ┃ 財고
        父寅 ‖ 身
           공망
```

男

戊　甲　丙　己
辰　寅　寅　酉

世의 강약을 보면 世는 午巳 兄을 대하고 청룡과

록궁이 받쳐 있어 寅木이 2개 이상의 힘을 발휘하여 世를 돕는 수는 2개가 아니라 3개 이상이 돕는 이치로 世는 왕상을 띠었다. 왕자는 극世조치법을 써서 亥水官으로 용신한다. 財국에 亥의 원신이 왕하니 부귀 명이다. 2효 孫이 寅木에 극이 되지만 왕한 孫을 극제조치함은 오히려 약이 된다.

```
官巳 |   공망
父未 ||  身
兄酉 |
父辰 |   世 공망
父丑 才寅死 |×
孫子 |
```

父가 여러 개 있으면 官이 설기태심하여 남편이 도망간다. 응 官 공망이나 世 공망은 부부 이별에 독신격. 父世가 왕하여 왕상한 財寅이 극世조치하면 부명이라 했지만 2효 財는 死궁이다. 財를 돕는 孫을 丑未충으로 극하여 財는 힘이 없다. 즉, 빈한 명이다.

```
父寅 |   응
官子 ||  身
孫戌 ||  世
官亥 兄午 ||×
孫辰 |
父寅 ||
```

4효에서 자손을 대하고 지世하여 왕하니 일생 편안하고 다복한 운명이다. 가택궁인 초효 父성 寅은 이 사주의 祿마이다. 고급주택에서 집세를 받는다. 초효 父성 寅은 청룡을 대하고 三合으로 五효 身子官을 4효 戌 자손이 극제하지만 五효 官子는 2효 辰에 入묘되어 무방하다. 건강 이상 없이 살아간다.

```
午            才戌 ▮
月            官申 ▪▪
甲    才丑 孫午 ▮× 身
辰            官酉 ▮ 世
日            孫亥 ▮
점            才丑 ▪▪
```

4효에서 午火 자손이 月을 대하고 발동하여 극世하니 흉. 그러나 6효에서 戌土가 암동[日진과 辰戌충]하여 午火 자손은 世酉를 극하지 않고, 午는 암동된 6효 戌과 생합하고 다시 世金을 생한다. 즉, 탐생망극이다. 日진 辰土가 世酉를 생합하니 승진운이다.

```
        兄巳 ▮
        孫未 ▪▪ 身
        才酉 ▮ 응
        才申 ▮ 亥 공망
官亥 兄午 ▪▪×
        孫辰 ▪▪ 世卯父
```

女명은 世가 공망이거나 官이 공망이면 과부 운이다. 또 官성이 世에 入墓되면 남편과 생사이별이다. 6효 巳가 3효 申과 합하여 水 官성이 새로 생기니 남자가 여러 명이다.

```
        父未 ▪▪ 世 공망
        兄酉 ▮
        孫亥 ▮
        父丑 ▪▪ 응
才寅 才卯 ▮× 身
        官巳 ▮
```

男

己	庚	戊	乙
卯	午	子	酉

2爻[가택궁] 財卯가 발동하여 비화 寅財를 화출, 퇴신격이다. 본처를 배신, 본처 앞에 돌아왔다가 다시 애인한테 돌아간다는 뜻이다. 亥卯未 木국으로 財가 주종을 이루니 돈 복은 없어도 여자 복은 많다.

```
官卯 官寅 ▮× 世命
        才子 ▪▪
        兄戌 ▪▪
青龍 孫申 ▮ 身응
        父午 ▪▪
        兄辰 ▪▪
```

男

戊	辛	癸	丁
子	巳	丑	未

6爻 世 관귀 寅은 天乙귀인이요, 官귀 寅 동爻는

변효 卯 진신으로 화출, 한평생 높은 자리에서 장수직이다〔寅은 높은 자리, 한평생〕. 官이 진신이 되어 왕성하다. 3효는 6효의 중심허리다. 문정에 청룡 孫을 대하고 身이 응하여 자손이 입신하고 본인 역시 근심 걱정 없이 살아간다.

```
      官巳 ▮
      父未 ▮▮  身
父戌  兄酉 ▮▮×
  養   父辰 ▮   世 청룡
      才寅 ▮
      孫子 ▮   응
```

　　2효 왕한 財가 왕한 父世를 극世조치하니 소원성취에 복과 윗사람의 원조에 부호의 명이다. 3효 世 청룡에 養이 있어 형제 부양한다. 父가 왕하여 世身을 생合, 조상의 음덕이 짙다.

```
      父戌 ▮   응
      兄申 ▮
      官午 ▮   身
兄申 才卯 ▮▮×  世
      官巳 ▮▮
      父未 ▮▮  子孫
```

　　3爻 財卯가 지世하여 재운이 있어 보이지만 파격이다. 3爻 世財 卯가 발동하여 변효 申金 兄을 화출, 財卯를 회두극하니 돈 잃고 정신병 환자가 되었다. 卯는 장손이다. 장손의 과실로 실물했다. 財卯가 官살 火성에 포위되니 설기태심하고 卯財의 원신 子는 극제 빈자다.

```
      兄子 ▮▮
      官戌 ▮
      父申 ▮▮
      兄亥 ▮   世(午財)
      官丑 ▮▮
      孫卯 ▮
```
午月 己巳日 점

　　午火 財는 亥水 兄 아래에 있는 복신이다. 午月과 巳日도 財다. 재수는 고사하고 재앙을 방지하라. 3爻 亥水 兄은 午月에〔丙으로 12운성 亥가 絶〕절지가 되고 日파를 당하니 무력하다. 世의 원신인 申金 父도 日

月의 극을 받아 전혀 힘이 없다. 신상에 재앙이 있을까 두렵다.

兄子 ‖ 世
官戌 l
父申 ‖　　辰月 甲午日
才午 ‖ 응
才丑 官辰 lX
孫寅 ‖

2爻에서 辰月이 발동〔刑살도 발동으로 봄〕하여 世子를 극하면서 辰에 入고시키는 가운데 午日이 世자를 치니 유리하다. 하지만 소송에서 패소하고 구속까지 된 괘다.

절　兄寅 l 응
　　父子 ‖ 巳孫
官酉　戌 ‖X
　　官酉 l 世
　　父亥 l
　　才丑 ‖

女

丙	辛	戊	癸
申	亥	午	巳

世가 官을 대하고 있어 회계설계사 공직생활이다. 4爻 戌財가 발동하여 官酉를 화출하니 남편이 타녀에게 미쳐 유흥비로 소비 지출이 많다. 6爻 兄寅은 대주 신랑으로 본다. 寅이 공망이니 대주가 집을 나가 한평생 못된 버릇이다. 변爻 酉가 戌에 퇴신이 되어 첩과 즐길 만큼 즐기고도 본처 앞으로 오다가 첩에게 간다. 내괘 官과 외괘 官이 비화되면 남편이 바람 핀다.

　　官寅 l
父巳 才子 ‖X
　　兄戌 ‖
　　才亥 l 申孫
　　兄丑 ‖ 午父
　　官卯 l 世

태세 壬辰년 운세

壬辰년 辰이 4爻 兄戌과 辰戌충으로 암동하고 있다. 암동된 兄辰戌은 3爻 亥水 財를 극하여 오므로 처財에게 불안. 그러나 3爻, 5爻 財水는 辰년에 入고 되어 무해하다. 돈줄이 고갈 상태다.

辛巳 >대운 42 丙申 >태세 97 己未 戊申 丙戌 乙巳 1810 179 87 82

父未 ‖ 응
兄申 兄酉 Ⅰ×
孫亥 Ⅰ
兄申 Ⅰ 世身
官午 ‖ 卯才
父辰 ‖

世가 兄申을 대하고 未辰土 父성이 생世하고 발동한 申酉 兄제가 世를 비화하여 世의 힘은 막강하다. 왕자는 극世조치시키는 官성 午火로 대적, 卯才와 받침하니 돈 많이 받는 직장에 취업했다. 午는 사주 日간에 刃이다.

才寅 Ⅰ
官巳 孫子 공 ‖× 兄 世身
父戌 ‖
才卯 ‖
官巳 ‖ 응
父未 ‖

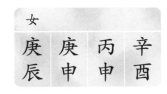

女
庚辰 庚申 丙申 辛酉

世가 공망이면 이별이라 하였는데, 이 사주는 설기하는 水가 없어 世子孫은 길조 역할로 화하였다. 世의 子水 孫이 변爻 巳官火를 극하니 부부운이 불길하지만 공망살로 官을 극제 못하여 흉변화길이다. 복부인 사주다. 또한 官이 장생지에 있어 강왕하다. 남편이 고관이다.

官寅 Ⅰ
官巳 才子 ‖ 응
兄戌 ‖
才亥 Ⅰ
兄丑 ‖
兄辰 官卯 Ⅰ× 世

亥月 癸卯日

일진 卯官이 초효에서 발동하여 宅爻를 극한다. 그 집안에 丑생이나 형제가 불길. 큰 인물격은 상관과 官성이 서로 견제하는 경우가 허다하다.

玄 兄子 || 世		
白 官戌 ||	巳	
七 父申 ||	月	
句 才午 || 應	乙	
才巳 青 官辰 ||✕	未	
	孫寅 ||	日	

2爻에서 辰土官이 朱작을 대하고 발동, 世를 극하면서 入고시키니 官재가 있다. 또 6爻 子世는 巳月에 絕이 되고 日진의 극을 받으니 더욱 불길하다. 지금은 2爻 辰土가 공망이라 괜찮으나 출공일인 甲辰일에 구금되리라. 습처봉충은 시작은 좋으나 끝에 가서

실패. 모든 점에 世나 身에 공망됨을 꺼린다. 공망이면 만사가 불성. 世와 身이 入墓되면 평생 술에 취한 듯 꿈을 꾸는 듯 사니 허망하다.

▶ 시험 응시 수석으로 合格

父子 兄卯 |✕ 世 청룡		
孫巳			
才未 || 身		
官酉 |→ 용신		
父亥			
才丑 ||		

兄世가 동하여 財를 극하니 재원은 빈곤한 명이다. 世 청룡 兄을 화출한 父 子水가 世兄 木을 생合하니 한평생 시험운이 수석합격이다. 2효 父성이 世兄을 돕는 것도 추가. 초爻 丑이 극제하나 兄이 발동, 극제하니 위안이 되었다. 子卯 형살로 바람기가 넘친다. 2爻 父성 亥가 亥卯未 合 木 兄제국으로 부동산 날렸다.

孫戌			
才申		卯	
兄午		月	
官亥	世	庚	
父寅 孫丑 ||✕	申	
父卯		日 점	

자손 병점에는 父가 괴살이다. 초爻 卯木 父가 月을 대행, 왕하니 좋지 않다. 그러나 다행히 5爻 申이 발동, 卯月과 2爻에서 화출된 寅을 제거한다. 日진이 발동한 오늘, 명의를 서쪽에서 만나고 용신이 출공하는

丑日에 완쾌되리라. 父가 발동하면 문서 잡는 해다. 그러나 財가 父를 극하면 문서에서 손해.

```
財子 官卯 IX
    父巳 I        巳
    兄未 II  世    月
    兄丑 II        乙
    官卯 II        酉
官寅 父巳 IX       日
```

귀살이 발동해도 日月이 충을 받으면 충산이 되어 흉하긴 하나 죽지는 않는다. 관귀가 항상 괴살은 아니다. 괴살은 용신을 극하는 기신병을 말한다. 형제 점에는 官귀가 괴살이다. 官귀가 내·외괘에서 발동, 兄을 극하니 흉한 듯하나 다행인 것은 초爻 巳火가 발동한 것이다. 발동한 官귀는 兄을 극하지 않고 父巳를 생하고 父는 다시 兄未를 생하니 길조로 변한다.

```
    才子 II  응
    兄戌 I
財亥 孫申 IIX
    官卯 II  世 공망
    父巳 II
    兄未 II
```

女명은 世가 공망이거나 官이 공망이면 결혼 실패한 여자다. 4爻 孫申이 발동하여 世를 극하고 官卯를 극하니 자식을 낳고 남편과 이별이다. 6爻 응 財가 世官卯를 생하니 재복은 있다. 또한 官世가 초爻 未에 입고되니 남편운이 없다. 몸에 병도 떠나지 않는다. 4爻 申과 2爻 巳와 합신, 水가 나와 父巳를 극하여 딸이 결혼 실패.

```
    才戌 II  世
官酉 官申 IIX
    孫午 I
    才辰 II  응
    兄寅 II
    父子 I
```

재수점이다. 5爻 申金 官이 발동하여 진신이 나와 강하다. 발동한 申金은 2爻 寅木을 극한다. 財 용신 원신인 자손 午火는 근원이 끊어지니 재수는 없는 해다. 발동한 申과 寅은 三刑살이 얽히니 교통사고 조심. 宅爻에 兄이 있으면 재원이 빈곤. 집에 대한 일, 가족에 대한 일, 돈 손해나는 일 발생. 용신 또는 世에 財가 있을 때는 官이 발동하면 財를 사정없이 빨아 먹으니 돈에 부도가 발생.

```
兄寅 官酉 ‖X
    父亥 ‖
    才丑 ‖ 世午孫
    官酉 ‖
    父亥 ┃ 寅兄
    才丑 ‖
```

　　　지世 丑土 財를 복신 午火 孫이 생부하니 財복은 있다. 교중된 酉官이 합하여 官국이 되니 女명 행실이 기생과 같다. 女명은 官성을 世에 入고시키면 남편과 사별이다. 官이 많고 합이 되어 官살국이 되면 비견을 극하여 자손에게 액이 있다.

```
兄卯 ┃ 世靑
        공망
孫巳 ┃
孫午 才未 ‖X 身
    官酉 ┃ 응
    父亥 ┃
    才丑 ‖
```

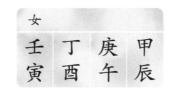

　　　女명은 世가 공망이면 부부 이별이다. 身 위에 未土 財가 발동, 孫 午火가 화출되어 身財를 회두생하니 財복이 있는 것 같지만 실은 없다. 그 이유는 화출된 午는 未에 퇴신격으로 자손 중 남아가 미완성으로 실패가 많았다. 또한 財未丑이 충이 된 것도 財에 대한 곤란, 오직 世卯兄은 2효 亥父가 유일하다. 亥父가 생世하여 운전교육 선생이다.

```
才戌 ┃
官申 ┃        子月
孫午 ┃ 世     甲申日
父亥 才辰 ‖X
兄寅 ‖
父子 ┃ 응
```

　　　4爻 午火 世가 月파를 당하고 진공이 되어 世 자신은 결혼에 자신이 없다. 초爻 子水 응이 月을 대하고 日진의 생을 받아 왕하니 여자 쪽은 반듯한 집안이다. 世와 응의 중간 辰土 財가 발동하여 응을 入고시키니 여자 쪽 중매인이 결혼을 막는다. 世응이 상충되면 서로 뜻이 다르다는 이야기다.

```
才戌 ‖ 世
官申 ‖ 身
才丑 孫午 |× 공망
才辰 ‖ 응
兄寅 ‖ 劫
父子 | 六
```

여명에 財世하여 財가 생官하니 남편이 부자 명이다. 하지만 孫이 동하여 官을 극하니 남편이 병자의 몸이다. 孫은 財로 설기 태심하여 官이 약한 중 위안이 되었다. 孫 공망으로 자손이 결혼 실패 연속이다. 3爻 문호에서 財충이 되어 많이 벌고 많이 나간다. 초爻나 宅爻에 六살이 회좌하면 타성과 동거상이 되어 남편이 첩과 동거하고 있다.

```
父戌 |
父未 兄申 |×
官午 | 世
兄酉 ‖
孫亥 | 寅財身공망
父丑 ‖ 世
```

父世에 고신 또는 과숙살이 임하면 결혼이 만혼. 世좌 丑土 父가 동하여 宅爻 亥孫을 극하니 복신인 寅財가 근원을 잃어 처복, 재복이 미미하다. 결혼운도 늦고 흉이다. 또한 5爻 兄申이 발동하여 金생水는 하지만 간접적으로 財를 극한다. 2효 청룡이 공망되어 패한 가문이다.

```
官戌 官未 ‖×
父酉 |
兄亥 | 世
兄亥 |
官丑 ‖ 응
孫卯 |
```
午月 丁巳日

2爻 丑土 官과 6爻 未土 官이 日月의 생을 받아 왕하다. 내괘 官은 본 신랑이요, 외괘 官은 정부다. 6爻에서 未土 官이 발동, 亥卯未 자손국을 이루어 2爻 丑土 본 남편 官을 극하니 남편을 버리려 한다. 그러나 현재는 안 된다. 과연 亥月에 이혼했다.

六爻에서 三刑이란 세 글자가 모두 있어야 성립. 5
爻 申兄이 초爻 巳火 官의 극을 받는다. 申金 兄은 초
爻 巳火의 변爻 寅木과 寅巳申 三刑을 이루니 더욱
흉이다. 게다가 4爻에서 丙日이 羊刃인 午火 官이 암
동 극兄하니 兄을 구하기가 어렵다. 丑月에 사망했
다. 申金은 丑月에 자신고다.

```
父戌 ‖ 응
兄申 ‖
官午 丨        寅月
父丑 ‖ 世      丙子日
才卯 ‖
才寅 官巳 ‖×
```

```
      才戌 ‖
      官申 ‖
공망  孫午 丨 身
      官酉(天乙) 丨 世
六    父亥(天乙)  寅兄(劫)
父子 才丑 ‖×
공망  공망
```

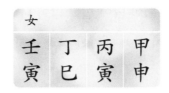

女
壬 丁 丙 甲
寅 巳 寅 申

① 寅申충은 가출살로 혈친, 형제, 자손이 흉사.

② 午 자손이 공망이고 寅에 死宮이 되어 대 이을 자식이 없어 무자 팔자다.

③ 초爻나 宅爻에 六살이 있으면 타성과 동거상이 되어 조카를 입양시켜
조카 자식과 살아간다.

④ 초년은 궁했으나 身에 孫이 되어 집도 두 채 이상 지니고 산다.

⑤ 正 인수 寅이 死宮에 처하고 財에 극파되어 딸이 독신으로 40이 넘도록
미혼지경이다. 음복된 寅이 劫살이 되거나 음복 자손이 공망 또는 劫살
이 되면 성공한 자식 실패다. 財가 世를 생해 주니 재복이 있다.

```
父未 ‖
兄酉 ‖
兄申 孫亥 ‖× 응    申月
官午 ‖            丁酉日
父辰 丨 世
才寅 ‖
```

초爻 寅木 財가 용신이다. 용신이 月파를 당하고
日진의 극을 받아 무력하니 흉이다. 이때는 3爻 午火
官귀가 괴살인 申酉를 극제해야 하나 午火가 日月에
흡수되어 약하니 왕한 兄을 감당할 수 없다. 그런데

4爻에서 亥水 자손이 日月의 생을 받으면서 발동, 寅木 財를 생하니 절처봉생이다. 亥日에 귀인을 만나 치유되리라. 귀살이 진신이면 병세가 악화되고, 퇴신이면 병마가 물러간다.

官巳 ㅣ	응	
父未 ‖	身	
父戌 兄酉 ㅣ×		
父辰 ㅣ	世 청룡 養	
才寅 ㅣ	絶	
孫子 ㅣ		

男
辛巳 庚辰 壬午 庚寅

왕한 父성이 3효를 대한 父성과 靑龍을 대하고 宅효 왕財가 왕世를 극제조치하니 천금을 희롱한다. 養이 父를 대하고 지世하니 부모 대역으로 형제들을 부양하고 있다. 형제들에게 집 한 채씩 제공하였다. 응과 世와 辰巳가 생世 생부하니 끊임없이 개운되는 상으로 기어코 성공. 4효 酉兄이 발동, 2효 寅財를 극하고 寅酉 병원치료살로 처는 한평생 신병으로 약을 복용하고 있다.

父戌 ㅣ		
兄申 ㅣ	卯月	
父未 官午 ㅣ× 응		
兄酉 ㅣ	丙寅日	
孫亥 ㅣ 才寅		
父丑 ‖ 世		

月이 財가 되면 괘 중에 財가 없어도 日진의 財가 되는날 득재한다. 寅財가 2효 亥水 자손 아래 복신이다. 日月이 財가 되어 財가 왕하다. 복자는 왕한 날에 성사된다. 또 초효 父가 지世하고 日月이 극世하니 무력한 듯하다. 그러나 4효에서 午火 官이 日月의 생을 받아 생世하니 전혀 문제가 없다. 寅木 日진이 극世하니 오늘 재수가 있겠다.

▶임신 여부

父戌 ┃ 世	亥月
兄申 ┃	庚午
官午 ┃	日
父辰 ┃ 응	점
才寅 ┃	
孫子 ┃	

초효 자손이 日月의 생부를 받아 왕하니 반드시 자식을 얻을 수 있는 괘다. 그러나 본괘에 胎 卯財가 없으니 현재는 처가 임신하지 않았다. 卯月에 임신하리라. 胎爻가 현무(玄武), 도화살이면 남편의 아이가 아니다. 병점은 官이 병이요, 자손이 약이다. 괘 중에 자손이 없으면 약을 먹어도 효험이 없다.

官未 ⫴✕	
父酉 ┃	
父申 兄亥 ┃✕ 世	
兄亥 ┃	
孫卯 官丑 ⫴✕	
孫卯 ┃ 응	

발동 世를 끼고 **亥卯未** 三合 자손국으로 財 복신 午를 생조하니 財복이 있다. 官이 지世하면 관직자에게는 길하다. 그러나 보통사람에게는 관재수나 질병, 그렇지 않으면 내가 나쁜 생각을 품고 있다. 왕世는 설기 또는 극世조치하면 길조다.

父戌 ┃	
兄申 ┃	
官午 ┃ 응	
父辰 ┃	
才寅 ┃	
父丑 孫子 ┃ 世✕ 身	
공망 공망	

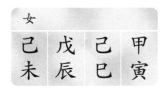

孫이 지世하나 훌륭한 별이 공망되고 화출된 父성이 회두극하니 결혼해서 어머니 역할을 못하는 상이다. 또한 世孫子가 남편성인 午를 충거시키니 남편과 해로하기 힘들 수, 불안한 운명. 결혼을 포기하고 사랑을 애인으로 정하여 살아가는 것이 안보다. 世가 손상되었을 때 후천성인 身이 才에 임하면 재혼하여 부부생활이 가능하지만, 이 격은 世身이 모두 파괴되었다.

```
      父戌 ‖
兄酉  兄申 ‖×
      官午死 ┃공  世亥孫장생
      兄申 ┃
      官午공 ‖
          死
      父辰 ‖
```

女
丁 甲 戊 壬
卯 申 申 子

世에 官이 지世하여 보통사람은 불안하다. 형제국을 이루어 官으로 대용할 수도 있다. 하지만 더 유용한 신은 世에 받쳐 있는 왕한 자손 亥로 용신하여 金국을 설기시키면서 官귀를 억제함이 최다 길이다.

※괘 중에서 財가 교중하고 왕성한 財가 용신 또는 世身에 入고되고 강왕한 兄제가 극제시키면 천金을 얻는다는 것을 명심. 이 경우 兄제로부터 물질 지원도 받게 된다.

※왕한 괴살 효가 발동하여 世身이 피상될 시는 극제조치한 그 오행의 날은 출행을 금하는 것이 상책. 교통사고 또는 피습 등 다발 사건.

```
      才未 ‖
      官酉 ┃      申
      父亥 ┃  世  月
孫午  官酉 ┃×      辛
      父亥 ┃      巳
父子  才丑 ‖× 응   日
```

4효에서 亥水 父가 지世했다. 酉金 官이 발동하여 생世하니 신랑이 현달했다. 현직 공직의 부인이다. 초효 丑土 財가 발동 世亥父를 극하지만 3효 酉가 丑土와 같이 발동하면서 생世합된 경우는 丑土 財가 亥水 父를 극하지 않는다는 것을 명심. 즉, 탐생망극이다.

```
      父未 ‖
      兄酉 ‖      午
兄申  孫亥 ┃× 응   月
      官午 ‖      甲
      父辰 ┃      戌
      才寅 ‖  世   日
```

4효 亥水 응이 발동해 생世하고 財가 지世하니 가택문제가 분명하다. 화출된 申金이 공망에 빠지니 현재는 성사가 어렵다. 申金이 출공하는 丁亥日에 성사되리라. 世효가 비록 財 또는 孫과 관계가 없지만 괘효가 동하여 합을 만나 世를 생합시키면 먼 상대가 며느리, 사위가 되는 이치로 오행의 효도 같은 이치다.

```
   官卯 |    공망
才子 父巳 |× 子才
   兄未 ||
공망 孫申 |    世身劫青
   父午 ||
   兄辰 ||
      養
```

男

丙　庚　辛　己
戌　戌　未　卯

3爻 문호다. 3爻에 世나 身이 길신을 대하면 가문과 사회적 입지가 충만. 3爻 문호에 자손과 청룡을 대하니 청와대 사정관이었다. 5효 父巳가 발동하여 世申을 극합하고 2효 父가 암동하여 世申을 모두 잡아 극제하니 병자의 몸이다. 五爻 아래 음복 子子가 父巳를 극하여 나쁜 마음씨로 검은 거래를 하여 돈을 모으고 첩까지 챙겼다. 초효 養이 世身과 합하여 첩을 응한다. 초효·2효는 宅효다. 宅효에 또는 辰戌丑未에 養은 건축물 토지에서 부동산으로 불로소득이다. 젊은 시절에 땅을 전국에 만리까지 두어 평생 불로소득으로 태평. 자손이 공망되어 세 자녀 모두 결혼 파기했다. 3효 官이 공망되면 형제가 독신격이다. 초효가 世를 생부하니 산소의 음덕이 있다. 父가 내괘에 있으면 자손의 액.

```
   才戌 ||    응
   官申 ||          午
才丑 孫午 |× 身     月
   官酉 |    世     甲
   父亥 ||          辰
   才丑 ||          日
```

4효에서 午火 孫이 月을 대하고 발동, 극世하니 흉. 그러나 6효에서 발동, 암동 財가 午火 孫과 상합하여 용신 世를 극하지 않고 財를 생하며 다시 용신 世酉를 생한다. 탐생망극이다. 日진 辰土가 世와 생합하니 금상첨화다. 戌月에 승진. 世에 官이 있는 사람은 官직 있는 사람 빼고는 모두 좋지 않다. 財가 왕상이 될 때 財의 入고나 世의 비견이 극제시키면 천금을 얻는다.

才가 지世하여 좋은 듯하나 진신 卯를 화출하여 지世 才를 극하니 대흉이다. 그 집안 형제 친척과 돈 문제로 혈투, 싸움이 발생. 또 寅卯日에는 출행을 금하는 것이 상책. 이 괘는 주식투자에 신중을 기해야 한다. 財가 극파되면 주식투자, 동업, 투기사업 등에 신중을 기해야 한다.

```
兄卯 |
孫巳 |    공망
才未 ||
才辰 ||   世 공망
兄卯 兄寅 ||×
父子 |
```

```
父戌 |
兄申 |        祿
官午 |
兄申 才卯 || 世×
官巳 ||
父未 || 子孫
```

世에 財가 임하고 청명하면 재산복이 있다. 이 운명은 지世한 財가 발동, 申금에 회두극되어 世財는 함몰 상태다. 그러나 자세히 보면 변효 申금과 世의 卯가 合되어 극파가 친해졌다. 그러므로 부유층이다. 대정수 六효학은 반드시 사주와 대조, 世와 각 육친의 길흉을 길신, 귀인, 학관신을 참고하여 판단한다. 世의 財되는 卯와 변효 申금 형제합이 되어 형제들과 화목을 이루고 형제들도 부유층이다. 사주 正 인수 壬은 財고 辰土에 입고되어 건물에서 불로소득, 세 받고 살아간다.

```
父戌 父未 ||× 世
兄酉 |
孫亥 |
父丑 ||
才卯 |
官巳 |
```
巳月 乙未日

4爻 亥 자손이 용신, 父가 괴살이다. 月파를 당한 가운데 괴살 未일이 발동, 진신이 되면서 극해 오니 불길. 水괴는 신장병이요, 火괴는 심장병이다. 괴살이 있는 곳에 따라 병이 있는 곳을 판단한다. 괴살이 곤궁에 있으면 배에 병이 있고, 건궁은 머리병, 태궁

은 음식의 병·입병, 진궁이면 발의 병, 손궁은 중풍·허벅지·하체병, 간궁은 머리·다리, 감궁은 하체병.

```
兄戌  ||
孫申  ||
父午  |  世
兄丑  兄辰  |×
官寅  |
才子  |  身응
```

4爻 午火 世는 寅午戌 三合 火局이 형제신인 辰戌에 설기당하고 다시 생조받은 申金 자손은 申子辰 水局으로 왕世를 극世조치하면서 身에 귀착되니 三位일체가 하나로 묶어지는 상이다. 부귀격이다.

```
兄子  |  世
官戌  |
父申  |
才午  |
官辰  |
兄子  孫寅  ||×  身
```

이 사주는 化格사주로 이름 있는 사주다. 申子辰 水局을 이루어 그 水局은 자손 孫을 생하니 가택이 편하고 한평생 복덩이 운명이다.

※발동한 변爻가 본爻에 회두극이 되면 흉인데, 이때 본爻가 기신이면 기신을 제극하니 더욱 유익하여 운명이 길하게 된다는 것을 명심.

```
官寅  |
才子  ||
孫酉  兄戌  ||×          壬辰년
才亥  |  身              申月
兄丑  ||  午父
官卯  |  世
공
```

남자 취직운을 물어온 괘다.

대정수 점괘 ☞ 초爻 官이 지世하여 관직운이 비쳤다. 4효 戌이 壬辰년과 암동, 자체 발동하여 3爻 財亥, 즉 世의 원신을 극하니 불안하다. 그러나 戌土는

2爻 잠복된 午火에 入고되어 극하는 것을 잊었다. 申月이 암동하여 3爻 亥水 財를 생조한다. 공개채용은 어렵고, 청탁 임명직으로 申月에 구직 통보가 있으리라. 지방직 공무원으로 취업. 世官이 공망되어 공채는 어렵다.

※2爻 宅효에 財나 孫을 대하고 충극을 당하지 않으면서 世나 身이 내괘에 모두 모여 있으면 부모의 부유 유산을 계승받는 유복인이다.

※자손이 왕하고 왕한 자손을 극제시키면 자손이 출세. 왕한 世爻가 행운에서 世의 오행이 몰려와 世가 왕하면 상대를 극하여 흉운.

※世爻가 사주용신과 동일하면 길이 배가 되고, 사주 기신이 世의 爻가 되면 격이 떨어진다.

※世나 身에 官귀 같은 흉신이 임하여도 사주 용신이 되면 흉살을 받지 않는다. 世에 官이 있고 공망이 되면 官귀의 흉살을 받지 않는다.

```
父寅 ┃
官子 ┃┃
孫戌 ┃┃ 世酉才
兄午 ┃┃
孫辰 ┃
父寅 ┃┃
```

2효 자손 辰이 발동하여 5효 子水 官을 극한다. 남편운이 없다. 5효 官귀 子水는 浴살이 되어 재취 남자. 게다가 囚옥살이 있으니 전과자 남자요, 병자의 몸이다. 항상 캄캄한 방에 갇혀 있는 상이 되어 방안 퉁수다. 백수 남편이다. 자손이 지世하여 평생 덕망과 돈 복은 많다. 자손이 충극되면 자손과 인연이 없다. 남의 자식꼴을 본다. 4효 자손이 戌[이미살], 외국 며느리다.

```
兄卯 ┃
孫巳 ┃
才未 ┃┃✕ 世
官申 兄卯 ┃┃
孫巳 ┃┃
才未 ┃┃ 子父
```

未土 財가 지世함으로 재운이 있다. 3爻 卯木 兄이 발동하여 世를 극한다. 그러나 발동된 兄이 회두극을 당하여 世는 위안이 되었다. 발동된 6爻 卯는 巳에 설기, 巳는 世를 생조하여 世財는 왕하다. 兄 卯卯는 합세하여 왕世를 극世시키니 부잣집 출신이다. 부잣

집 출신이라는 말은 초효 가택에 財가 받쳐 있기 때문이다. 3爻 卯 회두극은 형제가 실패다.

```
兄卯 |
孫巳 |
才未 ||  응
才辰 |  酉官
兄寅 |
父子 孫子 |X 世
```

3爻 辰土 아래 복신 酉 官성은 6爻 卯와 충으로 官성학당이다. 官귀는 병균살이요, 孫은 병균을 작멸시킨다. 고로 자손과 官이 슴하면 병을 치료하는 의사직이다. 3爻 辰土 아래 酉官이 巳酉슴으로 財官印하여 만인을 돕고 있다. 父는 활인공덕.

```
兄巳 |
孫未 ||  身
才酉 ||  응
才申 |  亥官
兄午 ||X 亥官
孫辰 ||  世
```

辰土 자손이 초효에 지世하니 일신이 편안하고 의식 걱정 없이 살아간다. 宅爻 兄爻 午가 발동, 亥官을 화출 회두극이 되고 공망에 빠져 남편은 허상. 또한 잠복된 官도 공망에 빠져 있고 亥官은 辰世에 入墓되어 남편은 황천객이 되었다. 女자는 官이 은복되고 공망에 빠져 入墓되면 남편운이 없다. 자손이 과숙살이면 자손도 실패다.

```
才子 ||  응
兄戌 ||
孫申 ||        午月
官卯 ||  世     壬戌日
父巳 ||
才子 兄未 ||X
```

용신 子水 財의 괴살은 未土 兄이다. 未土 兄이 곤궁에서 발동하여 子水 財를 극하니 배의 병이다. 子水 財가 月파를 당하고 日진의 극을 받으니 병세가 심하다. 현재는 변효 財와 6爻 子水가 공망이라 괜찮지만 출공하는 甲子日이 대흉하리라.

```
兄卯 ‖ 世
父子 孫巳 Ⅰ×
    才未 ‖    身
    官酉 ‖
    父亥 Ⅰ
    才丑 ‖
```

男
戊 乙 戊 戊
寅 丑 午 午

이 사주는 종재격 사주로 본다. 종재격 사주는 재복이 많고 관운도 길하다. 食財가 동합하여 世로 몰리니 世는 강世다. 巳酉丑 官국이 왕世 木을 극제조치하니 官직이 높다. 世에서 木생巳, 다시 未에 火생土, 金생水하여 왕父水를 丑才가 극父시키니 부호의 명이다.

```
孫卯 官未 ‖×
    父酉 Ⅰ      卯
官未 兄亥 Ⅰ× 世  月
    兄亥 Ⅰ      丁
    官丑 ‖      未
    孫卯 Ⅰ      日
```

신랑 병점에는 자손이 병이요 父가 약이다. 용신은 2효 丑土이다. 4爻 亥水와 未土가 발동, 亥卯未 자손국을 이루어 용신 丑土를 극한다. 현재는 卯木 자손이 공망이라 무사하나 乙卯日이 걱정. 자기 병점에는 官귀가 지世하면 병이 비록 가벼워도 잘 낫지 않는다. 그러나 자손이 발동하거나 왕하면 쾌유된다.

```
    官寅 Ⅰ
父巳 才子 ‖×
    兄戌 ‖
    兄辰 Ⅰ
    官寅 Ⅰ 世午父
    才子 Ⅰ
```

財가 발동해 생世하니 財와 인연이 있다. 世財에 天乙귀인이 놓이면 직장운이 길. 자손이 발동해 財를 생하고 다시 財가 발동해 世를 생하면 재수가 끊이지 않는다. 태세 兄이 지世하고 발동하면 몇 달 동안 무財다. 兄은 정해야 길하고, 동하면 불길하다.

```
父未 ‖
兄酉 ‖
孫亥 ∣
才卯 兄申 ‖✕ 世身
    官午 ‖  卯才
    父辰 ‖青
```

친정은 가난했지만 시집운이 좋아 천석공 부잣집으로 출가. 3효 申世는 身을 대하고, 2爻 午官 아래 卯才하여 왕상. 宅효 官이 왕상, 兄世身 申金을 극제하니 왈 부자집 출가 영인이다. 초효 청룡 辰父가 世身을 생부하니 시집이 부자, 고급주택이다. 4효 자손이 死궁 자손의 액이 있으나 무방함.

```
兄巳 ∣
孫未 ‖      申月
才酉 ∣ 응    乙
才申 ∣ 亥官   巳
兄午 ‖      日
孫辰 ‖ 世
```

亥水 官이 3효 申金 財 아래 복신인데 암동하니 왕하다. 또 巳는 역마이다. 남편이 멀리 나가 있다. 여자 세년에 官성이 충되면 남편이 외지생활. 임신 여부는 胎효로 본다. 괘 중에 胎효가 있으면 처가 임신된 것이요, 없으면 아니다. 또한 여자가 음란행위한다.

▶중요시

```
孫酉 ‖
才亥 ‖      亥月
兄丑 ‖      庚
父午 兄辰 ‖✕ 世  子
    官寅 ∣    日
    才子 ∣✕
```

辰土 兄이 지世한 가운데 발동하니 財물과는 인연이 없는 것과 같다. 그러나 그렇지 않다. 亥月 子日 財가 괘 중에 나와 왕하긴 하나 財가 나오는 관계가 없다. 이때에 財를 끌어 모으는 辰土 財고가 지世하고 발동, 財를 辰고에서 끌어 모으니 큰 재물을 얻으리라.

```
孫戌 ▮ 응身
才申 ▮ 공망
兄午 ▮
孫辰 官亥 ▮✕ 世
  孫丑 ▮▮ 공망
  父卯 ▮
```

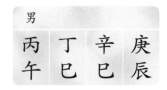

큰 인물 사주를 보면 식상이 官을 극상, 상쟁하는 것을 많이 보고 있다. 대학교수직으로 亥官에 지世 발동, 자손의 회두극을 받아 흉하다. 그렇지만 자세히 보면 그렇지 않다. 亥官은 자손 辰에 入고되어 극이 면제되었고, 회두극이 되는 辰 자손이 亥官에 入고, 亥는 자손 辰土를 끌어 모으는 격이 되어 좋게 되었다. 자손이 一색으로 많아 두 여자 몸에서 얻은 자손이다.

```
    父戌 ▮
    兄申 ▮ 응      寅
    官午 ▮        月
才卯 兄申 ▮✕      丁
    官午 ▮▮ 世     丑
    父辰 ▮▮        日
```

친구에게 사기당한 괘다. 兄이 財를 극제하면 친구나 친척에게 사기당한다. 五효 申金이 月파를 당하고 日墓에 入고되니 상대방이 흉이다. 그러나 내가 상대방이 배상할 능력이 없음을 알고 소송을 취하해 준 괘다. 간효(間爻)는 증인이다. 간효가 世를 생하면 내가 유리하고, 응을 생하면 상대방이 유리하다. 兄이 지世하면 승소해도 손재가 크다.

```
    官卯 ▮ 응      午
    父巳 ▮        月
父午 兄未 ▮▮      丁
    孫申 ▮▮ 世     未
    父午 ▮▮        日
    兄辰 ▮▮
```

4爻 未兄이 증인이다. 증인 兄이 발동하여 생世하는 한편 6爻 卯木 응은 入고되니 내가 유리하다. 증인이 나를 두둔하고 상대방에게 불리한 증언을 한다. 世가 日墓 化墓 동한 墓에 들면 내가 반드시 구속된다. 태세가 발동하면 대법원까지 가는 길이요,

月건이 발동하면 고등법원까지 가는 길이다. 日진이 발동하면 지방법원에서 마무리된다.

▶七살국 운명

```
孫戌 兄巳 IX
    孫未 II 身
    才酉 I 응
    才申 I 亥官
    兄午 II
    孫辰 II 世
```

누가 봐도 이 사주는 빈민 출신에 고생이 많은 사주로 확인되며 천민으로 취급. 그러나 六효 구성을 보면 초효에 자손이 득世하고 3효 문호에 財효가 만발하니 재력가 집안이다. 世身에 모두 자손으로 득자하여 일평생 돈 걱정 없이 태평생활. 2효 兄은 자손을 생부하니 자손들도 잘 된다. 이 사주는 官살 七살이 태강해도 月주 戊辰 虎의 戊土 七살이 辰 중 癸水 겁재와 암습이 이루어져 거물급 집안 출신이다. 즉, 아버지가 대건축가 사장이다.

이와 같이 사주 구성이 난잡하고 七살이 국을 이루어도 귀격을 소지하면 만사 해결이다. 즉, 七살이 겁재와 합이 되는 경우이다. 七살이 많거나 劫재가 많아도 합이 되면 국을 이룬 七살과 많은 겁재성도 시정되어 신사 숙녀가 되는 이치이다.

얼핏 보기에는 七살국을 이루어 패자인생 같지만 특유의 장점으로 六효 운명을 복스럽게 해주었다. 하지만 七살국으로 해외에 나가서 돈 손해 본 일이 있었다. 七살이 많으면 해외생활, 이민, 탈북인 등.

<table>
<tr><td>兄 卯</td><td>ㅣ</td><td>응</td><td rowspan="6">巳月 甲寅日</td></tr>
<tr><td>孫 巳</td><td>ㅣ</td><td></td></tr>
<tr><td>才 未</td><td>ㅣㅣ</td><td></td></tr>
<tr><td>官 酉</td><td>ㅣ</td><td>世</td></tr>
<tr><td>父 亥</td><td>ㅣ✕</td><td></td></tr>
<tr><td>才 丑</td><td>ㅣㅣ</td><td></td></tr>
</table>

宅효에서 亥水 父가 발동하여 생世한다. 집문서다. 문정은 3爻다. 3爻가 연월일부터 3전극을 받으면 패가한 집이다. 또한 宅爻가 日진 동爻의 극을 받으면서 진공을 만나도 그 집은 황패한 집, 패망한 집이다.

<table>
<tr><td></td><td>兄 巳</td><td>ㅣ</td><td></td><td rowspan="6">申月 癸丑日</td></tr>
<tr><td></td><td>孫 未</td><td>ㅣㅣ</td><td></td></tr>
<tr><td>孫戌</td><td>才 酉</td><td>ㅣ✕</td><td>응</td></tr>
<tr><td></td><td>才 申</td><td>ㅣ</td><td>亥官
공</td></tr>
<tr><td></td><td>兄 午</td><td>ㅣㅣ</td><td></td></tr>
<tr><td></td><td>孫 辰</td><td>ㅣㅣ</td><td>世卯父
공</td></tr>
</table>

괘 중에 父가 복신이면서 공망이 되거나 父가 孫을 극하고 入庫·入墓되면 후손 중에 고아가 있다. 官귀가 공망이면서 복신이면 과부가 많다. 卯木 父가 초효에서 복신인데 申月에 극을 당하고 공망이다. 초효 辰土 아래 복신이니 父母가 일찍 죽은 괘다. 고아가

많이 생겼다.

<table>
<tr><td>兄 卯</td><td>ㅣ</td><td>世</td></tr>
<tr><td>孫 巳</td><td>ㅣ</td><td></td></tr>
<tr><td>才 未</td><td>ㅣㅣ</td><td></td></tr>
<tr><td>官 酉</td><td>ㅣ</td><td>응</td></tr>
<tr><td>父 亥</td><td>ㅣ</td><td></td></tr>
<tr><td>孫 巳 才 丑</td><td>ㅣㅣ✕</td><td></td></tr>
</table>

내괘 財는 본처, 외괘 財는 애인이다. 초爻 丑土 財와 3爻 酉金 응이 서로 발동해 생합하니 내괘 본처가 부정한 짓을 하고 있다. 특히 초효 丑土 財는 玄무가 임하고 五爻 자손 巳는 역마, 애인이다. 巳酉丑 합으로 官성이 새로 생겨 그 애인에게 돈이 많이 나간다.

<table>
<tr><td></td><td>兄 戌</td><td>ㅣ</td><td></td></tr>
<tr><td></td><td>孫 申</td><td>ㅣ</td><td>世子才</td></tr>
<tr><td></td><td>父 午</td><td>ㅣ</td><td></td></tr>
<tr><td></td><td>兄 丑</td><td>ㅣㅣ</td><td>身</td></tr>
<tr><td>官寅</td><td>官 卯</td><td>ㅣ✕</td><td>응</td></tr>
<tr><td></td><td>父 巳</td><td>ㅣ</td><td></td></tr>
</table>

女			
辛未	甲申	癸未	乙未

남편이 대학교수직이다. 자손이 지世하니 한평생 근심 걱정 없이 힘 안 들이고 행복도가 넘치는 복부인 사주다. 女명 官이 발

동 퇴신 官이 나오면 소실 팔자요, 흠 있는 남자와 결혼. 본처 자식, 내가 난 자식을 수발하며 헌신한 모성애 여인이다.

```
兄巳 |
孫未 ||
才酉 |
才申 | 亥
兄午 ||
孫辰 || 世
```

환자의 병이 아무리 중중이라도 世를 생부하는 곳에서 약을 구해 먹으면 영약이 되어 낫는다. 생부나 비화되어도 충으로 바뀌지면 전자를 무시하라. 병자는 世에 官이 임할 때는 官을 돕는 방향보다 官을 억제하는 孫 방위나 官을 설기하는 방위에서 약을 써라. 용신이 복신이면서 공망이면 반드시 죽거나 환란이다.

```
兄卯 |
孫巳 |
才未 || 응
才辰 | 酉官
兄寅 |
才丑 父子 |X 世
```

財성이 모두 入고되어 世와 관계없이 되니 재산복이 없고 世만 약해질 뿐이다. 초효 子水 世는 스스로 발동하여 회두극이 된다. 世가 죽는 형이다. 복신 酉를 庚으로 돌려 12운성 子까지 死궁에 들고, 丑은 金성 官 남편이 入고되어 일찍 조별하였다.

발음	오 행
ㄱ	甲 寅
ㅋ	乙 卯
ㄴㄷ	丙 午 巳
ㄹㅌ	丁 午 巳
ㅇ	戊 { 丑 戌(이름) / 未 辰(성씨) }
ㅎ	己 { 丑 戌(이름) / 未 辰(성씨) }
ㅅ	庚 申
ㅈㅊ	辛 酉
ㅁ	壬 子 亥
ㅂㅍ	癸 亥 子

발음	오 행
木 ㅏㅑ	寅 卯
火 ㅓㅕ	巳 午
土 ㅗㅛ	辰 未(성) 丑 戌(이름)
金 ㅜㅠ	申 酉
水 ㅡ ㅣㅟㅐㅔㅚ	亥 子

성씨는 辰 未를 사용

이름에는 戌 丑을 사용

예 강씨 甲辰 정씨 辛未 이름 - 辰丑 / 戌未

숫자 오행 조견표

구별	기호	오행	기호	오행	
水	1 (양)	壬亥	6 (음)	癸子	1-6=水
火	2 (음)	丁午	7 (양)	丙巳	2-7=火
木	3 (양)	甲寅	8 (음)	乙卯	3-8=木
金	4 (음)	辛酉	9 (양)	庚申	4-9=金
土	5 (양)	戊辰戌	10 (음)	己未丑	5-10=土

발음 오행

조·초 - 축丑   자·차 - 辛卯   와 - 戊子

주·추 - 辛酉   가 - 甲寅

저·처 - 辛巳   고 - 甲戌

하 - 己卯   화 - 己亥

개명 또는 작명 시는 반드시 사주 원국의 동태 작용을 중시한다. 흉 작용〔상충·극제 등〕하는 오행을 중화시키거나 부족한 오행은 보충시키고 과다한 오행은 줄인다. 따라서 필요한 오행을 새로 도입, 조화를 시켜준다. 충, 파, 공망살을 피하면서 작명하는 것이 필수적이다.

◉ 선천적 사주를 작성하여 오행의 길흉 작용을 검진한다.

● 이 사주는 만물이 생장하는 춘하월 태생 사주로 조발물〔癸水〕이 왕한 불볕더위에 물이 증발, 고갈되어 가는 상태다. 이름 사주 오행을 적시할 때 물이 되는 水원을 충분히 보완시켜야 한다.

다음으로 火기의 인수성이 태과하여 남편되는 木성이 불의 인성에 인화되어 없는 것과 같다. 또한 日간 己土 흙이 여러 불기의 지나친 인성에 불에 구워져 그 혹은 매말라 돌덩이가 되는 이치다. 이런 때는 비견되는 己土와 戊土 형제신을 이름 짓는데 추가시켜 주는 것도 한 방법이 된다.

이러한 몇 가지를 고려해서 이름에 사주 오행을 적절히 배정시켜 주는 이름이 좋다.

박 지 현의 작명 과정을 설명한다. 생년띠, 오행은 그대로 이어준다.

생년띠 丙午생이라면 丙午를 년주기둥에 설정한다.

성씨의 소리음에 생출된 오행을 月주기둥에 설정한다. 성씨가 '**박**'이라면 박은 'ㅂ' 발음란의 癸가 해당, 박 아래 받침 ㄱ역으로 발음이 받쳐 있음으로 ㄱ역 발음은 甲寅이 아닌 乙卯란의 卯가 해당되어 자음을 붙이면 癸卯 오행으로 되므로 癸卯를 月주기둥에 설치한다.

다음 이름의 '지'는 ㅈ발음란에 辛 오행, 지의 발음은 ㅣ란에 亥다. 고로 辛亥 오행이 日주에 해당, 日주기둥에 설치한다.

다음 '현'은 ㅎ란에 이름의 己土에 해당, 현의 ㄴ 발음은 ㄴ란에 巳다. 고로 己巳 오행이다. 시주 기둥에 설치한다.

이와 같이 **박 지 현**으로 작명, 박지현의 이름 사주에서 대정수 六爻학으로 운명을 추심한다. 이름 사주에서 六爻 운명이 나쁘게 나오면 이름 사주 오행을 교체시켜 다른 이름을 작명하여 六爻 운명이 잘 지어질 때까지 연차 추심하여 좋은 이름으로 선택한다.

박 지 현의 이름 사주는 아래와 같다.

<table>
<tr><td>女</td><td></td><td></td><td></td><td></td><td>77</td></tr>
<tr><td>己</td><td>辛</td><td>癸</td><td>丙</td><td></td><td>79</td></tr>
<tr><td>巳</td><td>亥</td><td>卯</td><td>午</td><td></td><td>156</td></tr>
<tr><td>1402</td><td>156</td><td>79</td><td>77</td><td>대정수</td><td>+ 1402</td></tr>
<tr><td></td><td></td><td></td><td></td><td></td><td>1714 ÷ 6 = 4</td></tr>
</table>

官寅 丨 世
才子 ‖
孫酉 兄戌 ‖×
孫申 丨 身 청룡
父午 ‖
兄辰 ‖

박지현 이름 사주의 六爻 운명은 世에 官을 대하고 財성이 뒷받침하니 재운과 관운이 홍창, 만수 고관 인물이다. 더하여 3爻 자손을 대하고 청룡 身은 왕상을 띠고 6爻 世官〔왕〕을 서로가 극제되니 천하의 일품이요, 한평생 좋은 음식과 좋은 옷에 세월 가는 줄 모르고 생을 안락하게 살아간다. 병균도 약이 되어 병원출입 없이 건강을 지키고 만인이 따르는 호걸인이다. 申子辰 財국이 辰고러 入墓, 땅이 만리장성이다. 寅午戌 父성 火국에 水火기제로 미모의 여성이다.

한글 이름을 한자로 옮길 때는 한자의 좋은 뜻을 의미하는 글자를 택하여 선정한다. 한자를 선택할 때 한자의 세 자 획수를 총합산시켜 총수에서 첫머리 거두수는 불용하고 총수 끝자리 절미 숫자를 활용한다. 사주 대표 용신을 기준하여 용신의 숫자를 선택함.

성명 朴 6획수, 芝 10획수, 賢 15획수, 6＋10＋15＝31. 합산된 총수 31의 첫머리 3은 불용하고 끝자리 1을 사용한다. 1〔827페이지 숫자 오행 조견표 참조〕은 1－6 水로 나와 있다. 1은 양이 되는 壬亥 오행이 되고, 6은 음으로 癸子로 되어 있음. 본 사주에 음이 되는 6의 癸子보다 강한 양水의 壬亥를 사용. 그러므로 성명 세 자의 끝자리 수를 1로 맞추어 한자 획수를 선택한다는 것이다.

※혹시 숫자의 용신 배정하기가 짜증이 날 때는 생략해도 무방함.

이름 사주(六爻 운명)

男

庚	丙	癸	庚
寅	辰	未	戌

작명 시는 본 사주 형태를 반드시 검진한다. 본 사주는 土가 병이다. 土를 억제하는 木을 추가시켜 이름 사주 오행을 반영, 작성한다.

작명된 이름이 金德祐라면 생년띠는 그대로 존립하여 庚戌을 년주기둥에 설정. 金의 성씨는 발음오행상 甲子다. 甲子를 月주기둥에 설치. 다음 이름 德은 ㄴ, ㄷ란에 丙火가 해당, 德 받침ㄱ발음은 ㄱ란에 寅이다. 그러면 丙寅이 붙여진다. 丙寅을 日주기둥에 설치. 祐는 ㅇ발음란에 戊다. 또한 丁란에 申자가 있으니 申을 사용하여 戊申 오행으로 사용. 고로 시주기둥에 戊申을 설치시키면 이름 사주 형태는 다음의 보기와 같이 되었다.

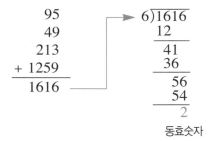

원명 사주 기신 土성을 씻어내 버리고 子水 조후용신과 丙寅 木으로 조화시켜 이름 사주 는 대체적으로 양호하다. 이름 사주를 통해 서 六爻 운명을 뽑는다.

동효숫자

작명된 六爻 운명은 世身에 자손(孫)을 대하고 官이 청룡[본 사주 日간을 기준, 丙火는 주작으로 초爻에서 세어 올라가면 6爻 卯官에 청룡이 해당됨]으로 되어 배우자 한 명이 거물급이다. 世身에 자손을 대하면 만사형통이요, 한평생 편 안하게 살아가며 질병도 물리치는 효과가 있어 건강을 지킨다. 평생 관송을 모르고 살아가며 만인이 숭상하는 존경받는 팔자다.

이 격은 높은 자리에서 살아가는 것이 보통이다. 그러나 길 중에 흉도 따 라 다니는 것이 사주팔자에 다 있는 것이다. 2爻 午火가 世의 申金 孫을 극 하니 자손에 액이 있을 것이다. 본명도 申金이 손상받았으니 몸에 병이 있을 것이다. 亥才가 父 午火를 극하면 비리죄 아니면 탈법 수익재산으로도 보니 이 사람 맘보가 착함에 위선이다. 兄은 형제나 친구, 벗을 상징하여 붕의 덕 이 많은 것은 兄제신이 世와 合신이 된 연고다. 世의 자손 申金이 응 卯 官살 과 타인의 권세를 빌어 성공하는 주인공이다. 父가 자손을 극하면 후손에 고 아가 있다.

태어난 시간이 금月의 月건 이후에 태어나면 月주를 금月 月건으로 정하고 운명 계수는 검은선 바로 아래에 남녀 구별하여 정한다. 예로, 2017년 8월 19일〔양력은 10월 8일〕 11시 40분에 출생시라면〔만세력 보기〕 검은선 戊辰 日날에 태어났음을 알 수 있다. 이 검은선 날에 태어나면 검은선 상단 절입 시간과 내가 태어난 시간을 대조하여 절입이 들어온 시간 이후에 태어나면 금月 月건으로 月주가 정해진다는 것을 명심.

▶2017년 8월 19일 11시 40분 출생

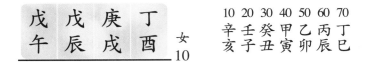

반대로 2017년 8월 19일 11시 30분에 태어났다면 검은선 戊辰일에 해당되어 검은선 상단 절입시간이 11시 31분에 들어왔으므로 아신 출생시간이 11시 30분이라면 접입시간 11시 31분 이전에 해당되므로 月건은 庚戌 月건이 아니고 전月의 己酉가 된다는 것을 명심. 운명 계수는 검은선 아래가 아니고 검은선 바로 상단 계수를 활용한다.

▶2017년 8월 19일 11시 30분 출생

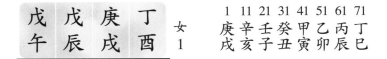

※미국과 한국의 날짜와 시간 차이는 미국 시간 출생일이 1日이라면 한국 출생날짜는 2일로 정하고, 출생시간도 미국이 오후 3시라면 한국시간은 오후 4시로 정한다. 미국사람 운명볼 때 적용함.

출생시간이 절후 이후에 태어나면 금月 月건으로 정하고, 절후 이전에 태어나면 전月 月건으로 정한다. 운명 계수는 절후 이전 출생은 검은선 초상단 운명 계수를 활용, 절후 이후 출생은 검은선 초하단 운명 계수를 활용한다.

2017년 丁酉년 음력 2월 7일〔양력 3월 5일〕 출생은 양력 辛卯日 18시 27분에 春分 절후가 들어온 시간이다. 18시 27분은 오후 6시 27분이다. 春分이 오후 27분에 入한 시간이다. 출생시간이 오후 6시 27분 이전이라면 절후가 춘분이 아닌 立春月로 가정하여 月건을 癸卯月이 아닌 전月의 壬寅月건으로 정한다.

辛 壬 丁
卯 寅 酉 9.1.

운명 계수는 辛卯 日진 검은선 초상단 9〔남〕 女 1로 정한다. 만약 절후시간 이후에 태어나면 운명 계수는 辛卯 日진 검은선 초하단 男은 1, 女는 10을 운명 계수로 활용한다.

立春 전에 출생하면 전년도 출생자로 정하고, 출생月도 전月의 月건이 되고 운명 계수도 검은선 상단초 운명 계수를 활용한다. 立春 후에 출생하면 금년도 출생자로 정하고, 月건 역시 금月 운명 계수는 검은선 하단초 계수를 활용한다.

2017년 丁酉년 음력 1월 8일〔양력 2월 4일〕 壬戌日에 태어나고, 출생시는 00시 34분에 立春이 들어온 시간이다. 00시 35분 또는 00시 40분 또는 1시에 태어났다면 立春 후에 태어났으므로 丁酉생에 금月 月건 壬寅 月건으로 정하고 운명 계수는 검은선 하단초 1 또는 9가 된다. 만약 00시 30분이나

00시 10분 또는 절후 이전 시간에 출생했다면 立春 전에 태어난 사람으로 간주하여 전년도 출생자로 정하고, 月건도 전月 辛丑 月건으로 정하고, 운명 계수도 검은선 상단초에 해당된다.

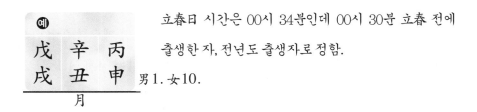

立春日 시간은 00시 34분인데 00시 30분 立春 전에 출생한 자, 전년도 출생자로 정함.
男 1. 女 10.

주당살·상문살·조객살 예방 비법

상갓집을 조문할 때나 제삿집에 가서 제사음식을 먹기 전에 적색 또는 부적으로 부채선(扇)자를 양 발바닥 용천 중앙에 표시 또는 부착하고 조문을 하라. 주당살을 막아주는 효력이 영험하니 백사무적을 다 물리친다 하였다.

콩팥·신장 회춘 건강법

아침 기상과 동시 화장실에서 자신의 소변을 2/5 컵 정도 받아 복용한다. 먹은 다음 입 속을 물로 헹군다. 세수할 때 다시 치약으로 세척한다. 이런 과정을 6개월 정도 진행하면 피로증이 완전 해갈되어 이때부터 신체 세포 작용이 생기가 시작한다. 제아무리 한약 보약과 기능식품을 먹어도 이를 따라오지 못한다. 죽는 날까지 습관화하면 병원이나 약을 먹는 일도 없어진다. 자신의 소변을 자기가 섭취하면 콩팥·신장은 회춘이 되어 피가 젊은 피로 맑아져 활력이 넘치면서 15년 이상 젊어진다〔대변 색깔이 어린이처럼 깨끗하다〕. 정력도 고공 팽창이 된다.

이 비법은 千金보다 더 귀중한 비즈니스 건강법이다.

오줌소태나 소변 배설 상태가 불량시는 한약재상에서 질경이 1근 정도 구입, 질경이를 우려서 끓인 물을 복용하면 즉시 소변이 개통된다.

갱년기 장애 치유약

남녀노소 중년 나이에 시작되는 갱년기 치유약. 10가지 이상 배합한 한방제 전립선 약 30일분 18만원으로 여러분을 기다린다. 만약 효험이 전무하면 전액을 반환해 드린다는 것을 약속함. 병원에서 두세 번 수술한 사람도 이 약을 복용시 활력과 식욕이 넘쳐 밥맛이 꿀맛이다. 또한 노화기가 가시어 젊어지고, 남성은 80대가 되어도 왕성한 회춘기를 소지한다. 복용방법은 커피잔 2/3 정도 1일 1회 복용한다.

2018년(戊戌)년 한국 국운 운세

九星氣學으로 戊戌년〔2018년〕 국운은 한반도에 얼음이 녹고 꽃 피는 봄을 맞이한 격과 같다. 구성학을 보도록 하자.

● 九紫火 戊戌년을 中궁에 入, 설정함

8 丙午	4 壬寅	6 甲辰
7 乙巳	9 戊戌	2 庚子
3 辛丑	5 癸卯	1 己亥

남쪽〔남한〕離궁 4의 壬寅과 북쪽〔북한〕坎궁 5 癸卯는 4와 5가 상극이 되지만 4는 離궁 午火에 설기되어 火로 변해 坎궁 5황 土성을 따뜻하게 햇빛을 비춰주어 화해를 요청하고 있다.

오행상으로 壬과 癸는 같은 동질성 민족이요, 寅卯 역시 단일민족 계승 민족이다. 남한은 높은 자리 이궁에 앉아 있어 경제 선직국이요 개방적이다. 坎궁은 차디찬 물이다. 북한은 坎궁에 처하여 폐쇄적이고 어렵게 살아가고 있다. 5는 공포를 자아내지만 부패물이다. 힘이 없어도 무력〔5는 무력, 횡포〕과 횡포로 주먹을 휘두르지만 坎궁에 처하여 죽음과 같다. 오행상 壬癸 寅卯로 한마음 한뜻으로 모아지니 한반도에 얼음〔坎궁, 북쪽 차디차고 얼음물〕이 녹고 꽃〔離궁, 남쪽 불과 꽃〕 피는 봄을 남과 북이 맞이한 격으로 통일〔離궁과 坎궁 대치〕의 염원이 손을 잡고 있다. 2027년도 9자火성 丁未년에 통일이 되지 않을까 보고 있다.

처방

운명학을 족집게처럼 잘 본다 해도 악살과 악운을 어느 정도 예방하고 치료하는 처방술이 문복자의 긍정적 목적이다. 처방 비법도 없이 오행 상극 六十甲子 돌팔이 식으로 운명학을 함부로 논한다는 것은 신의 철학에 가책 행위다. 병이 나면 검진을 통하여 처방과 건강을 제공하는 운명학도 하나의 의료 행위다.

슬하가 잘되고 못되는 것은 부모의 팔자에서 유전되고 있다는 것을 유념하시라. 그러므로 자손의 미지수 불행을 막기 위해서는 먼저 부모 대상에서 대응하는 것이 원천 교통학이다. 그러므로 부모의 운명에서 자손을 해친 병살을 먼저 예방 또는 소멸시키고 해당되는 자손의 운명학에서 흉살을 제거시키는 양면 작전이다. 부모의 원죄 소각 없이 조손 1-1로 처방한들 치유할 수 없고 효과가 전혀 없다.

첨단문명도 神의 노예에 굴복하고 있다. 만약 그대로 방치한다면 엄청난 상처를 입게 된다. 그 예방과 소멸 방책은 양친 부모의 사주에서 먼저 해결해야 한다. 틀림없다.

혼인 길 여는 법

혼인은 반드시 궁합 사주를 필히 확인하고 결정한다. 부귀, 귀천, 고락은 만남 자체에서 좌우된다. 한쪽의 운명은 괜찮은데 흠이 있는 상대를 만나면 중도에서 모두 패인이 되고 자손까지 불발된다는 것을 명심. 만남 자체가 인생 행로의 결정적 출발점이다. 만약 혼인의 대상이 여의치 않으면 혼인생활을 접고 애인으로 정하여 이따금씩 만나 서로의 위로 차원에서 살아가는 것이 최상의 행복이다. 괜히 만남에서 불행을 초래하면 자손까지 불의하게 된다. 산 자의 고통은 모든 불행을 초치, 평생을 비운으로 마감. 운명에서 주의하고 조심하는 것보다 혼인이 충실해야 값지게 살아간다.

부부가 잉태 시기 때 부귀 자손 점지해 달라고 북두七성님과 木火土金水 하늘에 걸린 五성들에게 머리를 감고 지성으로 밤하늘에 기도한다. 모든 운명은 五성에서 비롯되어 아이의 胎줄에 발아가 시작된다 하오니 일주일간 정성[정한수 올리고]을 올리면 그 정성이 교접되어 부모의 안녕과 태아의 행운아를 축복받을 수 있으니 꼭 실천해 보시라. 이는 필자가 계시를 받은 영감이다. 만약 이 조건이 여의치 않으면 일찍이 외국 이민생활을 하면 다소 해결해 준다. 필자가 七살이 많고 흉살이 있는 명에게 이민생활을 권했더니 실제 미국으로 이민, 성공리에 살아가는 것을 보았다.

◉꽃이 웃어주면 호랑나비 질 속으로 반겨주네. 봄이 오면 모든 싹들이 은혜를 입으니 다시 나의 싹들도 법에 따라 함께 살아간다.

◉우리 인간은 하늘의 축복과 자연의 은혜 속에서 살아가고 있다.

◉배움은 인재의 씨앗이 터지는 파장이다.

◉성은 삶을 위한 가능성, 젊음의 특권.

◉돈 가지고 과잉을 부리거나 불거진 행동을 하지 말라.

◉도시는 경쟁이 있어도 순박한 山村 마을은 경쟁이 없어 인심도 좋다네.

◉잘난 사람, 못난 사람 뭉쳐 있기에 세상은 바뀌어진다.

◉빨리 가면 혼자 가고, 멀리 가면 함께 가라는 힘 있는 말.

◉세월이 무거워지면 내 나이 내 마음 내 몸도 무거워진 짐을 내려놓고 싶다.

◉하늘에서 내리는 폭신한 눈송이는 둘레길 나무 자락에 햇솜처럼 피어오르고 있다.

◉세상을 스마트하게 바꾸어 놓는다. 아는 자 모르는 자 간에 세상을 같이 나누고 삶의 아이디어를 찾아내고 이를 바탕하여 삶의 기축제(사물의 기반)를 찾아낸다. 우리 모두 함께하는 세상, 함께하는 공간, 친수 공간, 생태 공간에서 살고 싶다.

◉지금까지 100일간의 지성을 다했지만 돌아온 건 찢겨진 추억뿐이다. 냇물은 강을 이루고 바다로 모이듯이 몸은 다르지만 마음은 하나여. 이 글은 거울 앞에 비친 얼굴과 같다.

◉나는 종교를 믿으면서 미움보다 용서를 하고 싶고, 종교는 삶의 안식처다.

◉하늘과 바다를 연결하는 영원과 美觀을 연출

◉검질대는 고향마을이 그립다.

◉맥놀이는 오늘 이 시간에도 쿵쾅쿵쾅 우리 영역에서 힘차게 박동하고 있다.

◉황해물이 퍼낸 숲으로 무성만하라고 불암산 배밭에 섬으로 열린 유달산 뻐꾸기 울음은 보리이삭 가슬대며 가슬거리는 여름의 골짜기였네!

◉바다와 하늘의 수평선은 하늘과 땅이 하나로 연결, 두 개의 강이 하나로 흐른다. 대지의 지평선은 하늘과 땅을 가르고, 바다와 강물은 육지의 그릇에 담기어 일조의 명이다. 아! 창조주의여! 대자연의 수호신이여! 엎드려 三步二배합니다(필자의 제품).

◉필자는 인생의 작품을 책에 담아서 필자의 유산으로 남겨질 것을 유언한다.

성명학 발음표 / 성명학 행운번호

성명학 발음표		성명학 행운번호	
ㄱ	甲寅	1 水	3544, 4534
ㅋ	乙卯	6	6311, 1361
			2559, 5925
ㄴㄷ	丙午巳	2 火	2357, 7532
ㄹㅌ	丁午巳	7	8374, 7348
			6448, 5912
ㅇ	戊 丑戌(이름) 辰未(성)	3 土	5323, 3253
ㅎ	己 丑(이름) 未(성)	8	2155, 5125
			3492, 4923
ㅅ	庚申	4 金	3268, 2683
ㅈㅊ	辛酉	9	5865, 6585
			7318, 1378
ㅁ	壬子亥	5 土	3282, 8322
ㅂㅍ	癸亥子	10	5582, 5825
			6757, 3971
ㅏㅑ	寅卯		
ㅓㅕ	巳午		
ㅗㅛ	辰未(성) 戌丑(이름)		
ㅜㅠ	申酉		
ㅡ	亥子		
ㅣㅔㅐ ㅖ	亥子		

육효 대정수 조견표

	時柱	1690	1286	1484	1690	1282	1488	1228	1430	1026	1224	1430	1022	1402	1608	1810	1406	1604	1810	1550	1142	1348	1550	1168	1370	962	1168	1370	966
	日柱	250	206	224	250	202	228	148	170	126	144	170	122	232	258	280	236	254	280	200	152	178	200	156	174	200	152	178	200	156
	月柱	108	98	98	106	94	102	40	44	36	36	44	32	115	123	127	119	119	127	65	53	61	65	57	57	75	83	71	79	83	75
	年柱	90	86	84	90	82	88	28	30	26	24	30	22	102	108	110	106	104	110	50	42	48	50	46	44	64	70	62	68	70	66
	干地/天地		乙丑	乙亥	乙酉	乙未	乙巳	乙卯	丁丑	丁亥	丁酉	丁未	丁巳	丁卯	己丑	己亥	己酉	己未	己巳	己卯	辛丑	辛亥	辛酉	辛未	辛巳	辛卯	癸丑	癸亥	癸酉	癸未	癸巳	癸卯
	時柱	1831	1435	1639	1837	1435	1633	1473	1671	1275	1479	1677	1275	1055	1259	1457	1797	1395	1593	1791	1395	1599	1319	1517	1115	1313	1511	1115
	日柱	211	175	199	217	175	193	213	231	195	219	237	155	173	191	155	179	197	267	225	243	261	225	249	149	167	125	143	161	125
	月柱	49	49	55	55	49	49	87	87	87	93	93	87	65	65	71	71	114	108	108	108	114	32	32	26	26	26
	年柱	31	35	39	37	35	33	73	71	75	79	77	75	53	51	55	59	57	97	95	93	91	99	19	17	15	13	11	15
	干地/天地		甲戌	甲申	甲午	甲辰	甲寅	丙戌	丙子	丙戌	丙申	丙午	丙辰	戊寅	戊子	戊戌	戊申	戊午	戊辰	戊寅	庚子	庚戌	庚申	庚午	庚辰	庚寅	壬子	壬戌	壬申	壬午	壬辰	壬寅	壬子	壬戌

八卦 一覽表

三 離 火 / 二 兌 澤 金 / 一 乾 天 金 / 六 坎 水 / 五 巽 風 木 / 四 震 雷 木 / 八 坤 地 土 / 七 艮 山 土

六爻 괘산표

木	木	木	木	木	木	木	水	水	水	水	水	水	土	土	土	土	土	土	土	土	土	土	土	土

| 風天小畜 | 風火家人 | 風雷益 | 天雷无妄 | 火雷噬嗑 | 山雷頤 | 山風蠱 | 水澤節 | 水雷屯 | 水火既濟 | 澤火革 | 雷火豐 | 地火明夷 | 地水師 | 山火賁 | 山天大畜 | 火澤睽 | 天澤履 | 風澤中孚 | 風山漸 | 地雷復 | 地澤臨 | 地天泰 | 雷天大壯 | 澤天夬 | 水天需 | 水地比 |

金	金	金	金	金	金	金	金	金	金	金	金	金	火	火	火	火	火	火	火	木	木	木	木	木	木

| 天風姤 | 天山遯 | 天地否 | 風地觀 | 山地剝 | 火地晉 | 火天大有 | 澤水困 | 澤地萃 | 澤山咸 | 水山蹇 | 地山謙 | 雷山小過 | 雷澤歸妹 | 火山旅 | 火風鼎 | 火水未濟 | 天火同人 | 雷地豫 | 雷水解 | 雷風恒 | 地風升 | 水風井 | 澤風大過 | 澤雷隨 |

사주감정시 본 비법을 참조

뢰공살

| 甲己
日
申酉시 | 乙庚
日
午未시 | 丙辛
日
辰巳시 | 丁壬
日
寅卯시 | 戊癸
日
子丑시 | 甲己日생은
辛酉년에
이사, 이동금지 |

金신격

| 癸
酉
시 | 甲
申
日 | 己
巳
시 | 甲
戌
日 | 乙
丑
시 | 己
酉
日 | 金신격은 火운 발전
金水운 상신
신약이라도 火운 발전
女命 대흉 |

六음조양격 대운이 흉해도 잘산다

| 丙
子
시 ← | 乙
亥
日 | 乙
卯
日 | 乙
酉
日 | 乙
未
日 | 乙
巳
日 | 乙
丑
日 | 子는 한 자만
요하고,
丑午 기
금운 최고 길 |

合록격

| 庚
申
시 | 戊
午
日 | 庚
申
시 | 癸
巳
日 | 庚
申
시 | 戊
子
日 | 癸丑日에 시간에
庚申시를 놓은 것
秋冬月생 乙丙
戊己 기 金水 길 |

병원출입살

| 甲 乙 寅 卯 乙
庚 辛 申 酉 庚 |

六음조양격과 비슷 부자 명

| 戊辛
子丑
시 | 戊辛
子卯
日 | 戊辛
子酉
日 | 戊辛
子亥
日 | 戊辛
子巳
日 | 子午卯
忌 |

대패살 人敗撒

| 甲 乙 庚 辛 丙 丁 戊
辰 巳 辰 巳 申 亥 戌 | 己 壬 癸
丑 申 亥 |

| 甲
子
日 | 庚申辛酉丑午 기
파격이면 가문을
파하고
결혼운도 없다 |

句진득위격

| 戊己
日
申子辰
亥子丑 → (水국) | 戊己
日
亥卯未
寅卯辰 → (木국) | 壬癸
日
寅午戌
巳午未 → (火국) | 壬癸
日
辰戌丑未 |

축요巳격

| 辛
丑
日 | 癸
丑
日 | 丑자가 多하면 희
丙丁巳午子 기
서북운 길 |

官고	財고	자신고	庫／日간
丑	辰	未	甲 乙
辰	丑	戌	丙 丁
未	辰	辰	戊 己
戌	未	丑	庚 辛
辰	戌	辰	壬 癸

(임기용배격)

극부극처

| 甲 戊 庚
午 戌 子
日 日 日 |

락정살

| 甲己 乙庚 丙辛
巳시 子시 申시 |

| 丁壬 戊癸
戌시 卯시
日 日 |

가중 본인 자손 송사 실패

| 乙 丙 壬 辛
寅 午 子 亥
日 日 日 日 | 친정
패가 |

가문이 폭락 출신(공망 무시)

| 丙丁丁辛壬戊戊辛壬癸癸
午丑未亥子寅申卯酉巳亥
日日日日日日日日日日日 | 丙乙丙丁丁辛壬癸癸戊庚庚戊己
午巳子未丑酉辰巳未申戌午申寅卯
日日日日日日日日日日日日日日 |

天赦성(천사성)

| 亥子丑月
甲子日 | 寅卯辰月
戊寅日 | 巳午未月
甲午日 | 申酉戌月
戊申日 |
| 의사, 간호사, 의료업, 활인업 |

남은 첩 女는 간부

| 甲乙丙丁戊己庚辛壬癸
日日日日日日日日日日
지 午 寅未 辰 戌酉 申 |

天頭귀인 (月지 최상)

| 甲丙
日
巳 | 乙丁
日
午 | 戊
日
申 | 己
日
酉 | 庚
日
亥 | 辛
日
子 | 壬
日
寅 | 癸
日
卯 |

女는 기생 男은 첩

| 壬子
日 | 戊辰
日 | 辛酉
日 | 丙寅
日 | 庚戌
日 | 甲午
日 | 辛未
日 | 丁巳
日 | 戊子
日 | 乙酉
日 |

官귀학관(天干 양으로 편관에 長生)

| 甲乙
日 | 丙丁
申 | 戊己
亥 | 庚辛
寅 | 壬癸
寅 |

요. 日진은 공부운이 없어도 평생 일자리 풍족

| 己亥
日 | 庚戌
日 | 甲申
日 | 丙辰
日 | 壬戌
日 |

官귀학관(時주 자손 관직)

| 丙
日
午 | 丁
日
丑 | 丁
日
未 | 戊
日
寅 | 辛
日
申 | 辛
日
卯 | 壬
日
酉
지지 辰 |

자손 성명

| 辛
卯
日 | 丁
申
日 |

三品 二品

| 辛
酉
日 月 | 丙
酉
月 | 丁
巳
日 |

官고	財고	자신고	日주
丁巳 多奉巳	丙午 多奉亥午	癸辛亥亥 申酉丑 중 一字	庚子 壬子 寅戌未 중 一字 / 喜
亥辰 甲子 祿	子未巳 祿	巳戌 丙丁 己戌子 祿	午己丑 戊申 祿 / 忌

명궁 궁합

아신 명궁	상대 명궁 (凶)
子	巳亥午未
丑	午未
寅	卯酉申
卯	寅申辰酉
辰	卯戌亥
巳	子午亥
午	巳亥丑子
未	子丑
申	卯戌寅酉
酉	寅申卯戌
戌	辰酉申
亥	辰午巳

刑合格(부귀공명 가문 빛)

月지	子	丑	寅	卯	辰	巳	午	未	申	酉	戌	亥
각지지 天덕	巳	庚	丁	申	壬	辛	亥	甲	癸	寅	丙	乙
月덕	壬	庚	丙	甲	壬	庚	丙	甲	壬	庚	丙	甲

| 甲
寅
시 ← | 癸
亥
日 | 癸
卯
日 | 癸
酉
日 | 癸
未
日 | 癸
丑
日 | 행운
戊己庚申巳亥
기 |

九성학 변수

1·1	離	5·5	남兌 여건
2·2	乾	6·6	坤
3·3	巽	7·7	艮
4·4	震	8·8	兌
요직 (長生의 劫재와 合)	9·9	坎

| 상관·편관 合
벼슬자리
부호의 명 | 상관·정관 合
훌륭한 남편 |

女, 유흥업 길 天赦성 의사·간호사·의료업

| 寅卯辰月
戊寅日 | 巳午未月
甲午日 | 申酉戌月
戊申日 | 亥子丑月
甲子日 |

고란살(홀아비 과부살)

| 甲 乙 丁 戊 辛
寅 巳 巳 申 亥 | 생식기·질병·고독이
고란살을 파괴하는 운.
전화위복 |

양착살(男은 외가 쇠망 女는 남편과 시가 영락)

| 丙 戊 壬 甲 丙 戊 戊 壬
子 寅 辰 寅 午 申 戌 辰 |

음착살

| 丁 辛 癸 丁 癸
丑 卯 巳 未 亥 |

명갓집 남편

| 甲 庚 丙 戊
子 辰 寅 戌
日 巳 亥 寅 각지지 |

福星귀인(관직 길, 직계 부부 자손)

| 甲 乙 丙 丁 戊 己 庚 辛 壬 癸
寅 亥 子 戊子 酉 申 未 午 巳 辰 각지지 |

자손 성명

| 甲 乙
申 申
시 시 |

文昌귀인

| 甲 乙 丙 丁 戊 己 庚 辛 壬 癸
간 午 巳 酉 寅 酉 巳 子 申 卯 지지
亥 子 寅 午 卯 |

평두살

| 甲甲甲丙丙丙
子辰寅寅辰戌 | 혼담장애
결혼생활
장애 |

二千年 비결집
命理易書_명리역서

1판 1쇄 인쇄 | 2019년 01월 23일
1판 1쇄 발행 | 2019년 01월 29일

지은이 | 김영태
펴낸이 | 문해성
펴낸곳 | 상원문화사
주소 | 서울시 은평구 증산로 15길 36(신사동) (03448)
전화 | 02)354-8646 · **팩시밀리** | 02)384-8644
이메일 | mjs1044@naver.com
출판등록 | 1996년 7월 2일 제8-190호

ISBN 979-11-85179-28-5 (03180)

이 도서의 국립중앙도서관 출판예정도서목록(CIP)은 서지정보유통지원시스템 홈페이지
(http://seoji.nl.go.kr)와 국가자료공동목록시스템(http://www.nl.go.kr/kolisnet)에서 이
용하실 수 있습니다. (CIP제어번호 : CIP2019001903)